Stn. 71.

소리에 놀라지 않는 사자와 같이
그물에 걸리지 않는 바람과 같이,
흙탕물에 더럽혀지지 않는 연꽃과 같이,
무소의 뿔처럼 혼자서 가라.

sīho ca saddesu asantasanto /
vāto va jālamhi asajjamāno /
padumaṃ va toyena alippamāno /
eko care khaggavisāṇakappo //

빅쿠니빠띠목카
Bhikkhunī-Pāṭimokkha

ॐ सत्यमेव जयते ॐ

빅쿠니빠띠목카 - 비구니계본

값 28,000 원

발행일 2020년 9월 5일 초판발행
발행인 도 법
역주자 전재성
감수자 혜 능
교정위원 선 덕

발행처 한국빠알리성전협회
1999년5월31일
(신고번호:제318-1999-000052호)
서울 서대문구 모래내로430 #102-102
전화 02-2631-1381
홈페이지 www.kptsoc.org
Korea Pali Text Society
Moraenaero 430 #Seongwon 102-102
Seoul 03728 Korea
TEL 82-2-2631-1381 FAX 82-2219-3748
전자우편 kptsoc@kptsoc.org
홈페이지 www.kptsoc.org

ISBN 978-89-8996-678-4 90220

우리말빠알리대장경

巴漢對照義務戒律(빠알리율과 사분율)

빅쿠니빠띠목카 - 비구니계본

भिक्खुनीपाटिमोक्ख

혜능 스님 감수/퇴현 전 재 성 역주

한국빠알리성전협회
Korea Pāli Text Society

譯註 退玄 全在星

철학박사. 서울대학교를 졸업했고,
한국대학생불교연합회 13년차 회장을 역임했다.
동국대학교 인도철학과 석·박사과정을 수료하고,
독일 본대학 인도학세미나에서 인도학 및 티베트학을 연구했으며,
독일 본대학과 쾰른 동아시아 박물관 강사,
동국대 강사, 중앙승가대학 교수, 경전연구소 상임연구원,
한국불교대학(스리랑카 빠알리불교대학 분교)교수,
충남대 강사, 가산불교문화원 객원교수를 역임했고,
현재 한국빠알리성전협회 회장을 역임하고 있다.
저서에는 ‹거지성자›(선재, 안그라픽스), ‹빠알리어사전› ‹티베트어사전›
‹범어문법학› ‹초기불교의 연기사상› ‹천수다라니와 붓다의 가르침›이 있고,
역주서로는 ‹금강경-번개처럼 자르는 지혜의 완성›
‹붓다의 가르침과 팔정도› ‹쌍윳따니까야 전집› ‹오늘 부처님께 묻는다면›
‹맛지마니까야› ‹명상수행의 바다› ‹디가니까야 전집› ‹신들과 인간의 스승›
‹앙굿따라니까야 전집› ‹생활 속의 명상수행›
‹법구경-담마파다› ‹숫타니파타› ‹우다나-감흥어린 싯구›
‹이띠붓따까-여시어경› ‹예경지송-쿳다까빠타›
‹마하 박가-율장대품› ‹쭐라박가-율장 소품›
‹빅쿠비방가-율장비구계› ‹빅쿠니비방가-율장비구니계›(이상, 한국빠알리 성전협회)
그리고 역서로 ‹인도사회와 신불교›(일역, 한길사)가 있다.
주요논문으로<初期佛敎의 緣起性 硏究><中論歸敬偈無畏疏硏究>
<學問梵語의 硏究> <梵巴藏音聲論>등 다수 있다.

भिक्खुनीपाटिमोक्ख

translated by **Jae-Seong Cheon**
Published and Distributed by
Korea Pali Text Society ©2020

빠알리니계본과 사분니계본

이 책에 대한

상세한 주석은

본회 발행의

『비나야삐따까』에 실려 있습니다.

ॐ सत्यमेव जयते ॐ

수행승들이여,
재가인이 포함된 대중 가운데
의무계율을 송출해서는 안 된다.
송출하면, 악작죄를 범하는 것이다.”

na bhikkhave,
sagahaṭṭhāya parisāya pāṭimokkhaṁ uddisitabbaṁ.
yo uddiseyya, āpatti dukkaṭassa'ti
(Vin. I. 115)

발 간 사

불교승단은 인류의 도적적 삶과 정신적 가치를 구현시켜온, 고요하고도 기저적인 역사적 토대였습니다. 이러한 불교승단의 경이로운 고요를 오랜 역사를 통해 지탱하게 한 것은 수행자들의 윤리지표이자 행동지침인 율장이었습니다. 그 율장을 구성하는 계율은 계정혜 삼학의 기초로서 우리를 궁극적으로 해탈에 이르게 하는 가장 중요한 지표입니다.

계율은 부처님의 가르침에서 보면, 몇몇으로 정해진 것이 아닙니다. 이론상 인간의 욕망이 초래하는 무한번뇌와 대치되는 무한계율이 있을 수 있습니다. 그 가운데 재가자나 출가자의 현실에서 맞게 적용한 것을 학습계율이라고 하는데, 대표적인 것으로 오계와 『빠띠목카』라고 하는 의무계율의 계본이 있습니다.

우리나라는 자장율사 이래로 계율을 중요시 했음에도 불구하고 그 동안 율장연구에서의 한역율의 모호성이나 난해성이 해소되지 않았는데, 퇴현 전재성 박사의 각고의 노력으로 그 원천이 되는 빠알리율장이 완역되어 한역율의 이해에도 서광을 비추기 시작했습니다.

이번에 그 빠알리성전협회 전회장님께서 동아시아에서 소의율로 삼는 한역으로만 남아 있는 『사분율계본』을 새롭게 복원번역하고 그 토대가 되는 『빠알리율계본』도 함께 실어서 『빠띠목카』를 출간하게 된 것을 계기로 불교중흥의 초석이 이루어지길 바라며, 아울러 불법승 삼보전에 공양드림으로써 부처님과 가르침이 널리 세상에 드러나며 승가 또한 나날이 청정해지기를 기원해봅니다.

원컨대 이 인연으로 사해의 병고에 시달리는 뭇삶들과 아내 이혜성(李慧惺 垠姓) 도반의 회복을 간절히 소망하면서 삼배를 올립니다.

불기 2564(2020)년 9월 5일
大峙(큰 언덕)에서
顯默 李準鎔 合掌

추 천 사(1)

우리나라 계율의 비조인 자장율사는 왕의 부름을 받고 '내가 차라리 계율을 지키고 하루를 살지언정, 계율을 깨뜨리고 백 년을 살기를 원하지 않는다.'라고 조정의 관직에 나아가지 않았습니다. 그러한 준엄한 계율정신이 있었던 것은 계율에 어긋난 삶을 경계한 석가모니 부처님의 계율에 관한 가르침을 송출하여 기록한 율장이 있었기 때문입니다.

용성(龍城)스님에게 법맥을 전수받아 근래 한국불교의 승강(僧綱)을 바로 잡아 온 자운스님은 유교경을 인용하여 '계율이 바로 해탈의 근본이요, 계율이 바로 그대들의 큰 스승이니 내가 이 세상에 더 살더라도, 이와 다를 바 없으니, 계율을 존중해서 어둠 속에 빛을 만난 듯 대하고, 가난한 사람이 보물을 만난 듯, 해야 한다.'라고 했습니다. 또한 자운 스님은 '계율이 바로 서면, 일신성불은 물론이요, 불국정토를 따로 바라지 않아도 그 자리가 바로 불국정토이다.'라고 선언하셨습니다.

현대사회에서 차를 타면서 지켜야 할 신호등, 지켜야 할 차도를 지키지 않는다면, 도시는 곧 교통지옥으로 변해 목적지에 갈 수 없듯, 계율이 없이는 우리는 지옥에 떨어질 수 밖에 없으며, 보리심에 한 발자국도 다가설 수 없습니다. 거꾸로 계율을 잘 지키려면, 고귀한 삶이라는 목표가 있어야 합니다. 그래서 오대산 상원사에 들어가 좌탈입멸(坐脫入滅)하신 방한암 스님께서는 '만약 계행을 잘 지키려고 한다면, 항상 보리심을 잃지 말라.'고 했습니다. 무수한 부처님이 출현하시어 가없는 중생을 제도하고 있지만, 생사윤회를 벗어나지 못한 중생 또한 한량없이 많으니, 이 무한한 중생으로 하여금 생사고해를 건너게 하려면, 계율이 필요하므로 진표율사(眞表律師)는 속리산 계곡에서 물고기에게도 계율을 설했다고 합니다.

대승불교의 계율의 소의경전인 ≪사분율≫(四分律) 등의 율장은, 그 원전이 되는 것이 ≪빠알리율≫입니다. 대승경에 설해진 삼취정계(三聚淨戒)나 보살계(菩薩戒)의 그 근원도 ≪빠알리율≫에 있습니다. 처음 부처님을 따르는 제자들은 선근이 출중하여 계율이 필요 없어 승단 12년간은 계법을 설하지 않았습니다. 그러나 차츰 범계(犯戒)가 나타나게 되어 생길 때마다 부처님께서는 계율을 시설했는데, 그것을 수범수제(隨犯隨制)라고 합니다. 이러한 과정을 통해 우리는 계율정신을 살펴 볼 수 있습니다.

이번에 퇴현 전재성 박사가 부처님원음인 빠알리경장을 대부분 번역한 뒤에 부처님원음인 ≪비나야삐따까≫마저 복원하여 완간한 것뿐만 아니라, 이번에 그 계본과 한역으로만 남아있던 동아시아 불교의 소의율인 ≪사분율≫의 계본마저 준복원하여 번역한 것은 한국불교의 중흥의 그 초석을 놓은 것이나 다름이 없으니, 그 노고에 모든 불보살님과 더불어 깊은 감사를 드립니다.

불기 2564(2020)년 9월 5일

조계종 전계대화상

무봉 성우 합장

추 천 사(2)

승가가 공양·공경받을 만한, 세상에서 위없는 공덕의 밭으로서의 승보인 이유는, 그들이 훌륭하고 정직하고 현명하고 조화롭게 실천 수행할 뿐만 아니라, '사소한 허물이든 어떠한 악행을 저질렀어도 그것을 감추지 못하기 때문이며, 궁극적인 길을 본 사람은 그것을 감추는 것이 불가능하다.'(『보배경』11)고 하였습니다.

그래서 두 종류의 승가가 있다고 하는데, 하나는 이와 같이 이미 궁극적인 길인 열반을 보고 더 이상 허물을 감추지 않는 이의 상태가 된 사쌍팔배의 성자로서의 승가이고, 다른 하나는 아직 궁극적인 길을 보지 못한 일반 범부의 승가입니다.

수행자를 수행자답게 만드는 세 가지 가운데, 보다 높은 계행에 대한 배움은 '수행승이 계행을 지키고, 의무계율을 수호하고, 올바른 행위의 경계를 갖추고, 사소한 잘못에서 두려움을 보고, 지켜야 할 학습계율을 수용하며 배우는 것을 말합니다. 보다 높은 세 가지 배움이 없다면, 수행승들의 참모임인 승가의 뒤를 따라가면서, '나는 수행승이다. 나는 수행승이다.'라고 생각하더라도 단지 생각일 뿐 수행승이 아니니, 수행승은 증상삼학에 대한 배움에 치열한 의욕을 일으켜 배워야 한다.(AN. 3:81「수행자의 경」)라고 하셨습니다. 치열한 의욕을 일으켜 세 가지 보다 높은 배움인 증상삼학에 대해 배우는 청정한 삶이 수행의 시작일 뿐만 아니라, 그러한 수행승은 귀의의 대상으로서의 승보에 속한다고도 할 것입니다.

부처님께서 녹야원에서 처음 진리의 수레바퀴를 굴리신 이후 12년까지는 승단의 수행승들이 티끌을 여의고 위험을 여의어 궁극적인 진리를 본 성자들만이 있었기 때문에 수행승들에게 의무계율을 시설할 필요가 없었습니다. 그런데 쑤딘나 깔란다까뿟따에 의해서 티끌이 생겨나고 위험이 생겨나서부터 여러 가지 계율이 시설된 것입니다. 이렇게 시설된 계율에는 수행승이 반드시 지켜야 하는 의무계율과 사소한 계율인 권장계율이 있는데, 이것을 모아 둔 것을 빠띠목카라 합니다. 이 빠띠목카를 포살에 합송하게 된 것은, "어찌 싸끼야의 아들들은 보름기간 중에 제14일, 제15일 그리고 제8일에 모여 앉아 벙어리 돼지처럼 말없이 있기만 한단 말인가? 앉아만 있지 말고 설법을 해야 하지 않는가?"(Vin. I. 102)라고 사람들이 혐책하고 분개하고 비난한 것에서부터 시작되었다고 합니다.

퇴현 전재성 박사가 온갖 어려움 속에서도 빠알리어경전 ≪쌍윳따니까야≫를 비롯한 오부니까야의 대부분을 번역하고, 율장연구의 진정한 토대가 되는 ≪빠알리율장≫을 번역한 뒤, 다시 「빠리바라(율장강요)」와 「빠띠목카」까지 추가 번역하여 통합본으로 ≪비나야삐따까≫를 출간한 것은 불교사에 경이로운 역경불사의 완성이라 할 것입니다.

그동안 종단에서는 운허 스님께서 번역한 『사분계본』을 독송해왔는데, 율장의 원음이라 할 수 있는 『빠알리율장』과 대조하며 이해할 수 있도록 빠알리율계본과 사분율계본을 합본한 『빠띠목카』를 만들고, 특히 각 계율 조항마다 율장에 있는 예외규정인 불범(不犯) 부분을 첨부하여 율장에서의 지범개차(持犯開遮)에 대한 명료한 이해를 돕게 했습니다. 어려운 여건에서도 꾸준히 부처님의 원음인 빠알리삼장을 번역해 오신 한국빠알리성전협회 퇴현 전재성 박사께 깊은 존경과 수희찬탄을 드립니다.

이 빠띠목카의 수지로 수행승들의 계행이 청정해지고, 청정한 계행으로 열반의 조건이 충족되어지며, 아울러 승해(僧海)가 징청(澄淸)하여 부처님 가르침이 오랫동안 머물기를 기원합니다.

불기 2564(2020)년 9월 5일

람림의 마을 적정처에서

비나야연구원 원장

고천 석혜능 합장

머 리 말

빠띠목카의 계율항목은 정신적 성취를 통해 풍요로운 영적 경지에 도달하고 마침내 궁극적 해탈을 이루는데, 그 토대를 이룹니다. 이러한 특별한 목표를 지닌 계율들은 재가자와 참모임의 신체적, 정서적, 지적, 정신적인 통합을 계발시킵니다. 율장은 비록 불교승단의 내부적 규율이기는 하지만, 재가자의 일상생활에서도 귀감이 될 수 있는 뛰어넘을 수 없는 법체계적 심오한 통찰을 보여주고 있습니다.

우리가 도덕적으로 윤리적으로 잘못을 범한다면, 대부분은 우리 스스로 자신의 이성의 간계에 속아 합리화함으로써 같은 돌뿌리에 계속 넘어지는 것입니다. 아무리 알아차림을 철저히 한다고 해도, 그것이 양심에 저촉이 되는가, 그렇지 않은가에 대한 경험적이고도 보편적인 잣대가 없이, 우리는 삶의 규범을 확립하기 어렵습니다.

이번에 한역과 한글 중역으로 남아있는 『사분율계본』을 새롭게 복원번역한 것은 비나야연구원장 혜능 스님의 간곡한 부탁으로 이루어진 것입니다. 특히 스님께서 현 조계종의 독송본을 송출되는 『사분율계본』의 계본과 계목의 유래에 대한 자료제공을 하시고 원고를 교열해주신 혜능 스님과 원고를 교열해준 선덕 보살에 대해 감사를 드립니다. 아울러 덕분에 그것과 『빠알리계본』과 상호대조를 통해 이미 출간된 ≪비나야삐따까≫ 전서를 교정할 있게 된 계기가 된 것은 무척 다행일 아닐 수 없습니다.

이번에 이 책에 출간비를 지원하시고 발간사를 써주신 약사 이준용 거사님과 그의 사모 이혜성 보살님과 비나야삐따까 출간을 후원하신 성우 큰스님과 혜능 스님 그리고 최근에 성전협회를 후원하신, 김현수 전무님, 유필화 교수님, 정인진 변호사님, 이진홍 님, 이건우 님, 이상길 님께 깊은 감사를 드립니다.

불기2558년(2014)년 9월 5일 창릉천 연구실에서

퇴현 전재성 합장

빠띠목카 해제

1. 빠띠목카의 정의와 어원

≪비나야삐따까≫의 내용은 구성하는 핵심은 빠알리어로 '빠띠목카'(pāṭimokkha)라고 하고, 산스크리트어로는 쁘라띠모끄샤(*sk.* prātimokṣa)라고 한다. 한역으로는 음사하여 바라제목차(波羅提木叉)라고 하고 번역하여 별해탈(別解脫) 또는 계본(戒本)이라고 한다. 그것에 비해 빠알리어로 '씩카빠다'(sikkhāpada), 산스크리트어로 식샤빠다(*sk.* śikṣāpada), 한역으로 학처(學處)라고 하는 것은 일반적으로 하나하나의 계율조문을 말하고, '빠띠목카'는 그 계율조문을 모아놓은 것을 뜻한다고 알려져 있다. 그러나 그 의미가 담고 있는 정확한 범주가 어떠한 것인지는 학문적으로도 분명하지 않다.

원래 '빠띠목카'의 어원 'pāṭi+√muc(*sk.* prāti+√muc)'는 적어도 두 가지 상반된 의미 내지는 보다 다양한 의미를 지닌다. 첫째는 '내려놓다. 방면하다. 자유롭게 하다.'이고 두 번째는 '묶다. 결합시키다. 조이다.'라는 의미를 지니고 세 번째는 '부과하다.'라는 의미를 지니고 네 번째로 그 사역의 의미는 '탈환하다.'라는 뜻을 지닌다.

상좌불교의 위대한 주석가 붓다고싸(Buddhaghosa : Vism. 16)는 대체로 '빠띠목카'의 어원을 그 첫 번째의 것 '짐을 내려놓게 하는 것, 벗어나게 하는 것, 자유롭게 하는 것'을 취해 해석하였는데, 다소간의 유사언어학적 해석을 곁들여 '지옥(niraya)의 처벌에서 벗어나게 하는 것'이라고 정의한다. 여기서 하필 지옥을 염두에 둔 것은 '빠띠목카'을 포함하고 있는 비나야(vinaya)와의 발음상의 유사성을 대비시켰기 때문이다. 현장(玄奘) 법사가 구사론(俱舍

論)에서 '별해탈(別解脫)이라고 번역한 것이나 티베트어에서 쏘쏘타르빠(so·so·thar·pa) — '각각의 해탈' 또는 '구체적인 해탈' — 라고 번역하는 것은 모두 이러한 첫 번째 의미에 입각한 것이다. 서양에서 로마자율장의 교열을 완성한 올덴베르크(H. Oldenberg)도 '죄로부터 벗어나는 것에 따라 이름지어진 것'이라고 해석하는 것으로 보아 대체로 이러한 전통적 해석방식을 취한 것으로 보인다.

그러나 듀뜨(S. Dutt : Bd. I. xii)는 '빠띠목카'의 어원을 두 번째의 것으로 해석하여 '묶는 것, 결합'을 지시하므로 '빠띠목카'는 '수행자를 교단에 묶는 것'이라고 해석하고 있다. 리스 데이비즈(Rhys Davids)와 스티드(Stede)는 빠알리영어사전에서 두 번째 의미와 세 번째 의미를 한꺼번에 엮어서 '묶는 것의 의미를 지닌 것으로 의무적인 것, 즉, 의무'를 뜻한다고 해석하고 있다. 그리고 윈터닛쯔(Winternitz : Hi. II. 22)는 '빠띠목카'의 어원을 네 번째 의미로 해석하여 '탈환되어야 할 것, 회복되어야 할 것'의 의미를 갖는다고 주장했다. 그 이유는 예를 들어 ≪자타카≫(Jāt. V. 25)에서 '쌍가람 빠띠목캄(saṁgaram pāṭimokkhaṁ)'이 '되찾아져야 할 약속'이라는 의미로 사용되기 때문이라는 것이다.

그러나 부처님이 율장 즉, 비나야 자체에서 규정하는 '빠띠목카'의 의미는 다음과 같다. 위의 어원적 해석방식과는 다르다.

> '빠띠목카'라는 것, 그것은 착하고 건전한 것들의 시초이자, 얼굴이자, 선두이다. 그래서 '빠띠목카'라고 한다.(Pāṭimokkhanti ādimetaṁ mukhametaṁ pamukhametaṁ kusalānaṁ dhammānaṁ tena vuccati Pāṭimokkhan'ti : Vin. I. 103)

위의 율장의 정의에 따르면, '빠띠목카'는 모든 착하고 건전한 것들을 성취하려고 할 때에 그것들의 가장 시초이자 얼굴이자 선구라는 것이다. 앞서 필자가 법구경을 예로 들어 지적했듯이 '일체

악하고 불건전한 것을 하지 않는 것'을 의미한다. 그런데 히라카와 아키라(平川彰)가 이것을 두고 '빠띠목카'의 어원을 선두를 의미하는 '빠무카에서 유래한 빠목카(pāmokkha<pamukha)'에서 찾을 수 있다고 주장한 것(비연 I. 39)은 타당하지 않다. 어원학적으로 '빠목카'가 '빠띠목카'가 될 수는 없기 때문이다. 이러한 부처님의 정의는 내용적 의미가 적확하기 때문에 채용한 것이지 '빠띠목카'를 유사언어학적인 놀이로 채택한 것은 아닐 것이다. 유사언어학적인 놀이라고 본다면 그것은 우연의 일치일 것이다. 그리고 이 단어는 ≪디가니까야≫(DN. II. 46-49)에 따르면, 과거불인 비빳씬(Vipassin)의 시대로까지 소급되며, 역사적인 부처님 시대 이전에 이미 잘 알려진 것이었다. 『담마빠다』(Dhp. 185.)에도 다음과 같은 시가 등장한다 :

> "비방을 삼가고 해치지 않고 빠띠목카를 지키고 식사에서 알맞은 분량을 알고 홀로 떨어져 앉거나 눕고 보다 높은 마음에 전념하는 것, 이것이 깨달은 님들의 가르침이다."(anūpavādo anūpaghāto | Pāṭimokkhe ca saṁvaro | mattaññutā ca bhattasmiṁ | pantañca sayanāsanaṁ | adhicitte ca āyogo | etaṁ buddhāna sāsanaṁ ‖)

이제까지 고찰해본 결과에 따르면, '빠띠목카'의 정확한 의미의 범주는 명확하게 규정되지 않았다는 것을 알 수 있다. 역자는 어원적으로 그것의 두 번째 의미를 취해 '빠띠목카'를 의무계율이라고 번역한다. 그리고 그 구체적인 조문을 의미하는 '씩카빠다'를 학습계율이라고 번역한다. 모든 학습계율은 의무계율이 될 수 있지만, 모든 학습계율이 의무계율인 것은 아니다.

이를테면 비구의무계율에 포함된 학습계율의 숫자는 각 부파불교마다 다르기 때문이다. ≪빠알리율≫(Vinayapāḷi)에서는 227조인데 비해, ≪사분율≫(Caturvargavinaya : 四分律)에서는 250조, ≪오분율≫(Pañcavargavinaya : 五分律)에서는 251조, ≪십송율≫

(Daśādhyāyavinaya : 十誦律)에서는 263조, ≪근본설일체유부비나야≫(Mūlasarvāstivādavinaya : 根本說一切有部毘奈耶)에서는 249조, ≪마하승지율≫(Mahāsāṅghikavinaya : 摩訶僧祇律)에서는 218조, 티베트역의 ≪근본설일체유부율≫(Mūlasarvāsti-vādavinaya : 根本說一切有部律)에서 258조로 되어 있다.

리스 데이비즈(Rhys Davids)는 이 의무계율의 집성인 「빠띠목카」는 다양한 학습계율의 조문을 집성한 것으로 삼장의 성립에서 가장 후대에 속한다고 본 반면에, 올덴베르크는 거꾸로 「빠띠목카」가 율장에서 가장 먼저 성립한 것으로 본다. 그는 그 이유로 다음과 같은 사항을 주장한다. 첫째, 「빠띠목카」가 율장에서 완전히 그 원형적인 형태가 발견되지는 않는다. 둘째, 그 학습계율의 규칙과 조문이 각각 분리되어 있긴 하지만 자구와 자구가 완전히 일치하므로 즉, 『쏫따비방가』는 「빠띠목카」가 확장된 읽기에 불과하다. 셋째는 점차적으로 수행승들이 재가자의 가정에 나쁜 모범을 보여 주고 있다는 다음과 같은 구절 즉, '이 앗싸지와 뿌납바쑤를 추종하는 수행승들은 가정을 더럽히고 악행을 합니다.(Vin. II. 13; ime as-sajipunabbasukā bhikkhū kuladūsakā pāpasamācārā)'라는 말을 들고 있다. 이러한 이유를 들어 올덴베르크는 「빠띠목카」가 원형적으로 먼저 있었고 점차적으로 조문의 적용과 조문의 해석에서의 모호성을 피하기 위해 『쏫따비방가』가 성립된 것으로 보고 있다.

2. 빠띠목카의 복원과 재배치

빠알리어 『빅쿠-빠띠목카』에 관한 한, 최근까지 트랜스크립션과 그에 따른 다양한 번역이 있어 왔다. 리스 데이비즈와 올덴베르크를 위시하여 딕슨(Dickson, J. F.), 호너(I. B. Horner : 1938-1966), 니야나땃싸나 빅쿠(Ñāṇadassana Bhikkhu), 니야나몰리 빅쿠(Nyanamoli : The Pāṭimokkha. 227 Fundamental Rules of a Bhikkhu. Translated from the Pali. 1969), 타니싸로 빅쿠(Thanissaro : 1994)의 번역에서 찾을 수 있다. 그러나 최근까지 세계적으로 『빅쿠니-빠띠목카』에 대해서는 체계적으로 복원되어 트랜스크립션되거나 번역된 적이 없다. 호너의 비교적 완벽한 번역조차 율장의 『빅쿠니-비방가』에 주어진 빅쿠니고유학습계율에 의존하고 있어 빅쿠니 측의 공유계율에 대해서는 생략한 채로 두었기 때문에 『빅쿠니-빠띠목카』의 전모를 알 수가 없었다. 히라카와 아키라((平川彰)나 우테 휘스켄(Ute Hüsken : 1997)의 최근 번역도 마찬가지였다.

Davids, T. W. Rhys & Herman Oldenberg, H. 1881-1885, Vinaya Texts, 3vols. (Sacred Books of the East XII, XVII, XX).

Dickson, J. F. "The Pāṭimokkha, Being the Buddhist Office of the Confession of Priests : The Pali Text, with a Translation and Notes" Journal of the Royal Asiatic Society, new series, VIII. pp. 62-130

Hirakawa, A. 1982 Monastic Discipline for the Buddhist Nuns. Patna

Horner. I. B. 1936-1966. The Book of the Discipline, 6 volumes, Sacred Books of the Buddhists. London.

Hüsken, Ute. 1997. Die Vorschriften für die buddhistische Nonnengemeinde im Vinayapiṭaka der Theravādin. Berlin.

Ñāṇadassana Bhikkhu and Vivekavihārī Bhikkhu, tr., ca. 1999. Pāṭimokkha : Das Hauptgesetz der Bettelmönche mit Notizen der ethischen Führung (Vinaya) im Anhang. N.p.

Ñāṇadassana Bhikkhu. 1999. Bhikkhu-Pāṭimokkhaṁ : Das Hauptregelwerk der buddhistischen Bettelmönche. Colombo : Karunaratne & Sons.

Ñāṇamoli Thera 1992. The Pāṭimokkha. Bangkok : Mahamakutaraja vidhyalaya(first ed. 1966)

Nolot, Édith. 1991. Regles de discipline des des nonnes bouddhistes. Paris (College de France, Publications de l'Institute de Civilisation Indienne, 60)

Nolot, Édith. 1996. "Studies in Vinaya Technical Terms, I-III." Journal of the Pali Text Society, Vol. XXII. pp. 73-150)

Thanissaro Bhikkhu. 1994. The Buddhist Monastic Code. Valley Center, Calif. : Metta Forest Monastry.

『빅쿠니빠띠목카』가 완전히 복원된 것은 2001년에 와서 위리엄 프루잇(William Pruitt)이 편집하고 노먼(K. R. Norman)이 번역한 『빠띠목카』(The Pāṭimokkha : PTS. 2001)에서였다. 그들은 율장의 주석서인 『싸만따빠싸디까』(Samantapāsādikā)와 『깡카비따라니』(Kaṅkhāvitaraṇī)를 참조로 『빅쿠니빠띠목카』를 완전 복원하여 완벽한 빠알리어 『빠띠목카』를 번역할 수 있었다.

The Pāṭimokkha ed. by William Pruitt. tr. by K. R. Norman. The Pali Text Society Oxford 2001.

역자가 『빅쿠니비방가』를 번역할 당시에는 ≪사분율≫의 순서에 맞추어서 의무계율의 순서를 복원했는데, 그 이유는 승단추방죄의 배열순서에 맞추어서 ≪사분율≫의 배열순서와 일치시켰기 때문이었다. 그러나 그 순서가 곧 빠알리어 『빠띠목카』의 순서와는 맞지 않는다는 것을 뒤늦게 알았다. 승단추방죄법에서는 ≪사분율≫의 순서와 배열이 같았지만, 그 이외 승단잔류죄법 이하에서는 ≪사분율≫과는 달리 대체로 빅쿠니고유학습계율을 먼저 배열하고 공유계율은 나중에 배치하는 구조를 갖고 있다. 이번에 역자는 초판본과는 달리 통합본에서는 이 빠알리성전협회본의 『빅쿠니-빠띠목카』의 순서에 맞추어 계율항목의 순서를 다시 배열하였다.

3. 빠띠목카의 구조

1) 『빠띠목카』는 「빅쿠-빠띠목카」와 「빅쿠니-빠띠목카」의 양부를 갖고 있는 수행승과 수행녀의 행동규범이다.

2) 그러나 『양중-빠띠목카』가 수행승과 수행녀의 모든 규범을 총괄하고 있는 것은 아니고, 단지 요약일 따름이다. 다른 갈마의규(kammavāca)와 규칙들은 양 다발부, 즉, 마하박가와 쭐라박가에 포함되어 있다.

3) 「빅쿠-빠띠목카」는 수행승이 지켜야 할 227개 조항의 의무계율로 이루어져 있다. 4개 조항의 승단추방죄법, 13개 조항의 승단잔류죄법, 2개 조항의 부정죄법, 30개 조항의 상실속죄죄법, 92개 조항의 단순속죄죄법, 4개 조항의 고백죄법, 75개 조항의 중학죄법, 7개 조항의 멸쟁죄법이다.

4) 「빅쿠니-빠띠목카」는 수행녀가 지켜야 할 311개 조항의 의무계율로 이루어져 있다. 8개 조항의 승단추방죄법(4개 조항 공유), 17개 조항의 승단잔류죄법(7개 조항 공유), 30개 조항의 상실속죄죄법(18개 조항 공유), 166개 조항의 단순속죄죄법(70개 조항 공유), 8개 조항의 고백죄법, 75개 조항의 중학죄법,(75개 조항 공유) 7개 조항의 멸쟁죄법(7개 조항 공유)이다.

5) 『빠띠목카』를 인연담에서부터 상세히 해설하고 있는 『빅쿠-비방가』에서는 수행승의 모든 의무계율을 상세히 해설하고 있으나 『빅쿠니-비방가』에서는 공유계율을 제외한 빅쿠니고유학습계율만을 다루고 있다. 중학죄법은 모두가 공유계율이므로 첫 번째와 마지막 계율만을 다루고 있고, 멸쟁죄법은 생략행태로 다루고 있다. 그러나 별도의 『빠띠목카』의 필사본과 편찬본에서는 공유계율

을 포함한 완전한 형태로 기술되어 있다.

6) 「빅쿠-빠띠목카」와 「빅쿠니-빠띠목카」는 공유계율의 철자법에서 약간의 차이를 보이지만, 의미상에서는 차이가 없다 : tathārūpa(p)paccayā; attu(ū)panāyikaṁ, upaāhanāru(ū)ḷhassa; kattikatemāsi(ka)paṇṇamaṁ, patisāyanti(ī)yāni; pādakāru(ū)-ḷhassa; pani(ī)yathālakaṁ.

7) 『빠띠목카』의 품(vagga)의 명칭은 일반적으로 각각 계율의 다발의 첫 번째 계율에 따라서 명칭지어진다. 빅쿠니상실속죄죄법 제21조로 시작하는 상실속죄죄법 제3품의 명칭은 금전(Jātarūpa-vagga)인데, Se. Be의 명칭은 '발우의 품(Pattavagga)'이라고 붙여졌는데, 이것은 잘못 붙여진 것이다. 따라서 Ce의 명칭에 따라 수정되어야 한다.

8) 계율의 조항의 명칭은 원래의 『빠띠목카』의 부분으로 송출되지 않은 것으로 이차적이고 부가적인 것이다. 그 명칭은 계율에서 가장 중요한 구절에 따라 붙여졌다. 그러나 제목이 내용상 동일해질 경우에는 달리 명칭을 부여했다. 빅쿠상실속죄죄법 제26조나 제27조(Khu-Pāc. 26, 27)는 모두 직조사(tantavāya)에 대한 것이다. 제27조(Khu-Pāc. 27=Nī-Pāc. 28)는 '직조사에 대한 큰 학습계율[Mahāpesakārasikkhāpada]'라는 명칭이 부여되어 있으나 원래에 계율조항에 없던 용어를 사용해서 명칭이 부여되었다. 그리고 제26조(Khu-Pāc. 26= Nī-Pāc. 27)는 직조사라는 용어를 피하고 '실타래의 요청에 대한 학습계율[Suttaviññattisik-khāpada]'이라는 명칭이 부여되어 있다. 아마도 명칭이 동일해지는 오류를 피하기 위해서 다른 명칭이 부여된 것 같다. 여기에 대해서 오스카 폰 힌위버(Oskar von Hinüber)의 주장이 옳다면, 제27조의 논리대로라면 '직조사에 대한 작은 학습계율[Cūḷapesakāra-

sikkhāpada]'이라는 명칭이 부여되었어야 한다. 역자는 이러한 혼돈을 피하기 위해서 제27조(Khu-Pāc. 27=Nī-Pāc. 28)의 항목의 제목에서 '큰'이라는 의미의 '마하(Mahā)'를 빼고, '직조사에 대한 학습계율[Pesakārasikkhāpada]'라는 명칭을 부여했다. 그리고 어떤 조항의 명칭은 그 계율 안의 문구에는 등장하지 않지만 그 계율이 생기게 된 양부 『비방가』의 인연담에서는 중요한 역할을 한다. 빅쿠단순속죄죄법 가운데, 제34조(Khu-Pāc. 34 = Nī-Pāc.119)의 '까나의 어머니와 관계된 학습계율[Kāṇamātusik-khāpada]' 제47조(Khu-Pāc. 47=Nī-Pāc. 128)의 '마하나마와 관계된 학습계율[Mahānāmasikkhāpada]' 제68조(Khu-Pāc. 68=Nī-Pāc. 146)의 '아릿타와 관계된 학습계율[Ariṭṭhasikkhāpada]' 제70조(Khu-Pāc. 70=Nī-Pāc. 148)의 '깐따까와 관계된 학습계율[Kaṇṭakasikkhāpada]' 제92조(Khu-Pāc. 92= Nī-Pāc. 166)의 '장로 난다와 관련된 학습계율[Nandattherasikkhāpada]'에서 볼 수 있다. 그 가운데 제81조(Khu-Pāc. 81= Nī-Pāc. 159)의 '닳아빠진 옷에 대한 학습계율[Dubbalasikkhāpada]'도 거기에 속한다고 볼 수 있는데, 주석서(Smp. 888)에서는, 그 명칭이 답바와 관련된 학습계율[Dabbasikkhāpada]이라고 달리 주어져 있는데, 명칭 자체가 학습계율에는 없는 그 계율이 발생하게 된 주인공을 지칭하고 있다는 것을 알 수 있다. 동일한 학습계율에 주어진 이러한 두 명칭은 모두 『빅쿠-비방가』의 인연담에 따라 주어진 것이다.

9) 다양한 계율의 다발에서 계율조항의 순서에 관하여 죄악이나 문법적 사항과 관련하여 유사한 구조를 발견할 수 있다. 위에서 언급한 것처럼 빅쿠상실속죄죄법 제26조나 제27조(Khu-Pāc. 26, 27)의 유사성과 같은 유사성을 발견할 수 있다. 특히 중학죄법에서는 그러한 규칙이 가는 것과 앉는 것과 관련되어 한 쌍으로 자주

발견된다. 그리고 빅쿠단순속죄죄법 제86조~제92조(Khu-Pāc. 86~92)까지는 범법자가 행해야 하는 것을 포함하는 -aka라는 형용사가 연이어 등장한다. 예를 들어 제87조, 제89조~제92조에서 잘라내는 것(chedanaka), 제86조에서 부수는 것(bhedanaka), 제88조에서 뜯어내는 것(uddālanaka)이 있다. 또한 빅쿠니단순속죄죄법 제22조와 제163조~제166조(Nī-Pāc. 22, 163~166)에서도 마찬 가지이다. 예를 들어 제22조, 제163조, 제165조~제166조에서 잘라내는 것(chedanaka), 제162조에서 부수는 것(bhedanaka), 제164조에서 뜯어내는 것(uddālanaka)이 있다. 휘스켄은 빠알리어 빅쿠니 승단잔류죄가 성에 따라 배열된 것을 발견했다. 여성의 계율은 공통계율보다 앞에 배열되어있다.

10) 공유계율에서의 빠알리어의 문법상의 성의 차이가 나타나야 한다. 빅쿠 계율의 '그런데 어떤 수행승(yo pana bhikkhu)'이 빅쿠니 계율의 '그런데 어떤 수행녀(yā pana bhikkhunī)'로 변환되고 기타의 문법사항이 여성형으로 변환되는 것이 일반적이다. 그러나 약간의 예외가 있는데, 빅쿠니계율의 여성형에서도 빅쿠계율의 남성형 형태의 문법사항이 일부 단어에서 그대로 적용되는 경우가 있는데, 그것은 편집자의 간과라기 보다는 부사적 용법으로 해석한 것으로 보여진다. 예를 들어 알면서(jānaṁ)라는 현재분사의 주격적 형태가 빅쿠상실속죄죄법 제30조(Khu-Niss. 30)와 빅쿠니상실속죄죄법 제30조(Nī-Niss. 30), 빅쿠단순속죄죄법 제16조(Khu-Pāc. 16)와 빅쿠니단순속죄죄법 제112조(Nī-Pāc.112), 빅쿠단순속죄죄법 제20조(Khu-Pāc. 20)와 빅쿠니단순속죄죄법 제116조(Nī-Pāc. 116), 빅쿠단순속죄죄법 제62조·제63조·제66조(Khu-Pāc. 62, 63, 66)와 빅쿠니단순속죄죄법 제143조~제145조(Nī-Pāc. 143~145), 빅쿠단순속죄죄법 제69조·제70조

(Khu-Pāc. 69, 70)와 빅쿠니단순속죄죄법 제147조·제148조(Nī-Pāc. 147, 148), 빅쿠단순속죄죄법 제82조(Khu-Pāc. 82)와 빅쿠니단순속죄죄법 제160조(Nī-Pāc. 160)에서 동일하게 사용된다. 그리고 별도로 그 현재분사는 빅쿠니승단추방죄법 제6조(Nī-Pār.6), 빅쿠니승단잔류죄법 제2조(Nī-Saṅgh. 2), 빅쿠니단순속죄죄법 제51조(Nī-Pāc. 51)에서도 사용되고 있다. 그밖에 그와 유사하게 빅쿠승단추방죄법 제4조(Khu-Pār. 4)와 빅쿠니승단추방죄법 제4조(Nī-Pār. 4)에서 현재분사 ajānaṁ, apassaṁ, anabhijanaṁ이 사용된다. 그리고 빅쿠단순속죄죄법 제73조(Khu-Pāc. 73)의 '원칙에 따라 처벌받아야 하고(yathādhammo kāretabbo)'는 빅쿠니단순속죄죄법 제151조(Nī-Pāc. 151)에서도 그대로 사용되었는데, 문법적으로 '원칙이 실현되는 것처럼(yathā dhammo kāretabbo)'라고 띄어서 해석하면 문제가 해결된다. 그런데 동일한 계율에서 빅쿠 계율에 사용된 '이것은 그 태만한 자(idaṁ tasmiṁ mobhanake)'라는 남성형 구절이 그대로 빅쿠 계율에서 계승된 것이 특이한데 아마도 태만한 자를 남성형 명사로서 해석했기 때문에 있을 수 있는 것이라고 볼 수 있다. 그러한 현상은 빅쿠단순속죄죄법 제12조(Khu-Pāc. 12)와 빅쿠니단순속죄죄법 제108조(Nī-Pāc. 108)에서의 '핑계를 대거나 묵비에 의한 괴롭힘을 주면(aññavādake vihesake)'이라는 것에도 적용된다. 빅쿠단순속죄죄법 제13조(Khu-Pāc. 13)와 빅쿠니단순속죄죄법 제109조(Nī-Pāc. 109)의 '원망하거나 매도하면(ujjhāpanake khīyanake)'에도 적용된다. 이렇게 빠알리어 문법상 여성형의 구절이 기대되는 곳에 남성형이 그대로 적용된 것은 해석학상으로 어미 -ika가 남성형 명사로 취급될 수 있음을 보여주는 것이다.

11) 『빠띠목카』의 용어의 번역은 경장에서 사용되는 것보다 그

어원적 또는 근원적 의미를 밝혀내려고 하면, 더욱 어려운 경우가 많다. 빠라지까(Pārājika)의 경우, 한역으로 음사하여 바라이(波羅夷)이지만, 오스카 폰 힌위버(Oskar von Hinüber : 1996. §17)의 경우 '축출과 관계된 것' 또는 '추방과 관계된 것'이라는 의미라고 해석하는데 이것은 한역의 단두죄(斷頭罪)라는 의미에 가깝다고 볼 수 있는데 비해, 테라바다 불교에서는 전통적으로 '패배를 당한 것'이란 의미로 해석하고 있다. 역자는 '승단추방죄'라고 번역했다. 쌍가디쎄싸(Saṅghādisea)의 경우 원래 한역의 승잔죄(僧殘罪)처럼 '승단의 잔여와 관계된 것'이라는 의미이지만, 어원적으로는 '승단이 처음부터 끝까지 관여해야 하는 것'으로 해석할 수 있다. 그 의미는 '승단의 갈마가 필요한 것'이라는 뜻이라고 볼 수 있다. 역자는 '승단잔류죄'라고 번역한다. 그밖에 구족계와 관계된 술어로 어원적으로 '일으키다'라는 의미의 'vuṭṭḥapeti' 또는 'vuṭṭḥāpeti'라는 용어를 어떻게 어원적으로 '성취하다'라는 의미의 'upasampādeti'와 구별해야 하는가는 율장 번역가를 괴롭혀온 것이다. 호너(Bd. III. 361)는 전자를 후자와 별다른 구별없이 '구족계를 주다.'라는 의미로 번역했고, 우에다 텐주이(上田天瑞 : 남율2권511)는 '구족계를 받게 하다'라는 의미로 번역했다. 최근까지 그 정확한 의미가 모호했는데, 1991년 에뒤 노로(Édit Norot)에 의해서 '책임을 맡다(prendre en charge)'란 의미로 사용한 이래 '구족계를 위해 수련생으로 맡다(aponsor as trainee for ordination)'라는 의미로 2001년 노먼이 개역했는데, 역자는 보다 이해하기 쉽게 '구족계를 받을 수 있도록 맡다.'라고 번역한다.

4. 빠띠목카의 송출

『빠띠목카』의 송출에 대해서는 율장의 다발부의 『마하박가』의 제2장 포살의 다발(Uposathakkhandhaka)에 나와있듯, 마가다국의 빔비싸라 왕이 '이교도인 유행자들이 보름기간 중에 제14일이나 제15일 그리고 제8일에 함께 모여 가르침을 설하는데, 사람들이 가르침을 듣기 위해 그들에게 다가왔다가 이교도의 유행자들에게 호감을 얻고 믿음을 얻는다.'라는 사실을 알게 되어 부처님에게 수행승들에게도 이러한 날의 행사를 권함으로써 이루어졌다. 부처님께서는 수행승들에게 정보를 주었으나 처음에는 수행승들은 침묵한 채 앉아만 있었다. 사람들이 그것을 비난하자, 부처님께서는 수행승들에게 설법할 것을 권했고, 이후에 『빠띠목카』의 송출로 방향을 바꾸었다. 그러던 중, 부처님께서는 보름기간 중에 세 번 제14일, 제15일 그리고 제8일의 송출은 폐지하고, 한 달에 두 번 즉, 보름기간에 한 번, 즉 제14일이나 제15일에 송출하는 것으로 바꾸었고, 동일포살결계를 선정하고 포살당을 선정하게 하여 『빠띠목카』의 송출에서 편리하도록 편의를 도모하였다. 그리고 『빠띠목카』의 송출을 위해서는 올바른 날에 해야 하고(Vin. I. 117), 최소한 네 명의 수행승이 필요하고(Vin. I. 124), 그 수행승들은 같은 분야의 죄를 범하지 않은 자들이어야 하고(Vin. I. 126), 재가의 신자들이나 권리정지처분을 받은 자 등의 부적당한 자들이 출석해서는 안 되고(Vin. I. 115; 135) 단지 두 세명의 수행승이 출석하면, 청정권리의 선언을 해야 하고, 수행승이 혼자라면, 네 가지 예비적 의무를 행하고 개인적으로 포살일이라는 사실을 염두에 두어야 한다.(Vin. I. 124) 송출하기 전에 어떠한 수행승이든 죄를 범했다면, 다른 수행승에게 참회해야 한다.(Vin. 125-128) 예비적 임무가 행해져야 하고(Vin. I. 125), 다섯 가지 예비적 의무가 충족되어야 하지만(Vin. I. 120; 117, IV. 49-53), 그것들이 어떻게 『빠띠목카』의 송출의 서두에 등장하는가는 승가의 전통에 따라 다르다. 『빠띠목카』는 일반적으로 장로가 송출하는데, 장로가 할 수 없을 때에는 경험있는 유능한 수행승이 송출할 수 있다.(Vin. I. 116) 『빠띠목카』를 송출하는 다섯 가지 방식이 있다.(Vin. I. 112) : *1)* 인연을 송출한 뒤에 나머지는 들은 바와 같다고 선언한다. *2)* 인연을 송출하고 네 가지 승단추방죄법을 송출한 뒤에 나머지는 들은 바와 같다고 선언한다. *3)* 인연을 송출하고 네 가지 승단추방죄법을 송출하고 열세 가지 승단잔류죄법을 송출한 뒤에 나머지는 들은 바와 같다고 선언한다. *4)* 인연을 송출하고 네 가지 승단추방죄법을 송출하고 열세 가지 승단잔류죄법을 송출하고 두 가지 부정죄법을 송출한 뒤에 나머지는 들은 바와 같다고 선언해야 한다. 이것이 네 번째 의무계율의 송출이다. *5)* 완전히 송출한다.

5. 빠알리율과 사분율의 빠띠목카의 비교

역자의 ≪비나야삐따까≫의 통합본에 ≪빠알리율≫의 빠띠목카가 상세히 기술되어 있다. 알다시피 ≪빠알리율≫은 테라바다의 소속의 율장이다. 그런데 우리나라의 대표종단인 조계종에서는 ≪사분율≫을 소의율장으로 채택하고 있다. 대승불교인 북방불교에는 사실상 대승에 고유한 율장은 존재하지 않고 모두가 소승부파불교의 율장을 그대로 채택하고 있다. 이들 가운데 ≪사분율≫은 법장부(法藏部 : Daharmaguptaka[曇無德部])라고 하는 부파에서 사용하던 율장이었다. 이것은 후진(後秦)의 삼장(三藏) 법사였던 불타야사(佛陀耶舍)가 번역한 것이다. 그 가운데 계본인 빠띠목카를 서태원사 사문 회소(懷素)가 모은 것이 『사분율비구계본』(四分律比丘戒本 : 大正22권1429 No. 1429)이고, 내용상 이상이 없는 한에서 다소간 그것을 간략화한 것이 『사분승계본』(四分僧戒本 : 大正22권1430 No. 1430)이다. ≪사분율≫ 서문에 '불교가 중국에 전래한 지 400년이 지났는데도 아직 율장이 갖추어지지 않아 안타깝더니, 임진년(서력 392)에 혜원의 제자 지겁령(支怯領)이 산스크리트 본을 구하러 우전국(于闐國)에 갔다가 불타야사를 만나서 그를 데리고 장안(長安)으로 돌아온 것이 무신년(서기 408)이었다. 따라서 서문을 보면 불타야사가 번역한 판본은 원래 산스크리트본인 것을 알 수 있으나, 지금은 존재하지 않는다. 다만, 다른 설일체유부나 근본설체유부 또는 대중부의 계본의 단편들은 존재하는데, 불타야사는 구마라집의 제자로서 그가 사용한 법장부의 산스크리트 계본은 발견되지 않았으나, 다른 부파의 판본처럼 ≪빠알리율≫의 계본과 큰 차이가 없다. 역자는 시간 관계상 범본과의 대조는 후학들에게 미룬다. 그것에 관해서는 세계적인 연구 성과를 참조하기 바란다.

처음부터 『사분율비구계본』이 『빠알리율비구계본』에서 '단단하거나 부드러운 음식'을 단순히 '음식'으로 한역했듯이, 『빠알리율계본』(Khu-Saṅgh. 13; Nī-Saṅgh. 17)에서 '존자가 악행을 행하는 것이 보이고 또한 들리고, 존자가 가정을 오염시키는 것이 보이고 또한 들립니다.'라는 구절이 『사분율비구계본』(오가빈방위승간계(汚家擯謗違僧諫戒) | 사분니승가바시사 12)에서 도치되어 세 차례 반복되는 한역을 취하여 '오타가역견역문 행악행역견역문(汚他家亦見亦聞 行惡行亦見亦聞)'라고 했는데, 『사분승계본』(오가빈방위승간계(汚家擯謗違僧諫戒) | 사분니승가바시사 12)은 '함께 보았거나 들었다면(俱有見聞.)'이라고 축약하고 있음을 볼 수 있다. 내용상으로 상당히 합리적인 축약을 하고 있어 크게 번거로움을 줄인 것이다. 이러한 까닭에 대만에서 사용하는 계본이나 우리나라에서 사용하는 계본은 이 『사분승계본』이나 『사분니계본』을 사용한다.

다만 역자는 『빠알리율계본』과 『사분승계본』을 비교해보면, 여러 가지 정황으로 보아, 『사분율비구계본』이나 『사분승계본』이 ≪

빠알리율≫보다도 훨씬 후대에 성립된 것임을 알 수 있다.

1) 다수의 ≪빠알리율≫에는 없는 학습계율이 ≪사분율≫에서 추가되었다. 특히 중학죄법에서 다수(≪사분율≫ 중학죄법 제60조~제85조)가 추가되었는데, 그 모두가 불탑과 관련된 신앙적 경건성을 반영하는 학습규범으로 되어 있다는 사실이다. 이것은 법장부의 나타날 쯤에는 불탑신앙이 그 정점에 있었다는 사실을 의미한다. 이부종륜론(異部宗輪論)에 따르면, 법장부는 상좌부에서 파생되어 서북인도 지방에 분포되어 있던 설일체유부 가운데 화지부(化地部)의 전통을 잇는 부파였다. 그렇다면 당연히 ≪빠알리율≫보다는 3내지 4세대 이후에 성립되었고 불탑신앙이 성행하던 서북인도를 배경으로 하고 성립되었다는 것을 의미한다.

2) ≪빠알리율≫에서 반복되는 구절이나 부연되는 설명이 ≪사분율≫에서는 간략하게 정리된다. ≪빠알리율≫과 내용적으로 차이가 없는 학습계율의 번잡한 문구들은 ≪사분율≫ 계본에 오면 간략화 된다는 사실이다. 이를테면 승단잔류죄법(승가바시사 2, 3, 4; Khu-Saṅgh. 2, 3, 4)에서 빠알리문의 '욕정을 일으켜 일탈한 마음으로(otiṇṇo vipariṇatena cittena)'는 '욕정의 마음을 일으켜(淫欲意)'로 간략화 되고, 단순속죄죄법(바일제 25; Khu-Pāc. 26)에서는 빠알리문의 '꿰매거나 꿰매게 시키면(sibbeyya vā sibbāpeyya vā)'이 '옷을 지어주면(作衣者)'으로 간략화된다. 상실속죄죄법(니살기바일제3; Khu-Niss. 3)의 경우 빠알리문에는 '그러나 만약 그것이 그에게 충분하지 않다면, 최대한 1개월까지는, 부족한 것이 채워지리라는 희망이 있다면, 그 수행승이 그 옷을 따로 둘 수 있지만, 그 기간이 지나서 따로 두면, 희망이 있더라도'라고 되어 있는데, 한역(『사분승계본』)은 '여건이 갖추어지면 좋지만, 갖추어지지 않으면, 한 달까지는 갖추어지기를 기다릴 수 있다. 그

러나 기간이 지나면(若足者善; 若不足者, 得畜經一月, 爲滿足故. 若過者)'이라고 간략화되어 있다. 아주 긴 문장의 상실속죄죄법(니살기바일제10; Khu-Niss. 10)의 경우도 빠알리문에는 "사자를 통해서 '이 옷의 자금으로 옷을 구입하여 이러이러한 수행승에게 옷을 보시하라.'라고 옷의 자금을 보내온다고 할 때"라는 구절이 ≪사분율≫에서는 '사자를 파견해서 옷의 자금을 보내서(遣使爲比丘送衣價)'라고 간략화되는 등 보다 내용적으로 간략하고 판명해진다. 단순속죄죄법(바일제35, 36, 37, 38, 41; Khu-Pāc. 35, 36, 37, 38, 41)과 고백죄법(제사니 1, 3, 4; Khu-Paṭid. 1, 3, 4) 에서 빠알리문에는 "단단한 음식이거나 부드러운 음식"이라는 구절이 ≪사분율≫에서는 '음식(食)'으로 간략화된 것을 볼 수 있다.

3) ≪빠알리율≫에 비해 ≪사분율≫이 어떤 경우에는 보완적이다. 승단잔류죄법(승가바시사13; Khu-Saṅgh. 12)에서는 '돌아가며 서로 충고하고 서로 가르쳐 참회하는(aññamaññavacanena aññamaññavuṭṭhāpanenā'ti)은 '돌아가며 서로 충고하고 서로 가르쳐 참회하는(展轉相諫◦相敎◦懺悔)으로 좀더 상세히 설명된다. 상실속죄법(니살기바일제 23; Khu-Niss. 26)에 '친척이 아닌(非親里)'라는 구절이 있는데, 이것을 빠알리계본에는 없는 것이 부가된 것인데, 비방가에서는 예외조항으로 들어간 것을 보완한 것이다. 상실속죄법(니살기바일제 6; Khu-Niss. 6)의 경우에는 빠알리문에는 '옷이 약탈당했거나 망가졌을 경우에(acchinnacīvaro vā hoti bhikkhu naṭṭhacīvaro vā)'가 비방가의 예외조항에 들어가 있지는 않지만, '수행승의 옷이 약탈당했거나 잃었거나 불탔거나 떠내려갔을 경우에(奪衣◦失衣◦燒衣◦漂衣)'로 상세히 설명된다. 단순속죄죄법(바일제80; Khu-Pāc. 76)의 경우 빠알리문에는 없는 '화가 나고 불만에 가득 차서(瞋故不喜)'가 추가되고 있다. ≪사분율≫

단순속죄죄법(바일제 32; Khu-Pāc.33)에서는 '옷을 지을 때에(作衣時)'가 추가되고 있다.

4) 계명의 경우에는 ≪빠알리율≫에 비해 ≪사분율≫의 좀더 합리적일 경우가 많다. 대표적인 것이 원래의 빠알리계본의 부정죄법 2개 항목(부정법 1, 2; 은 '첫 번째 부정죄법, 두 번째 부정죄법'이라고 명칭지어져 있으나, 이 명칭은 ≪사분율≫보다 명칭의 일관성이 없어 역자가 ≪사분율≫의 '병처부정계(屛處不定戒)'와 '노처부정계(露處不定戒)'를 빠알리어로 환원하여 빠알리계문의 명칭으로 삼았다.

5) 계율형식에서 ≪빠알리율≫보다 ≪사분율≫이 통일적이다. 중학법을 제외하고 ≪빠알리율≫에서는 대부분 '어떤 수행승이든지… 한다면(yo pana bhikkhu)'이라는 구절 시작되지만, 단순속죄죄법(Khu-Pāc. 19, 31, 34, 47, 87, 89, 90, 91; 바일제 20, 31, 34, 47, 84, 87, 88, 89)처럼 '수행승이([pana] bhikkhunā)'라고 시작하거나 다른 형식을 시작하는 학습계율도 ≪사분율≫은 중학죄법은 제외하고는 '어떤 수행승이든지… 한다면(若比丘 … 者)'으로 일괄적으로 통일하고 있다. 심지어 빠알리문에는 수행승이란 단어조차 없는데도 단순속죄죄법(바일제 33; Khu-Pāc. 32)에서는 '어떤 수행승이든지… 한다면(若比丘 … 者)'을 추가하고 있다. 기타 상실속죄죄법(니살기바일제 1, 2, 7, 8, 9, 10, 13, 14, 15, 16, 21, 24, 26, 27, 28, 29; Khu-Niss. 1, 2, 7, 8, 9, 10, 13, 14, 15, 16, 21, 23, 24, 27, 28, 29) 등에서도 유사하다.

6) ≪사분율≫의 한역이 치명적인 오류를 내포할 수 있는 것은 한문이 빠알리어의 다의성이나 초기불교의 철학을 적절하게 반영하는데 오해를 낳을 수 있기 때문이다. ≪사분율≫ 단순속죄죄법(바일제 11; Khu-Pāc. 11)의 경우가 대표적인데, 한글번역과도

관계되므로 이것은 다음의 항목에서 다룬다. 그리고 ≪사분율≫ 단순속죄죄법(바일제 23; Khu-Pāc. 24)에서 ≪빠알리율≫에서 역자가 '이득을 얻기 위해서(āmisahetu)'라고 번역한 것은 한역에서는 '음식을 얻기 위해(爲飮食故)'라고 되어 있는데, 실제로 그렇게 번역하면 오해를 낳게 된다. 정확한 의미는 '자양(滋養)을 얻기 위해서'라는 뜻인데, Vin. IV. 58에 따르면 '이득을 얻기 위한 것'이란 옷을 얻기 위한 것과 탁발음식을 얻기 위한 것과 와좌구를 얻기 위한 것과 필수의약을 얻기 위한 것과 명성을 얻기 위한 것과 존경을 얻기 위한 것과 공경을 얻기 위한 것과 예경을 얻기 위한 것과 공양을 얻기 위한 것이다.

6. 사분율계본 한글번역의 문제점

≪사분율≫의 한역이 가져오는 이중번역의 치명적인 오류로는 다음과 같은 예를 들 수가 있다.

■ 괴생종계(壞生種戒) | 사분니바일제 11 :

若比丘 壞鬼神村者, 波逸提

•괴생종계⊙(壞生種戒) | Khu-Pāc. 11(Nī-Pāc. 107) :

bhūtagāmapātavyatāya pācittiyan'ti.

○ 괴생종계(壞生種戒) | 운허

비구로서 귀신숲을 망가뜨리면 바일제죄이니라.

○ 괴생종계(壞生種戒) | 퇴현역 : 빠알리본에 입각한 ≪사분율≫한글역

어떠한 수행승이든 초목을 파괴하면, 단순속죄죄를 범하는 것이다.

한역의 귀신촌(鬼神村)은 명백하게 초목 또는 식물을 의미하는 'bhūtagāma'에 대한 명백한 오역이다. 물론 이 단어를 분리하면 'bhūta'는 귀신의 의미가 있고 'gāma'는 마을의 의미를 지닌다. 그러나 복합어는 결코 그러한 의미를 지닌 적이 없다. 그밖에 ≪사분율≫ 별중식계(別衆食戒 : 바일제 33)에 대한 운허스님의 번역은 '비구로서 대중을 떠나서 따로 모여 먹으면, 특별한 때를 제외하고

는 바일제죄이니라.'인데, 이때 별중식(別衆食)이란 '대중을 떠나서 따로 모여 먹는 것'이라고 했는데, 원래의 어원인 빠알리어 '가나보자나(gaṇabhojana)'는 무리지어 식사하는 것'을 의미한다. 정확히는 '네 명의 수행승이 다섯 가지 정식 가운데 어느 하나로 초대받아 식사하는 것을 말한다.'을 말한다.

그리고 ≪사분율≫ 바일제 12의 망작이어뇌승자(妄作異語惱僧者)라는 한역은 ≪빠알리율≫(Khu-Pāc. 12; Nī-Pāc. 108)에서 'aññavādake vihesake pācittiyan'ti'를 번역한 것인데, 이것을 번역한 운허 스님은 '부질없이 딴 말을 하거나, 스님네를 시끄럽게 하면'이라고 했는데, 비방가의 인연이야기를 참조하지 않으면 번역하기 힘든 구절로서 역자는 '어떠한 수행승이든 핑계를 대거나 묵비에 의해 괴롭히면'이라는 번역했다. 그리고 Smp. 770에 따르면, 두 개의 별개의 사건이라 두 개를 다 범하는 경우는 두 개의 단순속죄죄를 범하는 것이고 주장하고 있는 것도 고려해야 한다. 그 밖에 오가빈방위간계⊙(汚家擯謗違諫戒) | Khu-Saṅgh. 13(Nī-Saṅgh. 17)에서 한역 '유구자유불구자(有驅者有不驅者)'라는 구절은 빠알리문 'ekaccaṁ pabbājenti: ekaccaṁ na pabbājentī'ti'라는 구절을 한역한 것인데, '누구는 가라하고 누구는 눈감아 준다.'라는 것은 대표적으로 잘못 오해된 것이고 '어떤 자들은 한시퇴출시키고 어떤 자들은 한시퇴출시키지 않습니다.'라고 번역해야 한다. 그리고 한역 '승유애, 유에, 유포, 유치(僧有愛◦有恚◦有怖◦有癡)'는 빠알리 원문이 'chandagāmino ca bhikkhū dosagāmino ca bhikkhū mohagāmino ca bhikkhū bhayagāmino ca bhikkhū'라고 되어 있는데, 운허역에서는 '스님네가 사랑하는 이도 있고, 미워하는 이도 있고, 두려워하는 이도 있고, 어리석은 이도 있고'라고 했는데, 원래는 '욕망의 길을 가고, 분노의 길을 가고, 우치의 길을 가고, 공포의

길을 가는 수행승들이 있는데,'라는 뜻으로 그 뒷 구절의 죄악을 설명하는 것이다. 그리고 한역의 승불애, 불에, 불포, 불치(僧不愛。不恚。不怖。不癡.)는 앞의 구절과 반대구조를 갖고 있어 운허역에서는 '편벽되게 스님네가 사랑하는 이도 없고, 미워하는 이도 없고, 두려워하지도 아니하고, 어리석지도 아니합니다.'라고 했는데, '편벽되게'라는 말은 한역에도 없는 말이 추가된 것인데 내용상 문제를 야기할 수가 있는 것이다. 역자는 '수행승들은 욕망의 길을 가지 않고, 분노의 길을 가지 않고, 우치의 길을 가지 않고, 공포의 길을 가지 않습니다.'라고 번역했다.

7. 조계종에서 실제 사용하는 사분율계본과 계목에 대하여

≪사분율≫은 후진(後秦)의 삼장(三藏) 법사였던 불타야사(佛陀耶舍)가 번역한 것이다. ≪사분율≫에 입각한 『바라제목차』 즉, 계본은 『사분율』을 근거로 서태원사 사문 회소(懷素)가 『사분율비구계본(四分律比丘戒本)』(대정22권 No. 1429)과 『사분승계본(四分僧戒本』(대정22권 No. 1430)을 모으고, 『사분니계본(四分尼戒本)』(대정1431)을 모았다. 당 나라 때 도선율사(596~667)는 『사분율장』을 소의율장으로 종남산 백천사에서 「남산율종」을 창종하고 『사분율』을 널리 펴게 된다. 당시에 『사분율』을 소의로 하는 「동탑종」과 「상부종」이라는 율종도 있었으나 이들은 당대로 소멸하고, 「남산율종」만 현재까지 계승되고 있는데, 대승지상주의적인 중국불교에서 소승율 가운데 하나인 『사분율』을 소의로 하는 세 가지 율종 가운데 오직 「남산율종」만 남게 된 데는, 중국율학의 중심과제였던 계체(戒體)에 대해 유식적(唯識的)인 견해로 설명한 것과 특히 도선은 『사분율』이 소승율이 아니라 대승율이라고 주장하며 대승불교의 교의로 율장을 해석했기 때문이라고도 한다. 이에 도선은 『사분율』을 바탕으로 ≪사분율산번보궐행사초(四分律

刪繁補闕行事鈔)≫, ≪사분율함주계본소(四分律含注戒本疏)≫、≪사분율산보수궤갈마(四分律刪補隨机羯磨)≫ 등의 남산삼대부 이외에 많은 저술을 남겼는데, 회소가 모은 계본을 산정한『신상정사분승계본(新刪定四分僧戒本)』은 지금까지 중국과 한국에서 비구계의 계본으로 지송되고 있다. 한편 비구니계본에 관하 한, 회소의『사분니계본』에서 송나라 원조(元照 : 1048~1116) 율사가 중정(重定)한 것이『사분산정비구니계본(四分刪定比丘尼戒本)』인데, 이것이 현재 조계종 공용계본으로 이어지고 있다. 그리고 조계종 표준 비구니계본의 계목(戒目)은 원조율사의 계본을 출처로 한다. 그리고 봉녕사에서 편역한 비구니계본의 계목(戒目)은 명 나라 견월독채(見月讀體 : 1601-1679) 율사가 의장중각(依藏重刻)한『사분비구니계본』과『사분율비구니계상표기』를 참고하였다. 계본의 우리말 번역은 1957년에 운허스님이 번역한 것이 처음이다. 그 뒤 일타 스님의 포살본이나 조계종 단일계단의 계본으로 사용되고 있어도 한두 가지 정도의 자구나 송출하기 편하게 윤문하는 정도 이외에 계상의 본문은 초판 번역 그대로 유지해 왔다고 볼 수 있다. 그런데 계본의 계상 번역이나 편역에서 원본에 없는 말이 추가되어 계상의 본질을 잘못 이해하게 하는 부분이나, 빠알리율의 빠띠목카나 교리상으로 볼 때 일부 게송에 오역으로 보이는 부분은 이번 기회에 바로잡을 필요가 있다.

8. 빠띠목카의 범계와 제재

율장에는『빠띠목카』의 계율을 범한 수행승과 수행녀에 대한 상세한 제재가 나온다. 흥미로운 것은 가장 심각한 위범에 대해서 갈마에서 처리하지 않는다는 사실이다. 수행승이나 수행녀가 첫번째 유형의 죄인 승단추방죄법을 어겼을 경우, 그 죄상을 자인하면 단지 승단으로부터 추방될 뿐이고 더 이상의 조치가 취해지지는 않는다. 만약 수행승이나 수행녀가 승단추방죄를 자인하기를 거절하면, 승단은 그 사람을 『빠띠목카』의 송출에서 참여시키지 않고, 승단에서 추방할 수 있다. 두 번째 유형의 죄인 승단잔류죄법을 어겼을 경우는 승단의 갈마에 회부되고 처벌과 복귀에서 승단의 감독을 받아야 하기 때문에 가장 복잡한 유형의 제재가 이루어진다. 그리고 상실속죄죄법을 어겼을 경우에는 다른 수행승에게 범계의 죄에 대해 참회하고, 관련된 물품을 내어놓아야 한다. 그리고 단순속죄죄법을 어겼을 경우에는 다른 수행승에게 다가가서 속죄를 통해 참회하는 것으로 족하고, 고백죄법을 어겼을 경우에는 고백을 통한 참회로 족하고, 중학죄법을 어겼을 경우에는 악작죄나 악설죄를 짓는 것인데, 이것들에 대해서는 의도적일 경우에는 다른 수행승에게 참회하는 것으로 족하고 비의도적이었을 경우는 단지 마음속으로만 참회하는 것으로 족하다. 그리고 빅쿠-빠띠목카에는 두 가지 부정죄법이 승단잔류죄법과 상실속죄죄법 사이에 첨가되어 있다. 그리고 양부『빠띠목카』에는 이러한 계율의 뒤에 멸쟁죄법을 소개하고 있는데, ① 논쟁에 관한 쟁사, ② 비난에 관한 쟁사, ③ 죄악에 관한 쟁사, ④ 의무에 관한 쟁사(Vin. II. 88)의 쟁사가 생겨났을 경우, 쟁사의 제재를 위한 7개 조항의 멸쟁죄법을 소개하고 있다.

[승단추방죄법(pārājikā)]

빠알리어로 빠라지까(pārājika)이고, 한역으로 음사하여 바라이(波羅夷)라고 한다. '빠라지까'는 여기에 속한 학습계율을 어기면, 승단추방죄를 범하는 것이기 때문에 승단추방죄를 의미하기도 한다. 그래서 수행자로서 승단에서 목숨을 잃는 것이기 때문에 단두법(斷頭法)이나 단두죄(斷頭罪)라고도 한다. 어원적으로 살펴보면, 빠라지까(pārājika)의 원래 의미는 패배죄(敗北罪)이다. 가까운 한역으로는 타승(他勝)이라는 용어가 있다. 수행자로서 이 죄를 범하는 것은 수행에서의 승리자가 되지 못하고 패배자가 된다는 것으로 수행자에게는 가장 무서운 죄이다. 당연히 계율 가운데 가장 중죄를 구성하는 것으로 4조(四條)가 있다. ① 음행 ② 투도 ③ 살인 ④ 인간을 뛰어넘는 상태(上人法 : uttarimanussadhamma)에 대한 사칭이다. 여기서 인간을 뛰어넘는 상태에 대한 사칭이란 실제로 얻지 못한 선정이나 신통이나 길과 경지를 얻었다고 허위로 알리는 것을 뜻한다. 수행녀의 경우에는 네 가지가 더 추가된다. 이러한 죄들을 지으면, 참모임에서 추방되고, 다시는 구족계를 받을 수 없다. 그러나 사미계는 가능하다. 이 승단추방죄는 용서할 수 없는 죄(anavasesā āpatti)라고 하고 나머지는 용서할 수 있는 죄이다. 그리고 이 승단추방죄법에서는 상황에 따라 승단추방죄에 인접한 죄(pārājikasāmanta)를 '무거운 죄' 즉, 중죄(重罪 : garukā āpatti)라고 하는데, '음행(淫行 : methunadhamma)에 인접한 악작죄(惡作罪 : dukkaṭa)나, 그밖에 투도(偸盜 : adinnādāna) 등에 인접한 추악죄(醜惡罪 : thullaccaya) 등으로서 처벌을 받을 수 있다. 그러나 막상 율장에서 승단추방죄와 관련된 수행승에 관하여 단 한 번의 갈마에 대한 언급이 있다. "수행승이 승단추방죄를 범했다. 참모임이나 무리나 개인이 그에게 '존자여, 승단추방죄를 범한 것입니다.'라고 질책했다. 그는 이와 같이 '존자들이여, 그렇소. 나는 승단추방죄를 범한 것입니다.'라고 말했다. 참모임이 그를 승단추방죄로 다룬다면, 원칙에 맞는 자인에 입각한 조정을 밟는 것이다."(Vin. II. 84) 다른 구절은 승단추방죄를 범한 수행승이 어떻게 의무계율의 송출에서 차단될 수 있는지를 보여준다.(Vin. II. 243) 그 밖에는 승단추방죄와 관련해서 율장이나 주석서에서 갈마가 주어지지 않는다. 다만 승단추방죄법의 말미에 있는 "승단추방죄를 범하는 것이므로, 함께 살 수 없다.(pārājiko hoti asaṁvāso)"라는 구절이 전부이다. 이것은 승단추방죄를 지은 수행승이나 수행녀가 추방되어야 한다는 당위를 보여주는 것이다. 그러나 그것에 승복하길 거부하는 수행승이나 수행녀에게는 부분적 진실일 뿐이다. 율장에 추방의 과정은 시설되어 있지 않다.

[승단잔류죄법(僧團殘留罪法 : saṅghādisesā]

빠알리어로 쌍가디쎄싸(saṅghādisesa)라고 하고, 한역에서는 승잔(僧殘)이라고 하고, 음사하여 승가바시사(僧伽婆尸沙)라고 한다. 쌍가디쎄싸라는 말은 승단잔류죄법을 의미하기도 하고, 여기에 속한 학습계율를 어기면, 승단잔류죄를 범하는 것이기 때문에 승단잔류죄를 지칭하기도 한다. 승단잔류죄법을 어긴 자에 대한 처벌의 가장 단순한 형태는 감추지 않은 죄의 경우인데 이와 같이 다루어야 한다. *1)* 수행승과 수행녀는 참회처벌(mānatta)의 기간에 대한 허락을 구한다. 수행승들은 6일이고, 수행녀들은 반월(半月)이다. 참회처벌은 양중의 참모임의 앞에서 받아야 한다. a) 수행승이나 수행녀는 죄를 짓고 감추지 않은 것에 대하여 세 번 반복하여 참회처벌을 청한다.(Vin. II. 38) b) 총명하고 유능한 수행승이나 수행녀가 참모임에 한번제안세번의결갈마를 거쳐 침묵으로 의결한다. c) 수행승이나 수행녀는 참회처벌의 기간을 받는다. *2)* 참회처벌의 기간 동안에 수행승은 격리생활을 하면서 94가지 의무를 지켜야 한다. 그 가운데 하나의 의무는 참회처벌을 지키는 것을 방문하는 수행승에게 알릴 것을 요구한다.(Smp. 1171) 수행녀는 적어도 네 명의 수행녀나 네 명의 수행승에게 반월의 각 날마다 자신들이 참회처벌을 지키는 것을 알려야 한다.(Kkh.167) *3)* 참회처벌의 기간이 끝나면, 수행승은 출죄복귀(abbhāna)를 하기 위해서 적어도 20명의 수행승의 참모임을 요청해야 한다.(Vin. II. 39) 수행녀도 적어도 20

명의 수행녀의 참모임을 요청해야 한다. a) 수행승은 세 번 출죄복귀를 청원을 한다. b) 총명하고 유능한 수행승이나 수행녀가 참모임에 한번제안세번의결갈마를 거쳐 침묵으로 의결한다. 승단잔류죄법을 어긴 자가 처벌기간 중에 다시 승단잔류죄법을 어기는 경우는 단순한 형태의 처벌과 동일한 갈마의 형식을 빌어서 다음과 같은 복잡한 형태의 처벌이 주어진다. *1)* 참회처벌의 기간 동안 또는 6일간의 참회처벌 후에 출죄복귀하기 전에 두 번째 감추지 않은 죄를 범하면, 그는 가중처벌을 받고 다시 6일간의 참회처벌을 받아야 한다.(Vin. II. 46) *2)* 여기서 가중처벌(加重處罰)은 빠알리어는 물라야 빠띠깟싸나(mūlāya paṭikassana)이고 한역에서는 본일치(本日治)라고 하는데, 습관적인 잘못이 남아 있어 격리처벌받는 동안에도 동일한 죄를 범하는 경우, 그 동안 격리처벌의 기간인 일수(日數)가 무효가 되고 처음의 일수로 되돌아가 다시 격리처벌되는 것을 뜻한다. 죄를 감추었을 경우, 죄를 감춘 기간과 동일한 격리생활이 주어져야 하고, 그 후에 별도의 6일간의 참회처벌을 받아야 한다.(Vin. II. 40) 두 번째 감춘 죄를 범했을 경우는 감춘 것에 대하여 가중처벌을 주고 예전의 죄에 대하여 통합격리처벌(合一別住)을 받아야 한다.(Vin. II. 48) *3)* 다수의 승단잔류죄를 지었는데, 죄의 한계를 알지 못하고, 날의 한계를 알지 못할 경우, 그 수행승은 정화격리처벌(淸淨邊別住)을 받아야 한다.

[부정죄법(不定罪法 : aniyatā)]

빠알리어로는 '아니야따(aniyata)'이다. 이 학습계율은 수행승에게만 해당하고 수행녀의 계본에는 존재하지 않는다. 한역에는 부정(不定) 또는 부정법(否定法)이라고 한다. 어떠한 죄를 범했는지 불분명하지만 혐의를 받을 만한 죄로서 수행승이 여성과 자리를 함께 한 경우 증인의 증언에 의해 죄가 결정되므로 부정(不定)이라고 한다. 부정죄법을 어겼을 경우, 결과적으로 세 가지 유형의 죄로 귀결된다. 승단추방죄이거나 승단잔류죄이거나 단순속죄죄이다. 어떠한 죄를 범했는지 불분명하지만 혐의를 받을 만한 죄로서 수행승이 여성과 자리를 함께 한 경우, 참모임에서 믿을 만한 재가의 여신도의 증언에 의해 죄가 결정되므로 부정(不定)이라고 한다. 하나는 병처부정(屛處不定)이고 하나는 노처부정(露處不定)이다. 병처부정은 남이 볼 수 없는 곳, 속삭여도 들리지 않는 곳에서 여인과 단 둘이 앉는 것인데, 경우에 따라서 승단추방죄나 승단잔류죄나 단순속죄죄를 범하는 것이 될 수 있다. 노처부정은 남이 볼 수 있는 곳이지만 음담이 가능한 곳에서 여인과 단 둘이 있는 것인데, 경우에 따라서 승단잔류죄나 단순속죄죄를 범하는 것이 될 수 있다.

[상실속죄죄법(喪失贖罪罪法 : nissagiyapācittiyā)]

빠알리어로 닛싹기야(nissaggiya)이다. 한역에서는 음사하여 니살기(尼薩耆)라고 하고, 번역하여 사타(捨墮) · 진사타(盡捨墮) · 기타(棄墮)라고 한다. 닛싹기야는 상실죄(喪失罪)라고만 번역할 수 있지만, 속죄죄법에 속하기 때문에 그것을 어기면 상실속죄죄를 범하는 것이므로 역자는 상실속죄죄 또는 상실속죄죄법이라고 번역한다. 수행승이나 수행녀가 상실속죄죄법을 어겼을 경우, 그들은 자신의 죄를 속죄하고 잘못된 방식으로 얻어진 물건을 내어놓아야 한다. 수행승은 참모임(saṅgha : 5명 이상의 수행승)이나, 무리(gaṇa : 別衆 : 2-4명의 수행승) = 다수의 수행승(2-4명의 수행승), 또는 개인적 수행승(eka : 1명)에게 다가가서 죄를 참회하고, 그들에게 그 물건을 내어놓아야 한다.(Vin. III. 196) 첫 두 경우에는 참모임이나 무리 앞에서 총명하고 유능한 수행승은 그 죄를 받아들이고, 넘겨받은 옷은 그 죄를 지은 자에게 돌려주도록 제안해야 한다. 참회가 개인적인 수행승 앞에서 이루어지면, 그는 누구에게 돌려주라고 제안할 필요가 없고, 자신이 돌려주면 된다. 수행녀의 경우도 그러한 과정은 동일하다. 상실속죄죄법을 어겼을 경우, 돌려주어야 하는 품목에는 옷을 포함해서, 옷, 누더기, 양모, 거래를 통해 얻은 것, 발우, 약품, 승단에 소속된 할당물이 있다. 수행녀의 상실속죄법에만 있는 것으로는 잘못 요구한 것, 잘못 교환된 것, 4깡싸 보다 많이 주고 구한 무거운 옷, $2\frac{1}{2}$ 깡싸 이상을 주고 구한 가벼운 옷이 있다. 『빠띠목카』에는 죄를 범한 수행승이나 수행녀에게 돌려주어서는 안 되는 품목을 다루는 세 가지 조항이 포함되어 있다. 두 조항 즉, 빅쿠상실속죄죄법 제18조, 제19조(Khu-Niss. 18, 19)와 빅쿠니상실속죄죄법 제21조, 제22조 Nī-Niss. 21, 22)에 따라 금전은 수행승이나 수행녀가 지니거나 교환할 수 없으므로 참모임은 그것을 되돌려줄 수 없다. 승원에서 몰수하여 정인이나 재가의 신자가 버터기름, 기름, 꿀, 당밀로 바꾸게 해야 한다.(Vin. III. 238) 그러나 바꾸어서 그러한 것들을 얻을 수 없다면, 버리라고 해야 하고, 만약 버리지 못하면, 금전제거자를 선정해서 폐기해야 한다. 세 번째 조항, 즉, 빅쿠상실속죄죄법 제22조(Khu-Niss. 22)와 빅쿠니상실속죄죄법 제24조(Nī-Niss. 24)는 다섯 곳보다 적게 수리된 발우로써 다른 새로운 발우를 교환하여 구한다면, 상실속죄죄를 범하는 것이다. 그 수행승은 새 발우를 수행승들의 대중에게 넘겨주고, 대중에게 속하는 마지막으로 남은 발우를 받아야 한다.

[단순속죄죄법(單純贖罪罪法 : suddhapācittiyā)]

빠알리어로 빠찟띠야(pācittiya)이고, 한역으로는 바일제(波逸提), 바일저가(波逸底迦), 바약치(波藥致), 바라일니가(波羅逸尼柯), 바라야질지가(波羅夜質肢迦), 바야제(波夜提)라고 하고, 번역하여 타(墮)라고 한다. 빠찟띠야는 속죄죄 또는 속죄죄법이라고 할 수 있지만, 상실속죄죄와 구별하기 위해서 단순속죄죄 또는 단순속죄죄법이라고 번역할 수 있다. 단순속죄죄는 망어(妄語)나 악구(惡口) 기타 가벼운 죄를 모아 놓은 것인데, 버릴 재물이 필요 없는 죄를 지은 것이므로 참모임, 모임이나 두세 명의 수행승, 또는 개인적 수행승에게 다가가서 속죄하는 것으로 충분하다. 그러나 빅쿠단순속죄죄법 제86조~제92조(Khu-Pāc. 86~92)까지는 범법자가 사죄 이외에 행해야 하는 것을 포함한다. 예를 들어 제87조, 제89조~제92조(Khu-Pāc. 87, 89~92)에서 잘라내는 것(chedanaka), 제86조에서 부수는 것(bhedanaka), 제88조에서 뜯어내는 것(uddālanaka)이 있다. 또한 빅쿠니단순속죄죄법 제163조~제166조(Nī-Pāc. 163~166)까지에서도 마찬가지이다. 예를 들어 제163조, 제165조~제166조(Nī-Pāc. 163, 165~166)에서 잘라내는 것(chedanaka), 제162조에서 부수는 것(bhedanaka), 제164조에서 뜯어내는 것(uddālanaka)이 있다. 그러나 빅쿠니단순속죄죄법 제22조(Nī-Pāc. 22)의 잘라내는 것(chedanaka)은 분리되어 있다.

[고백죄법(告白罪法 : pāṭidesanīyā)]

빠알리어로 빠띠데싸니야(pāṭidesaniya)이다. 한역으로는 바라제사니(波羅提舍尼), 바라제제사니(波羅提提舍尼), 번역하여 향피회(向彼悔), 대타설(對他說), 또는 회과법(悔過法)이라고 한다. 주로 탁발음식의 수용에서 부적절한 행위를 했을 경우에 해당하는 경우가 많다. 고백죄를 범하면, 고백을 통해 참회해야 한다. 수행승은 개별적으로 다른 수행승이나 수행승들에게, 수행녀는 개별적으로 다른 수행녀나 수행녀들에게 '저는 비난받을 만하고 적절하지 못한 고백죄를 범했는데, 그것을 고백합니다.'라고 고백하면, '죄의 참회(āpattidesanā)'가 이루어지는 것이다.

[중학죄법(衆學罪法 : sekhiyā)]

빠알리어로 쎄키야(sekhiya)라고 하고, 한역에서는 중학(衆學)이라고 한다. 중학죄법은 수행승이나 수행녀의 위의자세에 대한 규칙을 모아놓은 것인데, 이 규율을 어기면, 두 가지 악작(惡作) 또는 돌길라(突吉羅)라고 한역되는 악작죄(惡作罪) 즉, 둑까따(dukkaṭa)와, 그것과 구분되는 악설(惡說)로 한역되는 악설죄(惡說罪) 즉, 둡바씨따(dubbhāsita)가 있다. 이러한 죄애서 벗어나려면, 의도적으로 범한 경우에는 다른 한 수행승 앞에서 '죄의 참회(āpattidesanā)'를 행하고, 의도적이 아닌 경우에는 마음속으로만 '죄의 참회(āpattidesanā)'를 행하면 된다.

[멸쟁죄법(滅諍罪法 : adhikaraṇasamatha)]

빠알리어로 아디까라나싸마타(adhikaraṇasamatha)라고 하는데, 『빠띠목카』의 마지막 7개 조항은 실제로 규칙이나 죄법이 아니라 쟁사를 해결하는 7개 조항의 멸쟁의 방법을 말한다. 이 7개 조항의 멸쟁죄법은 다음과 같은 4 가지 쟁사를 해결하는 것이다. 네 가지 쟁사(cattāri adhikaraṇāni) 즉, 4쟁사(四諍事)가 있다. 그 네 가지는 ① 논쟁에 관한 쟁사(vivādādhikaraṇa) 즉, 논쟁사(論爭事) ② 비난에 관한 쟁사(anuvādādhikaraṇa) 즉, 비난사(非難事), ③ 죄악에 관한 쟁사(āpattādhikaraṇa) 즉, 죄쟁사(罪諍事) ④ 의무에 관한 쟁사(kiccādhikaraṇa) 즉, 행쟁사(行諍事)가 있다.(Vin. II. 87) 이러한 쟁사를 해결하기 위해 7가지 멸쟁죄법이 있다. 즉, ① 멸쟁죄법 제1조(Nī-Adhi. 1 = Khu-Adhi. 1) 현전에 입각한 조정(sammukhāvinaya)은 현전비니(現前毘尼) 또는 현전비나야(現前毘奈耶)라고 한다. 당사자가 출석하여 대면하여 쟁사를 그치게 하는 것을 뜻한다. ② 멸쟁죄법 제2조(Nī-Adhi. 2 = Khu-Adhi. 2) 기억에 입각한 조정(sativinaya)은 한역에서는 억념비니(憶念

毘尼) 또는 억념비나야(憶念毘奈耶)라고 하는데, 과거의 기억을 환기시켜 쟁사를 그치게 하는 것으로, 자신의 잘못이 없음을 확인하는 완전한 기억에 도달했다면, 기억에 입각한 무죄평결을 주는 것을 뜻한다. ③ 멸쟁죄법 제3조(Nī-Adhi. 3 = Khu-Adhi. 3) 착란에 입각한 조정(amūḷhavinaya)은 한역에서 불치비니(不痴毘尼) 또는 불치비나야(不痴毘奈耶)라고 한다.라고 하는데, 당시의 정신착란을 확인하여 그 정신착란에 대하여 고의성이 없이 죄를 저질렀음을 증명하여 무죄평결을 주는 것을 뜻한다. ④ 멸쟁죄법 제4조(Nī-Adhi. 4 = Khu-AdhI. 4) 자인에 입각한 조정(paṭiññātakaraṇa)는 한역에서 자언치(自言治) 또는 자인(自認)이라고 하는데, 스스로 잘못을 인정하게 하여 자신의 고백으로 쟁사를 그치게 하는 것을 뜻한다. ⑤ 멸쟁죄법 제5조(Nī-Adhi. 5 = Khu-Adhi. 5) 다수에 입각한 조정(yebhuyyasikā)은 다인어(多人語) 또는 다인멱(多人覓)이라고 하는데, 다수의 의견을 통한 해결을 따름으로써 쟁사를 그치게 하는 것을 뜻한다. ⑥ 멸쟁죄법 제6조(Nī-Adhi. 6 = Khu-Adhi. 6) 심문에 입각한 조정(tassapāpiyyasikā)은 한역에서 멱죄상(覓罪相) 또는 구피죄(求被罪)라고 하는데, 상대의 죄악에 대하여 밝혀진 것 이외에 더 추궁하고 심문하여 자인하게 함으로써 쟁사를 그치게 하는 것을 뜻한다. ⑦ 멸쟁죄법 제7조(Nī-Adhi. 7 = Khu-Adhi. 7) 대속에 입각한 조정(tiṇavatthāraka)은 한역에서 여초복지(如草覆地)라고 하는데, 어떤 사람이나 어떤 편의 잘못을 한 사람이 대표해서 인정하고 고백함으로써 잘못을 풀로 덮어두는 방식으로 쟁사를 그치게 하는 것을 뜻한다.

일 러 두 기

1. ≪빠알리계본≫의 원본대조는 푸르잇(W. Ptuitt)이 편찬하고 노먼(K. R. Norman)이 번역한 『빠띠목카』(The Pāṭimokkha : PTS. 2001)에서 비구 · 비구니계본을 분리하여 『빠알리승계본』과 『빠알리니계본』으로 명칭지어 사용했다. 그리고 『사분율계본』은 『신상정사분승계본(新刪定四分僧戒本)』과 『사분산정비구니계본(四分刪定比丘尼戒本)을 사용하였는데, 각각 이 책에서의 명칭은 『사분승계본』과 『사분니계본』으로 간략화했다. 계목에 대해서는 해제 7번을 참조하라.
2. 계본의 의무계율에 대해서는 주석을 달아 빠알리어 원문을 밝혀 놓았으며, 그 가운데 확정된 의무계율에 대해서는 명칭을 부여하고, 한역 의무계율의 명칭을 대조할 수 있도록 했고, 빠알리 계율분류항목의 표시에 ∅는 비공유의 표시로 각각 빅쿠고유학습계율과 빅쿠니고유학습계율을 의미하고 ⊙는 공유의 표시로 빅쿠학습계율과 빅쿠니학습계율의 공유계율 즉, 공통적 계율을 의미한다.
3. 계율조항의 번역은 한글세대를 위해 가능한 한, 쉬운 우리말을 사용했으며, 어의를 분명히 하기 위하여 원전에는 없지만, 화자를 괄호 안에 삽입하고, 계율조항에 대한 파악을 용이하게 하기 위해, 일련번호를 매겨서 학습계율을 분류하였다.
4. 주석에는 기본적으로 ≪빠알리율≫의 원문과 ≪사분율≫의 한역본의 계율조항을 동시에 실어서 차이를 비교하도록 했고, 계율조항만을 비교하는 것은 의미가 없어 ≪빠알리율≫과 ≪사분율≫에서 나오는 무죄에 해당하는 불범(不犯) 부분을 계율조항에서의 예외로 첨가했다.
5. 부록에는 참고문헌을 비롯한 약어표, 빠알리어표기법과, 참모임의 옷에 대한 고찰, 고유명사 및 법수 · 계명색인, 그리고 빠알리계명색과 빠알리성전협회의 안내와 빠알리대장경의 전체의 구성을 알기 쉬운 도표로 제시하였다.

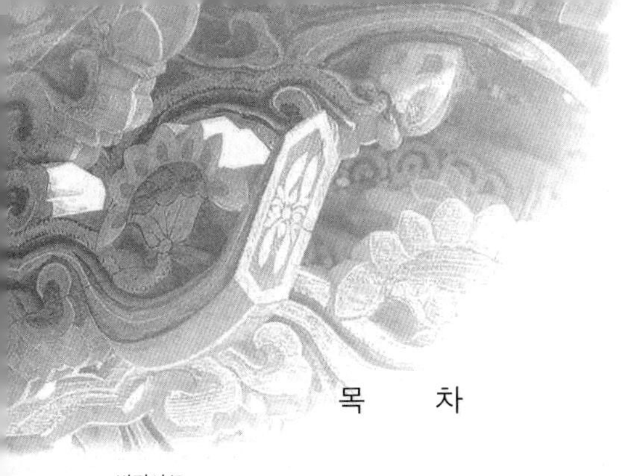

목 차

II. 사분니계본(四分尼戒本) ······ 447

부록/901

빠알리니계본

빠알리율비구니계본(巴利律比丘尼戒本)

Pālivinayabhikkhunīpāṭimokkha

비구니바라제목차(比丘尼波羅提木叉)

Bhikkhunīpāṭimokkha

수행녀의 의무계율

(Bhikkhunīpāṭimokkha)[1]

[比丘尼波羅提木叉]

존귀한 님,[112-113][1] 거룩한 님,
올바로 원만히 깨달은 님께 귀의합니다.[2]

A. 예비적 의무
(Pubbakicca)

[예비적 준비]
(Pubbakaraṇa)

1. 빗자루와 등불,[3] 그리고
자리와 더불어 물이 있으니,[4]
이것들이 포살일을 위한
이른바 예비적 준비입니다.[5]

---

1) [1] : 이하의 [x-y]는 Pm.의 페이지 수이다. 이하에서는 빠알리계본의 순서에 맞는 빠알리문의 주석의 원문 안에만 집어넣는다.

2) namo tassa bhagavato arahato sammāsambuddhassa.

3) sammajjanī padīpo ca : 포살을 위한 장소를 빗자루로 쓸고 등불을 밝히는 것을 의미한다.

4) udakaṁ āsanena ca : 음용수를 준비하고 자리를 만드는 것을 뜻한다.

5) •sammajjanī padīpo ca / udakaṁ āsanena ca / uposathassa etāni

[예비적 의무]
(Pubbkicca)

2. 청정동의의 선언과
청정권리의 전달,6) 시간의 알림,7)
수행승들의 점검,8) 그리고 교계,9)
이것들이 포살일을 위한
이른바 예비적 의무입니다.10)

[적절한 시간]
(Pattakalaṅgā)

3. 포살일, 필요한 만큼의
수행승들이 갈마를 위해 도착했고,11)
동일한 죄들을 지닌 자들도 없고,
회피되어야 하는 개인들도 없으니,
이것이 이른바 적절한 시간입니다.12)

/ pubbakaraṇan ti vuccati // Smp. V. 1063

6) *chandapārisuddhi : 참여하지 못하는 환우수행승들을 위한 청정동의의 선언와 청정권리의 전달을 말하는 것이다. Khu-Pāc. 79의 주석을 참조하라.*

7) *utukkhāna : 의무계율을 송출하는 시간을 말한다.*

8) *bhikkhugaṇanā : 참여하는 수행승을 점검하는 것을 말한다.*

9) *ovādo : 수행녀들에 대한 교계를 말한다.*

10) *• chanda-pārisuddhi-utukkhānaṁ / bhikkhugaṇanā ca ovādo / uposathassa etāni / pubbakiccan ti vuccati // [Smp. V. 1063]*

11) *kammappattā : Srp. 1197에 따르면, 4명이나 5명이나 10명이나 20명의 수행승이 필요하다.*

예비적 준비와 의무를 끝내고,
죄를 참회한 수행승의 화합참모임의 허락을 얻어,
의무계율의 송출을 행합니다.[13]

12) • *uposatho yāvatikā ca bhikkhū kammappattā / sabhāgāpattiyo ca na vijjanti / vajjanīyā ca puggalā tasmiṁ na honti / pattakallan ti vuccati //*

13) • *pubbakaraṇapubbakiccāni samāpetvā desitāpattikassa samaggassa bhikkhusaṅghassa anumatiyā pātimokkaṁ uddistuṁ ārādhanaṁ karoma.*

B. 인연의 송출
(Nidānuddesa)

1. "존귀한 자매들이여, 참모임은 제 말에 귀를 기울이십시오. 오늘은 십오일 포살일입니다. 만약 참모임을 위한 적절한 시간이 되었다면, 참모임은 포살을 해야 하며, 의무계율의 송출을 해야 합니다.14)

2. 참모임을 위한 예비적 의무는 무엇입니까? 존귀한 자매들께서는 자신의 청정권리15)를 알려주십시오.16)

3. 저는 의무계율을 송출하겠습니다. 여기 있는 모두는 그것을 잘 듣고 그것에 정신활동을 기울여야 합니다. 죄가 있는 이는 밝히십시오.17)

4. 죄가 없는 이는 침묵하십시오. 그런데 침묵하면, 존귀한 자매들께서는 청정권리가 있다고 저는 인정할 것입니다. 18)

---

14) •suṇātu [114-115]me ayye, saṅgho, ajj'uposatho pannraso. yadi saṅghassa pattakallaṁ, saṅgho uposathaṁ kareyya pāṭimokkhaṁ uddiseyya. 大姊僧聽 今(白月)十五日 衆僧說戒 若僧時到 僧忍聽

15) pārisuddhi : Vin. I. 103과 주석을 참조하라.

16) •kiṁ saṅghassa pubbakiccaṁ pārisuddhiṁ āyyāyo ārocetha. ■ 和合說戒 白如是

17) •pāṭimokkhaṁ uddisissāmi. taṁ sabbā va santā sādhukaṁ suṇoma. manasikaroma. yassa siyā āpatti, sā āvīkareyya ■諸大姊 我今欲說波羅提木叉 諸比丘尼 共集在一處 當應諦聽 善思念之 若有犯者. 應懺悔

18) •asantiyā āpattiyā tuṇhī bhavitabbaṁ. tuṇhībhāvena kho panāyyāyo parisuddhā ti vedissāmi. ■無犯者默然; 默然故, 知諸大姊清淨.

5. 한 번 질문할 때마다 대답하는 방식으로, 이와 같은 대중 가운데 세 번까지 선언하게 됩니다.

6. 만약 어떠한 수행녀이든, 세 번까지 선언하는 동안, 기억나는 죄가 있는 데도 밝히지 않으면, 의도적인 거짓말[19]을 하는 것이 됩니다. 세존께서는 의도적인 거짓말은 장애가 되는 것이라고 말했습니다.[20][21]

7. 그러므로 수행녀가 청정해지고자 원한다면, 기억나는 죄가 있다면, 죄를 밝히십시오. 밝히면, 평안하게 될 것입니다.'[22]

---

19) *sampajānamusāvāda : Vin. IV. 2* 참조

20) •*yathā kho pana paccekapuṭṭhassā veyyākaraṇaṁ hoti, evamevaṁ evarūpāya parisāya yāvatatiyaṁ anusāvitaṁ hoti.* ■ *若有他問者亦卽應如實答*

21) •*yā pana bhikkhunī yāva tatiyaṁ anusāviyamāne saramānā santiṁ āpattiṁ nā'vīkareyya, sampajānamusāvād'assā hoti. sampājānamusāvādo kho panāyyāyo antarāyiko dhammo vutto bhagavatā.* ■ *如是比丘尼 在於衆中 乃至三問 憶念有罪 不發露者. 得故妄語罪 佛說故妄語 是障道法*

22) •*tasmā saramānāya bhikkhuniyā āpannnāya visuddhāpekkhāya santī āpatti āvikātabbā. āvikatā hi'ssā phāsu hotī'ti.* ■ *彼比丘尼 自憶知有罪 欲求淸淨者當懺悔 懺悔得安樂*

존귀한 자매들이여,
이와 같이 인연을 송출하였습니다.23)

이와 관련하여
저는 존귀한 자매들께 묻겠습니다.
이와 관련하여 완전히 청정합니까?
두 번째에도 저는 존귀한 자매들께 묻겠습니다.
이와 관련하여 완전히 청정합니까?
세 번째에도 저는 존귀한 자매들께 묻겠습니다.
이와 관련하여 완전히 청정합니까?

존귀한 자매들께서는
완전히 청정한 까닭에 침묵했으므로
저는 그와 같이 알겠습니다.24)

인연이 끝났다.

---

23) •uduṭṭham kho ayyāyo nidānaṁ. ■諸大姊 我已說戒經序.

24) •tatthāyyāyo pucchāmi kaccīttha parisuddhā? dutiyampi pucchāmi kaccittha parisuddhā? tatiyampi pucchāmi kaccittha parisuddhā? parisuddhetthāyyāyo, tasmā tuṇhī. evametaṁ dhārayāmī'ti. ■今問 諸大姊 是中清淨否(如是至三) 諸大姊 是中清淨 默然故 是事如是持

제1장 승단추방죄법의 송출

(Pārājikuddesa)

존귀한 자매들이여,
이제 이러한 8개 조항의 승단추방죄법을
송출하겠습니다.[25]

25) •*tatr'ime [116-117] aṭṭha pārājikā dhammā uddesaṁ āgacchanti.* ■*諸大姊 是八波羅夷法 半月半月說 戒經中來*

Pali-Nip. 1

1(1-1) 승단추방죄법 제1조

성적 교섭에 대한 학습계율

[Methunadhammasikkhāpada]

[세존] "어떠한 수행녀이든 의도적으로[26] 성적 교섭에 빠진다면, 심지어 축생과 행하는 것조차도, 승단추방죄[27]를 범하는 것이므로, 함께 살 수 없다."[28]

---

26) chandaso : 원조율사가 『사분비구니계본』에서 『비구계본』(Khu-Pār. 1)과 동일하게 '학습계율의 부인도 없이 자신의 학습계율에 대한 취약성도 알리지 않고(sikkhaṁ apaccakkhāya, dubbalyaṁ anāvīkatvā : 共戒同戒 不捨 戒羸不自悔)'라고 추가한 것은 잘못 적용된 것이다.

27) pārājika : ≪빠알리율≫에서는 '알지 못했거나, 동의하지 않아 즐거움을 느끼지 않은 경우이거나, 정신착란자이거나, 마음이 심란한 자이거나, 애통해 하는 자이거나, 최초의 범행자인 경우'는 예외이고, ≪사분율≫에서는 그 밖에 '잠들어서 알아차리지 못했거나, 즐거움을 느끼지 않았거나, 일체 음행의 뜻이 없었거나, 이 학습계율시설의 원인이 된 최초의 범행자이거나, 정신착란자이거나, 마음이 심란한 자이거나, 애통해 하는 자인 경우'를 예외로 한다.

28) • 음계⊙(淫戒) / Nī-Pār. 1(Khu-Pār. 1) : yā pana bhikkhunī bhikkhūnaṁ chandaso methunaṁ dhammaṁ patiseveyya, antamaso tiracchānagatāya pi, pārājikā hoti asaṁvāsā'ti. ■ 범부정행수음욕법계(犯不淨行受婬欲法戒) / 사분니바라이 1 : 若比丘尼 作婬欲 犯不淨行 乃至共畜生 是比丘尼 波羅夷 不共住

Pali-Nip. 2

2(1-2) 승단추방죄법 제2조

주지 않은 것을 빼앗음에 대한 학습계율
[Adinnādānasikkhāpada]

[세존] "어떠한 수행녀이든, 마을로부터나 숲속으로부터 주지 않은 것을 훔칠 의도로 빼앗는다면, 이와 같이 훔치는 경우에 예를 들어 왕들은 훔친 자를 붙잡아서 '그대는 강도이다. 그대는 바보이다. 그대는 천치이다. 그대는 도둑이다.'라고 구타하거나 구속하거나 추방할 것이다. 이와 마찬가지로 수행녀로서 주지 않는 것을 빼앗는다면, 그녀 또한 승단추방죄29)를 범하는 것이므로, 함께 살 수 없다."30)

---

29) pārājika : ≪빠알리율≫에서는 '자신의 것이라고 알았거나, 신뢰에 입각하여 취한 것이거나, 잠시 빌린 것이거나, 아귀의 영역에 있는 자의 소유이거나, 축생으로 있는 자의 소유이거나, 쓰레기더미인 것을 알거나, 정신착란자이거나, 마음이 심란한 자이거나, 애통해 하는 자이거나, 최초의 범행자인 경우'는 예외이고, ≪사분율≫에서는 '준 것이라고 생각했거나, 자기의 것이라고 생각했거나, 버린 것이라고 생각했거나, 잠깐 취한 것이라고 생각했거나, 친분이 두터운 사람의 것이라고 생각했거나, 이 학습계율시설의 원인이 된 최초의 범행자이거나, 정신착란자이거나, 마음이 심란한 자이거나, 애통해 하는 자인 경우'를 예외로 한다.

30) • 도계⊙(盜戒) / Nī-Pār. 2(Khu-Pār. 2) : yā pana bhikkhunī gāmā vā araññā vā adinnaṁ theyyasaṅkhātaṁ ādiyeyya, yathārūpe adinnā-

dāne rājāno coraṁ gahetvā haneyyuṁ vā bandheyyuṁ vā pabbājeyyaṁ vā, corā'si bālā'si muḷhā'si thenā'sīti, thatārūpaṁ bhikkhunī adinnaṁ ādiyamānā ayampi pārājikā hoti asaṁvāsā'ti. ■ *유주물불여도심취계(有主物不與盜心取戒) / 사분니바라이 2 : 若比丘尼 在村落中 若空閑處 不與物 盜心取 隨不與取法 若爲王 及王大臣所捉 若縛 若驅出國 若殺 汝是賊 汝癡 汝無所知 是比丘尼波羅夷不共住*

Pali-Nip. 3

3(1-3) 승단추방죄법 제3조

인체의 살해에 대한 학습계율
[Manussaviggahasikkhāpada]

[세존] "어떠한 수행녀이든 의도적으로 인간의 몸에서 목숨을 빼앗거나, 목숨을 빼앗는 무기를 구해주거나, 죽음을 찬탄하거나, 죽음을 권유하면서, '이보시오, 그대에게 이러한 악한 고통스러운 삶이 무슨 의미가 있는가, 그대는 살기보다는 죽는 것이 낫다.'라고 일부러 의도적으로 여러 가지 방편으로 죽음에 이르도록 찬탄하거나 죽음에 이르도록 권유하면, 그녀도 또한 승단추방죄[31]를 범하는 것이므로, 함께 살 수 없다."[32]

---

31) pārājika : ≪빠알리율≫에서는 '의도하지 않았거나, 알지 못했거나, 살의가 없거나, 정신착란자이거나, 마음이 심란한 자이거나, 애통해 하는 자이거나, 최초의 범행자인 경우는 예외이고, ≪사분율≫에서는 '칼이나 몽둥이나 기와나 돌을 던졌는데 잘못하여 타인의 몸에 맞아 그 사람이 죽었거나, 집을 짓는 일을 하다가 잘못하여 벽돌이나 재목이나 서까래나 기둥이 떨어져 사람이 죽었거나, 환자를 부축하거나 목욕을 시키거나 음식을 먹이거나 다른 곳으로 옮기거나 방으로 들고나거나 화장실로 들고 날 때에 해치려는 마음이 없는데 죽었거나, 이 학습계율시설의 원인이 된 최초의 범행자이거나, 정신착란자이거나, 마음이 심란한 자이거나, 애통해 하는 자인 경우를 예외로 한다.

32) • 살인계⊙(殺人戒) / Nī-Pār. 3(Khu-Pār. 3) : yā pana bhikkhunī

---

sañcicca manussaviggahaṁ jīvitā voropeyya, satthahārakaṁ vā'ssa pariyeseyya, maraṇavaṇṇaṁ vā saṁvaṇṇeyya, maraṇāya vā samādapeyya: 'ambho purisa kiṁ tuyhaminā pāpakena dujjīvitena? matante jīvitā seyyo'ti iti cittamanā cittasaṅkappā anekapariyāyena maraṇavaṇṇaṁ vā saṁvaṇṇeyya maraṇāya vā samādapeyya, ayampī pārājikā hoti asaṁvāsā'ti. ■고단인명탄예쾌근사계(故斷人命歎譽快勤死) / 바라이 3 : 戒若比丘尼 故斷人命. 持刀與人. 歎譽死 快勸死 咄人用此惡活爲 寧死不生. 作如是思惟 種種方便 歎譽死 快勸死 是比丘尼波羅夷不共住

Pali-Nip. 4

4(1-4) 승단추방죄법 제4조

인간을 뛰어넘는 상태에 대한 학습계율
[Uttarimanussadhammasikhāpada]

[세존] "어떠한 수행녀이든 곧바로 알지 못하면서 인간을 뛰어넘는 상태에 대하여 자신과 관계하여 '나는 이와 같이 안다. 나는 이와 같이 본다.'라고 충분한 고귀한 앎과 봄을 선언한다면, 그리고 나중에 규명되건 규명되지 않건 간에 타락하여, 죄의 정화를 기대하고 이와 같이 '존귀한 자매여, 나는 알지 못하는 것을 알고 보지 못하는 것을 본다.'고 운운하며 허황된 말, 거짓된 말, 망언을 했습니다.'라고 고백한다고 하더라도, 과도한 자만을 제외하고, 그녀도 또한 승단추방죄33)

---

33) pārājika : 《빠알리율》에서는 '과도한 자만을 지녔거나, 망어를 의식하지 못하는 경우나, 정신착란자이거나, 마음이 심란한 자이거나, 애통해 하는 자이거나, 최초의 범행자인 경우'는 예외이고, 《사분율》에서는 '과도한 자만이었다.'라고 스스로 말했거나, '이것은 업보의 인연이고 스스로 수행해서 얻은 것이 아니다'라고 말했거나, 실제로 인간을 뛰어넘은 상태를 얻어서 동의하는 비구니에게 말했거나, 남에게 그러한 상태의 원리를 설했으나 '내가 그것을 얻었다.'라고 하지 않았거나, 장난으로 말했거나, 빨리 말해서 상대가 알아듣지 못했거나, 혼자 있는 데서 말했거나, 꿈속에서 말했거나, 이것을 말하려다가 저것을 말했거나, 이 학습계율시설의 원인이 된 최초의 범행자이거나, 정신착란자이거나, 마음이 심란한 자이거나, 애

를 범하는 것이므로, 함께 살 수 없다."34)

통해 하는 자인 경우'를 예외로 한다.

34) • 대망어계⊙(大妄語戒) / Nī-Pār. 4(Khu-Pār. 4) : yā [118-119] pana bhikkhunī anabhijānaṁ uttarimanussadhammaṁ attūpanāyikaṁ alamariyañāṇadassanaṁ samudācareyya iti jānāmi, iti passāmī 'ti. tato aparena samayena samanuggāhiyamānā vā asamanuggāhiyamānā vā āpannā visuddhāpekkhā evaṁ vadeyya: ajānam evaṁ ayye avacaṁ jānāmi, apassaṁ passāmi, tucchaṁ musā vilapin'ti aññatra adhimānā. ayampi pārājikā hoti asaṁvāsā'ti. ■ 실무소지자칭언아득상인법계(實無所知自稱言我得上人法戒) / 사분니바라이 4 : 若比丘尼 實無所知 自稱言 我得上人法 我已入聖智勝法 我知是我見是 後於異時 若問若不問 欲自清淨故 作是說 我實不知不見 言知言見 虛誑妄語 除增上慢 是比丘尼波羅夷不共住

Pali-Nip. 5

5(1-5) 승단추방죄법 제5조

무릎부터 위의 마촉에 대한 학습계율

[Ubbhajāṇumaṇḍalikasikkhāpada]

[세존] "어떠한 수행녀이든 욕망에 물들어 욕망에 가득 찬 남자의 경골부터 아래와 무릎부터 위를 마촉하거나 마찰하거나 붙잡거나 문지르거나 압박하는 것을 수용하면, 그녀 또한 무릎부터 위를 만지는 자로서 승단추방죄35)를 범하는 것이므로, 함께 살 수 없다."36)

---

35) pārājika : ≪빠알리율≫에서는 '의도가 없거나, 새김이 없거나, 알지 못하고 했거나, 향락하지 않은 경우이거나, 정신착란자이거나, 마음이 심란한 자이거나, 애통해 하는 자이거나, 최초의 범행자인 경우'는 예외이고, ≪사분율≫에서는 '물건을 주고받을 때에 잘못하여 접촉했거나, 장난하다가 접촉했거나, 구해주려고 풀어줄 때에 접촉했으나 일체의 음욕이 없었거나, 이 학습계율시설의 원인이 된 최초의 범행자이거나, 정신착란자이거나, 마음이 심란한 자이거나, 애통해 하는 자인 경우'를 예외로 한다.

36) • 마촉계∅(摩觸戒) / Nī-Pār. 5(Nī ∅Pār. 1) : yā pana bhikkhunī avassutā avassutassa purisapuggalassa adhakkhakaṁ ubbhajāṇumaṇaḍalaṁ āmasanaṁ vā parāmasanaṁ vā gahaṇaṁ vā chupanaṁ vā patipīḷanaṁ vā sādiyeyya, ayam pi pārājikā hoti asaṁvāsā, ubbhajāṇumaṇḍalikā'ti. ▪ 공염심남자상촉마계(共染心男子相觸摩戒) / 사분니바라이 5 : 若比丘尼 染心 共染心男子. 從腋已下 膝已上 身相摩觸. 是比丘尼 波羅夷 不共住. 若捉摩若牽若推. 若上摩若下摩. 若擧若下若捉若捺.

Pali-Nip. 6

6(1-6) 승단추방죄법 제6조

죄악을 덮어주는 자에 대한 학습계율
[Vajjapaṭicchādikasikkhāpada]

[세존] "어떠한 수행녀이든 수행녀가 승단추방죄법을 범한 것을 알고도 스스로 죄를 거론하지도 않았고, 대중에게 알리지도 않았다면, 그녀가 살아 있거나, 죽었거나, 추방되었거나, 개종한 경우, 나중에 이와 같이 '존귀한 자매들이여, 예전에 제가 이 수행녀를 알았는데, 그 자매는 이러이러한 자매였습니다. 저는 스스로 죄를 거론하고 싶지 않았고, 대중에게 알리고 싶지 않았습니다.'라고 하더라도, 그녀 또한 죄악을 덮어주는 자로서 승단추방죄[37]를 범하는 것

---

37) pārājika : *≪빠알리율≫에서는 "참모임의 다툼이나 싸움이나 논쟁이나 논쟁이 생겨날 것이다.'라고 생각하여 알리지 않거나, '참모임의 분열이나 참모임의 반목이 생겨날 것이다.'라고 생각하여 알리지 않거나 '이 자는 난폭하고 잔혹해서 목숨에 위해를 끼치거나 청정한 삶의 위험을 초래할 것이다.'고 생각하여 알리지 않거나, 다른 적당한 수행녀들을 보지 못해 알리지 않거나. 감출 의도가 없이 알리지 않거나, '자신의 행위로 밝혀질 것이다.'라고 생각하여 알리지 않거나, 정신착란자이거나, 마음이 심란한 자이거나, 애통해 하는 자이거나, 최초의 범행자인 경우"는 예외이고, ≪사분율≫에서는 알지 못했거나, 승단추방죄를 승단추방죄가 아니라고 생각했거나, 타인에게 말했거나, 말할 사람이 없었거나, 말하려고 생각했으나 말하*

이므로 함께 살 수가 없다."38)

기 전에 날이 밝았거나, 말하려고 했으나 목숨이 위태롭거나 청정행이 어려워서 말하지 못했거나, 이 학습계율시설의 원인이 된 최초의 범행자이거나, 정신착란자이거나, 마음이 심란한 자이거나, 애통해하는 자인 경우를 예외로 한다.

38) • 복비구니중죄계⊘(覆比丘尼重罪戒) / Nī-Pār. 6(Nī⊘Pār. 2) : yā pana bhikkhunī jānaṁ pārājikaṁ dhammaṁ ajjhāpannaṁ bhikkhuniṁ n'ev'attanā paṭicodeyya na gaṇassa āroceyya, yadā ca sā ṭhitā vā assa cutā vā nāsitā vā avasaṭā vā sā pacchā evaṁ vadeyya: pubbevāhaṁ ayye aññāsiṁ etaṁ bhikkhuniṁ evarūpā ca evarūpā ca sā bhaginīti no ca kho attanā paṭicodessaṁ na gaṇassa ārocessanti. ayampi pārājikā hoti asaṁvāsā vajjapaṭicchādikā'ti. ■지타비구니범바라이복장계(知他比丘尼犯波羅夷覆藏戒) / 사분니바라이 7 : 若比丘尼 知比丘尼 犯波羅夷. 不自發露. 不語衆人. 不白大衆. 後於異時. 彼比丘尼 或命過 或衆中擧 或休道 或入外道衆. 乃作是言. 我先知有如是罪. 是比丘尼 波羅夷 不共住

Pali-Nip. 7

7(1-7) 승단추방죄법 제7조

세 번까지의 충고에 대한 학습계율
[Yāvatatiyasamanubhāsanasikkhāpada]

[세존] "어떠한 수행녀이든 화합참모임에 의해서 원칙에 의해서나 계율에 의해서나 스승의 가르침에 의해서 권리정지된, 불경스럽고, 철면피하고, 도반이 될 수 없는 수행승을 따른다면, 그 수행녀에게 수행녀들은 '존귀한 자매여, 그 수행승은 화합참모임에 의해서 원칙에 의해서나 계율에 의해서나 스승의 가르침에 의해서 권리정지된, 불경스럽고, 철면피하고, 도반이 될 수 없는 수행승이다. 존귀한 자매여, 그 수행승을 따르지 마시오.'라고 말해야 한다. 그 수행녀에게 수행녀들이 이와 같이 말했는데도 그것에 대하여 고집한다면, 그 수행녀에게 수행녀들은 그것을 그만두도록 세 번까지 충고해야 하는데, 세 번까지 충고해서 그것을 그만둔다면, 훌륭한 일이지만, 그만두지 않는다면, 그녀 또한 권리정지된 자를 따르는 자로서 승단추방죄[39]를 범하는 것이므로 함께 살

---

39) pārājika : ≪빠알리율≫에서는 '충고받지 못했거나, 그만두거나,

수 없다."40)

정신착란자이거나, 마음이 심란한 자이거나, 애통해 하는 자이거나, 최초의 범행자인 경우'는 예외이고, 《사분율》에서는 '한두번 충고했을 때에 그만두었거나, 여법하지 않은 무리나 화합참모임이 견책조치의 갈마를 했거나, 유사원칙에 맞는 무리나 유사원칙에 맞는 화합참모임이 견책조치의 갈마를 하거나, 원칙이나 계율이나 가르침에 맞지 않게 견책조치의 갈마를 하거나 일체의 견책조치의 갈마를 하기 전이거나, 이 학습계율시설의 원인이 된 최초의 범행자이거나, 정신착란자이거나, 마음이 심란한 자이거나, 애통해 하는 자인 경우'를 예외로 한다.

40) • *수순피거비구위니승삼간계∅(隨順被擧比丘違尼僧三諫戒) / Nī-Pār. 7(Nī∅Pār. 3) : yā [120-121] pana bhikkhunī samaggena saṅghena ukkhittaṁ bhikkhuṁ dhammena vinayena satthusāsanena anādaraṁ apaṭikāraṁ akatasahāyaṁ tam anuvatteyya, sā bhikkhunī bhikkhunīhi evam assa vacanīyā: eso kho ayye, bhikkhu samaggena saṅghena ukkhitto dhammena vinayena satthusāsanena, anādaro apaṭikāro akatasahāyo, māyye etaṁ bhikkhuṁ anuvattīti. evañca sā bhikkhunī bhikkhunīhi vuccamānā tath'eva paggaṇheyya. sā bhikkhunī bhikkhunīhi yāvatatiyaṁ samanubhāsitabbā tassa paṭinissaggāya. yāvatatiyañce samanubhāsiyamānā taṁ paṭinissajjeyya, icc etaṁ kusalaṁ, no ce paṭinissajjeyya, ayampi pārājikā hoti asaṁvāsā, ukkhittānuvattikā'ti.* ■ *순종작거비구계(順從作擧比丘戒) / 사분니바라이 8 : 若比丘尼 知比丘僧爲作擧 如法如律如佛所教 不順從不懺悔 僧未與作共住 而便順從 諸比丘尼語言. 大姊 此比丘爲僧所擧 如法如律 如佛所教 不順從不懺悔 僧未與作共住 汝莫順從 是比丘尼如是諫時 堅持不捨 彼比丘尼 應三諫 捨此事故 乃至三諫 捨者善. 若不捨者 是比丘尼 波羅夷 不共住*

Pali-Nip. 8

8(1-8) 승단추방죄법 제8조

여덟 가지 일에 대한 학습계율

[Aṭṭhavatthukāsikkhāpada]

[세존] "어떠한 수행녀이든 욕망에 물들어 욕망으로 가득 찬 남자가 손을 잡는 것, 옷을 잡는 것, 함께 서있는 것, 함께 이야기하는 것, 만나러 가는 것, 남자가 다가오는 것을 수용하고, 은폐된 장소에 들어가고, 부정한 것을 행하기 위해 몸의 자세를 취하면, 그녀 또한 여덟 가지 일41)을 저지른 자로서, 승단추방죄42)를 범하는 것이므로 함께 살 수 없다."43)

---

41) aṭṭhavatthukā : 여기서 여덟 가지 일(八事 : aṭṭhavatthukā)은 '남자가 손을 잡는 것, 옷을 잡는 것, 함께 서있는 것, 함께 대화하는 것, 만나러 가는 것, 남자가 다가오는 것을 수용하고, 은폐된 장소에 들어가고, 부정한 것을 행하기 위해 몸의 자세를 취하는 것'이다.

42) pārājika : ≪빠알리율≫에서는 '의도하지 않거나, 새김을 잃었거나, 알지 못했거나, 수용하지 않았거나, 정신착란자이거나, 마음이 심란한 자이거나, 애통해 하는 자이거나, 최초의 범행자인 경우'는 예외이고, ≪사분율≫에서는 '물건을 주고받을 때에 손이 서로 닿았거나, 장난하다가 닿았거나, 구해주려고 옷을 잡았거나, 줄 것이 있거나 예경하거나 참회하거나 가르침을 받을 때에 가려진 장소에 들어가 함께 머물거나 함께 말하거나 함께 서있거나 함께 다니거나, 사람이 때리거나 도적이 오거나 코끼리가 오거나 사나운 짐승이 오거나 뾰족한 것을 메고와서 피하다가 잘못 접촉하여 기댔거나, 가르침을 구하거나 들었거나 청을 받았거나 승원 안에 이르렀거나 약속을 했으나 나쁜 일을

할 수 없는 곳이거나; 이 학습계율시설의 원인이 된 최초의 범행자이거나; 정신착란자이거나; 마음이 심란한 자이거나; 애통해 하는 자인 경우'를 예외로 한다.

43) • 팔사성중계∅(八事成重戒) / Nī-Pār. 8(Nī ∅Pār. 4) : yā pana bhikkhunī avassutā avassutassa purisapuggalassa hatthagahaṇaṁ vā sādiyeyya saṅghāṭikaṇṇagahaṇaṁ vā sādiyeyya santiṭṭheyya vā sallapeyya vā saṁketaṁ vā gaccheyya purisassa vā abbhāgamanaṁ sādiyeyya channaṁ vā anupaviseyya kāyaṁ vā tadatthāya upasaṁhareyya etassa asaddhammassa paṭisevanatthāya ayampi pārājikā hoti asaṁvāsā aṭṭhavatthukā'ti. ■ 여염심남자립어공기팔사계(與染心男子立語共期八事戒) / 사분니바라이 6 : 若比丘尼染心 知男子染心 受捉手捉衣 入屏處 共立共語共行. 或身相倚 共期. 是比丘尼 波羅夷 不共住.

존귀한 자매들이여,
이와 같이 8개 조항의 승단추방죄법을
송출하였습니다.

수행녀가 이 가운데 어떠한 것이라도 범하면,
예전과 마찬가지로 이후에도
승단에서 추방되는 상태가 되어
수행녀들과 함께 살 수 없습니다.44)

이와 관련하여
저는 존귀한 자매들께 묻겠습니다.
이와 관련하여 완전히 청정합니까?
두 번째에도 저는 존귀한 자매들께 묻겠습니다.
이와 관련하여 완전히 청정합니까?
세 번째에도 저는 존귀한 자매들께 묻겠습니다.
이와 관련하여 완전히 청정합니까?

존귀한 자매들께서는
완전히 청정한 까닭에 침묵했으므로
저는 그와 같이 알겠습니다.45)

---

44) •uddiṭṭhā [122-123] kho ayyāyo aṭṭha pārājikā dhammā, yesaṁ bhikkhunī aññataraṁ vā aññataraṁ vā āpajjitvā na labhati bhikkhunīhi saddhiṁ saṁvāsaṁ, yathā pure tathā pacchā pārājiko hoti asaṁvāsā : Smp. 516에 따르면 '이전과 마찬가지로'라는 것은 '출가 이전의 재가자와 마찬가지로 승단추방의 상태가 되어'라는 뜻으로 재가자가 출가자와 함께 포살이나 자자 등을 할 수 없다는 뜻이다. ▪諸大姊 我已說八波羅夷法 若比丘尼 犯一一法 得與諸比丘尼共住 如前後犯亦爾. 是比丘尼 得波羅夷罪 不應共住

45) •tatthāyyāyo pucchāmi kaccīttha parisuddhā? dutiyampi pucchāmi kaccittha parisuddhā? tatiyampi pucchāmi kaccittha par-

승단추방죄법이 끝났다.

---

isuddhā? parisuddhetthāyyāyo, tasmā tuṇhī. evametaṁ dhārayāmī'ti.
■ 今問. 諸大姊 是中淸淨否(如是至三) 諸大姊 是中淸淨. 默然故是事如是持.

제2장 승단잔류죄법의 송출

[僧殘法]

존귀한 자매들이여,
이제 이러한 17개 조항의 승단잔류죄법을
송출하겠습니다.[46]

46) •*ime [124-125] kho panāyyāyo sattarasa saṅghādisesā dhammā uddesaṁ āgacchanti.* ■*諸大姉 是十七僧伽婆尸沙法 半月半月說戒經中來.*

Pali-Nip. 9

9(2-1) 승단잔류죄법 제1조

재판소송에 대한 학습계율

[Ussayavādasikkhāpada]

[세존] "어떠한 수행녀이든 장자와 또는 장자의 아들과 혹은 노비와 혹은 일꾼과 혹은 수행자나 출가자와도 소송을 하면, 그 수행녀는 처음부터 죄가 되는 일에 떨어지고, 마침내 승단잔류죄[47]를 범하는 것이므로 참모임을 떠나서 참회해야 한다."[48]

---

47) saṅghādisesa : ≪빠알리율≫에서는 '사람에게 끌려가거나, 보호를 청하거나, 지정하지 않고 호소하거나, 정신착란자이거나, 최초의 범행자인 경우'는 예외이고, ≪사분율≫에서는 '소환을 당했거나, 깨우쳐주려고 했거나, 힘센 자에게 강요되었거나, 묶여서 끌려갔거나, 목숨이 위태롭거나 청정행이 어려워서 비록 입으로 말했으나 고발하지 않았거나, 이 학습계율시설의 원인이 된 최초의 범행자이거나, 정신착란자이거나, 마음이 심란한 자이거나, 애통해 하는 자인 경우'를 예외로 한다.

48) ● *소송계∅(訴訟戒) / Nī-Saṅgh. 1(Nī∅Saṅgh. 1) : yā pana bhikkhunī ussayavādikā vihareyya gahapatinā vā gahapatiputtena vā dāsena vā kammakarena vā antamaso samaṇaparibbājakenāpi, ayaṁ bhikkhunī paṭhamāpattikaṁ dhammaṁ āpannā nissāraṇīyaṁ saṅghādisesan'ti.* ■ *예관언인계(詣官言人戒) / 사분니승가바시사 4조 : 若比丘尼 詣官 言居士 若居士子 若奴 若傭作人 若晝若夜 若一念頃 若彈指頃 乃至須臾頃 僧伽婆尸沙*

Pali-Nip. 10

10(2-2) 승단잔류죄법 제2조

도적인 여인에 대한 학습계율

[Corīsikkhāpada][49]

[세존] "어떠한 수행녀이든 도적인 여인이 죽을 만한 죄를 지은 것이 알려졌는데, 알면서 왕이나 참모임이나 단체나 조합이나 길드에 허락을 구하지 않고, 구족계를 받을 수 있도록 맡으면, 면죄자를 구족계를 받을 수 있도록 맡는 것을 제외하고, 그 수행녀야말로 처음부터 죄가 되는 일에 떨어지고, 마침내 승단잔류죄[50]를 범하는 것이므로 참모임을 떠나서 참회해야 한다."[51]

---

49) *Corīvuṭṭhāpikāsikkhāpada : '여자 도둑의 후원에 대한 학습계율' 이라는 명칭이 있다.*

50) *saṅghādisesa : ≪빠알리율≫에는 '알지 못하고 받아들이거나, 허락을 받고 받아들이거나, 면죄자가 된 후에 구족계를 받을 수 있도록 맡거나, 정신착란자이거나, 최초의 범행자인 경우'는 예외이고, ≪사분율≫에서는 '죄가 사형에 해당하지만 왕이 출가를 허락했거나, 죄가 있으나 허락을 받은 자를 출가시켰거나, 결박된 상태에서 풀어주고 출가를 시켰거나, 구제하여 벗어날 수 있게 했거나, 이 학습계율시설의 원인이 된 최초의 범행자이거나, 정신착란자이거나, 마음이 심란한 자이거나, 애통해 하는 자인 경우'를 예외로 한다.*

51) *• 도적녀계Ø(盜賊女戒) / Nī-Saṅgh. 2(Nī ØSaṅgh. 2) : yā pana bhikkhunī jānaṁ coriṁ vajjhaṁ viditaṁ anapaloketvā rājānaṁ vā saṅghaṁ vā gaṇaṁ vā pūgaṁ vā seṇiṁ vā aññatra kappā vuṭṭhāpeyya, ayampi bhikkhunī paṭhamāpattikaṁ dhammaṁ āpannā nis-*

---

sāraṇīyaṁ saṅghādisesan'ti. ■ *지도적녀계(知度賊女戒) / 사분니승가바시사 5 : 若比丘尼 先知是賊女. 罪應至死 人所共知. 不問王大臣 不問種姓 便度出家 受戒 僧伽婆尸沙.*

Pali-Nip. 11

11(2-3) 승단잔류죄법 제3조

네 가지 홀로 행하는 것에 대한 학습계율
[Caturekāsikkhāpada][52)]

[세존] "어떠한 수행녀이든 홀로 시정으로 들어가거나 홀로 강의 저 편으로 건너가거나 홀로 밤에 외출하거나 무리에서 떨어져 홀로 남으면, 그 수행녀야말로 처음부터 죄가 되는 일에 떨어지고, 마침내 승단잔류죄[53)]를 범하는 것이므로 참모임을 떠나서

---

52) Ekāgāmantaragamanasikkhāpada : '홀로 마을로 가는 것에 대한 학습계율' 이라는 명칭이 있다.

53) saṅghādisesa : 《빠알리율》에서는 '도반인 수행녀가 떠났거나 환속했거나 죽었거나 혹은 이교도가 되었거나, 사고가 일어났거나, 정신착란자이거나, 최초의 범행자인 경우'는 예외이고, 《사분율》에서는 네 가지 상황을 상세히 나누어 ① 물을 건너갈 경우와 ② 마을로 들어갈 경우는 '두 비구니가 함께 물을 건너는데 나중에 도반을 만났거나, 도반을 기다리거나, 신족통으로 건너거나, 배를 타고 건너거나, 다리 위나 징검다리 위로 건너거나, 같이 가던 도반인 비구니가 죽었거나 환속했거나 멀리 갔거나, 도적에게 잡혔거나 청정행이 어려웠거나 사나운 짐승에 해를 입었거나 힘센 자에 강요되었거나 결박되어 끌려갔거나 물에 떠내려갔을 경우'를 예외로 하고, ③ 홀로 숙박하는 경우 '두 비구니가 손을 뻗어 닿는 곳에서 잤거나, 한 비구니가 대소변을 보러 갔거나 경전을 받으러 나갔거나 경을 외우기 위해 나갔거나 혼자서 경행을 하러 갔거나 한 병든 비구니를 위해 요리를 하거나, 같이 가던 도반인 비구니가 죽었거나 등은 앞과 같은 경우'를 예외로 하고 ④ 홀로 뒤에 가는 경우 '두 비구니가 보고 들을 수 있는 곳을 벗어

참회해야 한다."[54]

나지 않거나, 한 비구니가 대소변을 보러 갔거나 등이 앞과 같거나, 이 학습계율시설의 원인이 된 최초의 범행자이거나, 정신착란자이거나, 마음이 심란한 자이거나, 애통해 하는 자인 경우'를 예외로 한다.

54) *• 사독계Ø(四獨戒) / Nī-Saṅgh. 3(Nī ØSaṅgh. 3) : yā pana bhikkhunī ekā vā gāmantaraṁ gaccheyya ekā vā nadīpāraṁ gaccheyya ekā vā rattiṁ vippavaseyya, ekā vā gaṇamhā ohīyeyya, ayampi bhikkhunī paṭhamāpattikaṁ dhammaṁ āpannā nissāraṇīyaṁ saṅghādisesan'ti. ■ 독도촌숙계(獨渡村宿戒) / 사분니승가바시사 7 : 若比丘尼獨渡水 獨入村. 獨宿 獨在後行. 僧伽婆尸沙.*

Pali-Nip. 12

12(2-4) 승단잔류죄법 제4조

무단 사면복권에 대한 학습계율

[Anapalokitosāraṇīyasikkhāpada][55]

[세존] "어떠한 수행녀이든 화합참모임에 의해서, 원칙에 따라, 계율에 따라, 스승의 가르침에 의해서 권리정지된 수행녀를, 처벌한 참모임에 허락을 구하지 않고, 무리의 청정동의를 무시하고, 사면복권시킨다면, 그 수행녀야말로 처음부터 죄가 되는 일에 떨어지고, 마침내 승단잔류죄[56]를 범하는 것이므로 참모임을 떠나서 참회해야 한다."[57]

---

55) Ukkhittakosāraṇīyasikkhāpada : '권리정지된 자의 사면복권에 대한 학습계율'이라는 명칭이 있다.

56) saṅghādisesa : ≪빠알리율≫에서는 '갈마를 수행하는 참모임에 허락을 구하고 사면복권시키거나, 무리의 청정동의를 알고 사면복권시키거나, 행해진 일에 대한 조치를 끝낸 자에게 사면복권시키거나, 갈마를 수행할 참모임이 없을 때 사면복권시키거나, 정신착란자이거나, 최초의 범행자인 경우'는 예외이고, ≪사분율≫에서는 '대중에 알렸거나, 대중의 지시가 있었거나, 하심하여 본래의 죄를 참회했거나, 대중이 화가 나서 사면복권시키지 않을 때에 저 비구니가 사면복권시켰거나, 대중이 먼저 권리정지의 갈마를 하고 이동했거나, 죽었거나, 멀리 갔거나, 환속했거나, 도적에게 사로잡혔거나, 물에 떠내려가서 사면복권시켰거나, 이 학습계율시설의 원인이 된 최초의 범행자이거나, 정신착란자이거나, 마음이 심란한 자이거나, 애통해 하는 자인 경우'를 예외로 한다.

57) • *계외해거계*∅*(界外解擧戒)* / *Nī-Saṅgh. 4(Nī*∅*Saṅgh. 4)* : *yā pana [126-127] bhikkhunī samaggena saṅghena ukkhittaṁ bhikkhuniṁ dhammena vinayena satthusāsanena anapaloketvā kārakasaṅghaṁ anaññāya gaṇassa chandaṁ osāreyya, ayampi bhikkhunī paṭhamāpattikaṁ dhammaṁ āpannā nissāraṇīyaṁ saṅghādisesan'ti.* ■ *해거니죄계(解擧尼罪戒)* / *사분니승가바시사 6* : *若比丘尼 知他比丘尼 爲僧所擧 如法如律 如佛所敎 不順從未懺悔 僧未與作共住羯磨 爲愛故不問僧 僧不約勅 出界外作羯磨 與解罪 僧伽婆尸沙.*

Pali-Nip. 13

13(2-5) 승단잔류죄법 제5조

남자의 손에서 받는 식사에 대한 학습계율

[Purisahatthatobhojanasikkhāpada][58)]

[세존] "어떠한 수행녀이든 욕망에 물들어 욕망에 가득 찬 남자의 손에서 단단한 음식이나 부드러운 음식을 자신의 손으로 받아서 씹었거나 먹었다면, 그 수행녀야말로 처음부터 죄가 되는 일에 떨어지고, 마침내 승단잔류죄[59)]를 범하는 것이므로 참모임을 떠나서 참회해야 한다."[60)]

---

58) Bhojanapaṭigahaṇapaṭhamasikkhāpada : '음식의 수용에 대한 학습계율①'이라는 명칭이 있다.

59) saṅghādisesa : 《빠알리율》에서는 '양자가 욕망에 물들지 않았거나, 욕망에 물들지 않았다고 알고 받거나 정신착란자이거나, 최초의 범행자인 경우'는 예외이고, 《사분율》에서는 '남자가 욕망에 물들었는지를 몰랐거나, 양자가 욕망에 물들지 않았거나, 이 학습계율시설의 원인이 된 최초의 범행자이거나, 정신착란자이거나, 마음이 심란한 자이거나, 애통해 하는 자인 경우'를 예외로 한다.

60) • 수염심남자식계⊘(隨染心男子食戒) / Nī-Saṅgh. 5(Nī ⊘Saṅgh. 5) : yā pana bhikkhunī avassutā avassutassa purisapuggalassa hatthato khādanīyaṁ vā bhojanīyaṁ vā sahatthā paṭiggahetvā khādeyya vā bhuñjeyya vā ayampi bhikkhunī paṭhāmāpattikaṁ dhammaṁ āpannā nissāraṇīyaṁ saṅghādisesan'ti. ■ 염심수식계(染心受食戒) / 사분니승가바시사 8 : 若比丘尼 染心 知染心男子. 從彼受可食者 及食幷餘物. 僧伽婆尸沙

Pali-Nip. 14

14(2-6) 승단잔류죄법 제6조

남자가 주는 식사의 권유에 대한 학습계율

[Purisabhojananiyojanasikkhāpada][61]

[세존] "어떠한 수행녀이든 '존귀한 자매여, 그대가 욕망에 물들지 않았다면, 그 남자가 욕망에 물들었든 물들지 않았든 어떻게 하겠습니까? 존귀한 자매여, 그 남자가 주는 단단한 음식이나 부드러운 음식을 주면, 그것을 자신의 손으로 받아서 씹거나 드시오.'라고 이와 같이 권한다면, 그 수행녀야말로 처음부터 죄가 되는 일에 떨어지고, 마침내 승단잔류죄[62]를 범하는 것이므로 참모임을 떠나서 참회해야 한다."[63]

---

61) *Bhojanapaṭiggahaṇadutiyasikkhāpada : '음식의 수용에 대한 학습계율②'이라는 명칭이 있다.*

62) *saṅghādisesa : ≪빠알리율≫에서는 '욕망에 물들지 않았다고 알면서 권하거나, '화가 나서 받지 않는다.'라고 지각하고 권하거나, '가정에 대한 연민 때문에 받지 않는다.'라고 생각하며 권하는 경우'는 예외이고, ≪사분율≫에서는 '장난으로 말했거나, 빨리 말했거나, 혼자 있는 데서 말했거나, 꿈속에서 말했거나, 이 학습계율시설의 원인이 된 최초의 범행자이거나, 정신착란자이거나, 마음이 심란한 자이거나, 애통해 하는 자인 경우'를 예외로 한다.*

63) *• 권수염심남자식계∅(勸受染心男子食戒) / Nī-Saṅgh. 6(Nī ∅Saṅgh. 6) : yā pana bhikkhunī evaṁ vadeyya: kiṁ te ayye eso purisapuggalo karissati avassuto vā anavassuto vā yato tvaṁ anavassutā,*

iṅghayye yaṁ te eso purisapuggalo deti khādanīyaṁ vā bhojanīyaṁ vā taṁ tvaṁ sahatthā paṭiggahetvā khāda vā bhuñja vā'ti. ayampi bhikkhunī paṭhamāpattikaṁ dhammaṁ āpannā nissāraṇīyaṁ saṅghādisesan'ti. ■ 권수염식계(勸受染食戒) / 사분니승가바시사 9 : 若比丘尼 敎比丘尼 作如是語 大姊 彼有染心 無染心 能奈汝何. 汝自無染心 於彼若得食者. 以時淸淨 受取 僧伽婆尸沙

Pali-Nip. 15

15(2-7) 승단잔류죄법 제7조

중매에 대한 학습계율

[Sañcarittasikkhāpada]

[세존] "어떠한 수행녀이든 여인에 대한 남자의 의중을 또는 남자에 대한 여인의 의중을 중매해서 부부관계를 맺게 하거나 애인관계를 맺게 하면, 그것이 일시적인 관계라도, 그 수행녀는 처음부터 죄가 되는 일에 떨어지고, 마침내 승단잔류죄[64]를 범하는 것이므로 참모임을 떠나서 참회해야 한다."[65]

---

64) saṅghādisesa : 이하 수행녀의 승단잔류죄법의 모든 조항을 마감하는 이 구절은 빠알리문에는 '그 수행녀는 처음부터 죄가 되는 일에 떨어지고, 마침0내 승단잔류죄를 범하는 것이므로 참모임을 떠나서 참회해야 한다.'라고 다소간 길게 되어 있다. 빠알리문에는 '그 수행녀는 처음부터 죄가 되는 일에 떨어지고, 마침내'라는 구절이 추가되어 있다. ≪빠알리율≫에서는 '참모임을 위한 것이거나, 탑묘를 위한 것이거나, 환자를 위하여 일을 보기 위해 가거나, 정신착란자이거나, 최초의 범행자인 경우'는 예외이고, ≪사분율≫에서는 '남녀가 먼저 통하고 후에 이별했다가 다시 화합했거나, 부모나 신심이 돈독한 재가자나 환자나 감옥에 있는 자를 위해 서신을 가지고 갔거나, 참모임이나 승원이나 탑묘나 환우비구니를 위해서 서신을 보고 가지고 갔거나, 이 학습계율시설의 원인이 된 최초의 범행자이거나, 정신착란자이거나, 마음이 심란한 자이거나, 애통해 하는 자인 경우'를 예외로 한다.

65) • 매인계◎(媒人戒) / Nī-Saṅgh. 7(Khu-Saṅgh. 5) : yā [128-129] pana bhikkhunī sañcarittaṁ samāpajjeyya itthiyā vā purisamatiṁ purisassa vā itthimatiṁ, jāyattane vā jārattane vā, antamaso taṅkhaṇikāya pi, ayampi bhikkhunī paṭhamāpattikam dhammaṁ āpannā nissāranīyaṁ saṅghādisesan'ti. ■ 왕래매가계(往來媒嫁戒) / 사분니승가바시사 1 : 若比丘尼 往來彼此媒嫁 持男意語女. 持女意語男. 若爲成婦事. 乃爲私通事. 乃至須臾頃 僧伽婆尸沙.

Pali-Nip. 16

16(2-8) 승단잔류죄법 제8조

악의와 분노에 대한 학습계율①

[Duṭṭhadosapaṭhamasikkhāpada]

[세존] "어떠한 수행녀이든 수행녀를 악의나 분노나 불만으로 '아마도 그를 내가 이러한 청정한 삶에서 몰아낼 수 있다.'라고 근거 없이 승단추방죄법에 해당한다고 비방하고, 나중에 조사를 받건 조사를 받지 않건, 그 쟁사가 근거 없음이 밝혀지고, 수행녀가 자신의 잘못을 시인하면, 그 수행녀는 처음부터 죄가 되는 일에 떨어지고, 마침내 승단잔류죄[66]를 범하는 것이므로 참모임을 떠나서 참회해야 한다."[67]

---

66) *saṅghādisesa : ≪빠알리율≫에서는 '청정한 것에 대하여 청정하지 않다고 보거나, 청정하지 않은 것에 대하여 청정하지 않다고 보거나, 정신착란자이거나, 최초의 범행자인 경우'는 예외이고, ≪사분율≫에서는 '장난으로 말했거나, 빨리 말했거나, 혼자 있는 데서 말했거나, 꿈속에서 말했거나, 이것을 말하려다 착오로 저것을 말했거나, 이 학습계율시설의 원인이 된 최초의 범행자이거나, 정신착란자이거나, 마음이 심란한 자이거나, 애통해 하는 자인 경우'를 예외로 한다.*

67) *• 무근중죄방타계⊙(無根重罪謗他戒) / Nī-Saṅgh. 8(Khu-Saṅgh. 8) : yā pana bhikkhunī bhikkhuniṁ duṭṭhā dosā appatītā amūlakena pārājikena dhammena anuddhaṁseyya appeva nāma naṁ imamhā brahmacariyā cāveyyan'ti. tato aparena samayena samanug- gāhiyamānā vā asamanuggāhiyamānā vā amūlakañceva taṁ adhikar-*

aṇaṁ hoti bhikkhunī ca dosaṁ patiṭṭhāti, ayampi bhikkhunī paṭhamāpattikam dhammaṁ āpannā nissāraṇīyaṁ saṅghādisesan'ti. ■무근방훼계(無根謗毁戒) / 사분니승가바시사 2 : 若比丘尼 瞋恚所覆故 非波羅夷比丘尼 以無根 波羅夷法謗. 欲破彼清淨行. 後於異時. 若問若不問. 知此事無根說 我瞋恚故作是語者. 僧伽婆尸沙.

Pali-Nip. 17

17(2-9) 승단잔류죄법 제9조

악의와 분노에 대한 학습계율②

[Duṭṭhadosadutiyasikkhāpada][68]

[세존] "어떠한 수행녀이든 수행녀를 악의나 분노나 불만으로 다른 종류의 쟁사 가운데 어떤 것이든 유사한 점을 관련시켜 '아마도 그를 내가 이러한 청정한 삶에서 몰아낼 수 있겠다.'라고 말하며 승단추방죄에 해당한다고 비방하고, 나중에 조사를 받건 조사를 받지 않건, 그 쟁사가 다른 쟁사에 속한 것으로 드러나고, 어떤 것이든 유사한 점을 관련시켜 취한 것이고, 수행녀가 자신의 잘못을 시인하면, 그 수행녀는 처음부터 죄가 되는 일에 떨어지고, 마침내 승단잔류죄[69]를 범하는 것이므로 참모임을 떠나서 참회해야 한다."[70]

---

68) Aññabhāgiyasikkhāpada : 앞의 명칭에 대해 번호가 빠지고, '다른 부류에 속하는 학습계율'이라는 명칭이 있다.

69) saṅghādisesa : ≪빠알리율≫에서는 '충고받지 못했거나, 그만두거나, 정신착란자이거나, 최초의 범행자인 경우'는 예외이다. ≪사분율≫에서는 '장난으로 말했거나, 빨리 말했거나, 혼자 있는 데서 말했거나, 꿈속에서 말했거나, 이것을 말하려다 착오로 저것을 말했거나, 이 학습계율시설의 원인이 된 최초의 범행자이거나, 정신착란자이거나, 마음이 심란한 자이거나, 애통해 하는 자인 경우'를 예외로 한다.

70) • 가근방계⊙(假根謗戒) / Nī-Saṅgh. 9(Khu-Saṅgh. 9) : yā pana bhikkhunī bhikkhuniṁ duṭṭhā dosā appatītā aññabhāgiyassa adhikaraṇassa kiñci desaṁ lesamattaṁ upādāya pārājikena dhammena anuddhaṁseyya, appeva nāma naṁ imamhā brahmacariyā cāveyyan'ti. tato aparena samayena samanuggāhiyamānā vā asamanuggāhiyamānā vā aññabhāgiyañceva taṁ adhikaraṇaṁ hoti, koci deso lesamatto upādinno, bhikkhunī ca dosaṁ patiṭṭhāti, ayampi bhikkhunī paṭhamāpattikam dhammaṁ āpannā nissāranīyaṁ saṅghādisesan'ti. ■ 이분편방계(異分片謗戒) / 사분니승가바시사 3 : 若比丘尼 以瞋恚故 於異分事中取片. 非波羅夷 比丘尼 以無根波羅夷法謗. 欲破彼清淨行. 後於異時. 若問若不問. 知是異分事中取片. 便言我瞋恚故 作如是說 僧伽婆尸沙.

Pali-Nip. 18

18(2-10) 승단잔류죄법 제10조

삼보의 거부에 대한 학습계율
[Tiratanapaccakkhānasikkhāpada]

[세존] "어떠한 수행녀이든 화가 나고 불쾌하다고 '나는 부처님을 거부하고 가르침을 거부하고 참모임을 거부하고 학습계율을 거부한다. 어찌 싸끼야의 딸들인 여수행자만이 여수행자인가? 다른 부끄러움을 알고 후회를 알고 학습계율을 좋아하는 여수행자들이 있다. 나는 그녀들 가운데 청정한 삶을 영위하겠다.'라고 이와 같이 말한다면, 수행녀들은 그 수행녀에게 '존귀한 자매여, 화가 나고 불쾌하다고 '나는 부처님을 거부하고 가르침을 거부하고 참모임을 거부하고 학습계율을 거부한다. 어찌 싸끼야의 딸들인 여수행자만이 여수행자인가? 다른 부끄러움을 알고 후회를 알고 학습계율을 좋아하는 여수행자들이 있다. 나는 그녀들 가운데 청정한 삶을 영위하겠다.'라고 말하지 마십시오. 존귀한 자매여, 기뻐하십시오, 가르침은 잘 설해져 있으니, 올바로 괴로움을 종식시키기 위해 청정한 삶을 영위하시오.'라고 말해야 한다. 수행녀들이 그 수행녀에게 이와 같이 말하는데도 그와 같이 고집하면,

수행녀들은 그 수행녀에게 그것을 그만두도록 세 번까지 충고를 해야 하는데, 세 번까지 충고해서 그것을 그만둔다면, 훌륭한 일이지만, 그만두지 않는다면, 그 수행녀야말로 세 번까지로 죄가 되는 일에 떨어지니, 승단잔류죄[71]를 범하는 것으로 참모임을 떠나서 참회해야 한다."[72]

---

71) *saṅghādisesa* : *≪빠알리율≫에서는 '충고받지 않았거나, 포기했거나, 정신착란자이거나 최초의 범행자인 경우'는 예외이고, 앞의 학습계율과 마찬가지로 ≪사분율≫에서는 '한두 번 충고했을 때 그만두었거나, 원칙에 맞지 않는 갈마를 통해 충고했거나, 가르침이나 계율에 맞지 않게 충고했거나, 꾸짖고 충고하기 이전이었거나, 이 학습계율시설의 원인이 된 최초의 범행자이거나, 정신착란자이거나, 마음이 심란한 자이거나, 애통해 하는 자인 경우'를 예외로 한다.*

72) • *진심사삼보위간계∅(瞋心捨三寶違諫戒) / Nī-Saṅgh. 10(Nī ∅S-aṅgh. 7) : yā [130-131] pana bhikkhunī kupitā anattamanā evaṁ vadeyya: buddhaṁ paccakkhāmi dhammaṁ paccakkhāmi saṅghaṁ paccakkhāmi sikkhaṁ paccakkhāmi; kinnu'mā'va samaṇiyo yā samaṇiyo sakyadhītaro sant'aññāpi samaṇiyo lajjiniyo kukkuvacikā sikkhākāmā tas'āhaṁ santike brahmacariyaṁ carissāmī' ti: sā bhikkhunī bhikkhunīhi evam assa vacanīyā: māyye kupitā anattamanā evaṁ avaca, buddhaṁ paccakkhāmi dhammaṁ paccakkhāmi saṅghaṁ paccakāmi sikkhaṁ paccakkhāmi kin nu'mā'va samaṇiyo yā samaṇiyo sakyadhītaro santaññāpi samaṇiyo lajjiniyo kukkucavikā sikkhākāmā tas'āhaṁ santike brahmacariyaṁ carissāmī'ti. abhiram'ayye svākkhāto dhammo, cara brahmacariyaṁ sammā dukkhassa antakiriyā-'ti. evañca sā bhikkhunī bhikkhunīhi vuccamānā tatheva paggaṇheyya, sā bhikkhunī bhikkhunīhi yāvatatiyaṁ samanubhāsitabbā, tassa paṭinissaggāya. yāvatatiyañce samanubhāsiyamānā taṁ paṭinissaeyya, icc etaṁ kusalaṁ. no ce paṭinissajjeyya, ayampi bhikkhunī yāvatiyakaṁ dhammaṁ āpannā nissāraṇīyaṁ saṅghādisesan'ti.* ■ *진사삼*

보계(瞋捨三寶戒) | 사분니승가바시사 16 : 若比丘尼 輒以小事 瞋恚不喜. 便作是語 我捨佛法僧. 不獨有此沙門釋子. 亦更有餘沙門婆羅門 修梵行者. 我等 亦可於彼 修梵行. 彼比丘尼 諫是比丘尼言. 大姉 汝莫輒以小事 瞋恚不喜 便作是語 我捨佛法僧. 不獨有此沙門釋子. 亦更有餘沙門婆羅門 修梵行者. 我等 亦可於彼 修梵行. 是比丘尼 如是諫時. 堅持不捨 彼比丘尼 應三諫 捨此事故 乃至三諫捨者善. 不捨者. 僧伽婆尸沙

Pali-Nip. 19

19(2-11) 승단잔류죄법 제11조

쟁사에서의 패소에 대한 학습계율
[Adhikaraṇepaccākatasikkhāpada]

[세존] "어떠한 수행녀이든 어떤 쟁사에서라도 패소했다고 화를 내고 불쾌해 하며 '수행녀들이 욕망의 길을 가고, 수행녀들이 분노의 길을 가고, 수행녀들이 우치의 길을 가고, 수행녀들이 공포의 길을 간다.'라고 말한다고 하자. 수행녀들은 그 수행녀에게 '존귀한 자매여, 화가 나고 불쾌하다고 '수행녀들이 욕망의 길을 가고, 수행녀들이 분노의 길을 가고, 수행녀들이 우치의 길을 가고, 수행녀들이 공포의 길을 간다.'라고 말하지 마시오. 존귀한 자매께서 욕망의 길을 가고, 분노의 길을 가고, 우치의 길을 가고, 공포의 길을 가는 것인지 모릅니다.'라고 말해주어야 한다. 수행녀들이 그 수행녀에게 이와 같이 말하는데도 그와 같이 고집하면, 수행녀들은 그 수행녀에게 그것을 그만두도록 세 번까지 충고를 해야 하는데, 세 번까지 충고해서 그것을 그만둔다면, 훌륭한 일이지만, 그만두지 않는다면, 그 수행녀야말로 세 번까지로 죄가 되는 일에 떨어지니, 승단잔류죄[73]를 범하는 것으로 참모임을 떠나서 참회해야

한다."[74]

73) saṅghādisesa : ≪빠알리율≫에서는 '충고받지 않았거나, 그만두거나, 정신착란자이거나, 최초의 범행자인 경우'는 예외이고, ≪사분율≫에서 '한두 번 충고했을 때에 그만두었거나 원칙에 맞지 않거나 계율에 맞지 않거나 가르침에 맞지 않는 갈마를 했거나, 일체의 견책조치의 갈마를 하기 이전이거나, 이 학습계율시설의 원인이 된 최초의 범행자이거나, 정신착란자이거나, 마음이 심란한 자이거나, 애통해 하는 자인 경우'를 예외로 한다.

74) • 발기사쟁방승위간계∅(發起四諍謗僧違諫戒) / Nī-Saṅgh. 11(Nī ∅Saṅgh. 8) : yā [132-133] pana bhikkhunī kismiñcid eva adhikaraṇe paccākatā kupitā anattamanā evaṁ vadeyya: chandagāminiyo ca bhikkhuniyo dosagāminiyo ca bhikkhuniyo mohagāminiyo ca bhikkhuniyo bhayagāminiyo ca bhikkhuniyo'ti, sā bhikkhunī bhikkhunīhi evam assa vacanīyā: māyye kismiñcid eva adhikaraṇe paccākatā kupitā anattamanā evaṁ avaca: chandagāminiyo ca bhikkhuniyo dosagāminiyo ca bhikkhuniyo mohagāminiyo ca bhikkhuniyo bhayagāminiyo ca bhikkhuniyo'ti'. ayyā kho chandāpi gaccheyya dosāpi gaccheyya mohāpi gaccheyya bhayāpi gaccheyyā'ti. evañca sā bhikkhunī bhikkhunīhi vuccamānā tatheva paggaṇheyya, sā bhikkhunī bhikkhunīhi yāvatatiyaṁ samanubhāsitabbā, tassa paṭinissaggāya. yāvatatiyañce samanubhāsiyamānā taṁ paṭinissajjeyya icc etaṁ kusalaṁ. no ce paṭinissajjeyya, ayampi bhikkhunī yāvatatiyakaṁ dhammaṁ āpannā nissāraṇīyaṁ saṅghādisesan'ti. ▪ 희쟁불억계(喜諍不憶戒) / 사분니승가바시사 17 : 若比丘尼 喜鬪諍不善 憶持諍事. 後瞋恚故 便作是語 今僧有愛有恚 有怖有癡 彼比丘尼 應諫是比丘尼言. 大妹 汝莫喜鬪諍不善 憶持諍事. 後瞋恚故 便作是語 僧有愛有恚 有怖有癡 而僧不愛不恚 不怖不癡 是比丘尼 如是諫時. 堅持不捨 彼比丘尼 應三諫 捨此事故 乃至三諫捨者善. 不捨者. 僧伽婆尸沙

Pali-Nip. 20

20(2-12) 승단잔류죄법 제12조

악한 행동을 하는 것에 대한 학습계율①
[Pāpasamācārapaṭhamasikkhāpada]

[세존] "수행녀들이 재가자들과 뒤섞여 지내며 악한 행동을 하고, 악한 명성을 날리고, 악한 생활을 영위하며, 수행녀의 참모임을 성가시게 하고 서로서로 잘못을 덮어준다면, 수행녀들은 그 수행녀들에게 '자매들은 재가자들과 뒤섞여 지내며 악한 행동을 하고, 악한 명성을 날리고, 악한 생활을 영위하며, 수행녀의 참모임을 성가시게 하고 서로서로 잘못을 덮어주고 있다. 존귀한 자매들이여, 서로 멀리하라. 참모임은 자매들이 홀로 있는 것을 칭찬한다.'라고 말해야 한다. 수행녀들이 그 수행녀들에게 이와 같이 말하는데도 그와 같이 고집하면, 수행녀들은 그 수행녀들에게 그것을 그만두도록 세 번까지 충고를 해야 하는데, 세 번까지 충고해서 그것을 그만둔다면, 훌륭한 일이지만, 그만두지 않는다면, 그 수행녀들 또한 세 번까지로 죄가 되는 일에 떨어지니, 승단잔류죄[75]를 범하는 것으로

---

75) *saṅghādisesa* : *≪빠알리율≫에서는 '충고받지 않았거나, 그만두*

참모임을 떠나서 참회해야 한다."[76]

거나, 정신착란자이거나, 최초의 범행자인 경우'는 예외이고, 앞의 학습계율(사분니승가바시사 11)과 마찬가지로 《사분율》에서는 '한두 번 충고했을 때 그만두었거나, 원칙에 맞지 않는 갈마를 통해 충고했거나, 가르침이나 계율에 맞지 않게 충고했거나, 꾸짖고 충고하기 이전이었거나, 이 학습계율시설의 원인이 된 최초의 범행자이거나, 정신착란자이거나, 마음이 심란한 자이거나, 애통해 하는 자인 경우'를 예외로 한다.

76) • 습근주위승삼간계∅(習近住違僧三諫戒) / Nī-Saṅgh. 12(Nī ∅S-aṅgh. 9) : bhikkhuniyo pan'eva saṁsaṭṭhā viharanti pāpācārā pāpasaddā pāpasilokā bhikkhunīsaṅghassa vihesikā aññamaññissā vajjapaṭicchādikā, tā bhikkhuniyo bhikkhunīhi evam assu vacanīyā, bhaginiyo kho saṁsaṭṭhā viharanti pāpācārā pāpasaddā pāpasilokā bhikkhunī saṅghassa vihesikā aññamaññissā vajjapaṭicchādikā viviccath'ayye vivekañ ñeva bhaginīnaṁ saṅgho vaṇṇetī'ti evañca tā bhikkhuniyo bhikkhunīhi vuccamānā tath'eva paggaṇheyyuṁ, tā bhikkhuniyo bhikkhunīhi [134-135] yāvatatiyaṁ samanubhāsitabbā tassa paṭinissaggāya, yāvatatiyañce samanubhāsiyamānā taṁ paṭinissajjeyyuṁ icc etaṁ kusalaṁ no ce paṭinissajjeyyuṁ, imāpi bhikkhuniyo yāvatatiyakaṁ dhammaṁ āpannā nissāraṇīyaṁ saṅghādisesan'ti. ■ 친근복죄계(親近覆罪戒) / 사분니승가바시사 14 : 若比丘尼 相親近住 共作惡行 惡聲流布. 共相覆罪. 彼比丘尼諫是比丘尼言. 大姊 汝等 莫相親近 共作惡行. 惡聲流布 共相覆罪. 若不相親近 於佛法中 得增益安樂住. 是比丘尼諫時. 堅持不捨. 彼比丘尼應三諫 捨此事故 乃至三諫捨者善. 不捨者. 僧伽婆尸沙

Pali-Nip. 21

21(2-13) 승단잔류죄법 제13조

악한 행동을 하는 것에 대한 학습계율②

[Pāpasamācāradutiyasikkhāpada]

[세존] "'어떠한 수행녀이든, 이와 같이 '존귀한 자매들이여, 서로 어울려 지내시오. 달리 지내지 마시오. 참모임에는 이와 같이 행동을 하고, 이와 같이 명성을 날리고, 이와 같이 생활을 영위하며, 설사 수행녀의 참모임을 성가시게 하더라도 서로서로 잘못을 덮어주는, 다른 수행녀들도 있지만, 그들에게 참모임은 아무것도 말하지 않기 때문입니다. 참모임은 그대들에게 경멸하고 모멸하고 참을성 없이 수군거리며 근거도 없이 '수행녀들이 재가자들과 뒤섞여 지내며 악한 행동을 하고, 악한 명성을 날리고, 악한 생활을 영위하며, 수행녀의 참모임을 성가시게 하고 서로서로 잘못을 덮어주고 있다. 존귀한 자매들이여, 서로 멀리하라. 참모임은 자매들이 홀로 있는 것을 칭찬한다.'라고 말한다.'라고 한다면, 수행녀들은 그 수행녀에게 이와 같이 '그렇게 말하지 마시오. '존귀한 자매들이여, 서로 어울려 지내시오. 달리 지내지 마시오. 참모임에는 이와 같이 행동을 하고, 이와 같이 명성을 날리고, 이와 같이 생활을 영위하

며, 설사 수행녀의 참모임을 성가시게 하더라도 서로서로 잘못을 덮어주는 다른 수행녀들도 있고, 그들에게 참모임은 아무것도 말하지 않기 때문입니다. 참모임은 그대들에게 경멸하고 모멸하고 참을성 없이 수군거리며 근거도 없이 '수행녀들이 재가자들과 뒤섞여 지내며 악한 행동을 하고, 악한 명성을 날리고, 악한 생활을 영위하며, 수행녀의 참모임을 성가시게 하고 서로서로 잘못을 덮어주고 있다. 존귀한 자매들이여, 서로 멀리하라. 참모임은 자매들이 홀로 있는 것을 칭찬한다.'라고 말한다.'라고 말하지 마시오.'라고 말해야 한다. 수행녀들이 그 수행녀에게 이와 같이 말하는데도 그와 같이 고집하면, 수행녀들은 그 수행녀에게 그것을 그만두도록 세 번까지 충고를 해야 하는데, 세 번까지 충고해서 그것을 그만둔다면, 훌륭한 일이지만, 그만두지 않는다면, 그 수행녀야말로 세 번까지로 죄가 되는 일에 떨어지니, 승단잔류죄[77]를 범하는 것으로 참모임을 떠나서 참회해야 한다."[78]

---

77) *saṅghādisesa : 《빠알리율》에는 '충고받지 않았거나, 그만두거나 정신착란자이거나, 최초의 범행자인 경우'는 예외이고, 앞의 학습계율과 마찬가지로 《사분율》에서는 '한두 번 충고했을 때 그만두었거나, 원칙에 맞지 않는 갈마를 통해 충고했거나, 가르침이나 계율에 맞지 않게 충고했거나, 꾸짖고 충고하기 이전이었거나, 이 학습계율시설의 원인이 된 최초의 범행자이거나, 정신착란자이거나, 마음이 심란한 자이거나, 애통해 하는 자인 경우'를 예외로 한다.*

78) • 방승권습근주위승삼간계∅(謗僧勸習近住違僧三諫戒) / Nī-Saṅgh. 13(Nī∅Saṅgh. 13) : yā pana bhikkhunī evaṁ vadeyya: saṁsaṭṭhā'va ayye tumhe viharatha mā tumhe nānā viharittha; santi saṅghe aññā'pi bhikkhuniyo evācārā evaṁsaddā evaṁsilokā bhikkhunīsaṅghassa vihesikā aññamaññissā vajjapaṭicchādikā, tā saṅgho na kiñci āha; tumhañ ñeva saṅgho uññāya paribhavena akkhantiyā vebhassiyā dubbalyā evam āha: bhaginiyo kho saṁsaṭṭhā viharanti pāpācārā pāpasaddā pāpasilokā bhikkhunīsaṅghassa vihesikā aññamaññissā vajjapaṭicchādikā; viviccath'ayye vivekañ ñeva bhaginīnaṁ saṅgho vaṇṇetī'ti. sā bhikkhunī bhikkhunīhi evam assa vacanīyā: māyye evaṁ avaca saṁsaṭṭhā'va ayye tumhe viharatha, mā tumhe nānā viharittha, santi saṅghe aññā'pi bhikkhuniyo evācārā evaṁsaddā evaṁsilokā bhikkhunīsaṅghassa vihesikā aññamaññissā vajjapaṭicchādikā, tā saṅgho na kiñci āha. tumhaññeva saṅgho uññāya paribhavena akkhantiyā vebhassā dubbalyā evamāha. bhaginiyo kho saṁsaṭṭhā viharanti pāpācārā pāpasaddā pāpasilokā bhikkhunīsaṅghassa vihesikā aññamaññissā vajjapaṭicchādikā, viviccathayye vivekaññeva bhaginīnaṁ saṅgho vaṇṇetī' ti. evañca sā bhikkhunī bhikkhunīhi cuccamānā tath'eva paggaṇheyya, sā bhikkhunī [136-137] bhikkhunīhi yāvatatiyaṁ samanubhāsitabbā tassa paṭinissaggāya. yāvatatiyañce samanubhāsiyamānā taṁ paṭinissajjeyya, icc etaṁ kusalaṁ, no ce paṭinissajjeyya, ayampi bhikkhunī yāvatatiyakaṁ dhammaṁ āpannā nissāraṇīyaṁ saṅghādisesan'ti. ▪ 교주복죄계(教住覆罪戒) / 사분니승가바시사 15 : 若比丘尼 比丘尼僧 爲作訶諫時. 餘比丘尼教言. 汝等莫別住 當共住 我亦見餘比丘尼 不別住 共作惡行. 惡聲流布 共相覆罪 僧以恚故 教汝別住 彼比丘尼應諫是比丘尼言. 大姊 莫教此比丘尼言. 汝等莫別住 我亦見餘比丘尼共住 共作惡行. 惡聲流布 共相覆罪 僧以恚故 教汝別住 今正有此 二比丘尼 共住 共作惡行 惡聲流布. 共相覆罪 更無有餘 若比丘尼 別住 於佛法中 有增益安樂住 是比丘尼 如是諫時. 堅持不捨 是比丘尼應三諫 令捨此事故 乃至三諫捨者善. 不捨者. 僧伽婆尸沙

Pali-Nip. 22

22(2-14) 승단잔류죄법 제14조

참모임의 분열에 대한 학습계율
[Saṅghabhedasikkhāpada]

[세존] "어떠한 수행녀이든 화합참모임을 파괴하려고 기도하거나, 분열로 이끄는 쟁사를 취하여 공개하여 지지하면, 그 수행녀에 대하여 수행녀들은 '존귀한 자매는 화합참모임을 파괴하려고 기도하거나, 분열로 이끄는 쟁사를 취하여 공개하여 지지하지 마시오. 존귀한 자매는 참모임과 화평해야 합니다. 그래야 비로소 참모임이 조화롭고, 친절하고, 다투지 않고, 동일한 가르침 아래 평안하게 지내기 때문입니다.'라고 말해야 한다. 그 수행녀에 대하여 수행녀들이 이와 같이 말하는데도 그와 같이 고집하면, 그 수행녀에 대하여 수행녀들은 그것을 그만두도록 세 번까지 충고해야 하는데, 세 번까지 충고해서 그만둔다면, 그것은 훌륭한 일이지만, 그만두지 않으면, 그 수행녀야말로 세 번까지로 죄가 되는 일에 떨어지니, 승단잔류죄[79]를

---

79) saṅghādisesa : ≪빠알리율≫에서는 '충고받지 못했거나, 그만두는 경우이거나, 정신착란자이거나, 마음이 심란한 자이거나, 애통해 하는 자이거나, 최초의 범행자인 경우'는 예외이고, ≪사분율≫에서

범하는 것으로 참모임을 떠나서 참회해야 한다."80)

는 '한두 번 충고했을 때 그만두었거나, 원칙에 맞지 않는 갈마를 통해 충고했거나, 가르침이나 계율에 맞지 않게 충고했거나, 꾸짖고 충고하기 이전이었거나, 악한 도반을 막아서 못하게 했거나, 방편으로 참모임의 분열을 막아서 못하게 했거나, 두세 사람이 갈마를 하는 것을 막았거나, 참모임이나 승원이나 친교사와 궤범사와 같은 선지식 등을 위하여 참모임의 분열을 도모하여 손해를 끼친 사람들이 살 곳이 없게 만들어 그것을 막았거나, 이 학습계율시설의 원인이 된 최초의 범행자이거나, 정신착란자이거나, 마음이 심란한 자이거나, 애통해 하는 자인 경우'를 예외로 한다.

80) • 파승위간계⊙(破僧違諫戒) / Nī-Saṅgh. 14(Khu-Saṅgh. 10) : yā pana bhikkhunī samaggassa saṅghassa bhedāya parakkameyya, bhedanasaṁvattanikaṁ vā adhikaraṇaṁ samādāya paggayha tiṭṭheyya, sā bhikkhunī bhikkhunīhi evam assa vacanīyā: māyayyā samaggassa saṅghassa bhedāya parakkami, bhedanasaṁvattanikaṁ vā adhikaraṁ samādāya paggayha aṭṭhāsi, samet' āyayyā saṅghena samaggo hi saṅgho sammodamāno avivadamāno ekuddeso phāsu viharatī'ti. evañca sā bhikkhunī bhikkhunīhi vuccamānā tath'eva paggaṇheyya, sā bhikkhunī bhikkhunīhi yāvatatiyaṁ samanubhāsitabbā tassa paṭinissaggāya, yāvatatiyañc'eva samanubhāsiyamānā taṁ paṭinissajeyya, iccetaṁ kusalaṁ. no ce paṭinissajeyya, ayampi bhikkhunī yāvatatiyakaṁ dhammaṁ āpannā nissāraṇīyaṁ saṅghādisesan'ti. ■ 방편파승계(方便破僧戒) / 사분니승가바시사 10 : 若比丘尼 欲壞和合僧. 方便受壞和合僧法 堅持不捨. 彼比丘尼 應諫 是比丘尼言. 大姊 莫壞和合僧. 莫方便壞和合僧. 莫受壞僧法 堅持不捨. 大姊 應與僧和合. 歡喜不諍. 同一師學 如水乳合. 於佛法中 有增益安樂住. 是比丘尼 如是諫時 堅持不捨. 彼比丘尼 應三諫 捨此事故 乃至三諫捨者善. 不捨者. 僧伽婆尸沙.

Pali-Nip. 23

23(2-15) 승단잔류죄법 제15조

분열의 추종에 대한 학습계율

[Bhedānuvattakasikkhāpada]

[세존] "어떤 수행녀가 수행녀들을 하나나 둘이나 셋이나 거느리고 있는데, 이 수행녀들이 저 수행녀를 추종하고 편을 들어 말하길 '존귀한 자매들이여, 그 수행녀에 대하여 어떠한 것이든 말하지 마십시오. 그 수행녀는 가르침을 말하고, 계율을 말합니다. 그 수행녀는 우리의 의도와 취향을 취하여 표현하고, 우리를 위해 말하는 것이 우리에게 알맞은 것인가를 압니다.'라고 말하면, 수행녀들은 이 수행녀들에게 '존귀한 자매들이여, 그렇게 말하지 마시오. 그 수행녀는 가르침을 말하지 않고, 계율을 말하지 않습니다. 존귀한 자매들도 승단의 분열을 좋아하지 마십시오. 존귀한 자매들께서는 참모임과 화평해야 합니다. 그래야 비로소 참모임이 조화롭고, 친절하고, 다투지 않고, 동일한 가르침 아래 평안하게 지내기 때문입니다.'라고 말해야 한다. 수행녀들이 이 수행녀들에게 이와 같이 말하는데도 그대로 고집하면, 수행녀들이 그 수행녀들에게 그것을 그만두도록 세 번까지 충고해야 하는데, 세 번까

지 충고해서 그것을 그만둔다면, 훌륭한 일이지만, 그만두지 않는다면, 이 수행녀들이야말로 세 번까지로 죄가 되는 일에 떨어지니, 승단잔류죄[81]를 범하는 것으로 참모임을 떠나서 참회해야 한다."[82]

---

81) saṅghādisesa : 《빠알리율》에서는 '충고받지 못했거나, 그만두는 경우이거나, 마음이 심란한 자이거나, 애통해 하는 자이거나 정신착란자이거나, 최초의 범행자인 경우'는 예외이고, 《사분율》에서는 '한두 번 충고했을 때 그만두었거나, 원칙에 맞지 않는 갈마를 통해 충고했거나, 가르침이나 계율에 맞지 않게 충고했거나, 꾸짖고 충고하기 이전이었거나, 이 학습계율시설의 원인이 된 최초의 범행자이거나, 정신착란자이거나, 마음이 심란한 자이거나, 애통해 하는 자인 경우'를 예외로 한다.

82) • 조파승위간계⊙(助破僧違諫戒) / Nī-Saṅgh. 15(Khu-Saṅgh. 11) : tasseva kho pana bhikkhuniyā bhikkhniyo honti anuvattakā vaggavādakā ekā vā dve vā tisso vā, te evaṁ vadeyyuṁ: māyyāyo etaṁ bhikkhuniṁ kiñci avacuttha, dhammavādinī cesā bhikkhunī vinayavādinī cesā bhikkhunī amhākaṁ cesā bhikkhunī chandañca ruciñca ādāya voharati, jānāti no bhāsati, amhākam p'etaṁ khamatī'ti. tā bhikkhuniyo bhikkhunīhi evamassu vacanīyā: māyyāyo evaṁ avacuttha, [138-139] na cesā bhikkhunī dhammavādinī, na cesā bhikkhunī vinayavādinī, māyyānampi saṅghabhedo ruccittha. samet' āyyānaṁ saṅghena, samaggo hi saṅgho sammodamāno avivadamāno ekuddeso phāsu viharatī'ti. evañca te bhikkhuniyo bhikkhunīhi vuccamānā tatheva pagganheyyuṁ, tā bhikkhuniyo bhikkhunīhi yāvatatiyaṁ samanubhāsitabbā tassa paṭinissaggāya. yāva tatiyañce samanubhāsiyamānā taṁ paṭinissajeyyuṁ, iccetuṁ kusalaṁ, no ce paṭinissajeyyuṁ, imā pi bhikkhuniyo yāvatatiyakaṁ dhammaṁ āpannā nissāraṇīyaṁ saṅghādisesan'ti. ■ 여당조파계(餘黨助破戒) / 사분니승가바시사 11 : 若比丘尼 有餘伴黨. 若一若二若三 乃至無數 是比丘尼 語彼比丘尼言. 大姊 汝莫諫此比丘尼. 此比丘尼 是法語律語比丘尼 此比丘尼所說 我等喜樂 我等忍可. 彼比丘尼應諫是比丘尼言. 大

Pali-Nip. 24

24(2-16) 승단잔류죄법 제16조

충고를 받아들이지 않는 것에 대한 학습계율
[Dubbacasikkhāpada]

[세존] "어떤 수행녀가 남이 충고할 수 없는 자로서 교계에 포함된 학습계율 가운데 수행녀들이 원칙에 맞게 충고하는 데도 자신은 충고를 받아서는 안 된다고 '존귀한 자매들이여, 나에게 선이건 악이건 어떠한 충고도 하지 말라. 나도 또한 존귀한 자매들께 선이건 악이건 어떠한 충고도 하지 않겠다. 존귀한 자매들은 나에게 충고하지 말라.'라고 말한다면, 수행녀들은 그 수행녀에게 '존귀한 자매여, 자신을 남이 충고할 수 없는 자로 만들지 마십시오. 존귀한 자매여, 자신을 남이 충고할 수 있는 자로 만드십시오. 존귀한 자매도 원칙에 맞게 수행녀에게 충고할 수 있어야 하고 수행녀들도 존귀한 자매에게 원칙에 맞게 충고할 수 있어야 합니

姉 莫作是說 言此比丘尼 是法語律語比丘尼 此比丘尼所說我等喜樂我等忍可. 然(何以故) 此比丘尼 非法語律語比丘尼 大姉 莫欲壞和合僧. 汝等當樂欲和合僧. 大姉 與僧和合 歡喜不諍. 同一師學 如水乳合. 於佛法中 有增益安樂住 是比丘尼 如是諫時. 堅持不捨 彼比丘尼應三諫 捨此事故 乃至三諫 捨者善. 不捨者. 僧伽婆尸沙

다. 이와 같이 하면, 서로서로 충고하고 서로서로 독려하는 세존의 회중이 증가하는 것입니다.'라고 말해야 한다. 그 수행녀에 대하여 수행녀들이 이와 같이 말하는 데도 그와 같이 고집하면, 그 수행녀에 대하여 수행녀들은 그것을 그만두도록 세 번까지 충고해야 하는데, 세 번까지 충고해서 그만둔다면, 그것은 훌륭한 일이다. 그만두지 않는다면, 그 수행녀야말로 세 번까지로 죄가 되는 일에 떨어지니, 승단잔류죄[83]를 범하는 것으로 참모임을 떠나서 참회해야 한다."[84]

---

83) saṅghādisesa : ≪빠알리율≫에는 '충고받지 못했거나, 그만두거나, 정신착란자이거나, 최초의 범행자인 경우'는 예외이고, ≪사분율≫에서는 '한두 번 충고했을 때에 그만두었거나, 가르침이나 계율에 맞지 않는 갈마를 했거나, 일체의 견책조치의 갈마를 하기 이전이거나, 지혜가 없는 사람이 충고할 때에 그에게 '그대의 친교사나 궤범사가 행하는 것도 이와 같으니 다시 잘 배우고 경을 외어 충고하는 법을 알고 난 후에 충고해야 한다.'라고 했거나, 그 일이 사실과 같았거나, 장난으로 했거나, 빨리 말했거나, 혼자 말했거나, 꿈속에서 말했거나, 이것을 말하려다가 저것을 말했거나, 이 학습계율시설의 원인이 된 최초의 범행자이거나, 정신착란자이거나, 마음이 심란한 자이거나, 애통해 하는 자인 경우'를 예외로 한다.

84) • 악성거승위간계⊙(惡性拒僧違諫戒) / Nī-Saṅgh. 16 (Khu-Saṅgh. 12) : bhikkhunī pan'evadubbacajātikā hoti, uddesapariyāpannesu sikkhāpadesu bhikkhūhi sahadhammikaṁ vuccamānā attānaṁ avacanīyaṁ karoti, 'mā maṁ ayyāyo kiñci avacuttha, kalyāṇaṁ vā pāpakaṁ vā, pāyyāyo na kiñci vakkhāmi kalyāṇaṁ vā pāpakaṁ vā, viramathāyyāyo mama vacanāyā'ti. sā bhikkhunī bhikkhunīhi evam assa vacanīyā: 'māyyā attānaṁ avacanīyaṁ akāsi. vacanīyameva ayyā attānaṁ karotu. ayyāpi bhikkhuniyo vadetu saha dhammena. bhik-

---

khuniyo pi ayyaṁ vakkhanti saha dhammena. evaṁ saṁvaddhā hi tassa bhagavato parisā, yadidaṁ aññamaññavacanena aññamaññavuṭṭhāpanenā'ti. evañca sā bhikkhunī bhikkhunīhi vuccamānā tatheva paggaṇheyya, sā bhikkhunī bhikkhunīhi yāvatatiyaṁ samanubhāsitabbā tassa paṭinissaggāya. yāvatatiyañce samanubhāsiyamānā taṁ paṭinissajeyya, iccetaṁ kusalaṁ no ce paṭinissajeyya, ayampi bhikkhunī yāvatatiyakaṁ dhammaṁ āpannā nissāraṇīyaṁ saṅghādisesan'ti. ■ *악성위간계(惡性違諫戒) / 사분니승가바시사 13：若比丘尼 惡性不受人語 於戒法中. 諸比丘尼如法諫已 不受諫語 言諸大姊莫向我 說若好若惡 我亦不向諸大姊 說若好若惡 大姊 且止 莫數諫我 彼比丘尼 諫是比丘尼言. 大姊 莫不受諫語 大姊 當受諫語 大姊如法諫諸比丘尼 諸比丘尼 亦如法諫 大姊 如是佛弟子衆得增益 展轉相諫 展轉相教 展轉懺悔 是比丘尼 如是諫時 堅持不捨 彼比丘尼 應三諫 捨此事故 乃至三諫 捨者善. 不捨者. 僧伽婆尸沙*

Pali-Nip. 25

25(2-17) 승단잔류죄법 제17조

가정을 오염시키는 것에 대한 학습계율
[Kuladūsakasikkhāpada]

[세존] "어떤 수행녀가 어떤 마을이나 소도시에 의지하여 가정을 오염시키고 악행을 행하는데, 그녀가 악행하는 것이 보이고 또한 들리고, 그녀가 가정을 오염시키는 것이 보이고 들린다면, 수행녀들은 그 수행녀에 대해서 '존귀한 자매는 가정을 오염시키고 악행을 행하는데, 존귀한 자매가 악행을 행하는 것이 보이고 또한 들리고, 존귀한 자매가 가정을 오염시키는 것이 보이고 또한 들립니다. 존귀한 자매는 이 처소를 떠나십시오. 여기서 이처럼 살지 마십시오.'라고 말해야 한다. 이와 같이 수행녀들이 그 수행녀에게 말할 때, 그 수행녀는 그 수행녀들에게 '욕망의 길을 가는 수행승녀들이 있고, 분노의 길을 가는 수행녀들이 있고, 우치의 길을 가는 수행녀들이 있고, 공포의 길을 가는 수행녀들이 있는데, 이와 같은 죄악에 대하여 그 수행녀들은 어떤 자들은 한시퇴출시키고 어떤 자들은 한시퇴출시키지 않습니다.'라고 말한다면, 수행녀들은 그 수행녀에게 '존귀한 자매는 그와 같이 말하지 마십시오. 수

행녀들은 욕망의 길을 가는 자들이 아니고, 수행녀들은 분노의 길을 가는 자들이 아니고, 수행녀들은 우치의 길을 가는 자들이 아니고, 수행녀들은 공포의 길을 가는 자들이 아닙니다. 존귀한 자매는 가정을 오염시키고 악행을 행하는데, 존귀한 자매가 악행을 행하는 것이 보이고 또한 들리고, 존귀한 자매가 가정을 오염시키는 것이 보이고 또한 들립니다. 존귀한 자매는 이 처소를 떠나십시오. 여기서 이처럼 살지 마십시오.'라고 말해야 한다. 그 수행녀에 대하여 수행녀들이 이와 같이 말하는데도 그와 같이 고집하면, 그 수행녀에 대하여 수행녀들은 그것을 그만두도록 세 번까지 충고해야 하는데, 세 번까지 충고해서 그만둔다면, 그것은 훌륭한 일이지만, 그만두지 않으면, 그 수행녀야말로 세 번까지로 죄가 되는 일에 떨어지니, 승단잔류죄[85]를

---

85) saṅghādisesa : ≪빠알리율≫에서는 '충고받지 못했거나, 그만두었거나 정신착란자이거나, 최초의 범행자인 경우는 예외이고, ≪사분율≫에서는 '한두 번 충고했을 때에 그만두었거나, 가르침이나 계율에 맞지 않는 갈마를 했거나, 일체의 견책조치의 갈마를 하기 이전이거나, 부모나 환자나 어린 아이나 임신부나 감옥에 갇힌 자나 사원에서 일하는 자에게 주었거나, 스스로 또는 남을 시켜 꽃이나 나무를 심거나 화만을 만들거나 실로 꽃을 꿰거나 꽃을 가져오게 하거나 화만을 가져와서 삼보에 공양하거나, 사람이 손을 들어 때리려고 했거나 도둑 · 코끼리 · 곰 · 사자 · 호랑이 · 이리 등이 왔거나 뾰족한 것을 메고 와서 피했거나, 강 · 도랑 · 구덩이를 건너려고 뛰었거나, 도반이 따라오다 보이지 않아 휘파람을 불었다든가, 부모나 신심이 돈독한 재가자, 환자, 감옥에 갇힌 자를 위해 서신을

범하는 것으로 참모임을 떠나서 참회해야 한다."86)

보고 갔다던가, 승원과 비구니들을 위하거나 환우비구니를 위해 서신을 가지고 갔거나, 이 학습계율시설의 원인이 된 최초의 범행자이거나, 정신착란자이거나, 마음이 심란한 자이거나, 애통해 하는 자인 경우'를 예외로 한다.

86) • 오가빈방위간계⊙(汚家擯謗違諫戒) / Nī-Saṅgh. 17(Khu-Saṅgh. 13) : bhikkhunī [140-141] pan'eva aññataraṁ gāmaṁ vā nigamaṁ vā upanissāya viharati kuladūsikā pāpasamācārā, tassa kho pāpakā samācārā dissanti ceva suyyanti ca, kulāni ca tena duṭṭhāni dissanti ceva suyyanti ca, sā bhikkhunī bhikkhunīhi evam assa vacanīyā: ayyā kho kuladūsikā pāpasamācārā, ayyāya kho pāpakā samācārā dissanti ceva suyyanti ca, kulāni cāyyāya duṭṭhāni dissanti ceva suyyanti ca, pakkamat'āyyā imamhā āvāsā, alaṁ te idha vāsenā'ti, evañca so bhikkhunī bhikkhunīhi vuccamānā tā bhikkhuniyo evaṁ vadeyya: chandagāminiyo ca bhikkhuniyo dosagāminiyo ca bhikkhuniyo mohagāminiyo ca bhikkhuniyo bhayagāminiyo ca bhikkhuniyo, tādisikāya āpattiyā ekaccaṁ pabbājenti: ekaccaṁ na pabbājentī'ti. sā bhikkhunī bhikkhunīhi evam assa vacanīyā: māyyā evaṁ avaca, na ca bhikkhuniyo chandagāminiyo na ca bhikkhuniyo dosagāminiyo na ca bhikkhuniyo mohagāminiyo na ca bhikkhūuniyo bhayagāminiyo, ayyā kho kuladūsikā pāpasamācārā, ayyāya kho pāpakā samācārā dissanti ceva suyyanti ca kulāni cāyyāya duṭṭhāni dissanti ceva suyyanti ca. pakkamatāyayyā imamhā āvāsā, alaṁ te idha vāsenā'ti. evañca so bhikkhunī bhikkhunīhi vuccamānā tatheva paggaṇheyya, so bhikkhunī bhikkhunīhi yāva tatiyaṁ samanubhāsitabbā tassa paṭinissaggāya, yāvatatiyañ ceva samanubhāsiyamānā taṁ paṭinissajeyya, iccetaṁ kusalaṁ, no ce paṭinissajjeyya, ayampi bhikkhunī yāvatatiyakaṁ dhammaṁ āpannā nissāraṇīyaṁ saṅghādisesan'ti. ■ 오가위간계(汚家違諫戒) / 사분니승가바시사 12 : 若比丘尼 依聚落 若城邑住 汚他家行惡行. 俱有見聞. 諸比丘尼 當語是比丘尼言. 大姊 汚他家行惡行. 俱有見聞. 今可遠此聚落去. 不須住此. 是比丘尼 語彼比丘尼言. 大姊 今僧有愛有恚 有怖 有癡 有如是同罪比丘尼. 有驅者 有不驅者. 諸比丘尼諫言. 大姊 莫作是語 言僧有愛有恚 有怖有癡 有如是同罪比丘

존귀한 [142-143] 자매들이여,
이와 같이 17개 조항의 승단잔류죄법을 송출했습니다.
9개 조항(1-9)은 즉시,
8개 조항(10-17)은 세 번의 충고 후에 적용됩니다.
수행녀가 이것들 가운데 어떤 하나라도 범하면,
그 수행녀는 양중의 참모임 앞에서
보름간의 참회생활을 실행해야 하며,
참회생활을 마친 수행녀는
20명의 수행녀들의 참모임이 있는 곳에서
출죄복귀를 받아야 합니다.
그러나 수행녀의 참모임이
20명의 수행녀들보다 하나라도 적으면,
그 수행녀를 출죄복귀시켰더라도
출죄복귀된 것이 아니며,
수행녀들은 견책을 받아야 합니다.
이것이 그 경우의 적절한 조치입니다.[87)]

尼 有驅者 有不驅者. 何以故 而僧 不愛不恚 不怖不癡 大姊 污他家 行惡行. 俱有見聞. 是比丘尼 如是諫時 堅持不捨. 彼比丘尼 應三諫 捨此事故. 乃至三諫 捨者善. 不捨者. 僧伽婆尸沙

87) •*uddiṭṭhā kho ayyāyo sattarasa saṅghādisesā dhammā, nava paṭhamāpattikā, caṭṭha yāvatatiyakā, yesaṁ bhikkhunī aññataraṁ vā aññataraṁ vā āpajjati, tāya bhikkhuniyā ubhato saṅghe pakkhamānattaṁ caritabbaṁ. ciṇṇamānattā bhikkhunī yattha siyā vīsatigaṇo bhikkhunīsaṅgho, tattha sa bhikkhuniṁ abbhetabbā. ekāya pi ce ūno vīsatigaṇo bhikkhunīsaṅgho taṁ bhikkhuniṁ abbheyya, sā ca bhikkhunī anabbhitā. te ca bhikkhuniyo gārayhā. ayaṁ tattha sāmīci.* ■*諸大姊! 我已說十三僧伽婆尸沙法. 九戒初犯, 餘至三諫. 若比丘犯一一法, 知而覆藏, 應强與波利婆沙; 行波利婆沙竟, 增上與六夜摩那埵. 行摩那埵已, 應與出罪. 當二十人僧中出是比丘罪. 若少一人, 不滿*

이와 관련하여
저는 존귀한 자매들께 묻겠습니다.
이와 관련하여 완전히 청정합니까?
두 번째에도 저는 존귀한 자매들께 묻겠습니다.
이와 관련하여 완전히 청정합니까?
세 번째에도 저는 존귀한 자매들께 묻겠습니다.
이와 관련하여 완전히 청정합니까?

존귀한 자매들께서는
완전히 청정한 까닭에 침묵했으므로
저는 그와 같이 알겠습니다.[88]

승단잔류죄법이 끝났다.

二十衆, 是比丘罪不得除, 諸比丘亦可訶, 此是時.

88) •*tatthāyyāyo pucchāmi kaccīttha parisuddhā? dutiyampi pucchāmi kaccittha parisuddhā? tatiyampi pucchāmi kaccittha parisuddhā? parisuddhetthāyyāyo, tasmā tuṇhī. evametaṁ dhārayāmī'ti.* ■*今問. 諸大姊 是中清淨否(如是至三) 諸大姊 是中清淨. 默然故 是事如是持.*

제3장 상실속죄죄법의 송출

(Nissaggiyapācittiyuddesa)

존귀한 자매들이여,
이제 이와 같은 30개 조항의 상실속죄죄법을
송출하겠습니다.[89]

---

89) •ime [144-145] kho panāyyāyo tiṁsa nissaggiyā pācittiyā dhammā uddesaṁ āgacchanti. ■諸大姊 是三十尼薩耆波逸提法 半月半月說 戒經中來

제1품 발우
(Pattavagga)

Pali-Nip. 26

26(3-1-1) 상실속죄죄법 제1조
발우 모으기에 대한 학습계율
[Pattasannicayasikkhāpada]

[세존] "어떠한 수행녀이든 발우를 모으면, 상실속죄죄[90])를 범하는 것이다."[91])

---

90) nissaggiyapācittiya : ≪빠알리율≫에서는 '태양이 떠오르기 전에 개인의 소유로 결정되었거나, 양도되었거나, 증여되었거나, 망실되었거나, 파괴되었거나, 약탈된 경우나, 부숴진 뒤에 가지거나 신뢰로 가지거나, 정신착란자이거나, 최초의 범행자인 경우'는 예외이고, ≪사분율≫에서는 그 밖에 '빼앗겼다든가 잃어버렸다든가 깨졌다든가 물에 떠내려갔다든가 생각해서 양도하지 않았거나, 빼앗겼다든가 잃어버렸다든가 깨졌다든가 해서 스스로 취해서 사용했거나 남이 주어서 사용하거나, 발우를 맡아준 비구니가 죽었거나 사나운 짐승에 해를 입었거나 물에 떠내려갔거나 멀리 갔거나 환속했거나 도적에 잡혀가 양도하지 못했거나, 이 학습계율시설의 원인이 된 최초의 범행자이거나, 정신착란자이거나, 마음이 심란한 자이거나, 애통해 하는 자인 경우'를 예외로 한다.

91) • 장발계⊘(長鉢戒) / Nī-Niss. 1(Nī ⊘Niss. 1) : yā pana bhikkhunī pattasannicayaṁ kareyya, nissaggiyaṁ pācittiyan'ti. ■ 축호장발계(畜好長鉢戒) / 사분니니살기바일제 24 : 若比丘尼 畜長鉢 不淨施 尼薩耆波逸提

Pali-Nip. 27

27(3-1-2) 상실속죄죄법 제2조

때 아닌 때의 시간의 옷에 대한 학습계율
[Akālacīvarasikkhāpada]

[세존] "어떠한 수행녀이든 때 아닌 때의 시간의 옷을 제 때의 시간의 옷으로 개인의 소유로 결정하여 분배하면, 상실속죄죄[92]를 범하는 것이다."[93]

---

92) nissaggiyapācittiya : ≪빠알리율≫에서는 '때 아닌 때의 시간의 옷을 제 때의 시간의 옷이라고 지각하고 분배하게 했거나, 제 때의 시간의 옷을 제 때의 시간의 옷이라고 지각하고 분배하게 했거나, 정신착란자이거나, 최초의 범행자인 경우'는 예외이고, ≪사분율≫에서는 '때 아닌 때의 시간의 옷을 제 때의 시간의 옷이라고 지각하고 분배하게 했거나, 제 때의 시간의 옷을 제 때의 시간의 옷이라고 지각하고 분배하게 했거나, 이 학습계율시설의 원인이 된 최초의 범행자이거나, 정신착란자이거나, 마음이 심란한 자이거나, 애통해 하는 자인 경우'를 예외로 한다.

93) • 비시의계∅(非時衣戒) / Nī-Niss. 2(Nī ∅Niss. 2) : yā pana bhikkhunī akālacīvaraṁ kālacīvaran'ti adhiṭṭhahitvā bhājāpeyya, nissaggiyaṁ pācittiyan'ti. ▪ 이비시의수작시의계(以非時衣受作時衣戒) / 사분니니살기바일제 27 : 若比丘尼 以非時衣 受作時衣者. 尼薩耆波逸提

Pali-Nip. 28

28(3-1-3) 상실속죄죄법 제3조

교환한 옷에 대한 학습계율

[Cīvaraparivattanasikkhāpada]

[세존] "어떠한 수행녀이든 수행녀와 옷을 교환했다가 '존귀한 자매여, 그대의 옷을 가져오시오. 나에게 그대의 옷을 달라. 그대의 것은 그대의 것이고, 나의 것은 나의 것이다. 나에게 그대의 옷을 주고, 그대는 자신의 것을 가져가라.'라고 빼앗거나 빼앗게 시킨다면, 상실속죄죄[94]를 범하는 것이다."[95]

---

94) *nissaggiyapācittiya* : *《빠알리율》에서는 '그녀가 주거나, 그녀에게서 믿고 받는 경우'는 예외이고, 《사분율》에서는 "화내지 않고 '내가 후회하니 내옷을 돌려주시오.'라고 말하거나, 준 것을 후회하는 것을 알고 돌려주었거나, 타인이 '그녀가 후회하니 돌려주시오.'라고 해서 돌려주었거나, 입으라고 주었는데 도리에 맞지 않아 다시 가졌거나, 옷을 잃거나 망가질까 두려웠거나, 옷을 받은 사람이 계율이나 견해나 위의를 깨뜨렸거나, 이 학습계율시설의 원인이 된 최초의 범행자이거나, 정신착란자이거나, 마음이 심란한 자이거나, 애통해 하는 자인 경우'를 예외로 한다.*

95) *• 무의이후강탈계∅(貿衣已後强奪戒) / Nī-Niss. 3(Nī ∅Niss. 3) : yā pana bhikkhunī bhikkhuniyā saddhiṁ cīvaraṁ parivattetvā sā pacchā evaṁ vadeyya: hand' ayye tuyhaṁ cīvaraṁ, āhara me taṁ cīvaraṁ, yaṁ tuyhaṁ tuyham ev'etaṁ yaṁ mayhaṁ mayham ev' etaṁ; āhara me taṁ sakaṁ paccāharā'ti acchindeyya vā acchindāpeyya vā, nissaggiyaṁ pācittiyan'ti : 상실속죄죄법 제23조(Nī ∅Niss. 23)와 비교*

하라: '어떠한 수행승이든 스스로 옷을 주고 나서 화가 나고 불쾌하다고 다시 빼앗거나 빼앗게 하면, 상실속죄죄를 범하는 것이다.' ■선여무역후진탈취계(先與貿易後瞋奪取戒) / 사분니니살기바일제 28 : 若比丘尼 先與比丘尼 貿易衣 後瞋恚 若自奪 若使人奪 是比丘尼應還衣 若取者 尼薩耆波逸提

Pali-Nip. 29

29(3-1-4) 상실속죄죄법 제4조

다른 것의 요구에 대한 학습계율

[Aññaviññāpanasikkhāpada]

[세존] "어떠한 수행녀이든 어떤 것을 청하고 다른 것을 요구하면, 상실속죄죄[96]를 범하는 것이다."[97]

---

96) *nissaggiyapācittiya* : *≪빠알리율≫에서는 '이것도 요구했지만 다른 것도 필요해서 요구하거나, 이익을 보게 하고 요구하거나, 정신착란자이거나, 최초의 범행자인 경우'는 예외이다. ≪사분율≫에서는 '다른 물건이 필요해서 다른 물건을 구했거나, 친척에게서 구하거나, 출가인에게서 구했거나, 타인이 자기를 위해서나 자기가 타인을 위해서 구했거나, 이 학습계율시설의 원인이 된 최초의 범행자이거나, 정신착란자이거나, 마음이 심란한 자이거나, 애통해 하는 자인 경우'를 예외로 한다.*

97) *• 걸시후걸피계⊘(乞時後乞彼戒) / Nī-Niss. 4(Nī ⊘Niss. 4) : yā pana bhikkhunī aññaṁ viññāpetvā aññaṁ viññāpeyya, nissaggiyaṁ pācittiyan'ti. ⇒ ▪ 구시갱색피계(求是更索彼戒) / 사분니니살기바일제 19 若比丘尼 欲索是 更索彼者. 尼薩耆波逸提*

Pali-Nip. 30

30(3-1-5) 상실속죄죄법 제5조

다른 것의 교환에 대한 학습계율
[Aññacetāpanasikkhāpada]

[세존] "어떠한 수행녀이든 어떤 것을 교환하게 하고 다른 것을 교환하도록 시키면, 상실속죄죄98)를 범하는 것이다."99)

---

98) nissaggiyapācittiya : ≪빠알리율≫에서는 '이것도 교환하게 하고 다른 것도 교환하게 하거나, 공덕을 보여주고 교환하는 경우이거나, 정신착란자이거나 최초의 범행자인 경우'는 예외이다. ≪사분율≫에서는 '다른 물건이 필요해서 다른 물건을 구했거나, 친척에게서 구하거나, 출가인에게서 구했거나, 타인이 자기를 위해서나 자기가 타인을 위해서 구했거나, 이 학습계율시설의 원인이 된 최초의 범행자이거나, 정신착란자이거나, 마음이 심란한 자이거나, 애통해 하는 자인 경우'를 예외로 한다.

99) • 구시후구피계∅(購時後購彼戒) / Nī-Niss. 5(Nī ∅Niss. 5) : yā pana [146-147] bhikkhunī aññaṁ cetāpetvā aññaṁ cetāpeyya, nissaggiyaṁ pācittiyan'ti. ⇒■ 구시갱색피계(求是更索彼戒) / 사분니니살기바일제 19 若比丘尼 欲索是 更索彼者. 尼薩耆波逸提

Pali-Nip. 31

31(3-1-6) 상실속죄죄법 제6조

어떤 목적으로 지정된 것에 대한 학습계율

[Aññadatthikasikkhāpada]

[세존] "어떠한 수행녀이든 참모임에 속하고 어떤 것으로 지정되고 어떤 목적으로 준비된 자재로 다른 것을 교환하면, 상실속죄죄[100])를 범하는 것이다."[101])

---

100) nissaggiyapācittiya : ≪빠알리율≫에서는 '남은 것을 사용한다던가, 주인의 청원을 하고 사용한다던가, 사고가 일어났거나, 정신착란자이거나, 최초의 범행자인 경우는 예외이고, ≪사분율≫에서는 "주인에게 물어보고 사용했거나, 시주가 지정한 용도에 알맞게 사용했거나, 재물을 줄 때 '뜻대로 사용하십시오'라고 말했거나, 이 학습계율시설의 원인이 된 최초의 범행자이거나, 정신착란자이거나, 마음이 심란한 자이거나, 애통해 하는 자인 경우"를 예외로 한다.

101) • 호용용승가재계∅(互用僧伽財戒) / Nī-Niss. 6(Nī ∅Niss. 6) : yā pana bhikkhunī aññadatthikena parikkhārena aññuddisikena saṅikena aññaṁ cetāpeyya, nissaggiyaṁ pācittiyan'ti. ■ 이조당직무의공분계(以造堂直貿衣共分戒) / 사분니니살기바일제 20 : 若比丘尼 知檀越 所爲僧施物 異廻作餘用者. 尼薩耆波逸提

Pali-Nip. 32

32(3-1-7) 상실속죄죄법 제7조

참모임에 속한 것에 대한 학습계율
[Saṅghikasikkhāpada]

[세존] "어떠한 수행녀이든 참모임에 속하고 어떤 것으로 지정되고 어떤 목적으로 준비된 자재와 함께 스스로 탁발하여 얻은 것으로 다른 것을 교환하면, 상실속죄죄[102]를 범하는 것이다."[103]

---

102) nissaggiyapācittiya : ≪빠알리율≫에서는 '남은 것을 사용한다던가, 주인의 허락을 얻고 사용하던가, 사고가 일어났거나, 정신착란자이거나, 최초의 범행자인 경우'는 예외이다. ≪사분율≫에서는 "주인에게 물어보고 사용했거나, 시주가 지정한 용도에 알맞게 사용했거나, 재물을 줄 때 '뜻대로 사용하십시오'라고 말했거나, 이 학습계율시설의 원인이 된 최초의 범행자이거나, 정신착란자이거나, 마음이 심란한 자이거나, 애통해 하는 자인 경우"를 예외로 한다.

103) • 호용자걸승가재계∅(互用自乞僧伽財戒) / Nī-Niss. 7(Nī ∅Niss. 7) : yā pana bhikkhunī aññadatthikena parikkhārena aññuddisikena saṅghikena saṁyācikena aññaṁ cetāpeyya, nissaggiyaṁ pācittiyan'ti. ⇒■ 이공타식직무의공분계(以供他食直貿衣共分戒) / 사분니니살기바일제 21 : 若比丘尼 知檀越 所爲施物. 異自求爲僧. 廻作餘用者. 尼薩耆波逸提 ⇒■ 이조사직무의공분계(以造舍直貿衣共分戒) / 사분니니살기바일제 23 : 若比丘尼 檀越 所爲施物. 異自求爲僧. 廻作餘用者. 尼薩耆波逸提

Pali-Nip. 33

33(3-1-8) 상실속죄죄법 제8조

대중에 속한 것에 대한 학습계율
[Mahājanīsikkhāpada]

[세존] "어떠한 수행녀이든 대중에 속하고 어떤 것으로 지정되고 어떤 목적으로 준비된 자재로 다른 것을 교환하면, 상실속죄죄[104]를 범하는 것이다."[105]

---

104) 《빠알리율》에서는 '남은 것을 사용한다던가, 주인의 허락을 얻고 사용하던가, 사고가 일어났거나, 정신착란자이거나 최초의 범행자인 경우'는 예외이고, 《사분율》에서는 "주인에게 물어보고 사용했거나, 시주가 지정한 용도에 알맞게 사용했거나, 재물을 줄 때 '뜻대로 사용하십시오'라고 말했거나, 이 학습계율시설의 원인이 된 최초의 범행자이거나, 정신착란자이거나, 마음이 심란한 자이거나, 애통해 하는 자인 경우"를 예외로 한다.

105) • 호용별중재계⊘(互用別衆財戒) / Nī-Niss. 8(Nī ⊘Niss. 8) : yā pana bhikkhunī aññadatthikena parikkhārena aññuddisikena mahājanikena aññaṁ cetāpeyya nissaggiyaṁ pācittiyan'ti. ■⇒ 이조당직무의공분계(以造堂直貿衣共分戒) / 사분니니살기바일제 20 : 若比丘尼 知檀越 所爲僧施物 異廻作餘用者. 尼薩耆波逸提

Pali-Nip. 34

34(3-1-9) 상실속죄죄법 제9조

스스로 탁발하여 얻은 것에 대한 학습계율
[Saṁyācikasikkhāpada]

[세존] "어떠한 수행녀이든 대중에 속하고 어떤 것으로 지정되고 어떤 목적으로 준비된 자재와 함께 스스로 탁발하여 얻은 것으로 다른 것을 교환하면, 상실속죄죄106)를 범하는 것이다."107)

---

106) nissaggiyapācittiya : 《빠알리율》에서는 '남은 것을 사용한다던가, 주인의 허락을 얻고 사용하던가, 사고가 나는 경우이거나, 정신착란자이거나 최초의 범행자인 경우'는 예외이고 《사분율》에서는 "주인에게 물어보고 사용했거나, 시주가 지정한 용도에 알맞게 사용했거나, 재물을 줄 때 '뜻대로 사용하십시오'라고 말했거나, 이 학습계율시설의 원인이 된 최초의 범행자이거나, 정신착란자이거나, 마음이 심란한 자이거나, 애통해 하는 자인 경우"를 예외로 한다.

107) • 호용자걸별중재계∅(互用自乞別衆財戒) / Nī-Niss.9(Nī ∅Niss. 9) : yā pana bhikkhunī aññadatthikena parikkhārena aññuddisikena mahājanikena saṁyācikena aññaṁ cetāpeyya, nissaggiyaṁ pācittiyan'ti. ▪⇒ 이조사직무의공분계(以造舍直貿衣共分戒) / 사분니니살기바일제 23 : 若比丘尼 檀越 所爲施物. 異自求爲僧. 廻作餘用者. 尼薩耆波逸提

Pali-Nip. 35

35(3-1-10) 상실속죄죄법 제10조

개인에 속한 것의 교환에 대한 학습계율
[Puggalikacetāpanasikkhāpada]

[세존] "어떠한 수행녀이든 개인에 속하고 어떤 것으로 지정되고 어떤 목적으로 준비된 자재와 함께 스스로 탁발하여 얻은 것으로 다른 것을 교환하면, 상실속죄죄108)를 범하는 것이다."109)

---

108) nissaggiyapācittiya : ≪빠알리율≫에서는 '남은 것을 사용한다던가, 주인의 허락을 얻고 사용하던가, 사고가 나거나, 정신착란자이거나, 최초의 범행자인 경우'는 예외이다. ≪사분율≫에서는 ≪사분율≫에서는 "주인에게 물어보고 사용했거나, 시주가 지정한 용도에 알맞게 사용했거나, 재물을 줄 때 '뜻대로 사용하십시오'라고 말했거나, 이 학습계율시설의 원인이 된 최초의 범행자이거나, 정신착란자이거나, 마음이 심란한 자이거나, 애통해 하는 자인 경우"를 예외로 한다.

109) ●호용자걸별인재계∅(互用自乞別人財戒) / Nī-Niss. 10(Nī ∅Niss. 10) : yā [148-149] pana bhikkhunī aññadatthikena parikkhārena aññuddisikena puggalikena saṁyācikena aññaṁ cetāpeyya, nissaggiyaṁ pacittiyan'ti. ■⇒ 이조방직작의계(以造房直作衣戒) / 사분니니살기바일제 22 : 若比丘尼 檀越 所施物, 異廻作餘用者. 尼薩耆波逸提

제2품 4깡싸의 옷
(Catukkaṁsavagga)

Pali-Nip. 36

36(3-2-1) 상실속죄죄법 제 11조

두터운 옷(重依)에 대한 학습계율
[Garupāvuraṇasikkhāpada]

[세존] "두터운 옷[110]을 구하는 수행녀라면, 최대한 4깡싸[111]의 가치가 있는 것을 구해야 한다. 그 이상의 것을 구하면, 상실속죄죄[112]를 범하는 것이다."[113]

---

110) garupāvuraṇa : 추울 날에 입는 두터운 외투로 한역에서는 중의(重衣)라고 번역한다.

111) kaṁsa : Smp. 919에 따르면, 1 깡싸는 4 까하빠나(kahāpaṇa)의 가치가 있다. 당시 인도에서는 황소 한 마리 값이 12 까하빠나였다.

112) nissaggiyapācittiya : 《빠알리율》에서는 '친척의 것들이거나, 기부된 것이거나, 타인을 위한 것이거나, 자신의 자산에 의한 것이거나, 다른 자가 값비싼 것을 구하려 하는데 비해 값싼 것을 구하거나, 정신착란자이거나, 최초의 범행자인 경우'는 예외이고, 《사분율》에서는 "넉 장의 모직 이하로 구했거나, 출가인에게 구했거나, 타인이 자기를 위해 구했거나, 자기가 타인을 위해 구했거나, 저절로 얻어졌거나, 이 학습계율시설의 원인이 된 최초의 범행자이거나, 정신착란자이거나, 마음이 심란한 자이거나, 애통해 하는 자인 경우'를 예외로 한다.

113) • 걸중의계⊘(乞重衣戒) / Nī-Niss. 11(Nī ⊘Niss. 11) : garupāvuraṇaṁ pana bhikkhuniyā cetāpentiyā catukkaṁsaparamaṁ cetāpetabbaṁ, tato ce uttari cetāpeyya, nissaggiyaṁ pācittiyan'ti. ■ 걸중의과직계(乞重衣過直戒) / 사분니니살기바일제 29 : 若比丘尼 乞重衣 齊價直四端氎 若過者 尼薩耆波逸提

Pali-Nip. 37

37(3-2-2) 상실속죄죄법 제12조

얇은 옷에 대한 학습계율

[Lahupāvuraṇasikkhāpada]

[세존] "얇은 옷114)을 구하는 수행녀라면, 최대한 2½깡싸115)의 것을 구해야 한다. 그 이상의 것을 구하면, 상실속죄죄116)를 범하는 것이다."117)

---

114) lahupāvuraṇa : 여름에 입는 얇은 외투로 한역에서는 경의(輕衣)라고 한다.

115) kaṁsa : Smp. 919에 따르면, 1 깡싸는 4 까하빠나(kahāpaṇa)의 가치가 있다.

116) nissaggiyapācittiya : ≪빠알리율≫에서는 '친척의 것들이거나, 기부된 것이거나, 타인을 위한 것이거나, 자신의 자산에 의한 것이거나, 다른 자가 값비싼 것을 구하려 하는데 비해 값싼 것을 구하거나 정신착란자이거나, 최초의 범행자인 경우'는 예외이고, ≪사분율≫에서는 '최고 두 장 반의 모직까지이니 10조까지였거나, 이 학습계율시설의 원인이 된 최초의 범행자이거나, 정신착란자이거나, 마음이 심란한 자이거나, 애통해 하는 자인 경우'를 예외로 한다.

117) • 걸경의계∅(乞輕衣戒) / Nī-Niss. 12(Nī ∅Niss. 12) : lahupāvuraṇaṁ pana bhikkhuniyā cetāpentiyā aḍḍhateyyakaṁsaparamaṁ cetāpetabbaṁ. tato ce uttari cetāpeyya, nissaggiyaṁ pācittiyan'ti ▪ 걸경의과직계(乞輕衣過直戒) / 사분니니살기바일제 30 : 若比丘尼 乞輕衣 齊價直兩端半氍 若過者 尼薩耆波逸提

Pali-Nip. 38

38(3-2-3) 상실속죄죄법 제13조

까티나옷에 대한 학습계율

[Kaṭhinasikkhāpada]

[세존] "옷의 끝남에 의해서,118) 수행녀의 까티나 특권119)이 해제되었을 때,120) 최대한 열흘까지는

---

118) niṭṭhitacīvarasmiṁ : Vin. III. 196에 따르면, 수행승을 위하여 옷이 만들어졌거나, 망실되었거나, 파괴되었거나, 불타버렸거나, 옷에 대한 기대가 상실된 것을 뜻한다.

119) kaṭhina : 까티나특권(kaṭhina : Vin. I. 255)에는 다섯 가지(五事)가 있다 : ① 참모임의 허락을 받지 않고 탁발을 위해 가정을 방문하는 것이 허용되는 것, ② 세벌 옷(三衣)을 걸치지 않고도 탁발을 갈 수 있는 것, ③ 무리지어 식사하는 별중식(別衆食)이란 네 명의 수행승이 한 당파가 되어 행동하면 참모임의 파괴와 연결될 수 있으므로 금지된 것이지만, 까티나옷이 성립되는 경우에는 식후에 옷의 보시가 있으므로 별중식에 초대받아도 무방한 것, ④ 세벌 옷을 만드는데 필요한 옷이나 옷을 확보하기 위해서는 그 만큼의 가상의(假想衣)를 신자로부터 조달해야 하는데 까티나옷이 성립되면 그것이 가능해지는 것, ⑤ 죽은 수행승을 위한 수의이건 참모임에 대한 선물이건 어떠한 방식으로든 참모임에 옷이 생겨나면 그것은 자신들을 위한 것이다. 그러나 이러한 까티나특권이 해제됨에 따라서 사라진다.

120) ubbhatasmiṁ kaṭhine : Vin. I. 254에 따르면, 까티나특권이 해제되는가? 수행승들이여, 까티나특권이 해제되는데 여덟 가지 경로(aṭṭha mātikā)가 있다. 1) 떠남에 의한 것, 2) 끝남에 의한 것, 3) 결정에 의한 것, 4) 망실에 의한 것, 5) 청문에 의한 것, 6) 희망의 단절에 의한 것, 7) 결계의 벗어남에 의한 것, 8) 함께 하는 해제에 의한

여분의 옷을 지닐 수 있지만, 그 기간이 지나면, 상실속죄죄[121])를 범하는 것이다."[122])

것이다.

121) *nissaggiyapācittiya : 《빠알리율》에서는 '열흘 이내에 개인의 소유로 결정되거나, 양도되거나, 증여되거나, 망실되거나, 파괴되거나, 불태워진 경우이거나, 약탈되는 경우이거나, 신뢰로 취해지거나, 정신착란자이거나, 최초의 범행자인 경우'는 예외이고, 《사분율》에서는 그 밖에 '그가 이불을 만들라고 주었거나, 옷을 맡아준 이가 목숨이 다했거나, 멀리 떠났거나, 환속했거나, 도적에 강제로 끌려갔거나, 짐승에 피해를 입었거나 물에 떠내려간 이유로 보시하거나 양도하지 않았거나, 이 학습계율시설의 원인이 된 최초의 범행자이거나, 정신착란자이거나, 마음이 심란한 자이거나, 애통해 하는 자인 경우'를 예외로 한다.*

122) *• 장의과한계⊙(長衣過限戒) / Nī-Niss. 13(Khu-Niss. 1) : niṭṭhitacīvarasmiṁ bhikkhuniyā ubbhatasmiṁ kaṭhine dasāhaparamaṁ atirekacīvaraṁ dhāretabbaṁ. taṁ atikkāmentiyā nissaggiyaṁ pācittiyan'ti. ■ 축장의과십일계(畜長衣過十日戒) / 사분니니살기바일제 1 : 若比丘尼 衣已竟 迦絺那衣已出. 畜長衣 經十日. 不淨施得畜. 若過者 尼薩耆波逸提*

Pali-Nip. 39

39(3-2-4) 상실속죄죄법 제14조

보관장소의 원리에 대한 학습계율

[Udositasikkhāpada]

[세존] "옷의 끝남에 의해서, 까티나특권이 해제되었을 때, 만약에 단 하룻밤이라도 수행녀가 세벌 옷을123) 떠나 지내면, 수행녀의 동의를 제외하고, 상실속죄죄124)를 범하는 것이다."125)

---

123) ticīvarena : *수행녀의 경우 정확히는 '다섯 벌(pañcahi cīvarena)'을 의미한다. 《사분율》에서는 다섯 벌로 되어 있다. 다섯 벌은 대의(大衣), 상의(上衣), 하의(下衣), 복견의, 목욕옷을 말한다. 한역에서는 승가리(僧伽梨), 울다라승(鬱陀羅僧), 안타회(安陀會), 복견의(覆肩衣), 수욕의(水浴衣)라고 한다. 한역에서는 승가리(僧伽梨), 울다라승(鬱陀羅僧), 안타회(安陀會), 복견의(覆肩衣), 수욕의(水浴衣)라고 한다. 참고로 《빠알리율》에서는 손이 닿을 수 있는 거리(hatthapāsā)를 옷이 떠나서는 안 된다. 그래서 주석서(Smp. 652)에 의하면, 옷은 2½ 라따나 [1ratana = 1hattha = 46-56cm]를 떠나 있어서는 안 된다. 그러나 《사분율》에서는 그것을 척석소급처(擲石所及處) 즉, 손으로 돌을 던져 닿는 거리라고 해석하고 있다.*

124) nissaggiyapācittiya : *《빠알리율》에서는 '일출 전에 해제되거나, 증여되거나, 망실되거나, 파괴되거나, 소실되거나, 약탈되는 경우이거나, 신뢰로 취해지는 경우이거나, 수행승들이 동의했거나, 정신착란자이거나, 최초의 범행자인 경우'는 예외이고, 《사분율》에서는 그 밖에 '대중들이 갈마를 해주었거나, 날이 밝기 전에 손으로 가사를 잡고 있었거나 가사를 내놓았거나 손으로 돌을 던져서 닿을 수 있는 곳 안에 있었던가, 위협을 받아서 빼앗기거나 망실되거나*

파괴되거나 소실되거나 약탈되는 경우에 손으로 돌을 던져서 닿을 수 있는 곳 안에 있던가, 물길이 끊기거나 길이 험난하거나 도적이 사나운 짐승에 위해를 입었거나, 힘센 자의 강요였거나, 목숨이 위태로웠거나, 청정행이 어려웠거나, 경우에 손으로 돌을 던져서 닿을 수 있는 곳 안에 있었거나, 이 학습계율시설의 원인이 된 최초의 범행자이거나, 정신착란자이거나, 마음이 심란한 자이거나, 애통해 하는 자인 경우'를 예외로 한다.

125) 이삼의숙계⊙(離三衣宿戒) / Nī-Niss. 14(Khu-Niss. 2) : niṭṭhitacīvarasmiṁ bhikkhuniyā ubbhatasmiṁ kaṭhine ekarattampi ce bhikkhunī ticīvarena vippavaseyya aññatra bhikkhunīsammutiyā, nissaggiyaṁ pācittiyan'ti. ■ 이일일의이처숙계(離一一衣異處宿戒) / 사분니니살기바일제 2 : 若比丘尼 衣已竟 迦絺那衣已出. 於五衣中 若離一一衣 異處宿 除僧羯磨. 尼薩耆波逸提

Pali-Nip. 40

40(3-2-5) 상실속죄죄법 제15조

때 아닌 때의 시간의 옷에 대한 학습계율
[Akālacīvarasikkhāpada]

[세존] "옷의 끝남에 의해서, 수행녀의 까티나특권이 해제되었을 때, 때 아닌 때의 시간에 옷을 얻는 경우, 희망한다면 수행녀가 받을 수 있지만, 받으면 빨리 옷을 만들어야 한다. 그러나 만약 그것이 그에게 충분하지 않다면, 최대한 1개월까지는, 부족한 것이 채워지리라는 희망이 있다면, 그 수행녀가 그 옷을 따로 둘 수 있지만, 그 기간이 지나서 따로 두면, 희망이 있더라도, 상실속죄죄126)를 범하는 것이다."127)

---

126) nissaggiyapācittiya : 《빠알리율》에서는 '한 달 이내에 개인의 소유로 결정되거나, 양도되거나, 증여되거나, 망실되거나, 파괴되거나, 소실되거나, 약탈되는 경우이거나, 신뢰로 취해지거나 정신착란자이거나, 최초의 범행자인 경우'는 예외이고, 《사분율》에서는 그 밖에 '이불로 만들었다든가, 옷을 맡아준 비구니가 죽었거나 길을 떠났거나 환속했거나 도적에게 빼앗겼거나 사나운 짐승에 해를 입었거나 사고를 당했거나, 이 학습계율시설의 원인이 된 최초의 범행자이거나, 정신착란자이거나, 마음이 심란한 자이거나, 애통해 하는 자인 경우'를 예외로 한다.

127) • 월망의계⊙(月望衣戒) / Nī-Niss. 15(Khu-Niss. 3) : niṭṭhitacīvarasmiṁ [150-151] bhikkhuniyā ubbhatasmiṁ kaṭhine bhikkhuniyā pan 'eva akālacīvaraṁ uppajjeyya, ākaṅkhamānāya bhikkhuniyā paṭigga-

---

hetabbaṁ, paṭiggahetvā khippam eva kāretabbaṁ. no c'assa pāripūri, māsaparamaṁ tena bhikkhuniyā taṁ cīvaraṁ nikkhipitabbaṁ ūnassa pāripūriyā satiyā paccāsāya, tato ce uttariṁ nikkhipeyya satiyā'pi paccāsāya, nissaggiyaṁ pācittiyan'ti. ■ *부족의과축일월계(不足衣過畜一月戒) / 니살기바일제 3 : 若比丘尼 衣已竟 迦絺那衣已出. 得非時衣 欲須便受. 受已疾成衣 若足者善. 若不足者. 得畜經一月. 爲滿足故 若過者 尼薩耆波逸提*

Pali-Nip. 41

41(3-2-6) 상실속죄죄법 제16조

친척 아닌 자에의 요청에 대한 학습계율
[Aññātakaviññattisikkhāpada]

[세존] "어떠한 수행녀이든 친척이 아닌 장자나 장자의 부인에게 옷을 요청하면, 특별한 상황을 제외하고, 상실속죄죄[128]를 범하는 것이다. 여기서 특별한 상황이란, 수행녀의 옷이 약탈당했거나 망가졌을 경우에, 그러한 상황을 뜻한다."[129]

---

128) nissaggiyapācittiya : 《빠알리율》에서는 '제 때의 시간이거나, 친척인 자에게나, 초대받았거나, 타인을 위한 것이거나 자신의 재물로 얻었거나, 정신착란자이거나, 최초의 범행자인 경우'는 예외이고, 《사분율》에서는 '옷을 빼앗겼거나, 잃어버렸거나, 불탔거나, 물에 떠내려갔거나 친척이 아닌 장자나 장자의 부인에게서 구했거나, 같은 출가자에게 구했거나, 자신이 타인을 위해 구했거나, 타인이 자신을 위해 구했거나, 구하지 않았는데 저절로 얻어졌거나, 이 학습계율시설의 원인이 된 최초의 범행자이거나, 정신착란자이거나, 마음이 심란한 자이거나, 애통해 하는 자인 경우'를 예외로 한다.

129) • 종비친속인걸의계⊙(從非親俗人乞衣戒) / Nī-Niss. 16(Khu-Niss. 6) : yā pana bhikkhunī aññātakaṁ gahapatiṁ vā gahapatāniṁ vā cīvaraṁ viññāpeyya aññatra samayā, nissaggiyaṁ pācittiyaṁ. tatthāyaṁ samayo: acchinnacīvarā vā hoti bhikkhunī naṭṭhacīvarā vā. ayaṁ tattha samayo'ti. ■ 종비친리걸의계(從非親里乞衣戒) / 사분니니살기바일제 4 : 若比丘尼 從非親里居士 若居士婦 乞衣 除餘時 尼薩耆波逸提 餘時者. 奪衣失衣燒衣漂衣 此是時

Pali-Nip. 42

42(3-2-7) 상실속죄죄법 제17조

과도한 수용에 대한 학습계율

[Tatuttarisikkhāpada]

[세존] "만약에 그 수행녀에게 친척이 아닌 장자나 장자의 부인이 많은 옷들을 가져와서 보시하면, 그 수행녀는 최대한 하의와 상의130)까지만 그 옷들로부터 수용해야 하는데, 그 이상을 수용하면, 상실속죄죄131)를 범하는 것이다."132)

---

130) *santaruttaraparamaṁ : 보통은 세벌 옷(三衣) 가운데 상의와 하의만 입어도 충분했고 외투인 대의(大衣)는 필수적인 것은 아니었다. 《사분율》에서는 지족(知足)을 의미한다.*

131) *nissaggiyapācittiya : 《빠알리율》에서는 "내가 남은 것을 가지겠다.'라고 가지고 가거나, '남은 것은 그대의 것이다.'라고 주거나, 옷이 약탈되었기 때문에 주지 않거나, 옷이 망가졌기 때문에 주지 않거나, 친척이기 때문이거나, 초대되었기 때문이거나, 자신의 재물로 얻거나, 정신착란자이거나, 최초의 범행자인 경우'는 예외이고, 《사분율》에서는 "필요한 만큼 가지거나, 필요한 것 보다 적게 가지거나, 거사가 옷감을 많이 주었는데도 부드럽고 얇고 견고하지 못할 경우 물어서 장자가 '옷을 잃어버려서 주는 것이 아니라, 우리가 스스로 남에게 보시하는 것입니다.'라고 했거나, 이 학습계율시설의 원인이 된 최초의 범행자이거나, 정신착란자이거나, 마음이 심란한 자이거나, 애통해 하는 자인 경우'를 예외로 한다.*

132) *• 과분취의계⊙(過分取衣戒) / Nī-Niss. 17(Khu-Niss. 7) : tañce aññātako gahapati vā gahapatānī vā bahūhi cīvarehi abhihaṭṭhuṁ pavāreyya, santaruttaraparamaṁ tāya bhikkhuniyā tato cīvaraṁ*

sāditabbaṁ. tato ce uttariṁ sādiyeyya, nissaggiyaṁ pācittiyan'ti. ■ *다여의당지족수계(多與衣當知足受戒) / 사분니니살기바일제 5 : 若比丘尼 奪衣失衣燒衣漂衣 是非親里居士 若居士婦 自恣請 多與衣 是比丘尼 當知足受. 若過者 尼薩耆波逸提*

Pali-Nip. 43

43(3-2-8) 상실속죄죄법 제18조

비축에 대한 학습계율①
[Upakkhaṭapaṭhamasikkhāpada]

[세존] "수행녀를 위하여 친척이 아닌 장자나 장자의 부인이, 그에게 옷의 자금[133]이 마련되었을 경우, 그 옷의 자금으로 옷을 구입해서 '이러이러한 수행녀에게 옷을 보시하고 싶다.'라고 생각했는데, 만약 그때 그 수행녀가 아직 초대받지 않았는데도 보다 훌륭한 것을 원해서 찾아가서 이와 같이 '존귀한 분이여,[134] 이 옷의 자금으로 이러이러한 옷이나 이러이러한 옷을 구입해서 보시하십시오.'라고 옷에 대하여 왈가왈부하면, 상실속죄죄[135]를 범하는 것이다."[136]

---

133) cīvaracetāpana : 교환을 위한 옷의 자금을 뜻한다. Smp. 670에 따르면, 옷 자금(cīvaramūla)을 의미한다.

134) āyasmā : 여기서는 존칭의 칭호로서 신사나 숙녀를 뜻한다.

135) nissaggiyapācittiya : ≪빠알리율≫에서는 '친척으로부터이거나, 초대받았거나, 타인을 위한 것이거나, 자신의 재물로 이거나, 비싼 것을 구하려고 했는데 싼 것을 구하거나, 정신착란자이거나, 최초의 범행자인 경우'는 예외이고, ≪사분율≫에서는 '초대를 받고 가서 만족을 알고 적게 구했거나, 친척이나 출가자에게 구했거나, 자신이 타인을 위해 구했거나, 타인이 자신을 위해 구했거나, 구하지 않았는데 저절로 얻어졌거나, 이 학습계율시설의 원인이 된 최초의 범

행자이거나, 정신착란자이거나, 마음이 심란한 자이거나, 애통해 하는 자인 경우'를 예외로 한다.

136) • 권증의가계⊙(勸增衣價戒) / Nī-Niss. 18(Khu-Niss. 8) : bhikkhuniṁ [152-153] pan'evauddissa aññātakassa gahapatissa vā gahapatāniyā vā cīvaracetāpannaṁ upakkhaṭaṁ hoti, iminā cīvaracetāpannena cīvaraṁ cetāpetvā itthannāmaṁ bhikkhuniṁ cīvarena acchādessāmī'ti. tatra ce sā bhikkhunī pubbe appavāritā upasaṅkamitvā cīvare vikappaṁ āpajjeyya. sādhu vata maṁ āyasmā iminā cīvaracetāpannena evarūpaṁ vā evarūpaṁ vā cīvaraṁ cetāpetvā acchādehī'ti kalyāṇakamyataṁ upādāya, nissaggiyaṁ pācittiyan'ti. ▪ 불수자자청탐호걸의계(不受自恣請貪好乞衣戒) / 사분니니살기바일제 6 : 若比丘尼 居士 居士婦 爲比丘尼 具衣價 是比丘尼 先不受自恣請 到居士家 作如是說 善哉居士 辦如是衣 與我 爲好故 若得衣者 尼薩耆波逸提

Pali-Nip. 44

44(3-2-9) 상실속죄죄법 제19조

비축에 대한 학습계율②

[Upakkhaṭadutiyasikkhāpada]

[세존] "수행녀를 위하여 친척이 아닌 두 장자들이나 장자의 부인들이, 그들에게 옷의 자금이 비축되었을 경우, '각자 옷의 자금으로서 각자 옷을 교환해서 이러이러한 수행녀에게 옷을 보시하고 싶다.'라고 생각했는데, 만약 그때 그 수행녀가 아직 초대받지 않았는데도 보다 훌륭한 것을 원해서 찾아가서 이와 같이 '존귀한 분들이여, 이 각자 옷의 자금으로 이러이러한 옷이나 이러이러한 옷을 둘이서 함께 구입해서 보시하십시오.'라고 옷에 대하여 왈가왈부하면, 상실속죄죄[137]를 범하는 것이다."[138]

---

137) nissaggiyapācittiya : 《빠알리율》에서는 '친척으로부터이거나, 초대받았거나, 타인을 위한 것이거나, 자신의 재물로 이거나, 비싼 것을 구하려고 했는데 싼 것을 구했거나, 정신착란자이거나, 최초의 범행자인 경우'는 예외이고, 《사분율》에서는 '먼저 초대를 받고 가서 만족을 알고 적게 구했거나, 친척이나 출가자에게서 구했거나, 타인을 위해 구했거나 타인이 자신을 위해 구했거나, 구하지 않았는데 저절로 얻어졌거나, 이 학습계율시설의 원인이 된 최초의 범행자이거나, 정신착란자이거나, 마음이 심란한 자이거나, 애통해 하는 자인 경우'를 예외로 한다.

138) • 권이가증의가계⊙(勸二家增衣價戒) / Nī-Niss. 19 (Khu-Niss. 9) : bhikkhuniṁ pan'evauddissa ubhinnaṁ aññātakānaṁ gahapatīnaṁ vā gahapatānīnaṁ vā paccekacīvaracetāpannāni upakkhaṭāni honti: imehi mayaṁ paccekacīvaracetāpanehi paccekacīvarāni cetāpetvā itthannāmaṁ bhikkhuniṁ cīvarehi acchādessāmā'ti. tatra ce sā bhikkhunī pubbe appavāritā upasaṅkamitvā cīvare vikappaṁ āpajjeyya: sādhu vata maṁ āyasmanto imehi paccekacīvaracetāpannehi evarūpaṁ vā evarūpaṁ vā cīvaraṁ cetāpetvā acchādetha. ubho'va santā ekenā'ti, kalyāṇakamyataṁ upādāya, nissaggiyaṁ pācittiyan'ti. ■ 불수자자청탐호공색계(不受自恣請貪好共索戒) / 사분니니살기바일제 7 : 若比丘尼 二居士 居士婦 與比丘尼 辦衣價 是比丘尼 先不受自恣請 到二居士家 作如是言. 善哉居士. 辦如是衣 與我 共作一衣 爲好故 若得衣者 尼薩耆波逸提

Pali-Nip. 45

45(3-2-10) 상실속죄죄법 제20조

왕에 대한 학습계율

[Rājasikkhāpada]

[세존] "어떤 수행녀를 위하여 왕이나 대신이나 바라문이나 장자가 사자를 통해서 '이 옷의 자금으로 옷을 구입하여 이러이러한 수행녀에게 옷을 보시하라.'라고 옷의 자금을 보내온다고 할 때, 그 사자가 그 수행녀에게 다가와서 '존귀한 자매여, 이 옷의 자금은 존귀한 자매를 위하여 보낸 것입니다. 존귀한 자매께서는 이 옷의 자금을 받아주십시오.'라고 말한다면, 그 수행녀는 그 사자에게 이와 같이 '존자여, 우리는 옷의 자금을 받지 않습니다. 우리는 제 때의 시간에 허용될 수 있는 옷만을 받습니다.'라고 할 경우, 그 사자는 그 수행녀에게 이와 같이 '존귀한 자매의 집사인이 누구라도 있습니까?'라고 말할 것이다. 수행녀들이여, 옷을 원하는 수행녀는 정인이나 재가의 남자신도에 대하여139) '이 분이 수행녀들의 집사인입니다.'라고 집사

---

139) ārāmiko vā upāsako vā : 이 번역은 ≪사분율≫하고 도 일치하지만 위자야라따나(Mohan Wijayaratana)의 『빠알리니계본』의 복원본은 '여자정인이나 재가의 여자신도로 표기하고 있고 이하의 집

인으로 지정해야 한다. 그 사자는 그 집사인에게 사실을 알리고 그 수행녀에게 다가가서 이와 같이 '존귀한 자매여, 존귀한 자매께서 집사인이라고 지정한 자에게 제가 사실을 알려주었습니다. 존귀한 자매께서는 때가 되면 찾아가십시오. 그가 존귀한 자매에게 옷을 줄 것입니다.'라고 말할 것이다. 수행녀들이여, 옷을 원하는 수행녀는 집사인이 있는 곳을 찾아가서 두세 번 '벗이여 나는 옷을 원합니다.'라고 독촉하여 상기시켜야 한다. 두세 번 독촉하여 상기시켜서 그 옷을 얻는다면, 그것으로 훌륭한 것이다. 그러나 만약에 얻지 못한다면, 네 번, 다섯 번, 최대한 여섯 번까지 침묵하면서 그 목적을 위하여 서 있어야 하며, 네 번, 다섯 번, 최대한 여섯 번까지 침묵하면서 그 목적을 위하여 서 있다가 그 옷을 얻으면, 훌륭한 것이다. 그 이상 애써서 옷을 얻으면, 상실속죄죄[140]를 범하는 것이

사인도 여자집사인으로 표기하고 모든 문장을 여성형으로 바꾸어 펴기하고 있다. Mohan Wijayaratana의 Les Moniateles bouddhistes : Naissance et développenment du manachisme fémiinin. Paris 1991

140) nissaggiyapācittiya : ≪빠알리율≫에서는 '세 번 독촉하고 여섯 번 서 있거나, 세 번 이하 독촉하고 여섯 번 이하 서 있거나, 독촉하지 않고 주거나, 주인이 독촉하고 주거나, 정신착란자이거나, 최초의 범행자인 경우'는 예외이고, ≪사분율≫에서는 그 밖에 '옷을 얻지 못해 옷의 자금을 얻은 곳에 말했더니 '다시 찾아 잃지 마시오.'라고 하거나, 그가 '필요가 없다. 비구니에게 보시한 것이다.'라고 해서 이 비구니가 알맞은 때에 부드러운 말이나 방편으로 그 옷을 찾

다. 만약에 얻지 못하면, 옷의 자금을 보낸 시주 앞에 스스로 가거나 사자를 파견해서[141] '존귀한 분들이여, 그대들이 수행녀를 위하여 옷의 자금을 보냈는데, 그것이 그 수행녀에게 아무런 이익이 되지 못했습니다. 존귀한 분들께서는 스스로 거두어들여 망실하게 하지 마십시오.''라고 말해야 한다. 이것이 그 경우에 적절한 조치이다."[142]

왔든가, 제 때에 요구했거나 부드러운 말로 요구했거나 방편으로 요구했거나, 이 학습계율시설의 원인이 된 최초의 범행자이거나, 정신착란자이거나, 마음이 심란한 자이거나, 애통해 하는 자인 경우를 예외로 한다.

141) tattha sāmaṁ vā gantabbaṁ dūto vā pāhetabbo : Smp. 674에 따르면, 비구니가 스스로 가지 않거나 사자를 파견하지 않으면, 관행을 깨는 악작죄를 범하는 것이다.

142) • 과근홀절색의가계⊙(過根忽切索衣價戒) / Nī-Niss. 20(Khu-Niss. 10) : bhikkhuniṁ [154-155] pan'evauddissa rājā vā rājabhoggo vā brāhmaṇo vā gahapatiko vā dūtena cīvaracetāpannaṁ pahiṇeyya: iminā cīvaracetāpannena cīvaraṁ cetāpetvā itthannāmaṁ bhikkhuniṁ cīvarena acchādehī'ti. so ce dūto taṁ bhikkhuṁ upasaṅkamitvā evaṁ vadeyya: idaṁ kho ayye ayyaṁ uddissa cīvaracetāpanaṁ ābhataṁ. patigganhātāyyā cīvaracetāpanan' ti. tāya bhikkhuniyā so dūto evam assa vacanīyo: na kho mayaṁ āvuso cīvaracetāpanaṁ patiganhāma, cīvarañca kho mayaṁ patiganhāma kālena kappiyan'ti. so ce dūto taṁ bhikkhuniṁ evaṁ vadeyya: atthi panāyyāya koci veyyāvaccakaro'ti cīvaratthikāya bhikkhave bhikkhuniyā veyyāvaccakaro niddisitabbo ārāmiko vā upāsako vā, 'eso kho āvuso bhikkhunīnaṁ veyyāvaccakaro'ti. so ce dūto taṁ veyyāvaccakaraṁ saññāpetvā taṁ bhikkhuniṁ upasaṅkamitvā evaṁ vadeyya: yaṁ kho ayye ayyā veyyāvaccakaraṁ niddisi, saññatto so mayā, upasaṅkamatāyyā kālena,

---

cīvarena taṁ acchādessatī'ti. cīvaratthikāya bhikkhave bhikkhuniyā veyyāvaccakaro upasaṅkamitvā dvattikkhattuṁ codetabbo sāretabbo: 'attho me āvuso cīvarenā'ti; [156-157] dvattikkhattuṁ codayamānā sārayamānā taṁ cīvaraṁ abhinipphādeyya, icc etaṁ kusalaṁ. no ce abhinipphādeyya, catukkhattuṁ pañcakkhattuṁ chakkhattuparamaṁ tuṇhībhūtāya uddissa ṭhātabbaṁ. catukkhattuṁ pañcakkhattuṁ chakkhattuparamaṁ tuṇhībhutā uddissa tiṭṭhamānā taṁ cīvaraṁ abhinipphādeyya, iccetaṁ kusalaṁ. tato ce uttari vāyamamānā taṁ cīvaraṁ abhinipphādeyya nissaggiyaṁ pācittiyaṁ. no ce abhinipphādeyya yat'assa cīvaracetāpanaṁ ābhataṁ, tattha sāmaṁ vā gantabbaṁ dūto vā pāhetabbo: yaṁ kho tumhe āyasmanto bhikkhuniṁ uddissa cīvaracetāpanaṁ pahiṇittha, na taṁ tassā bhikkhunniyā kiñci atthaṁ anubhoti, yuñjant'āyasmanto sakaṁ mā vo sakaṁ vinassā'ti. ayaṁ tattha sāmīcī'ti. ■ *과육반색의계(過六反索衣戒) / 사분니니살기바일제 8 : 若比丘尼 若王 若大臣 若婆羅門 若居士 居士婦 遣使爲比丘尼 送衣價 彼使 至比丘尼所言. 大姊 今送衣價 可受取之 是比丘尼言. 我所不應須衣 合時淸淨 當受. 彼使報言. 大姊 有執事人否 比丘尼言 有. 若僧伽藍民 若優婆塞 此是比丘尼 執事人 彼使詣執事人所 與衣價已 還到比丘尼所言. 大姊所示某甲執事人 我已與衣價 大姊 知時往彼 當得衣 須衣比丘尼 當往彼執事人所 若一二三反 爲作憶念. 得衣者善. 若不得衣 應四五六反 在前 默然住 令彼憶念. 得衣者善. 若不得衣 過是求 得衣者. 尼薩耆波逸提 若不得衣 從所來處 若自往 若遣使往 語言. 汝先遣使送衣價 與某甲比丘尼 是比丘尼 竟不得衣 汝還取莫使失. 此是時*

제3품 금전
(Jātarūpavagga)[143]

Pali-Nip. 46

46(3-3-1) 상실속죄죄법 제21조
금전에 대한 학습계율
[Rūpiyasikkhāpada]

[세존] "어떠한 수행녀이든 금전을 자신을 위해 받거나 받게 하거나 자신을 위해 보관하게 하는 것에 동의하면, 상실속죄죄[144]를 범하는 것이다."[145]

---

143) *Jātarūpavagga : Cº의 명칭에 따른 것이다. Sº. Bº의 명칭은 발우(Pattavagga)인데, 잘못 붙여진 것이다.*

144) *nissaggiyapācittiya : ≪빠알리율≫에서는 "승원 안에서나 공공휴게소 안에서 받거나 타인에게 받게 하거나, '소유자가 가져 갈 것이다.'라고 치워두거나, 정신착란된 자이거나, 최초의 범행자인 경우"는 예외이고, ≪사분율≫에서는 "'이것을 알고 이것을 보시오.'라고 말했거나, 정인(淨人)에게 내놓고 나서 돌려주거나 돌려주지 않거나 간에 비구니가 원칙에 맞게 행했거나, 이 학습계율시설의 원인이 된 최초의 범행자이거나, 정신착란자이거나, 마음이 심란한 자이거나, 애통해 하는 자인 경우"를 예외로 한다.*

145) *• 축전보계ⓞ(畜錢寶戒) / Nī-Niss. 21(Khu-Niss. 18) : yā pana bhikkhunī jātarūparajataṁ uggaṇaheyya vā uggaṇhāpeyya vā upanikkhittaṁ vā sādiyeyya, nissaggiyaṁ pācittiyan'ti. ■ 자수수금보은전계(自手受金寶銀錢戒) / 사분니니살기바일제 9 : 若比丘尼 自手 受金銀 若錢 若敎人取 若口可受者. 尼薩耆波逸提*

Pali-Nip. 47

47(3-3-2) 상실속죄죄법 제22조

금전거래에 대한 학습계율
[Rūpiyasaṁvohārasikkhāpada]

[세존] "어떠한 수행녀이든 여러 종류의 금전을 거래하면, 상실속죄죄[146]를 범하는 것이다."[147]

---

146) *nissaggiyapācittiya : 《빠알리율》에서는 '금전이 아닌 것에 대하여 금전이 아닌 것이라고 지각하고 사용하거나, 정신착란자이거나, 최초의 범행자인 경우'는 예외이다. 《사분율》에서는 "'이것을 알고 이것을 보시오'라고 말했거나, 정인에게 내놓고 나서 돌려주거나 돌려주지 않거나간에 비구니가 원칙에 맞게 행했거나, 돈으로 영락과 장신구를 사서 삼보를 위해 사용했거나, 영락이나 장신구를 돈으로 바꾸어 삼보를 위해 사용했거나, 이 학습계율시설의 원인이 된 최초의 범행자이거나, 정신착란자이거나, 마음이 심란한 자이거나, 애통해 하는 자인 경우'를 예외로 한다.*

147) *• 무보계⊙(貿寶戒) / Nī-Niss. 22(Khu-Niss. 19) : yā pana bhikkhunī nānappakārakaṁ rūpiyasaṁvohāraṁ samāpajjeyya, nissaggiyaṁ pācittiyan'ti. ■ 종종매매보물계(種種賣買寶物戒) / 사분니니살기바일제 10 : 若比丘尼 種種買賣寶物者. 尼薩耆波逸提*

Pali-Nip. 48

48(3-3-3) 상실속죄죄법 제23조

물품교역에 대한 학습계율

[Kayavikkayasikkhāpada]

[세존] "어떠한 수행녀이든 여러 종류의 물품교역을 하면, 상실속죄죄148)를 범하는 것이다."149)

---

148) nissaggiyapācittiya : ≪빠알리율≫에서는 "가격을 묻거나, 집사인에게 지시하거나, '이것은 우리의 것이다. 우리는 이러저러한 것을 원한다.'라고 말하거나, 정신착란된 자이거나, 최초의 범행자의 경우"는 예외이고, ≪사분율≫에서는 '출가자들(五衆)과 서로 바꾸되 스스로 값을 정하고 값을 올리거나 내리지 않거나, 정인으로 하여금 바꾸게 시켰고 후회하는 경우 돌려주었거나, 생버터를 기름으로 바꾸었다든가 기름을 생버터로 바꾸었거나, 이 학습계율시설의 원인이 된 최초의 범행자이거나, 정신착란자이거나, 마음이 심란한 자이거나, 애통해 하는 자인 경우'를 예외로 한다.

149) • 판매계⊙(販賣戒) / Nī-Niss. 23(Khu-Niss. 20) : yā [158-159] pana bhikkhunī nānappakārakaṁ kayavikkayaṁ samāpajjeyya, nissaggiyaṁ pācittiyan'ti ■ 종종판매계(種種販賣戒) / 사분니니살기바일제 11 : 若比丘尼種種販賣者, 尼薩耆波逸提

Pali-Nip. 49

49(3-3-4) 상실속죄죄법 제24조

다섯 번 수리 이하에 대한 학습계율
[Ūnapañcabandhanasikkhāpada]

[세존] "어떠한 수행녀이든 다섯 곳보다 적게 수리된 발우로써 다른 새로운 발우를 구한다면, 상실속죄죄150)를 범하는 것이다. 그 수행녀는 그 새 발우를 수행녀들의 대중에게 넘겨주어야 한다. 그 수행녀들의 대중에게 속하는 마지막으로 남은 발우가 있다면, 그 것이 어떤 것이든 그 수행녀에게 '수행녀여, 이것이 그대의 발우이다. 파괴되기까지 그대가 지녀라.'라고 주어져야 한다. 이것이 그 경우의 올바른 조치이다."151)

---

150) nissaggiyapācittiya : ≪빠알리율≫에는 '발우를 잃어버렸거나, 발우가 부서졌거나, 친척의 것을 소유했거나, 초대받거나, 타인을 위해 탁발하거나, 자신의 재산에 의한 것이거나, 정신착란자이거나, 최초의 범행자인 경우'는 예외이고, ≪사분율≫에서는 '발우가 다섯 번 수리되고 샜거나, 다섯 번 보다 적지만 새기 때문에 새 발우를 구했거나, 친척이나 출가인에게 구했거나, 타인을 위해 구했거나 타인이 나를 위해 구했거나, 구하지 않았는데 얻었거나, 발우를 보시할 때에 차례가 되어 얻었거나, 자기의 재물로 사서 모았거나, 이 학습계율시설의 원인이 된 최초의 범행자이거나, 정신착란자이거나, 마음이 심란한 자이거나, 애통해 하는 자인 경우'를 예외로 한다.

151) • 걸발계⊙(乞鉢戒) / Nī-Niss. 24(Khu-Niss. 22) : yā pana bhikkhunī ūnapañcabandhanena pattena aññaṁ navaṁ pattaṁ cetāpeyya, nissaggiyaṁ pācittiyaṁ. tāyā bhikkhuniyā so patto bhikkhuparisāya nissajitabbo. yo ca tassā bhikkhuparisāya pattapariyanto so tassa bhikkhuniyā padātabbo 'ayaṁ te bhikkhunī patto yāva bhedanāya dhāretabbo'ti. ayaṁ tattha sāmīcī'ti ■ *발감오철불루갱구신호계(鉢減五綴不漏更求新好戒) / 사분니니살기바일제 12 : 若比丘尼 畜鉢 減五綴 不漏 更求新鉢 爲好故 尼薩耆波逸提 彼比丘尼 是鉢 應往僧中捨 展轉 取最下鉢 與之令持 乃至破應持 此是時.*

Pali-Nip. 50

50(3-3-5) 상실속죄죄법 제25조

약에 대한 학습계율

[Bhesajjasikkhāpada]

[세존] "환우수행녀들이 복용해야 하는 약들, 즉, 버터기름, 신선한 버터, 기름, 꿀, 당밀을 수령하면, 최대한 7일까지 보관하여 사용해야 한다. 그것을 초과하면, 상실속죄죄[152]를 범하는 것이다."[153]

---

152) *nissaggiyapācittiya : 《빠알리율》에서는 '7일 이내에 개인의 소유로 결정되거나, 양도되거나, 증여되거나, 망실되거나, 소실되거나, 약탈되는 경우거나, 신뢰로 취해지는 경우이거나, 구족계를 받지 않은 자에게 바쳐지고 내놓아지고 회사되는 경우이거나, 바램 없이 주고 받거나 사용하거나, 정신착란자이거나, 최초의 범행자인 경우'는 예외이고, 《사분율》에서는 '7일이 지난 약이 생버터나 기름이어서 문틀에 발랐거나 꿀이나 석밀이어서 집사인에게 주었거나, 7일이 된 약을 다른 비구니에게 주어서 먹게 했거나, 7일이 되기 전에의 약을 그 비구니에게 돌려주었는데 사용하여 약을 바르거나 등불을 켰거나, 이 학습계율시설의 원인이 된 최초의 범행자이거나, 정신착란자이거나, 마음이 심란한 자이거나, 애통해 하는 자인 경우'를 예외로 한다.*

153) *• 축칠일약과한계⊙(畜七日藥過限戒) / Nī-Niss. 25(Khu-Niss. 23) : yāni kho pana tāni gilānānaṁ bhikkhunīnaṁ paṭisāyanīyāni bhesajjāni seyyathīdaṁ: sappī navatītaṁ telaṁ madhu phāṇitaṁ, tāni paṭiggahetvā sattāhaparamaṁ sanatidhikārakaṁ paribhuñjitabbāni. taṁ atikkāmentiyā nissaggiyaṁ pācittiyan'ti. ■ 축약과칠일계(畜藥過七日戒) / 사분니니살기바일제 16 : 若比丘尼 有病 畜酥油生酥蜜石蜜 齊七日得服 若過者. 尼薩耆波逸提*

Pali-Nip. 51

51(3-3-6) 상실속죄죄법 제26조

옷 빼앗기에 대한 학습계율
[Cīvaraacchindanasikkhāpada]

[세존] "어떠한 수행녀이든 다른 수행녀에게 스스로 옷을 주고 나서 화가 나고 불쾌하다고 다시 빼앗거나 빼앗게 하면, 상실속죄죄154)를 범하는 것이다."155)

---

154) nissaggiyapācittiya : 《빠알리율》에서는 '그녀가 주거나, 그녀에 대하여 신뢰하여 취하거나, 정신착란자이거나, 최초의 범행자인 경우'는 예외이고, 《사분율》에서는 "화내지 않고 '내가 후회하니 내옷을 돌려주시오'라고 말하거나, 준 것을 후회하는 것을 알고 돌려주었거나, 타인이 '그녀가 후회하니 돌려주시오'라고 해서 돌려주었거나, 입으라고 주었는데 도리에 맞지 않아 다시 가졌거나, 옷을 잃거나 망가질까 두려웠거나, 옷을 받은 사람이 계율이나 견해나 위의를 깨뜨렸거나 권리정지되었거나 멸빈되었거나, 옷을 준 일 때문에 목숨이 위태로웠거나, 청정행이 어려웠거나, 이 학습계율시설의 원인이 된 최초의 범행자이거나, 정신착란자이거나, 마음이 심란한 자이거나, 애통해 하는 자인 경우"를 예외로 한다.

155) • 탈의계⊙(奪衣戒) / Nī-Niss. 26(Khu-Niss. 25) : yā pana bhikkhunī bhikkhuniyā sāmaṁ cīvaraṁ datvā kupitā anattamanā acchindeyya vā acchindāpeyya vā nissaggiyaṁ pācittiyan'ti : Pāc. 81과 비교하라. ■ 선여의후진에탈취계(先與衣後瞋恚奪取戒) / 사분니니살기바일제 15 : 若比丘尼 先與比丘尼衣 後瞋恚故 若自奪 若使人奪. 是比丘尼 應還衣 若取者 尼薩耆波逸提

Pali-Nip. 52

52(3-3-7) 상실속죄죄법 제27조

실타래의 요청에 대한 학습계율
[Suttaviññattisikkhāpada]

[세존] "어떠한 수행녀이든 스스로 실을 탁발하고는 직조사로 하여금 옷을 짜게 한다면, 상실속죄죄156) 를 범하는 것이다."157)

---

156) nissaggiyapācittiya : ≪빠알리율≫에서는 '인끈에나 허리띠에나 어깨끈에나 발우주머니에나 여과낭에 천을 깁기 위한 것이거나, 친척에게 속하거나, 초대받았거나, 남을 위해 탁발하거나, 자신의 재물로 얻었거나, 정신착란자이거나, 최초의 범행자인 경우'는 예외이고, ≪사분율≫에서는 '직조사나 실을 준 사람이 친척이거나, 좌선띠, 모자, 양말, 땀닦는 수건, 가죽신을 싸는 수건이거나 직접 천을 짜서 발우주머니, 가죽신주머니, 바늘꽂이를 만들었거나, 이 학습계율시설의 원인이 된 최초의 범행자이거나, 정신착란자이거나, 마음이 심란한 자이거나, 애통해 하는 자인 경우'를 예외로 한다.

157) ●자걸루사비친직계⊙(自乞縷使非親織戒) / Nī-Niss. 27(Khu-Niss. 26) : yā pana bhikkhunī sāmaṁ suttaṁ viññāpetvā tantavāyehi cīvaraṁ vāyāpeyya, nissaggiyaṁ pācittiyan'ti ■자걸루선직의계(自乞縷線織衣戒) / 사분니니살기바일제 13 : 若比丘尼 自乞縷線 使非親里織師 織作衣者. 尼薩耆波逸提

Pali-Nip. 53

53(3-3-8) 상실속죄죄법 제28조

직조사에 대한 학습계율

[Pesakārasikkhāpada]

[세존] "수행녀를 위하여, 친척이 아닌 장자나 장자의 부인이 직조사에게 옷을 짜게 할 때, 그때 그 수행녀가 초대받기 전에 직조사를 찾아가서 옷에 대하여 지시하면서 '이보시오, 이 옷은 나를 위해 짜는 것이오. 길게 짜고 넓게 짜고 두텁게 짜시오. 그리고 고르게 짜고, 반듯하게 짜고, 반반하게 짜고, 가다듬어 짜시오. 혹시 우리가 그대에게 조금이라도 사례할 수 있을지 어떻게 알겠소.'라고 말하는 경우, 그 수행녀가 이와 같이 말하면서, 어떠한 약소한 탁발물이라도 사례한다면, 상실속죄죄[158]를 범하는 것이다."[159]

---

158) nissaggiyapācittiya : ≪빠알리율≫에서는 '친척인 자이거나, 초대받았다거나, 타인을 위해서라거나, 자신의 재물을 수단으로 하거나, 값비싼 직물을 원하다가 값싼 직물을 짜서 얻었거나, 정신착란자이거나, 최초의 범행자인 경우'는 예외이고, ≪사분율≫에서는 그 밖에 '출가자에게서 얻었거나, 타인을 위해 얻었거나, 구하지 않았는데 저절로 얻었거나, 이 학습계율시설의 원인이 된 최초의 범행자이거나, 정신착란자이거나, 마음이 심란한 자이거나, 애통해 하는 자인 경우'를 예외로 한다.

159) • 권직사증의루계ⓒ(勸織師增衣縷戒) / Nī-Niss. 28(Khu-Niss. 2

7) : bhikkhuniṁ [160-161] pan'evauddissa aññātako gahapati vā gahapatānī vā tantavāyehi cīvaraṁ vāyāpeyya, tatra ce sā bhikkhunī pubbe appavāritā tantavāye upasaṅkamitvā cīvare vikappaṁ āpajjeyya: idaṁ kho āvuso cīvaraṁ maṁ uddissa viyyati, āyatañca karotha vitthatañca appitañca suvītañca suppavāyitañca suvilekhitañca suvitacchitañca karotha, appeva nāma mayampi āyasmantānaṁ kiñcimattaṁ anupadajjeyyāmā' ti, evañca sā bhikkhunī vatvā kiñcimattaṁ anupadajjeyya antamaso piṇḍapātamattampi, nissaggiyaṁ pācittiyan'ti ■ 불수자자청탐호촉직계(不受自恣請貪好囑織戒) / 사분니니살기바일제 14 : 若比丘尼 居士 居士婦 使織師 爲比丘尼織作衣 是比丘尼 先不受自恣請 往織師所言. 此衣 爲我作 汝當極好織 令廣長堅緻 齊整好 我當與汝價 是比丘尼與衣價 乃至一食値 得衣者 尼薩耆波逸提

Pali-Nip. 54

54(3-3-9) 상실속죄죄법 제29조

특별한 보시옷에 대한 학습계율

[Accekacīvarasikkhāpada]

[세존] "깟띠까 월의 만월[160]이 되기 전에 열흘 동안 특별한 보시옷을 얻으면, 그것이 특별한 것이라고 생각되면 수행녀가 받아도 되고, 받아서 옷처리시기[161]까지 보관해둘 수 있으나, 그것보다 오랫동안 보관하면, 상실속죄죄[162]를 범하는 것이다."[163]

---

160) *komudī cātumāsinī : 깟띠까(Kattikā) 월의 보름날로 우기가 지속하는 4개월의 끝을 말한다. 깟띠까월은 한역에서 가제월(迦提月)이라고 하며, 십일월(十一月 : 양력10월 16일~11월15일)[남방음력 7월 16일 ~ 8월 15일]을 뜻한다.*

161) *cīvarakālasamaya : 상실속죄죄법 제1조(Khu-Niss. 1). 참조. '옷처리시기'라는 것은 옷을 받고 분배하고 보관하는 시기를 말한다.*

162) *nissaggiyapācittiya : ≪빠알리율≫에서는 '시기 이내에 개인의 소유로 결정되거나, 양도되거나, 증여되거나, 망실되거나, 파괴되거나, 소실되거나, 약탈되는 경우이거나, 신뢰로 취해지거나, 정신착란자이거나, 최초의 범행자인 경우'는 예외이고, ≪사분율≫에서는 이 밖에도 '망실되거나 파괴되거나 소실되거나 약탈되었다고 생각해서 기한 후에 받았던가, 물길이 끊어졌거나 길이 험난하거나 도적에게 사로잡혔거나 사나운 짐승에 해를 입었거나 강물이 불어났거나 힘센 자에게 사로잡혔거나 목숨이 위태로웠거나, 청정행이 어려웠거나, 맡아준 비구니가 죽었거나 길을 떠났거나 환속했거나 도적에게 빼앗겼거나 사나운 짐승에 해를 입었거나 사고를 당했거나, 이 학습계율시설의 원인이 된 최초의 범행자이거나, 정신착란자이거나, 마음이 심*

란한 자이거나, 애통해 하는 자인 경우를 예외로 한다.

163) • 과전수급시의과후축계⊙(過前受急施衣過後畜戒) / Nī-Niss. 29(Khu-Niss. 28) : dasāhānāgataṁ kattikatemāsikapuṇṇamaṁ bhikkhuniyā pan'evaaccekacīvaraṁ uppajjeyya, accekaṁ maññamānāya bhikkhuniyā paṭiggahetabbaṁ, paṭiggahetvā yāva cīvarakālasamayaṁ nikkhipitabbaṁ. tato ce uttari nikkhipeyya, nissaggiyaṁ pācittiyan'ti ■ 과축급시의계(過畜急施衣戒) / 사분니니살기바일제 17 : 若比丘尼十日 未滿夏三月. 若有急施衣 應受. 乃至衣時 應畜. 若過者 尼薩耆波逸提

Pali-Nip. 55

55(3-3-10) 상실속죄죄법 제30조

기증된 것에 대한 학습계율

[Pariṇatasikkhāpada]

[세존] "어떠한 수행녀이든 알면서 참모임에 속하는 기증된 소득을 자신의 것으로 전용하면, 상실속죄죄[164]를 범하는 것이다."[165]

---

164) nissaggiyapācittiya : 《빠알리율》에서는 "'어디에 줄까?'라고 자신이 질문하거나, 그대의 보시물이 사용되거나 수리되거나 오랫동안 유지되는 곳에, 또는 그대의 마음이 청정해지는 곳에 그곳에 주시오'라고 말한 경우"는 예외이고, 《사분율》에서는 '약속했는데 약속하지 않았다고 생각했거나, 조금 보시하기로 했는데 권해서 많은 물건을 보시했거나, 적은 사람에게 약속했는데 권해서 많은 사람에게 보시했거나, 악한 이에게 보시하려고 약속했는데 권해서 좋은 사람에게 보시했거나, 장난으로 말했거나, 이 학습계율시설의 원인이 된 최초의 범행자이거나, 정신착란자이거나, 마음이 심란한 자이거나, 애통해 하는 자인 경우'를 예외로 한다. 참고로 참모임에 속하는 것 즉, 승물(僧物)에는 ① 승가에 약속한 것, ② 승가를 위해 만들어진 것 ③ 승가에 보시한 것의 세 종류가 있다.

165) • 회승물입이계⊙(廻僧物入已戒) / Nī-Niss. 30(Khu-Niss. 30) : yā pana bhikkhunī jānaṁ saṅghikaṁ lābhaṁ pariṇataṁ attano pariṇāmeyya, nissaggiyaṁ pācittiyan'ti. ■ 지향승물자구입기계(知向僧物自求入己戒) / 사분니니살기바일제 18 : 若比丘尼 知他欲與僧物 自廻入己者 尼薩耆波逸提

존귀한 자매들이여,
이와 같이 30개 조항의 상실속죄죄법을
송출했습니다.166)

이와 관련하여
저는 존귀한 자매들께 묻겠습니다.
이와 관련하여 완전히 청정합니까?
두 번째에도 저는 존귀한 자매들께 묻겠습니다.
이와 관련하여 완전히 청정합니까?
세 번째에도 저는 존귀한 자매들께 묻겠습니다.
이와 관련하여 완전히 청정합니까?

존귀한 자매들께서는
완전히 청정한 까닭에 침묵했으므로
저는 그와 같이 알겠습니다.167)

상실속죄죄법의 송출이 끝났다.

---

166) •uddiṭṭhā [162-163] kho ayyāyo tiṃsa nissagiyā pācittiyā dhammā, ■諸大姉 我已說三十尼薩耆波逸提法

167) •tatthāyyāyo pucchāmi kaccīttha parisuddhā? dutiyampi pucchāmi kaccittha parisuddhā? tatiyampi pucchāmi kaccittha parisuddhā? parisuddhetkhothāyyāyo, tasmā tuṇhī. evametaṁ dhārayāmī'ti. ■今問 諸大姉 是中清淨不? (如是三說) 諸大姉! 是中清淨, 默然故 是事如是持

제5장 단순속죄죄법의 송출

(Suddhapācittiyuddesa)

존귀한 자매들이여,
이제 이와 같은 166개 조항의 단순속죄죄법을
송출하겠습니다.[168]

---

168) •ime [164-165] kho panāyyāyo chasaṭṭhisatā pācittiyā dhammā uddesaṁ āgacchanti. ■諸大姊 是一百七十八波逸提法 半月半月說戒經中來

제1품 마늘
(Lasunavagga)

Pali-Nip. 56

56(4-1-1) 단순속죄죄법 제1조

마늘에 대한 학습계율
[Lasunasikkhāpada]

[세존] "어떠한 수행녀이든 마늘을 먹으면, 단순속죄
죄169)를 범하는 것이다."170)

---

169) pācittiya : ≪빠알리율≫에서는 '양파이거나, 비트이거나, 하리륵(訶梨勒)이거나, 활마늘이거나, 카레이거나, 육고기이거나 기름이거나 샐러드에 들어있거나, 진미에 포함된 정신착란자이거나, 최초의 범행자인 경우'는 예외이나, ≪사분율≫에서는 '이러한 병이 있어서 마늘을 싸서 먹거나, 질병이 있어 마늘을 복용해서 차도가 있거나, 상처에 발랐거나 이 학습계율시설의 원인이 된 최초의 범행자이거나, 정신착란자이거나, 마음이 심란한 자이거나, 애통해 하는 자인 경우'를 예외로 한다. 참고로 그 밖에 오신보응경(五辛報恩經)에는 '비구니들이 술을 마시거나 오신채(五辛菜)를 먹고 경론을 독송하면, 바일제이다.'라는 구절이 있다. 오신채는 마늘・달래・무릇・김장파・실파를 말한다.

170) ● 식산계∅(食蒜戒) / Nī-Pāc. 1(Nī ∅Pāc. 1) : yā pana bhikkhunī lasuṇaṁ khādeyya, pācittiyan'ti. ■ 취타산담계(取他蒜噉戒) / 사분니바일제 70 : 若比丘尼噉蒜者. 波逸提

Pali-Nip. 57

57(4-1-2) 단순속죄죄법 제2조

은밀한 곳의 털에 대한 학습계율
[Sambādhalomasikkhāpada]

[세존] "어떠한 수행녀이든 은밀한 곳의 털[171]을 깎는다면, 단순속죄죄[172]를 범하는 것이다."[173]

---

171) sambādhe lomaṁ : Vin. III. 260에 따르면, '은밀한 곳'이라는 것은 겨드랑이와 항문과 성기를 뜻한다.

172) pācittiya : 《빠알리율》에서는 '질병 때문이거나, 정신착란자이거나, 최초의 범행자인 경우'는 예외이고, 《사분율》에서는 '이러한 병이 있었거나, 부스럼이 나서 털을 깍고 약을 바르거나, 힘센 자의 강요였거나, 이 학습계율시설의 원인이 된 최초의 범행자이거나, 정신착란자이거나, 마음이 심란한 자이거나, 애통해 하는 자인 경우'를 예외로 한다.

173) • 삭은처모계∅(削隱處毛戒) / Nī-Pāc. 2(Nī ∅Pāc. 2) : yā pana bhikkhunī sambādhe lomaṁ saṁharāpeyya, pācittiyan'ti. ■ 삼처체모계(三處剃毛戒) / 사분니바일제 71 : 若比丘尼 身三處 以刀 剃者. 波逸提

Pali-Nip. 58

58(4-1-3) 단순속죄죄법 제3조

손바닥으로 때리기에 대한 학습계율
[Talaghātaksikkhāpada]

[세존] "손바닥으로 때리기를 하면, 단순속죄죄174) 를 범하는 것이다."175)

---

174)pācittiya : ≪빠알리율≫에서는 '질병 때문이거나, 정신착란자이거나, 최초의 범행자인 경우'는 예외이지만, ≪사분율≫에서는 '이러한 병이 있었거나, 오고 가거나, 경행하거나, 마당을 쓸거나, 지팡이에 닿거나 하여 일부러 한 것이 아니거나, 또는 씻을 때 손이 닿았거나, 이 학습계율시설의 원인이 된 최초의 범행자이거나, 정신착란자이거나, 마음이 심란한 자이거나, 애통해 하는 자인 경우'를 예외로 한다.

175) • 상박계∅(相拍戒) / Nī-Pāc. 3(Nī ∅Pāc. 3) : talaghātake pācittiyan'ti ▪ 니공상박계(尼共相拍戒) / 사분니바일제 74 : 若比丘尼 共相拍者. 波逸提

Pali-Nip. 59

59(4-1-4) 단순속죄죄법 제4조

인조음경에 대한 학습계율

[Jatumaṭṭakasikkhāpada]

[세존] "수지막대176)를 사용하면, 단순속죄죄177)를 범하는 것이다."178)

---

176) jatumaṭṭaka : Vin. III. 261에 따르면, '수지막대'라는 것에는 수지로 만든 것, 나무로 만든 것, 밀가루로 만든 것, 진흙으로 만든 것으로 인조남근이다.

177) pācittiya : 《빠알리율》에서는 '질병 때문이거나, 정신착란자이거나, 최초의 범행자인 경우'는 예외이고, 《사분율》에서는 '질병 때문에 과약과 환약을 넣거나, 옷으로 월수(月水)를 막거나, 힘센 자의 강요였거나, 이 학습계율시설의 원인이 된 최초의 범행자이거나, 정신착란자이거나, 마음이 심란한 자이거나, 애통해 하는 자인 경우'를 예외로 한다.

178) • 수교생지계⊘(樹膠生支戒) / Nī-Pāc. 4(Nī ⊘Pāc. 4) : jatumaṭṭake pācittiyan'ti ▪호교작근계(胡膠作根戒) / 사분니바일제 73 : 若比丘尼 以胡膠 作男形者. 波逸提

Pali-Nip. 60

60(4-1-5) **단순속죄죄법 제5조**

뒷물할 때에 대한 학습계율

[Udakasuddhikasikkhāpada]

[세존] "수행녀들이 뒷물을 할 때에는 최대한 두 손가락마디를 취해야 한다. 그 이상을 초과할 때에는 단순속죄죄[179]를 범하는 것이다."[180]

---

179) pācittiya : 《빠알리율》에서는 '최대한 두 손가락마디를 취하거나, 최대한 두 손가락마디의 미만을 취하거나, 질병 때문이거나, 정신착란자나 최초의 범행자인 경우'는 예외이고, 《사분율》에서는 그 밖에 '이러한 병이 있었거나, 풀과 벌레가 안으로 들어가 꺼냈거나, 이 학습계율시설의 원인이 된 최초의 범행자이거나, 정신착란자이거나, 마음이 심란한 자이거나, 애통해 하는 자인 경우'를 예외로 한다. ※ 여기서 뒷물이란 여근(女根)을 씻는 것을 의미한다.

180) • 세정과분계Ø(洗淨過分戒) / Nī-Pāc. 5(Nī ØPāc. 5) : udakasuddhikaṁ pana bhikkhuniyā ādiyamānāya dvaṅgulapabbaparamaṁ ādātabbaṁ. taṁ atikkāmentiyā, pācittiyan'ti. ■ 수정과절계(水淨過節戒) / 사분니바일제 72 : 若比丘尼 以水作淨. 齊兩指 各一節. 若過者 波逸提

Pali-Nip. 61

61(4-1-6) 단순속죄죄법 제6조

시중에 대한 학습계율

[Upatiṭṭhanasikkhāpada]

[세존] “어떠한 수행녀이든 수행승이 식사할 때 마실 물이나 부채를 들고 시중들면, 단순속죄죄[181]를 범하는 것이다.”[182]

---

181) pācittiya : ≪빠알리율≫에서는 ‘준다거나, 주게 한다거나, 구족계를 받지 않은 자에게 명령하거나, 정신착란자이거나, 최초의 범행자인 경우’는 예외이고, ≪사분율≫에서는 ‘병든 비구를 간호하거나, 병든 비구가 물이 없어서 물어보고 주었거나, 이 학습계율시설의 원인이 된 최초의 범행자이거나, 정신착란자이거나, 마음이 심란한 자이거나, 애통해 하는 자인 경우’를 예외로 한다. 개종기(開宗記)에 의하면, 많은 비구일 경우이거나 그 비구가 부모일 경우는 예외에 해당한다.

182) • 공급무병비구수선계∅(供給無病比丘水扇戒) / Nī-Pāc. 6(Nī ∅ Pāc. 6) : yā pana bhikkhunī bhikkhussa bhuñjantassa pāniyena vā vidhūpanena vā upatiṭṭheyya, pācittiyan'ti. ■ 공급수선계(供給水扇戒) / 사분니바일제 75 : 若比丘尼 比丘無病時 輒供給水 及以扇者. 波逸提

Pali-Nip. 62

62(4-1-7) 단순속죄죄법 제7조

날곡식에 대한 학습계율
[Āmakadhaññasikkhāpada]

[세존] "어떠한 수행녀이든 날곡식을 탁발하거나 탁발하게 하거나, 볶거나 볶게 하거나, 빻거나 빻게 하거나, 요리하거나 요리하게 해서 먹는다면, 단순속죄죄183)를 범하는 것이다."184)

---

183) pācittiya : ≪빠알리율≫에서는 '질병이 들었거나, 정신착란자이거나, 최초의 범행자인 경우'는 예외이고, ≪사분율≫에서는 '친척에게 구했거나, 출가인에게 구했거나, 남이 자기를 위해서 구했거나, 자기가 남을 위해서 구했거나, 구하지 않았는데 저절로 구했거나, 이 학습계율시설의 원인이 된 최초의 범행자이거나, 정신착란자이거나, 마음이 심란한 자이거나, 애통해 하는 자인 경우'를 예외로 한다. 선견율(善見律)에 따르면, 그 밖에도 콩, 견과류, 과일 등과 승방을 짓기 위한 오곡과 쌀을 탁발하는 것은 예외에 해당한다.

184) • 걸생곡계⊘(乞生穀戒) / Nī-Pāc. 7(Nī ⊘Pāc. 7) : yā [166-167] pana bhikkhunī āmakadhaññaṁ viññitvā vā viññāpetvā vā bhajjitvā vā bhajjāpetvā vā koṭṭitvā vā koṭṭāpetvā vā pacitvā vā pacāpetvā vā paribhuñjeyya pācittiyan'ti ▪ 걸생곡미계(乞生穀米戒) / 사분니바일제 76 : 若比丘尼 乞生穀者. 波逸提

Pali-Nip. 63

63(4-1-8) 단순속죄죄법 제8조

대변 버리기에 대한 학습계율①

[Uccārachaḍḍanapaṭhamasikkhāpada]

[세존] "어떠한 수행녀이든 대변이나 소변이나 쓰레기나 음식찌꺼기를 담장 밖이나 울타리 밖으로 버리거나 버리게 하면, 단순속죄죄185)를 범하는 것이다."186)

---

185) pācittiya : ≪빠알리율≫에서는 '길이 아닌 곳에 버리거나, 정신착란자이거나, 최초의 범행자인 경우'는 예외이고, ≪사분율≫에서는 '낮에 살펴보고 담장 밖으로 버리거나 밤에 손가락을 튕기거나 기침하고 버리거나, 기왓장 등 부정한 물건이 있은 곳에 버리거나, 왕수(汪水)나 구덩이나 분뇨구덩이에 버렸거나, 이 학습계율시설의 원인이 된 최초의 범행자이거나, 정신착란자이거나, 마음이 심란한 자이거나, 애통해 하는 자인 경우'를 예외로 한다.

186) • 불간색외기부정계⊘(不看牆外棄不淨戒) / Nī-Pāc. 8(Nī ⊘Pāc. 8) : yā pana bhikkhunī uccāraṁ vā passāvaṁ vā saṅkāraṁ vā vighāsaṁ vā tirokuḍḍe vā tiropākāre vā chaḍḍeyya vā chaḍḍāpeyya vā, pācittiyan'ti. ■ 불간기예계(不看棄穢戒) / 사분니바일제 78 : 若比丘尼 夜大小便器 晝不看墻外棄者. 波逸提

Pali-Nip. 64

64(4-1-9) 단순속죄죄법 제9조

대변 버리기에 대한 학습계율②

[Uccārachaḍḍanadutiyasikkhāpada]

[세존] "어떠한 수행녀이든 대변이나 소변이나 쓰레기나 음식찌꺼기를 곡초장에 버리면, 단순속죄죄187)를 범하는 것이다."188)

---

187) pācittiya : ≪빠알리율≫에서는 '밭의 가장자리에 버린다던가, 정신착란자이거나, 최초의 범행자인 경우'는 예외이고, ≪사분율≫에서는 '이러한 병이 있었거나, 풀이 없는 곳에서 대소변을 보았는데 흘러서 풀 위에 떨어졌거나, 바람이 불어서 떨어졌거나 새가 물어다 풀 위에 떨어뜨렸거나, 이 학습계율시설의 원인이 된 최초의 범행자이거나, 정신착란자이거나, 마음이 심란한 자이거나, 애통해하는 자인 경우'를 예외로 한다.

188) • 청초상기부정계⊘(青草上棄不淨戒) / Nī-Pāc. 9(Nī ⊘Pāc. 9) : yā pana bhikkhunī uccāraṁ vā passāvaṁ vā saṅkāraṁ vā vighāsaṁ vā harite chaḍḍeyya vā chaḍḍāpeyya vā, pācittiyan'ti. ■ 생초변리계(生草便利戒) / 사분니바일제 77 : 若比丘尼 在生草上 大小便者. 波逸提

Pali-Nip. 65

65(4-1-10) 단순속죄죄법 제10조

춤과 노래와 연주에 대한 학습계율

[Naccagītavāditasikkhāpada]

[세존] "어떠한 수행녀이든 춤을 추는 것이나 노래하는 것이나 연주하는 것을 보러 가면, 단순속죄죄[189]를 범하는 것이다."[190]

제1품 마늘이 끝났다.

189) 《빠알리율》에 따르면, '승원 안에서 서서 보거나 듣거나, 수행녀가 서있는 장소나 앉아있는 장소나 누워있는 장소에 와서 춤을 추거나 노래하거나 연주하거나, 길을 가면서 보거나 듣거나, 용무가 있어 가서 보거나, 정신착란자이거나, 최초의 범행자인 경우'는 예외이고, 《사분율》에 의하면, '알릴 것이 있다던가, 부름을 받았던가, 같이 그 주변을 지나든가, 비구니가 숙박하는 곳이었거나, 힘센 자의 강요로 끌려갔거나 결박되었거나, 목숨이 위태로웠거나, 청정행이 어려웠거나, 이 학습계율시설의 원인이 된 최초의 범행자이거나, 정신착란자이거나, 마음이 심란한 자이거나, 애통해 하는 자인 경우'를 예외로 한다.

190) • 가무관청계∅(歌舞觀聽戒) / Nī-Pāc. 10(Nī ∅Pāc. 10) : yā pana bhikkhunī naccaṁ vā gītaṁ vā vāditaṁ vā dassanāya gaccheyya, pācittiyan'ti. ■ 왕관기락계(往觀伎樂戒) / 사분니바일제 79 : 若比丘尼 故往觀聽伎樂者 波逸提

제2품 밤의 어둠
(Rattandhakāravagga)

Pali-Nip. 66

66(4-2-1) 단순속죄죄법 제11조

밤의 어둠에 대한 학습계율
[Rattandhakārasikkhāpada]

[세존] "어떠한 수행녀이든 등불도 없는 밤의 어둠 속에서 남자와 단 둘이서 함께 서있거나 대화를 나누면, 단순속죄죄[191]를 범하는 것이다."[192]

---

191) pācittiya : ≪빠알리율≫에서는 '누구든지 양식있는 친구가 있거나, 사적인 공간을 바라지 않고 다른 것에 사로잡혀 있거나 대화를 하거나, 정신착란자이거나, 최초의 범행자인 경우'는 예외이고, ≪사분율≫에서는 '등불이나 창문이나 혹은 빛이 있는 경우나 힘센 자의 강요였거나, 목숨이 위태로웠거나, 청정행이 어려웠거나, 이 학습계율시설의 원인이 된 최초의 범행자이거나, 정신착란자이거나, 마음이 심란한 자이거나, 애통해 하는 자인 경우'를 예외로 한다.

192) • 공남자독립암중계⊘(共男子獨立闇中戒) / Nī-Pāc. 11(Nī ⊘Pāc. 11) : yā pana bhikkhunī rattandhakāre appadīpe purisena saddhiṁ eken'ekā santiṭṭheyya vā sallapeyya, vā pācittiyan'ti. ■ 여남입실계(與男入室戒) / 바일제 86 : 若比丘尼 與男子. 共入闇室中者. 波逸提

Pali-Nip. 67

67(4-2-2) 단순속죄죄법 제12조

가려진 장소에 대한 학습계율
[Paṭicchannokāsasikkhāpada]

[세존] "어떠한 수행녀이든 가려진 장소에서 남자와 단 둘이서 함께 서있거나 대화를 나누면, 단순속죄죄[193]를 범하는 것이다."[194]

---

193) pācittiya : ≪빠알리율≫에서는 '누구든지 양식있는 친구가 있거나, 사적인 공간을 바라지 않고 다른 것에 사로잡혀 있거나 대화하거나, 정신착란자이거나, 최초의 범행자인 경우'는 예외이고, ≪사분율≫에는 '다른 비구니가 함께 있었거나, 지혜로운 제3자가 있었거나, 많은 여인이 함께 서 있었거나, 제3자가 볼 수 있거나 들을 수 있었거나, 지나쳐가고 머물지 않거나, 병으로 땅에 쓰러졌거나, 힘센 자의 강요였거나, 결박되어 끌려갔거나, 묵숨이 위태로웠거나, 청정행이 어려웠거나, 이 학습계율시설의 원인이 된 최초의 범행자이거나, 정신착란자이거나, 마음이 심란한 자이거나, 애통해 하는 자인 경우'를 예외로 한다.

*194) • 공남자독립병복처계∅(**共男子獨立屛覆處戒**) / Nī-Pāc. 12(Nī ∅ Pāc. 12) : yā pana bhikkhunī paṭicchanne okāse purisena saddhiṁ eken'ekā santiṭṭheyya vā sallapeyya vā, pācittiyan'ti. ⇒■ 촌병남립계(**村屛男立戒**) / 사분니바일제 80 : **若比丘尼 入村中 與男子 在屛處 共立語者. 波逸提** ⇒■ 여남입병계(**與男入屛戒**) / 사분니바일제 81 : **若比丘尼 與男子 共入屛覆障處者 波逸提***

Pali-Nip. 68

68(4-2-3) 단순속죄죄법 제13조

노천에서의 대화에 대한 학습계율
[Ajjhokāsasallapanasikkhāpada]

[세존] "어떠한 수행녀이든 노천에서 남자와 단 둘이서 함께 서있거나 대화를 나누면, 단순속죄죄[195]를 범하는 것이다."[196]

---

195) ≪빠알리율≫에서는 '누구든지 양식있는 친구가 있거나, 사적인 공간을 바라지 않고 다른 것에 사로잡혀 있거나 대화할 경우이거나, 정신착란자이거나 최초의 범행자인 경우'는 예외이다.

*196) • 공남자독립노지계⊘(**共男子獨立露地戒**) / Nī-Pāc. 13(Nī ⊘Pāc. 13) : yā [168-169] pana bhikkhunī ajjhokāse purisena saddhiṁ eken'ekā santiṭṭheyya vā sallapeyya vā, pācittiyan'ti.*

Pali-Nip. 69

69(4-2-4) 단순속죄죄법 제14조

도반을 쫓아버리는 것에 대한 학습계율

[Dutiyikauyyojanasikkhāpada]

[세존] "어떠한 수행녀이든 차도에서나 골목에서나 사거리에서나 남자와 서로 함께 있거나 대화하거나 귀엣말하거나 도반인 수행녀를 쫓아버리면, 단순속죄죄[197]를 범하는 것이다."[198]

---

197) pācittiya : ≪빠알리율≫에서는 '누구든지 양식있는 친구가 있거나, 사적인 공간을 바라지 않고 다른 것에 사로잡혀 있거나 대화하거나, 비행을 행할 의도가 없거나, 정신착란자이거나, 최초의 범행자인 경우'는 예외이고, ≪사분율≫에는 "두 비구니가 함께 있었거나, 분별있는 여인이 있었던가, 다른 제3자가 있었거나, 동행한 자가 볼 수 있거나 들을 수 있었거나, 병으로 땅에 쓰러졌거나, 힘센 자의 강요였거나, 결박되어 끌려갔거나, 목숨이 위태로웠거나, 청정행이 어려웠거나, 줄 것이 있어 동행자를 멀리 보냈거나, 동행이 병이 났거나 위의가 없어 '가시오. 음식을 보내주겠소'라고 했거나, 동행이 계율이나 견해나 위의를 깨뜨렸거나 멸빈당했거나 멸빈당해야 했거나, 이 학습계율시설의 원인이 된 최초의 범행자이거나, 정신착란자이거나, 마음이 심란한 자이거나, 애통해 하는 자인 경우'를 예외로 한다.

198) • 견거반비구니공어남자계⊘(遣去伴比丘尼共語男子戒) / Nī-Pāc. 14(Nī ⊘Pāc. 14) : yā pana bhikkhunī rathiyāya vā byūhe vā siṅghāṭake vā purisena saddhiṁ eken'ekā santiṭṭheyya vā sallapeyya vā nikaṇṇikaṁ vā jappeyya dutiyikaṁ vā bhikkhuniṁ uyyojeyya, pācittiyan'ti. ▪ 여남이어계(與男耳語戒) / 사분니바일제 82 : 若比丘尼 入村內巷陌中. 遣伴遠去. 在屛處 與男子 共立耳語者. 波逸提

Pali-Nip. 70

70(4-2-5) 단순속죄죄법 제15조

묻지 않고 떠나기에 대한 학습계율

[Anāpucchāpakkamanasikkhāpada]

[세존] "어떠한 수행녀이든 식전에 가정을 방문해서 자리에 앉았다가 주인에게 묻지 않고 그곳을 떠난다면, 단순속죄죄[199]를 범하는 것이다."[200]

---

199) *pācittiya : 《빠알리율》에서는 '주인에게 묻거나, 가부좌를 하거나 다른 이동시킬 수 있는 좌상이 주어지지 않았거나, 질병에 걸리거나, 재난을 만나거나, 정신착란자이거나, 최초의 범행자인 경우'는 예외이고, 《사분율》에서는 '주인에게 말하고 가거나 다시 어떤 사람이 앉았던가, 갈 때 가까이 앉은 사람에게 부탁하고 떠났거나, 돌 나무 벽돌 풀을 깐 곳에 흙 위에 앉았거나, 집이 무너지거나 불이 나거나 독사 사나운 짐승 도적이 있었거나, 힘센 자에게 잡혔거나, 결박당했거나, 목숨이 위태로웠거나, 청정행이 어려웠거나, 이 학습계율시설의 원인이 된 최초의 범행자이거나, 정신착란자이거나, 마음이 심란한 자이거나, 애통해 하는 자인 경우'를 예외로 한다.*

200) *• 식전입백의가불어주거계⊘(食前入白衣家不語住去戒) / Nī-Pāc. 15(Nī ⊘Pāc. 15) : yā pana bhikkhunī purebhattaṁ kulāni upasaṅkamitvā āsane nisīditvā sāmike anāpucchā pakkameyya, pācittiyan'ti. ■ 좌불어거계(坐不語去戒) / 사분니바일제 83 : 若比丘尼 入白衣家坐. 不語主人 捨去者. 波逸提*

Pali-Nip. 71

71(4-2-6) 단순속죄죄법 제16조

묻지 않고 앉기에 대한 학습계율
[Anāpucchāabhnisīdanasikkhāpada]

[세존] "어떠한 수행녀이든 식후에 가정을 방문하여 주인에게 묻지 않고 자리에 앉거나 누우면, 단순속죄죄[201]를 범하는 것이다."[202]

---

201) pācittiya : ≪빠알리율≫에서는 '묻고 좌상에 앉거나 눕거나, 상시 설치된 좌상이거나, 질병에 걸리거나, 재난을 만나거나, 정신착란자이거나, 최초의 범행자인 경우'는 예외이고, ≪사분율≫에서는 "주인에게 말하고 앉거나, 평상시에 앉았던 곳이거나, 주인과 친분이 두터웠다든가, 친한 사람이 '앉아도 됩니다. 주인에게 말하겠다.'라고 하든가, 돌이나 나무, 흙, 풀 등위에 앉았거나, 간질 발병해 바닥에 누었거나, 힘센 자에게 잡혔거나, 목숨이 위태로웠거나, 청정행이 어려웠거나, 이 학습계율시설의 원인이 된 최초의 범행자이거나, 정신착란자이거나, 마음이 심란한 자이거나, 애통해 하는 자인 경우"를 예외로 한다.

202) • 식후입백의가불어주좌와계∅(食後入白衣家不語住坐臥戒) / Nī-Pāc. 16(Nī ∅Pāc. 16) : yā pana bhikkhunī pacchābhattaṁ kulāni upasaṅkamitvā sāmike anāpucchā āsane abhinisīdeyya vā abhinipajjeyya vā, pācittiyan'ti. ▪ 불어첩좌계(不語輒坐戒) / 사분니바일제 84 : 若比丘尼 入白衣家 不語主 輒坐床者. 波逸提

Pali-Nip. 72

72(4-2-7) 단순속죄죄법 제17조
묻지 않고 자리깔기에 대한 학습계율
[Anāpucchāsantharaṇasikkhāpada]

[세존] "어떠한 수행녀이든 때 아닌 때의 시간에 가정을 찾아가서 주인에게 묻지도 않고 자리를 깔거나 깔개하고 앉거나 누우면, 단순속죄죄[203]를 범하는 것이다."[204]

---

203) pācittiya : ≪빠알리율≫에서는 '묻고 침상을 깔거나 깔개하고 앉거나 눕거나, 질병에 걸리거나, 재난을 만나거나, 정신착란자이거나, 최초의 범행자인 경우'는 예외이고, "주인에게 말하고 잤거나, 빈 집이었거나, 복을 짓기 위한 집이었거나, 아는 자의 집이었든가, 친한 사람이 '묵어도 됩니다. 주인에게 말하겠다.'라고 하든가, 힘센 자에게 잡혔거나, 목숨이 위태로웠거나, 청정행이 어려웠거나, 이 학습계율시설의 원인이 된 최초의 범행자이거나, 정신착란자이거나, 마음이 심란한 자이거나, 애통해 하는 자인 경우'를 예외로 한다.

204) • 비시입백의가불어주좌와계∅(非時入白衣家不語住坐臥戒) / Nī-Pāc. 17(Nī ∅Pāc. 17) : yā pana bhikkhunī vikāle kulāni upasaṅkamitvā sāmike anāpucchā seyyaṁ santharitvā vā santharāpetvā vā abhinisīdeyya vā abhinipajjeyya vā, pācittiyan'ti. ■ 불어부숙계(不語數宿戒) / 사분니바일제 85 : 若比丘尼 入白衣家 不語主 輒自敷座 止宿者. 波逸提

Pali-Nip. 73

73(4-2-8) 단순속죄죄법 제18조

타인에의 혐책에 대한 학습계율

[Paraujjhāpanakasikkhāpada]

[세존] "어떠한 수행녀이든 잘못 파악하고 잘못 이해하여 타인을 혐책하면, 단순속죄죄[205]를 범하는 것이다."[206]

---

205) pācittiya : ≪빠알리율≫에서는 '정신착란자이거나, 최초의 범행자인 경우'는 예외이고, ≪사분율≫에서는, '그러한 일이 사실이었거나, 장난으로 말했거나 혼잣말로 말했거나 꿈속에서 말했거나, 이것을 말하려다 저것을 착오로 말했거나, 이 학습계율시설의 원인이 된 최초의 범행자이거나, 정신착란자이거나, 마음이 심란한 자이거나, 애통해 하는 자인 경우'를 예외로 한다.

206) • 불심제수사어계⊘(不審諦受師語戒) / Nī-Pāc. 18 (Nī ⊘Pāc. 18) : yā pana bhikkhunī duggahitena dūpadhāritena paraṁ ujjhāpeyya, pācittiyan'ti. ▪ 불심수어계(不審受語戒) / 사분니바일제 87 : 若比丘尼 不諦受師語 便向人說者 波逸提

Pali-Nip. 74

74(4-2-9) 단순속죄죄법 제19조

타인에의 저주에 대한 학습계율
[Paraabhisapanasikkhāpada]

[세존] "어떠한 수행녀이든 자신이나 타인을 지옥이나 청정한 삶을 언급하며 저주한다면, 단순속죄죄207)를 범하는 것이다."208)

---

207) pācittiya : ≪빠알리율≫에서는 '의미의 설명을 목표로 하거나, 원리의 설명을 목표로 하거나, 가르침의 설명을 목표로 하거나, 정신착란자이거나, 최초의 범행자인 경우'는 예외이고, ≪사분율≫에서는 '나무불(南無佛)이라고 말했거나, 장난으로 말했거나 혼잣말로 말했거나 꿈속에서 말했거나, 이것을 말하려다 저것을 착오로 말했거나, 이 학습계율시설의 원인이 된 최초의 범행자이거나, 정신착란자이거나, 마음이 심란한 자이거나, 애통해 하는 자인 경우'를 예외로 한다.

208) • 진심주저계∅(瞋心呪詛戒) / Nī-Pāc. 19(Nī ∅Pāc. 19) : yā pana [170-171] bhikkhunī attānaṁ vā paraṁ vā nirayena vā brahmacariyena vā abhisapeyya pācittiyan'ti. ■ 소연주저계(小緣呪詛戒) / 사분니바일제 88 : 若比丘尼 有小因緣 便呪詛言. 若我有如是事. 墮三惡道 不生佛法中. 若汝有如是事. 亦墮三惡道 不生佛法中者. 波逸提

Pali-Nip. 75

75(4-2-10) 단순속죄죄법 제20조

우는 것에 대한 학습계율

[Rodanasikkhāpada]

[세존] "어떠한 수행녀이든 자신을 거듭 학대하면서 울면, 단순속죄죄[209]를 범하는 것이다."[210]

제2품 밤의 어둠이 끝났다.

---

209) pācittiya : 《빠알리율》에서는 '친족의 상실이나 재산의 상실이나 건강의 상실을 만나서 울지만 학대하지 않거나, 정신착란자이거나, 최초의 범행자인 경우'는 예외이고, 《사분율》에서는 '이러한 병이 있었거나, 음식을 먹다가 목이 매어 가슴을 쳤다든가, 대소변하다가 눈물이 나왔든가, 감기로 인해 열이 있어 눈물이 나왔든가, 연기를 쐬어 눈물이 나왔든가, 가르침을 듣고 눈물이 나왔든가, 눈병으로 약을 넣어서 눈물이 나왔거나, 이 학습계율 시설의 원인이 된 최초의 범행자이거나, 정신착란자이거나, 마음이 심란한 자이거나, 애통해 하는 자인 경우'를 예외로 한다.

210) • 타기제읍계∅(打己啼泣戒) / Nī-Pāc. 20(Nī ∅Pāc. 20) : yā pana bhikkhunī attānaṁ vadhitvā vadhitvā rodeyya, pācittiyan'ti. ■ 추흉제곡계(推胸啼哭戒) / 사분니바일제 89 : 若比丘尼 共鬪諍不善 憶持諍事. 推胸啼泣者 波逸提

제3품 벌거벗음
(Naggavagga)

Pali-Nip. 76

76(4-3-1) **단순속죄죄법 제21조**
벌거벗은 것에 대한 학습계율
[Naggasikkhāpada]

[세존] "어떠한 수행녀이든 벌거벗고 목욕하면, 단순속죄죄211)를 범하는 것이다."212)

---

211) pācittiya : ≪빠알리율≫에서는 '옷을 빼앗겼거나, 옷이 망가졌거나, 사고가 있는 경우이거나, 정신착란자이거나 최초의 범행자인 경우'는 예외이고, ≪사분율≫에서는 '언덕으로 굽어져 몸이 가려진 곳이거나, 나무 그늘로 덮인 곳이거나, 몸이 물에 완전히 잠겼거나, 옷으로 몸을 가렸거나, 힘센 자의 강요였거나, 이 학습계율시설의 원인이 된 최초의 범행자이거나, 정신착란자이거나, 마음이 심란한 자이거나, 애통해 하는 자인 경우'를 예외로 한다.

212) • 나신목욕계Ø(裸身沐浴戒) / Nī-Pāc. 21(Nī Ø Pāc. 21) : yā pana bhikkhunī naggā nhāyeyya, pācittiyan'ti. ■ 하류노욕계(河流露浴戒) / 사분니바일제 101 : 若比丘尼 露身. 在河水 泉水 流水中 浴者. 波逸提

Pali-Nip. 77

77(4-3-2) 단순속죄죄법 제22조

목욕옷에 대한 학습계율
[Udakasāṭikasikkhāpada]

[세존] "수행녀들이 목욕옷을 만들 때에는 치수에 맞게 만들어야 한다. 그때의 적당한 치수는 행복한 님의 뼘으로 길이 네 뼘(92cm∨360cm)이고 너비 두 뼘(46cm∨180cm)이어야 한다. 이것을 초과하면, 잘라내는 것을 포함하여 단순속죄죄[213]를 범하는 것이다."[214]

---

213) pācittiya : 《빠알리율》에서는 '치수에 따라 만들거나, 부족하게 만들거나, 타인이 만든 치수가 초과하는 것을 얻어서 자르고 사용하거나, 천개(天蓋)나 바닥깔개나 커튼이나 담장이나 매트리스나 베개로 만들거나, 정신착란자이거나 최초의 범행자인 경우'는 예외이고, 《사분율》에서는 '치수에 맞거나 치수 보다 적게 만들었거나, 타인으로부터 이미 완성된 것을 얻어 재단하여 사용하든가, 두 겹으로 만들어 치수에 맞춘 경우'는 예외이다.

214) • 과량수욕의계∅(過量水浴衣戒) / Nī-Pāc. 22(Nī ∅Pāc. 22) : udakasāṭikam pana bhikkhuniyā kārayamānāya pamāṇikā kāretabbā, tatr'idaṁ pamāṇaṁ: dīghaso catasso vidatthiyo sugatavidatthiyā, tiriyaṁ dve vidatthiyo. taṁ atikkāmentiyā chedanakaṁ pācittiyan'ti. ■ 욕의과량계(浴衣過量戒) / 사분니바일제 102 : 若比丘尼 作浴衣 當應量作. 是中量者. 長佛六磔手. 廣二磔手半. 若過成者 波逸提

Pali-Nip. 78

78(4-3-3) 단순속죄죄법 제23조

옷의 실밥뽑기에 대한 학습계율
[Cīvaravisibbanasikkhāpada]

[세존] "어떠한 수행녀이든 수행녀의 옷에 대하여 실밥을 뽑거나 뽑게 만들고 나중에 방해받지 않는데도 꿰매지도 않고 꿰매도록 노력을 기울이지 않는다면, 사오일 동안을 제외하고, 단순속죄죄[215]를 범하는 것이다."[216]

---

215) pācittiya : ≪빠알리율≫에서는 '장애가 있다거나, 구해도 기회를 얻을 수 없던가, 일을 하면서 사오일을 넘어서지 않거나, 환자이거나, 사고가 일어났거나, 정신착란자이거나 최초의 범행자인 경우'는 예외이고, ≪사분율≫에서는 '대의를 구하는 중이었거나 까티나옷이 성립되었거나, 5일 이내에 여섯 가지 위난이 이어났거나, 바느질할 때에 칼 · 바늘 · 실이 없거나 옷감이 부족했거나, 옷주인이 계율이나 견해나 위의를 깨뜨렸거나, 권리정지 되었거나, 멸빈되었거나 멸빈당해야 했거나 혹은 이 일 때문에 목숨이 위태롭거나 청정행이 위태로운 이 학습계율시설의 원인이 된 최초의 범행자이거나, 정신착란자이거나, 마음이 심란한 자이거나, 애통해 하는 자인 경우'를 예외로 한다.

216) • 봉의과오일계⊘(縫衣過五日戒) / Nī-Pāc. 23(Nī ⊘Pāc. 23) : yā pana bhikkhunī bhikkhuniyā cīvaraṁ visibbetvā vā visibbāpetvā vā sā pacchā anantarāyikinī n'eva sibbeyya na sibbāpanāya ussukkaṁ kareyya aññatra catūhapañcāhā, pācittiyan'ti. ■ 봉의과일계(縫衣過日戒) / 사분니바일제 103 : 若比丘尼 縫僧伽梨 過五日. 除求僧伽梨 出迦絺那衣 六難事起者. 波逸提

Pali-Nip. 79

79(4-3-4) 단순속죄죄법 제24조

대의의 착용에 대한 학습계율

[Saṅghāṭicārasikkhāpada]

[세존] "어떠한 수행녀이든 대의(大衣)를 착용하지 않고 닷새를 지나치면, 단순속죄죄[217]를 범하는 것이다."[218]

---

217) pācittiya : 《빠알리율》에서는 '다섯 번째 날 다섯 벌의 옷을 입거나 걸치거나 햇볕에 말리는 경우나, 질병에 걸렸거나, 사고가 일어났거나, 정신착란자이거나 최초의 범행자인 경우'는 예외이고, 《사분율》에서는 '5일마다 살폈거나, 보관하는 것이 안전했거나, 타인에게 맡겼거나, 맡은 이가 살폈거나, 잃을까 두려워 살폈거나, 이 학습계율시설의 원인이 된 최초의 범행자이거나, 정신착란자이거나, 마음이 심란한 자이거나, 애통해 하는 자인 경우'를 예외로 한다.

218) • 과오일부착승가리계②(過五日不著僧伽梨戒) / Nī-Pāc. 24(Nī ②Pāc. 24) : yā [172-173] pana bhikkhunī pañcāhikaṁ saṅghāṭi- cāraṁ atikkāmeyya, pācittiyan'ti. ■ 불간의과계(不看衣過戒) / 사분니바일제 104 : 若比丘尼 過五日. 不看僧伽梨者. 波逸提

Pali-Nip. 80

80(4-3-5) 단순속죄죄법 제25조

돌려주어야 할 옷에 대한 학습계율

[Cīvarasaṅkamanīyasikkhāpada]

[세존] "어떠한 수행녀이든 돌려주어야 할 옷219)을 착용하면, 단순속죄죄220)를 범하는 것이다."221)

---

219) cīvarasaṅkamanīyaṁ : Smp. 930에 따르면, 정당한 소유자에게 돌려주어야 할 옷을 뜻한다.

220) pācittiya : ≪빠알리율≫에서는 '그(그녀)가 주거나, 옷을 빼앗긴 자이거나, 옷을 잃어버린 자이거나, 사고가 나거나, 정신착란 자이거나, 최초의 범행자인 경우'는 예외이고, ≪사분율≫에서는 '주인에 물어봤거나, 친한 사람의 옷이거나, 친한 사람이 '입고 가라. 주인에게 말해주겠다.'라고 했거나, 이 학습계율시설의 원인이 된 최초의 범행자이거나, 정신착란자이거나, 마음이 심란한 자이거나, 애통해 하는 자인 경우'를 예외로 한다.

221) • 첩착타의계⊘(輒著他衣戒) / Nī-Pāc. 25(Nī ⊘Pāc. 25) : yā pana bhikkhunī cīvarasaṅkamanīyaṁ dhāreyya, pācittiyan'ti. ■ 불문착의계(不問着衣戒) / 사분니바일제 106 : 若比丘尼 不問主 輒著他衣者 波逸提

Pali-Nip. 81

81(4-3-6) 단순속죄죄법 제26조

무리의 옷에 대한 학습계율

[Gaṇacīvarasikkhāpada]

[세존] "어떠한 수행녀이든 무리가 옷을 얻는 것을 방해하면, 단순속죄죄222)를 범하는 것이다."223)

---

222) pācittiya : ≪빠알리율≫에서는 '공덕을 설해주고 방해하거나, 정신착란자이거나, 최초의 범행자인 경우'는 예외로 하는데, ≪사분율≫은 '조금만 시주하려 했는데 많은 시주를 권했거나, 적은 사람이 시주하려했는데 많은 사람에게 시주를 권했거나, 좋지 않은 것을 시주하려했는데 좋은 것을 권했거나, 장난으로 말했거나 가려진 장소에서 말했거나, 이 학습계율시설의 원인이 된 최초의 범행자이거나, 정신착란자이거나, 마음이 심란한 자이거나, 애통해 하는 자인 경우'를 예외로 한다.

223) • 승의작유난계∅(僧衣作留難戒) / Nī-Pāc. 26(Nī∅Pāc. 26) : yā pana bhikkhunī gaṇassa civaralābhaṁ antarāyaṁ kareyya pācittiyan'ti. ■ 승의류난계(僧衣留難戒) / 사분니바일제 105 : 若比丘尼 檀越 與衆僧衣 故作留難者 波逸提

Pali-Nip. 82

82(4-3-7) 단순속죄죄법 제27조

분배의 저지에 대한 학습계율

[Vibhaṅgapaṭibāhanasikkhāpada]

[세존] "어떠한 수행녀이든 원칙에 맞는 옷의 분배를 저지하면, 단순속죄죄224)를 범하는 것이다."225)

---

224) pācittiya : ≪빠알리율≫에서는 '공덕을 설명해주고 저지하거나, 정신착란자이거나 최초의 범행자인 경우'는 예외이고, ≪사분율≫에서는 '합당하지 않은 때에 나누어주었거나, 원칙에 맞지 않는 분배였거나, 나누고자 할때에 잃어버릴까 걱정스러웠거나, 훼손된 것이라 나누지 못하도록 막았거나, 이 학습계율시설의 원인이 된 최초의 범행자이거나, 정신착란자이거나, 마음이 심란한 자이거나, 애통해 하는 자인 경우'를 예외로 한다.

225) • 차분의계∅(遮分衣戒) / Nī-Pāc. 27(Nī ∅Pāc. 27) : yā pana bhikkhunī dhammikaṁ cīvaravibhaṅgaṁ paṭibāheyya, pācittiyan'ti. ■ 차승분의계(遮僧分衣戒) / 사분니바일제 108 : 若比丘尼 作如是意 衆僧如法分衣 遮令不分. 恐弟子不得者. 波逸提

Pali-Nip. 83

83(4-3-8) 단순속죄죄법 제28조

옷을 주는 것에 대한 학습계율
[Cīvaradānasikkhāpada]

[세존] "어떠한 수행녀이든 재가자나 유행자나 유행녀에게 사문의 옷을 주면, 단순속죄죄226)를 범하는 것이다."227)

---

226) pācittiya : 《빠알리율》에서는 '부모에게 주거나, 당분간 주거나, 정신착란자이거나, 최초의 범행자인 경우'는 예외이고, 《사분율》에서는 '부모에게 주었거나, 탑묘를 짓는 자에게 주었거나, 강당이나 정사를 짓는 자에게 밥값으로 계산해 주었거나, 힘센 자에게 빼앗긴 이 학습계율시설의 원인이 된 최초의 범행자이거나, 정신착란자이거나, 마음이 심란한 자이거나, 애통해 하는 자인 경우'를 예외로 한다.

227) • 여백의외도의계Ø(與白衣外道衣戒) / Nī-Pāc. 28(Nī ØPāc. 28) : yā pana bhikkhunī agārikassa vā paribbājakassa vā paribbājikāya vā samaṇacīvaraṁ dadeyya pācittiyan'ti. ■ 의시외도계(衣施外道戒) / 사분니바일제 107 : 若比丘尼 持沙門衣 施與外道白衣者. 波逸提

Pali-Nip. 84

84(4-3-9) 단순속죄죄법 제29조

시기를 지나친 것에 대한 학습계율

[Kālaatikkamanasikkhāpada]

[세존] "어떠한 수행녀이든 불확실한 옷에 대한 기대로 옷처리시기를 지나치면, 단순속죄죄[228]를 범하는 것이다."[229]

---

228) pācittiya : ≪빠알리율≫에는 '공덕을 지적하고 방해하거나, 정신착란자이거나 최초의 범행자인 경우는 예외이다.

229) • 박망득의과의시계∅(薄望得衣過衣時戒) / Nī-Pāc. 29(Nī ∅Pāc. 29) : yā pana bhikkhunī dubbalacīvarapaccāsāya cīvarakālasamayaṁ atikkāmeyya, pācittiyan'ti.

Pali-Nip. 85

85(4-3-10) 단순속죄죄법 제30조

까티나특권의 해제에 대한 학습계율

[Kaṭhinuddhārasikkhāpada]

[세존] "어떠한 수행녀이든 원칙에 맞는 까티나특권의 해제230)를 차단하면, 단순속죄죄231)를 범하는 것이다."232)

---

230) kaṭhinuddhāra : 까티나특권(kaṭhina : Vin. I. 255) : ① 참모임의 허락을 받지 않고 탁발을 위해 가정을 방문하는 것이 허용되는 것, ② 세벌 옷(三衣)을 걸치지 않고도 탁발을 갈 수 있는 것, ③ 무리지어 식사하는 별중식(別衆食)이란 네 명의 수행승이 한 당파가 되어 행동하면 참모임의 파괴와 연결될 수 있으므로 금지된 것이지만, 까티나옷이 성립되는 경우에는 식후에 옷의 보시가 있으므로 별중식에 초대받아도 무방한 것, ④ 세벌 옷을 만드는데 필요한 옷이나 옷을 확보하기 위해서는 그 만큼의 가상의(假想衣)를 신자로부터 조달해야 하는데 까티나옷이 성립되면 그것이 가능해지는 것, ⑤ 죽은 수행승을 위한 수의이건 참모임에 대한 선물이건 어떠한 방식으로든 참모임에 옷이 생겨나면 그것은 자신들을 위한 것이다. 그러나 이러한 까티나특권이 해제됨에 따라서 사라진다.

231) pācittiya : 《빠알리율》에서는 '공덕을 설해주고 차단한 경우이거나, 정신착란자이거나 최초의 범행자인 경우'는 예외이고, '《사분율》에서는 '합당하지 않은 때에 차단했거나, 원칙에 맞지 않는 해제였거나, 해제하려고 할 때에 잃어버릴까 걱정스러웠거나, 잃어버리거나 훼손될까 해제하지 못하도록 막았거나, 이 학습계율시설의 원인이 된 최초의 범행자이거나, 정신착란자이거나, 마음이 심란한 자이거나, 애통해 하는 자인 경우'를 예외로 한다.

232) • 차출공덕의계∅(遮出功德衣戒) / Nī-Pāc. 30(Nī ∅Pāc. 30) : yā

제3품 벌거벗음이 끝났다.

pana bhikkhunī dhammikaṁ kaṭhinuddhāraṁ paṭibāheyya pācittiyan'ti. ⇒■영승불출가치나의계(令僧不出迦絺那衣戒) / 사분니바일제 109 : 若比丘尼 作如是意 令衆僧 今不得出迦絺那衣 後當出. 欲令五事 久得 放捨者. 波逸提 ⇒■차니불출가치나의계(遮尼不出迦絺那衣戒) / 사분니바일제 110 : 若比丘尼 作如是意 遮比丘尼僧. 不出迦絺那衣 欲令五事 久得 放捨者. 波逸提

제4품 함께 사용
(Tuvaṭṭavagga)

Pali-Nip. 86

86(4-4-1) 단순속죄죄법 제31조

한 침상의 함께 사용에 대한 학습계율
[Ekamañcatuvaṭṭanasikkhāpada]

[세존] "어떠한 수행녀들이든지 둘이서 한 침상을 함께 사용하면, 단순속죄죄[233]를 범하는 것이다."[234]

---

233) pācittiya : ≪빠알리율≫에서는 '한 사람이 누운 곳에 다른 사람이 앉거나, 두 사람이 앉는 경우이거나, 정신착란자이거나 최초의 범행자인 경우'는 예외이고, ≪사분율≫에 의하면, '병자와 함께 병상에 눕거나, 번갈아서 앉거나 눕거나, 병으로 바닥에 쓰러졌거나, 힘센 자에게 강요였거나, 이 학습계율시설의 원인이 된 최초의 범행자이거나, 정신착란자이거나, 마음이 심란한 자이거나, 애통해 하는 자인 경우'를 예외로 한다.

234) • 무의동상와계∅(無衣同牀臥戒) / Nī-Pāc. 31(Nī ∅Pāc. 31) : yā pana bhikkhuniyo [174-175] dve ekamañce tuvaṭṭeyyuṁ pācittiyan'ti. ■무병공와계(無病共臥戒) / 사분니바일제 90 : 若比丘尼 無病 二人 共床臥者 波逸提

Pali-Nip. 87

87(4-4-2) 단순속죄죄법 제32조

한 이불의 함께 사용에 대한 학습계율
[Ekattharaṇatuvaṭṭanasikkhāpada]

[세존] "어떠한 수행녀이든 둘이서 한 이불을 함께 사용하면, 단순속죄죄[235]를 범하는 것이다."[236]

---

235) pācittiya : ≪빠알리율≫에서는 '경계를 나누고 한 이불을 덮거나, 경계를 나누어 눕거나, 정신착란자이거나, 최초의 범행자인 경우는 예외이고, ≪사분율≫에서는 '까는 것이 하나 밖에 없어 풀이나 나뭇잎을 각각 따로 깔고 눕는 경우, 추울 때에 함께 덮는 이불이 하나 밖에 없어 각각 속 옷을 입고 있었거나, 병으로 땅에 쓰러졌거나, 힘센 자의 강요였거나, 이 학습계율시설의 원인이 된 최초의 범행자이거나, 정신착란자이거나, 마음이 심란한 자이거나, 애통해 하는 자인 경우'를 예외로 한다.

236) • 동피욕계∅(同被褥戒) / Nī-Pāc. 32(Nī ∅Pāc. 32) : yā pana bhikkhuniyo dve ekattharaṇapāpuraṇā tuvaṭṭeyyuṁ, pācittiyan'ti. ■ 공욕피와계(共褥被臥戒) / 사분니바일제 91 : 若比丘尼 同一褥 一被 共臥 除餘時 波逸提

Pali-Nip. 88

88(4-4-3) 단순속죄죄법 제33조

폐를 끼침에 대한 학습계율

[Aphāsukaraṇasikkhāpada]

[세존] "어떠한 수행녀이든 수행녀에게 의도적으로 폐를 끼치면, 단순속죄죄[237]를 범하는 것이다."[238]

---

237) pācittiya : ≪빠알리율≫에서는 '폐를 끼치려고 하지 않았거나, 허락을 구하고 앞에서 걷거나 서거나 앉거나 눕거나 송출하거나 송출하게 하거나 공부하거나, 정신착란자이거나 최초의 범행자인 경우'는 예외이고, ≪사분율≫에서는 '알지 못했거나, 먼저 허락했거나, 친분이 두터웠거나, 친한 사람이 '그대는 다만 가르치시오'라고 했거나, 먼저 머물던 자가 뒤에 온 자에게나 뒤에 온 자가 먼저 머물던 자에게나 두 사람이 함께 경전의 가르침을 받았거나, 저 사람이 묻고 이 사람이 답했거나, 함께 경전을 송출했거나, 장난으로 말했거나, 이 학습계율시설의 원인이 된 최초의 범행자이거나, 정신착란자이거나, 마음이 심란한 자이거나, 애통해 하는 자인 경우'를 예외로 한다.

238) • 고의혹뇌계∅(故意惑惱戒) / Nī-Pāc. 33(Nī ∅Pāc. 33) : yā pana bhikkhunī bhikkhuniyā sañcicca aphāsuṁ kareyya, pācittiyan'ti. ⇒ ■ 고뇌문경계(故惱問經戒) / 사분니바일제 92 : 若比丘尼 知先住後至. 知後至先住 爲惱尼故 在前 誦經問義教授者. 波逸提 ⇒ ■ 욕뇌령란계(欲惱令亂戒) / 사분니바일제 173 : 若比丘尼 知先住後至 知後至先住 欲惱彼故 在前經行 若立若坐若臥者. 波逸提

Pali-Nip. 89

89(4-4-4) 단순속죄죄법 제34조

간호하지 않는 것에 대한 학습계율
[Naupaṭṭhāpanasikkhāpada]

[세존] "어떠한 수행녀이든 동활이 아픈데, 간호하지 않을 뿐만 아니라 간호하도록 노력을 기울이지도 않는다면, 단순속죄죄[239]를 범하는 것이다."[240]

---

239) pācittiya : 《빠알리율》에서는 '장애가 있거나, 구해도 기회를 얻을 수 없거나, 병들었거나, 사고가 일어났거나, 정신착란자이거나 최초의 범행자의 경우'는 예외이고, 《사분율》에서는 '동활이 병이 나서 돌보았거나, 자신의 병 때문에 감당할 수 없거나, 이것으로 목숨이 위태로웠거나, 청정행이 어려웠거나, 이 학습계율시설의 원인이 된 최초의 범행자이거나, 정신착란자이거나, 마음이 심란한 자이거나, 애통해 하는 자인 경우'를 예외로 한다.

240) • 부착동활니계∅(不着同活尼病戒) / Nī-Pāc. 34(Nī ∅Pāc. 34) : yā pana bhikkhunī dukkhitaṁ sahajīviniṁ n'eva upaṭṭheyya na upaṭṭhāpanāya ussukaṁ kareyya, pācittiyan'ti. ■ 불첨병자계(不瞻病者戒) / 사분니바일제 93 : 若比丘尼 同活比丘尼病 不瞻視者 波逸提

Pali-Nip. 90

90(4-4-5) 단순속죄죄법 제35조

끌어내는 것에 대한 학습계율

[Nikkaḍḍhanasikkhāpada]

[세존] "어떠한 수행녀이든 수행녀에게 방사를 준 뒤에 화가 나고 불만에 가득 찬다고 해서 끌어내거나 끌어내게 한다면, 단순속죄죄241)를 범하는 것이다."242)

---

241) pācittiya : 《빠알리율》에서는 '다툼을 일으킨 자를 끌어내거나 끌어내게 시키거나 그의 필수품을 끌어내거나 끌어내게 시키거나, 싸움을 일으킨 자를 끌어내거나 끌어내게 시키거나 그의 필수품을 끌어내거나 끌어내게 시키거나, 논쟁을 일으킨 자를 끌어내거나 끌어내게 시키거나 그의 필수품을 끌어내거나 끌어내게 시키거나, 분열을 일으킨 자를 끌어내거나 끌어내게 시키거나 그의 필수품을 끌어내거나 끌어내게 시키거나, 학인이나 제자들 가운데 바르지 못한 품행자를 끌어내거나 끌어내게 시키거나 그의 필수품을 끌어내거나 끌어내게 시키는 경우이거나, 정신착란자이거나 최초의 범행자인 경우'는 예외이고, 《사분율》에서는 '화내는 마음 없이 상좌부터 지시대로 하좌로 내려보냈거나, 구족계를 받지 않은 자와 함께 묶다가 이틀반이 지나 3일째 아침에 내보냈거나, 병자를 내보내 대소변이 편한 곳에 있게 했거나, 계행이나 견해나 위의를 깨거나 권리정지되었던가 멸빈당했던가, 멸빈당해야 하거나, 이 일로 목숨이 위태로웠거나, 청정행이 어려웠거나, 이 학습계율시설의 원인이 된 최초의 범행자이거나, 정신착란자이거나, 마음이 심란한 자이거나, 애통해 하는 자인 경우'를 예외로 한다.

242) • 견타출방계∅(牽他出房戒) / Nī-Pāc. 35(Nī ∅Pāc. 35) : yā pana bhikkhunī bhikkhuniyā upassayaṁ datvā kupitā anattamanā nikkaḍḍheyya vā nikkaḍḍhāpeyya vā, pācittiyan'ti. ■ 하진구출계(夏瞋驅出戒) / 사분니바일제 94 : 若比丘尼 夏安居初 聽餘比丘尼 在房中安床 後瞋恚 驅出者. 波逸提

Pali-Nip. 91

91(4-4-6) 단순속죄죄법 제36조

사귐에 대한 학습계율

[Saṁsaṭṭhasikkhāpada]

[세존] "어떠한 수행녀이든 재가의 가장이나 재가의 아들과 사귄다면, 그 수행녀에게 수행녀들은 '존귀한 자매여, 재가의 가장이나 재가의 아들과 사귀지 마십시오. 존귀한 자매여, 그만 두십시오. 참모임은 자매의 멀리 여읨을 찬탄합니다.'라고 말해야 한다. 그 수행녀가 수행녀들이 이와 같이 말하는데도 불구하고 그대로 고집하면, 그 수행녀에게 그것을 그만두도록 수행녀들은 세 번까지 충고해야 하는데, 세 번까지 충고하여 그것을 포기하면, 훌륭한 일이고, 그만두지 않는다면, 단순속죄죄243)를 범하는 것이다."244)

---

243) pācittiya : ≪빠알리율≫에서는 '충고받지 못했거나, 그만두는 경우이거나, 정신착란자이거나 최초의 범행자인 경우'는 예외이고, ≪사분율≫에서는 '한두 번 충고했을 때 그만두거나, 원칙에 맞지 않는 별중이나 원칙에 맞지 않는 갈마로 견책조치의 갈마를 하거나, 원칙에 맞지 않고, 계율에 맞지 않고, 가르침에 맞지 않는 갈마를 하거나, 일체의 충고를 하기 이전이었거나, 이 학습계율시설의 원인이 된 최초의 범행자이거나, 정신착란자이거나, 마음이 심란한 자이거나, 애통해 하는 자인 경우'를 예외로 한다.

244) • 친근거사자위간계∅(親近居士子違諫戒) / Nī-Pāc. 36(Nī ∅Pāc.

---

36) :yā pana bhikkhunī saṁsaṭṭhā vihareyya gahapatinā vā gahapatiputtena vā sā bhikkhunī bhikkhunībhi evam assa vacanīyā: māyye saṁsaṭṭhā vihari gahapatināpi gahapatiputtenāpi. vivicc'ayye, vivekaññeva bhaginiyā saṅgho vaṇṇetī'ti. evañ ca pana sā bhikkhunī bhikkhūnīhi vuccamānā tath'eva paggaṇheyya [176-177] sā bhikkhunī bhikkhunīhi yāvatatiyaṁ samanubhāsitabbā tassa paṭinissaggāya. yāvatatiyañ ce samanubhāsiyamānā taṁ paṭinissajjeyya, icc etaṁ kusalaṁ. no ce paṭinissajjeyya pācittiyan'ti. ■친근속주계(親近俗住戒) / 사분니바일제 99 : 若比丘尼 親近居士 居士子. 共住 作不隨順行. 餘比丘尼 諫是比丘尼言. 大姊 莫親近居士 居士子.共住 作不隨順行. 大姊 可別住. 若別住者. 於佛法中 有增益安樂住 是比丘尼 如是諫時. 堅持不捨. 彼比丘尼 應三諫 捨此事故 乃至三諫 捨者善. 不捨者 波逸提

Pali-Nip. 92

92(4-4-7) 단순속죄죄법 제37조

국내에서의 유행에 대한 학습계율
[Antoraṭṭhacārikanasikkhāpada]

[세존] "어떠한 수행녀이든 위험하다고 여겨지고 공포를 수반하는 국내에서 캐러밴과 함께 하지도 않고 유행하면, 단순속죄죄[245]를 범하는 것이다."[246]

---

245) pācittiya : 《빠알리율》에서는 '캐러밴과 함께 가거나, 안전하게 공포없이 가거나, 사고가 일어났거나, 정신착란자이거나 최초의 범행자인 경우'는 예외이고, 《사분율》에서는 '부름을 받았거나, 알릴 것이 있다던가, 힘센 자의 강요였거나, 먼저 도착한 후에 위험하다고 의심되는 일이 일어났거나, 이 학습계율시설의 원인이 된 최초의 범행자이거나, 정신착란자이거나, 마음이 심란한 자이거나, 애통해 하는 자인 경우'를 예외로 한다.

246) • 국내공포처유행계⊘(國內恐怖處遊行戒) / Nī-Pāc. 37(Nī ⊘Pāc. 37) : yā pana bhikkhunī antoraṭṭhe sāsaṅkasammate sappaṭibhaye asatthikā cārikaṁ careyya, pācittiyan'ti. ■ 계내의행계(界內疑行戒) / 사분니바일제 98 : 若比丘尼 於王界內 有疑恐怖處 在人間遊行者. 波逸提

Pali-Nip. 93

93(4-4-8) 단순속죄죄법 제38조
국외에서의 유행에 대한 학습계율
[Tiroraṭṭhacārikanasikkhāpada]

[세존] "어떠한 수행녀이든 위험하다고 여겨지고 공포를 수반하는 국외에서 캐러밴과 함께 하지도 않고 유행하면, 단순속죄죄247)를 범하는 것이다."248)

---

247) pācittiya : 《빠알리율》에서는 '캐러밴과 함께 가거나, 안전하게 공포없이 가거나, 사고가 일어났거나, 정신착란자이거나 최초의 범행자인 경우'는 예외이고, 《사분율》에서는 '부름을 받았거나, 알릴 것이 있다던가, 힘센 자의 강요였거나, 먼저 도착한 후에 위험하다고 의심되는 일이 일어났거나, 이 학습계율시설의 원인이 된 최초의 범행자이거나, 정신착란자이거나, 마음이 심란한 자이거나, 애통해 하는 자인 경우'를 예외로 한다.

248) • 국외공포처유행계∅(國外恐怖處遊行戒) / Nī-Pāc. 38(Nī ∅Pāc. 38) : yā pana bhikkhunī bhikkhunī tiroraṭṭhe sāsaṅkasammate sappaṭibhaye asatthikā cārikaṁ careyya, pācittiyan'ti. ■ 변계의행계(邊界疑行戒) / 사분니바일제 97 : 若比丘尼 邊界 有疑恐怖處 人間遊行者. 波逸提

Pali-Nip. 94

94(4-4-9) **단순속죄죄법 제39조**

안거 동안의 유행에 대한 학습계율
[Antovassacārikanasikkhāpada]

[세존] "어떠한 수행녀이든 안거 동안에 유행하면, 단순속죄죄[249]를 범하는 것이다."[250]

---

249) pācittiya : ≪빠알리율≫에서는 '볼 일이 있어 7일간 외출한다던가, 어떤 강요에 의해서 간다던가, 사고가 일어나는 경우이거나, 정신착란자이거나 최초의 범행자인 경우'는 예외이다. ≪사분율≫에서는 '불법승 삼보의 일이나 환우비구니의 일로 7일간 외출한다든가, 힘센 자에게 사로잡혔거나, 결박당했거나, 목숨이 위태로웠거나, 청정행이 어려웠거나, 이 학습계율시설의 원인이 된 최초의 범행자이거나, 정신착란자이거나, 마음이 심란한 자이거나, 애통해 하는 자인 경우'를 예외로 한다.

250) • 우기유행계∅(雨期遊行戒) / Nī-Pāc. 39(Nī ∅Pāc. 39) : yā pana bhikkhunī antovassaṁ cārikaṁ careyya pācittiyan'ti. ⇒ ■ 삼시유행계(三時遊行戒) / 사분니바일제 95 : 若比丘尼 春夏冬 一切時 人間遊行. 除餘因緣 波逸提

Pali-Nip. 95

95(4-4-10) 단순속죄죄법 제40조

유행을 떠남에 대한 학습계율

[Cārikanapakkamanasikkhāpada]

[세존] "어떠한 수행녀이든 안거를 지내고 적어도 5 내지 6 요자나의 거리라도 유행을 떠나지 않으면, 단순속죄죄[251]를 범하는 것이다."[252]

제4품 함께 사용이 끝났다.

---

251) pācittiya : 《빠알리율》에서는 '장애가 있거나, 도반인 수행녀를 구해도 얻지 못하거나, 환자이거나, 사고가 일어난 경우이거나, 정신착란자이거나 최초의 범행자인 경우'는 예외이고, 《사분율》에서는 '하안거가 끝나고 갔거나, 장자가 계속 머물기를 요청하거나, 집집마다 차례로 음식을 보내왔거나, 친척이 공양을 청했거나, 병이 났는데 돌봐줄 도반이 없거나, 수해 등의 재난이 있었거나, 청정행이 어려웠거나, 이 학습계율시설의 원인이 된 최초의 범행자이거나, 정신착란자이거나, 마음이 심란한 자이거나, 애통해 하는 자인 경우'를 예외로 한다.

252) • 안거경부거계⊘(安居竟不去戒) / Nī-Pāc. 40(Nī ⊘Pāc. 40) : yā pana bhikkhunī vassaṁ vutthā cārikaṁ na pakkameyya antamaso chappañcayojanānipi, pācittiyan'ti. ■ 안거흘주계(安居訖住戒) / 사분니바일제 96 : 若比丘尼 夏安居竟 不去者 波逸提

제5품 갤러리
(Cittāgāravagga)

Pali-Nip. 96

96(4-5-1) **단순속죄죄법 제41조**

왕궁에 대한 학습계율
[Rājāgārasikkhāpada]

[세존] "어떠한 수행녀이든 왕궁이나 갤러리나 공원이나 유원이나 연못을[253] 보러 가면, 단순속죄죄[254]를 범하는 것이다."[255]

---

253) pokkharaṇī : Vin. II. 123에 따르면, 재가의 남자신도가 수행승을 위하여 연못을 지었는데, 세존께서는 수행승을 위해서 연못을 허용했다.

254) pācittiya : ≪빠알리율≫에서는 '승원에 서서 보거나, 오거나 가면서 보거나, 용무가 있어 가다가 보거나, 사고가 일어난 경우이거나, 정신착란자이거나 최초의 범행자인 경우'는 예외이고, ≪사분율≫에서는 '왕궁에 알릴 일이 있거나, 지나가는 길이었거나, 숙박했거나, 힘센 자의 강요라든가, 요청이나 있거나, 참모임이나 탑묘와 관계된 일로 갤러리에서 모사하거나, 승원 안에 있거나 가르침을 주거나 법문을 듣기 위한 것이었거나, 이 학습계율시설의 원인이 된 최초의 범행자이거나, 정신착란자이거나, 마음이 심란한 자이거나, 애통해 하는 자인 경우'를 예외로 한다.

255) • 관왕궁원림계⊘(觀王宮園林戒) / Nī-Pāc. 41(Nī⊘Pāc. 41) : yā pana bhikkhunī rājāgāraṁ vā cittāgāraṁ vā ārāmaṁ vā uyyānaṁ vā pokkharaṇiṁ vā dassanāya gaccheyya, pācittiyan'ti. ■ 왕관왕궁계(往觀王宮戒) / 사분니바일제 100 : 若比丘尼 往觀王宮 文飾畫堂 園林浴池者. 波逸提

Pali-Nip. 97

97(4-5-2) 단순속죄죄법 제42조

소파의 사용에 대한 학습계율

[Āsandiparibhuñjanasikkhāpada]

[세존] "어떠한 수행녀이든 소파와 안락의자를 사용한다면, 단순속죄죄[256]를 범하는 것이다."[257]

---

256) pācittiya : 《빠알리율》에서는 '소파의 다리를 자르고 사용하거나, 안락의자의 털을 분리하고 사용하는 경우이거나, 정신착란자이거나 최초의 범행자인 경우'는 예외이고, 《사분율》에서는 '이러한 병이 있었거나, 혼자 앉는 평상에 앉았거나, 대중을 위해 여러 개의 자리가 펴졌거나, 병으로 평상 위에 쓰러졌거나, 힘센 자의 강요에 의해서나, 결박당해 갇혔거나, 목숨이 위태로웠거나, 청정행이 어려웠거나, 이 학습계율시설의 원인이 된 최초의 범행자이거나, 정신착란자이거나, 마음이 심란한 자이거나, 애통해 하는 자인 경우'를 예외로 한다.

*257) • 고상미모상계∅(**高床尾毛牀戒**) / Nī-Pāc. 42(Nī ∅Pāc. 42) : yā pana bhikkhunī āsandiṁ vā pallaṅkaṁ vā paribhuñjeyya pācittiyan'ti. ⇒ ■속상좌와계(**俗床坐臥戒**) / 사분니바일제 115 : **若比丘尼 入白衣舍內. 在小床 大床上 若坐 若臥者. 波逸提***

Pali-Nip. 98

98(4-5-3) 단순속죄죄법 제43조

실짜기에 대한 학습계율

[Suttakantanasikkhāpada]

[세존] "어떠한 수행녀이든 실을 짜면, 단순속죄죄[258]를 범하는 것이다."[259]

---

258) pācittiya : 《빠알리율》에서는 '짜인 실을 감거나, 정신착란자이거나 최초의 범행자인 경우'는 예외이고, 《사분율》에서는 '스스로 실을 구해 합쳐서 연결했거나, 힘센 자의 강요였거나, 이 학습계율시설의 원인이 된 최초의 범행자이거나, 정신착란자이거나, 마음이 심란한 자이거나, 애통해 하는 자인 경우'를 예외로 한다.

259) • 자방적계∅(自紡績戒) / Nī-Pāc. 43(Nī∅Pāc. 43) : yā pana bhikkhunī [178-179] suttaṁ kanteyya, pācittiyan'ti. ■ 자수방적계(自手紡績戒) / 사분니바일제 114 : 若比丘尼 自手紡績者. 波逸提

Pali-Nip. 99

99(4-5-4) 단순속죄죄법 제44조

가사일에 대한 학습계율
[Gihiveyyāvaccasikkhāpada]

[세존] "어떠한 수행녀이든 재가자를 위한 가사일을 하면, 단순속죄죄[260]를 범하는 것이다."[261]

---

260) pācittiya : 《빠알리율》에서는 '죽공양이거나, 참모임을 위한 식사이거나, 탑묘의 공양을 위한 것이거나, 자신을 위한 가사일로서 죽이나 밥이나 단단한 음식을 요리하거나 옷이나 두건을 세탁하거나, 정신착란자이거나 최초의 범행자인 경우'는 예외이고, 《사분율》에서는, '부모나 단월이 병이 들었거나 구속되어있어 평상이나 와구를 펴거나 마당을 쓸거나 물을 긷거나 심부름을 해주거나, 힘센 자의 강요였거나, 이 학습계율시설의 원인이 된 최초의 범행자이거나, 정신착란자이거나, 마음이 심란한 자이거나, 애통해 하는 자인 경우'를 예외로 한다.

261) • 여백의작사계Ø(與白衣作使戒) / Nī-Pāc. 44(Nī ØPāc. 44) : yā pana bhikkhunī gihiveyyāvaccaṁ kareyya, pācittiyan'ti. ■ 위백의사계(爲白衣使戒) / 사분니바일제 113 : 若比丘尼 爲白衣 作使者. 波逸提

Pali-Nip. 100

100(4-5-5) 단순속죄죄법 제45조

쟁사에 대한 학습계율

[Adhikaraṇasikkhāpada]

[세존] "어떠한 수행녀이든 수행녀가 '존귀한 자매여, 이 쟁사를 그치게 하여 주십시오.'라는 말에, '좋습니다.'라고 대답하고는 나중에 장애가 없는데도, 그치게 하지도 않고 그치도록 노력을 기울이지도 않는다면, 단순속죄죄[262]를 범하는 것이다."[263]

---

262) pācittiya : ≪빠알리율≫에서는 '장애가 있다거나, 구해도 기회를 얻을 수 없던가, 질환자이거나, 사고가 일어난 경우이거나, 정신착란자이거나 최초의 범행자의 경우'가 예외이고, ≪사분율≫에서는 '그치게 해주었거나, 질병이 들었거나, 방편을 강구해주었거나, 말해주었으나 실천하지 않았거나, 이 학습계율시설의 원인이 된 최초의 범행자이거나, 정신착란자이거나, 마음이 심란한 자이거나, 애통해 하는 자인 경우'를 예외로 한다.

263) • 불여타멸쟁계⊘(不與他滅諍戒) / Nī-Pāc. 45(Nī ⊘Pāc. 45) : yā pana bhikkhunī bhikkhuniyā eh'ayye imaṁ adhikaraṇaṁ vūpasamehīti vuccamānā sādhū'ti paṭissuṇitvā sā pacchā anantarāyikinī n'eva vūpasameyya na vūpasamāya ussukkaṁ kareyya, pācittiyan'ti. ▪ 불여멸쟁계(不與滅諍戒) / 사분니바일제 111 : 若比丘尼 餘比丘尼語言. 爲我 滅此諍事. 而不與作方便 令滅者. 波逸提

Pali-Nip. 101

101(4-5-6) 단순속죄죄법 제46조

음식을 주는 것에 대한 학습계율

[Bhojanadānasikkhāpada]

[세존] "어떠한 수행녀이든 재가자나 유행자나 유행녀에게 자신의 손으로 단단한 음식이나 부드러운 음식을 주면, 단순속죄죄[264]를 범하는 것이다."[265]

---

264) pācittiya : ≪빠알리율≫에서는 '주게 시키고 자신이 주지 않거나, 근처에 놓아두고 주거나, 외용도약을 주거나, 정신착란자나 최초의 범행자인 경우'는 예외이고, ≪사분율≫에서는 '바닥에 놓아서 주었거나, 타인을 시켜 주었거나, 부모에게 주거나 탑을 만드는 자에게 주거나 힘센 자의 강요였거나, 이 학습계율시설의 원인이 된 최초의 범행자이거나, 정신착란자이거나, 마음이 심란한 자이거나, 애통해 하는 자인 경우'를 예외로 한다.

265) • 여백의외도식계∅(與白衣外道食戒) / Nī-Pāc. 46 (Nī ∅Pāc. 46) : yā pana bhikkhunī agārikassa vā paribbājakassa vā paribbājikāya vā sahatthā khādanīyaṁ vā bhojanīyaṁ vā dadeyya, pācittiyan'ti. ■ 식수외도계(食授外道戒) / 사분니바일제 112 : 若比丘尼自手持食. 與白衣外道食者. 波逸提

Pali-Nip. 102

102(4-5-7) 단순속죄죄법 제47조

월화의(月華衣)에 대한 학습계율
[Āvasathacīvarasikkhāpada]

[세존] "어떠한 수행녀이든 월화의를 넘겨주지 않고 사용하면, 단순속죄죄[266]를 범하는 것이다."[267]

---

266) pācittiya : ≪빠알리율≫에서는 '넘겨준 뒤에 사용하거나, 다시 월경시에 사용하거나, 다른 월경하는 수행녀가 없거나, 옷을 빼앗겼거나, 옷이 망가졌거나, 사고가 일어났거나, 정신착란자나 최초의 범행자인 경우'는 예외이다.

267) • 월화의계∅(月華衣戒) / Nī-Pāc. 47(Nī ∅Pāc. 47) : yā pana bhikkhunī āvasathacīvaraṁ anissajitvā paribhuñjeyya, pācittiyan'ti.

Pali-Nip. 103

103(4-5-8) 단순속죄죄법 제48조

처소에 대한 학습계율

[Āvasathasikkhāpada]

[세존] "어떠한 수행녀이든 처소를 넘겨주지 않고 유행을 떠나면, 단순속죄죄[268]를 범하는 것이다."[269]

---

268) pācittiya : ≪빠알리율≫에서는 '넘겨주고 떠나거나, 장애가 있거나, 구해도 기회를 얻을 수 없거나, 환자이거나, 사고가 일어났거나, 정신착란자이거나 최초의 범행자인 경우'는 예외이다.

269) • 불사주처출유계∅(不捨住處出遊戒) / Nī-Pāc. 48 (Nī ∅Pāc. 48) : yā pana bhikkhunī āvasathaṁ anissajjitvā cārikaṁ pakkameyya, pācittiyan'ti.

Pali-Nip. 104

104(4-5-9) **단순속죄죄법 제49조**

저속한 지식의 배우기에 대한 학습계율
[Tiracchānavijjapariyāpuṇanasikkhāpada]

[세존] "어떠한 수행녀이든 저속한 지식을 배우면, 단순속죄죄270)를 범하는 것이다."271)

---

270) pācittiya : 《빠알리율》에서는 '문자를 배우거나, 기억된 것을 배우거나, 수호를 위한 진언을 배우는 경우이거나, 정신착란자이거나 최초의 범행자인 경우'는 예외이고, 《사분율》에서는 '뱃속에 기생충을 없애기 위해 주술을 외우거나, 음식이 소화되지 않아 주문을 외우거나, 외도를 항복시키기 위해 방편으로 주문을 배우거나 외었거나, 몸을 수호하기 위해 독을 다스리는 주문을 외웠거나, 이 학습계율시설의 원인이 된 최초의 범행자이거나, 정신착란자이거나, 마음이 심란한 자이거나, 애통해 하는 자인 경우'를 예외로 한다.

271) • 자송주술계∅(自誦呪術戒) / Nī-Pāc. 49(Nī ∅Pāc. 49) : yā pana bhikkhunī tiracchānavijjaṁ pariyāpuṇeyya, pācittiyan'ti. ⇒■ 학술활명계(學術活命戒) / 사분니바일제 169 : 若比丘尼 學世俗技術. 以自活命者. 波逸提 ⇒■ 송습주술계(誦習呪術戒) / 사분니바일제 117 : 若比丘尼 誦習世浴呪術者. 波逸提

Pali-Nip. 105

105(4-5-10) 단순속죄죄법 제50조

저속한 지식의 가르치기에 대한 학습계율
[Tiracchānavijjavācanasikkhāpada]

[세존] "어떠한 수행녀이든 저속한 지식을 가르치면, 단순속죄죄[272])를 범하는 것이다."[273])

제5품 갤러리가 끝났다.

---

272) 波逸提 : 앞의 학습계율과 마찬가지로 《빠알리율》에서는 '문자를 가르치거나, 기억된 것을 가르치거나, 수호를 위한 진언을 가르치거나, 정신착란자이거나 최초의 범행자인 경우'는 예외이고, 《사분율》에서는 '뱃속에 기생충을 없애기 위해 주술을 외우거나, 음식이 소화되지 않아 주문을 외우거나, 외도를 항복시키기 위해 방편으로 주문을 배우거나 외었거나, 몸을 수호하기 위해 독을 다스리는 주문을 외웠거나, 이 학습계율시설의 원인이 된 최초의 범행자이거나, 정신착란자이거나, 마음이 심란한 자이거나, 애통해 하는 자인 경우'를 예외로 한다.

273) • 교인송주술계∅(教人誦呪術戒) / Nī-Pāc. 50(Nī ∅Pāc. 50) : yā pana [180-181] bhikkhunī tiracchānavijjaṁ vāceyya pācittiyan'ti. ■ 교인주술계(教人呪術戒) / 사분니바일제 118 : 若比丘尼 教人 誦習世俗呪術者. 波逸提

제6품 승원
(Ārāmavagga)

Pali-Nip. 106

106(4-6-1) 단순속죄죄법 제51조
승원에 들어가는 것에 대한 학습계율
[Ārāmapavusanasikkhāpada]

[세존] "어떠한 수행녀이든, 알면서 허락을 구하지 않고 수행승이 있는 승원에 들어가면, 단순속죄죄[274]를 범하는 것이다."[275]

---

274) pācittiya : ≪빠알리율≫에서는 '수행승이 있으면 허락을 구하고 들어가거나, 수행승이 없으면 허락을 구하지 않고 들어가거나, 머리를 주시하며 가거나, 수행녀가 모여 있는 곳으로 가거나, 승원을 통해서 길이 나있거나, 질병에 걸렸거나, 사고가 일어났거나, 정신착란자이거나 최초의 범행자인 경우'는 예외이고, ≪사분율≫에서는 '먼저 알지 못했거나, 비구가 없는 곳에 들어갔거나, 불탑이나 불제자의 탑에 예경하고 들어갔거나, 알리고 들어갔거나, 가르침을 받거나 물으려고 들어갔거나, 요청을 받았거나, 길을 가는 도중이든가, 비구의 사원에 묵었거나, 힘센 자의 강요이든가, 결박당해 붙잡혔든가, 목숨이 위태로웠거나, 청정행이 어려웠거나, 이 학습계율시설의 원인이 된 최초의 범행자이거나, 정신착란자이거나, 마음이 심란한 자이거나, 애통해 하는 자인 경우'를 예외로 한다.

275) • 돌입대승사계∅(突入大僧寺戒) / Nī-Pāc. 51(Nī ∅Pāc. 51) : yā pana bhikkhunī jānaṁ sabhikkhukaṁ ārāmaṁ anāpucchā paviseyya, pācittiyan'ti. ■ 입사불백계(入寺不白戒) / 사분니바일제 144 : 若比丘尼 知有比丘僧伽藍 不白入者. 波逸提

Pali-Nip. 107

107(4-6-2) 단순속죄죄법 제52조

수행승을 매도하는 것에 대한 학습계율
[Bhikkhuakkosanasikkhāpada]

[세존] "어떠한 수행녀이든 수행승을 매도하거나 모욕하면, 단순속죄죄[276]를 범하는 것이다."[277]

---

276) *pācittiya : 《빠알리율》에서는 '의미를 설명하기 위한 것이거나, 원칙을 설명하기 위한 것이거나, 가르침을 설명하기 위한 것인 경우이거나, 정신착란자이거나 최초의 범행자인 경우'는 예외이고, 《사분율》에서는 '장난으로 말했거나, 빨리 말했거나, 혼자 말했거나, 꿈속에서 말했거나, 이것을 말하려다가 착오로 저것을 말했거나, 이 학습계율시설의 원인이 된 최초의 범행자이거나, 정신착란자이거나, 마음이 심란한 자이거나, 애통해 하는 자인 경우'를 예외로 한다.*

277) *• 매비구계∅(罵比丘戒) / Nī-Pāc. 52(Nī ∅Pāc. 52) : yā pana bhikkhunī bhikkhuṁ akkoseyya vā paribhāseyya vā, pācittiyan'ti. ■ 매리비구계(罵詈比丘戒) / 사분니바일제 145 : 若比丘尼 罵比丘者 波逸提*

Pali-Nip. 108

108(4-6-3) 단순속죄죄법 제53조

무리를 모욕하는 것에 대한 학습계율
[Gaṇaparibhāsasikkhāpada]

[세존] "어떠한 수행녀이든 분노하여 무리를 모욕하면, 단순속죄죄[278]를 범하는 것이다."[279]

---

278) *波逸提 : 앞의 학습계율과 마찬가지로 《빠알리율》에서는 '의미를 설명하기 위한 것이거나, 원칙을 설명하기 위한 것이거나, 가르침을 설명하기 위한 것인 경우이거나, 정신착란자이거나 최초의 범행자인 경우'는 예외이고, 《사분율》에서는 '장난으로 말했거나, 빨리 말했거나, 혼자 말했거나, 꿈속에서 말했거나, 이것을 말하려다가 착오로 저것을 말했거나, 이 학습계율시설의 원인이 된 최초의 범행자이거나, 정신착란자이거나, 마음이 심란한 자이거나, 애통해 하는 자인 경우'를 예외로 한다.*

279) *• 매니중계∅(罵尼衆戒) / Nī-Pāc. 53(Nī ∅Pāc. 53) : yā pana bhikkhunī caṇḍīkatā gaṇaṁ paribhāseyya, pācittiyan'ti. ■ 희쟁진승계(喜諍瞋僧戒) / 사분니바일제 146 : 若比丘尼 喜鬪諍不善 憶持諍事. 後瞋恚不喜. 罵比丘尼衆者. 波逸提*

Pali-Nip. 109

109(4-6-4) 단순속죄죄법 제54조

충분한 식사 후의 식사에 대한 학습계율

[Pavāritabhuñjanasikkhāpada]

[세존] "어떠한 수행녀이든 초대받아 식사를 충분히 한 뒤에, 단단한 음식이나 부드러운 음식을 들거나 먹는다면, 단순속죄죄[280]를 범하는 것이다."[281]

---

280) pācittiya : ≪빠알리율≫에서는 '초대받고 식사에 만족해하지 못하거나, 죽을 마시거나, 주인의 허락을 받고 먹거나, 시분약, 칠일약, 진형수약을 이유가 있어서 먹거나, 정신착란자나 최초의 범행자인 경우'는 예외이고, ≪사분율≫에서는 '정식이 아닌 공양에 초대받았거나, 만족스럽지 못한 공양이었거나, 미리 초대를 받지 않았든가, 자리에 앉아있으면서 다시 음식을 받았거나, 같은 집에서 음식을 먹고 또 받았거나, 이 학습계율시설의 원인이 된 최초의 범행자이거나, 정신착란자이거나, 마음이 심란한 자이거나, 애통해 하는 자인 경우'를 예외로 한다.

281) • 배청계⊘(背請戒) / Nī-Pāc. 54(Nī ⊘Pāc. 54) : yā pana bhikkhunī nimantitā vā pavāritā vā khādanīyaṁ vā bhojanīyaṁ vā khādeyya vā bhuñjeyya vā, pācittiyan'ti. ■ 족식후식계(足食後食戒) / 사분니바일제 148 : 若比丘尼 先受請 若足食已 後更食者 波逸提

Pali-Nip. 110

110(4-6-5) 단순속죄죄법 제55조

가정에서의 간탐자에 대한 학습계율
[Kulamaccharinīsikkhāpada]

[세존] "어떠한 수행녀이든 속가의 가정들에 간탐을 가지고 처신하면, 단순속죄죄[282]를 범하는 것이다."[283]

---

282) pācittiya : ≪빠알리율≫에서는 '속가의 가정에 대해서 간탐을 가지고 처신하는 것이 아니라 실재의 위험을 설명하거나, 정신착란자이거나 최초의 범행자인 경우'는 예외이고, ≪사분율≫에서는 '그 원인이 되는 일이 사실이었거나, 장난으로 말했거나, 이 학습계율시설의 원인이 된 최초의 범행자이거나, 정신착란자이거나, 마음이 심란한 자이거나, 애통해 하는 자인 경우'를 예외로 한다.

283) • 간질속가계∅(慳嫉俗家戒) / Nī-Pāc. 55(Nī ∅Pāc. 55) : yā pana bhikkhunī kulamaccharinī assa pācittiyan'ti. ■ 어가질투계(於家嫉妬戒) / 사분니바일제 149 : 若比丘尼 於檀越家 生嫉妒心者. 波逸提

Pali-Nip. 111

111(4-6-6) 단순속죄죄법 제56조

수행승 없는 곳의 안거에 대한 학습계율
[Abhikkhukavassasikkhāpada]

[세존] "어떠한 수행녀이든 수행승이 없는 처소에서 안거를 보내면, 단순속죄죄[284]를 범하는 것이다."[285]

---

284) pācittiya : 《빠알리율》에서는 '안거에 든 수행승이 떠나가거나 환속하거나 죽거나 외도로 가거나, 사고가 일어나는 경우이거나, 정신착란자이거나 최초의 범행자의 경우'는 예외이고, 《사분율》에서는 '비구가 있는 곳에서 안거를 했거나, 비구를 의지해서 안거를 했는데 그 사이에 비구가 목숨이 다했거나 멀리 갔거나 환속했거나 도적에 잡혔거나 사나운 짐승에 해를 당했거나, 물에 떠내려갔거나, 이 학습계율시설의 원인이 된 최초의 범행자이거나, 정신착란자이거나, 마음이 심란한 자이거나, 애통해 하는 자인 경우'를 예외로 한다.

285) • 무비구주처안거계∅(無比丘住處安居戒) / Nī-Pāc. 56(Nī ∅Pāc. 56) : yā pana bhikkhunī abhikkhuke āvāse vassaṁ vaseyya, pācittiyan'ti. ■ 무승안거계(無僧安居戒) / 사분니바일제 143 : 若比丘尼 在無比丘處 夏安居者. 波逸提

Pali-Nip. 112

112(4-6-7) **단순속죄죄법 제57조**

자자를 행하지 않는 것에 대한 학습계율

[Apavāraṇasikkhāpada]

[세존] “어떠한 수행녀이든 안거를 지낸 뒤에 양중의 참모임에서 세 가지 일, 즉 보인 것이나 들린 것이나 의심스런 것에 대하여 자자를 행하지 않으면, 단순속죄죄[286]를 범하는 것이다.”[287]

---

286) pācittiya : 《빠알리율》에서는 '장애가 있거나, 구해도 기회를 얻을 수 없거나, 병들었거나, 사고가 일어났거나, 정신착란자이거나 최초의 범행자의 경우'는 예외이고, 《사분율》에서는 '안거를 마치고 비구의 참모임에서 자자를 구했거나, 양중 참모임이 모두 병이 나는 등으로 사람을 보내어 문안했거나, 수로와 육로가 끊겼거나, 이 학습계율시설의 원인이 된 최초의 범행자이거나, 정신착란자이거나, 마음이 심란한 자이거나, 애통해 하는 자인 경우'를 예외로 한다.

287) • 이부승중부자자계∅(二部僧衆不自恣戒) / Nī-Pāc. 57(Nī ∅Pāc. 57) : yā [182-183] pana bhikkhunī vassaṁ vutthā ubhatosaṅghe tīhi ṭhānehi nappavāreyya diṭṭhena vā sutena vā parisaṅkāya vā, pācittiyan'ti. ■ 하경위자계(夏竟違恣戒) / 사분니바일제 142 : 若比丘尼 夏安居竟 應往比丘僧中 說三事自恣 見聞疑 若不往者 波逸提

Pali-Nip. 113

113(4-6-8) 단순속죄죄법 제58조

교계에 대한 학습계율

[Ovādasikkhāpada]

[세존] "어떠한 수행녀이든 교계(敎誡)288)를 받으러 가지 않거나 공주(共住)를 체험하러 가지 않는다면, 단순속죄죄289)를 범하는 것이다."290)

---

288) ovāda : 교계(敎誡)는 수행승들의 참모임(Bhikkhusaṅgha)으로부터 주어지는 것이다.

289) pācittiya : ≪빠알리율≫에서는 '장애가 있거나, 구해도 도반인 수행녀를 얻을 수 없던가, 질환자이거나, 사고가 일어났거나, 정신착란자이거나 최초의 범행자인 경우'는 예외이고, ≪사분율≫에서는 '교계하는 날에 교계를 받았거나, 삼보에 관계되는 일이나 환우를 돌보는 일로 다른 이에게 부탁했거나, 이 학습계율시설의 원인이 된 최초의 범행자이거나, 정신착란자이거나, 마음이 심란한 자이거나, 애통해 하는 자인 경우'를 예외로 한다.

290) • 부주청계계∅(不往聽誡戒) / Nī-Pāc. 58(Nī ∅Pāc. 58) : yā pana bhikkhunī ovādāya vā na saṁvāsāya vā na gaccheyya, pācittiyan'ti. ■ 무병위교계(無病違敎戒) / 사분니바일제 140 : 若比丘尼 敎授日 無病 不往受敎授者. 波逸提

Pali-Nip. 114

114(4-6-9) 단순속죄죄법 제59조

반월마다의 타진에 대한 학습계율

[Anvaddhamāsapaccāsiṁsasikkhāpada]

[세존] "수행녀들은 반월마다 수행승의 참모임에 두 가지 사실, 즉 포살에 대해 묻는 것과 교계에 나아가는 것을 타진해야 한다. 이것을 어기면, 단순속죄죄[291])를 범하는 것이다."[292])

---

291) pācittiya : 《빠알리율》에서는 '장애가 있거나, 구해도 도반인 수행녀를 얻지 못하거나, 병이 걸리거나, 사고가 나거나, 정신착란자이든가 최초의 범행자인 경우'는 예외이고, 《사분율》에서는 '보름마다 비구의 참모임에서 교계를 구했거나, 약속하고 가서 맞이했거나, 사원 내에서 교수사가 필요한 것을 공급했거나, 양중의 참모임이 모두 병이 나는 등으로 사람을 보내 문안했거나, 수로나 육로 등이 끊겼거나, 이 학습계율시설의 원인이 된 최초의 범행자이거나, 정신착란자이거나, 마음이 심란한 자이거나, 애통해 하는 자인 경우'를 예외로 한다.

292) • 반월불청교수계∅(半月不請教授戒) / Nī-Pāc. 59(Nī ∅Pāc. 59) : anvaddhamāsaṁ bhikkhuniyā bhikkhusaṅghato dve dhammā paccāsiṁsitabbā uposathapucchakañca ovādūpasaṁkamanañca taṁ atikkāmentiyā pācittiyan'ti. ■ 반월위교계(半月違教戒) / 사분니바일제 141 : 若比丘尼 半月. 應往比丘僧中 求教授 若不求者 波逸提

Pali-Nip. 115

115(4-6-10) 단순속죄죄법 제60조

하체에 생겨난 것에 대한 학습계율

[Pasākhejātasikkhāpada]

[세존] "어떠한 수행녀이든 하체에 생겨난 종기나 부스럼에 대하여 참모임이나 모임에 허락을 구하지 않고 남자와 함께 단 둘이서 터뜨리거나 절개하거나 씻거나 바르거나 묶거나 풀면, 단순속죄죄[293]를 범하는 것이다."[294]

제6품 승원이 끝났다.

---

293) pācittiya : 《빠알리율》에서는 '허락을 구하고 터뜨리거나 절개하거나 씻거나 바르거나 묶거나 풀거나, 어떠한 자이든 양식있는 도반이 함께 있거나, 정신착란자이거나 최초의 범행자인 경우는 예외이고, 《사분율》에서는 '대중에 알리고 남자에게 종기 혹은 부스럼을 짜게 하거나 싸매도록 했거나, 힘센 자의 강요였거나, 이 학습계율시설의 원인이 된 최초의 범행자이거나, 정신착란자이거나, 마음이 심란한 자이거나, 애통해 하는 자인 경우'를 예외로 한다.

294) • 사남자파옹계∅(使男子破癰戒) / Nī-Pāc. 60(Nī∅Pāc. 60) : yā pana bhikkhunī pasākhe jātaṁ gaṇḍaṁ vā rūhitaṁ vā anapaloketvā saṅghaṁ vā gaṇaṁ vā purisena saddhiṁ eken'ekā bhedāpeyya vā phālāpeyya vā dhovāpeyya vā ālimpāpeyya vā bandhāpeyya vā mocāpeyya vā, pācittiyan'ti. ■ 파창불백계(破瘡不白戒) / 사분니바일제 147 : 若比丘尼 身生癰瘡. 不白衆及餘人. 輒使男子 若破 若裹者. 波逸提

제7품 임신부
(Gabbhinīvagga)

Pali-Nip. 116

116(4-7-1) 단순속죄죄법 제61조

임신부에 대한 학습계율
[Gabbhinīsikkhāpada]

[세존] "어떠한 수행녀이든 임신부를 구족계를 받을 수 있도록 맡으면, 단순속죄죄295)를 범하는 것이다."296)

---

295) pācittiya : 《빠알리율》에서는 '임신부에 대하여 임신하지 않은 여자라고 지각하고 구족계를 받을 수 있도록 맡아두거나, 임신하지 않은 여자에 대하여 임신하지 않은 여자라고 지각하고 구족계를 받을 수 있도록 맡는 경우이거나, 정신착란자이거나 최초의 범행자인 경우'는 예외이고, 《사분율》에서는 '알지 못했거나, 그 사람의 말을 믿었거나 믿을 수 있는 사람의 말을 믿어서나 부모의 말을 믿어서 구족계를 받을 수 있도록 맡은 후에 아이를 낳았거나, 이 학습계율시설의 원인이 된 최초의 범행자이거나, 정신착란자이거나, 마음이 심란한 자이거나, 애통해 하는 자인 경우'를 예외로 한다.

296) • 도임신부녀계∅(度妊身婦女戒) / Nī-Pāc. 61(Nī ∅Pāc. 61) : yā pana bhikkhunī gabbhiniṁ vuṭṭhāpeyya, pācittiyan'ti. ■ 도임수구계(度妊授具戒) / 사분니바일제 119 : 若比丘尼 知女人妊娠 與受大戒者. 波逸提

Pali-Nip. 117

117(4-7-2) 단순속죄죄법 제62조

아기가 있는 여자에 대한 학습계율

[Pāyantīsikkhāpada]

[세존] "어떠한 수행녀이든 아기가 있는 여자를 구족계를 받을 수 있도록 맡으면, 단순속죄죄297)를 범하는 것이다."298)

---

297) pācittiya : 《빠알리율》에서는 '아기가 있는 여자에 대하여 아기가 없는 여자라고 지각하고 구족계를 받을 수 있도록 맡아두거나, 아기가 없는 여자에 대하여 아기가 없는 여자라고 지각하고 구족계를 받을 수 있도록 맡거나, 정신착란자나 최초의 범행자인 경우'는 예외이고, 《사분율》에서는 '알지 못했거나, 그 사람의 말을 믿었거나 믿을 수 있는 사람의 말을 믿어서나 부모의 말을 믿어서 구족계를 받을 수 있도록 맡은 후에 아이를 보내온 아기가 젖을 떼기 전까지였거나, 이 학습계율시설의 원인이 된 최초의 범행자이거나, 정신착란자이거나, 마음이 심란한 자이거나, 애통해 하는 자인 경우'를 예외로 한다.

298) ● 도유아부녀계⊘(度乳兒婦女戒) / Nī-Pāc. 62(Nī ⊘Pāc. 62) : yā pana bhikkhunī pāyantiṁ vuṭṭhāpeyya, pācittiyan'ti. ■ 도수유부계(度授乳婦戒) / 사분니바일제 120 : 若比丘尼 知婦女乳兒 與受大戒者. 波逸提

Pali-Nip. 118

118(4-7-3) 단순속죄죄법 제63조

정학녀에 대한 학습계율①

[Sikkhamānapaṭhamasikkhāpada]

[세존] "어떠한 수행녀이든 2년 동안 여섯 가지 원칙[299]의 학습계율을 지키지 못한 정학녀를 구족계를 받을 수 있도록 맡으면, 단순속죄죄[300]를 범하는 것이다."[301]

---

299) *cha dhammā : 오계(五戒)와 때 아닌 때의 시간의 식사를 금하는 것이다.*

300) *pācittiya : ≪빠알리율≫에서는 '2년 동안 여섯 가지 원칙의 학습계율을 지킨 정학녀를 구족계를 받을 수 있도록 맡는 경우이거나, 정신착란자이거나 최초의 범행자인 경우'는 예외이고, ≪사분율≫에서도 '18세인 동녀에게 2년 동안 학습계율에 대한 갈마 후에 여섯 가지 원칙을 설명해 주었거나, 이 학습계율시설의 원인이 된 최초의 범행자이거나, 정신착란자이거나, 마음이 심란한 자이거나, 애통해 하는 자인 경우'를 예외로 한다.*

301) *• 도불학육법사미니계∅(度不學六法沙彌尼戒) / Nī-Pāc. 63 (Nī ∅Pāc. 63) : yā [184-185] pana bhikkhunī dve vassāni chasu dhammesu asikkhitasikkhaṁ sikkhamānaṁ vuṭṭhāpeyya, pācittiyan'ti. ■ 여학불여법년만수구계(與學不與法年滿授具戒) / 사분니바일제 123 : 若比丘尼 十八童女: 與二歲學戒 不與六法 年滿二十 便與受大戒者. 波逸提*

Pali-Nip. 119

119(4-7-4) 단순속죄죄법 제64조

정학녀에 대한 학습계율②

[Sikkhamānadutiyasikkhāpada]

[세존] "어떠한 수행녀이든 2년 동안 여섯 가지 원칙의 학습계율을 지킨 정학녀이더라도, 참모임의 동의 없이 구족계를 받을 수 있도록 맡으면, 단순속죄죄302)를 범하는 것이다."303)

---

302) pācittiya : ≪빠알리율≫에서는 '2년 동안 여섯 가지 원칙의 학습계율을 지킨 정학녀를 참모임의 동의하에 구족계를 받을 수 있도록 맡는 경우이거나, 정신착란자이거나 최초의 범행자인 경우'는 예외이고, ≪사분율≫에서도 '18세의 동녀에게 2년 동안의 학습계율을 주고 20세가 되어 참모임의 동의하에 구족계를 받을 수 있도록 맡았거나, 이 학습계율시설의 원인이 된 최초의 범행자이거나, 정신착란자이거나, 마음이 심란한 자이거나, 애통해 하는 자인 경우'를 예외로 한다.

303) • 불걸승도학법사미니계∅(不乞僧度學法沙彌尼戒) / Nī-Pāc. 64(Nī ∅Pāc. 64) : yā pana bhikkhunī dve vassāni chasu dhammesu sikkhitasikkhaṁ sikkhamānaṁ saṅghena asammataṁ vuṭṭhāpeyya pācittiyan'ti. ■ 학법년만승불청위수계(學法年滿僧不聽違授戒) / 사분니바일제 124 : 若比丘尼 十八童女. 與二歲學戒 及六法已 年滿二十. 衆僧不聽 便與受大戒者. 波逸提

Pali-Nip. 120

120(4-7-5) 단순속죄죄법 제65조

일찍이 결혼한 여인에 대한 학습계율①

[Gihīgatapaṭhamasikkhāpada]

[세존] "어떠한 수행녀이든 일찍이 결혼해서 12년 미만이 된 여자를 구족계를 받을 수 있도록 맡으면, 단순속죄죄[304]를 범하는 것이다."[305]

---

304) pācittiya : ≪빠알리율≫에서는 '12년 미만에 대하여 만12년이라고 지각하고 구족계받을 수 있도록 맡거나, 만12년에 대하여 만12년라고 지각하고 받을 수 있도록 맡는 경우이거나, 정신착란자이거나 최초의 범행자인 경우'는 예외이고, ≪사분율≫에서는 '결혼해서 10년인데, 2년간의 학계를 주어 12년이 되어서 구족계를 받을 수 있도록 맡았거나, 이 학습계율시설의 원인이 된 최초의 범행자이거나, 정신착란자이거나, 마음이 심란한 자이거나, 애통해 하는 자인 경우'를 예외로 한다.

305) • 도미만십이년증가녀계∅(度未滿十二年曾嫁女戒) / Nī-Pāc. 65(Nī ∅Pāc. 65) : yā pana bhikkhunī ūnadvādasavassaṁ gihīgataṁ vuṭṭhāpeyya, pācittiyan'ti. ⇐■ 학계년감십이수구계(學戒年減十二授具戒) / 사분니바일제 125 : 若比丘尼 度女年曾嫁婦女 年十歲 與二歲學戒 年滿十二 聽與受大戒 若減十二 與受大戒者. 波逸提

Pali-Nip. 121

121(4-7-6) 단순속죄죄법 제66조

일찍이 결혼한 여인에 대한 학습계율②
[Gihīgatadutiyasikkhāpada]

[세존] "어떠한 수행녀이든 일찍이 결혼해서 만 12년이 된 여자를 2년 동안 여섯 가지 원칙의 학습계율을 지키지 않았는데도 구족계를 받을 수 있도록 맡으면, 단순속죄죄306)를 범하는 것이다."307)

---

306) pācittiya : 《빠알리율》에서는 '12년 미만에 대하여 만 12년이라고 지각하고 구족계받을 수 있도록 맡거나, 만 12년에 대하여 만 12년라고 지각하고 받을 수 있도록 맡는 경우이거나, 정신착란자이거나 최초의 범행자인 경우'는 예외이고, 《사분율》에서는 '결혼해서 10년인데, 2년간의 학계를 주어 12년이 되어서 구족계를 받을 수 있도록 맡았거나, 이 학습계율시설의 원인이 된 최초의 범행자이거나, 정신착란자이거나, 마음이 심란한 자이거나, 애통해 하는 자인 경우'를 예외로 한다.

307) • 도불학육법증가녀계∅(度不學六法曾嫁女戒) / Nī-Pāc. 66 (Nī ∅Pāc. 66) : yā pana bhikkhunī paripuṇṇadvādasavassaṁ gihīgataṁ dve vassāni chasu dhammesu asikkhitasikkhaṁ vuṭṭhāpeyya, pācittiyan'ti. ⇐ ▪ 학계년감십이수구계(學戒年減十二授具戒) / 사분니바일제 125 : 若比丘尼 度女年曾嫁婦女 年十歲 與二歲學戒 年滿十二 聽與受大戒 若減十二 與受大戒者. 波逸提

Pali-Nip. 122

122(4-7-7) 단순속죄죄법 제67조

일찍이 결혼한 여인에 대한 학습계율③

[Gihīgatatatiyasikkhāpada]

[세존] "어떠한 수행녀이든 2년 동안 여섯 가지 원칙의 학습계율을 지킨, 일찍이 결혼해서 만 12년이 된 여자이더라도, 참모임의 동의 없이 구족계를 받을 수 있도록 맡으면, 단순속죄죄[308]를 범하는 것이다."[309]

---

308) pācittiya : ≪빠알리율≫에서는 '2년 동안 여섯 가지 원칙의 학습계율을 지킨 일찍이 결혼해서 만12년이 된 여자를 참모임의 동의하에 구족계를 받을 수 있도록 맡았거나, 정신착란자이거나 최초의 범행자인 경우'는 예외이고, 결혼한 지 만12년이 된 일찍이 결혼한 여인을 출가시켜 참모임에 알리고 구족계를 받을 수 있도록 맡았거나, 이 학습계율시설의 원인이 된 최초의 범행자이거나, 정신착란자이거나, 마음이 심란한 자이거나, 애통해 하는 자인 경우'를 예외로 한다.

309) ● 불걸승도학법증가녀계⊘(不乞僧度學法曾嫁女戒) / Nī-Pāc. 67(Nī⊘Pāc. 67) : yā pana bhikkhunī paripuṇṇadvādasavassaṁ gihīgataṁ dve vassāni chasu dhammesu sikkhitasikkhaṁ saṅghena asammataṁ vuṭṭhāpeyya pācittiyan'ti. ■ 여학계년만부백수구계(與學戒年滿不白授具戒) / 사분니바일제 126 : 若比丘尼 度小年曾嫁婦女. 與二歲學戒 年滿十二 不白衆僧 便與受大戒者. 波逸提

Pali-Nip. 123

123(4-7-8) 단순속죄죄법 제68조

여제자에 대한 학습계율①

[Sahajīvinīpaṭhamasikkhāpada]

[세존] "어떠한 수행녀이든 여제자를 구족계를 받을 수 있도록 맡고도 2년 동안을 도와주지도 않고 도와주게 시키지도 않는다면, 단순속죄죄[310]를 범하는 것이다."[311]

---

310) pācittiya : 《빠알리율》에서는 '장애가 있거나, 구해도 얻지 못하거나, 병이 걸렸거나, 사고가 일어난 경우이거나, 정신착란자이거나 최초의 범행자인 경우'는 예외이고, 《사분율》에서는 '구족계를 받을 수 있도록 맡은 후에 떠났거나, 두 가지 측면에서 도와주었거나, 계율 · 견해 · 위의를 깨뜨렸거나 권리정지되었거나 멸빈당했거나 멸빈당해야 했거나, 이 일로 목숨이 위태로웠거나, 청정행이 어려웠거나, 이 학습계율시설의 원인이 된 최초의 범행자이거나, 정신착란자이거나, 마음이 심란한 자이거나, 애통해 하는 자인 경우'를 예외로 한다.

311) • 불이세섭수제자계∅(不二歲攝受弟子戒) / Nī-Pāc. 68(Nī ∅Pāc. 68) : yā pana bhikkhunī sahajīvinim vuṭṭhāpetvā dve vassāni n'eva anugganheyya na anugganhāpeyya, pācittiyan'ti. ▪ 비법도인계(非法度人戒) / 사분니바일제 128 : 若比丘尼 多度弟子. 不教二歲學戒 不以二法 攝取者. 波逸提

Pali-Nip. 124

124(4-7-9) 단순속죄죄법 제69조

여화상을 섬기지 않는 것에 대한 학습계율
[Pavattinīnānubandhanasikkhāpada]

[세존] "어떠한 수행녀이든 구족계를 받을 수 있도록 맡았던 여화상을 2년 동안 섬기지 않으면, 단순속죄죄[312]를 범하는 것이다."[313]

---

312) pācittiya : ≪빠알리율≫에서는 '친교사가 어리석거나 철면피한 경우나, 환자이거나, 사고가 일어나는 경우이거나, 정신착란자이거나 최초의 범행자의 경우'는 예외이고, ≪사분율≫에서는 '친교사가 떠나는 것을 허락했거나, 2년 동안 친교사를 섬겼거나, 친교사가 계율 등을 깨뜨리는 일이 있었거나, 이 일로 목숨이 위태로웠거나, 청정행이 어려웠거나, 이 학습계율시설의 원인이 된 최초의 범행자이거나, 정신착란자이거나, 마음이 심란한 자이거나, 애통해 하는 자인 경우'를 예외로 한다.

313) • 불이세수화상계∅(不二歲隨和尚戒) / Nī-Pāc. 69 (Nī ∅Pāc. 69) : yā pana bhikkhunī vuṭṭhāpitaṁ pavattiniṁ dve vassāni nānubandheyya, pācittiyan'ti. 이 학습계율에 등장하는 여자스승(pavattinī)이라는 단어는 『빅쿠니 비방가』의 해설에 있는 여화상(upajjhā)이라는 단어로 바꾸어 번역한다. ■ 이세불의계(二歲不依戒) / 사분니바일제 129 : 若比丘尼 不二歲隨和上尼者. 波逸提

Pali-Nip. 125

125(4-7-10) 단순속죄죄법 제70조

여제자에 대한 학습계율②

[Sahajīvinīdutiyasikkhāpada]

[세존] "어떠한 수행녀이든, 여제자를 구족계를 받을 수 있도록 맡은 후에, 적어도 5내지 6요자나의 거리라도 남자로부터 물러나게 하지도 않고 물러나게 시키지도 않으면, 단순속죄죄[314]를 범하는 것이다."[315]

제7품 임신부가 끝났다.

---

314) pācittiya : ≪빠알리율≫에서는 '장애가 있거나, 도반인 수행녀를 구해도 얻지 못하거나, 환자이거나, 사고가 일어났거나, 정신착란자이거나 최초의 범행자인 경우'는 예외이고, ≪사분율≫에서는 '알지 못했거나, 5내지 6요자나 되는 곳으로 보냈거나 보내게 시켰거나, 깊이 숨어있도록 했거나, 이 학습계율시설의 원인이 된 최초의 범행자이거나, 정신착란자이거나, 마음이 심란한 자이거나, 애통해 하는 자인 경우'를 예외로 한다.

315) • 도음녀불령원거계∅(度淫女不令遠去戒) / Nī-Pāc. 70(Nī ∅Pāc. 70) : yā [186-187] pana bhikkhunī sahajīvinim vuṭṭhāpetvā n'eva vūpakāseyya na vūpakāsāpeyya antamaso chappañcayojanāni pi, pācittiyan'ti. ⇒■ 음녀수구계(婬女授具戒) / 사분니바일제 127 : 若比丘尼 知是婬女. 與受大戒者. 波逸提

제8품 동녀
(Kumāribhūtavagga)

Pali-Nip. 126

126(4-8-1) 단순속죄죄법 제71조

동녀에 대한 학습계율①
[Kumāribhūtapaṭhamasikkhāpada]

[세존] "어떠한 수행녀이든 20세 미만의 동녀를 구족계를 받을 수 있도록 맡으면, 단순속죄죄316)를 범하는 것이다."317)

---

316) pācittiya : 《빠알리율》에서는 '20세 미만에 대하여 만 20세라고 지각하고 구족계를 받을 수 있도록 맡거나, 만 20세에 대하여 만 20세라고 지각하고 구족계를 받을 수 있도록 맡는 경우이거나, 정신착란자이거나 최초의 범행자인 경우'는 예외이고, 《사분율》에서는 '만20세가 되었고 2년동안 계율을 배웠거나, 알지 못했거나, 스스로 29세가 되었다고 말했거나, 믿을 수 있는 사람의 말을 믿었거나, 부모의 말을 믿었거나, 구족계를 받을 수 있도록 맡은 뒤에 의심스러워 뱃속에 있던 달을 세어보았거나, 윤달을 세어보았거나, 14일의 포살일을 세어보았거나, 이 학습계율시설의 원인이 된 최초의 범행자이거나, 정신착란자이거나, 마음이 심란한 자이거나, 애통해하는 자인 경우'를 예외로 한다.

317) • 도감년동녀계⊘(度減年童女戒) / Nī-Pāc. 71(Nī ⊘Pāc. 71) : yā pana bhikkhunī ūnavīsativassaṁ kumāribhūtaṁ vuṭṭhāpeyya, pācittiyan'ti. ■ 년감수구계(年減授具戒) / 사분니바일제 121 : 若比丘尼知年未滿二十. 與受大戒者. 波逸提

Pali-Nip. 127

127(4-8-2) 단순속죄죄법 제72조

동녀에 대한 학습계율②

[Kumāribhūtadutiyasikkhāpada]

[세존] "어떠한 수행녀이든, 만 20세가 된 동녀라도, 2년 동안 여섯 가지 원칙의 학습계율을 지키지 않았는데도, 구족계를 받을 수 있도록 맡으면, 단순속죄죄318)를 범하는 것이다."319)

---

318) pācittiya : ≪빠알리율≫에서는 '만 20세가 된 동녀로서 2년 동안 여섯 가지 원칙의 학습계율을 지킨 동녀를 구족계를 받을 수 있도록 맡는 경우이거나, 정신착란자이거나 최초의 범행자인 경우'는 예외이고, ≪사분율≫에서는 '18세인 동녀에게 2년동안 학습계율을 주고 20세가 되었거나, 이 학습계율시설의 원인이 된 최초의 범행자이거나, 정신착란자이거나, 마음이 심란한 자이거나, 애통해 하는 자인 경우'를 예외로 한다.

319) ● 도불학육법동녀계∅(度不學六法童女戒) / Nī-Pāc. 72(Nī ∅Pāc. 72) : yā pana bhikkhunī paripuṇṇavīsativassaṁ kumāribhūtaṁ dve vassāni chasu dhammesu asikkhitasikkhaṁ vuṭṭhāpeyya, pācittiyan'ti. ■ 불여학년만수구계(不與學年滿授具戒) / 사분니바일제 122 : 若比丘尼 十八童女. 不與二歲學戒 年滿二十. 便與受大戒者 波逸提

Pali-Nip. 128

128(4-8-3) 단순속죄죄법 제73조

동녀에 대한 학습계율③

[Kumāribhūtatatiyasikkhāpada]

[세존] "어떠한 수행녀이든, 2년 동안 여섯 가지 원칙의 학습계율을 지킨, 만 20세의 동녀라도, 참모임의 동의 없이 구족계를 받을 수 있도록 맡으면, 단순속죄죄320)를 범하는 것이다."321)

---

320) pācittiya : ≪빠알리율≫에서는 '만20세의 동녀로서 2년 동안 여섯 가지 원칙의 학습계율을 지킨 자를 참모임의 동의하에 구족계를 받을 수 있도록 맡는 경우이거나, 정신착란자이거나 최초의 범행자인 경우'는 예외이고, ≪사분율≫에서는 '참모임의 허락을 구했거나, 이 학습계율시설의 원인이 된 최초의 범행자이거나, 정신착란자이거나, 마음이 심란한 자이거나, 애통해 하는 자인 경우'를 예외로 한다.

321) • 불걸승도학법녀계∅(不乞僧度學法女戒) / Nī-Pāc. 73(Nī ∅Pāc. 73) : yā pana bhikkhunī paripuṇṇavīsativassaṁ kumāribhūtaṁ dve vassāni chasu dhammesu sikkhitasikkhaṁ saṅghena asammataṁ vuṭṭhāpeyya, pācittiyan'ti. ■ 위승수구계(違僧授具戒) / 사분니바일제 130 : 若比丘尼 僧不聽 而授人大戒者. 波逸提

Pali-Nip. 129

129(4-8-4) 단순속죄죄법 제74조

법랍 12년 미만에 대한 학습계율
[Ūnadvādasavassasikkhāpada]

[세존] "어떠한 수행녀이든 법랍 12년 미만으로서 타인을 구족계를 받을 수 있도록 맡으면, 단순속죄죄[322]를 범하는 것이다."[323]

---

322) pācittiya : ≪빠알리율≫에서는 '법랍 만 12년으로서 구족계를 받을 수 있도록 맡는 경우이거나, 정신착란자이거나 최초의 범행자인 경우'를 예외로 하고, ≪사분율≫에서도 '법랍이 12년이 되었거나, 이 학습계율시설의 원인이 된 최초의 범행자이거나, 정신착란자이거나, 마음이 심란한 자이거나, 애통해 하는 자인 경우'를 예외로 한다.

323) • 미만십이하도인계∅(未滿十二夏度人戒) / Nī-Pāc. 74(Nī ∅Pāc. 74) : yā pana bhikkhunī ūnadvādasavassā vuṭṭhāpeyya, pācittiyan'ti. ■ 하감수구계(夏減授具戒) / 사분니바일제 131 : 若比丘尼 未滿十二歲 授人大戒者. 波逸提

Pali-Nip. 130

130(4-8-5) **단순속죄죄법 제75조**

법랍 만 12년에 대한 학습계율
[Paripuṇṇadvādasavassasikkhāpada]

[세존] "어떠한 수행녀이든 법랍 만 12년이 되었어도 참모임의 동의 없이 타인을 구족계를 받을 수 있도록 맡으면, 단순속죄죄[324]를 범하는 것이다."[325]

---

324) pācittiya : ≪빠알리율≫에서는 '법랍 만 12년이 되어 참모임의 동의하에 받을 수 있도록 맡는 경우이거나, 정신착란자이거나 최초의 범행자인 경우'는 예외이고, ≪사분율≫에서는 '법랍 만 12년이 되어 참모임의 동의를 받았거나, 이 학습계율시설의 원인이 된 최초의 범행자이거나, 정신착란자이거나, 마음이 심란한 자이거나, 애통해 하는 자인 경우'를 예외로 한다.

325) • 만십이하불걸승도인계⊘(滿十二夏不乞僧度人戒) / Nī-Pāc. 75(Nī ⊘Pāc. 75) : yā pana bhikkhunī paripuṇṇadvādasavassā saṅghena asammatā vuṭṭhāpeyya pācittiyan'ti. ■ 하만위청계(夏滿違聽戒) / 사분니바일제 132 : 若比丘尼 滿十二歲 衆僧不聽 便授人大戒者. 波逸提

Pali-Nip. 131

131(4-8-6) 단순속죄죄법 제76조

불평하는 것에 대한 학습계율

[Khīyadhammasikkhāpada]

[세존] "어떠한 수행녀이든 '존귀한 자매여, 그대가 지금 구족계를 받을 수 있도록 맡는 것은 필요하지 않으니 그만두라.'라고 듣고 '알겠습니다.'라고 대답하고 나중에 불평하면, 단순속죄죄326)를 범하는 것이다."327)

---

326) pācittiya : 《빠알리율》에서는 '성격적으로 탐욕, 성냄, 어리석음으로 행하는 것을 비난하는 경우이거나, 정신착란자이거나 최초의 범행자인 경우'는 예외이고, 《사분율》에서는 '그 일이 실제로 그러했거나, 장난으로 말했거나, 이 학습계율시설의 원인이 된 최초의 범행자이거나, 정신착란자이거나, 마음이 심란한 자이거나, 애통해 하는 자인 경우'를 예외로 한다.

327) • 불청도인방승계∅(不聽度人謗僧戒) / Nī-Pāc. 76(Nī ∅Pāc. 76) : yā [188-189] pana bhikkhunī alaṁ tāva te ayye vuṭṭhāpitenāti vuccamānā sādhū'ti paṭissuṇitvā pacchā khīyanadhammaṁ āpajjeyya, pācittiyan'ti. ▪ 불청방승계(不聽謗僧戒) / 사분니바일제 133 : 若比丘尼 僧不聽授人大戒 便言. 衆僧 有愛有恚 有怖有癡 欲者便聽 不欲者便不聽 波逸提

Pali-Nip. 132

132(4-8-7) 단순속죄죄법 제77조

옷의 보시와 구족계에 대한 학습계율
[Cīvaradānavuṭṭhāpanasikkhāpada]

[세존] "어떠한 수행녀이든 정학녀에게 '만약 그대가 나에게 옷을 보시하면, 내가 그대를 구족계를 받을 수 있도록 맡겠습니다.'라고 말하고, 나중에 그녀에게 장애가 없는데도, 구족계를 받을 수 있도록 맡지 않을 뿐만 아니라, 구족계를 받을 수 있게 맡도록 노력을 기울이지 않으면, 단순속죄죄328)를 범하는 것이다."329)

---

328) 波逸提 : 앞의 학습계율과 동일하게 《빠알리율》에서는 '장애가 있거나, 구해도 기회를 얻을 수 없거나, 환자이거나, 사고가 일어나거나, 정신착란자이거나 최초의 범행자인 경우'는 예외이고, 《사분율》에서는 '구족계를 받을 수 있도록 맡기로 해서 곧 맡았거나, 청학녀가 병이 났거나, 동활이 없었거나, 다섯 벌의 옷이 없거나, 십사(十師)가 없거나, 계율이 결여되었거나 파계했거나, 이 일로 목숨이 위태로웠거나, 청정행이 어려웠거나, 이 학습계율시설의 원인이 된 최초의 범행자이거나, 정신착란자이거나, 마음이 심란한 자이거나, 애통해 하는 자인 경우'를 예외로 한다.

329) • 취타의불위수구계∅(取他衣不爲授具戒) / Nī-Pāc. 77(Nī ∅Pāc. 77) : yā pana bhikkhunī sikkhamānaṁ sace me tvaṁ ayye cīvaraṁ dassasi evāhantaṁ vuṭṭhāpessāmī'ti vatvā pacchā sā antarāyikinī n'eva vuṭṭhāpeyya na vuṭṭhāpanāya ussukkaṁ kareyya, pācittiyan'ti. ▪ 수의불수계(受衣不授戒) / 사분니바일제 137 : 若比丘尼 語式叉摩那言. 持衣來我 當與汝受大戒 而不方便 與受者. 波逸提

Pali-Nip. 133

133(4-8-8) 단순속죄죄법 제78조

이년 동안 섬김에 대한 학습계율

[Dvevassānubandhanasikkhāpada]

[세존] "어떠한 수행녀이든 정학녀에게 '존귀한 자매여, 만약 그대가 나를 2년 동안 섬기겠다면, 내가 그대를 구족계를 받을 수 있도록 맡겠습니다.'라고 말하고, 나중에 그녀에게 장애가 없는데도, 구족계를 받을 수 있도록 맡지 않을 뿐만 아니라, 구족계를 받을 수 있게 맡도록 노력을 기울이지 않으면, 단순속죄죄[330]를 범하는 것이다."[331]

---

330) pācittiya : ≪빠알리율≫에서는 '장애가 있거나, 구해도 기회를 얻을 수 없거나, 환자이거나, 사고가 일어나는 경우이거나, 정신착란자이거나 최초의 범행자인 경우'는 예외이고, ≪사분율≫에서는 '구족계를 받을 수 있도록 맡기로 해서 곧 맡았거나, 청학녀가 병이 났거나, 동활이 없었거나, 다섯 벌의 옷이 없거나, 십사(十師)가 없거나, 계율이 결여되었거나 파계했거나, 이 일로 목숨이 위태로웠거나, 청정행이 어려웠거나, 이 학습계율시설의 원인이 된 최초의 범행자나, 정신착란자나, 마음이 심란한 자나, 애통해 하는 자인 경우'를 예외로 한다.

331) • 영이세수학불위수구계∅(令二歲隨學不爲授具戒) / Nī-Pāc. 78 (Nī ∅Pāc. 78) : yā pana bhikkhunī sikkhamānaṁ sace maṁ tvaṁ ayye dve vassāni anubandhissasi evāhan taṁ vuṭṭhāpessāmī'ti vatvā sā pacchā anattarāyikinī n'eva vuṭṭhāpeyya na vuṭṭhāpanāya ussukkaṁ kareyya, pācittiyan'ti. ■ 불수학녀계(不受學女戒) / 사분니바일제 136 : 若比丘尼 語式叉摩那言. 捨是學是 當與汝受大戒 若不方便 與受者. 波逸提

Pali-Nip. 134

134(4-8-9) **단순속죄죄법 제79조**

근심의 소굴에 대한 학습계율
[Sokāvāsasikkhāpada]

[세존] "어떠한 수행녀이든, 남자와 사귀고 사내와 놀아난, 거칠고 근심의 소굴인, 정학녀를 구족계를 받을 수 있도록 맡으면, 단순속죄죄[332]를 범하는 것이다."[333]

---

332) pācittiya : ≪빠알리율≫에서는 '알지 못하고 구족계를 받을 수 있도록 맡는 경우이거나, 정신착란자이거나 최초의 범행자인 경우'는 예외이고, ≪사분율≫에서는 '먼저 알지 못했거나, 믿을만한 사람이 말해서 믿었거나, 부모의 말을 믿었거나 구족계를 받을 수 있도록 맡고 나서 병이 생겼거나, 이 학습계율시설의 원인이 된 최초의 범행자이거나, 정신착란자이거나, 마음이 심란한 자이거나, 애통해 하는 자인 경우'를 예외로 한다.

333) • 도여남자교우학법녀계∅(度與男子交友學法女戒) / Nī-Pāc. 79 (Nī ∅Pāc. 79) : yā pana bhikkhunī purisasaṁsaṭṭhaṁ kumārakasaṁsaṭṭhaṁ caṇḍiṁ sokāvāsaṁ sikkhamānaṁ vuṭṭhāpeyya, pācittiyan'ti. ■ 도속경에계(度俗敬恚戒) / 사분니바일제 135 : 若比丘尼 知女人與男子 相敬愛 愁憂瞋恚 度令出家 受大戒者. 波逸提

Pali-Nip. 135

135(4-8-10) 단순속죄죄법 제80조

허락 없는 구족계에 대한 학습계율
[Ananuññātavuṭṭhāpanasikkhāpada]

[세존] "어떠한 수행녀이든 부모와 남편의 허락을 구하지 않고 정학녀를 구족계를 받을 수 있도록 맡으면, 단순속죄죄[334]를 범하는 것이다."[335]

---

334) pācittiya : ≪빠알리율≫에서는 '알지 못하고 구족계를 받을 수 있도록 맡거나, 허락을 얻어 구족계를 받을 수 있도록 맡는 경우이거나, 정신착란자이거나 최초의 범행자인 경우'는 예외이고, ≪사분율≫에서는 '부모나 남편이 허락했거나, 부모나 남편이 없는 이 학습계율시설의 원인이 된 최초의 범행자이거나, 정신착란자이거나, 마음이 심란한 자이거나, 애통해 하는 자인 경우'를 예외로 한다.

335) • 부모부주불청첩도인계∅(父母夫主不聽輒度人戒) / Nī-Pāc. 80(Nī ∅Pāc. 80) : yā pana bhikkhunī mātāpitūhi vā sāmikena vā ananuññātaṁ sikkhamānaṁ vuṭṭhāpeyya, pācittiyan'ti. ■ 속차수구계(俗遮授具戒) / 사분니바일제 134 : 若比丘尼 父母 夫主 不聽 與受大戒者. 波逸提

Pali-Nip. 136

136(4-8-11) **단순속죄죄법 제81조**

격리처벌을 받은 자에 대한 학습계율

[Pārivāsikasikkhāpada]

[세존] "어떠한 수행녀이든 격리처벌을 받은 자들에게 청정동의를 위임함으로써 정학녀를 구족계를 받을 수 있도록 맡으면, 단순속죄죄[336]를 범하는 것이다."[337]

---

336) pācittiya : ≪빠알리율≫에서는 '불완전한 대중을 소집하지 않고 구족계를 받을 수 있도록 맡거나, 정신착란자이거나 최초의 범행자의 경우'는 예외이다.

337) • 별주자여욕도학법녀계⊘(別住者與欲度學法女戒) / Nī-Pāc. 81 (Nī ⊘Pāc. 81) : yā pana bhikkhunī pārivāsikachandadānena sikkhamānaṁ vuṭṭhāpeyya pācittiyan'ti.

Pali-Nip. 137

137(4-8-12) 단순속죄죄법 제82조

해마다의 구족계를 받을 수 있도록 맡는 것에 대한 학습계율 [Anuvassavuṭṭhāpanasikkhāpada]

[세존] "어떠한 수행녀이든 해마다 구족계를 받을 수 있도록 맡으면, 단순속죄죄[338])를 범하는 것이다."[339])

338) pācittiya : ≪빠알리율≫에서는 '격년으로 구족계를 받을 수 있도록 맡거나, 정신착란자이거나 최초의 범행자인 경우'는 예외이고, ≪사분율≫에서는 '12개월을 채우고 다시 구족계를 받을 수 있도록 맡았거나, 이 학습계율시설의 원인이 된 최초의 범행자이거나, 정신착란자이거나, 마음이 심란한 자이거나, 애통해 하는 자인 경우'를 예외로 한다.

339) • 매년도인계∅(每年度人戒) / Nī-Pāc. 82(Nī ∅Pāc. 82) : yā pana [190-191] bhikkhunī anuvassaṁ vuṭṭhāpeyya, pācittiyan'ti. ⇐■ 하감다수계(夏減多授戒) / 사분니바일제 138 : 若比丘尼 不滿一歲授人大戒者. 波逸提

Pali-Nip. 138

138(4-8-13) 단순속죄죄법 제83조

한 해의 구족계에 대한 학습계율
[Ekavassavuṭṭhāpanasikkhāpada]

[세존] "어떠한 수행녀이든 한 해에 두 명을 구족계를 받을 수 있도록 맡으면, 단순속죄죄340)를 범하는 것이다."341)

제8품 동녀가 끝났다

---

340) pācittiya : ≪빠알리율≫에서는 '격년으로 구족계를 받을 수 있도록 맡거나, 정신착란자이거나 최초의 범행자인 경우'는 예외이고, ≪사분율≫에서는 '12개월을 채우고 다시 구족계를 받을 수 있도록 맡았거나, 이 학습계율시설의 원인이 된 최초의 범행자이거나, 정신착란자이거나, 마음이 심란한 자이거나, 애통해 하는 자인 경우'를 예외로 한다.

341) • 일세도이인계∅(一歲度二人戒) / Nī-Pāc. 83(Nī ∅Pāc. 83) : yā pana bhikkhunī ekaṁ vassaṁ dve vuṭṭhāpeyya, pācittiyan'ti. ⇐■하감다수계(夏減多授戒) / 사분니바일제 138 : 若比丘尼 不滿一歲 授人大戒者. 波逸提

제9품 일산과 신발
(Chattūpāhanavagga)

Pali-Nip. 139

139(4-9-1) 단순속죄죄법 제84조

일산과 신발에 대한 학습계율
[Chattupāhanasikkhāpada]

[세존] "어떠한 수행녀이든 환자가 아닌 한, 일산과 신발을 사용하면, 단순속죄죄[342])를 범하는 것이다."[343])

---

342) pācittiya : ≪빠알리율≫에서는 '환자이거나, 승원에서나 승원의 부근에서 사용하거나, 사고가 일어난 경우이거나, 정신착란자이거나 최초의 범행자의 경우'는 예외이고, ≪사분율≫에서는 '이러한 병이 있었거나, 몸이나 옷, 와구 등을 보호하기 위해서 승원 안에서 신발을 만들어 신었든가, 힘 센 자의 강요였거나, 결박되었거나, 목숨이 위태로웠거나, 이 학습계율시설의 원인이 된 최초의 범행자이거나, 정신착란자이거나, 마음이 심란한 자이거나, 애통해 하는 자인 경우'를 예외로 한다.

343) • 지착개섭계∅(持著蓋屧戒) / Nī-Pāc. 84(Nī ∅Pāc. 84) : yā pana bhikkhunī agilānā chattūpāhanaṁ dhāreyya, pācittiyan'ti. ■ 착사지개계(著屣持蓋戒) / 사분니바일제 158 : 若比丘尼 著革屣持蓋行. 除時因緣 波逸提

Pali-Nip. 140

140(4-9-2) 단순속죄죄법 제85조

탈것에 대한 학습계율

[Yānasikkhāpada]

[세존] "어떠한 수행녀이든, 환자가 아닌 한, 탈것을 탄다면, 단순속죄죄344)를 범하는 것이다."345)

---

344) pācittiya : ≪빠알리율≫에서는 '환자이거나, 사고가 일어났거나, 정신착란자이거나 최초의 범행자의 경우'는 예외이고, ≪사분율≫에 서는 '이러한 질병이 있어서 암컷이나 암컷이 이끄는 수레를 탔거나, 목숨이 위태로웠거나, 청정행이 어려웠거나 수레를 타고 도망갔거나, 힘센 자의 강요였거나, 이 학습계율시설의 원인이 된 최초의 범행자이거나, 정신착란자이거나, 마음이 심란한 자이거나, 애통해 하는 자인 경우'를 예외로 한다.

345) • 승승계∅(乘乘戒) / Nī-Pāc. 85(Nī ∅Pāc. 85) : yā pana bhikkhunī agilānā yānena yāyeyya pācittiyan'ti. ■ 무병승행계(無病乘行戒) / 사분니바일제 159 : 若比丘尼 無病 乘乘行. 除時因緣 波逸提

Pali-Nip. 141

141(4-9-3) 단순속죄죄법 제86조

페티코트에 대한 학습계율

[Saṅghāṇisikkhāpada]

[세존] "어떠한 수행녀이든 페티코트346)를 입는다면, 단순속죄죄347)를 범하는 것이다."348)

---

346) saṅghāṇi : 한역에서는 사타구니에 두르는 옷이라는 의미에서 과의(跨衣) 또는 저과의(貯跨衣)라고 한다. 영어로는 페티코트 (petticoat)라고 하는데, 여성이 허리에 차는 간단한 옷으로 엉덩이는 커보이게 하고 허리는 가늘게 하는 옷을 뜻한다.

347) pācittiya : ≪빠알리율≫에서는 '질병 때문이거나, 허리끈을 착용한 경우이거나, 정신착란자이거나 최초의 범행자의 경우'는 예외이고, ≪사분율≫에서는 '이러한 병이 있어서 안에 병의(病衣)를 입고 밖에 가사를 입었거나, 힘센 자의 강요였거나, 이 학습계율시설의 원인이 된 최초의 범행자이거나, 정신착란자이거나, 마음이 심란한 자이거나, 애통해 하는 자인 경우'를 예외로 한다.

348) • 착과의계∅(著袴衣戒) / Nī-Pāc. 86(Nī ∅Pāc. 86) : yā pana bh-ikkhunī saṅghāṇiṁ dhāreyya pācittiyan'ti. ■ 착저과의계(著貯跨衣戒) / 사분니바일제 156 : 若比丘尼 著用跨衣者. 波逸提

Pali-Nip. 142

142(4-9-4) 단순속죄죄법 제87조

부녀의 장신구에 대한 학습계율

[Itthālaṅkārasikkhāpada]

[세존] “어떠한 수행녀이든 부녀의 장신구를 착용하면, 단순속죄죄[349]를 범하는 것이다.”[350]

---

349) pācittiya : ≪빠알리율≫에서는 '질병 때문이거나, 정신착란자이거나 최초의 범행자인 경우'는 예외이고, ≪사분율≫에서는 '이러한 병이 있던가, 목숨이 위태롭거나 청정행이 어려워 장식하는 도구를 가지고 피신했거나, 힘센 자의 강요였거나, 이 학습계율시설의 원인이 된 최초의 범행자이거나, 정신착란자이거나, 마음이 심란한 자이거나, 애통해 하는 자인 경우'를 예외로 한다.

*350) • 착부녀식신구계∅(**著婦女飾身具戒**) / Nī-Pāc. 87(Nī ∅Pāc. 87) : yā pana bhikkhunī itthālaṅkāraṁ dhāreyya, pācittiyan'ti. ⇒■축부엄구계(**畜婦嚴具戒**) / 사분니바일제 157 : **若比丘尼 畜婦女 嚴身具 除時因緣 波逸提** ⇒■작부장엄계(**作婦莊嚴戒**) / 사분니바일제 177 : **若比丘尼 作婦女莊嚴 香塗摩身者. 波逸提***

Pali-Nip. 143

143(4-9-5) 단순속죄죄법 제88조

향료와 지분에 대한 학습계율
[Gandhavaṇṇakasikkhāpada]

[세존] "어떠한 수행녀이든 향료와 지분(脂粉)351) 으로 목욕을 하면, 단순속죄죄352)를 범하는 것이다."353)

---

351) gandhavaṇṇaka : '향료'라는 것은 '어떠한 것이든 향기있는 것'을 뜻한다. '지분(脂粉)'이라는 것은 '색깔있는 화장품'을 뜻한다.

352) pācittiya : ≪빠알리율≫에서는 '질병 때문이거나, 정신착란자이거나 최초의 범행자인 경우'는 예외이고, ≪사분율≫에서는 '이러한 병이 있었거나, 힘센 자의 강요였거나, 이 학습계율시설의 원인이 된 최초의 범행자이거나, 정신착란자이거나, 마음이 심란한 자이거나, 애통해 하는 자인 경우'를 예외로 한다.

353) • 이향도신계∅(以香塗身戒) / Nī-Pāc. 88(Nī ∅Pāc. 88) : yā pana bhikkhunī gandhavaṇṇakena nahāyeyya, pācittiyan'ti. ▪ 향도마신계(香塗摩身戒) / 사분니바일제 150 : 若比丘尼 以香塗摩身. 波逸提

Pali-Nip. 144

144(4-9-6) **단순속죄죄법 제89조**

향기로운 호마분에 대한 학습계율
[Vāsikapiññākasikkhāpada]

[세존] "어떠한 수행녀이든 향기로운 호마분으로 목욕을 하면, 단순속죄죄[354]를 범하는 것이다."[355]

---

354) pācittiya : ≪빠알리율≫에서는 '질병 때문이거나, 보통의 호마분으로 목욕하거나, 정신착란자이거나 최초의 범행자인 경우'는 예외이고, ≪사분율≫에서는 '이러한 병이 있었거나, 힘센 자의 강요였거나, 이 학습계율시설의 원인이 된 최초의 범행자이거나, 정신착란자이거나, 마음이 심란한 자이거나, 애통해 하는 자인 경우'를 예외로 한다.

355) ● 호마유도신계⊘(胡麻油塗身戒) / Nī-Pāc. 89(Nī ⊘Pāc. 89) : yā pana [192-193] bhikkhunī vāsitakena piññākena nahāyeyya, pācittiyan'ti. ■ 마유도신계(麻油塗身戒) / 사분니바일제 151 : 若比丘尼以胡麻滓 塗摩身者 波逸提

Pali-Nip. 145

145(4-9-7) 단순속죄죄법 제90조

수행녀에게 시키는 맛사지에 대한 학습계율
[Bhikkhunīparimaddāpanasikkhāpada]

[세존] "어떠한 수행녀이든 수행녀로 하여금 주무르게 하거나 맛사지하게 하면, 단순속죄죄[356]를 범하는 것이다."[357]

---

356) pācittiya : ≪빠알리율≫에서는 '질병에 걸렸거나, 사고가 일어났거나, 정신착란자이거나 최초의 범행자인 경우'는 예외이고, ≪사분율≫에서는 '이러한 병이 있었거나, 힘센 자의 강요였거나, 이 학습계율시설의 원인이 된 최초의 범행자이거나, 정신착란자이거나, 마음이 심란한 자이거나, 애통해 하는 자인 경우'를 예외로 한다.

357) •사비구니마신계∅(使比丘尼摩身戒) / Nī-Pāc. 90(Nī ∅Pāc. 90) :yā pana bhikkhunī bhikkhuniyā ummaddāpeyya vā parimaddāpeyya vā, pācittiyan'ti. ■사니도신계(使尼塗身戒) / 사분니바일제 152 : 若比丘尼 使比丘尼 塗摩身者. 波逸提

Pali-Nip. 146

146(4-9-8) 단순속죄죄법 제91조

정학녀에게 시키는 맛사지에 대한 학습계율
[Sikkhamānaparimaddāpanasikkhāpada]

[세존] "어떠한 수행녀이든 정학녀로 하여금 주무르게 하고 맛사지하게 하면, 단순속죄죄358)를 범하는 것이다."359)

---

358) 波逸提 : 앞의 주석과 마찬가지로 ≪빠알리율≫에서는 '질병에 걸렸거나, 사고가 일어났거나, 정신착란자이거나 최초의 범행자인 경우'는 예외이고, ≪사분율≫에서는 '이러한 병이 있었거나, 힘센 자의 강요였거나, 이 학습계율시설의 원인이 된 최초의 범행자이거나, 정신착란자이거나, 마음이 심란한 자이거나, 애통해 하는 자인 경우'를 예외로 한다.

359) ● 사학법녀마신계∅(使學法女摩身戒) / Nī-Pāc. 91(Nī ∅Pāc. 91) : yā pana bhikkhunī sikkhamānāya ummaddāpeyya vā parimaddāpeyya vā, pācittiyan'ti. ■ 사식차마나도신계(使式叉摩那塗身戒) / 사분니바일제 153 : 若比丘尼 使式叉摩那 塗摩身者. 波逸提

Pali-Nip. 147

147(4-9-9) 단순속죄죄법 제92조

사미니에게 시키는 맛사지에 대한 학습계율

[Sāmaṇerīparimaddāpanasikkhāpada]

[세존] "어떠한 수행녀이든 사미니로 하여금 주무르게 하고 맛사지하게 하면, 단순속죄죄[360]를 범하는 것이다."[361]

---

360) 波逸提 : 앞의 주석과 마찬가지로 《빠알리율》에서는 '질병에 걸렸거나, 사고가 일어났거나, 정신착란자이거나 최초의 범행자인 경우'는 예외이고, 《사분율》에서는 '이러한 병이 있었거나, 힘센 자의 강요였거나, 이 학습계율시설의 원인이 된 최초의 범행자이거나, 정신착란자이거나, 마음이 심란한 자이거나, 애통해 하는 자인 경우'를 예외로 한다.

361) •사사미니마신계∅(使沙彌尼摩身戒) / Nī-Pāc. 92(Nī∅Pāc. 92) : yā pana bhikkhunī sāmaṇeriyā ummaddāpeyya vā parimaddāpeyya vā pācittiyan'ti. ■사사미니도신계(使沙彌尼塗身戒) / 사분니바일제 154 : 若比丘尼 使沙彌尼 塗摩身者. 波逸提

Pali-Nip. 148

148(4-9-10) 단순속죄죄법 제93조

재가녀에게 시키는 맛사지에 대한 학습계율
[Gihinīparimaddāpanasikkhāpada]

[세존] "어떠한 수행녀이든 재가녀로 하여금 주무르게 하고 맛사지하게 하면, 단순속죄죄[362]를 범하는 것이다."[363]

---

362) 波逸提 : 앞의 주석과 마찬가지로 《빠알리율》에서는 '질병에 걸렸거나, 사고가 일어났거나, 정신착란자이거나 최초의 범행자인 경우'는 예외이고, 《사분율》에서는 '이러한 병이 있었거나, 힘센 자의 강요였거나, 이 학습계율시설의 원인이 된 최초의 범행자이거나, 정신착란자이거나, 마음이 심란한 자이거나, 애통해 하는 자인 경우'를 예외로 한다.

363) •사백의녀마신계∅(使白衣女摩身戒) / Nī-Pāc. 93(Nī ∅Pāc. 93) : yā pana bhikkhunī gihiniyā ummaddāpeyya vā parimaddāpeyya vā pācittiyan'ti. ■사부녀도신계(使婦女塗身戒) / 사분니바일제 155 : 若比丘尼 使白衣婦女 塗摩身者. 波逸提

Pali-Nip. 149

149(4-9-11) 단순속죄죄법 제94조

묻지 않은 것에 대한 학습계율

[Anāpucchasikkhāpada]

[세존] "어떠한 수행녀이든 수행승의 앞에서 묻지 않고 자리에 앉는다면, 단순속죄죄364)를 범하는 것이다."365)

---

364) pācittiya : ≪빠알리율≫에서는 '묻고 자리에 앉거나, 환자이거나, 사고가 일어났거나, 정신착란자이거나 최초의 범행자인 경우'는 예외이다.

365) • 비구전착좌계⊘(比丘前著座戒) / Nī-Pāc. 94(Nī ⊘Pāc. 94) : yā pana bhikkhunī bhikkhussa purato anāpucchā āsane nisīdeyya, pācittiyan'ti.

Pali-Nip. 150

150(4-9-12) 단순속죄죄법 제95조

기회를 마련하지 않은 질문에 대한 학습계율
[Anokāsakatapañhasikkhāpada]

[세존] "어떠한 수행녀이든 기회를 마련하지 않고 수행승에게 질문한다면, 단순속죄죄[366]를 범하는 것이다."[367]

---

366) pācittiya : ≪빠알리율≫에서는 '기회를 마련하고 질문하거나, 지정하지 않고 기회를 얻어 어떠한 것이든 질문하는 경우나, 정신착란자이거나 최초의 범행자인 경우'는 예외이고, ≪사분율≫에서는 "허락을 구하고 질문했거나, 평소에 질문을 허락받았거나, 전부터 친분이 두터웠거나, 친분이 두터운 이가 '내가 너를 위해 허락을 구해주겠다'라고 했거나, 그로부터 가르침을 받는 사이였거나, 그가 물어서 이쪽에서 대답했거나, 두 사람이 함께 독송했거나, 장난으로 말했거나, 이 학습계율시설의 원인이 된 최초의 범행자이거나, 정신착란자이거나, 마음이 심란한 자이거나, 애통해 하는 자인 경우'를 예외로 한다.

367) • 첩문비구의계⊘(輒問比丘義戒) / Nī-Pāc. 95(Nī⊘Pāc. 95) : yā pana bhikkhunī anokāsakataṁ bhikkhuṁ pañhaṁ puccheyya, pācittiyan'ti. ■ 불구문의계(不求問義戒) / 사분니바일제 172 : 若比丘尼欲問比丘義. 先不求而問者. 波逸提

Pali-Nip. 151

151(4-9-13) 단순속죄죄법 제96조

복견의를 착용하지 않는 것에 대한 학습계율
[Asaṅkacchikasikkhāpada]

[세존] "어떠한 수행녀이든 복견의(覆肩衣)368)를 착용하지 않고 마을로 들어가면, 단순속죄죄369)를 범하는 것이다."370)

제9품 일산과 신발이 끝났다.

---

368) saṅkacchika : 빠알리어로 'saṅkacchā'라고도 하며, 한역에서는 복견의(覆肩衣)라고 번역하고 음사하여 승기지(僧祇支)라고 한다. 일종의 코르셋이지만 위로는 어깨까지 가리는 옷이다. Vin. IV. 345에 따르면, 복견의는 목 이하 배꼽 이상을 덮는 옷을 말한다.

369) pācittiya : 《빠알리율》에서는 '옷을 잃었거나, 옷이 망가졌거나, 환자이거나, 새김을 잃었거나, 알지 못했거나, 사고가 일어났거나, 정신착란자이거나 최초의 범행자인 경우'는 예외이고 《사분율》에서는 '이러한 병이 있었거나, 겨드랑이에 상처가 있거나, 복견의가 없었거나, 방편으로 만들려고 했거나, 더러워 빨았는데 아직 마르지 않았거나, 만들었는데 잃었거나 깊숙한 곳에 넣어두었거나, 힘센 자의 강요였거나, 목숨이 위태로웠거나, 청정행이 어려웠거나, 이 학습계율시설의 원인이 된 최초의 범행자이거나, 정신착란자이거나, 마음이 심란한 자이거나, 애통해 하는 자인 경우'를 예외로 한다.

370) • 부착승기지⊘(不著僧祇支) / Nī-Pāc. 96(Nī ⊘Pāc. 96) : yā pana [194-195] bhikkhunī asaṅkacchikā gāmaṁ paviseyya, pācittiyan'ti. ▪감의입촌계(減衣入村戒) / 사분니바일제 160 : 若比丘尼 不著僧祇支 入村者. 波逸提

제10품 거짓말
(Musāvagga)

Pali-Nip. 152

152(4-10-1) 단순속죄죄법 제97조

거짓말에 대한 학습계율
[Musāvādasikkhāpada]

[세존] "의도적으로 거짓말을 하면,[371] 단순속죄죄[372]를 범하는 것이다."[373]

---

371) sampajānamusāvāde : 여기서는 모든 의도적인 거짓말이 속죄죄인 것처럼 서술되고 있다. 그러나 그것은 소망어(小妄語)에 해당하는 것이고, 대망어(大妄語)는 인간을 뛰어넘는 상태(上人法)를 성취했다고 의도적으로 거짓말하는 것으로 승단추방죄에 해당하고(Khu-Pār. 4) 누군가를 승단추방죄라고 의도적으로 거짓말하면 승단잔류죄에 해당하고(khu-Saṅgh. 8) 누군가를 승단잔류죄라고 의도적으로 거짓말하면 단순속죄죄에 해당하고(Khu-Pāc. 76) 누군가가 계행을 지키지 않는다고 의도적으로 거짓말하면, 악작죄에 해당한다.(Vin IV. 148)

372) pācittiya : ≪빠알리율≫에서는 "농담으로 말하거나, 성급하게 말하거나 즉, '농담으로 말하거나'라는 것은 사려가 없이 말하는 것이고, '성급하게 말하거나' 라는 것은 '나는 이것을 말하겠다.' 하고서 다른 것을 말하는 것인데 그러한 때나, 정신착란자이거나, 최초의 범행자인 경우'는 예외이고, ≪사분율≫에서는 '본 것, 들은 것, 인지한 것, 의식한 것을 그렇다고 말했거나, 보지 않은 것, 듣지 않은 것, 인지하지 않은 것, 의식하지 않은 것을 그렇다고 말했거나, 이 학습계율시설의 원인이 된 최초의 범행자이거나, 정신착란자이거나, 마음이 심란한 자이거나, 애통해 하는 자인 경우'를 예외로 한다.

373) • 소망어계⊙(小妄語戒) / Nī-Pāc. 97(Khu-Pāc. 1) : sampajānamusāvāde pācittiyan'ti. ■ 지이망어계(知而妄語戒) / 사분니바일제 1 : 若比丘尼 故妄語 波逸提

Pali-Nip. 153

153(4-10-2) 단순속죄죄법 제98조

욕설에 대한 학습계율

[Omasavādasikkhāpada]

[세존] "욕설을 하면, 단순속죄죄[374]를 범하는 것이다."[375]

---

374) pācittiya : 《빠알리율》에서는 '의미를 설명하기 위한 것이거나, 진리를 설명하기 위한 것이거나, 가르침을 설명하기 위한 것이거나, 정신착란자이거나, 최초의 범행자인 경우'는 예외이고, 《사분율》에서는 그 밖에 '이롭게 하려고 말했거나, 친밀한 자에게 말했거나, 장난으로 말했거나, 말하다가 실수로 말했거나, 이 학습계율시설의 원인이 된 최초의 범행자이거나, 정신착란자이거나, 마음이 심란한 자이거나, 애통해 하는 자인 경우'를 예외로 한다.

375) • 매계⊙(罵戒) / Nī-Pāc. 98(Khu-Pāc. 2) : omasavāde pācittiyan'ti. ▪ 종류훼자계(種類毁訾戒) / 사분니바일제 2 : 若比丘尼 毀呰語者 波逸提

Pali-Nip. 154

154(4-10-3) 단순속죄죄법 제99조

중상에 대한 학습계율

[Pesuññasikkhāpada]

[세존] "수행녀로서 중상하면, 단순속죄죄[376]를 범하는 것이다."[377]

---

376) pācittiya : ≪빠알리율≫에서는 '애호를 얻기 위한 것이 아니거나, 이간을 시키기 위한 것이 아니거나, 정신착란자이거나, 최초의 범행자인 경우'는 예외이고, ≪사분율≫에서는 '악한 도반이나 나쁜 무리나 대중의 화합을 깨뜨리는 자를 부수기 위한 것이거나, 원칙에 맞지 않고 계율에 맞지 않는 갈마를 깨뜨리기 위한 것이거나, 참모임이나 승원이나 친교사 등을 위해 의미 없고 이익 없는 일을 하려는 것을 깨뜨리기 위한 것이었거나, 이 학습계율시설의 원인이 된 최초의 범행자이거나, 정신착란자이거나, 마음이 심란한 자이거나, 애통해 하는 자인 경우'를 예외로 한다.

377) • 양설계⊙(兩舌戒) / Nī-Pāc. 99(Khu-Pāc. 3) : bhikkhunīpesuññe pācittiyan'ti ▪ 양설어언계(兩舌語言戒) / 사분니바일제 3 : 若比丘尼兩舌語者 波逸提

Pali-Nip. 155

155(4-10-4) 단순속죄죄법 제100조

가르침의 구절에 대한 학습계율

[Padasodhammasikkhāpada]

[세존] "어떠한 수행녀이든 구족계를 받지 않은 자에게 가르침을 한 구절 한 구절 송출시키면, 단순속죄죄[378]를 범하는 것이다."[379]

---

378) pācittiya : ≪빠알리율≫에서는 빠알리문은 '구족계를 받지 않은 자에게 가르침을 한 구절 한 구절 송출시키면'이라고 되어 있다. ≪빠알리율≫에서는 '함께 독송하게 하거나, 함께 공부하거나, 말하면서 일반적으로 잘 아는 구절을 빠뜨렸거나, 설명하면서 빠뜨리거나, 정신착란자이거나, 최초의 범행자인 경우'는 예외이고, ≪사분율≫에서는 '내가 송출했으니 그대가 송출하라.'고 했거나, 한 사람이 독송을 마치고 한 사람이 사경했거나, 두 사람이 함께 공부한 사이라서 같이 독송했거나, 장난으로 말했거나, 이 학습계율시설의 원인이 된 최초의 범행자이거나, 정신착란자이거나, 마음이 심란한 자이거나, 애통해 하는 자인 경우'를 예외로 한다.

379) • 여미수구인동송계⊙(與未受具人同誦戒) / Nī-Pāc.100(Khu-Pāc. 4) : yā pana bhikkhunī anupasampannaṁ padaso dhammaṁ vāceyya pācitatiyan'ti. ■ 백의동송계(白衣同誦戒) / 사분니바일제 6 : 若比丘尼 與未受大戒人 同誦者. 波逸提

Pali-Nip. 156

156(4-10-5) 단순속죄죄법 제101조

동숙에 대한 학습계율①

[Sahaseyyapaṭhamasikkhāpada]

[세존] "어떠한 수행녀이든 구족계를 받지 않은 자와 이틀이나 삼일이 지나도록 동숙한다면, 단순속죄죄[380]를 범하는 것이다."[381]

---

380) pācittiya : ≪빠알리율≫에서는 '이틀을 묵고 사흘째의 일출 이전에 떠나서 다시 묵는 경우나, 완전히 덮였으나 완전히 둘러싸이지 않았거나, 완전히 둘러싸였으나 완전히 덮이지 않았거나, 부분적으로 덮이지 않았거나, 부분적으로 둘러싸이지 않은 경우나, 구족계를 받지 않은 자가 앉아 있을 때 수행녀가 앉거나, 수행녀가 앉아 있을 때 구족계를 받지 않은 자가 앉거나, 양자가 동시에 앉아 있거나, 정신착란자이거나, 최초의 범행자인 경우'는 예외이고, ≪사분율≫에서는 '비구니가 구족계를 받지 않은 자가 먼저 도착할 줄 몰랐거나, 구족계를 받지 않은 자가 뒤에 도착했으나 몰랐거나, 방이 덮여있으나 사면에 벽이 없었거나, 방이 다 덮였고 반만 또는 조금 막혔거나, 방이 다 막혔고 덮여있지 않거나, 방이 다 막혔고 반만 또는 조금 덮였거나, 방이 반만 덮였고 반만 막혔거나, 방이 조금 덮였고 조금 막혔거나, 덮이지도 막히지도 않은 노지였거나, 방안에 도반이 있거나, 머리가 어지러워 쓰러졌든가, 병이 나서 누었든가, 힘센 자의 강요였거나, 결박당했거나, 목숨이 위태로웠거나, 청정행이 어려웠거나, 이 학습계율시설의 원인이 된 최초의 범행자이거나, 정신착란자이거나, 마음이 심란한 자이거나, 애통해 하는 자인 경우'를 예외로 한다.

381) • 공미수구인숙과한계⊙(共未受具人宿過限戒) / Nī-Pāc.101 (Khu-Pāc. 5) : yā pana bhikkhunī anupasampannena uttaridvirattatirattaṁ sahaseyyaṁ kappeyya pācittiyan'ti. ■소중과숙계(小衆過宿戒) / 사분니바일제 5 : 若比丘尼 與未受大戒女人 同室宿 若過三宿者. 波逸提

Pali-Nip. 157

157(4-10-6) 단순속죄죄법 제102조

동숙에 대한 학습계율②

[Sahaseyyadutiyasikkhāpada]

[세존] "어떠한 수행녀이든 남자와 동숙하면, 단순속죄죄382)를 범하는 것이다."383)

---

382) pācittiya : 《빠알리율》에서는 '완전히 덮였으나 완전히 둘러싸이지 않았거나, 완전히 둘러싸였으나 완전히 덮이지 않았거나, 부분적으로 덮이지 않았거나, 부분적으로 둘러싸이지 않은 경우나, 남자가 앉아 있을 때 수행녀가 앉거나, 수행녀가 앉아 있을 때 남자가 앉거나, 양자가 동시에 앉아 있거나, 정신착란자이거나, 최초의 범행자인 경우'는 예외이고, 《사분율》에서는 '비구니가 남자가 먼저 도착할 줄 몰랐거나, 남자가 뒤에 도착했으나 몰랐거나, 방이 덮여 있으나 사면에 벽이 없었거나, 방이 다 덮였고 반만 또는 조금 막혔거나, 방이 다 막혔고 덮여있지 않거나, 방이 다 막혔고 반만 또는 조금 덮였거나, 방이 반만 덮였고 반만 막혔거나, 방이 조금 덮였고 조금 막혔거나, 덮이지도 막히지도 않은 노지였거나, 방안에 거닐거나 앉아있었거나, 머리가 어지러워 쓰러졌든가, 병이 나서 누었든가, 힘센 자의 강요였거나, 결박당했거나, 목숨이 위태로웠거나, 청정행이 어려웠거나, 이 학습계율시설의 원인이 된 최초의 범행자이거나, 정신착란자이거나, 마음이 심란한 자이거나, 애통해 하는 자인 경우'를 예외로 한다.

383) • 공남자숙계⊙(共男子宿戒) / Nī-Pāc. 102(Khu-Pāc. 6) : yā pana bhikkhunī purisena sahaseyyaṁ kappeyya pācittiyan'ti. ■ 남실동숙계(男室同宿戒) / 사분니바일제 4 : 若比丘尼 與男子 同室宿者. 波逸提

Pali-Nip. 158

158(4-10-7) 단순속죄죄법 제103조

설법에 대한 학습계율

[Dhammadesanāsikkhāpada]

[세존] "어떠한 수행녀이든 남자에게 대여섯 구절 이상으로 가르침을 설하면, 양식있는 여인의 배석을 제외하고, 단순속죄죄[384]를 범하는 것이다."[385]

---

384) pācittiya : ≪빠알리율≫에서는 "일어났다가 다시 앉아서 가르치거나, 남자들이 일어났다가 다시 앉거나, 바로 그 순간에 가르치거나, 다른 남자를 가르치거나, 질문을 묻는다던가, 질문을 물으면 말하거나, 다른 사람을 위하여 설할 때 남자가 듣는다던가, 정신착란자이거나, 최초의 범행자인 경우'는 예외이고, ≪사분율≫에서는 '장난으로 말했거나, 이 학습계율시설의 원인이 된 최초의 범행자이거나, 정신착란자이거나, 마음이 심란한 자이거나, 애통해 하는 자인 경우'를 예외로 한다.

385) • 여남자설법과한계⊙(與男子說法過限戒) / Nī-Pāc. 103(Khu-Pāc. 7) : yā [196-197] pana bhikkhunī purisassa uttarichappañcavācāhi dhammaṁ deseyya aññatra viññunā purisaviggahena pācittiyan'ti. ■ 위남과설계(爲男過說戒) / 사분니바일제 9 : 若比丘尼 與男子說法過五六語 除有智女人 波逸提

Pali-Nip. 159

159(4-10-8) 단순속죄죄법 제104조

수행상태의 알림에 대한 학습계율

[Bhūtārocanasikkhāpada]

[세존] "어떠한 수행녀이든 구족계를 받지 않은 자에게 인간을 뛰어넘는 상태에 도달했다고 알리면, 그것이 사실일 경우, 단순속죄죄[386]를 범하는 것이다."[387]

---

386) *pācittiya : ≪빠알리율≫에서는 '구족계를 받은 자에게 사실을 말하거나, 정신착란자이거나, 최초의 범행자인 경우'는 예외이고, ≪사분율≫에서는 "지나친 자만이 있었다고 스스로 말했거나, '업보의 인연이고 수행으로 얻은 것이 아니다'라고 말했거나, 인간을 뛰어넘는 상태를 얻어 동의하는 비구니에게 말했거나, 남에게 설명했지만 '내가 얻었다'라고 말하지 않았거나, 장난으로 말했거나, 빨리 말해서 상대방이 알아듣지 못했거나, 혼자 있는 데서 말했거나, 꿈속에서 말했거나, 다른 것을 말하려다 착오로 말했거나, 이 학습계율 시설의 원인이 된 최초의 범행자이거나, 정신착란자이거나, 마음이 심란한 자이거나, 애통해 하는 자인 경우'를 예외로 한다.*

387) *• 실득도향미수구자설계⊙(實得道向未受具者說戒) / Nī-Pāc. 104(Khu-Pāc. 8) : yā pana bhikkhunī anupasampannassa uttarimanussadhammaṁ āroceyya bhūtasmiṁ pācittiyan'ti. ■ 향속언증계(向俗言證戒) / 사분니바일제 8 : 若比丘尼 向未受大戒人 說過人法 言我知是我見是 見知實者波逸提*

Pali-Nip. 160

160(4-10-9) 단순속죄죄법 제105조

추악죄를 알리는 것에 대한 학습계율
[Duṭṭhullārocanasikkhāpada]

[세존] "어떠한 수행녀이든 수행녀의 추악죄에 대하여 구족계를 받지 않은 자에게 알리면, 수행녀들의 동의를 제외하고, 단순속죄죄[388]를 범하는 것이다."[389]

---

388) pācittiya : ≪빠알리율≫에서는 '일을 알려주고 죄를 알려주지 않거나, 죄를 알려주고 일을 알려주지 않거나, 수행승의 동의가 있거나, 정신착란자이거나, 최초의 범행자인 경우'는 예외이고, ≪사분율≫에서는 '알지 못했거나, 대중이 차출했거나, 추악죄를 추악죄라고 생각하지 않았거나, 재가자가 먼저 추악죄에 대해 들었거나, 이 학습계율시설의 원인이 된 최초의 범행자이거나, 정신착란자이거나, 마음이 심란한 자이거나, 애통해 하는 자인 경우'를 예외로 한다.

389) • 향비수구인설추죄계⊙(向非受具人說麤罪戒) / Nī-Pāc.105 (Khu-Pāc. 9) : yā pana bhikkhunī bhikkhuniyā duṭṭhullaṁ āpattiṁ anupasampannassa āroceyya aññatra bhikkhunīsammutiyā pācittiyan'ti. ■ 향속설죄계(向俗說罪戒) / 사분니바일제 7 : 若比丘尼 知他比丘尼 有麤惡罪 向未受大戒人說 除僧羯磨 波逸提

Pali-Nip. 161

161(4-10-10) 단순속죄죄법 제106조

땅파기에 대한 학습계율

[Paṭhavīkhaṇanasikkhāpada]

[세존] "어떠한 수행녀이든 땅을 파거나 땅을 파게 시키면, 단순속죄죄390)를 범하는 것이다."391)

제10품 거짓말이 끝났다.

---

390) pācittiya : 《빠알리율》에서는 "'이것을 알아라, 이것을 주어라, 이것을 가져와라, 이것이 필요하다, 이것을 사용할 수 있게 하라.'고 말하는 경우이거나, 의도하지 않고, 새김을 잃고, 알지 못하거나, 정신착란자이거나, 최초의 범행자인 경우"는 예외이고, 《사분율》에서는 그 밖에 "땅위에 넘어진 울타리를 바로 잡거나, 땅위에 벽돌을 뒤집었거나, 소똥을 취해거나, 언덕이 무너져 흙을 취하든가, 쥐가 무너뜨린 흙을 취하든가, 경행길의 흙을 치웠든가, 집안의 흙을 치웠든가, 마당을 쓸었거나, 지팡이로 땅을 짚었거나, 고의로 파지 않았거나, 이 학습계율시설의 원인이 된 최초의 범행자이거나, 정신착란자이거나, 마음이 심란한 자이거나, 애통해 하는 자인 경우'를 예외로 한다.

391) • 굴지계⊙(掘地戒) / Nī-Pāc. 106(Khu-Pāc. 10) : yā pana bhikkhunī paṭhaviyaṁ khaṇeyya vā khaṇāpeyya vā pācittiyan'ti. ■ 자수굴지계(自手掘地戒) / 사분니바일제 10 : 若比丘尼 自手掘地 若教人掘者. 波逸提

제11품 초목
(Bhūtagāmavagga)

Pali-Nip. 162

162(4-11-1) **단순속죄죄법 제107조**

초목에 대한 학습계율

[Bhūtagāmasikkhāpada]

[세존] "초목을 파괴하면, 단순속죄죄392)를 범하는 것이다."393)

---

392) pācittiya : ≪빠알리율≫에서는 "'이것을 알아라, 이것을 주어라, 이것을 가져와라, 이것이 필요하다, 이것을 사용할 수 있게 하라.'고 말하거나, 의도하지 않고, 새김을 잃고, 알지 못하거나, 정신착란자이거나, 최초의 범행자인 경우"는 예외이고, ≪사분율≫에서는 그 밖에 '시들고 마른 초목을 자르거나, 초목위에 목재나 대나무를 끌거나, 초목위에 넘어진 울타리를 바로 잡거나, 초목위에 벽돌이나 돌이 있어 빼내거나, 풀이 길을 덮고 있어 막힌 곳을 뚫었거나, 이 학습계율시설의 원인이 된 최초의 범행자이거나, 정신착란자이거나, 마음이 심란한 자이거나, 애통해 하는 자인 경우'를 예외로 한다.

393) • 괴생종계⊙(壞生種戒) / Nī-Pāc. 107(Khu-Pāc. 11) : bhūtagāmapātavyatāya pācittiyan'ti. ■ 괴귀신촌계(壞鬼神村戒) / 사분니바일제 11 : 若比丘尼 壞鬼神村者. 波逸提

Pali-Nip. 163

163(4-11-2) 단순속죄죄법 제108조

핑계에 대한 학습계율

[Aññavādakasikkhāpada]

[세존] "핑계를 대거나 묵비에 의한 괴롭힘을 주면, 단순속죄죄394)를 범하는 것이다."395)

---

394) *pācittiya : 《빠알리율》에서는 '성격상 욕망에 의해서 성냄에 의해서 어리석음에 의해서 두려움에 의해서 행한 것을 원망하여 매도하거나, 정신착란자이거나, 최초의 범행자인 경우'는 예외이고, 《사분율》에서는 '실제로 그러할 일이 있어서 나중에 후회할까 걱정되었거나 장난으로 말했거나, 이 학습계율시설의 원인이 된 최초의 범행자이거나, 정신착란자이거나, 마음이 심란한 자이거나, 애통해 하는 자인 경우'를 예외로 한다.*

395) *• 이어뇌승계⊙(異語惱僧戒) / Nī-Pāc. 108(Khu-Pāc. 12) : aññavādake vihesake pācittiyan'ti : Smp. 770에 따르면, 두 개의 별개의 사건이라 두 개를 다 범하는 경우는 두 개의 단순속죄죄를 범하는 것이다. ■ 이어뇌타계(異語惱他戒) / 사분니바일제 12 : 若比丘尼 妄作異語 惱僧者. 波逸提*

Pali-Nip. 164

164(4-11-3) 단순속죄죄법 제109조

원망에 대한 학습계율

[Ujjhāpanasikkhāpada]

[세존] "원망하거나 매도하면, 단순속죄죄[396]를 범하는 것이다."[397]

---

396) pācittiya : 《빠알리율》에서는 "알지 못하면서 묻거나, 아프면서 이야기하지 않는다거나, '참모임의 다툼이나 싸움이나 논쟁이나 논쟁이 있을 것이다.'라고 생각하고 말하지 않거나, '참모임의 분열이나 참모임의 균열이 있을 것이다.'라고 생각하고 말하지 않거나, '원칙에 맞지 않거나 불완전한 모임으로 갈마에 적당하지 않은 자에 대해 갈마를 행할 것이다.'라고 말하지 않거나, 정신착란자이거나, 최초의 범행자인 경우"는 예외이고, 《사분율》에서는 '여러 번 듣고도 이해하지 못하거나, 원칙에 맞지 않는 갈마를 하려하거나, 이익이 없는 갈마를 하려하거나, 일좌식(一坐食) 중이거나 여식법(餘食法)을 하지 않고 공양 중이라던가 집이 무너졌거나 독사가 들어왔거나 도적이나 사나운 짐승이 들어왔거나 힘센 자의 강요를 당했을 때에 말을 듣지 않았을 경우나, 원칙에 맞지 않고 계율에 맞지 않는 갈마나 이익이 없는 갈마를 하려고 해서 말리는 경우나, 인간을 뛰어넘는 상태(上人法)를 물으면서 말하라고 했는데 말하지 않았거나, 장난으로 말했거나, 이 학습계율시설의 원인이 된 최초의 범행자이거나, 정신착란자이거나, 마음이 심란한 자이거나, 애통해 하는 자인 경우'를 예외로 한다. 참고로 일좌식은 한 자리에 앉아서 끝까지 먹는 것이고, 여식법은 남은 음식이 있거나 단월이 음식을 보내왔을 경우, 더 먹고자 할 경우 아직 다 먹지 않은 자에게 '이미 먹었으니 남은 음식을 먹겠습니다.'라고 알리면 상대방이 음식을 조금 취하고 '마음대로 드십시오'라고 하면 먹는 것을 말한다.

397) • 혐매승지사계⊙(嫌罵僧知事戒) / Nī-Pāc. 109(Khu-Pāc. 13) : ujjhāpanake khīyanake pācittiyan'ti ■ 혐매지사계(嫌罵知事戒) / 사분니바일제 13 : 若比丘尼 嫌罵僧知事者. 波逸提

Pali-Nip. 165

165(4-11-4) 단순속죄죄법 제110조

와좌구에 대한 학습계율①

[Senāsanapaṭhamasikkhāpada]

[세존] "어떠한 수행녀이든 참모임의 침상이나 의자나 매트나 돗자리를 노천에 펴거나 펼치도록 시키고 떠날 때에 거두지 않거나 거두도록 시키지 않고 무단으로 간다면, 단순속죄죄[398]를 범하는 것이다."[399]

---

398) pācittiya : ≪빠알리율≫에서는, '햇볕에 말리고 가거나, 어떤 것이든 장애가 있거나, 사고가 나거나, 정신착란자이거나, 최초의 범행자인 경우'는 예외이고, ≪사분율≫에서는 '힘센 자의 강요였거나, 목숨이 위태로웠거나, 청정행이 어려웠거나, 두 사람이 함께 앉았다가 하좌가 거두었거나, 한 군데 펴놓았다가 거두고 떠나거나, 대중용 방석을 깔았다가 거둔 뒤에 방에 들어가 선정(思惟)을 닦거나, 이 학습계율시설의 원인이 된 최초의 범행자이거나, 정신착란자이거나, 마음이 심란한 자이거나, 애통해 하는 자인 경우'를 예외로 한다.

399) ● 노부승물계⊙(露敷僧物戒) / Nī-Pāc. 110(Khu-Pāc. 14) : yā pana [198-199] bhikkhunī saṅghikaṁ mañcaṁ vā pīṭhaṁ vā bhisiṁ vā kocchaṁ vā ajjhokāse santharitvā vā santharāpetvā vā taṁ pakkamantī n'eva uddhareyya na uddharāpeyya anāpucchaṁ vā gaccheyya pācittiyan'ti. ■ 부구불거계(敷具不擧戒) / 사분니바일제 14 : 若比丘尼 取僧繩床 木床 臥具 坐褥 露地自敷 若教人敷 捨去 不自擧 不教人擧者. 波逸提

Pali-Nip. 166

166(4-11-5) 단순속죄죄법 제111조

와좌구에 대한 학습계율②

[Senāsanadutiyasikkhāpada]

[세존] "어떠한 수행녀이든 참모임에 속한 정사에서 잠자리를 펼치거나 펼치게 시키고 떠날 때에 거두거나 거두도록 시키지 않고 무단으로 가면, 단순속죄죄400)를 범하는 것이다."401)

---

400) pācittiya : ≪빠알리율≫에서는 '어떤 것이든 장애가 있거나, 곧 돌아오겠다고 기대를 가지고 가다가 머물러 기별을 전하던가, 어떤 것이든 방해자가 있다던가, 사고가 나거나, 정신착란자이거나, 최초의 범행자인 경우'는 예외이고, ≪사분율≫에서는 '방사가 무너졌다든가, 불이 났거나, 독사가 들어왔다든가, 도적이나 사나운 짐승이 들어왔다든가, 힘센 자의 강요에 의한 것이든가, 곧 돌아오겠다고 생각하고 삼일째 되는 날에 기별을 전했거나 물길이 끊어지는 등으로 기별을 전하지 못했거나, 이 학습계율시설의 원인이 된 최초의 범행자이거나, 정신착란자이거나, 마음이 심란한 자이거나, 애통해 하는 자인 경우'를 예외로 한다.

401) • 복처부승물계⊙(覆處敷僧物戒) / Nī-Pāc. 111(Khu-Pāc. 15) : yā pana bhikkhunī saṅghike vihāre seyyaṁ santharitvā vā santharāpetvā vā taṁ pakkamantī n'eva uddhareyya na uddharāpeyya anāpucchaṁ vā gaccheyya, pācittiyan'ti. ■ 객부불거계(客敷不擧戒) / 사분니바일제 15 : 若比丘尼 於僧房舍內 敷僧臥具坐褥 若自敷 若敎人敷 若坐若臥 從彼捨去 不自擧 不敎人擧者 波逸提

Pali-Nip. 167

167(4-11-6) **단순속죄죄법 제112조**

밀치고 들어가는 것에 대한 학습계율
[Anupakhajjasikkhāpada]

[세존] "어떠한 수행녀이든 먼저 도착한 수행녀를 밀치고 들어가 '비좁게 꽉 끼는 자는 떠날 것이다.'라고 생각하고 잠자리를 차지하면, 그 동기뿐이고 다른 것이 아닌 한, 단순속죄죄[402]를 범하는 것이다."[403]

---

402) *pācittiya* : 《빠알리율》에서는 '환자가 들어가거나, 한기나 열기에 괴롭힘을 당하여 들어가거나, 사고가 일어나거나, 정신착란자이거나, 최초의 범행자인 경우'는 예외이고, 《사분율》에서는 '먼저 알지 못했거나, 말하자 머물던 사람이 공간을 마련해주었거나, 공간이 충분히 넓었거나, 바닥에 넘어졌거나, 환자였든가, 힘센 자의 강요였거나, 이 학습계율시설의 원인이 된 최초의 범행자이거나, 정신착란자이거나, 마음이 심란한 자이거나, 애통해 하는 자인 경우'를 예외로 한다.

403) • 강부계⊙(强敷戒) / *Nī-Pāc.* 112(*Khu-Pāc.* 16) : *yā pana bhikkhunī saṅghike vihāre jānaṁ pubbupagataṁ bhikkhuniṁ anupakhajja seyyaṁ kappeyya yassa sambādho bhavissati sā pakkamissatī'ti etad eva paccayaṁ karitvā anaññaṁ pācittiyan'ti.* ■ 시존촉뇌계(恃尊觸惱戒) / 사분니바일제 16 : 若比丘尼 先知比丘尼 住處 後來於其中間. 强敷臥具止宿. 念言. 彼若嫌迮者. 自當避我去. 作如是因緣 非餘 非威儀者. 波逸提

Pali-Nip. 168

168(4-11-7) 단순속죄죄법 제113조

끌어내는 것에 대한 학습계율

[Nikkaḍḍhanasikkhāpada]

[세존] "어떠한 수행녀이든 화를 내고 불쾌해 하며 수행녀를 참모임에 속한 정사에서 끌어내거나 끌어내게 시키면, 단순속죄죄[404]를 범하는 것이다."[405]

---

404) pācittiya : 《빠알리율》에서는 '범계자 · 정신착란된 자 · 다툼을 일으킨 자 · 싸움을 일으킨 자 · 쟁론을 일으킨 자 · 분열을 일으킨 자 · 원칙에 맞지 않고 행동하는 학인이나 제자를 끌어내거나 끌어내게 시키거나 그의 필수자구를 끌어내거나 끌어내게 시키거나, 정신착란자이거나, 최초의 범행자인 경우'는 예외이다. 《사분율》에서는 '성내는 마음 없이 차서에 따랐거나, 구족계를 받지 않은 자와 묵었는데 3일째 되는 밤에 내보냈거나, 계행 · 견해 · 위의를 깨뜨렸거나 권리정지되었거나 멸빈당한 인연으로 내보냈거나, 목숨이 위태로웠거나, 청정행이 어려웠거나, 이 학습계율시설의 원인이 된 최초의 범행자이거나, 정신착란자이거나, 마음이 심란한 자이거나, 애통해 하는 자인 경우'를 예외로 한다.

405) • 견타출방계⊙(牽他出房戒) / Nī-Pāc. 113(Khu-Pāc. 17) : yā pana bhikkhunī bhikkhuniṁ kupitā anattamanā saṅghikā vihārā nikkaḍḍheyya vā nikkaḍḍhāpeyya vā pācittiyan'ti. ■ 의강견출계(倚强牽出戒) / 사분니바일제 17 : 若比丘尼 瞋他比丘尼 不喜. 衆僧房舍內 若自牽出. 若教人牽出者. 波逸提

Pali-Nip. 169

169(4-11-8) **단순속죄죄법 제114조**

공중방사에 대한 학습계율

[Vehāsakuṭisikkhāpada]

[세존] "어떠한 수행녀이든 참모임에 속한 정사의 공중방사에서 탈각침상이나 의자에 갑자기 앉거나 누우면, 단순속죄죄[406]를 범하는 것이다."[407]

---

406) pācittiya : ≪빠알리율≫에서는 '공중이 아닌 방사에 있거나, 머리가 닿는 곳에 있거나, 아래쪽에 사용하지 않는 것이 있거나, 침상의 판이 여러 겹이거나, 고정핀이 주어졌거나, 그 위에 서서 붙잡거나, 정신착란자이거나, 최초의 범행자인 경우'는 예외이고, ≪사분율≫에서는 '노끈평상이거나 굽은 다리의 평상이거나, 다리 없는 평상이거나, 평상을 받치는 주추가 크거나, 다리가 빠진 평상에 쐐기를 박았거나, 평상을 뒤엎어 앉거나 평상 다리를 빼고 앉거나, 이 학습계율시설의 원인이 된 최초의 범행자이거나, 정신착란자이거나, 마음이 심란한 자이거나, 애통해 하는 자인 경우'를 예외로 한다.

407) • 좌탈각상계⊙(坐脫脚牀木戒) / Nī-Pāc. 114(Khu-Pāc. 18) : yā pana bhikkhunī saṅghike vihāre uparivehāsakuṭiyā āhaccapādakaṁ mañcaṁ vā pīṭhaṁ vā abhinisīdeyya vā abhinipajjeyya vā pācittiyan'ti. ■ 종사좌상계(縱肆坐床戒) / 사분니바일제 18 : 若比丘尼 在房重閣上 脫脚繩床木床 若坐若臥者. 波逸提

Pali-Nip. 170

170(4-11-9) 단순속죄죄법 제115조

큰 정사에 대한 학습계율

[Mahallakavihārasikkhāpada]

[세존] "수행녀가 큰 정사를 지을 때에, 횡목(橫木)을 설치하고 또한 창호를 장치하기 위한 호창소(戶窓所)를 남겨두고, 나머지는 두세 겹으로 덮어씌워 축조하는 것을, 작물이 없는 곳에 입각해서 결정할 수 있지만, 그것을 어기면, 작물이 없는 곳에 입각해서 결정하더라도, 단순속죄죄[408]를 범하는 것이다."[409]

---

408) *pācittiya : 《빠알리율》에서는 '두세 겹 이하 둘러싸거나, 동굴이나 석굴이나 초가집의 경우나, 타인을 위한 것이거나, 자신의 재산으로 만들었거나, 자기의 주옥(主屋)을 제외하거나, 정신착란자이거나, 최초의 범행자인 경우'는 예외이고, 《사분율》에서는 '세 겹을 다 잇기 전에 보이지 않고 들리지 않는 곳으로 갔거나, 수로나 육로가 끊기는 등이거나 힘센 자의 강요로 보이지 않고 들리지 않는 곳으로 갔거나, 이 학습계율시설의 원인이 된 최초의 범행자이거나, 정신착란자이거나, 마음이 심란한 자이거나, 애통해 하는 자인 경우'를 예외로 한다.*

409) *• 복옥과삼절계⊙(覆屋過三節戒) / Nī-Pāc. 115(Khu-Pāc. 19) : mahallakaṁ [200-201] pana bhikkhuniyā vihāraṁ kārayamānena yāva dvārakosā aggalaṭṭhapanāya ālokasandhiparikammāya dvitticchadanassa pariyāyaṁ appaharite ṭhitāya adhiṭṭhātabbaṁ, tato ce uttari appaharite pi ṭhitā adhiṭṭhaheyya, pācittiyan'ti. ■ 대방과복계(大房過覆戒) / 사분니바일제 20 : 若比丘尼 作大房舍. 戶扉牕牖 及諸莊飾具. 指授覆苫 齊二三節. 若過者 波逸提*

Pali-Nip. 171

171(4-11-10) 단순속죄죄법 제116조

생물이 들어있는 물의 뿌리기에 대한 학습계율
[Sappāṇakasiñcanasikkhāpada]

[세존] "어떠한 수행녀이든 생물이 들어있는 물을 알고도, 풀이나 흙에 뿌리거나 뿌리게 한다면, 단순속죄죄[410]를 범하는 것이다."[411]

제11품 초목이 끝났다.

---

410) pācittiya : ≪빠알리율≫에서는 '의도가 없었거나, 새김을 잃었거나, 알지 못했거나, 정신착란자이거나, 최초의 범행자인 경우'는 예외이고, ≪사분율≫에서는 '벌레가 없다고 생각했거나, 손으로 휘저어 나가게 했거나, 물을 걸러서 뿌렸거나, 이 학습계율시설의 원인이 된 최초의 범행자이거나, 정신착란자이거나, 마음이 심란한 자이거나, 애통해 하는 자인 경우'를 예외로 한다.

411) • 용충수계⊙(用蟲水戒) / Nī-Pāc. 116(Khu-Pāc. 20) : yā pana bhikkhunī jānaṁ sappāṇakaṁ udakaṁ tiṇaṁ vā mattikaṁ vā siñceyya vā siñcāpeyya vā, pācittiyan'ti. ■ 충수요니계(蟲水澆泥戒) / 사분니바일제 19 : 若比丘尼 知水有蟲 自用澆泥澆草 若教人澆者. 波逸提

제12품 식사
(Bhojanavagga)

Pali-Nip. 172

172(4-12-1) 단순속죄죄법 제117조

휴게소의 음식에 대한 학습계율
[Āvasathapiṇḍasikkhāpada]

[세존] "수행녀는 환자가 아닌 한, 휴게소의 음식을 한 끼만 먹어야 하며, 그 이상 먹는다면, 단순속죄죄412)를 범하는 것이다."413)

---

412) pācittiya : ≪빠알리율≫에서는 '환자이거나, 환자가 아닌 자로서 한 끼만 먹었거나, 가거나 오면서 먹었거나, 시주가 초청해서 대접했거나, 특정인에게 마련된 것이거나, 원하는 만큼 준비되지 않았거나, 다섯 가지 정식을 제외하고 다른 모든 것을 먹거나, 정신착란자이거나, 최초의 범행자인 경우'는 예외이고, ≪사분율≫에서는 '환자이거나, 시주가 초청했거나, 단월이나 친척이 차례로 음식을 청했거나, 물길이 끊어지는 등의 사고가 있거나, 힘센 자에게 붙들렸거나, 결박당했거나, 목숨이 위태로웠거나, 청정행이 어려웠거나, 이 학습계율시설의 원인이 된 최초의 범행자이거나, 정신착란자이거나, 마음이 심란한 자이거나, 애통해 하는 자인 경우'를 예외로 한다. 참고로 다섯 가지 정식이라는 것은 부드러운 음식 즉, 밥, 쌀죽, 미숫가루, 물고기, 육고기를 뜻한다.

413) • 시일식처과수계⊙(施一食處過受戒) / Nī-Pāc. 117(Khu-Pāc. 31) : agilānena bhikkhuniyā eko āvasathapiṇḍo bhuñjitabbo, tato ce uttariṁ bhuñjeyya pācittiyan'ti. ■ 무병과식계(無病過食戒) / 사분니바일제 21 : 若比丘尼 施一食處 無病比丘尼 應受. 若過者 波逸提

Pali-Nip. 173

173(4-12-2) 단순속죄죄법 제118조

무리지어 식사하는 것에 대한 학습계율
[Gaṇabhojanasikkhāpada]

[세존] "무리지어 식사하는 것은, 특별한 상황을 제외하고, 단순속죄죄414)를 범하는 것이다. 여기서 특별한 상황이란, 병들었을 때이거나 옷이 보시될 때이거나 옷을 만들 때이거나 여로를 갈 때이거나 배를 타고 갈 때이거나 다수의 모임이 있을 때이거나 수행자들을 위한 시식이 있을 때에, 그러한 상황을 뜻한다."415)

---

414) *pācittiya : ≪빠알리율≫에서는 '두 명이나 세 명이 함께 식사하거나, 탁발하러 가서 함께 모여서 식사하거나, 상시식이나, 행주식이나, 십오일식이나, 포살식이나, 월초일식이나, 다섯 가지 정식 이외의 다른 것을 먹거나, 정신착란자이거나, 최초의 범행자인 경우'는 예외이고, ≪사분율≫에서는 그 밖에 '네 사람이 돌아가며 번갈아 먹었거나 이러한 인연이 있어서 말하고 갔거나, 이 학습계율시설의 원인이 된 최초의 범행자이거나, 정신착란자이거나, 마음이 심란한 자이거나, 애통해 하는 자인 경우'를 예외로 한다. 참고로 행주식(行籌食)은 산가지표로 받는 음식인데, 탁발음식이 모자랄 경우에 산가지표을 발행했다.*

415) *• 별중식계⊙(別衆食戒) / Nī-Pāc. 118(Khu-Pāc. 32) : gaṇabhojane aññatra samayā pācittiyaṁ, tatthāyaṁ samayo: gilānasamayo, cīvaradānasamayo cīvarakārasamayo, addhānagamanasamayo. nāvabhirūhanasayo, mahāsamayo samaṇabhattasamayo, ayaṁ tattha samayo'ti. ■ 별중수식계(別衆受食戒) / 사분니바일제 22 : 若比丘尼 別衆食. 除餘時 波逸提. 餘時者. 病時 施衣時 作衣時. 道行時. 船行時. 沙門施食時. 此是時.*

Pali-Nip. 174

174(4-12-3) 단순속죄죄법 제119조

까나416)의 어머니와 관계된 학습계율

[Kāṇamātusikkhāpada]

[세존] "수행녀가 가정을 찾을 경우 과자나 만타를 가져와서 청하면, 수행녀는 원한다면, 두세 발우를 채워서 받을 수 있지만, 그보다 많이 받으면 단순속죄죄417)를 범하는 것이다. 그리고 두세 발우를 채워서 받으면, 거기서부터 가지고 나와서 수행녀들과 함께 나누어야 한다. 이것이 그 경우의 올바른 조치이다."418)

---

416) *Kāṇā : Smp. 819에 따르면, 까나는 너무도 아름다워서 사람들은 탐욕으로 눈이 멀었다. 그녀가 다른 사람의 눈을 탐욕으로 멀게 했기 때문에 까나(Kāṇā)라고 불린 것이다.*

417) *pācittiya : ≪빠알리율≫에서는 '두세 발우를 채우거나 이하를 받거나, 보시를 위한 것이나 여행양식으로 준비된 것이 아닌 것을 주거나, 보시를 위한 것이나 여행양식으로 준비되어 남은 것을 주거나, 여행이 취소되었기 때문에 주거나, 친척에게 속한 것이거나, 초대를 받았거나, 타인을 위한 것이거나, 자신의 재산에 의한 것이거나, 정신착란자이거나, 최초의 범행자인 경우'는 예외이고, ≪사분율≫에서는 '환자이거나, 돌아와서 다른 비구니와 나누어먹었거나, 승원에 보내온 것을 받았거나, 이 학습계율시설의 원인이 된 최초의 범행자이거나, 정신착란자이거나, 마음이 심란한 자이거나, 애통해 하는 자인 경우'를 예외로 한다.*

418) *• 취귀부매객식계⊙(取歸婦買客食戒) / Nī-Pāc. 119(Khu-Pāc. 34) : bhikkhuniṁ [202-203] pan'evakulaṁ upagataṁ pūvehi vā man-*

thehi vā abhihaṭṭhuṁ pavāreyya, ākaṁkhamānāya bhikkhuniyā dvattipattapurā paṭiggahetabbā. tato ce uttariṁ paṭigaṇheyya pācittiyaṁ, dvattipattapūre paṭiggahetvā tato nīharitvā bhikkhunīhi saddhiṁ saṁvibhajitabbaṁ, ayaṁ tattha sāmīcī'ti. ■ *삼발과수계(三鉢過受戒) / 사분니바일제 23 : 若比丘尼 至檀越家 慇懃請與餅麨飯 比丘尼須者. 應兩三鉢受. 持至寺內. 應分與餘比丘尼食. 若比丘尼 無病 過兩三鉢受者. 波逸提*

Pali-Nip. 175

175(4-12-4) 단순속죄죄법 제120조

때 아닌 때의 시간의 식사에 대한 학습계율

[Vikālabhojanasikkhāpada]

[세존] "어떠한 수행녀이든 때 아닌 때의 시간에 단단한 음식이나 부드러운 음식을 씹거나 먹는다면, 단순속죄죄[419]를 범하는 것이다."[420]

---

419) pācittiya : 《빠알리율》에서는 '시분약, 칠일약, 진형수약을 원인이 있을 때 먹거나, 정신착란자이거나, 최초의 범행자인 경우'는 예외이다. 《사분율》에서는 그 밖에 '환자인 비구니가 정오가 지나 보리를 끓여서 즙을 걸러 먹었거나, 트림하다가 목을 올라온 것을 삼켰거나, 이 학습계율시설의 원인이 된 최초의 범행자이거나, 정신착란자이거나, 마음이 심란한 자이거나, 애통해 하는 자인 경우'를 예외로 한다. 참고로 약에는 일정시간 안에 먹어야 하는 약인 시약(時藥 : yāvakālika)과 때 아닌 때의 시간(정오에서 일출 무렵)에 먹을 수 있는 약인 시분약(時分藥 : yāmakālika)과 7일까지 먹을 수 있는 칠일약(七日藥 : sattāhakālika)과 평생 동안에 먹을 수 있는 약인 진형수약(盡形壽藥 : yāvajīvika)이 있다.

420) • 비시식계⊙(非時食戒) / Nī-Pāc. 120(Khu-Pāc. 37) : yā pana bhikkhunī vikāle khādanīyaṁ vā bhojanīyaṁ vā khādeyya vā bhuñjeyya vā, pācittiyan'ti. ■ 비시담식계(非時噉食戒) / 사분니바일제 24 : 若比丘尼 非時食者. 波逸提

Pali-Nip. 176

176(4-12-5) 단순속죄죄법 제121조

저장한 것에 대한 학습계율

[Sannidhikārakasikkhāpada]

[세존] "어떠한 수행녀이든 저장해 두었다가 단단한 음식이나 부드러운 음식을 씹거나 먹는다면, 단순속죄죄[421]를 범하는 것이다."[422]

---

421) pācittiya : ≪빠알리율≫에서는 '시약을 제 때의 시간에 저장하여 먹거나, 시분약을 때 아닌 때의 시간에 저장하여 먹거나, 칠일약을 7일간 저장하여 먹거나, 진형수약을 조건에 따라 먹거나, 정신착란자이거나, 최초의 범행자인 경우'는 예외이다. ≪사분율≫에서는 '음식이 남아 하룻밤 묵혀 부모에게 주거나, 품삯을 준 것을 다시 받았거나, 발우에 구멍이 있어 씻어도 나오지 않거나, 생버터나 기름으로 코를 씻다가 침을 따라나오면 뱉어야 하는데 그래도 남아있거나, 이 학습계율시설의 원인이 된 최초의 범행자이거나, 정신착란자이거나, 마음이 심란한 자이거나, 애통해 하는 자인 경우'를 예외로 한다.

422) • 식잔숙계⊙(食殘宿戒) / Nī-Pāc. 121(Khu-Pāc. 38) : yā pana bhikkhunī sannidhikārakaṁ khādanīyaṁ vā bhojanīyaṁ vā khādeyya vā bhuñjeyya vā, pācittiyan'ti. ■ 식잔숙식계(食殘宿食戒) / 사분니바일제 25 : 若比丘尼 食殘宿食者. 波逸提

Pali-Nip. 177

177(4-12-6) **단순속죄죄법 제122조**

치목(齒木)에 대한 학습계율

[Dantaponasikkhāpada]

[세존] "어떠한 수행녀이든 주어지지 않은 음식을 입으로 가져오면, 음용수와 치목(齒木)을 제외하고, 단순속죄죄[423]를 범하는 것이다."[424]

---

423) pācittiya : ≪빠알리율≫에서는 '네 가지 대정화제(大淨化劑 : 똥, 오줌, 재, 점토)를 조건이 있거나 조건 없이 허용할 수 있는 사람이 없을 때 사용하거나, 정신착란자이거나, 최초의 범행자인 경우'는 예외이다. ≪사분율≫에서는 '생버터나 기름으로 코를 씻었는데 입으로 나오거나, 새가 물고 가다가 발우에 떨어뜨린 것이나 바람이 불어 발우에 떨어진 것은 손톱만큼이라도 제거해야 하지만 제거하고도 남아 있거나, 이 학습계율시설의 원인이 된 최초의 범행자이거나, 정신착란자이거나, 마음이 심란한 자이거나, 애통해 하는 자인 경우'를 예외로 한다.

424) ● 불수식계⊙(不受食戒) / Nī-Pāc. 122(Khu-Pāc. 40) : yā pana bhikkhunī adinnaṁ mukhadvāraṁ āhāraṁ āhāreyya aññatra udakadantaponā, pācittiyan'ti. ■ 불수식식계(不受食食戒) / 사분니바일제 26 : 若比丘尼 不受食. 若藥 著口中. 除水及楊枝 波逸提

Pali-Nip. 178

178(4-12-7) 단순속죄죄법 제123조

떼어버림에 대한 학습계율
[Uyyojanasikkhāpada]

[세존] "어떠한 수행녀이든 수행녀에게 이와 같이 '존귀한 자매여, 오시오. 마을이나 도시425)로 탁발하러 들어갑시다.'라고 말하고, 그녀가 탁발음식을 얻었거나 혹은 얻지 못했거나 상관없이 '존귀한 자매여, 가시오. 그대와 함께 말하거나 앉는 것이 불편합니다. 나 혼자서 말하거나 앉는 것이 편합니다.'라고 그녀를 떼어버린다면, 그 동기뿐이고 다른 것이 아닌 한, 단순속죄죄426)를 범하는 것이다."427)

---

425) nigama : 중요한 마을이나 작은 도시를 말한다.

426) pācittiya : ≪빠알리율≫에서는 "우리는 두 사람이 한 곳으로 가지 말자'라고 떼어버리거나, '값비싼 물건을 보고 탐심이 일으킬 것이다'라고 떼어버리거나, '여인을 보고 불만을 일으킬 것이다'라고 떼어버리거나, '환자나 남은 자나 정인에게 죽이나 밥이나 단단한 음식이나 부드러운 음식을 가져와라'라고 떼어버리거나, 비행을 행하길 원하지 않고 볼 일이 있어 떼어버리거나, 정신착란자이거나, 최초의 범행자인 경우는 예외이고, ≪사분율≫에서는 '음식을 주어서 보냈거나, 계율·견해·위의를 깨뜨렸거나, 권리정지당했거나, 멸빈당했거나, 목숨이 위태로웠거나, 청정행이 어려웠거나 등으로 떼어버렸거나, 이 학습계율시설의 원인이 된 최초의 범행자이거나, 정신착란자이거나, 마음이 심란한 자이거나, 애통해 하는 자인 경우'를 예외로 한다.

427) • 치타출취계⊙(馳他出聚戒) / Nī-Pāc. 123(Khu-Pāc. 42) : yā pana bhikkhunī bhikkhuniṁ eh'āyye gāmaṁ vā nigamaṁ vā piṇḍāya pavisissāmā'ti tassa dāpetvā vā adāpetvā vā uyyojeyya gacchāyye na me tayā saddhiṁ kathā vā nisajjā vā phāsu hoti, ekikāya me kathā vā nisajjā vā phāsu hotī'ti. etad eva paccayaṁ karitvā anaññaṁ, pācittiyan'ti. ■ 허식견환계(許食遣還戒) / 사분니바일제 31 : 若比丘尼 語諸比丘尼 如是言. 大姊 共至聚落 當與汝食. 彼比丘尼 竟不敎與是比丘尼食. 語言. 汝去. 我與汝 共坐共語 不樂 我獨坐獨語樂 以是因緣 非餘 方便遣者. 波逸提

Pali-Nip. 179

179(4-12-8) 단순속죄죄법 제124조

식사 중인 가정에 대한 학습계율

[Sabhojanasikkhāpada]

[세존] "어떠한 수행녀이든 식사 중인 가정에428) 들어가서 자리를 차지하면, 단순속죄죄429)를 범하는 것이다."430)

---

428) sabhojane kule : '식사 중인 가정'이라는 것은 부인뿐만 아니라 남편이 있고, 부부가 밖으로 나오지 않고 양자가 성적인 탐욕을 떠나지 않은 가정을 뜻한다.

429) pācittiya : 《빠알리율》에서는 "'큰 집 안에 앉는다면 문기둥과 상인방에서 손이 닿는 거리 이하 떨어져 앉지 않거나, 작은 집에 앉는다면 중앙기둥을 지나 앉지 않거나, 다른 수행승이 있거나, 양자가 집을 나갔거나, 양자가 탐욕을 떠났거나, 침실에 있지 않거나, 정신착란자이거나, 최초의 범행자인 경우'는 예외이고, 《사분율》에서는 '손을 펴서 문에 닿을 수 있는 곳에 앉거나, 두 비구니가 함께 갔거나, 알고 지내는 자나 손님이 같은 장소에 있거나, 지나갔거나, 질병으로 그곳에 쓰러졌거나, 힘센 자의 강요였거나, 이 학습계율시설의 원인이 된 최초의 범행자이거나, 정신착란자이거나, 마음이 심란한 자이거나, 애통해 하는 자인 경우'를 예외로 한다.

430) • 식가강좌계⊙(食家强坐戒) / Nī-Pāc. 124(Khu-Pāc. 43) : yā pana [204-205] bhikkhunī sabhojane kule anupakhajja nisajjaṁ kappeyya pācittiyan'ti. ■ 식가강좌계(食家强坐戒) / 사분니바일제 28 : 若比丘尼 食家中有寶. 强安坐者. 波逸提

Pali-Nip. 180

180(4-12-9) 단순속죄죄법 제125조
은밀히 가려진 자리에 대한 학습계율
[Rahopaṭicchannasikkhāpada]

[세존] "어떠한 수행녀이든 남자와 함께 은밀히 가려진 자리에 앉으면, 단순속죄죄431)를 범하는 것이다."432)

---

431) pācittiya : 《빠알리율》에서는 '어떠한 자이든지 아는 사람이 있거나, 서 있고 앉아 있지 않거나, 은밀히 앉기를 원하지 않았거나, 다른 것을 생각하면서 앉거나, 정신착란자이거나, 최초의 범행자인 경우'는 예외이고 《사분율》에서는 '손을 펴서 문에 닿을 수 있는 곳에 앉거나, 두 비구니가 함께 갔거나, 알고 지내는 자나 손님이 같은 장소에 있거나, 지나갔거나, 질병으로 그곳에 쓰러졌거나, 힘센 자의 강요였거나, 이 학습계율시설의 원인이 된 최초의 범행자이거나, 정신착란자이거나, 마음이 심란한 자이거나, 애통해 하는 자인 경우'를 예외로 한다.

432) • 병여남좌계⊙(屛與男坐戒) / Nī-Pāc. 125(Khu-Pāc. 44) : yā pana bhikkhunī purisena saddhiṁ raho paṭicchanne āsane nisajjaṁ kappeyya pācittiyan'ti. ■ 식가병좌계(食家屛坐戒) / 사분니바일제 29 : 若比丘尼 食家中 有寶. 在屛處坐者. 波逸提

Pali-Nip. 181

181(4-12-10) 단순속죄죄법 제126조

은밀한 동석에 대한 학습계율

[Rahonisajjasikkhāpada]

[세존] "어떠한 수행녀이든 남자와 함께, 단 둘이서 은밀히 앉으면, 단순속죄죄433)를 범하는 것이다."434)

제12품 식사가 끝났다.

433) ≪빠알리율≫에는 '어떠한 자이든지 아는 사람이 있거나, 서 있고 앉아 있지 않거나, 은밀히 앉기를 원하지 않았거나, 다른 것을 생각하면서 앉거나, 정신착란자이거나, 최초의 범행자인 경우'는 예외이고, ≪사분율≫에서는 '두 비구니가 함께 갔으면, 알고 지내던 사람이 손님이 같은 장소에 있어 보고 들었거나, 앞으로 지나가고 머물지 않았거나, 질병이 들어 바닥에 쓰러졌거나, 힘센 자에게 잡혔거나 갇혔거나, 목숨이 위태로웠거나, 청정행이 어려웠거나, 이 학습계율시설의 원인이 된 최초의 범행자이거나, 정신착란자이거나, 마음이 심란한 자이거나, 애통해 하는 자인 경우'를 예외로 한다.

434) • 독여남자좌계⊙(獨與男子坐戒) / Nī-Pāc. 126(Khu-Pāc. 45) : yā pana bhikkhunī purisena saddhiṁ ekena ekā raho nisajjaṁ kappeyya pācittiyan'ti. ■ 여남로좌계(與男露坐戒) / 사분니바일제 30 : 若比丘尼 獨與男子 露地坐者. 波逸提

제13품 방문
(Cārittavagga)

Pali-Nip. 182

182(4-13-1) 단순속죄죄법 제127조

방문에 대한 학습계율
[Cārittasikkhāpada]

[세존] "어떠한 수행녀이든 식사에 초대받고, 수행녀가 있을 경우 허락을 구하지 않고, 식전이나 식후에[435] 가정들을 방문하러 다니면, 특별한 상황을 제외하고, 단순속죄죄[436]를 범하는 것이다. 여기서 특

---

435) purebhattaṁ vā pacchābhattaṁ : 식전은 날이 밝을 때부터 식사할 때까지이고 식후는 식시로부터 정오까지를 말한다.

436) pācittiya : ≪빠알리율≫에서는 '특별한 상황이거나, 수행녀가 없을 때 허락을 구하지 않고 들어가거나, 타인의 집을 통해서 길이 있거나, 집 근처에 길이 있거나, 마을 안으로 들어가거나, 수행승의 처소로 가거나, 이교도의 잠자는 곳으로 가거나, 참회당으로 가거나, 식당으로 가거나, 사고가 나거나, 정신착란자이거나, 최초의 범행자인 경우'는 예외이고, ≪사분율≫에서는 "병든 때나, 옷을 만드는 때나, 옷을 보시할 때나, 다른 비구니에게 부탁했거나, 비구니가 없어서 부탁하지 않고 창고나 마을이나 갓방에 갔거나, 비구의 승원에 갔거나, 부탁한 속인의 집에 갔거나, 여러 집에서 좌구를 펴고 비구니를 청했거나, 힘센 자의 강요였거나, 목숨이 위태로웠거나, 청정행이 어려웠거나, 이 학습계율시설의 원인이 된 최초의 범행자이거나, 정신착란자이거나, 마음이 심란한 자이거나, 애통해 하는 자인 경우'를 예외로 한다.

별한 상황이란, 옷이 보시되는 때이거나 옷을 만들 때이거나 환우가 있을 때에, 그러한 상황을 뜻한다."437)

---

437) • *불촉동리입취계⊙(不囑同利入聚戒)* / *Nī-Pāc. 127 (Khu-Pāc. 46) : yā pana bhikkhunī nimantitā sabhattā samānā santiṁ bhikkhuniṁ anāpucchā purebhattaṁ vā pacchābhattaṁ vā kulesu cārittaṁ āpajjeyya aññatra samayā pācittiyaṁ, tatthāyaṁ samayo; cīvaradānasamayo cīvarakārasamayo [gilānasamayo] ayaṁ tattha samayo'ti : ≪빠알리율≫에서는 '환우가 있을 때'라는 것이 누락되어 있다. Vin. IV. 100의 맥락으로 보아 논리적으로 명백히 환우가 있을 때에 약을 구하기 위해 예외적으로 가정을 방문할 수 있는 것이 전제되므로 '환우가 있을 때'가 삽입되어야 한다.* ▪ *수청불촉계(受請不囑戒) / 사분니바일제 27 : 若比丘尼 先受請已 若前食後食 行詣餘家 不囑餘比丘尼 除餘時 波逸提 餘時者. 病時 作衣時 施衣時. 此是時*

Pali-Nip. 183

183(4-13-2) 단순속죄죄법 제128조

마하나마[438]와 관계된 학습계율

[Mahānāmasikkhāpada]

[세존] "수행녀가 환자가 아닌 한, 사 개월 동안 필수의약을 제공하는 초대를 받아들일 수 있는데, 그 이상을 받아들이면,[439] 추가의 초대를 제외하고,

---

438) *Mahānāma : 부처님의 제자인 재가의 남자 신자 가운데 '뛰어난 것을 보시를 하는 님 가운데 제일(paṇītadāyakānaṁ aggaṁ)'이다. 그는 싸끼야 족의 왕자(王者)로 고따마 붓다의 사촌이었다. 그는 아누룻다의 형이었다. 그는 동생 아누룻다의 출가를 허락했고, 재가의 경건한 신도로서 승단에 많은 의복과 탁발음식과 와좌구와 필수의약을 베풀었다. 그는 교리에도 밝아 ≪쌍윳따니까야≫ 등에는 부처님과 그와 대화 뿐만 아니라 아난다, 고다(Godha), 로마싸방기싸(Lomasavaṅgīsa)와의 대화도 기록으로 남아 있다. 그러나 그에게 불행한 일이 있었다. 그는 나가문다(Nāgamuṇḍā)라는 하녀와의 사이에 바싸바캇띠야(Vāsābhakhattiyā)라는 딸을 두었는데, 꼬쌀라 국왕 빠쎄나디가 부처님의 종족인 싸끼야 족의 처녀와 결혼하고 싶어 하자, 싸끼야 족은 회의를 하게 되었다. 그때 마하나마는 자신의 딸 바싸바캇띠야를 천거하자 가결되어 그녀는 출생과정은 비밀에 붙여진 채, 빠쎄나디 왕의 왕비가 되었고 훗날 그 둘 사이에 비두다바(Vidūdabha)라는 왕자가 태어났다. 비두다바는 청년이 되어 까삘라밧투 시에 왔다가 이 사실을 우연히 알게 되어 격분하였고, 훗날 그가 왕위에 오르자 그것을 빌미로 싸끼야 족을 몰살시켰다.*

439) *tato ce uttariṁ sādiyeyya : Vin. IV. 103에 따르면, 초대에는 일수에 한계지어지지 않고 약품에 한계지어진 것이 있다. 초대에는 약품에 한계지어지지 않고 일수에 한계지어진 것이 있다. 초대에는*

상시의 초대를 제외하고, 단순속죄죄[440])를 범하는 것이다."[441])

약품에 한계지어진 것과 일수에 한계지어진 것이 있다. 초대에는 약품에도 한계지어지지 않고 일수에 한계지어지지 않은 것이 있다.

440) pācittiya : *《빠알리율》에서는 '그 약품으로 초대받은 그 약품을 청하거나, 그 일수로 초대받은 그 일수에 청하거나, '이러한 약품에 의한 그대의 초대를 받았지만, 우리는 이러이러한 약품을 원한다.' 라고 설명하고 청하거나, '이러한 일수에 의한 그대의 초대를 받았지만, 우리는 그 일수가 지나쳤지만 이러이러한 약품을 원한다.' 라고 설명하고 청하거나, 친척에 속하거나, 초대를 받았거나, 타인을 위한 것이거나, 자신의 재물에 의한 것이거나, 정신착란자이거나, 최초의 범행자인 경우'는 예외이고, 《사분율》에서는 '환자가 기한을 지나서 청을 받았거나, 항상 약을 주겠다는 상청이나 다시 주겠다는 갱청이나 승원에 와서 나누어주는 분청이나 목숨이 다하도록 공양하겠다는 진형수청이었거나, 이 학습계율시설의 원인이 된 최초의 범행자이거나, 정신착란자이거나, 마음이 심란한 자이거나, 애통해 하는 자인 경우'를 예외로 한다.*

441) • *과수사월약청계⊙(過受四月藥請戒)* / Nī-Pāc. 128 (Khu-Pāc. 47) : agilānena [206-207] bhikkhuniyā cātumāsappaccayapavāraṇā sāditabbā aññatra puna pavāraṇāya aññatra niccapavāraṇāya, tato ce uttari sādiyeyya, pācittiyan'ti. ■ *사월약과계(四月藥過戒) / 사분니바일제 32 : 若比丘尼 請四月與藥 無病比丘尼應受. 若過受 除常請 更請 分請 盡形請者. 波逸提*

Pali-Nip. 184

184(4-13-3) 단순속죄죄법 제129조

출정군에 대한 학습계율

[Uyyuttasenāsikkhāpada]

[세존] "어떠한 수행녀이든 출정군을 보러 가면, 그럴 만한 충분한 이유를 제외하고, 단순속죄죄442)를 범하는 것이다."443)

---

442) pācittiya : ≪빠알리율≫에서는 '승원에서 서서 보거나, 수행승이 서 있는 곳이나 앉아 있는 곳이나 누워 있는 곳에 군대가 오거나, 길을 가면서 보거나, 그럴만한 충분한 이유가 있거나, 사고가 나거나, 정신착란자이거나, 최초의 범행자인 경우'는 예외이고, ≪사분율≫에서는 '일이 있다든가, 청해서 갔거나, 힘센 자의 강요로 갔거나, 먼저 길을 가는데 군진이 뒤에 와서 아랫길로 피했든가 피하려 했거나, 수로와 육로가 끊겼거나, 도적과 사나운 짐승의 환난이 있었거나, 힘센 자에게 잡혀갔거나, 목숨이 위태로웠거나, 청정행이 어려웠거나, 이 학습계율시설의 원인이 된 최초의 범행자이거나, 정신착란자이거나, 마음이 심란한 자이거나, 애통해 하는 자인 경우'를 예외로 한다.

443) • 관군계⊙(觀軍戒) / Nī-Pāc. 129(Khu-Pāc. 48) : yā pana bhikkhunī uyyuttaṁ senaṁ dassanāya gacceyya aññatra tathārūpappaccayā, pācittiyan'ti. ■ 왕관군진계(往觀軍陣戒) / 사분니바일제 33 : 若比丘尼 往觀軍陣 除時因緣 波逸提

Pali-Nip. 185

185(4-13-4) 단순속죄죄법 제130조

군대체류에 대한 학습계율

[Senāvāsasikkhāpada]

[세존] "그런데 그 수행녀에게 군대를 방문하기 위한 이유가 있다면, 이틀이나 사흘 동안 군대에서 체류랄 수 있지만, 그 이상 체류하면, 단순속죄죄444)를 범하는 것이다."445)

---

444) pācittiya : ≪빠알리율≫에서는 '이틀이나 사흘 체류한다거나, 이틀이나 사흘 이하로 체류한다거나, 이틀 머물고 삼일째 밤의 일출 전에 갔다가 다시 와서 체류한다거나, 병들어 체류한다거나, 환자에 대한 일로 체류한다거나, 군대가 적군에 포위되어 있다거나, 어떤 한 것이든 장애가 있다거나, 사고가 나거나, 정신착란자이거나, 최초의 범행자인 경우'는 예외이고, ≪사분율≫에서는 '두 밤을 지나 삼일째 밤의 일출 전에 보이고 들리는 곳을 떠났거나, 수로와 육로가 끊겼거나, 도적과 사나운 짐승의 환난이 있었거나, 힘센 자에게 잡혀갔거나, 목숨이 위태로웠거나, 청정행이 어려웠거나, 이 학습계율시설의 원인이 된 최초의 범행자이거나, 정신착란자이거나, 마음이 심란한 자이거나, 애통해 하는 자인 경우'를 예외로 한다.

445) • 유연군중과한계⊙(有緣軍中過限戒) / Nī-Pāc. 130(Khu-Pāc. 49) : siyā ca tassā bhikkhuniyā kocid eva paccayo setaṁ gamanāya, dvirattatirattaṁ tāya bhikkhuniyā senāya vasitabbaṁ tato ce uttari vaseyya, pācittiyan'ti. ■ 군중과숙계(軍中過宿戒) / 사분니바일제 34 : 若比丘尼 有因緣至軍中. 若過二夜 至三夜者 波逸提

Pali-Nip. 186

186(4-13-5) **단순속죄죄법 제131조**

군사훈련(合戰)에 대한 학습계율
[Uyyodhikasikkhāpada]

[세존] "만약 수행녀가 이틀이나 사흘 군대에 체류하는 사이에 훈련이나 점호나 행진이나 열병을 보러 가면, 단순속죄죄[446]를 범하는 것이다."[447]

---

446) *pācittiya : ≪빠알리율≫에서는 '승원에 서서 보거나, 수행승의 서 있는 곳, 앉아 있는 곳, 누워 있는 곳으로 와서 전투가 보이거나, 길을 가다가 보이거나, 볼일이 있어 가다가 보이거나, 사고가 있거나, 정신착란자이거나, 최초의 범행자인 경우'는 예외이고, ≪사분율≫에서는 '인연이 있었거나, 알리고자 하는 것이 있었거나, 청을 받아서 갔거나, 앞서 길을 가는데 군대가 뒤에 와서 피했거나, 수로와 육로가 끊겼거나, 도적과 사나운 짐승의 환난이 있었거나, 힘센 자에게 잡혀갔거나, 목숨이 위태로웠거나, 청정행이 어려웠거나, 이 학습계율시설의 원인이 된 최초의 범행자이거나, 정신착란자이거나, 마음이 심란한 자이거나, 애통해 하는 자인 경우'를 예외로 한다.*

447) *• 관군합전계⊙(觀軍合戰戒) / Nī-Pāc. 131(Khu-Pāc. 50) : dvirattatirattaṁ ce bhikkhunī senāya vasamānā uyyodhikaṁ vā balaggaṁ vā senābyuhaṁ vā anīkadassanaṁ vā gaccheyya, pācittiyan'ti. ■ 숙군관진계(宿軍觀陣戒) / 사분니바일제 35 : 若比丘尼 軍陣住 若二宿三宿 或觀軍陣鬪戰 若觀遊軍象馬勢力者 波逸提*

Pali-Nip. 187

187(4-13-6) 단순속죄죄법 제132조
음주에 대한 학습계율
[Surāpānasikkhāpada]

[세존] "곡주나 과즙주 등의 취기있는 것을 마시면, 단순속죄죄448)를 범하는 것이다."449)

---

448) pācittiya : 《빠알리율》에는 '술이 아닌 것으로 술색이 있거나 술향이 있거나 술맛이 있는 것을 마시거나, 카레에 섞은 것이나, 육고기에 섞은 것이나, 기름에 섞은 것이나, 아말라까과즙이나, 알코올이 없는 주정함유음료를 마시거나, 정신착란자이거나, 최초의 범행자인 경우'는 예외이고, 《사분율》에는 '이러한 병이 있어 다른 약으로 고치지 못하여 술에 약을 타든지 술을 종기에 바르거나, 이 학습계율시설의 원인이 된 최초의 범행자이거나, 정신착란자이거나, 마음이 심란한 자이거나, 애통해 하는 자인 경우'를 예외로 한다.

449) ● 음주계⊙(飮酒戒) / Nī-Pāc. 132(Khu-Pāc. 51) : surāmerayapāne pācittiyan'ti ■ 위제음주계(違制飮酒戒) / 사분니바일제 36 : 若比丘尼 飮酒者. 波逸提

Pali-Nip. 188

188(4-13-7) 단순속죄죄법 제133조

손가락으로 간질이기에 대한 학습계율

[Aṅgulipatodakasikkhāpada]

[세존] "손가락으로 간질이면, 단순속죄죄[450]를 범하는 것이다."[451]

---

450) pācittiya : ≪빠알리율≫에서는 '웃길 의도가 없고 볼 일이 있어서 접촉하거나, 정신착란자이거나, 최초의 범행자인 경우'는 예외이고, ≪사분율≫에서는 '고의가 아니거나, 조는 자를 흔들어 깨웠거나, 출입하면서 오가거나 마당을 쓸다가 건드렸거나, 막대기의 끝으로 건드렸거나, 이 학습계율시설의 원인이 된 최초의 범행자이거나, 정신착란자이거나, 마음이 심란한 자이거나, 애통해 하는 자인 경우'를 예외로 한다.

451) • 격력계⊙(擊攊戒) / Nī-Pāc. 133(Khu-Pāc. 52) : aṅgulipatodake [208-209] pācittiyan'ti. ■ 이지상격계(以指相擊戒) / 사분니바일제 38 : 若比丘尼 擊攊他者. 波逸提

Pali-Nip. 189

189(4-13-8) **단순속죄죄법 제134조**

놀이에 대한 학습계율

[Hassadhammasikkhāpada]

[세존] "물놀이를 하면,452) 단순속죄죄453)를 범하는 것이다."454)

---

452) *udake hassadhamme : 여기서 물놀이란 '물속에서 한바탕 웃는 것'이라는 뜻이다. Smp. 861에 따르면, 물놀이(udakakīḷikā)이다.*

453) *pācittiya : ≪빠알리율≫에서는 '유희를 하고자 하지 않고 볼일이 있어서 물속에 들어가서 가라앉거나, 뜨거나, 유영하거나, 다른 곳으로 가면서 물속에 들어가서 가라앉거나 뜨거나 유영하거나, 사고가 있거나, 정신착란자이거나, 최초의 범행자인 경우'는 예외이고, ≪사분율≫에서는 '길을 가다가 물을 건너게 되어 이 언덕에서 저 언덕으로 갔거나, 물속의 재목이나 뗏목이나 대나무를 끌게 되어 물을 따라 거슬러 갔거나, 모래를 채취하거나 먹을 것을 구하거나 잃어버린 물건을 찾아 들어갔다가 나왔거나, 헤엄치는 법을 배웠거나, 이 학습계율시설의 원인이 된 최초의 범행자이거나, 정신착란자이거나, 마음이 심란한 자이거나, 애통해 하는 자인 경우'를 예외로 한다.*

454) *• 수중희계⊙(水中戲戒) / Nī-Pāc. 134(Khu-Pāc. 53) : udake hassadhamme pācittiyan'ti. ■ 수중희희계(水中嬉戲戒) / 사분니바일제 37 : 若比丘尼 水中戲者. 波逸提*

Pali-Nip. 190

190(4-13-9) 단순속죄죄법 제135조

경멸의 태도에 대한 학습계율
[Anādariyasikkhāpada]

[세존] "경멸의 태도를 취하면, 단순속죄죄[455]를 범하는 것이다."[456]

455) pācittiya : 《빠알리율》에서는 '이와 같이 우리의 궤범사로부터 배운 것이 의문이라고 말하거나 정신착란자이거나, 최초의 범행자인 경우는 예외이고, 《사분율》에서는 "지혜가 없는 자가 충고해서 상대가 '그대의 궤범사나 친교사에 물어 가르침을 청해서 학습, 송출, 충고하는 법을 알고 난 후에 충고하면 받아들이겠다.'라고 말하거나, 장난으로 그러했거나, 이 학습계율시설의 원인이 된 최초의 범행자이거나, 정신착란자이거나, 마음이 심란한 자이거나, 애통해 하는 자인 경우"를 예외로 한다.

456) • 불수간계⊙(不受諫戒) / Nī-Pāc. 135(Khu-Pāc. 54) : anādariye pācittiyan'ti. ■ 불수간어계(不受諫語戒) / 사분니바일제 39 : 若比丘尼 不受諫者. 波逸提

Pali-Nip. 191

191(4-13-10) 단순속죄죄법 제136조

무섭게 놀려주기에 대한 학습계율
[Bhiṁsāpanakasikkhāpada]

[세존] "어떠한 수행녀이든 수행녀를 무섭게 놀려주면, 단순속죄죄457)를 범하는 것이다."458)

제13품 방문이 끝났다.

---

457) pācittiya : 《빠알리율》에서는 '무섭게 놀려줄 의도가 없이 형상이나 소리나 냄새나 맛이나 감촉을 사용하거나 도적의 험로나 뱀의 험로나 악귀의 험로를 보여주거나, 정신착란자이거나, 최초의 범행자인 경우'는 예외이고, 《사분율》에서는 '어두운 장소에 있거나 경행할 때에 상대방이 착각하고 놀랐거나, 실제로 그와 같은 일이 있었거나, 장난으로 했거나, 빨리 혼자서 말했거나, 꿈속에서 말했거나, 이것을 말하려다 착오로 저것을 말했거나, 이 학습계율시설의 원인이 된 최초의 범행자이거나, 정신착란자이거나, 마음이 심란한 자이거나, 애통해 하는 자인 경우'를 예외로 한다.

458) • 포비구니계⊙(怖比丘尼戒) / Nī-Pāc. 136(Khu-Pāc. 55) : yā pana bhikkhunī bhikkhuniṁ bhiṁsāpeyya pācittiyan'ti. ■ 공포타니계(恐怖他尼戒) / 사분니바일제 40 : 若比丘尼 恐怖他比丘尼者. 波逸提

제14품 불
(Jotivagga)

Pali-Nip. 192

192(4-14-1) 단순속죄죄법 제137조

불에 대한 학습계율
[Jotisikkhāpada]

[세존] "어떠한 수행녀이든 환자가 아닌 한, 몸을 데우기 위해서 불을 지피거나 지피우게 하면, 그럴 만한 충분한 이유를 제외하고, 단순속죄죄[459]를 범하는 것이다."[460]

---

459) pācittiya : 《빠알리율》에서는 '환자이거나, 타인에 의해 만들어진 것에 몸을 데우거나, 타다 남은 숯에 몸을 데우거나, 등불이나 화당이나 욕실에서 몸을 데우거나, 그럴만한 충분한 이유가 있거나, 사고가 나거나, 정신착란자이거나, 최초의 범행자인 경우'는 예외이고, 《사분율》에서는 "앞의 사람에게 '이것을 살펴라. 맡으라'라고 하거나, 환자가 스스로나 타인을 시켜 지피거나, 환자를 위해 국이나 밥을 짓거나, 부엌이 있다든가, 화당이 있다든가, 욕실이 있다든가, 발우에 연기를 쐬거나, 옷을 삶거나 물들이거나, 등을 켜거나 향을 피웠거나, 이 학습계율시설의 원인이 된 최초의 범행자이거나, 정신착란자이거나, 마음이 심란한 자이거나, 애통해 하는 자인 경우"를 예외로 한다.

460) ● 노지연화계⊙(露地然火戒) / Nī-Pāc. 137(Khu-Pāc. 56) : yā pana bhikkhunī agilāno visibbanāpekhā jotiṁ samādaheyya vā samādahāpeyya vā aññatra tathārūpapaccayā, pācittiyan'ti. ■ 노지연화계(露地然火戒) / 사분니바일제 42 : 若比丘尼 無病 爲炙身故 露地然火 若自然 若敎人然 除時因緣 波逸提

Pali-Nip. 193

193(4-14-2) 단순속죄죄법 제138조

목욕에 대한 학습계율

[Nahānasikkhāpada]

[세존] "어떠한 수행녀이든 반월보다 적은 간격으로 목욕을 하면, 특별한 상황을 제외하고, 단순속죄죄461)를 범하는 것이다. 여기서 특별한 상황이란, 여름의 마지막 1개월 반과 우기의 첫 1개월을 뜻하는, 2개월 반의 더운 때이거나 무더운 때이거나 병들었을 때이거나 일을 하는 때이거나 여행하는 때이거나 바람이 불고 비가 올 때에, 그러한 상황을 뜻한다."462)

---

461) pācittiya : ≪빠알리율≫에서는 '다른 곳으로 건너가면서 목욕을 하던가, 모든 변경지대에 있거나, 사고가 나거나, 정신착란자이거나, 최초의 범행자인 경우'는 예외이고, ≪사분율≫에서는 '더울 때나 아플 때나 일할 때나 바람이 불 때나 비가 올 때나 길을 갈 때나 힘센 자의 강요였거나, 이 학습계율시설의 원인이 된 최초의 범행자이거나, 정신착란자이거나, 마음이 심란한 자이거나, 애통해 하는 자인 경우'를 예외로 한다.

462) • 반월욕과계⊙(半月浴過戒) / Nī-Pāc. 138(Khu-Pāc. 57) : yā pana bhikkhunī oren'addhamāsaṁ nhāyeyya aññatra samayā pācittiyaṁ. tatthāyaṁ samayo diyaḍḍho māso seso gimhānan ti vassānassa paṭhamo māso icc ete aḍḍhateyyamāsā uṇhasamayo pariḷāhasamayo, gilānasamayo, kammasamayo, addhānagamanasamayo vātavuṭṭhisamayo ayaṁ tattha samayo'ti. ■ 무병과욕계(無病過浴戒) / 사분니바일제 41 : 若比丘尼 半月洗浴 無病比丘尼應受. 若過者. 除餘時 波逸提 餘時者. 熱時 病時 作時. 風時 雨時. 遠行來時. 此是時

Pali-Nip. 194

194(4-14-3) 단순속죄죄법 제139조

괴색(壞色)에 대한 학습계율

[Dubbaṇṇakaraṇasikkhāpada]

[세존] “새 옷을 얻으면 수행녀는 세 가지 괴색463) 즉, 청색이나 진흙색이나 흑갈색 가운데 한 괴색을 취해야 하는데, 만약에 수행녀가 세 가지 괴색 가운데 한 괴색을 취하지 않고 새 옷을 착용하면, 단순속죄죄464)를 범하는 것이다.”465)

---

463) dubbaṇṇa : 괴색(壞色)은 Smp. 863에 따르면, 새 옷이 허용될 수 있도록 찍는 작은 얼룩점(kappabindu을 말한다.

464) pācittiya : 《빠알리율》에서는 '허용괴색이 망실되었거나, 허용괴색이 낡아버렸거나, 허용되지 않은 것이 허용괴색과 함께 꿰매졌거나, 보철을 했거나, 중봉을 했거나, 배봉을 했거나, 정신착란자이거나, 최초의 범행자인 경우'는 예외이고, 《사분율》에서는 그밖에 '흰옷을 얻어 청, 흑, 목란색으로 염색했거나, 중의(重衣)나 경의(輕衣)를 깨끗이 하여 쌓아두었거나, 옷이 아닌 발우주머니 등을 깨끗이 하여 쌓아두었거나, 물들인 옷을 재가자의 집에 맡겼거나, 옷이 탈색되어 다시 물들였거나, 이 학습계율시설의 원인이 된 최초의 범행자이거나, 정신착란자이거나, 마음이 심란한 자이거나, 애통해 하는 자인 경우'를 예외로 한다.

465) • 착신의계⊙(著新衣戒) / Nī-Pāc. 139(Khu-Pāc. 58) : navaṁ pana [210-211] bhikkhuniyā cīvaralābhāya tiṇṇaṁ dubbaṇṇakaraṇānaṁ aññataraṁ dubbaṇṇakaraṇaṁ ādātabbaṁ nīlaṁ vā kaddamaṁ vā kāḷasāmaṁ vā, anādā ce bhikkhunī tiṇṇaṁ dubbaṇṇakaraṇānaṁ aññataraṁ dubbaṇṇakaraṇaṁ navaṁ cīvaraṁ paribhuñjeyya,

---

pācittiyan'ti. ■ 득의불염계(*得衣不染戒*) / *사분니바일제 45 : 若比丘尼 得新衣 當作三種染壞色 青黑木蘭 若比丘尼 得新衣 不作三種染壞色 青黑木蘭 新衣持者 波逸提*

Pali-Nip. 195

195(4-14-4) 단순속죄죄법 제140조

양도에 대한 학습계율

[Vikappanasikkhāpada]

[세존] "어떠한 수행녀이든 수행승이나 수행녀나 정학녀나 사미나 사미니에게 스스로 옷을 양도[466]한 뒤에 취소하지 않고 그것을 착용하면, 단순속죄죄[467]를 범하는 것이다."[468]

---

466) vikappana : *양도라는 것은 두 가지 양도가 있다. 현전에 입각한 양도와 부재에 입각한 양도이다. '현전에 입각한 양도'라는 것은 '내가 이 옷을 그대나 이러이러한 사람에게 양도한다.'는 뜻이다. '부재에 입각한 양도'라는 것은 '내가 이 옷을 양도하기 위해 그대에게 준다.'*

467) pācittiya : *《빠알리율》에서는 '그가 주거나, 그에 대하여 신뢰하여 사용하거나, 정신착란자이거나, 최초의 범행자인 경우'는 예외이고, 《사분율》에서는, '부재에 입각한 양도이었거나, 이 학습계율시설의 원인이 된 최초의 범행자이거나, 정신착란자이거나, 마음이 심란한 자이거나, 애통해 하는 자인 경우'를 예외로 한다.*

468) • *진실쟁불어취계⊙(眞實諍不語取戒)* / *Nī-Pāc. 140(Khu-Pāc. 59) : yā pana bhikkhunī bhikkhussa vā bhikkhuniyā vā sikkhamānāya vā sāmaṇerassa vā sāmaṇeriyā vā sāmaṁ cīvaraṁ vikappetvā apaccuddhāraṇaṁ paribhuñjeyya, pācittiyan'ti : 단순속죄죄법 제81조(Khu-Pāc. 81)를 참조하라.* ■ *시의첩착계(施衣輒着戒) / 사분니바일제 44 : 若比丘尼 淨施比丘 比丘尼 式叉摩那 沙彌 沙彌尼衣 不問主 輒著者 波逸提*

Pali-Nip. 196

196(4-14-5) 단순속죄죄법 제141조

감추기에 대한 학습계율

[Apanidhānasikkhāpada]

[세존] "어떠한 수행녀이든 수행녀의 발우나 옷이나 좌와구용 깔개나 바늘통이나 허리띠를 감추거나 감추게 시키면, 웃기 위한 놀이일지라도, 단순속죄죄[469]를 범하는 것이다."[470]

---

469) *pācittiya : ≪빠알리율≫에서는 '웃기위한 놀이가 아니거나, 잘못 된 것을 바로 잡거나, 이유를 말하고 돌려주겠다고 생각하고 바로 잡거나, 정신착란자이거나, 최초의 범행자인 경우'는 예외이고, ≪사분율≫에서는 '실제로 그 사람의 물건인 줄 알면서 신뢰하여 가져갔거나, 노지에서 비에 젖거나 바람에 날리는 것을 가져갔거나, 흩뜨러진 물건에 대해 가르침을 주려고 가져갔거나, 잃어버릴까 걱정이 되어 가져갔거나, 물건 때문에 목숨이 위태로워 질 수 있거나, 청정행이 어려웠거나, 이 학습계율시설의 원인이 된 최초의 범행자이거나, 정신착란자이거나, 마음이 심란한 자이거나, 애통해 하는 자인 경우'를 예외로 한다.*

470) *• 장타의발계⊙(藏他衣鉢戒) / Nī-Pāc. 141(Khu-Pāc. 60) : yā pana bhikkhunī bhikkhuniyā pattaṁ vā cīvaraṁ vā nisīdanaṁ vā sūcigharaṁ vā kāyabandhanaṁ vā apanidheyya vā apanidhāpeyya vā anatamaso hassāpekhā pi pācittiyan'ti. ■ 장니의물계(藏尼衣物戒) / 사분니바일제 43 : 若比丘尼 藏他比丘尼 衣鉢 坐具 針筒. 若自藏 若敎人藏 下至戲笑者 波逸提*

Pali-Nip. 197

197(4-14-6) 단순속죄죄법 제142조

의도적 살생에 대한 학습계율

[Sañciccavadhasikkhāpada]

[세존] "어떠한 수행녀이든 의도적으로 생물로부터 목숨을 빼앗는다면, 단순속죄죄471)를 범하는 것이다."472)

---

471) *pācittiya : ≪빠알리율≫에서는 '의도하지 않았거나, 새김을 잃었거나, 알지 못했거나, 살의가 없었거나, 정신착란자이거나, 최초의 범행자인 경우'는 예외이고, ≪사분율≫에서는 '무엇인가 던졌는데 잘못 맞아 죽거나, 방사를 짓다가 도구를 잘못 떨어뜨려 죽거나, 해칠 마음이 없이 도우려다가 죽는 사고사이거나, 이 학습계율시설의 원인이 된 최초의 범행자이거나, 정신착란자이거나, 마음이 심란한 자이거나, 애통해 하는 자인 경우'를 예외로 한다.*

472) *• 탈축생명계⊙(奪畜生命戒) / Nī-Pāc. 142(Khu-Pāc. 61) : yā pana bhikkhunī sañcicca pāṇaṁ jīvitā voropeyya pācittiyan'ti ■ 고단축명계(故斷畜命戒) / 사분니바일제 46 : 若比丘尼 故斷畜生命者. 波逸提*

Pali-Nip. 198

198(4-14-7) 단순속죄죄법 제143조

생물이 들어있는 물의 음용에 대한 학습계율
[Sappāṇakaparibhuñjanasikkhāpada]

[세존] “어떠한 수행녀이든 알면서도 생물이 들어있는 물을 음용하면, 단순속죄죄473)를 범하는 것이다.”474)

---

473) ≪빠알리율≫에는 '생물이 들어있어도 알지 못했거나, 생물이 들어있지 않다고 알거나, 음용해도 죽지 않을 것이라고 알고 음용하거나, 정신착란된 자이거나, 최초의 범행자인 경우'는 예외이고, ≪사분율≫에서는 '벌레가 없다고 생각했거나, 큰 벌레가 있을 때에 물을 건드려 가게 했거나, 물을 걸러 마셨거나, 이 학습계율시설의 원인이 된 최초의 범행자이거나, 정신착란자이거나, 마음이 심란한 자이거나, 애통해 하는 자인 경우'를 예외로 한다.

474) • 음충수계⊙(飮蟲水戒) / Nī-Pāc. 143(Khu-Pāc. 62) : yā pana bhikkhunī jānaṁ sappāṇakaṁ udakaṁ paribhuñjeyya pācittiyan'ti. ▪ 음용충수계(飮用蟲水戒) / 사분니바일제 47 : 若比丘尼 知水有蟲飮用者 波逸提

Pali-Nip. 199

199(4-14-8) 단순속죄죄법 제144조

번복에 대한 학습계율

[Ukkoṭanasikkhāpada]

[세존] "'어떠한 수행승이든 원칙에 맞게 쟁사[475]가 결정된 것을 알면서도 다시 갈마에 회부해야 한다고 번복하면, 단순속죄죄[476]를 범하는 것이다."[477]

---

475) adhikaraṇa : 사쟁사(四諍事)가 있다. 그 네 가지는 ① 논쟁에 관한 쟁사(vivādādhikaraṇa) 즉, 논쟁사(論爭事), ② 비난에 관한 쟁사(anuvādādhikaraṇa) 즉, 비난사(非難事), ③ 죄악에 관한 쟁사(āpattādhikaraṇa) 즉, 죄쟁사(罪諍事), ④ 의무에 관한 쟁사(kiccādhikaraṇa) 즉, 행쟁사(行諍事)가 있다. 상세한 것은 Vin. II. 87; Vin. III. 163; MN. II. 247-250; AN. I. 99를 참조하라.

476) pācittiya : ≪빠알리율≫에서는 '비법에 의한 것이나, 불완전한 모임에 의한 것이거나, 갈마를 적당하지 않은 자가 행했다고 알고 번복하거나, 정신착란자이거나, 최초의 범행자인 경우'는 예외이고, ≪사분율≫에서는 '적절한 갈마가 성립하지 않았다고 생각하거나, 사실이 그러하다든가 장난으로 말했거나, 이 학습계율시설의 원인이 된 최초의 범행자이거나, 정신착란자이거나, 마음이 심란한 자이거나, 애통해 하는 자인 경우'를 예외로 한다.

477) • 발쟁계⊙(發諍戒) / Nī-Pāc. 144(Khu-Pāc. 63) : yā pana bhikkhunī jānaṁ yathādhammaṁ nihatādhikaraṇaṁ punakammāya ukkoṭeyya, pācittiyan'ti. ■ 쟁멸발기계(諍滅發起戒) / 사분니바일제 50 : 若比丘尼 知四諍事 如法滅已 後更發擧者 波逸提

Pali-Nip. 200

200(4-14-9) 단순속죄죄법 제145조

도적인 캐러밴에 대한 학습계율

[Theyyasatthasikkhāpada]

[세존] "어떠한 수행녀이든 알면서도 도적인 캐러밴과 함께 미리 약속하여 동일한 여행길을 가면, 한 마을과 마을의 사이의 거리일지라도 단순속죄죄[478]를 범하는 것이다."[479]

---

478) pācittiya : 《빠알리율》에서는 '미리 약속을 하지 않고 가거나, 사람들이 미리 약속하고 수행승이 미리 약속하지 않거나, 미리 약속한 것과 다르게 가거나, 사고가 나거나, 정신착란자이거나, 최초의 범행자인 경우'는 예외이고, 《사분율》에서는 '미리 알지도 못하고 약속도 하지 않았거나, 그들을 따라가면 편안한 곳에 가게 되거나, 힘센 자의 강요였거나, 목숨이 위태로웠거나, 청정행이 어려웠거나, 이 학습계율시설의 원인이 된 최초의 범행자이거나, 정신착란자이거나, 마음이 심란한 자이거나, 애통해 하는 자인 경우'를 예외로 한다.

479) • 여적기행계⊙(與賊期行戒) / Nī-Pāc. 145(Khu-Pāc. 66) : yā pana bhikkhunī [212-213] jānaṁ theyyasatthena saddhiṁ saṁvidhāya ekaddhānamaggaṁ paṭipajjeyya antamaso gāmantarampi, pācittiyan'ti : 단순속죄죄법 제27조(K-hu-Pāc. 27)를 참조하라. ■ 지적반행계(知賊伴行戒) / 사분니바일제 51 : 若比丘尼 知是賊伴. 期同道行 乃至聚落者. 波逸提

Pali-Nip. 201

201(4-14-10) 단순속죄죄법 제146조

아릿타와 관계된 학습계율

[Ariṭṭhasikkhāpada]

[세존] "어떠한 수행녀이든 이와 같이 '내가 세존께서 가르치신 진리를 이해하기로는, 틀림없이 세존께서 장애가 되는 것이라고 설한 것들도 그것들을 수용하는 자에게는 장애가 되지 않습니다.'라고 말한다면, 수행녀들은 그 수행녀에게 '존귀한 자매여, 그와 같이 말하지 말라. 세존을 잘못 대변하지 말라. 세존을 잘못 대변하는 것은 옳지 않다. 세존께서는 그와 같이 말하지 않았다. 존귀한 자매여, 세존께서는 여러 가지 법문으로 장애가 되는 것은 장애라고 말씀했고 그것을 행하는 자에 따라서 장애가 되기에 충분하다고 말씀했다.'라고 말해주어야 한다. 수행녀들이 그 수행녀에게 이와 같이 말하는데도 그와 같이 고집하면, 수행녀들은 그 수행녀에게 그것을 그만두도록 세 번까지 충고를 해야 하는데, 세 번까지 충고해서 그것을 그만둔다면, 훌륭한 일이지만, 그만두지 않는다면, 그녀는 단순속죄죄480)를 범하는 것이다."481)

제14품 불이 끝났다.

480) pācittiya : ≪빠알리율≫에서는 '충고받지 못했거나, 그만두거나, 정신착란자이거나, 최초의 범행자인 경우'는 예외이고 ≪사분율≫에서는 '한두 번 충고했을 때 그만두거나, 원칙에 맞지 않는 별중이나 원칙에 맞지 않는 갈마로 견책조치의 갈마를 하거나, 원칙에 맞지 않고, 계율에 맞지 않고, 가르침에 맞지 않는 갈마를 하거나, 일체의 충고를 하기 이전이었거나, 이 학습계율시설의 원인이 된 최초의 범행자이거나, 정신착란자이거나, 마음이 심란한 자이거나, 애통해 하는 자인 경우'를 예외로 한다.

481) • 사견위간계⊙(邪見違諫戒) / Nī-Pāc. 146(Khu-Pāc. 68) : yā pana bhikkhunī evaṁ vadeyya: tathāhaṁ bhagavatā dhammaṁ desitaṁ ājānāmi yathā ye'me antarāyikā dhammā vuttā bhagavatā te paṭisevato nālaṁ antarāyāyā'ti, sā bhikkhunī bhikkhunīhi evam assa vacanīyā, māyye evaṁ avaca, mā bhagavantaṁ abbhācikkhi, na hi sādhu bhagavato abbhakkhānaṁ, na hi bhagavā evaṁ vadeyya; anekapariyenāyye, antarāyikā dhammā antarāyikā vuttā bhagavatā alañca pana te paṭisevato antarāyāyā'ti. evañca pana sā bhikkhunī bhikkhunīhi vuccamānā tath'eva paggaṇheyya, sā bhikkhunī bhikkhunīhi yāvatatiyaṁ samanubhāsitabbā tassa paṭinissaggāya, yāvatatiyaṁ ce samanubhāsiyamānā tam paṭinissajjeyya, iccetaṁ kusalaṁ, no ce paṭinissajjeyya pācittiyan'ti. ■ 사견생방계(邪見生謗戒) / 사분니바일제 52 : 若比丘尼 作如是語 我知佛所說法 行婬欲 非障道法 彼比丘尼 應諫是比丘尼言. 大姉 莫作是語 莫謗世尊. 謗世尊者 不善. 世尊不作是語 世尊 無數方便說 行婬欲 是障道法 是比丘尼 如是諫時. 堅持不捨 彼比丘尼 應三諫 捨此事故 乃至三諫 捨者善. 不捨者 波逸提

제15품 권리정지된 자와의 향유
(Ukkhittasambhogavagga)

Pali-Nip. 202

202(4-15-1) 단순속죄죄법 제147조

권리정지된 자와의 향유에 대한 학습계율
[Ukkhittasambhogasikkhāpada]

[세존] "어떠한 [214-215] 수행녀이든, 원칙에 맞게 충고를 이행하지 않고 사견을 버리지 않은 수행녀와 알면서 그렇게 말하는,482) 그녀와 함께 향유하거나,483) 함께 살고 함께 잔다면, 단순속죄죄484)를 범

---

482) *tathāvādiyā : '그렇게 말하고'는 앞의 학습계율 뜻한다.*

483) *saddhiṁ sambhuñjeyya vā : 향유에는 두 가지 향유 즉, 음식의 향유와 가르침의 향유가 있다.*

484) *pācittiya : 《빠알리율》에서는 '권리정지되지 않은 자라고 알거나, 권리정지되어 사면복권되었다고 알거나, 그 견해를 버렸다고 알거나, 정신착란자이거나, 최초의 범행자인 경우'는 예외이다. 《사분율》에서는 '비구니가 악견으로 권리정지된 자가 먼저 도착할 줄 몰랐거나, 악견으로 권리정지된 자가 뒤에 도착했으나 몰랐거나, 방이 덮여있으나 사면에 벽이 없었거나, 방이 다 덮였고 반만 또는 조금 막혔거나, 방이 다 막혔고 덮여있지 않거나, 방이 다 막혔고 반만 또는 조금 덮였거나, 방이 반만 덮였고 반만 막혔거나, 방이 조금 덮였고 조금 막혔거나, 덮이지도 막히지도 않은 노지였거나, 방안에 거닐거나 앉아있었거나, 머리가 어지러워 쓰러졌든가, 병이 나서 누었든가, 힘센 자의 강요였거나, 결박당했거나, 목숨이 위태로웠거나, 청정행이 어려웠거나, 이 학습계율시설의 원인이 된 최초의 범행자*

하는 것이다."485)

이거나, 정신착란자이거나, 마음이 심란한 자이거나, 애통해 하는 자인 경우를 예외로 한다.

485) • 수거계⊙(隨擧戒) / Nī-Pāc. 147(Khu-Pāc. 69) : yā pana bhikkhunī jānaṁ tathāvādiyā bhikkhuniyā akaṭānudhammāya taṁ diṭṭhiṁ appaṭinissaṭṭhāya saddhiṁ sambhuñjeyya vā saṁvaseyya vā saha vā seyyaṁ kappeyya, pācittiyan'ti. ■사견지숙계(邪見止宿戒) / 사분니바일제 53 : 若比丘尼 知如是語人 未作法 如是惡邪 不捨 供給所須 共同羯磨 止宿言語者. 波逸提

Pali-Nip. 203

203(4-15-2) 단순속죄죄법 제148조

깐따까[486]와 관계된 학습계율
[Kaṇṭakasikkhāpada]

[세존] "어떠한 사미니이든지 이와 같이 '제가 세존께서 가르치신 진리를 이해하기로는, 틀림없이 세존께서 장애가 되는 것이라고 설한 것들도 그것들을 수용하는 자에게는 장애가 되지 않습니다.'라고 말한다면, 수행녀들은 그 사미니에게 '존귀한 사미니여, 그와 같이 말하지 말라. 세존을 잘못 대변하지 말라. 세존을 잘못 대변하는 것은 옳지 않다. 세존께서는 그와 같이 말하지 않았다. 존귀한 사미니여, 세존께서는 여러 가지 법문으로 장애가 되는 것은 장애라고 말씀했고 그것을 행하는 자에 따라서 장애가 되기에 충분하다고 말씀했다.'라고 말해주어야 한다. 수행녀들이 그 사미

486) *Kaṇṭaka : 깐다까(Kaṇḍaka)라고도 하며, 우빠난다(Upananda)에게 구족계를 받은 사미이다. Vin. I. 79에 따르면, 그는 다른 사미 마하까(Mahaka)와 함께 동성애의 죄를 범했다. 이것이 알려지자 어떠한 수행승이든 두 사미에게 구족계를 줄 수 없게 되었지만, 나중에 Vin. I. 83에서 폐지되었다. Vin. I. 85에서는 수행녀 깐따까(Kaṇṭakā)를 능욕한 것으로 멸빈되었다. Vin. IV. 138에서는 수행승 아릿타(Ariṭṭha)와 같은 견해를 가졌다는 이유에서 승단에서 추방되었다.*

니에게 이와 같이 말하는데도 그와 같이 고집하면, 수행녀들은 그 사미니에게 '존귀한 사미니여, 오늘부터 그대는 '세존께서 그대의 스승이다.'라고 부르지 마라. 다른 사미니가 수행녀와 함께 이틀이나 사흘을 함께 자더라도 그대는 그럴 수가 없다. 멀리 가서 사라져 버려라.'라고 말해야 한다. 어떠한 수행녀이든 알면서 이와 같이 멸빈(滅擯)된 사미니를 위로하거나 후원하거나 함께 향유하거나 함께 자면, 단순속죄죄[487]를 범하는 것이다."[488]

---

487) pācittiya : ≪빠알리율≫에서는 '멸빈되지 않은 자라고 알거나, 그 견해를 버린 자라고 알거나, 정신착란자이거나, 최초의 범행자인 경우'는 예외이고, ≪사분율≫에서는 '비구니가 멸빈된 사미니가 먼저 도착할 줄 몰랐거나, 멸빈된 사미니가 뒤에 도착했으나 몰랐거나, 방이 덮여있으나 사면에 벽이 없었거나, 방이 다 덮였고 반만 또는 조금 막혔거나, 방이 다 막혔고 덮여있지 않거나, 방이 다 막혔고 반만 또는 조금 덮였거나, 방이 반만 덮였고 반만 막혔거나, 방이 조금 덮였고 조금 막혔거나, 덮이지도 막히지도 않은 노지였거나, 방 안에 거닐거나 앉아있었거나, 머리가 어지러워 쓰러졌든가, 병이 나서 누었든가, 힘센 자의 강요였거나, 결박당했거나, 목숨이 위태로웠거나, 청정행이 어려웠거나, 이 학습계율시설의 원인이 된 최초의 범행자이거나, 정신착란자이거나, 마음이 심란한 자이거나, 애통해하는 자인 경우'를 예외로 한다.

488) • 수빈사미니계⊙(隨擯沙彌尼戒) / Nī-Pāc. 148(Khu-Pāc. 70) : samaṇuddesā pi ce evaṁ vadeyya, tathāhaṁ bhagavatā dhammaṁ desitaṁ ājānāmi yathā ye'me antarāyikā dhammā vuttā bhagavatā te paṭisevato nālaṁ antarāyāyā'ti. sā samaṇuddesā bhikkhunīhi evam assa vacanīyā: māyye samaṇuddese, evaṁ avaca. mā bhagavantaṁ abbhācikkhi, na hi sādhu bhagavato abbhakkhānaṁ. na hi bhagavā evaṁ vadeyya; anekapariyāyenāyye samaṇuddese, antarāyikā dhammā attarāyikā vuttā bhagavatā. alañca pana te paṭisevato antarāyāyā'ti. evañca pana sā samaṇuddesā bhikkhunīhi vuccamānā that' eva paggaṇheyya, sā samaṇuddesā bhikkhunīhi evam assa vacanīyā: ajjatagge te ayye samaṇuddese, na c'eva so bhagavā satthā apadisitabbo. yampi c'aññā samaṇuddesā labhanti bhikkhunīhi saddhiṁ dirattatirattaṁ sahaseyyaṁ, sāpi te n'atthi, cara pi re vinassā'ti. yā pana bhikkhunī jānaṁ tathā nāsitaṁ samaṇuddesaṁ upalāpeyya vā upaṭṭhāpeyya vā sambhuñjeyya vā saha vā seyyaṁ kappeyya, pācittiyan'ti. ■*소빈지숙계(小擯知宿戒) / 사분니바일제 54 : 若比丘尼 知沙彌尼 作如是語 我知佛所說法 行婬欲 非障道法 彼比丘尼 應語此沙彌尼言. 汝莫作是語 莫謗世尊. 謗世尊者 不善. 世尊不作 是語 沙彌尼 世尊 無數方便說 行婬欲 是障道法 是沙彌尼 如是諫時. 堅持不捨 彼比丘尼 應三諫 捨此事故 乃至三諫 捨者善. 不捨者 彼比丘尼 應語是沙彌尼言. 汝自今已後 非佛弟子. 不得隨餘 比丘尼 如餘沙彌尼 得與大比丘尼二三宿. 汝今無此事. 汝出去 滅去. 不須住此 若比丘尼 知是被擯沙彌尼 若畜 同一止宿者. 波逸提*

Pali-Nip. 204

204(4-15-3) 단순속죄죄법 제149조

원칙에 따른 것에 대한 학습계율
[Sahadhammikasikkhāpada]

[세존] “어떠한 수행녀이든 수행녀들에 의해서 원칙에 따라 견책을 받고 이와 같이 ‘존귀한 자매들이여, 저는 다른 유능한 지율자인 수행녀에게 탐문하기 전까지는 나는 이 학습계율을 지키지 않겠습니다.’라고 말한다면, 단순속죄죄489)를 범하는 것이다. 수행녀들이여, 학습계율을 배우는 경우 수행녀는 학습계율을 숙지해야 하고, 탐문해야 하고, 고찰해야 하는데, 이것이 그 경우의 올바른 조치이다.”490)

---

489) pācittiya : ≪빠알리율≫에서는 “‘나는 알겠다.’ 또는 ‘나는 닦겠다.’라고 말하거나, 정신착란자이거나, 최초의 범행자인 경우’는 예외이고, ≪사분율≫에서는 “지혜가 없는 사람이 견책을 했을 때에는 ‘그대는 돌아가서 그대의 친교사나 궤범사에게 다시 물어보시오 그대는 다시 배워서 충고하시오.’라고 하는 경우나 그것이 사실과 같았거나, 장난으로 말했거나, 빨리 말했거나, 혼자서 말했거나, 꿈속에서 말했거나, 이 학습계율시설의 원인이 된 최초의 범행자이거나, 정신착란자이거나, 마음이 심란한 자이거나, 애통해 하는 자인 경우”를 예외로 한다.

490) • 거권학계⊙(拒勸學戒) / Nī-Pāc. 149(Khu-Pāc. 71) : yā pana bhikkhunī bhikkhunīhi sahadhammikaṁ vuccamānā evaṁ vadeyya: na tāvāhaṁ ayye, etasmiṁ sikkhāpade sikkhissāmi yāva na aññaṁ bhikkhuniṁ vyattaṁ vinayadharaṁ paripucchāmī'ti pācittiyaṁ. sikkhamānāya. bhikkhave, bhikkhuniyā aññātabbaṁ paripucchitabbaṁ paripañhitabbaṁ, ayaṁ tattha sāmīcī'ti. ■ *반난지율계(反難持律戒) / 사분니바일제 55 : 若比丘尼 餘比丘尼 如法諫時 作如是語 我今不學此戒 乃至有智慧 持戒律者 我當難問 波逸提 欲求解者. 應當難問*

Pali-Nip. 205

205(4-15-4) 단순속죄죄법 제150조

혼란에 대한 학습계율
[Vilekhanasikkhāpada]

[세존] "어떠한 수행녀이든 의무계율이 송출될 때, 이와 같이 '이러한 사소한 학습계율은 의혹과 고뇌와 혼란만을 야기시키는데, 그것들을 송출하는 것이 무슨 소용이 있는가?'라고 말하며 학습계율을 비방한다면, 단순속죄죄491)를 범하는 것이다."492)

---

491) pācittiya : ≪빠알리율≫에서는 '비방하고자 의도하지 않고 '자, 경전이나 게송이나 논서를 배우고 나중에 계율을 배우겠습니다.'라고 말하거나, 정신착란자이거나, 최초의 범행자인 경우'는 예외이고, ≪사분율≫에서는 그 밖에 '질병이 있는 자에게 독송하라고 했거나 사문의 과위를 이룬 후에 독송하라고 했거나 장난으로 말했거나, 빨리 말했거나, 혼자서 말했거나, 꿈속에서 말했거나, 이 학습계율 시설의 원인이 된 최초의 범행자이거나, 정신착란자이거나, 마음이 심란한 자이거나, 애통해 하는 자인 경우'를 예외로 한다.

492) • 훼비니계⊙(毁毘尼戒) / Nī-Pāc. 150(Khu-Pāc. 72) : yā [216-217] pana bhikkhunī pāṭimokkhe uddissamāne evaṁ vadeyya: kiṁ pan'imehi khuddānukhuddakehi sikkhāpadehi uddiṭṭhehi, yāvad eva kukkuccāya vihesāya vilekhāya saṁvattantī'ti sikkhāpadavivaṇṇake pācittiyan'ti. ■ 경가비니계(輕呵毘尼戒) / 사분니바일제 56 : 若比丘尼 說戒時 作如是語 大姊 何用說此雜碎戒 爲說是戒時. 令人惱愧懷疑 輕訶戒故 波逸提

Pali-Nip. 206

206(4-15-5) 단순속죄죄법 제151조
태만에 대한 학습계율
[Mohanasikkhāpada]

[세존] "어떠한 수행녀이든 반월마다 의무계율이 송출될 때, 이와 같이 '이제야 비로소 이 원칙이 조항으로 내려와 조항에 포함되어 반월마다 송출되게 된다는 것을 우리가 알았다.'라고 말할 때, 다른 수행녀들이 그 수행녀가 이전에 두세 번, 그 이상은 말할 것도 없이, 의무계율을 송출하는데 앉아 있었던 것을 안다면, 그 수행녀는 알지 못한 까닭으로 면책될 수 없다. 그 경우 그가 위범한 그 죄는 원칙에 따라서 처벌받아야 하고 또한 그의 태만은 '존귀한 자매여, 그대는 의무계율이 송출될 때, 그 가치를 잘 유념하지 않았고 정신활동을 기울이지 않았다.'라고 견책받아야 한다. 이렇게 되면, 태만한 자로서 단순속죄죄493)를 범하

493) *pācittiya : 《빠알리율》에서는 '아직 상세하게 듣지 못했거나, 두세 번 이내에 상세히 들었거나, 태만할 의도가 없었거나, 정신착란자이거나, 최초의 범행자인 경우는 예외이고, 《사분율》에서는 '들은 적이 없다던가, 지금 처음 들었던가, 장난으로 말했거나, 빨리 말했거나, 혼자서 말했거나, 꿈속에서 말했거나, 이 학습계율시설의 원인이 된 최초의 범행자이거나, 정신착란자이거나, 마음이 심란한 자이거*

는 것이다."494)

나; 애통해 하는 자인 경우를 예외로 한다.

494) • *공거선언계⊙(恐擧先言戒) / Nī-Pāc. 151(Khu-Pāc. 73) : yā pana bhikkhunī anvaddhamāsaṁ pāṭimokkhe uddissamāne evaṁ vadeyya: idān'eva kho ahaṁ jānāmi ayampi kira dhammo suttāgato suttapariyāpanno anvaddhamāsaṁ uddesaṁ āgacchatī'ti. tañce bhikkhuniṁ aññā bhikkhuniyo jāneyyuṁ nisinnapubbaṁ imāya bhikkhuniyā dvattikkhattuṁ pāṭimokkhe uddissamāne, ko pana vādo bhiyyo. na ca tassā bhikkhuniyā aññāṇakena mutti atthi, yañca tattha āpattiṁ āpannā tañca yathādhammo kāretabbo, uttari c'assā moho āropetabbo: tassā te ayye alābhā, tassā te dulladdhaṁ, yaṁ tvaṁ pāṭimokkhe uddissamāne na sādhukaṁ aṭṭhikatvā manasikarosī'ti. idaṁ tasmiṁ mobhanake pācittiyan'ti.* ■ *심불방청계(心不謗聽戒) / 사분니바일제 57 : 比丘尼 說戒時 作如是語 大姊 我今 始知是法 是戒經 半月半月 說 戒經中來. 若餘比丘尼 知是比丘尼 若二若三 說戒中坐. 何況多. 彼比丘尼 無知無解. 若犯罪者 應如法治. 更重增 無知罪 大姊 汝無利 得不善. 汝說戒時. 不一心思念. 攝耳聽法 彼無知故 波逸提*

Pali-Nip. 207

207(4-15-6) 단순속죄죄법 제152조

구타에 대한 학습계율

[Pahārasikkhāpada]

[세존] "어떠한 수행녀이든 화가 나고 불만에 가득 차서 수행녀를 구타하면, 단순속죄죄495)를 범하는 것이다."496)

---

495) pācittiya : 《빠알리율》에서는 '어떠한 것에 의해서라도 곤란을 당하여 거기에서 벗어나고자 구타하거나 정신착란자이거나, 최초의 범행자인 경우'는 예외이고, 《사분율》에서는 좀더 구체적으로 '병이 들었거나, 음식이 걸렸거나, 알아듣지 못해 알아듣게 했거나, 잠꼬대를 했거나, 경행할 때나 빗자루를 쓸 때에 부딪쳤거나, 이 학습계율시설의 원인이 된 최초의 범행자이거나, 정신착란자이거나, 마음이 심란한 자이거나, 애통해 하는 자인 경우'를 예외로 한다.

496) • 진타비구니계⊙(瞋打比丘尼戒) / Nī-Pāc. 152(Khu-Pāc. 74) : yā pana bhikkhunī bhikkhuniyā kupitā anattamanā pahāraṁ dadeyya, pācittiyan'ti. ■ 진타타니계(瞋打他尼戒) / 사분니바일제 62 : 若比丘尼 瞋故不喜. 打比丘尼者. 波逸提

Pali-Nip. 208

208(4-15-7) 단순속죄죄법 제153조

위협적인 손짓에 대한 학습계율

[Talasattikasikkhāpada]

[세존] "어떠한 수행녀이든 화가 나고 불만에 가득 차서 수행녀에게 손짓으로 위협을 가한다면, 단순속죄죄[497]를 범하는 것이다."[498]

---

497) *pācittiya : ≪빠알리율≫에서는 '어떠한 것에 의해서라도 곤란을 당하여 거기에서 벗어나고자 손짓으로 위협을 가하거나, 정신착란자이거나, 최초의 범행자인 경우'는 예외이고, ≪사분율≫에서는 '다른 사람이 때리려는데 손으로 막거나, 코끼리 · 도적 · 사나운 짐승이 오거나 가시를 가지고 올 때에 손으로 막거나, 물을 건너거나 진흙을 건널 때에 건드리거나, 상대방이 알아듣지 못해 알아듣게 했거나, 잠을 잘 때 잠꼬대를 했거나, 경행할 때나 빗자루를 쓸 때에 부딪쳤거나, 이 학습계율시설의 원인이 된 최초의 범행자이거나, 정신착란자이거나, 마음이 심란한 자이거나, 애통해 하는 자인 경우'를 예외로 한다.*

498) *• 박비구니계⊙(搏比丘尼戒) / Nī-Pāc. 153(Khu-Pāc. 75) : yā pana bhikkhunī bhikkhuniyā kupitā anattamanā talasattikaṁ uggireyya, pācittiyan'ti. ■ 진에수박계(瞋恚手搏戒) / 사분니바일제 63 : 若比丘尼 瞋故 不喜. 以手搏比丘尼者. 波逸提*

Pali-Nip. 209

209(4-15-8) 단순속죄죄법 제154조

근거 없는 것에 대한 학습계율

[Amūlakasikkhāpada]

[세존] "어떠한 수행녀이든 수행녀에 대하여 근거 없이 '승단잔류죄를 범하는 것이다.'라고 비방한다면, 단순속죄죄[499]를 범하는 것이다."[500]

---

499) pācittiya : 《빠알리율》에서는 '진실이라고 지각하고 꾸짖거나, 꾸짖게 시키거나, 정신착란자이거나, 최초의 범행자인 경우'는 예외이고, 《사분율》에서는 '실제 보고 듣고 의심한 근거로써 뉘우치게 하려고 했거나, 장난으로 말했거나, 빨리 말해서 상대가 알아듣지 못했거나, 혼자 있는 데서 말했거나, 꿈속에서 말했거나, 이것을 말하려다가 저것을 말했거나, 이 학습계율시설의 원인이 된 최초의 범행자이거나, 정신착란자이거나, 마음이 심란한 자이거나, 애통해 하는 자인 경우'를 예외로 한다.

500) ● 무근승잔방계⊙(無根僧殘謗戒) / Nī-Pāc. 154(Khu-Pāc. 76) : yā pana [218-219] bhikkhunī bhikkhuniṁ amūlakena saṅghādisesena anuddhaṁseyya, pācittiyan'ti. ■ 무근진방계(無根瞋謗戒) / 사분니바일제 64 : 若比丘尼 瞋故不喜. 以無根僧伽婆尸沙法 謗者. 波逸提

Pali-Nip. 210

210(4-15-9) **단순속죄죄법 제155조**

의도적으로 일으킨 회한에 대한 학습계율

[Sañciccakukkuccasikkhāpada]

[세존] "어떠한 수행녀이든 수행녀에게 '잠시일지라도 그녀가 평안해서는 안 될 것이다.'라고 의도적으로 회한을 일으키면, 그 동기뿐이고 다른 것이 아닌 한, 단순속죄죄501)를 범하는 것이다."502)

---

501) pācittiya : ≪빠알리율≫에서는 '회한을 일으킬 의도가 없이 '그대는 틀림없이 20세 미만에 구족계를 받았다. 그대는 틀림없이 때 아닌 때의 시간에 식사를 했다. 그대는 틀림없이 술을 마셨다. 그대는 틀림없이 남자와 함께 은밀히 앉았다. 자, 그대가 알아야 한다. 나중에 그대에게 회한이 일어나서는 안 된다.'라고 말했거나, 정신착란자이거나, 최초의 범행자인 경우'는 예외이고, ≪사분율≫에서는 '그 일이 사실이어서 일부러 한 것이 아니고 의심하고 괴로워하는 일이 있을까 염려가 되어서 했거나, 장난으로 했거나, 빨리 말했거나, 혼자서 말했거나, 꿈속에서 말했거나, 이것을 말하려다 착오로 저것을 말했거나, 이 학습계율시설의 원인이 된 최초의 범행자이거나, 정신착란자이거나, 마음이 심란한 자이거나, 애통해 하는 자인 경우'를 예외로 한다.

502) • 의뇌비구니계ⓒ(疑惱比丘尼戒) / Nī-Pāc. 155(Khu-Pāc. 77) : yā pana bhikkhunī bhikkhuniyā sañcicca kukkuccaṁ upadabheyya iti'ssā muhuttampi aphāsu bhavissatī'ti etadeva paccayaṁ karitvā anaññaṁ, pācittiyan'ti. ■ 고뇌타니계(故惱他尼戒) / 사분니바일제 48 : 比丘尼故惱他比丘尼 乃至少時 不樂者. 波逸提

Pali-Nip. 211

211(4-15-10) **단순속죄죄법 제156조**

옛듣기에 대한 학습계율

[Upassutisikkhāpada]

[세존] "어떠한 수행녀이든 수행녀들이 다투고 싸우고 언쟁하는데, '이들이 말하는 것을 내가 듣겠다.'라고 생각하고 엿들으면, 그 동기뿐이고 다른 것이 아닌 한, 단순속죄죄503)를 범하는 것이다."504)

제15품 권리정지된 자와의 향유가 끝났다.

---

503) pācittiya : ≪빠알리율≫에서는 "듣고 '나는 그만두겠다. 나는 삼가겠다. 나는 그치겠다. 나를 자유롭게 하겠다.'라고 생각하고 가거나, 정신착란자이거나, 최초의 범행자인 경우'는 예외이고, ≪사분율≫에서는 '두 사람이 어두운 곳이나 가려진 곳에서 이야기하거나 길을 갈 때 앞서 가는 자가 이야기할 때에 손가락을 튕기거나 헛기침을 했거나, 원칙에 맞지 않는 갈마를 하려 하거나 참모임이나 승원이나 친교사에게 손해를 끼치려거나 이익이 없게 하거나 머물 수 없게 하는 갈마를 하려고 할 때에 그것을 알고 가서 들었거나, 이 학습계율시설의 원인이 된 최초의 범행자이거나, 정신착란자이거나, 마음이 심란한 자이거나, 애통해 하는 자인 경우'를 예외로 한다.

504) • 병청사쟁계○(屛聽四諍戒) / Nī-Pāc. 156(Khu-Pāc. 78) : yā pana bhikkhunī bhikkhunīnaṁ bhaṇḍanajātānaṁ kalahajātānaṁ vivādāpannānaṁ upassutiṁ tiṭṭheyya, yaṁ imā bhaṇissanti taṁ sossāmī'ti etadeva paccayaṁ karitvā anaññaṁ, pācittiyan'ti. ■ 도사피차계(挑唆彼此戒) / 사분니바일제 61 : 若比丘尼 知他比丘尼 鬪諍. 聽此語已 向彼說者. 波逸提

제16품 갈마의 방해
(Kammapaṭibāhanavagga)

Pali-Nip. 212

212(4-16-1) **단순속죄죄법 제157조**

갈마의 방해에 대한 학습계율
[Kammappaṭibāhanasikkhāpada]

[세존] "어떠한 수행녀이든 원칙에 맞는 갈마에 청정동의를 위임하고 나중에 불평을 토로하면, 단순속죄죄505)를 범하는 것이다."506)

---

505) pācittiya : ≪빠알리율≫에서는 '원칙에 맞지 않았거나 불완전한 모임이거나 갈마에 적합하지 않은 자에 대하여 행해진 것을 알고 불평을 토로하거나 정신착란자이거나, 최초의 범행자인 경우'는 예외이고, ≪사분율≫에서는 "그것이 사실이어서 '원칙에 맞지 않는 갈마이므로 성립하지 않았다.'라고 말했거나, 장난으로 말했거나, 빨리 말했거나, 혼자서 말했거나, 꿈속에서 말했거나, 이 학습계율시설의 원인이 된 최초의 범행자이거나, 정신착란자이거나, 마음이 심란한 자이거나, 애통해 하는 자인 경우"를 예외로 한다.

506) • 여욕후회계⊙(與欲後悔戒) / Nī-Pāc. 157(Khu-Pāc. 79) : yā pana bhikkhunī dhammikānaṁ kammānaṁ chandaṁ datvā pacchā khīyanadhammaṁ āpajjeyya, pācittiyan'ti : Vin. II. 94에도 언급되어 있다. ■ 여욕후가계(與欲後訶戒) / 사분니바일제 60 : 若比丘尼 與欲已後更訶者 波逸提

Pali-Nip. 213

213(4-16-2) 단순속죄죄법 제158조

청정동의의 비위임에 대한 학습계율
[Chandaṁadatvāgamanasikkhāpada]

[세존] "어떠한 수행녀이든 참모임에서 결의할 때 청정동의를 위임하지 않고 자리에서 일어나 그곳을 떠나면, 단순속죄죄[507]를 범하는 것이다."[508]

---

507) pācittiya : ≪빠알리율≫에서는 "참모임의 다툼이나 싸움이나 언쟁이나 분쟁이 있겠다.'라고 생각하고 떠나가거나, '참모임의 분열이나 참모임의 불화가 있겠다.'라고 생각하여 떠나가거나, '원칙에 맞지 않거나 불완전하거나 갈마에 적합하지 않은 자에게 갈마를 행하겠다.'라고 생각하고 떠나가거나, 아프기 때문에 떠나가거나, 대변이나 소변이 마려워서 떠나가거나, 갈마를 방해하지 않기 위하여 '내가 다시 오겠다.'라고 생각하고 떠나가거나, 정신착란자이거나, 최초의 범행자인 경우'는 예외이고, ≪사분율≫에서는 '참모임, 탑묘, 승원이나 환우의 일로 희망의 뜻을 위임하거나, 입이 어눌해서 희망하는 듯을 위임하지 못하거나, 참모임이나 승원이나 친교사 등에게 손해를 끼치거나 이익이 없거나 머물 곳이 없게 하는 갈마를 하려고 해서 위임 않고 떠났거나, 이 학습계율시설의 원인이 된 최초의 범행자이거나, 정신착란자이거나, 마음이 심란한 자이거나, 애통해 하는 자인 경우'를 예외로 한다.

508) • 불여욕계⊙(不與欲戒) / Nī-Pāc. 158(Khu-Pāc. 80) : yā pana bhikkhunī saṅghe vinicchayakathāya vattamānāya chandaṁ adatvā uṭṭhāy'āsanā pakkameyya, pācittiyan'ti. ■ 불여욕거계(不與欲去戒) / 사분니바일제 59 : 若比丘尼 僧斷事. 不與欲而起去者. 波逸提

Pali-Nip. 214

214(4-16-3) 단순속죄죄법 제159조

닳아빠진 옷으로 인한 학습계율

[Dubbalasikkhāpada]

[세존] "어떠한 수행녀이든 화합참모임과 함께 옷을 나누어준 뒤에 나중에 '수행녀들이 친분에 따라 참모임의 소득을 나누어준다.'라고 불평하면, 단순속죄죄509)를 범하는 것이다."510)

---

509) pācittiya : ≪빠알리율≫에서는 "실제로 욕망과 분노와 어리석음과 두려움에 의해서 행동하는 자에게 주어진 것이 무슨 소용이 되겠는가? 그것을 받더라고 쓸모 없게 만들고 올바로 사용할 수 없을 것이다.'라고 불평하거나, 정신착란자이거나, 최초의 범행자인 경우'는 예외이고, ≪사분율≫에서는 '실제로 그러해서 주었든가, 장난으로 말했거나, 빨리 말했거나, 혼자서 말했거나, 꿈속에서 말했거나, 이 학습계율시설의 원인이 된 최초의 범행자이거나, 정신착란자이거나, 마음이 심란한 자이거나, 애통해 하는 자인 경우'를 예외로 한다.

510) • 동갈마후회계⊙(同羯磨後悔戒) / Nī-Pāc. 159(Khu-Pāc. 81) : yā pana [220-221] bhikkhunī samaggena saṅghena cīvaraṁ datvā pacchā khīyanadhammaṁ āpajjeyya yathāsanthutaṁ bhikkhuniyo saṅghikaṁ lābhaṁ pariṇāmentī'ti, pācittiyan'ti. ■ 방수친후계(謗隨親厚戒) / 사분니바일제 58 : 若比丘尼 共同羯磨已 後如是語 諸比丘尼 隨親友. 以僧物 與者. 波逸提

Pali-Nip. 215

215(4-16-4) 단순속죄죄법 제160조

전용에 대한 학습계율
[Pariṇāmanasikkhāpada]

[세존] "어떠한 수행녀이든 알면서 참모임에게 기증된 소득을 개인을 위해 전용한다면, 단순속죄죄511)를 범하는 것이다."512)

---

511) pācittiya : 《빠알리율》에서는 "'우리가 어디에 주는가?'라고 질문을 받거나 '어디에서 그대의 보시가 사용되어야 한다거나, 효과를 보아야 하거나, 오래갈 것이라거나, 언제 그대의 마음이 편하다든가 하는 곳에 주라.'라고 말하는 경우이거나, 정신착란된 자이거나 최초의 범행자의 경우"는 예외이다.

512) • 회여승물계⊙(廻與僧物戒) / Nī-Pāc. 160(Khu-Pāc. 82) : yā pana bhikkhunī jānaṁ saṅghikaṁ lābhaṁ pariṇataṁ puggalassa pariṇāmeyya pācittiyan'ti : 상실속죄죄법 제30조(Khu-Niss. 30) — 어떠한 수행승이든 알면서 참모임에게 기증된 소득을 자신의 것으로 전용하면, 상실속죄죄를 범하는 것이다. — 와 비교하라.

Pali-Nip. 216

216(4-16-5) 단순속죄죄법 제161조

재보에 대한 학습계율

[Ratanasikkhāpada]

[세존] "어떠한 수행녀이든 재보나 재보로 간주되는 것을 집어갖거나 집어갖게 하면, 승원 안에서나 처소 안에서는 예외로 하고, 단순속죄죄[513])를 범하는 것이다. 그러나 수행녀가 승원 안에서나 처소안에서 재보나 재보로 간주되는 것을 '소유한 자가 가져갈 것이다.'라고 생각하여 집어갖거나 집어갖게 해서 맡아 두면, 그것은 그 경우에 올바른 조치이다."[514])

---

513) pācittiya : 《빠알리율》에서는 '맡아 두는 경우이거나, 재보로 간주되는 것을 신뢰에 의해서 가지거나, 잠시 맡아두거나, 그것을 넝마처럼 생각하거나, 정신착란자이거나, 최초의 범행자인 경우'는 예외이고, 《사분율》에서는 '승원이나 숙소에서 맡아두고 찾으러 오는 자가 있으면 어떤 것인지를 물어서 확인하고 돌려주었거나, 주인에게 탑과 사원의 장엄구로 공양한 것을 맡아두었거나, 이 학습계율시설의 원인이 된 최초의 범행자이거나, 정신착란자이거나, 마음이 심란한 자이거나, 애통해 하는 자인 경우'를 예외로 한다.

514) • 착보계⊙(捉實戒) / Nī-Pāc. 161(Khu-Pāc. 84) : yā pana bhikkhunī ratanaṁ vā ratanasammataṁ vā aññatra ajjhārāmā vā ajjhāvasathā vā uggaṇheyya vā uggaṇhāpeyya vā, pācittiyaṁ, ratanaṁ vā pana bhikkhuniyā ratanasammataṁ vā ajjhārāme vā ajjhāvasathe vā uggahetvā vā uggahāpetvā vā nikkhipitabbaṁ, yassa bhavissati so harissatī'ti. ayaṁ tattha sāmīcī'ti. ■ 수착유보계(手捉遺實戒) / 사분

니바일제 66 : 若比丘尼 若寶 及寶莊飾具 若自捉 若教人捉 除僧伽藍中 及寄宿處 波逸提 若在僧伽藍中. 及寄宿處 若寶 及寶莊飾具 若自捉 教人捉 識者 當取 如是因緣 非餘

Pali-Nip. 217

217(4-16-6) 단순속죄죄법 제162조

바늘통에 대한 학습계율

[Sucigharasikkhāpada]

[세존] "어떠한 수행녀이든 뼈로 이루어지거나 상아로 이루어지거나 뿔로 이루어진 바늘통을 만들게 하면, 부수는 것을 포함하여, 단순속죄죄[515]를 범하는 것이다."[516]

---

515) pācittiya : ≪빠알리율≫에서는 '인끈판이거나, 부싯목이거나, 죔쇠이거나, 연고상자이거나, 연고막대이거나, 손도끼자루이거나, 수건이거나, 정신착란된 자이거나, 최초의 범행자인 경우'는 예외이다.

516) • 골아각침통계⊙(骨牙角鍼筒戒) / Nī-Pāc. 162(Khu-Pāc. 86) : yā pana bhikkhunī aṭṭhamayaṁ vā dantamayaṁ vā visāṇamayaṁ vā sucigharaṁ kārāpeyya, bhedanakaṁ pācittiyan'ti.

Pali-Nip. 218

218(4-16-7) 단순속죄죄법 제163조

침상과 의자에 대한 학습계율
[Mañcapīṭhasikkhāpada]

[세존] "수행녀가 새로운 침상이나 의자를 만들도록 할 때에는 그 다리를 하부의 대에 들어가는 부분을 제외하고 행복한 님의 손가락마디로 여덟 손가락마디 크기(20cm∨60cm)로 만들어야 한다. 그 치수를 초과하면, 잘라내는 것을 포함하여, 단순속죄죄[517]를 범하는 것이다."[518]

---

517) pācittiya : 《빠알리율》에서는 '적당한 치수를 알아서 만들거나, 적당한 치수 이하로 만들거나, 타인이 만든 적당한 치수를 초과하는 것을 얻어서 절단하고 사용하는 경우이거나, 정신착란된 자이거나, 최초의 범행자인 경우'은 예외이고 《사분율》에서도 '여덟 손가락 마디의 길이거나 그 보다 짧거나, 다른 사람이 완성된 것을 보시한 것을 잘라 사용하거나 다리를 뺐거나, 이 학습계율시설의 원인이 된 최초의 범행자이거나, 정신착란자이거나, 마음이 심란한 자이거나, 애통해 하는 자인 경우'를 예외로 한다.

518) • 과량상족계⊙(過量牀足戒) / Nī-Pāc. 163(Khu-Pāc. 87) : navaṁ pana bhikkhuniyā mañcaṁ vā pīṭhaṁ vā kārayamānāya aṭṭhaṅgulapādakaṁ kāretabbaṁ sugataṅgulena aññatra heṭṭhimāya aṭaniyā. taṁ atikkāmentiyā chedanakaṁ pācittiyan'ti. ■ 작상과량계(作床過量戒) / 사분니바일제 68 : 若比丘尼 作繩床 木床 足應高佛八指 除入陛孔上 截竟 過者. 波逸提

Pali-Nip. 219

219(4-16-8) **단순속죄죄법 제164조**

솜을 씌우는 것에 대한 학습계율

[Tūlonaddhasikkhāpada]

[세존] "어떠한 수행녀이든 침상이나 의자를 솜을 씌워 만들게 하면, 솜을 뜯어내는 것을 포함하여, 단순속죄죄[519]를 범하는 것이다."[520]

---

519) pācittiya : ≪빠알리율≫에서는 '인끈이나, 허리띠나, 어깨끈이나, 발우주머니나, 여과낭을 위한 것이거나 베개를 만드는 경우이거나, 타인이 만든 것을 얻어서 솜을 뜯어내고 사용하는 경우이거나, 정신착란된 자이거나 최초의 범행자의 경우'는 예외이고, ≪사분율≫에서는 '구라야풀이나 문야풀이나 사바풀이나 솜털이나 면화의 솜이나 헤어진 헝겊으로 요나 좌와구용 깔개에 넣었거나, 도라솜(兜羅綿)을 어깨 바치는 물건이나 수레 위의 베개에 넣거나, 이 학습계율시설의 원인이 된 최초의 범행자이거나, 정신착란자이거나, 마음이 심란한 자이거나, 애통해 하는 자인 경우'를 예외로 한다. 참고로 도라솜은 '초목과 꽃의 솜'을 총칭하는 것이다.

520) 도라저상욕계⊙(兜羅貯牀褥戒) / Nī-Pāc. 164(Khu-Pāc. 88) : yā pana [222-223] bhikkhunī mañcaṁ vā pīṭhaṁ vā tūlonaddhaṁ kārāpeyya, uddālanakaṁ pācittiyan'ti. ■ 면작상부계(綿作床敷戒) / 사분니바일제 69 : 若比丘尼 持兜羅綿 貯作繩床 木床 臥具 坐褥者. 波逸提

Pali-Nip. 220

220(4-16-9) 단순속죄죄법 제165조
복창의(覆瘡衣)에 대한 학습계율
[Kaṇḍupaṭiccādisikkhāpada]

[세존] "수행녀가 복창의(覆瘡衣)를 만들도록 할 때에는 적당한 치수로 만들도록 해야 하고, 그때 그 적당한 치수는 행복한 님의 뼘으로 길이 네 뼘(92cm∨360cm)이고 너비 두 뼘(46cm∨180cm)이어야 하는데. 그것을 초과하면, 잘라내는 것을 포함하여 단순속죄죄[521]를 범하는 것이다."[522]

---

521) pācittiya : ≪빠알리율≫에서는 '적당한 치수를 알아서 만들거나, 적당한 치수 이하로 만들거나, 타인이 만든 적당한 치수를 초과하는 것을 얻어서 절단하여 사용하는 경우이거나, 천개 혹은 땅 위에 까는 것, 천막, 긴 베개나 베개를 만들거나, 정신착란된 자이거나, 최초의 범행자인 경우'는 예외이다.

522) • 복창의과량계⊙(覆瘡衣過量戒) / Nī-Pāc. 165(Khu-Pāc. 90) : kaṇḍupaṭicchādiṁ pana bhikkhuniyā kārayamānāya pamāṇikā kāretabbā. tatr'idaṁ pamāṇaṁ dīghaso catasso vidatthiyo sugatavidatthiyā tiriyaṁ dve vidatthiyo, taṁ atikkāmayato chedanakaṁ pācittiyan'ti.

Pali-Nip. 221

221(4-16-10) 단순속죄죄법 제166조

장로 난다와 관련된 학습계율

[Nandattherasikkhāpada]

[세존] "어떠한 수행녀이든 행복한 님의 옷과 같은 치수의 옷이나 그 이상의 치수의 옷을 입고 다니면, 잘라내는 것을 포함하여 단순속죄죄[523]를 범하는 것이다. 여기서 행복한 님의 옷의 치수라면 행복한 님의 뼘으로 길이 아홉 뼘(207cm∨810cm)이고 너비 여섯 뼘(138cm∨540cm)이니, 그것이 바로 행복한 님의 옷의 치수이다."[524]

제16품 갈마의 방해가 끝났다.

---

523) pācittiya : ≪빠알리율≫에서는 '그 보다 작게 만들거나, 타인이 만든 것을 얻어서 잘라내고 사용한다거나, 천개 혹은 땅 위에 까는 것, 천막, 긴 베개나 베개를 만들거나, 정신착란된 자이거나, 최초의 범행자인 경우'는 예외이다.

524) • 여불등량작의계⊙(與佛等量作衣戒) : Nī-Pāc. 166(Khu-Pāc. 92) : yā pana bhikkhunī sugatacīvarappan māṇaṁ cīvaraṁ kārāpeyya, atirekaṁ vā chedanakaṁ pācittiyaṁ. tatr'idaṁ sugatacīvarappamāṇaṁ: dīghaso nava vidatthiyo sugatavidatthiyā, tiriyaṁ cha vidatthiyo, idaṁ sugatassa sugatacīvarappamāṇan'ti.

존귀한 자매들이여,
이와 같이 166개 조항의 단순속죄죄법을
송출했습니다.[525].

이와 관련하여
저는 존귀한 자매들께 묻겠습니다.
이와 관련하여 완전히 청정합니까?
두 번째에도 저는 존귀한 자매들께 묻겠습니다.
이와 관련하여 완전히 청정합니까?
세 번째에도 저는 존귀한 자매들께 묻겠습니다.
이와 관련하여 완전히 청정합니까?

존귀한 자매들께서는
완전히 청정한 까닭에 침묵했으므로
저는 그와 같이 알겠습니다.[526]

단순속죄죄법의 송출이 끝났다.

---

525) uddiṭṭhā kho ayyāyo chasaṭṭhisatā pācittiyā dhammā ■諸大姊! 我已說一百七十八波逸提法 : Smp. 946에 따르면, 여기 빅쿠니고유속죄죄법 96개조와 빅쿠단순속죄죄법 92개조을 합하면 모두 188개조가 되는데, 그 가운데 빅쿠단순속죄죄법 92개조 가운데 빅쿠고유속죄죄법 22개조를 뺀 70개조만이 빅쿠니단순속죄죄법에 적용되므로 빅쿠니고유속죄죄법 96 + 빅쿠단순속죄죄법 70을 합하면, 빅쿠니단순속죄죄법 166 개 조가 만들어진다.

526) •tatthāyyāyo pucchāmi kaccīttha parisuddhā? dutiyampi pucchāmi kaccittha parisuddhā? tatiyampi pucchāmi kaccittha parisuddhā? parisuddhetkhothāyyāyo, tasmā tuṇhī. evametaṁ dhārayāmī'ti. ■今問. 諸大姊! 是中清淨不? (如是三說) 諸大姊! 是中清淨, 默然故, 是事如是持.

제5장 고백죄법의 송출

(Pāṭidesanīyuddesa)

존귀한 자매들이여,
이제 이와 같은 8개 조항의 고백죄법을
송출하겠습니다.527)

---

527) •ime [224-225] kho panāyyāyo aṭṭha pāṭidesanīyā dhammā uddesaṁ āgacchanti. ■諸大姊 是八波羅提提舍尼法 半月半月說 戒經中來

Pali-Nip. 222

222(5-1) 고백죄법 제1조

버터기름의 요청에 대한 학습계율
[Sappiviññāpanasikkhāpada]

[세존] "어떠한 수행녀이든 환자가 아닌 한, 버터기름을 요청하여 먹었다면, '존귀한 자매들이여, 저는 비난받을 만하고 적절하지 못한, 고백죄[528]를 범했는데, 그것을 고백합니다.'라고 고백해야 한다."[529]

---

528) pāṭidesanīya : 《빠알리율》에서는 '환자였을 때 병이 든 상태에서 요청했다가 병이 낫게 되어 먹거나, 환자의 남은 것을 먹거나, 친척의 것이거나, 초대를 받았거나, 타인을 위한 것이거나, 자신의 재물에 의한 것인 경우이거나, 정신착란자이거나 최초의 범행자인 경우'는 예외이고, 《사분율》에서는 '병이 들어 구했거나, 병자를 위해 구했는데 그가 나누어 주었거나, 자기가 타인을 위해 구했거나 타인이 자기를 위해 구했거나, 구하지 않았는데 저절로 얻었거나, 이 학습계율시설의 원인이 된 최초의 범행자이거나, 정신착란자이거나, 마음이 심란한 자이거나, 애통해 하는 자인 경우'를 예외로 한다.

529) • 걸수식계⊘(乞酥食戒) / Nī-Paṭid. 1(Nī ⊘Paṭid. 1) : yā pana bhikkhunī agilānā sappiṁ viññāpetvā bhuñjeyya paṭidesetabbaṁ tāya bhikkhuniyā gārayhaṁ ayye dhammaṁ āpajjiṁ asappāyaṁ pāṭidesanīyaṁ, taṁ paṭidesemī'ti. ■ 불병걸소계(不病乞酥戒) / 사분니회과 1 : 若比丘尼 無病 乞酥食. 是比丘尼 應向餘比丘尼 悔過言 大姊 我犯可呵法 所不應爲 今向大姊悔過 是名悔過法

Pali-Nip. 223

223(5-2) 고백죄법 제2조

기름의 요청에 대한 학습계율
[Telaviññāpanasikkhāpada]

[세존] "어떠한 수행녀이든 환자가 아닌 한, 기름을 요청하여 먹었다면, '존귀한 자매들이여, 저는 비난받을 만하고 적절하지 못한, 고백죄[530]를 범했는데, 그것을 고백합니다.'라고 고백해야 한다."[531]

---

530) 悔過 : 앞의 학습계율과 마찬가지로 《빠알리율》에서는 '환자였을 때 병이 든 상태에서 요청했다가 병이 낫게 되어 먹거나, 환자의 남은 것을 먹거나, 친척의 것이거나, 초대를 받았거나, 타인을 위한 것이거나, 자신의 재물에 의한 것인 경우이거나, 정신착란자이거나 최초의 범행자인 경우'는 예외이고, 《사분율》에서는 '병이 들어 구했거나, 병자를 위해 구했는데 그가 나누어 주었거나, 자기가 타인을 위해 구했거나 타인이 자기를 위해 구했거나, 구하지 않았는데 저절로 얻었거나, 이 학습계율시설의 원인이 된 최초의 범행자이거나, 정신착란자이거나, 마음이 심란한 자이거나, 애통해 하는 자인 경우'를 예외로 한다.

531) ● 걸유식계⊘(乞油食戒) / Nī-Paṭid. 2(Nī ⊘Paṭid. 2) : yā pana bhikkhunī agilānā telaṁ viññāpetvā bhuñjeyya paṭidesetabbaṁ tāya bhikkhuniyā gārayhaṁ ayye dhammaṁ āpajjiṁ asappāyaṁ pāṭidesanīyaṁ, taṁ paṭidesemī'ti. ■ 불병걸유계(不病乞油戒) / 사분니회과 2 : 若比丘尼 無病 乞油食. 是比丘尼 應向餘比丘尼 悔過言 大姊 我犯可呵法 所不應爲 今向大姊悔過 是名悔過法

Pali-Nip. 224

224(5-3) 고백죄법 제3조

꿀의 요청에 대한 학습계율
[Madhuviññāpanasikkhāpada]

[세존] "어떠한 수행녀이든 환자가 아닌 한, 꿀을 요청하여 먹었다면, '존귀한 자매들이여, 저는 비난받을 만하고 적절하지 못한, 고백죄[532]를 범했는데, 그것을 고백합니다.'라고 고백해야 한다."[533]

---

532) *悔過 : 앞의 학습계율과 마찬가지로 《빠알리율》에서는 '환자였을 때 병이 든 상태에서 요청했다가 병이 낫게 되어 먹거나, 환자의 남은 것을 먹거나, 친척의 것이거나, 초대를 받았거나, 타인을 위한 것이거나, 자신의 재물에 의한 것인 경우이거나, 정신착란자이거나 최초의 범행자인 경우'는 예외이고, 《사분율》에서는 '병이 들어 구했거나, 병자를 위해 구했는데 그가 나누어 주었거나, 자기가 타인을 위해 구했거나 타인이 자기를 위해 구했거나, 구하지 않았는데 저절로 얻었거나, 이 학습계율시설의 원인이 된 최초의 범행자이거나, 정신착란자이거나, 마음이 심란한 자이거나, 애통해 하는 자인 경우'를 예외로 한다.*

533) *• 걸밀식계∅(乞蜜食戒) / Nī-Paṭid. 3(Nī ∅Paṭid. 3) : yā pana bhikkhunī agilānā madhuṁ viññāpetvā bhuñjeyya paṭidesetabbaṁ tāya bhikkhuniyā gārayhaṁ ayye dhammaṁ āpajjiṁ asappāyaṁ pāṭidesanīyaṁ, taṁ paṭidesemī'ti. ■ 불병걸밀계(不病乞蜜戒) / 사분니회과 3 : 若比丘尼 無病 乞蜜食. 是比丘尼 應向餘比丘尼 悔過言 大姉 我犯可呵法 所不應爲 今向大姉悔過 是名悔過法*

Pali-Nip. 225

225(5-4) 고백죄법 제4조

당밀의 요청에 대한 학습계율
[Phāṇitaviññāpanasikkhāpada]

[세존] "어떠한 수행녀이든 환자가 아닌 한, 당밀을 요청하여 먹었다면, '존귀한 자매들이여, 저는 비난받을 만하고 적절하지 못한, 고백죄[534]를 범했는데, 그것을 고백합니다.'라고 고백해야 한다."[535]

---

534) 悔過 : 앞의 학습계율과 마찬가지로 ≪빠알리율≫에서는 '환자였을 때 병이 든 상태에서 요청했다가 병이 낫게 되어 먹거나, 환자의 남은 것을 먹거나, 친척의 것이거나, 초대를 받았거나, 타인을 위한 것이거나, 자신의 재물에 의한 것인 경우이거나, 정신착란자이거나 최초의 범행자인 경우'는 예외이고, ≪사분율≫에서는 '병이 들어 구했거나, 병자를 위해 구했는데 그가 나누어 주었거나, 자기가 타인을 위해 구했거나 타인이 자기를 위해 구했거나, 구하지 않았는데 저절로 얻었거나, 이 학습계율시설의 원인이 된 최초의 범행자이거나, 정신착란자이거나, 마음이 심란한 자이거나, 애통해 하는 자인 경우'를 예외로 한다.

535) • 걸사탕계∅(乞砂糖戒) / Nī-Paṭid. 4(Nī ∅Paṭid. 4) : yā pana bhikkhunī agilānā phāṇitaṁ viññāpetvā bhuñjeyya paṭidesetabbaṁ tāya bhikkhuniyā gārayhaṁ ayye dhammaṁ āpajjiṁ asappāyaṁ pāṭidesanīyaṁ, taṁ paṭidesemī'ti. ■ 불병걸석밀계(不病乞石蜜戒) / 사분니회과 4 : 若比丘尼 無病 乞黑石蜜食. 是比丘尼 應向餘比丘尼 悔過言 大姊 我犯可呵法 所不應爲 今向大姊悔過 是名悔過法

Pali-Nip. 226

226(5-5) 고백죄법 제5조

물고기의 요청에 대한 학습계율
[Macchaviññāpanasikkhāpada]

[세존] "어떠한 수행녀이든 환자가 아닌 한, 물고기를 요청하여 먹었다면, '존귀한 자매들이여, 저는 비난받을 만하고 적절하지 못한, 고백죄[536]를 범했는데, 그것을 고백합니다.'라고 고백해야 한다."[537]

---

536) 悔過 : 앞의 학습계율과 마찬가지로 ≪빠알리율≫에서는 '환자였을 때 병이 든 상태에서 요청했다가 병이 낫게 되어 먹거나, 환자의 남은 것을 먹거나, 친척의 것이거나, 초대를 받았거나, 타인을 위한 것이거나, 자신의 재물에 의한 것인 경우이거나, 정신착란자이거나 최초의 범행자인 경우'는 예외이고, ≪사분율≫에서는 '병이 들어 구했거나, 병자를 위해 구했는데 그가 나누어 주었거나, 자기가 타인을 위해 구했거나 타인이 자기를 위해 구했거나, 구하지 않았는데 저절로 얻었거나, 이 학습계율시설의 원인이 된 최초의 범행자이거나, 정신착란자이거나, 마음이 심란한 자이거나, 애통해 하는 자인 경우'를 예외로 한다.

537) • 걸어식계∅(乞魚食戒) / Nī-Paṭid. 5(Nī ∅Paṭid. 5) : yā [226-227] pana bhikkhunī agilānā maccharin viññāpetvā bhuñjeyya paṭidesetabbaṁ tāya bhikkhuniyā gārayhaṁ ayye dhammaṁ āpajjiṁ asappāyaṁ pāṭidesanīyaṁ, taṁ paṭidesemī'ti. ■ 불병걸어계(不病乞魚戒) / 사분니회과 7 : 若比丘尼 無病 乞魚食. 是比丘尼 應向餘比丘尼 悔過言 大姊 我犯可呵法 所不應爲 今向大姊悔過 是名悔過法

Pali-Nip. 227

227(5-6) 고백죄법 제6조

육고기의 요청에 대한 학습계율
[Maṁsaviññāpanasikkhāpada]

[세존] "어떠한 수행녀이든 환자가 아닌 한, 육고기를 요청하여 먹었다면, '존귀한 자매들이여, 저는 비난받을 만하고 적절하지 못한, 고백죄[538]를 범했는데, 그것을 고백합니다.'라고 고백해야 한다."[539]

---

538) *悔過 : 앞의 학습계율과 마찬가지로 ≪빠알리율≫에서는 '환자였을 때 병이 든 상태에서 요청했다가 병이 낫게 되어 먹거나, 환자의 남은 것을 먹거나, 친척의 것이거나, 초대를 받았거나, 타인을 위한 것이거나, 자신의 재물에 의한 것인 경우이거나, 정신착란자이거나 최초의 범행자인 경우'는 예외이고, ≪사분율≫에서는 '병이 들어 구했거나, 병자를 위해 구했는데 그가 나누어 주었거나, 자기가 타인을 위해 구했거나 타인이 자기를 위해 구했거나, 구하지 않았는데 저절로 얻었거나, 이 학습계율시설의 원인이 된 최초의 범행자이거나, 정신착란자이거나, 마음이 심란한 자이거나, 애통해 하는 자인 경우'를 예외로 한다.*

539) *• 걸육식계∅(乞肉食戒) / Nī-Paṭid. 6(Nī ∅Paṭid. 6) : yā pana bhikkhunī agilānā maṁsaṁ viññāpetvā bhuñjeyya paṭidesetabbaṁ tāya bhikkhuniyā gārayhaṁ ayye dhammaṁ āpajjiṁ asappāyaṁ pāṭidesanīyaṁ, taṁ paṭidesemī'ti. ▪ 불병걸육계(不病乞肉戒) / 사분니회과 8 : 若比丘尼 無病 乞肉食. 是比丘尼 應向餘比丘尼 悔過言 大姊 我犯可呵法 所不應爲 今向大姊悔過 是名悔過法*

Pali-Nip. 228

228(5-7) 고백죄법 제7조

우유의 요청에 대한 학습계율

[Khīraviññāpanasikkhāpada]

[세존] "어떠한 수행녀이든 환자가 아닌 한, 우유를 요청하여 먹었다면, '존귀한 자매들이여, 저는 비난받을 만하고 적절하지 못한, 고백죄[540]를 범했는데, 그것을 고백합니다.'라고 고백해야 한다."[541]

---

540) 悔過 : 앞의 학습계율과 마찬가지로 ≪빠알리율≫에서는 '환자였을 때 병이 든 상태에서 요청했다가 병이 낫게 되어 먹거나, 환자의 남은 것을 먹거나, 친척의 것이거나, 초대를 받았거나, 타인을 위한 것이거나, 자신의 재물에 의한 것인 경우이거나, 정신착란자이거나 최초의 범행자인 경우'는 예외이고, ≪사분율≫에서는 '병이 들어 구했거나, 병자를 위해 구했는데 그가 나누어 주었거나, 자기가 타인을 위해 구했거나 타인이 자기를 위해 구했거나, 구하지 않았는데 저절로 얻었거나, 이 학습계율시설의 원인이 된 최초의 범행자이거나, 정신착란자이거나, 마음이 심란한 자이거나, 애통해 하는 자인 경우'를 예외로 한다.

541) • 걸유식계⊘(乞乳食戒) / Nī-Paṭid. 7(Nī ⊘Paṭid. 7) : yā pana bhikkhunī agilānā khīraṁ viññāpetvā bhuñjeyya paṭidesetabbaṁ tāya bhikkhuniyā gārayhaṁ ayye dhammaṁ āpajjiṁ asappāyaṁ pāṭidesanīyaṁ, taṁ paṭidesemī'ti. ■ 불병걸유계(不病乞乳戒) / 사분니회과 5 : 若比丘尼 無病 乞乳食. 是比丘尼 應向餘比丘尼 悔過言 大姊 我犯可呵法 所不應爲. 今向大姊悔過 是名悔過法

Pali-Nip. 229

229(5-8) 고백죄법 제8조

응유의 요청에 대한 학습계율

[Dadhiviññāpanasikkhāpada]

[세존] "어떠한 수행녀이든 환자가 아닌 한, 응유를 요청하여 먹었다면, 그 수행녀는 '존귀한 자매들이여, 저는 비난받을 만하고 적절하지 못한, 고백죄542)를 범했는데, 그것을 고백합니다.'라고 고백해야 한다."543)

---

542) *悔過 : 앞의 학습계율과 마찬가지로 ≪빠알리율≫에서는 '환자였을 때 병이 든 상태에서 요청했다가 병이 낫게 되어 먹거나, 환자의 남은 것을 먹거나, 친척의 것이거나, 초대를 받았거나, 타인을 위한 것이거나, 자신의 재물에 의한 것인 경우이거나, 정신착란자이거나 최초의 범행자인 경우'는 예외이고, ≪사분율≫에서는 '병이 들어 구했거나, 병자를 위해 구했는데 그가 나누어 주었거나, 자기가 타인을 위해 구했거나 타인이 자기를 위해 구했거나, 구하지 않았는데 저절로 얻었거나, 이 학습계율시설의 원인이 된 최초의 범행자이거나, 정신착란자이거나, 마음이 심란한 자이거나, 애통해 하는 자인 경우'를 예외로 한다.*

543) *• 걸락식계⊘(乞酪食戒) / Nī-Paṭid. 8(Nī ⊘Paṭid. 8) : yā pana bhikkhunī agilānā dadhiṁ viññāpetvā bhuñjeyya paṭidesetabbaṁ tāya bhikkhuniyā gārayhaṁ ayye dhammaṁ āpajjiṁ asappāyaṁ pāṭidesanīyaṁ, taṁ paṭidesemī'ti. ▪ 부병걸락계(不病乞酪戒) / 사분니회과 6 : 若比丘尼 無病 乞酪食. 是比丘尼 應向餘比丘尼 悔過言 大姊 我犯可呵法 所不應爲 今向大姊悔過 是名悔過法*

존귀한 자매들이여,
이와 같이 8개 조항의 고백죄법을
송출했습니다.[544]

이와 관련하여
저는 존귀한 자매들께 묻겠습니다.
이와 관련하여 완전히 청정합니까?
두 번째에도 저는 존귀한 자매들께 묻겠습니다.
이와 관련하여 완전히 청정합니까?
세 번째에도 저는 존귀한 자매들께 묻겠습니다.
이와 관련하여 완전히 청정합니까?

존귀한 자매들께서는
완전히 청정한 까닭에 침묵했으므로
저는 그와 같이 알겠습니다.[545]

고백죄법의 송출이 끝났다.

---

544) •*uddiṭṭhā kho panāyyāyo aṭṭha pāṭidesanīyā dhammā uddesaṁ āgacchanti.* ■*諸大姉 我已說八波羅提提舍尼法*

545) •*tatthāyyāyo pucchāmi kaccīttha parisuddhā? dutiyampi pucchāmi kaccittha parisuddhā? tatiyampi pucchāmi kaccittha parisuddhā? parisuddhetkhothāyyāyo, tasmā tuṇhī. evametaṁ dhārayāmī'ti.* ■*今問 諸大姉 是中清淨不? (如是三說) 諸大姉! 是中清淨, 默然故, 是事如是持.*

제6장 중학죄법의 송출

(Sekhiyuddesa)

존귀한 자매들이여,
이제 이와 같은 [75개 조항의] 중학죄법을
송출하겠습니다.[546)]

546) • ime [228-229] kho panāyyāyo sekhīyā dhammā uddesaṁ āgacchanti. ■ 衆學法 諸大姉. 此衆學戒法 半月半月說, 戒經中來

제1품 원둘레를 두르기
(Parimaṇḍalavagga)

Pali-Nip. 230

230(6-1-1) 중학죄법 제1조
원둘레를 두르기에 대한 학습계율①
[Parimaṇḍalapaṭhamasikkhāpada]

[세존] "'나는 원둘레를 두르도록547) 하의를 입겠다.' 라고 학습규범548)을 지켜야 한다."549)

---

547) parimaṇḍalaṁ : '원둘레를 두르기'를 한역에서는 제정(齊整)을 전원(全圓 : parimaṇḍala)이라고도 한다. '원둘레를 두르기'는 하의로 감싸서 즉, 배꼽바퀴와 양 무릎바퀴를 덮어서 입는 것이다.

548) sekhiya : ≪빠알리율≫에서는 '의도하지 않았거나, 새김을 잃었거나, 알지 못했거나, 환자이거나, 사고가 나거나, 정신착란된 자이거나, 최초의 범행자인 경우'는 예외이고, ≪사분율≫에서는 '이러한 병이 있었거나, 어깨나 팔에 종기가 있어서 내려 입었다든가, 다리나 종아리에 종기가 나서 올려서 입었든가, 승원 안에 있었거나, 이 학습계율시설의 원인이 된 최초의 범행자이거나, 정신착란자이거나, 마음이 심란한 자이거나, 애통해 하는 자인 경우'를 예외로 한다.

549) • 제정착열반승계⊙(齊整著涅槃僧戒) / Nī-Sekh. 1(Khu-Sekh. 1) : parimaṇḍalaṁ nivāsessāmī'ti sikkhā karaṇīyā'ti. ■ 제정착열반승계(齊整著涅槃僧戒) / 사분니중학 1 : 齊整著內衣, 應當學. 제목의 '열반승(涅槃僧)'은 하의를 착의(着衣)할 때에 사용하는 'nivāseti'를 음사한 것처럼 보인다.

Pali-Nip. 231

231(6-1-2) 중학죄법 제2조

원둘레를 두르기에 대한 학습계율②
[Parimaṇḍaladutiyasikkhāpada]

[세존] "'나는 원둘레를 두르도록 상의를 입겠다.'라고 학습규범550)을 지켜야 한다."551)

---

550) sekhiya : 앞의 학습계율과 마찬가지로 ≪빠알리율≫에서는 '의도하지 않았거나, 새김을 잃었거나, 알지 못했거나, 환자이거나, 사고가 나거나, 정신착란된 자이거나, 최초의 범행자인 경우'는 예외이고, ≪사분율≫에서는 '이러한 병이 있었거나, 옆구리 주변에 종기가 있었거나, 승원 안에 있었거나, 이 학습계율시설의 원인이 된 최초의 범행자이거나, 정신착란자이거나, 마음이 심란한 자이거나, 애통해 하는 자인 경우'를 예외로 한다.

551) • 제정착삼의계⊙(齊整著三衣戒) / Nī-Sekh. 2(Khu-Sekh. 2) : parimaṇḍalaṁ pārupissāmī'ti sikkhā karaṇīyā'ti. ■ 제정착오의계(齊整著五衣戒) / 사분니중학 2 : 齊整著五衣 應當學.

Pali-Nip. 232

232(6-1-3) 중학죄법 제3조

단정한 착의에 대한 학습계율①

[Suppaṭicchannapaṭhamasikkhāpada]

[세존] "'나는 단정하게 입고 시정에서 다니겠다.'라고 학습규범552)을 지켜야 한다."553)

---

552) sekhiya : 《빠알리율》에서는 '의도하지 않았거나, 새김을 잃었거나, 알지 못했거나, 환자이거나, 사고가 일어났거나, 정신착란된 자이거나, 최초의 범행자인 경우'는 예외이고, 《사분율》에서는 '(그렇지 못할 경우) 이러한 병이 있었거나, 결박을 당했거나, 바람이 불어 옷이 몸에서 벗겨졌거나, 이 학습계율시설의 원인이 된 최초의 범행자이거나, 정신착란자이거나, 마음이 심란한 자이거나, 애통해 하는 자인 경우'를 예외로 한다.

553) • 복신계⊙(覆身戒) / Nī-Sekh. 3(Khu-Sekh. 3) : supaṭicchanno antaraghare gamissāmī'ti sikkhā karaṇīyā'ti. ■ 복신계(覆身戒) / 사분니중학 18 : 好覆身 入白衣舍, 應當學.

Pali-Nip. 233

233(6-1-4) 중학죄법 제4조

단정한 착의에 대한 학습계율②
[Suppaṭicchannadutiyasikkhāpada]

[세존] "'나는 단정하게 입고 시정에서 앉겠다.'라고 학습규범554)을 지켜야 한다."555)

---

554) sekhiya : 《빠알리율》에서는 '의도하지 않았거나, 새김을 잃었거나, 알지 못했거나, 환자이거나, 사고가 일어났거나, 안거의 처소로 갔거나, 정신착란된 자이거나, 최초의 범행자인 경우'는 예외이고, 앞의 학습계율과 마찬가지로 《사분율》에서는 '(그렇지 못할 경우) 이러한 병이 있었거나, 결박을 당했거나, 바람이 불어 옷이 몸에서 벗겨졌거나, 이 학습계율시설의 원인이 된 최초의 범행자이거나, 정신착란자이거나, 마음이 심란한 자이거나, 애통해 하는 자인 경우'를 예외로 한다.

555) • 복신좌계⊙(覆身坐戒) / Nī-Sekh. 4(Khu-Sekh. 4) : supaṭicchanno antaraghare nisīdissāmī'ti sikkhā karaṇīyā'ti. ■ 복신좌계(覆身坐戒) / 사분니중학 19 : 好覆身 白衣舍坐, 應當學.

Pali-Nip. 234

234(6-1-5) 중학죄법 제5조

위의의 수호에 대한 학습계율①
[Susaṁvutapaṭhamasikkhāpada]

[세존] "'나는 위의를 잘 수호하고 시정에서 다니겠다.' 라고 학습규범556)을 지켜야 한다."557)

---

556) 學 : ≪빠알리율≫에서는 '의도하지 않았거나, 새김을 잃었거나, 알지 못했거나, 환자이거나, 사고가 일어났거나, 정신착란된 자이거나, 최초의 범행자인 경우'는 예외이다.

557) • 정위의계⊙(正威儀戒) / Nī-Sekh. 5(Khu-Sekh. 5) : susaṁvuto antaragharе gamissāmī'ti sikkhā karaṇīyā'ti.

Pali-Nip. 235

235(6-1-6) 중학죄법 제6조

위의의 수호에 대한 학습계율②

[Susaṁvutadutiyasikkhāpada]

[세존] "'나는 위의를 잘 수호하고 시정에서 앉겠다.'라고 학습규범558)을 지켜야 한다."559)

558) 學 : ≪빠알리율≫에서는 '의도하지 않았거나, 새김을 잃었거나, 알지 못했거나, 환자이거나, 사고가 일어났거나, 정신착란된 자이거나, 최초의 범행자인 경우'는 예외이다.

559) • 정위의좌계⊙(正威儀坐戒) / Nī-Sekh. 6(Khu-Sekh. 6) : susaṁvuto antaraghare nisīdissāmī'ti sikkhā karaṇīyā'ti.

Pali-Nip. 236

236(6-1-7) 중학죄법 제7조

눈의 하방주시에 대한 학습계율①
[Okkhittacakkhupaṭhamasikkhāpada]

[세존] "'나는 눈을 아래로 주시하고[560] 시정에서 다니겠다.'라고 학습규범[561]을 지켜야 한다."[562]

---

560) okkhittacakkhunā : Smp. 890에서는 '아래로 눈을 던지고'라고 되어 있는데, Bd. III. 122에 따르면, '쟁기의 거리만큼 앞을 보며 하방으로 주시하고'의 뜻이다. Stn. 411을 참조하라: '눈을 아래로 뜨고 새김을 확립하고 있다.' Manu. VI-6-8에 따르면, '생물을 완전하게 보호하기 위해서는 낮으로나 밤으로나 항상 신체에 고통이 있더라도 지상을 세밀하게 조사하면서 거닐어야 한다.'라고 되어있다.

561) sekhiya : 《빠알리율》에서는 '의도하지 않았거나, 새김을 잃었거나, 알지 못했거나, 환자이거나, 사고가 일어났거나, 정신착란된 자이거나, 최초의 범행자인 경우'는 예외이고, 《사분율》에서는 '이러한 병이 있었거나, 시간을 알기 위해 해를 올려다 보았거나, 목숨이 위태롭거나 청정행이 어려워서 좌우로 길을 찾아 도망가고자 했거나, 이 학습계율시설의 원인이 된 최초의 범행자이거나, 정신착란자이거나, 마음이 심란한 자이거나, 애통해 하는 자인 경우'를 예외로 한다.

562) • 시하방계⊙(視下方戒) / Nī-Sekh. 7(Khu-Sekh. 7) : okkhīttacakkhunā antaraghare gamissāmī'ti sikkhā karaṇīyā'ti. ■ 좌우고시계(左右顧視戒) / 사분니중학 20 : 不得左右顧視 入白衣舍, 應當學.

Pali-Nip. 237

237(6-1-8) 중학죄법 제8조

눈의 하방주시에 대한 학습계율②

[Okkhittacakkhudutiyasikkhāpada]

[세존] "'나는 눈을 아래로 주시하고 시정에서 앉겠다.' 라고 학습규범563)을 지켜야 한다."564)

---

563) sekhiya : 빠알리문에는 '눈을 아래로 주시하고 시정에서 다니겠다.'라고 되어 있다. ≪빠알리율≫에서는 '의도하지 않았거나, 새김을 잃었거나, 알지 못했거나, 환자이거나, 사고가 일어났거나, 안거의 처소로 갔거나, 정신착란된 자이거나, 최초의 범행자인 경우'는 예외이고, 앞의 학습계율과 마찬가지로 ≪사분율≫에서는 '이러한 병이 있었거나, 시간을 알기 위해 해를 올려다 보았거나, 목숨이 위태롭거나 청정행이 어려워서 좌우로 길을 찾아 도망가고자 했거나, 이 학습계율시설의 원인이 된 최초의 범행자이거나, 정신착란자이거나, 마음이 심란한 자이거나, 애통해 하는 자인 경우'를 예외로 한다.

564) • 시하방좌계⊙(視下方坐戒) / Nī-Sekh. 8(Khu-Sekh. 8) : okkhittacakkhunā [230-231] antaraghare nisīdissāmī'ti sikkhā karaṇīyā'ti. ■좌우고시좌계(左右顧視坐戒) / 사분니중학 21 : 不得左右顧視 白衣舍坐, 應當學.

Pali-Nip. 238

238(6-1-9) 중학죄법 제9조

옷을 치켜 올림에 대한 학습계율①

[Ukkhittakapaṭhamasikkhāpada]

[세존] "'나는 옷을 치켜 올리고[565] 시정에서 다니지 않겠다.'라고 학습규범[566]을 지켜야 한다."[567]

---

565) ukkhittakāya : Smp. 891에 따르면, '한쪽이나 양쪽의 옷을 치켜 올리고'라는 뜻이다.

566) sekhiya : 《빠알리율》에서는 '의도하지 않았거나, 새김을 잃었거나, 알지 못했거나, 환자이거나, 사고가 나거나, 정신착란된 자이거나, 최초의 범행자인 경우'는 예외이고, 《사분율》에서는 '이러한 병이 있었거나, 옆구리 주변에 종기가 있었거나, 승원 안에 있었거나, 이 학습계율시설의 원인이 된 최초의 범행자이거나, 정신착란 자이거나, 마음이 심란한 자이거나, 애통해 하는 자인 경우'를 예외로 한다.

567) • 반초의계⊙(反抄衣戒) / Nī-Sekh. 9(Khu-Sekh. 9) : na ukkhittakāya antaraghare gamissāmī'ti sikkhā karaṇīyā'ti. ■ 반초의계(反抄衣戒) / 사분니중학 3 : 不得反抄衣, 入白衣舍, 應當學.

Pali-Nip. 239

239(6-1-10) 중학죄법 제10조

옷을 치켜 올림에 대한 학습계율②

[Ukkhittakadutiyasikkhāpada]

[세존] "'나는 옷을 치켜 올리고 시정에서 앉아 있지 않겠다.'라고 학습규범568)을 지켜야 한다."569)

제1품 원둘레를 두르기가 끝났다.

---

568) sekhiya : 앞의 학습계율과 마찬가지로 《빠알리율》에서는 '의도하지 않았거나, 새김을 잃었거나, 알지 못했거나, 환자이거나, 사고가 나거나, 정신착란된 자이거나, 최초의 범행자인 경우'는 예외이고, 《사분율》에서는 '이러한 병이 있었거나, 옆구리 주변에 종기가 있었거나, 승원 안에 있었거나, 이 학습계율시설의 원인이 된 최초의 범행자이거나, 정신착란자이거나, 마음이 심란한 자이거나, 애통해 하는 자인 경우'를 예외로 한다.

569) • 반초의좌계⊙(反抄衣坐戒) / Nī-Sekh. 10(Khu-Sekh. 10) : na ukkhittakāya antaraghare nisīdissāmī'ti sikkhā karaṇīyā'ti. ■ 반초의좌계(反抄衣坐戒) / 사분니중학 4 : 不得反抄衣, 白衣舍坐, 應當學.

제2품 큰 웃음
(Ujjagghikāvagga)

Pali-Nip. 240

240(6-2-1) 중학죄법 제11조

큰 웃음에 대한 학습계율①
[Ujjagghikapaṭhamasikkhāpada]

[세존] "'나는 큰 웃음을 치면서 시정에서 다니지 않겠다.'라고 학습규범570)을 지켜야 한다."571)

---

570) sekhiya : ≪빠알리율≫에서는 '의도하지 않았거나, 새김을 잃었거나, 알지 못했거나, 환자이거나, 웃을 만한 일이 있을 때 미소짓거나, 사고가 일어났거나, 정신착란된 자이거나, 최초의 범행자인 경우'를 예외로 하고, ≪사분율≫에서는 '이러한 병이 있었거나, 입술이 아파서 치아를 덮지 못했거나, 가르침을 생각하고 기뻐서 웃었거나, 이 학습계율시설의 원인이 된 최초의 범행자이거나, 정신착란자이거나, 마음이 심란한 자이거나, 애통해 하는 자인 경우'를 예외로 한다.

571) • 홍소계⊙(哄笑戒) / Nī-Sekh. 11(Khu-Sekh. 11) : na ujjagghikāya antaraghare gamissāmī'ti sikkhā karaṇīyā'ti. ■ 희소계(戲笑戒) / 사분니중학 24 : 不得戲笑 入白衣舍, 應當學.

Pali-Nip. 241

241(6-2-2) 중학죄법 제12조

큰 웃음에 대한 학습계율②

[Ujjagghikadutiyasikkhāpada]

[세존] "'나는 큰 웃음을 치면서 시정에서 앉아 있지 않겠다.'라고 학습규범572)을 지켜야 한다."573)

---

572) *sekhiya : 앞의 학습계율과 마찬가지로 《빠알리율》에서는 '의도하지 않았거나, 새김을 잃었거나, 알지 못했거나, 환자이거나, 웃을 만한 일이 있을 때 미소짓거나, 사고가 일어났거나, 정신착란된 자이거나, 최초의 범행자인 경우'를 예외로 하고, 《사분율》에서는 '이러한 병이 있었거나, 입술이 아파서 치아를 덮지 못했거나, 가르침을 생각하고 기뻐해서 웃었거나, 이 학습계율시설의 원인이 된 최초의 범행자이거나, 정신착란자이거나, 마음이 심란한 자이거나, 애통해 하는 자인 경우'를 예외로 한다.*

573) *• 홍소좌계⊙(哄笑坐戒) / Nī-Sekh. 12(Khu-Sekh. 1 2) : na ujjagghikāya antaraghare nisīdissāmī'ti sikkhā karaṇīyā'ti. ■ 희소좌계(戲笑坐戒) / 사분니중학 25 : 不得戲笑 白衣舍坐, 應當學.*

Pali-Nip. 242

242(6-2-3) 중학죄법 제13조

큰 소리에 대한 학습계율①
[Uccasaddapaṭhamasikkhāpada]

[세존] "'나는 큰 소리를 치면서 시정에서 다니지 않겠다.'라고 학습규범574)을 지켜야 한다."575)

---

574) sekhiya : ≪빠알리율≫에서는 '의도하지 않았거나, 새김을 잃었거나, 알지 못했거나, 환자이거나, 사고가 일어났거나, 정신착란된 자이거나, 최초의 범행자인 경우'는 예외이고, ≪사분율≫에서는 '이러한 병이 있어 큰 소리를 불러야 했거나, 청각장애인이어서 소리를 듣지 못했거나, 큰 소리로 부탁을 했거나, 큰 소리로 음식을 나누어주었거나, 목숨이 위태롭거나 청정행이 어려워 큰 소리를 내고 달아났거나, 이 학습계율시설의 원인이 된 최초의 범행자이거나, 정신착란자이거나, 마음이 심란한 자이거나, 애통해 하는 자인 경우'를 예외로 한다.

575) • 저성행계⊙(低聲行戒) / Nī-Sekh. 13(Khu-Sekh. 1 3) : appasaddo antaraghare gammissāmī'ti sikkhā karaṇīyā'ti. ▪ 정묵계(靜默戒) / 사분니중학 22 : 靜默 入白衣舍, 應當學.

Pali-Nip. 243

243(6-3-4) 중학죄법 제14조

큰 소리에 대한 학습계율②

[Uccasaddadutiyasikkhāpada]

[세존] "'나는 큰 소리를 치면서 시정에서 앉아 있지 않겠다.'라고 학습규범576)을 지켜야 한다."577)

---

576) sekhiya : 앞의 학습계율과 마찬가지로 《빠알리율》에서는 '의도하지 않았거나, 새김을 잃었거나, 알지 못했거나, 환자이거나, 사고가 일어났거나, 정신착란된 자이거나, 최초의 범행자인 경우'는 예외이고, 《사분율》에서는 '이러한 병이 있어 큰 소리를 불러야 했거나, 청각장애인이어서 소리를 듣지 못했거나, 큰 소리로 부탁을 했거나, 큰 소리로 음식을 나누어주었거나, 목숨이 위태롭거나 청정행이 어려워 큰 소리를 내고 달아났거나, 이 학습계율시설의 원인이 된 최초의 범행자이거나, 정신착란자이거나, 마음이 심란한 자이거나, 애통해 하는 자인 경우'를 예외로 한다.

577) • 저성좌계⊙(低聲坐戒) / Nī-Sekh. 14(Khu-Sekh. 1 4) : appa-saddo antaraghare nisīdissāmī'ti sikkhā karaṇīyā'ti. ■ 정묵좌계(靜默坐戒) / 사분니중학 23 : 靜默 白衣舍坐, 應當學.

Pali-Nip. 244

244(6-2-5) 중학죄법 제15조

몸 흔들기에 대한 학습계율①

[Kāyappacālakapaṭhamasikkhāpada]

[세존] "'나는 몸을 흔들면서 시정에서 다니지 않겠다.'라고 학습규범578)을 지켜야 한다."579)

---

578) sekhiya : 《빠알리율》에서는 '의도하지 않았거나, 새김을 잃었거나, 알지 못했거나, 환자이거나, 사고가 일어났거나, 정신착란된 자이거나, 최초의 범행자인 경우'는 예외이고, 《사분율》에서는 '이러한 병이 있었거나, 타인이 때리거나 사나운 코끼리 등이 와서 피했거나, 구덩이·도랑·진흙탕을 건너면서 몸을 흔들었다든가, 옷을 입을 때에 몸을 돌려 단정한지를 살펴보았거나, 이 학습계율시설의 원인이 된 최초의 범행자이거나, 정신착란자이거나, 마음이 심란한 자이거나, 애통해 하는 자인 경우'를 예외로 한다.

579) • 요신계⊙(搖身戒) / Nī-Sekh. 15(Khu-Sekh. 15) : na kāyappacālakaṁ antaraghare gāmissāmī'ti sikkhā karaṇīyā'ti. ■ 요신계(搖身戒) / 사분니중학 14 : 不得搖身 入白衣舍, 應當學.

Pali-Nip. 245

245(6-2-6) 중학죄법 제16조

몸 흔들기에 대한 학습계율②

[Kāyappacālakadutiyasikkhāpada]

[세존] "'나는 몸을 흔들면서 시정에서 앉아 있지 않겠다.'라고 학습규범580)을 지켜야 한다."581)

---

580) sekhiya : ≪빠알리율≫에서는 '의도하지 않았거나, 새김을 잃었거나, 알지 못했거나, 환자이거나, 안거의 처소로 갔거나, 사고가 일어났거나, 정신착란된 자이거나, 최초의 범행자인 경우'는 예외이고, 앞의 학습계율과 마찬가지로 ≪사분율≫에서는 '이러한 병이 있었거나, 타인이 때리거나 사나운 코끼리 등이 와서 피했거나, 구덩이·도랑·진흙탕을 건너면서 몸을 흔들었다든가, 옷을 입을 때에 몸을 돌려 단정한지를 살펴보았거나, 이 학습계율시설의 원인이 된 최초의 범행자이거나, 정신착란자이거나, 마음이 심란한 자이거나, 애통해 하는 자인 경우'를 예외로 한다.

581) • 요신좌계⊙(搖身坐戒) / Nī-Sekh. 16(Khu-Sekh. 16) : na kāyappacālakaṁ antaraghare nisīdassāmī'ti sikkhā karaṇīyā'ti. ■ 요신좌계(搖身坐戒) / 사분니중학 15 : 不得搖身 白衣舍坐, 應當學.

Pali-Nip. 246

246(6-2-7) 중학죄법 제17조

팔 흔들기에 대한 학습계율①

[Bāhuppacālakapaṭhamasikkhāpada]

[세존] "'나는 팔을 흔들면서 시정에서 다니지 않겠다.'라고 학습규범[582]을 지켜야 한다."[583]

---

582) *sekhiya : ≪빠알리율≫에서는 '의도하지 않았거나, 새김을 잃었거나, 알지 못했거나, 환자이거나, 안거의 처소로 갔거나, 사고가 일어났거나, 정신착란된 자이거나, 최초의 범행자인 경우'는 예외이고, 앞의 학습계율과 마찬가지로 ≪사분율≫에서는 '이러한 병이 있었거나, 타인이 때리거나 사나운 코끼리 등이 와서 피했거나, 구덩이·도랑·진흙탕을 건너면서 몸을 흔들었다든가, 옷을 입을 때에 몸을 돌려 단정한지를 살펴보았거나, 이 학습계율시설의 원인이 된 최초의 범행자이거나, 정신착란자이거나, 마음이 심란한 자이거나, 애통해 하는 자인 경우'를 예외로 한다.*

583) *• 도비계⊙(掉臂戒) / Nī-Sekh. 17(Khu-Sekh. 17) : na [232-233] bāhuppacālakaṁ antaraghare gamissatī'ti sikkhā karaṇīyā'ti. ▪ 도비계(掉臂戒) / 사분니중학 16 : 不得掉臂 入白衣舍, 應當學.*

Pali-Nip. 247

247(6-2-8) 중학죄법 제18조

팔 흔들기에 대한 학습계율②

[Bāhuppacālakadutiyasikkhāpada]

[세존] "'나는 팔을 흔들면서 시정에서 앉아 있지 않겠다.'라고 학습규범584)을 지켜야 한다."585)

---

584) *學 · ≪빠알리율≫에서는 '의도하지 않았거나, 새김을 잃었거나, 알지 못했거나, 환자이거나, 안거의 처소로 갔던가, 사고가 일어났거나, 정신착란된 자이거나, 최초의 범행자인 경우'는 예외이고, 앞의 학습계율과 마찬가지로 ≪사분율≫에서는 '이러한 병이 있었거나, 타인이 때려서 손을 들어 막았거나, 사나운 코끼리 등이 와서 손을 들어 막았거나, 물을 건너거나 구덩이 · 도랑 · 진흙탕을 건너거나 도반과 함께 가다가 따라가지 못해 손으로 불렀거나, 이 학습계율시설의 원인이 된 최초의 범행자이거나, 정신착란자이거나, 마음이 심란한 자이거나, 애통해 하는 자인 경우'를 예외로 한다.*

585) *• 도비좌계⊙(掉臂坐戒) / Nī-Sekh. 18(Khu-Sekh. 18) : na bāhuppacālakaṁ antaraghare nisīdissatī'ti sikkhā karaṇīyā'ti. ■ 도비좌계(掉臂坐戒) / 사분니중학 17 : 不得掉臂 白衣舍坐, 應當學.*

Pali-Nip. 248

248(6-2-9) 중학죄법 제19조

머리 흔들기에 대한 학습계율①

[Sīsappacālakapaṭhamasikkhāpada]

[세존] "'나는 머리를 흔들면서 시정에서 다니지 않겠다.'라고 학습규범586)을 지켜야 한다."587)

---

586) sekhiya : 《빠알리율》에서는 '의도하지 않았거나, 새김을 잃었거나, 알지 못했거나, 환자이거나, 안거의 처소로 갔거나, 사고가 일어났거나, 정신착란된 자이거나, 최초의 범행자인 경우는 예외이고, 앞의 학습계율과 마찬가지로 《사분율》에서는 '이러한 병이 있었거나, 타인이 때리거나 사나운 코끼리 등이 와서 피했거나, 구덩이·도랑·진흙탕을 건너면서 몸을 흔들었다든가, 옷을 입을 때에 몸을 돌려 단정한지를 살펴보았거나, 이 학습계율시설의 원인이 된 최초의 범행자이거나, 정신착란자이거나, 마음이 심란한 자이거나, 애통해 하는 자인 경우'를 예외로 한다.

587) • 요두계⊙(搖頭戒) / Nī-Sekh. 19(Khu-Sekh. 19) : na sīsappacālakaṁ antaraghare gāmissamī'ti sikkhā karaṇīyā'ti. ⇒■ 요신좌계(搖身坐戒) / 사분니중학 15 : 不得搖身 白衣舍坐, 應當學.

Pali-Nip. 249

249(6-2-10) 중학죄법 제20조

머리 흔들기에 대한 학습계율②

[Sīsappacālakadutiyasikkhāpada]

[세존] "'나는 머리를 흔들면서 시정에서 앉아 있지 않겠다.'라고 학습규범[588]을 지켜야 한다."[589]

제2품 큰 웃음이 끝났다.

---

588) *sekhiya : 앞의 학습계율과 마찬가지로 ≪빠알리율≫에서는 '의도하지 않았거나, 새김을 잃었거나, 알지 못했거나, 환자이거나, 안거의 처소로 갔거나, 사고가 일어났거나, 정신착란된 자이거나, 최초의 범행자인 경우'는 예외이고, 앞의 학습계율과 마찬가지로 ≪사분율≫에서는 '이러한 병이 있었거나, 타인이 때리거나 사나운 코끼리 등이 와서 피했거나, 구덩이·도랑·진흙탕을 건너면서 몸을 흔들었다든가, 옷을 입을 때에 몸을 돌려 단정한지를 살펴보았거나, 이 학습계율시설의 원인이 된 최초의 범행자이거나, 정신착란자이거나, 마음이 심란한 자이거나, 애통해 하는 자인 경우'를 예외로 한다.*

589) *• 요두좌계⊙(搖頭坐戒) / Nī-Sekh. 20(Khu-Sekh. 20) : na sīsappacālakaṁ antaraghare nisīdissamī'ti sikkhā karaṇīyā'ti. ⇒■ 요신좌계(搖身坐戒) / 사분니중학 15 : 不得搖身 白衣舍坐, 應當學.*

제3품 차요(扠腰)
(Khambhakatavagga)

Pali-Nip. 250

250(6-3-1) 중학죄법 제21조

차요(扠腰)에 대한 학습계율①
[Khambhakatapaṭhamasikkhāpada]

[세존] "'나는 손을 허리에 대고 팔꿈치를 벌리고 시정에서 다니지 않겠다.'라고 학습규범590)을 지켜야 한다."591)

590) sekhiya : ≪빠알리율≫에서는 '의도하지 않았거나, 새김을 잃었거나, 알지 못했거나, 환자이거나, 안거의 처소로 갔거나, 사고가 일어났거나, 정신착란된 자이거나, 최초의 범행자인 경우'는 예외이고, ≪사분율≫에서는 '이러한 병이 있었거나, 옆구리 아래에 종기가 생겼거나, 승원 안에 있었거나, 이 학습계율시설의 원인이 된 최초의 범행자이거나, 정신착란자이거나, 마음이 심란한 자이거나, 애통해 하는 자인 경우'를 예외로 한다.

591) • 차요계⊙(扠腰戒) / Nī-Sekh. 21(Khu-Sekh. 21) : na khambhakato antaraghare gamissāmī'ti sikkhā karaṇīyā'ti. ■ 차요계(叉腰戒) / 사분니중학 12 : 不得叉腰 入白衣舍, 應當學.

Pali-Nip. 251

251(6-3-2) 중학죄법 제22조

차요(扠腰)에 대한 학습계율②

[Khambhakatadutiyasikkhāpada]

[세존] "'나는 손을 허리에 대고 팔꿈치를 벌리고 시정에서 앉아 있지 않겠다.'라고 학습규범592)을 지켜야 한다."593)

---

592) *sekhiya : 앞의 학습계율과 마찬가지로 《빠알리율》에서는 '의도하지 않았거나, 새김을 잃었거나, 알지 못했거나, 환자이거나, 안거의 처소로 갔거나, 사고가 일어났거나, 정신착란된 자이거나, 최초의 범행자인 경우'는 예외이고, 《사분율》에서는 '이러한 병이 걸렸거나, 옆구리 아래에 종기가 생겼거나, 승원 안에 있었거나, 이 학습계율시설의 원인이 된 최초의 범행자이거나, 정신착란자이거나, 마음이 심란한 자이거나, 애통해 하는 자인 경우'를 예외로 한다.*

593) *• 차요좌계⊙(扠腰坐戒) / Nī-Sekh. 22(Khu-Sekh. 22) : na khambhakato antaraghare nisīdissāmī'ti sikkhā karaṇīyā'ti. ■ 차요좌계(叉腰坐戒) / 사분니중학 13 : 不得叉腰 白衣舍坐, 應當學.*

Pali-Nip. 252

252(6-3-3) 중학죄법 제23조

머리까지 옷을 두르기에 대한 학습계율①

[Oguṇṭhitapaṭhamasikkhāpada]

[세존] "'나는 머리까지 옷을 두르고 시정에서 다니지 않겠다.'라고 학습규범594)을 지켜야 한다."595)

---

594) sekhiya : ≪빠알리율≫에서는 '의도하지 않았거나, 새김을 잃었거나, 알지 못했거나, 환자이거나, 안거의 처소로 갔거나, 사고가 일어났거나, 정신착란된 자이거나, 최초의 범행자인 경우'는 예외이고, ≪사분율≫에서는 '이러한 병이 있었거나, 감기가 들었거나, 머리에 종기가 났거나, 목숨이 위태롭거나 청정행이 어려워 머리를 덮고 갔거나, 이 학습계율시설의 원인이 된 최초의 범행자이거나, 정신착란자이거나, 마음이 심란한 자이거나, 애통해 하는 자인 경우'를 예외로 한다.

595) • 복두계⊙(覆頭戒) / Nī-Sekh. 23(Khu-Sekh. 23) : na oguṇṭhito antaragháre gammissāmī'ti sikkhā karaṇīyā'ti. ▪ 복두계(覆頭戒) / 사분니중학 7 : 不得覆頭 入白衣舍, 應當學.

Pali-Nip. 253

253(6-3-4) 중학죄법 제24조

머리까지 옷을 두르기에 대한 학습계율②

[Oguṇṭhitadutiyasikkhāpada]

[세존] "'나는 머리까지 옷을 두르고 시정에서 앉아 있지 않겠다.'라고 학습규범596)을 지켜야 한다."597)

---

596) sekhiya : 앞의 학습계율과 마찬가지로 《빠알리율》에서는 '의도하지 않았거나, 새김을 잃었거나, 알지 못했거나, 환자이거나, 안거의 처소로 갔거나, 사고가 일어났거나, 정신착란된 자이거나, 최초의 범행자인 경우'는 예외이고, 《사분율》에서는 '이러한 병이 있었거나, 감기가 들었거나, 머리에 종기가 났거나, 목숨이 위태롭거나 청정행이 어려워 머리를 덮고 갔거나, 이 학습계율시설의 원인이 된 최초의 범행자이거나, 정신착란자이거나, 마음이 심란한 자이거나, 애통해 하는 자인 경우'를 예외로 한다.

597) • 복두좌계⊙(覆頭坐戒) / Nī-Sekh. 24(Khu-Sekh. 24) : na oguṇṭhīto antaraghare nisīdissāmī'ti sikkhā karaṇīyā'ti. ■ 복두좌계(覆頭坐戒) / 사분니중학 8 : 不得覆頭 白衣舍坐, 應當學.

Pali-Nip. 254

254(6-3-5) 중학죄법 제25조

웅크린 자세로 걷기에 대한 학습계율
[Ukkuṭikasikkhāpada]

[세존] "'나는 웅크린 자세로 시정에서 다니지 않겠다.'라고 학습규범598)을 지켜야 한다."599)

---

598) sekhiya : 《빠알리율》에서는 의도하지 않았거나, 새김을 잃었거나, 알지 못했거나, 환자이거나, 웃을 만한 일이 있을 때 미소짓거나, 사고가 일어났거나, 정신착란된 자이거나, 최초의 범행자인 경우는 예외이고, 《사분율》에서는 '이러한 병이 있었거나, 엉덩이 주변에 종기가 났거나, 줄 것이 있었거나, 절할 때였거나, 참회할 때였거나, 가르침을 받을 때였거나, 이 학습계율시설의 원인이 된 최초의 범행자이거나, 정신착란자이거나, 마음이 심란한 자이거나, 애통해 하는 자인 경우'를 예외로 한다.

599) ■슬행계⊙(膝行戒) / Nī-Sekh. 25(Khu-Sekh. 25) : na ukkuṭikāya antaraghare gāmissāmī'ti sikkhā karaṇīyā'ti. ⇒■준좌계(蹲坐戒) / 사분니중학 11 : 不得蹲坐 白衣舍內, 應當學.

Pali-Nip. 255

255(6-3-6) 중학죄법 제26조

빈둥거리는 자세로 앉기에 대한 학습계율
[Pallatthikasikkhāpada]

[세존] "'나는 빈둥거리는 자세로 시정에서 앉아 있지 않겠다.'라고 학습규범600)을 지켜야 한다."601)

---

600) sekhiya : ≪빠알리율≫에서는 '의도하지 않았거나, 새김을 잃었거나, 알지 못했거나, 환자이거나, 우기의 처소로 갔거나, 사고가 일어났거나, 정신착란된 자이거나, 최초의 범행자인 경우'는 예외이다.

601) • 난자계⊙(亂姿戒) / Nī-Sekh. 26(Khu-Sekh. 26) : na [234-235] pallatthikāya antaraghare nisīdissāmī'ti sikkhā karaṇīyā'ti.

Pali-Nip. 256

256(6-3-7) 중학죄법 제27조

탁발음식 공손히 받기에 대한 학습계율
[Sakkaccapaṭiggahaṇasikkhāpada]

[세존] "'나는 공손하게 탁발음식을 받겠다.'라고 학습 규범[602]을 지켜야 한다."[603]

---

602) sekhiya : 《빠알리율》에서는 '의도하지 않았거나, 새김을 잃었거나, 알지 못했거나, 환자이거나, 사고가 일어났거나, 정신착란된 자이거나, 최초의 범행자인 경우'는 예외이고, 《사분율》에서는 '이러한 병이 있었거나, 발우가 작아서 공양할 때 밥을 흘렸거나, 탁자 위에 떨어졌거나, 이 학습계율시설의 원인이 된 최초의 범행자이거나, 정신착란자이거나, 마음이 심란한 자이거나, 애통해 하는 자인 경우'를 예외로 한다.

603) • 용의수식계⊙(用意受食戒) / Nī-Sekh. 27(Khu-Sekh. 27) : sakkaccaṁ piṇḍapātaṁ paṭiggahessāmī'ti sikkhā karaṇīyā'ti. ■ 정의수식계(正意受食戒) / 사분니중학 26 : 正意受食, 應當學.

Pali-Nip. 257

257(6-3-8) 중학죄법 제28조

발우에 주시하며 받기에 대한 학습계율

[Pattasaññīpaṭiggahaṇasikkhāpada]

[세존] "'나는 발우에 주시하면서 탁발음식을 받겠다.'라고 학습규범604)을 지켜야 한다."605)

---

604) *sekhiya : 《빠알리율》에서는 '의도하지 않았거나, 새김을 잃었거나, 알지 못했거나, 환자이거나, 사고가 일어났거나, 정신착란된 자이거나, 최초의 범행자인 경우'는 예외이고, 《사분율》에서는 '이러한 병이 있었거나, 옆자리의 비구니가 병들었거나 눈이 어두워 대신 받아주었거나 얻었는지 받았는지 봐 주었거나, 정오인지를 고개를 들어 쳐다보았거나, 목숨이 위태롭거나 청정행이 어려워 도망가려고 좌우를 살폈거나, 이 학습계율시설의 원인이 된 최초의 범행자이거나, 정신착란자이거나, 마음이 심란한 자이거나, 애통해 하는 자인 경우'를 예외로 한다.*

605) *• 주시발계⊙(注視鉢戒) / Nī-Sekh. 28(Khu-Sekh. 28) : pattasaññinā piṇḍapātaṁ paṭiggahessāmī'ti sikkhā karaṇīyā'ti. ■ 계발상식계(繫鉢想食戒) / 사분니중학 35 : 當繫鉢想食, 應當學.*

Pali-Nip. 258

258(6-3-9) 중학죄법 제29조

적량 카레의 탁발에 대한 학습계율
[Samasūpakapaṭiggahaṇasikkhāpada]

[세존] "'나는 탁발음식을 받으면서 적량의 카레를 받겠다.'라고 학습규범606)을 지켜야 한다."607)

---

606) sekhiya : 《빠알리율》에서는 '의도하지 않았거나, 새김을 잃었거나, 알지 못했거나, 환자이거나, 다른 풍미가 있는 것이 있었거나, 친척의 것이었거나, 제공되었거나, 사고가 일어났거나, 정신착란된 자이거나, 최초의 범행자인 경우'는 예외이고, 《사분율》에서는 '이러한 병이 있었거나, 바로 밥이 필요했으나 국이 필요하지 않았든가, 바로 국이 필요했으나 밥은 필요하지 않았든가, 정오가 지나려고 했거나, 목숨이 위태로웠거나 청정행이 어려웠거나, 이 학습계율시설의 원인이 된 최초의 범행자이거나, 정신착란자이거나, 마음이 심란한 자이거나, 애통해 하는 자인 경우'를 예외로 한다.

607) • 갱반적량수계⊙(羹飯適量受戒) / Nī-Sekh. 29(Khu-Sekh. 29) : samasūpakaṁ piṇḍapātaṁ paṭiggahessāmī'ti sikkhā karaṇīyā'ti. ■ 갱반등식계(羹飯等食戒) / 사분니중학 29 : 羹飯俱食, 應當學.

Pali-Nip. 259

259(6-3-10) 중학죄법 제30조

알맞은 정도에 대한 학습계율

[Samatitthikasikkhāpada]

[세존] "'나는 탁발음식을 받으면서 발우에 알맞은 정도로608) 받겠다.'라고 학습규범609)을 지켜야 한다."610)

제3품 차요(扠腰)가 끝났다.

---

608) samatitthikaṁ : Smp. 892에 따르면, 발우에 평평하게 채워진 것을 뜻한다.

609) sekhiya : 앞의 학습계율과 마찬가지로 《빠알리율》에서는 '의도하지 않았거나, 새김을 잃었거나, 알지 못했거나, 환자이거나, 사고가 일어났거나, 정신착란된 자이거나, 최초의 범행자인 경우'는 예외이고, 《사분율》에서는 '이러한 병이 있었거나, 발우가 작아서 공양할 때 밥을 흘렸거나, 탁자위에 떨어졌거나, 이 학습계율시설의 원인이 된 최초의 범행자이거나, 정신착란자이거나, 마음이 심란한 자이거나, 애통해 하는 자인 경우'를 예외로 한다.

610) • 수발수식계⊙(手鉢受食戒) / Nī-Sekh. 30(Khu-Sekh. 30) : samatitthikaṁ piṇḍapātaṁ paṭiggahessamī'ti sikkhā karaṇīyā'ti. ■ 평발수반계(平鉢受飯戒) / 사분니중학 27 : 平鉢受飯, 應當學.

제4품 공손
(Sakkaccavagga)

Pali-Nip. 260

260(6-4-1) 중학죄법 제31조
탁발음식 공손히 먹기에 대한 학습계율
[Sakkaccabhuñjanasikkhāpada]

[세존] "'나는 공손하게 탁발음식을 먹겠다.'라고 학습규범611)을 지켜야 한다."612)

---

611) sekhiya : ≪빠알리율≫에서는 '의도하지 않았거나, 새김을 잃었거나, 알지 못했거나, 환자이거나, 사고가 일어났거나, 정신착란된 자이거나, 최초의 범행자인 경우'는 예외이고, ≪사분율≫에서는 '이러한 병이 있었거나, 발우가 작아서 공양할 때 밥을 흘렸거나, 탁자 위에 떨어졌거나, 이 학습계율시설의 원인이 된 최초의 범행자이거나, 정신착란자이거나, 마음이 심란한 자이거나, 애통해 하는 자인 경우'를 예외로 한다.

612) • 주의취식계⊙(注意取食戒) / Nī-Sekh. 31(Khu-Sekh. 31) : sakkaccaṁ piṇḍapātaṁ bhuñjissāmī'ti sikkhā karaṇīyā'ti. ⇒■ 정의수식계(正意受食戒) / 사분니중학 26 : 正意受食, 應當學.

Pali-Nip. 261

261(6-4-2) 중학죄법 제32조

발우에 주시하며 먹기에 대한 학습계율
[Pattasaññībhuñjanasikkhāpada]

[세존] "'나는 발우에 주시하면서 탁발음식을 먹겠다.'라고 학습규범613)을 지켜야 한다."614)

---

613) sekhiya : 《빠알리율》에서는 '의도하지 않았거나, 새김을 잃었거나, 알지 못했거나, 환자이거나, 사고가 일어났거나, 정신착란된 자이거나, 최초의 범행자인 경우'는 예외이고, 《사분율》에서는 '이러한 병이 있었거나, 옆자리의 비구니가 병들었거나 눈이 어두워 대신 받아주었거나 얻었는지 받았는지 봐 주었거나, 정오인지를 고개를 들어 쳐다보았거나, 목숨이 위태롭거나 청정행이 어려워 도망가려고 좌우를 살폈거나, 이 학습계율시설의 원인이 된 최초의 범행자이거나, 정신착란자이거나, 마음이 심란한 자이거나, 애통해 하는 자인 경우'를 예외로 한다.

614) • 주의발식계⊙(注意鉢食戒) / Nī-Sekh. 32(Khu-Sekh. 32) : pattasaññī piṇḍapātaṁ bhuñjissāmī'ti sikkhā karaṇīyā'ti. ⇒■ 계발상식계(繫鉢想食戒) / 사분니중학 35 : 當繫鉢想食, 應當學.

Pali-Nip. 262

262(6-4-3) 중학죄법 제33조

순차적으로 먹기에 대한 학습계율

[Sapadānasikkhāpada]

[세존] "'나는 순차적으로 탁발음식을 먹겠다.'라고 학습규범615)을 지켜야 한다."616)

---

615) sekhiya : ≪빠알리율≫에서는 '의도하지 않았거나, 새김을 잃었거나, 알지 못했거나, 환자이거나, 타인에게 줄 때 인내하지 못했거나, 타인의 발우에 채울 때 인내하지 못했거나, 부식(副食)이었거나, 사고가 일어났거나, 정신착란된 자이거나, 최초의 범행자인 경우'는 예외이고, ≪사분율≫에서는 '이러한 병이 있었거나, 밥이 뜨거울까봐 식은 것을 골라 먹었거나, 정오가 지나가려했거나, 목숨이 위태로웠거나 청정행이 어려웠거나, 이 학습계율시설의 원인이 된 최초의 범행자이거나, 정신착란자이거나, 마음이 심란한 자이거나, 애통해 하는 자인 경우'를 예외로 한다.

616) • 이차식계⊙(以次食戒) / Nī-Sekh. 33(Khu-Sekh. 33) : sapadānaṁ piṇḍapātaṁ bhuñjissāmī'ti sikkhā karaṇīyā'ti. ■ 이차식계(以次食戒) / 사분니중학 30 : 以次食, 應當學.

Pali-Nip. 263

263(6-4-4) 중학죄법 제34조

적량 카레의 먹기에 대한 학습계율

[Samasūpakasikkhāpada]

[세존] "'나는 탁발음식을 먹으면서 적량의 카레를 먹겠다.'라고 학습규범617)을 지켜야 한다."618)

---

617) sekhiya : ≪빠알리율≫에서는 '의도하지 않았거나, 새김을 잃었거나, 알지 못했거나, 환자이거나, 다른 풍미가 있는 것이 있었거나, 친척의 것이었거나, 제공되었거나, 사고가 일어났거나, 정신착란된 자이거나, 최초의 범행자인 경우'는 예외이고, ≪사분율≫에서는 '이러한 병이 있었거나, 바로 밥이 필요했으나 국이 필요하지 않았든가, 바로 국이 필요했으나 밥은 필요하지 않았든가, 정오가 지나려고 했거나, 목숨이 위태로웠거나 청정행이 어려웠거나, 이 학습계율시설의 원인이 된 최초의 범행자이거나, 정신착란자이거나, 마음이 심란한 자이거나, 애통해 하는 자인 경우'를 예외로 한다.

618) • 갱반적량식계⊙(羹飯適量食戒) / Nī-Sekh. 34(Khu-Sekh. 34) : samasūpakaṁ [236-237] piṇḍapātaṁ bhuñjissāmī'ti sikkhā karaṇīyā'ti. ⇒ ■ 갱반등식계(羹飯等食戒) / 사분니중학 29 : 羹飯俱食, 應當學.

Pali-Nip. 264

264(6-4-5) 중학죄법 제35조

꼭대기부터 먹기에 대한 학습계율
[Thūpakatasikkhāpada]

[세존] "'나는 꼭대기부터 짓이기지 않고 탁발음식을 먹겠다.'라고 학습규범619)을 지켜야 한다."620)

---

619) sekhiya : 《빠알리율》에서는 '의도하지 않았거나, 새김을 잃었거나, 알지 못했거나, 환자이거나, 소량 남은 것을 한쪽으로 모아서 먹었거나, 사고가 일어났거나, 정신착란된 자이거나, 최초의 범행자인 경우'는 예외이고, 《사분율》에서는 '이러한 병이 있었거나, 밥이 뜨거울까봐 가운데를 파서 먹었거나, 정오가 지나가려했거나, 목숨이 위태로웠거나 청정행이 어려웠거나, 이 학습계율시설의 원인이 된 최초의 범행자이거나, 정신착란자이거나, 마음이 심란한 자이거나, 애통해 하는 자인 경우'를 예외로 한다.

620) • 압중취식계⊙(壓中取食戒) / Nī-Sekh. 35(Khu-Sekh. 35) : na thūpato omadditvā piṇḍapātaṁ bhuñjissāmī'ti sikkhā karaṇīyā'ti. ■ 불도발중앙식계(不挑鉢中央食戒) / 사분니중학 31 : 不得挑鉢中央食, 應當學.

Pali-Nip. 265

265(6-4-6) 중학죄법 제36조

밥으로 덮기에 대한 학습계율
[Odanapaṭicchādanasikkhāpada]

[세존] "'나는 카레나 양념을 더 많이 원하면서 밥으로 덮지 않겠다.'라고 학습규범[621]을 지켜야 한다."[622]

---

621) sekhiya : ≪빠알리율≫에는 '의도하지 않았거나, 새김을 잃었거나, 알지 못했거나, 시주가 덮어서 주었거나, 더 많은 것을 얻고자 원하지 않았거나, 사고가 일어났거나, 정신착란된 자이거나, 최초의 범행자인 이 학습계율시설의 원인이 된 최초의 범행자이거나, 정신착란자이거나, 마음이 심란한 자이거나, 애통해 하는 자인 경우'를 예외로 한다. ≪사분율≫에서는 '이러한 병이 있었거나, 초대를 받았거나, 바로 국이 필요했거나 바로 밥이 필요했거나, 이 학습계율시설의 원인이 된 최초의 범행자이거나, 정신착란자이거나, 마음이 심란한 자이거나, 애통해 하는 자인 경우'를 예외로 한다.

622) • 반복갱계⊙(飯覆羹戒) / Nī-Sekh. 36(Khu-Sekh. 36) : na sūpaṁ vā byañajanaṁ vā odanena paṭicchādessāmi bhiyyokamyataṁ upādāyā'ti sikkhā karaṇīyā'ti. ■ 반복갱계(飯覆羹戒) / 사분니중학 33 : 不得以飯覆羹 更望得, 應當學.

Pali-Nip. 266

266(6-4-7) 중학죄법 제37조

카레나 밥의 요청에 대한 학습계율

[Sūpodanaviññattisikkhāpada]

[세존] "'나는, 환자가 아닌 한, 카레나 밥을 자신을 위해서 요청해서 먹지 않겠다.'라고 학습규범623)을 지켜야 한다."624)

---

623) sekhiya : ≪빠알리율≫에서는 '의도하지 않았거나, 새김을 잃었거나, 알지 못했거나, 시주가 덮어서 주었거나, 더 많은 것을 얻고자 원하지 않았거나, 사고가 일어났거나, 정신착란된 자이거나, 최초의 범행자인 경우'는 예외이고, ≪사분율≫에서는 '병이 나서 스스로 요청했거나, 자기가 타인을 위해서 요청했거나, 타인이 자기를 위해서 요청했거나, 요청하지 않았는데도 얻었거나, 이 학습계율시설의 원인이 된 최초의 범행자이거나, 정신착란자이거나, 마음이 심란한 자이거나, 애통해 하는 자인 경우'를 예외로 한다.

624) • 색갱반계⊙(索羹飯戒) / Nī-Sekh. 37(Khu-Sekh. 37) : na sūpaṁ vā odanaṁ vā agilāno attano atthāya viññāpetvā bhuñjissāmī'ti sikkhā karaṇiyā'ti. ■ 색갱반계(索羹飯戒) / 사분니중학 32 : 無病不得爲己索羹飯, 應當學.

Pali-Nip. 267

267(6-4-8) 중학죄법 제38조

불만의 생각을 지닌 것에 대한 학습계율

[Ujjhānasaññīsikkhāpada]

[세존] "'나는 불만의 생각을 가지고 타인의 발우를 바라보지 않겠다.'라고 학습규범625)을 지켜야 한다."626)

---

625) sekhiya : ≪빠알리율≫에서는 '의도하지 않았거나, 새김을 잃었거나, 알지 못했거나, '내가 주겠다. 내가 주도록 시키겠다.'라고 바라보거나, 불만의 생각이 없었다던가, 사고가 일어났거나, 정신착란된 자이거나, 최초의 범행자인 경우'는 예외이고, ≪사분율≫에서는 '이러한 병이 있었거나, 옆자리의 비구니가 병이 있었거나 눈이 어두워서 음식을 얻었는지 받았는지를 살펴주었거나, 이 학습계율 시설의 원인이 된 최초의 범행자이거나, 정신착란자이거나, 마음이 심란한 자이거나, 애통해 하는 자인 경우'를 예외로 한다.

626) • 시비좌발중계⊙(視比坐鉢中戒) / Nī-Sekh. 38(Khu-Sekh. 38) : na ujjhānasaññī paresaṁ pattaṁ olokessāmī'ti sikkhā karaṇīyā'ti. ■ 시비좌발계(視比座鉢戒) / 사분니중학 34 : 不得視比坐鉢中 起嫌心 應當學.

Pali-Nip. 268

268(6-4-9) 중학죄법 제39조

한 입 가득한 음식덩이에 대한 학습계율
[Kabaḷasikkhāpada]

[세존] "'나는 지나치게 큰 한 입 가득한 음식덩이를 만들지 않겠다.'라고 학습규범627)을 지켜야 한다."628)

---

627) 學 : 빠알리문에는 '음식덩이를 만들지 않겠다.'라고 되어 있다. 빠알율에서는 '의도하지 않았거나, 새김을 잃었거나, 알지 못했거나, 환자이거나, 단단한 음식이거나, 각종과일이거나, 부식(副食)이거나, 사고가 일어났거나, 정신착란된 자이거나, 최초의 범행자인 경우'는 예외이고, ≪사분율≫에서는 '이러한 병이 있었거나, 정오가 지나가려 했거나, 목숨이 위태롭거나 청정행이 어려워 빨리 먹었거나, 이 학습계율시설의 원인이 된 최초의 범행자이거나, 정신착란자이거나, 마음이 심란한 자이거나, 애통해 하는 자인 경우'를 예외로 한다.

628) • 대박식계⊙(大博食戒) / Nī-Sekh. 39(Khu-Sekh. 39) : nātimahantaṁ kabaḷaṁ karissāmī'ti sikkhā karaṇīyā'ti. ■ 대박식계(大搏食戒) / 사분니중학 36 : 不得大摶飯食, 應當學.

Pali-Nip. 269

269(6-4-10) 중학죄법 제40조

한 조각의 음식덩이에 대한 학습계율

[Ālopasikkhāpada]

[세존] "'나는 둥근 조각의 음식덩이를 만들겠다.' 라고 학습규범629)을 지켜야 한다."630)

제4품 공손이 끝났다.

---

629) *學 : ≪빠알리율≫에서는 '의도하지 않았거나, 새김을 잃었거나, 알지 못했거나, 환자이거나, 단단한 음식이거나, 각종과일이거나, 부식(副食)이거나, 사고가 난 경우이거나, 정신착란된 자이거나, 최초의 범행자인 경우'는 예외이다.*

630) *• 원반구계⊙(圓飯球戒) / Nī-Sekh. 40(Khu-Sekh. 40) : parimaṇḍalaṁ ālopaṁ karissāmī'ti sikkhā karaṇīyā'ti.*

제5품 한 입 음식덩이
(Kabaḷavagga)

Pali-Nip. 270

270(6-5-1) 중학죄법 제41조
가까이 가져오지 않은 음식덩이에 대한 학습계율
[Anāhaṭasikkhāpada]

[세존] "'나는 음식덩이를 가까이 가져오지 않고는 입을 열지 않겠다.'라고 학습규범631)을 지켜야 한다."632)

---

631) 學 : 빠알리문에는 '의도하지 않았거나, 새김을 잃었거나, 알지 못했거나, 환자이거나, 사고가 일어났거나, 정신착란된 자이거나, 최초의 범행자인 경우'는 예외이고, 앞의 학습계율과 마찬가지로 ≪사분율≫에서는 '이러한 병이 있었거나, 정오가 지나가려 했거나, 목숨이 위태롭거나 청정행이 어려워 빨리 먹었거나, 이 학습계율시설의 원인이 된 최초의 범행자이거나, 정신착란자이거나, 마음이 심란한 자이거나, 애통해 하는 자인 경우'를 예외로 한다.

632) • 장구대식계⊙(張口待食戒) / Nī-Sekh. 41(Khu-Sekh. 41) : na anāhaṭe [238-239] kabaḷe mukhadvāraṁ vivarissāmī'ti sikkhā karaṇīyā'ti. ■ 장구대식계(張口待食戒) / 사분니중학 37 : 不得張口待飯食, 應當學.

Pali-Nip. 271

271(6-5-2) 중학죄법 제42조

식사할 때에 대한 학습계율

[Bhuñjamānasikkhāpada]

[세존] "'나는 식사를 하면서 통째로 손을 입에 집어넣지 않겠다.'라고 학습규범633)을 지켜야 한다."634)

---

633) *sekhiya : 《빠알리율》에서는 '의도하지 않았거나, 새김을 잃었거나, 알지 못했거나, 환자이거나, 사고가 일어났거나, 정신착란된 자이거나, 최초의 범행자인 경우'는 예외이고, 《사분율》에서는 '이러한 병이 있었거나, 음식 안에 풀이나 벌레가 있거나, 부정한 것으로 더러워졌거나, 수식법을 하지 않은 음식이 있어 놓아버렸거나, 이 학습계율시설의 원인이 된 최초의 범행자이거나, 정신착란자이거나, 마음이 심란한 자이거나, 애통해 하는 자인 경우'를 예외로 한다.*

634) *• 전수구중계⊙(全手口中戒) / Nī-Sekh. 42(Khu-Sekh. 42) : na bhuñjamāno sabbaṁ hatthaṁ mukhe pakkhipissāmī'ti sikkhā karaṇīyā'ti. ■ 파산반식계(把散飯食戒) / 사분니중학 46 : 不得手把散飯食, 應當學.*

Pali-Nip. 272

272(6-5-3) 중학죄법 제43조

입에 가득 넣은 음식에 대한 학습계율
[Sakabaḷasikkhāpada]

[세존] "'나는 음식덩이를 입에 가득 넣은 채 이야기하지 않겠다.'라고 학습규범635)을 지켜야 한다."636)

---

635) sekhiya : ≪빠알리율≫에서는 '의도하지 않았거나, 새김을 잃었거나, 알지 못했거나, 환자이거나, 사고가 일어났거나, 정신착란된 자이거나, 최초의 범행자인 경우'는 예외이고, ≪사분율≫에서는 '이러한 병이 있었던가, 목이 메어 물을 찾았던가, 목숨이 위태롭거나 청정행이 어려워 소리 내어 먹었거나, 이 학습계율시설의 원인이 된 최초의 범행자이거나, 정신착란자이거나, 마음이 심란한 자이거나, 애통해 하는 자인 경우'를 예외로 한다.

636) • 함반어계⊙(含飯語戒) / Nī-Sekh. 43(Khu-Sekh. 43) : na sakabaḷena mukhena byāharissāmī'ti sikkhā karaṇīyā'ti. ■ 함반어계(含飯語戒) / 사분니중학 38 : 不得含食語, 應當學.

Pali-Nip. 273

273(6-5-4) 중학죄법 제44조

음식 던져 넣기에 대한 학습계율
[Piṇḍukkhepakasikkhāpada]

[세존] "'나는 음식덩이를 던져 넣으며 먹지 않겠다.'라고 학습규범637)을 지켜야 한다."638)

637) *sekhiya : ≪빠알리율≫에서는 '의도하지 않았거나, 새김을 잃었거나, 알지 못했거나, 환자이거나, 단단한 음식이거나, 각종과일이거나, 사고가 일어났거나, 정신착란된 자이거나, 최초의 범행자인 경우'는 예외이고, ≪사분율≫에서는 '이러한 병이 있었거나, 묶여 있어 입안에 음식을 던져 넣었거나, 이 학습계율시설의 원인이 된 최초의 범행자이거나, 정신착란자이거나, 마음이 심란한 자이거나, 애통해 하는 자인 경우'를 예외로 한다.*

638) *• 투입식계⊙(投入食戒) / Nī-Sekh. 44(Khu-Sekh. 44) : na piṇḍukkhepakaṁ bhuñjissāmī'ti sikkhā karaṇīyā'ti. ■ 요척구중식계(遙擲口中食戒) / 사분니중학 39 : 不得摶飯擲口中, 應當學.*

Pali-Nip. 274

274(6-5-5) 중학죄법 제45조

한 입 가득 넣고 갉아먹기에 대한 학습계율
[Kabaḷāvacchedakasikkhāpada]

[세존] "'나는 음식을 한 입 가득 넣고 갉아먹지 않겠다.' 라고 학습규범639)을 지켜야 한다."640)

639) 學 : 《빠알리율》에서는 '의도하지 않았거나, 새김을 잃었거나, 알지 못했거나, 환자이거나, 단단한 음식이거나, 각종과일이거나, 부식(副食)이거나, 사고가 일어났거나, 정신착란된 자이거나, 최초의 범행자인 경우'는 예외이다.

640) • 설식계⊙(齧食戒) / Nī-Sekh. 45(Khu-Sekh. 45) : na kabaḷāvacchedakaṁ bhuñjissāmī'ti sikkhā karaṇīyā'ti.

Pali-Nip. 275

275(6-5-6) 중학죄법 제46조

볼 부풀려 먹기에 대한 학습계율

[Avagaṇḍakārakasikkhāpada]

[세존] "'나는 볼을 부풀려 먹지 않겠다.'라고 학습규범641)을 지켜야 한다."642)

---

641) sekhiya : ≪빠알리율≫에서는 '의도하지 않았거나, 새김을 잃었거나, 알지 못했거나, 환자이거나, 각종과일이거나, 사고가 일어났거나, 정신착란된 자이거나, 최초의 범행자인 경우'는 예외이고, ≪사분율≫에서는 '이러한 병이 있었거나, 정오가 지나가려 했거나, 목숨이 위태롭거나 청정행이 어려워 빨리 먹었거나, 이 학습계율시설의 원인이 된 최초의 범행자이거나, 정신착란자이거나, 마음이 심란한 자이거나, 애통해 하는 자인 경우'를 예외로 한다.

642) • 장협식계⊙(張頰食戒) / Nī-Sekh. 46(Khu-Sekh. 46) : na avagaṇḍakārakaṁ bhuñjissāmī'ti sikkhā karaṇīyā'ti. ■ 협식계(頰食戒) / 사분니중학 41 : 不得頰飯食, 應當學.

Pali-Nip. 276

276(6-5-7) 중학죄법 제47조

손을 털면서 먹기에 대한 학습계율
[Hatthaniddhunakasikkhāpada]

[세존] "'나는 손을 털면서 먹지 않겠다.'라고 학습규범643)을 지켜야 한다."644)

---

643) sekhiya : 《빠알리율》에서는 '의도하지 않았거나, 새김을 잃었거나, 알지 못했거나, 환자이거나, 먼지를 털면서 손을 털었거나, 사고가 일어났거나, 정신착란된 자이거나, 최초의 범행자인 경우'는 예외이고, 《사분율》에서는 '이러한 병이 있었거나, 음식에 풀이나 벌레가 있었거나, 손에 더러운 것이 있어서 털려고 했거나, 음식을 받기 전에 수식법(受食法)을 하지 않은 음식에 손을 대어 악촉(惡觸)인 까닭에 손을 털었거나, 이 학습계율시설의 원인이 된 최초의 범행자이거나, 정신착란자이거나, 마음이 심란한 자이거나, 애통해 하는 자인 경우'를 예외로 한다.

644) ● 진수식계⊙(振手食戒) / Nī-Sekh. 47(Khu-Sekh. 47) : na hatthaniddhunakaṁ bhuñjissāmī'ti sikkhā karaṇīyā'ti. 초역의 '손을 흔들면서'를 '손을 털면서'로 고침. ■ 진수식계(振手食戒) / 사분니중학 45 : 不得振手食, 應當學.

Pali-Nip. 277

277(6-5-8) 중학죄법 제48조

밥덩이 흩뜨리기에 대한 학습계율
[Sitthāvakārakasikkhāpada]

[세존] "'나는 밥덩이를 흩뜨리면서 먹지 않겠다.'라고 학습규범645)을 지켜야 한다."646)

---

645) sekhiya : ≪빠알리율≫에서는 '의도하지 않았거나, 새김을 잃었거나, 알지 못했거나, 환자이거나, 먼지를 털면서 밥덩이를 흩뜨렸다던가, 사고가 일어났거나, 정신착란된 자이거나, 최초의 범행자인 경우'는 예외이다.

646) • 살반립계⊙(撒飯粒戒) / Nī-Sekh. 48(Khu-Sekh. 48) : na sitthāvakārakaṁ bhuñjissāmī'ti sikkhā karaṇīyā'ti.

Pali-Nip. 278

278(6-5-9) 중학죄법 제49조

혀 내밀며 먹기에 대한 학습계율
[Jivhānicchārakasikkhāpada]

[세존] "'나는 혀를 내밀면서 먹지 않겠다.'라고 학습규범647)을 지켜야 한다."648)

---

647) *sekhiya : 《빠알리율》에서는 '의도하지 않았거나, 새김을 잃었거나, 알지 못했거나, 환자이거나, 사고가 일어났거나, 정신착란된 자이거나, 최초의 범행자인 경우'는 예외이고, 《사분율》에서는 '이러한 병이 있었거나, 결박을 당했거나, 손에 흙이 묻었거나 손이 더러워 혀로 핥아먹었거나, 이 학습계율시설의 원인이 된 최초의 범행자이거나, 정신착란자이거나, 마음이 심란한 자이거나, 애통해 하는 자인 경우'를 예외로 한다.*

648) *• 설지식계⊙(舌舐食戒) / Nī-Sekh. 49(Khu-Sekh. 49) : na [240-241] jivhānicchārakaṁ bhuñjissāmī'ti sikkhā karaṇīyā'ti. ■ 설지식계(舌舐食戒) / 사분니중학 44 : 不得舌舐食, 應當學.*

Pali-Nip. 279

279(6-5-10) 중학죄법 제42조

쩝쩝 소리에 대한 학습계율

[Capucapukārakasikkhāpada]

[세존] "'나는 쩝쩝 소리 내면서 먹지 않겠다.'라고 학습규범[649]을 지켜야 한다."[650]

제5품 한 입 음식덩이가 끝났다.

---

649) *sekhiya : ≪빠알리율≫에서는 '의도하지 않았거나, 새김을 잃었거나, 알지 못했거나, 환자이거나, 사고가 일어났거나, 정신착란된 자이거나, 최초의 범행자인 경우'는 예외이고, 사분니중학 40과 마찬가지로 ≪사분율≫에서는 '이러한 병이 있었거나, 얇은 과자, 누룽지, 고기, 껍질이 있는 견과류, 사탕수수, 채소, 안바라과(庵婆羅果), 배, 장미사과, 포도, 꽃술 등을 먹었거나, 이 학습계율시설의 원인이 된 최초의 범행자이거나, 정신착란자이거나, 마음이 심란한 자이거나, 애통해 하는 자인 경우'를 예외로 한다.*

650) *• 작성식계⊙(作聲食戒) / Nī-Sekh. 50(Khu-Sekh. 50) : na capucapukārakaṁ bhuñjissāmī'ti sikkhā karaṇīyā'ti. ■ 작반작성계(嚼飯作聲戒) / 사분니중학 42 : 不得嚼飯作聲, 應當學.*

제6품 후룩후룩
(Surusuruvagga)

Pali-Nip. 280

280(6-6-1) 중학죄법 제51조

후룩후룩 소리에 대한 학습계율
[Surusurukārakasikkhāpada]

[세존] "'나는 후룩후룩 소리 내면서 먹지 않겠다.'라고 학습규범651)을 지켜야 한다."652)

---

651) sekhiya : 《빠알리율》에서는 '의도하지 않았거나, 새김을 잃었거나, 알지 못했거나, 환자이거나, 사고가 일어났거나, 정신착란된 자이거나, 최초의 범행자인 경우'는 예외이고, 《사분율》에서는 '이러한 병이 있었거나, 입이 아팠거나, 국이나 타락(酪)이나 낙장(酪漿), 소비라장(酥毘羅醬), 식초를 먹었거나, 이 학습계율시설의 원인이 된 최초의 범행자이거나, 정신착란자이거나, 마음이 심란한 자이거나, 애통해 하는 자인 경우'를 예외로 한다. 소비라장은 보리를 빻아서 용기에 넣어 물을 뿌리고 3일이 경과후에 식초를 넣고 발효시켜 걸러 마시는 것으로 풍병에 효험이 있었다.

652) ● 흡식계⊙(吸食戒) / Nī-Sekh. 51(Khu-Sekh. 51) : na surusurukārakaṁ bhuñjissāmī'ti sikkhā karaṇīyā'ti. ■ 흡반식계(嗡飯食戒) / 사분니중학 43 : 不得大嗡飯食, 應當學.

Pali-Nip. 281

281(6-6-2) 중학죄법 제52조

손 핥기에 대한 학습계율
[Hatthanillehakasikkhāpada]

[세존] "'나는 손을 핥으면서 먹지 않겠다.'라고 학습 규범653)을 지켜야 한다."654)

653) sekhiya : ≪빠알리율≫에서는 '의도하지 않았거나, 새김을 잃었거나, 알지 못했거나, 환자이거나, 사고가 일어났거나, 정신착란된 자이거나, 최초의 범행자인 경우'는 예외이고, ≪사분율≫에서는 '이러한 병이 있었거나, 결박을 당했거나, 손에 흙이 묻었거나 손이 더러워 혀로 핥아먹었거나, 이 학습계율시설의 원인이 된 최초의 범행자이거나, 정신착란자이거나, 마음이 심란한 자이거나, 애통해 하는 자인 경우'를 예외로 한다.

654) • 지수식계⊙(舐手食戒) / Nī-Sekh. 52(Khu-Sekh. 1) : na hatthanillehakaṁ bhuñjissāmī'ti sikkhā karaṇīyā'ti. ⇒■ 설지식계(舌舐食戒) / 사분니중학 44 : 不得舌舐食, 應當學.

Pali-Nip. 282

282(6-6-3) 중학죄법 제53조

발우 핥기에 대한 학습계율

[Pattanillehakasikkhāpada]

[세존] "'나는 발우를 핥으면서 먹지 않겠다.'라고 학습규범655)을 지켜야 한다."656)

655) sekhiya : 앞의 학습계율과 마찬가지로 《빠알리율》에서는 '의도하지 않았거나, 새김을 잃었거나, 알지 못했거나, 환자이거나, 사고가 일어났거나, 정신착란된 자이거나, 최초의 범행자인 경우'는 예외이고, 《사분율》에서는 '이러한 병이 있었거나, 결박을 당했거나, 손에 흙이 묻었거나 손이 더러워 혀로 핥아먹었거나, 이 학습계율시설의 원인이 된 최초의 범행자이거나, 정신착란자이거나, 마음이 심란한 자이거나, 애통해 하는 자인 경우'를 예외로 한다.

656) • 지발식계⊙(舐鉢食戒) / Nī-Sekh. 53 (Khu-Sekh. 53) : na pattanillehakaṁ bhuñjissāmī'ti sikkhā karaṇīyā'ti. ⇒ ■ 설지식계(舌舐食戒) / 사분니중학 44 : 不得舌舐食, 應當學.

Pali-Nip. 283

283(6-6-4) 중학죄법 제54조

입술 핥기에 대한 학습계율

[Oṭṭhanillehakasikkhāpada]

[세존] "'나는 입술을 핥으면서 먹지 않겠다.'라고 학습규범657)을 지켜야 한다."658)

---

657) sekhiya : 앞의 학습계율과 마찬가지로 《빠알리율》에서는 '의도하지 않았거나, 새김을 잃었거나, 알지 못했거나, 환자이거나, 사고가 일어났거나, 정신착란된 자이거나, 최초의 범행자인 경우'는 예외이고, 《사분율》에서는 '이러한 병이 있었거나, 결박을 당했거나, 손에 흙이 묻었거나 손이 더러워 혀로 핥아먹었거나, 이 학습계율시설의 원인이 된 최초의 범행자이거나, 정신착란자이거나, 마음이 심란한 자이거나, 애통해 하는 자인 경우'를 예외로 한다.

658) • 지순식계⊙(舐脣食戒) / Nī-Sekh. 54 (Khu-Sekh. 54) : na oṭ-ṭhanillehakaṁ bhuñjissāmī'ti sikkhā karaṇīyā'ti. ⇒■ 설지식계(舌舐食戒) / 사분니중학 44 : 不得舌舐食, 應當學.

Pali-Nip. 284

284(6-6-5) 중학죄법 제55조

음식 묻은 손에 대한 학습계율
[Sāmisasikkhāpada]

[세존] "'나는 음식이 묻은 손으로 물병을 만지지 않겠다.' 라는 학습규범659)을 지켜야 한다."660)

---

659) sekhiya : ≪빠알리율≫에서는 "의도하지 않았거나, 새김을 잃었거나, 알지 못했거나, 환자이거나, '내가 씻겠다.' 라거나 '내가 씻게 시키겠다.' 라고 받았거나, 사고가 일어났거나, 정신착란된 자이거나, 최초의 범행자인 경우"는 예외이고, ≪사분율≫에서는 '이러한 병이 있었거나, 풀이나 잎사귀 위에 받았다든가, 손을 씻고 받았거나, 이 학습계율시설의 원인이 된 최초의 범행자이거나, 정신착란자이거나, 마음이 심란한 자이거나, 애통해 하는 자인 경우'를 예외로 한다.

660) • 오수착수병계⊙(汚手捉水甁戒) / Nī-Sekh. 55 (Khu-Sekh. 55) : na sāmisena hatthena pānīyathālakaṁ paṭiggahessāmī'ti sikkhā karaṇīyā'ti. ■ 오수착식기계(汙手捉食器戒) / 사분니중학 47 : 不得汚手捉食器, 應當學.

Pali-Nip. 285

285(6-6-6) 중학죄법 제56조

밥알갱이가 포함된 물에 대한 학습계율

[Sasitthakasikkhāpada]

[세존] "'나는 밥알갱이가 포함된 발우 씻은 물을 시정에 버리지 않겠다.'라고 학습규범661)을 지켜야 한다."662)

---

661) sekhiya : ≪빠알리율≫에서는 '의도하지 않았거나, 새김을 잃었거나, 알지 못했거나, 환자인 경우나, 제거하고 버렸거나, 부수어서 버렸거나, 덮어서 버렸거나, 골라내고 버리거나, 사고가 일어났거나, 정신착란된 자이거나, 최초의 범행자인 경우'는 예외이고, ≪사분율≫에서는 '이러한 병이 있었거나, 그릇이나 씻는 용도의 용기에 발우 씻은 물을 받아서 집밖에 버렸거나, 이 학습계율시설의 원인이 된 최초의 범행자이거나, 정신착란자이거나, 마음이 심란한 자이거나, 애통해 하는 자인 경우'를 예외로 한다.

662) ● 기세발수계⊙(棄洗鉢水戒) / Nī-Sekh. 56(Khu-Sekh. 56) : na sasitthakaṁ pattadhovanaṁ antaraghare chaḍḍhessāmī'ti sikkhā karaṇīyā'ti. ■ 기세발수계(棄洗鉢水戒) / 사분니중학 48 : 不得洗鉢水 棄白衣舍內, 應當學.

Pali-Nip. 286

286(6-6-7) 중학죄법 제57조

일산을 손에 든 자에 대한 학습계율
[Chattapāṇisikkhāpada]

[세존] "'나는, 환자가 아닌 한, 일산을 손에 든 자에게 가르침을 설하지 않겠다.'라고 학습규범663)을 지켜야 한다."664)

---

663) sekhiya : 앞의 학습계율에서처럼 ≪빠알리율≫에서는 '의도하지 않았거나, 새김을 잃었거나, 알지 못했거나, 환자이거나, 사고가 난 경우이거나, 정신착란된 자이거나, 최초의 범행자인 경우'는 예외이고, ≪사분율≫에서는 '이러한 병이 있었거나, 왕이나 대신들을 위한 것이었거나, 이 학습계율시설의 원인이 된 최초의 범행자이거나, 정신착란자이거나, 마음이 심란한 자이거나, 애통해 하는 자인 경우'를 예외로 한다.

664) • 위지개인설법계⊙(爲持蓋人說法戒) / Nī-Sekh. 57(Khu-Sekh. 57) : na [242-243] chattapāṇissa agilānassa dhammaṁ desissāmī'ti sikkhā karaṇīyā'ti. ■ 지개인설법계(持蓋人說法戒) / 사분니중학 100 : 人持蓋, 不應爲說法, 除病, 應當學.

Pali-Nip. 287

287(6-6-8) 중학죄법 제58조

지팡이를 손에 든 자에 대한 학습계율
[Daṇḍapāṇisikkhāpada]

[세존] "'나는 환자가 아닌, 지팡이를 손에 든 자에게 가르침을 설하지 않겠다.'라고 학습규범[665]을 지켜야 한다."[666]

---

665) 學 : ≪빠알리율≫에서는 '의도하지 않았거나, 새김을 잃었거나, 알지 못했거나, 환자이거나, 사고가 난 경우이거나, 정신착란된 자이거나, 최초의 범행자인 경우'는 예외이고, ≪사분율≫에서는 '이러한 병이 있었거나, 왕이나 대신들을 위한 것이었거나, 이 학습계율 시설의 원인이 된 최초의 범행자이거나, 정신착란자이거나, 마음이 심란한 자이거나, 애통해 하는 자인 경우'를 예외로 한다.

666) • 위지장인설법계⊙(爲持杖人說法戒) / Nī-Sekh. 58(Khu-Sekh. 58) : na daṇḍapāṇissa agilānassa dhammaṁ desissāmī'ti sikkhā karaṇīyā'ti. ■ 지장인설법계(持杖人說法戒) / 사분니중학 96 : 人持杖不應爲說法 除病, 應當學.

Pali-Nip. 288

288(6-6-9) 중학죄법 제59조

칼을 손에 든 자에 대한 학습계율

[Satthapāṇisikkhāpada]

[세존] "'나는, 환자가 아닌 한, 칼을 손에 든 자에게 가르침을 설하지 않겠다.'라고 학습규범667)을 지켜야 한다."668)

---

667) sekhiya : 앞의 학습계율에서처럼 《빠알리율》에서는 '의도하지 않았거나, 새김을 잃었거나, 알지 못했거나, 환자이거나, 사고가 난 경우이거나, 정신착란된 자이거나, 최초의 범행자인 경우'는 예외이고, 《사분율》에서는 '이러한 병이 있었거나, 왕이나 대신들을 위한 것이었거나, 이 학습계율시설의 원인이 된 최초의 범행자이거나, 정신착란자이거나, 마음이 심란한 자이거나, 애통해 하는 자인 경우'를 예외로 한다.

668) • 위지도인설법계⊙(爲持刀人說法戒) / Nī-Sekh. 59(Khu-Sekh. 59) : na satthapāṇissa agilānassa dhammaṁ desessāmī'ti sikkhā karaṇīyā'ti. ⇒■ 지검인설법계(持劍人說法戒) / 사분니중학 97 : 人持劍, 不應爲說法, 除病, 應當學 ; ⇒■ 지도인설법계(持刀人說法戒) / 사분니중학 99 : 人持刀, 不應爲說法, 除病, 應當學.

Pali-Nip. 289

289(6-6-10) 중학죄법 제60조

무기를 손에 든 자에 대한 학습계율
[Āvudhapāṇisikkhāpada]

[세존] "'나는, 환자가 아닌 한, 무기를 손에 든 자에게 가르침을 설하지 않겠다.'라고 학습규범669)을 지켜야 한다."670)

제6품 후룩후룩이 끝났다.

---

669) sekhiya : 앞의 학습계율에서처럼 ≪빠알리율≫에서는 '의도하지 않았거나, 새김을 잃었거나, 알지 못했거나, 환자이거나, 사고가 난 경우이거나, 정신착란된 자이거나, 최초의 범행자인 경우'는 예외이고, ≪사분율≫에서는 '이러한 병이 있었거나, 왕이나 대신들을 위한 것이었거나, 이 학습계율시설의 원인이 된 최초의 범행자이거나, 정신착란자이거나, 마음이 심란한 자이거나, 애통해 하는 자인 경우'를 예외로 한다.

670) • 위지무기인설법계⊙(爲持武器人說法戒) / Nī-Sekh. 60(Khu-Sekh. 60) : na āvudhapāṇissa agilānassa dhammaṁ desessāmī'ti sikkhā karaṇīyā'ti. ■ 지모인설법계(持矛人說法戒) / 사분니중학 98 : 人持矛, 不應爲說法, 除病, 應當學.

제7품 샌들
(Pādukavagga)

Pali-Nip. 290

290(6-7-1) 중학죄법 제61조
샌들에 대한 학습계율
[Pādukasikkhāpada]

[세존] "'나는, 환자가 아닌 한, 샌들을 신은 자에게 가르침을 설하지 않겠다.'라고 학습규범[671]을 지켜야 한다."[672]

---

671) sekhiya : ≪빠알리율≫에서는 '의도하지 않았거나, 새김을 잃었거나, 알지 못했거나, 환자이거나, 사고가 일어났거나, 정신착란된 자이거나, 최초의 범행자인 경우'는 예외이고, 앞의 학습계율과 마찬가지로 ≪사분율≫에서는 '이러한 병이 있었거나, 왕이나 대신을 위한 것이었거나, 이 학습계율시설의 원인이 된 최초의 범행자이거나, 정신착란자이거나, 마음이 심란한 자이거나, 애통해 하는 자인 경우'를 예외로 한다.

672) • 위착초리자설법계⊙(爲著草履者說法戒) / Nī-Sekh. 61(Khu-Sekh. 61) : na pādukārūḷhassa agilānassa dhammaṁ desessāmī'ti sikkhākaraṇīyā'ti. ■ 착목극인설법계(著木屐人說法戒) / 사분니중학 58 : 不得爲著木屐人 說法 除病, 應當學.

Pali-Nip. 291

291(6-7-2) 중학죄법 제62조

신발에 대한 학습계율
[Upāhanasikkhāpada]

[세존] "'나는, 환자가 아닌 한, 신발을 신은 자에게 가르침을 설하지 않겠다.'라고 학습규범[673]을 지켜야 한다."[674]

673) *sekhiya : ≪빠알리율≫에서는 '의도하지 않았거나, 새김을 잃었거나, 알지 못했거나, 환자이거나, 사고가 일어났거나, 정신착란된 자이거나, 최초의 범행자인 경우'는 예외이고, 앞의 학습계율과 마찬가지로 ≪사분율≫에서는 '이러한 병이 있었거나, 왕이나 대신을 위한 것이었거나, 이 학습계율시설의 원인이 된 최초의 범행자이거나, 정신착란자이거나, 마음이 심란한 자이거나, 애통해 하는 자인 경우'를 예외로 한다.*

674) *• 위착혜리자설법계⊙(爲著鞋履者說法戒) / Nī-Sekh. 62(Khu-Sekh. 62) : na upāhanārūḷhassa agilānassa dhammaṁ desessāmī'ti sikkhākaraṇīyā'ti. ■ 착혁사인설법계(著革屣人說法戒) / 사분니중학 57 : 不得爲著革屣人 說法 除病, 應當學.*

Pali-Nip. 292

292(6-7-3) 중학죄법 제63조

탈것에 탄 자에 대한 학습계율
[Yānagatasikkhāpada]

[세존] "'나는, 환자가 아닌 한, 탈것에 탄 자에게 가르침을 설하지 않겠다.'라고 학습규범675)을 지켜야 한다."676)

675) sekhiya : 《빠알리율》에서는 '의도하지 않았거나, 새김을 잃었거나, 알지 못했거나, 환자이거나, 사고가 일어났거나, 정신착란된 자이거나, 최초의 범행자인 경우'는 예외이고, 앞의 학습계율과 마찬가지로 《사분율》에서는 '이러한 병이 있었거나, 왕이나 대신을 위한 것이었거나, 이 학습계율시설의 원인이 된 최초의 범행자이거나, 정신착란자이거나, 마음이 심란한 자이거나, 애통해 하는 자인 경우'를 예외로 한다.

676) • 위기승자설법계⊙(爲騎乘者說法戒) / Nī-Sekh. 63(Khu-Sekh. 63) : na yānagatassa agilānassa dhammaṁ desissāmī'ti sikkhā karaṇīyā'ti. ■ 기승인설법계(騎乘人說法戒) / 사분니중학 59 : 不得爲騎乘人 說法 除病, 應當學.

Pali-Nip. 293

293(6-7-4) 중학죄법 제64조

침상 위에 있는 자에 대한 학습계율
[Sayanagatasikkhāpada]

[세존] "'나는, 환자가 아닌 한, 침상 위에 있는 자에게 가르침을 설하지 않겠다.'라고 학습규범677)을 지켜야 한다."678)

---

677) *學 : 앞의 학습계율과 마찬가지로 ≪빠알리율≫에서는 '의도하지 않았거나, 새김을 잃었거나, 알지 못했거나, 환자이거나, 사고가 일어났거나, 정신착란된 자이거나, 최초의 범행자인 경우'는 예외이고, ≪사분율≫에서는 '이러한 병이 있었거나, 왕이나 대신들을 위한 것이었거나, 이 학습계율시설의 원인이 된 최초의 범행자이거나, 정신착란자이거나, 마음이 심란한 자이거나, 애통해 하는 자인 경우'를 예외로 한다.*

678) *• 위와상자설법계⊙(爲臥牀者說法戒) / Nī-Sekh. 64(Khu-Sekh. 64) : na sayanagatassa agilānassa dhammaṁ desissāmī'ti sikkhā karaṇīyā'ti. ■ 인와이좌설법계(人臥己坐說法戒) / 사분니중학 87 : 人臥, 己坐, 不得爲說法, 除病, 應當學.*

Pali-Nip. 294

294(6-7-5) 중학죄법 제65조

빈둥거리는 자세로 앉은 자에 대한 학습계율
[Pallatthikanisinnasikkhāpada]

[세존] "'나는, 환자가 아닌 한, 빈둥거리는 자세로 앉아 있는 자에게 가르침을 설하지 않겠다.'라고 학습규범679)을 지켜야 한다."680)

---

679) 學 : ≪빠알리율≫에서는 '의도하지 않았거나, 새김을 잃었거나, 알지 못했거나, 환자이거나, 사고가 일어났거나, 정신착란된 자이거나, 최초의 범행자인 경우'는 예외이다.

680) • 위난좌자설법계⊙(爲亂坐者說法戒) / Nī-Sekh. 65(Khu-Sekh. 65) : na [244-245] pallatthikāya nisinnassa agilānassa dhammaṁ desessāmī'ti sikkhā karaṇīyā'ti.

Pali-Nip. 295

295(6-7-6) 중학죄법 제66조

터번을 두른 자에 대한 학습계율

[Veṭhitasikkhāpada]

[세존] "'나는, 환자가 아닌 한, 머리에 터번을 두른 자에게 가르침을 설하지 않겠다.'라고 학습규범681)을 지켜야 한다."682)

---

681) 學 : ≪빠알리율≫에서는 '의도하지 않았거나, 새김을 잃었거나, 알지 못했거나, 환자이거나, 터번을 열어서 머리가 보이도록 했거나, 사고가 일어났거나, 정신착란된 자이거나, 최초의 범행자인 경우'는 예외이고, 앞의 학습계율과 마찬가지로 ≪사분율≫에서는 '이러한 병이 있었거나, 왕이나 대신을 위한 것이었거나, 이 학습계율시설의 원인이 된 최초의 범행자이거나, 정신착란자이거나, 마음이 심란한 자이거나, 애통해 하는 자인 경우'를 예외로 한다.

682) • 위리두자설법계⊙(爲裹頭者說法戒) / Nī-Sekh. 66(Khu-Sekh. 66) : na veṭhitasīsassa agilānassa dhammaṁ desessāmī'ti sikkhā karaṇīyā'ti. ■ 이두인설법계(裹頭人說法戒) / 사분니중학 55 : 不得爲裹頭人 說法 除病, 應當學.

Pali-Nip. 296

296(6-7-7) 중학죄법 제67조

복면을 한 자에 대한 학습계율

[Oguṇṭhitasīsasikkhāpada]

[세존] "'나는, 환자가 아닌 한, 머리에 복면을 한 자에게 가르침을 설하지 않겠다.'라고 학습규범683)을 지켜야 한다."684)

683) sekhiya : ≪빠알리율≫에서는 '의도하지 않았거나, 새김을 잃었거나, 알지 못했거나, 환자이거나, 복면을 열어서 머리가 보이도록 했거나, 사고가 일어났거나, 정신착란된 자이거나, 최초의 범행자인 경우'는 예외이고, 앞의 학습계율과 마찬가지로 ≪사분율≫에서는 '이러한 병이 있었거나, 왕이나 대신을 위한 것이었거나, 이 학습계율시설의 원인이 된 최초의 범행자이거나, 정신착란자이거나, 마음이 심란한 자이거나, 애통해 하는 자인 경우'를 예외로 한다.

684) • 위복면자설법계⊙(爲覆面者說法戒) / Nī-Sekh. 67(Khu-Sekh. 67) : oguṇṭhitasīsassa agilānassa dhammaṁ desessāmī'ti sikkhā karaṇīyā'ti. ■ 복두인설법계(覆頭人說法戒) / 사분니중학 54 : 不得爲覆頭人 說法 除病, 應當學.

Pali-Nip. 297

297(6-7-8) 중학죄법 제68조

맨바닥에 대한 학습계율

[Chamāsikkhāpada]

[세존] "'나는 맨바닥에 앉아서, 환자가 아닌 한, 자리에 앉은 자에게 가르침을 설하지 않겠다.'라고 학습규범685)을 지켜야 한다."686)

---

685) sekhiya : 빠알리문에는 '자리아닌 자리' 대신에 '맨바닥에 앉아서'라고 되어 있다. 앞의 학습계율과 마찬가지로 《빠알리율》에서는 '의도하지 않았거나, 새김을 잃었거나, 알지 못했거나, 환자이거나, 사고가 일어났거나, 정신착란된 자이거나, 최초의 범행자인 경우'는 예외이고, 《사분율》에서는 '이러한 병이 있었거나, 왕이나 대신들을 위한 것이었거나, 이 학습계율시설의 원인이 된 최초의 범행자이거나, 정신착란자이거나, 마음이 심란한 자이거나, 애통해 하는 자인 경우'를 예외로 한다.

686) • 인재좌기재비좌설법계⊙(人在座己在非座說法戒) / Khu-Sekh. 68(Khu-Sekh. 68) : na chamāya nisīditvā āsane nisinnassa agilānassa dhammaṁ desessāmī'ti sikkhā karaṇīyā'ti. ■ 인재좌기재비좌설법계(人在座己在非座說法戒) / 사분니중학 88 : 人在座, 己在非座, 不得爲說法, 除病, 應當學.

Pali-Nip. 298

298(6-7-9) 중학죄법 제69조

낮은 자리에 대한 학습계율

[Nīcāsanasikkhāpada]

[세존] "'나는 낮은 자리에 앉아서, 환자가 아닌 한, 높은 자리에 앉은 자에게 가르침을 설하지 않겠다.' 라고 학습규범687)을 지켜야 한다."688)

---

687) sekhiya : 앞의 학습계율과 마찬가지로 《빠알리율》에서는 '의도하지 않았거나, 새김을 잃었거나, 알지 못했거나, 환자이거나, 사고가 일어났거나, 정신착란된 자이거나, 최초의 범행자인 경우'는 예외이고 《사분율》에서는 '이러한 병이 있었거나, 왕이나 대신들을 위한 것이었거나, 이 학습계율시설의 원인이 된 최초의 범행자이거나, 정신착란자이거나, 마음이 심란한 자이거나, 애통해 하는 자인 경우'를 예외로 한다.

688) • 인재고좌기재하좌설법계⊙(人在高座己在下座說法戒) / Khu-Sekh. 69(Khu-Sekh. 69) : na nīce āsane nisīditvā ucce āsane nisinnassa agilānassa dhammaṁ desessāmī'ti sikkhā karaṇīyā'ti. ▪ 인재고좌설법계(人在高座說法戒) / 사분니중학 89 : 人在高座, 己在下座, 不得爲說法. 除病, 應當學.

Pali-Nip. 299

299(6-7-10) 중학죄법 제70조

서 있는 채로에 대한 학습계율
[Ṭhitasikkhāpada]

[세존] "'나는 선 채로, 환자가 아닌 한, 자리에 앉은 자에게 가르침을 설하지 않겠다.'라고 학습규범689)을 지켜야 한다."690)

---

689) sekhiya : ≪빠알리율≫에서는 '의도하지 않았거나, 새김을 잃었거나, 알지 못했거나, 환자이거나, 사고가 일어났거나, 정신착란된 자이거나, 최초의 범행자인 경우'는 예외이고, ≪사분율≫에서는 '이러한 병이 있었거나, 왕이나 대신들을 위한 것이었거나, 이 학습계율시설의 원인이 된 최초의 범행자이거나, 정신착란자이거나, 마음이 심란한 자이거나, 애통해 하는 자인 경우'를 예외로 한다.

690) • 인좌기립설법계⊙(人坐己立說法戒) / Nī-Sekh. 70(Khu-Sekh. 70) : na ṭhito nisinnassa agilānassa dhammaṁ desessāmī'ti sikkhā-karaṇīyā'ti. ■ 인좌기립설법계(人坐己立說法戒) / 사분니중학 86 : 人坐, 己立, 不得爲說法, 除病, 應當學.

Pali-Nip. 300

300(6-7-11) 중학죄법 제71조

뒤에 가는 동안에 대한 학습계율

[Pacchatogamanasikkhāpada]

[세존] "'나는 뒤에 가면서, 환자가 아닌 한, 앞에 가는 자에게 가르침을 설하지 않겠다.'라고 학습규범691)을 지켜야 한다."692)

---

691) sekhiya : 앞의 학습계율과 마찬가지로 ≪빠알리율≫에서는 '의도하지 않았거나, 새김을 잃었거나, 알지 못했거나, 환자이거나, 사고가 일어났거나, 정신착란된 자이거나, 최초의 범행자인 경우'는 예외이고, ≪사분율≫에서는 '이러한 병이 있었거나, 왕이나 대신들을 위한 것이었거나, 이 학습계율시설의 원인이 된 최초의 범행자이거나, 정신착란자이거나, 마음이 심란한 자이거나, 애통해 하는 자인 경우'를 예외로 한다.

692) • 인재전행기재후설법계⊙(人在前行己在後說法戒) / Khu-Sekh. 71(Khu-Sekh. 71) : na pacchato gacchanto purato gacchantassa agilānassa dhammaṁ desessāmī'ti sikkhā karaṇīyā'ti. ■ 인재전행설법계(人在前行說法戒) / 사분니중학 90 : 人在前行, 己在後行, 不得爲說法, 除病, 應當學.

Pali-Nip. 301

301(6-7-12) 중학죄법 제72조

갓길을 가는 동안에 대한 학습계율
[Uppathenagamanasikkhāpada]

[세존] "'나는 갓길을 가면서, 환자가 아닌 한, 가운데 길을 가는 자에게 가르침을 설하지 않겠다.'라고 학습규범693)을 지켜야 한다."694)

---

693) sekhiya : 앞의 학습계율과 마찬가지로 ≪빠알리율≫에서는 '의도하지 않았거나, 새김을 잃었거나, 알지 못했거나, 환자이거나, 사고가 일어났거나, 정신착란된 자이거나, 최초의 범행자인 경우'는 예외이고, ≪사분율≫에서는 '이러한 병이 있었거나, 왕이나 대신들을 위한 것이었거나, 이 학습계율시설의 원인이 된 최초의 범행자이거나, 정신착란자이거나, 마음이 심란한 자이거나, 애통해 하는 자인 경우'를 예외로 한다.

694) • 인재도기재비도설법계⊙(人在道己在非道說法戒) / Khu-Sekh. 72(Khu-Sekh. 72) : na [246-247] uppathena gacchanto pathena gaccantassa agilānassa dhammaṁ desessāmī'ti sikkhākaraṇīyā'ti. ■ 인재도설법계(人在道說法戒) / 사분니중학 92 : 人在道 己在非道 不得爲說法 除病, 應當學.

Pali-Nip. 302

302(6-7-13) 중학죄법 제73조

선 채로 용변보기에 대한 학습계율

[Ṭhitouccārasikkhāpada]

[세존] "'나는 선 채로, 환자가 아닌 한, 대변을 보거나 소변을 보지 않겠다.'라고 학습규범695)을 지켜야 한다."696)

---

695) sekhiya : ≪빠알리율≫에서는 '의도하지 않았거나, 새김을 잃었거나, 알지 못했거나, 환자이거나, 사고가 일어났거나, 정신착란된 자이거나, 최초의 범행자인 경우'는 예외이고, ≪사분율≫에서는 '이러한 병이 있었거나, 결박되어 있었거나, 종아리에 더러운 기름때가 묻었거나 진흙으로 더러워졌거나, 이 학습계율시설의 원인이 된 최초의 범행자이거나, 정신착란자이거나, 마음이 심란한 자이거나, 애통해 하는 자인 경우'를 예외로 한다.

696) • 입대소변계⊙(立大小便戒) / Nī-Sekh. 73(Khu-Sekh. 73) : na ṭhito agilāno uccāraṁ vā passāvaṁ vā karissāmī'ti sikkhā karaṇīyā'ti. ■ 입대소변계(立大小便戒) / 사분니중학 51 : 不得立大。小便除病, 應當學. '선채로 소변을 보지 말라'는 것은 승복이 원래는 둘러싸서 입는 가사로 이루어진 구조상의 문제에서 오는 것이다.

Pali-Nip. 303

303(6-7-14) 중학죄법 제74조

풀 위에 용변보기에 대한 학습계율

[Hariteuccārasikkhāpada]

[세존] "'나는, 환자가 아닌 한, 풀 위에 대변을 보거나 소변을 보거나 타액을 뱉거나 하지 않겠다.'라고 학습규범[697]을 지켜야 한다."[698]

---

697) sekhiya : 《빠알리율》에서는 '의도하지 않았거나, 새김을 잃었거나, 알지 못했거나, 환자이거나, 풀이 없는 곳에 보고 풀을 뿌려 덮거나, 사고가 일어났거나, 정신착란된 자이거나, 최초의 범행자인 경우'는 예외이고, 《사분율》에서는 '이러한 병이 있었거나, 풀이 없는 곳에서 보았으나 흘러서 풀 위에 떠러어졌거나, 바람이 불거나 새가 물고 가서 풀 위에 떨어졌거나, 이 학습계율시설의 원인이 된 최초의 범행자이거나, 정신착란자이거나, 마음이 심란한 자이거나, 애통해 하는 자인 경우'를 예외로 한다.

698) • 생초상대소변계⊙(生草上大小便戒) / Nī-Sekh. 74(Khu-Sekh. 74) : na harite agilāno uccāraṁ vā passāvaṁ vā kheḷaṁ vā karissāmī'ti sikkhā karaṇīyā'ti. ■ 생초상대소변계(生草上大小便戒) / 사분니중학 49 : 不得生草上大。小便。涕。唾, 除病, 應當學.

Pali-Nip. 304

304(6-7-15) 중학죄법 제75조

물 위에 용변보기에 대한 학습계율
[Udakeuccārasikkhāpada]

[세존] "'나는, 환자가 아닌 한, 물 위에 대변을 보거나 소변을 보거나 타액도 뱉지 않겠다.'라고 학습규범699)을 지켜야 한다."700)

제7품 샌들이 끝났다.

---

699) sekhiya : ≪빠알리율≫에서는 '의도하지 않았거나, 새김을 잃었거나, 알지 못했거나, 환자이거나, 땅 위에 대소변을 보고 물을 뿌려 씻거나, 사고가 일어났거나, 정신착란된 자이거나, 최초의 범행자인 경우'는 예외이고, ≪사분율≫에서는 '이러한 병이 있었거나, 언덕 위에서 보았는데 흘러서 물위에 떨어졌거나, 바람이 불거나 새가 물고 가서 물 위에 떨어졌거나, 이 학습계율시설의 원인이 된 최초의 범행자이거나, 정신착란자이거나, 마음이 심란한 자이거나, 애통해 하는 자인 경우'를 예외로 한다.

700) • 수중대소변계⊙(水中大小便戒) / Nī-Sekh. 75(Khu-Sekh. 75) : na udake agilāno uccāraṁ vā passāvaṁ vā kheḷaṁ vā karissāmī'ti sikkhā karaṇīyā'ti. ■ 수중대소변계(水中小便戒) / 사분니중학 50 : 不得淨水中大。小便。涕。唾, 除病, 應當學.

존귀한 자매들이여,
이와 같이 [75개 조항의] 중학죄법을
송출하였습니다.701)

이와 관련하여
저는 존귀한 자매들께 묻겠습니다.
이와 관련하여 완전히 청정합니까?
두 번째에도 저는 존귀한 자매들께 묻겠습니다.
이와 관련하여 완전히 청정합니까?
세 번째에도 저는 존귀한 자매들께 묻겠습니다.
이와 관련하여 완전히 청정합니까?

존귀한 자매들께서는
완전히 청정한 까닭에 침묵했으므로
저는 그와 같이 알겠습니다.702)

중학죄법이 끝났다.

---

701) •*uddiṭṭhā [248-249] kho ayyāyo sekhīyā dhammā.* ■*諸大姉! 我已說衆學法*

702) •*tatthāyyāyo pucchāmi kaccīttha parisuddhā? dutiyampi pucchāmi kaccittha parisuddhā? tatiyampi pucchāmi kaccittha parisuddhā? parisuddhetkhothāyyāyo, tasmā tuṇhī. evametaṁ dhārayāmī'ti.* ■*今問. 諸大姉. 是中清淨不? (如是三說) 諸大姉! 是中清淨, 默然故 是事如是持.*

제7장 멸쟁죄법의 송출

(Adhikaraṇasamathuddesa)

존귀한 자매들이여,
이제 이와 같은 7개 조항의 멸쟁죄법을
송출하겠습니다.[703)]

703) •ime [248-249] kho panāyyāyo satta adhikaraṇasamathā dhammā uddesaṁ āgacchanti ■諸大姊! 是七滅諍法 半月半月說 戒經中來 若有諍事起 卽應除滅

Pali-Nip. 305

305(8-1) 멸쟁죄법 제1조

현전에 입각한 조정의 학습계율
[Sammukhāvinayasikkhāpada]

[세존] "논쟁이 일어날 때마다 그 멸쟁을 위하여 현전에 입각한 조정[704]을 제공할 수 있다."

704) • 현전비니⊙(現前毘尼) / Nī-Adhik. 1(Khu-Adhik. 1) : uppannu-pannānaṁ adhikaraṇānaṁ samathāya vūpasamāya sammukhāvinayo dātabbo : 일곱 가지 방식의 멸쟁 가운데 그 첫 번째로, 현전에 입각한 조정이다. 이것은 당사자가 출석하여 대면하여 쟁사를 그치게 하는 것이다. 상세한 것은 Vin. II. 79-100; MN. II. 247-250; AN. I. 99를 참조하라. ■ 현전비니(現前毘尼) / 사분니멸쟁 1 : 應與現前毘尼, 當與現前毘尼

Pali-Nip. 306

306(8-2) 멸쟁죄법 제2조

기억에 입각한 조정의 학습계율

[Sativinayasikkhāpada]

[세존] "논쟁이 일어날 때마다 그 멸쟁을 위하여 기억에 입각한 조정[705]을 제공할 수 있다."

---

705) • 억념비니⊙(憶念毘尼) / Nī-Adhik. 2(Khu-Adhik. 2) : uppannuppannānaṁ adhikaraṇānaṁ samathāya vūpasamāya sativinayo dātabbo : 일곱 가지 방식의 멸쟁 가운데 두 번째로, 과거의 기억을 환기시켜 쟁사를 그치게 하는 것으로, 자신의 잘못이 없음을 확인하는 완전한 기억에 도달했다면, 기억에 입각한 무죄평결을 주는 것이다. 상세한 것은 Vin. II. 79-100; MN. II. 247-250; AN. I. 99를 참조하라. ■ 억념비니(億念毘尼) / 사분니멸쟁 2 : 應與憶念毘尼, 當與憶念毘尼

Pali-Nip. 307

307(8-3) 멸쟁죄법 제3조

착란에 입각한 조정의 학습계율
[Amūḷhavinayasikkhāpada]

[세존] "논쟁이 일어날 때마다 그 멸쟁을 위하여 착란에 입각한 조정706)을 제공할 수 있다."

---

706) • 불치비니(不痴毘尼) / Nī-Adhik. 3(Khu-Adhik. 3) : uppannupannānaṁ adhikaraṇānaṁ samathāya vūpasamāya amūḷhavinayo dātabbo : 일곱 가지 방식의 멸쟁 가운데 세 번째로, 당시의 정신착란을 확인하여 그 정신착란에 대하여 고의성이 없이 죄를 저질렀음을 증명하여 무죄평결을 주는 것이다. 상세한 것은 Vin. II. 79-100; MN. II. 247-250; AN. I. 99를 참조하라. ■ 불치비니(不癡毘尼) / 사분니멸쟁 3 : 應與不癡毘尼, 當與不癡毘尼

Pali-Nip. 308

308(8-4) 멸쟁죄법 제4조

자인에 입각한 조정의 학습계율

[Paṭiññātakaraṇasikkhāpada]

[세존] "논쟁이 일어날 때마다 그 멸쟁을 위하여 자인에 입각한 조정[707]을 제공할 수 있다."

---

707) • 자언치⊙(自言治) / Nī-Adhik. 4(Khu-Adhik. 4) : uppannupannānaṁ adhikaraṇānaṁ samathāya vūpasamāya paṭiññāya kāretabbaṁ : 일곱 가지 방식의 멸쟁 가운데 네 번째로, 스스로 잘못을 인정하게 하여 자신의 고백으로 쟁사를 그치게 하는 것이다. 상세한 것은 Vin. II. 79-100; MN. II. 247-250; AN. I. 99를 참조하라. ■자언치(自言治) / 사분니멸쟁 4 : 應與自言治, 當與自言治.

Pali-Nip. 309

309(8-5) 멸쟁죄법 제5조

다수에 입각한 조정의 학습계율
[Yebhuyyasikasikkhāpada]

[세존] "논쟁이 일어날 때마다 그 멸쟁을 위하여 다수에 입각한 조정[708]을 제공할 수 있다."

---

708) • 다인멱⊙(多人覓) / Nī-Adhik. 5(Khu-Adhik. 5) : uppannupannānaṁ adhikaraṇānaṁ samathāya vūpasamāya yebhuyyasikā : 일곱 가지 방식의 멸쟁 가운데 다섯 번째로, 다수의 의견을 통한 해결을 따름으로써 쟁사를 그치게 하는 것이다. 이것에 대해서는 Vin. II. 79-100; MN. II. 247-250; AN. I. 99를 참조하라. ■ 다멱죄상(多覓罪相) / 사분니멸쟁 5 : 應與多覓罪相, 當與多覓罪相

Pali-Nip. 310

310(8-6) 멸쟁죄법 제6조

심문에 입각한 조정의 학습계율
[Tassapāpiyyasikasikkhāpada]

[세존] "논쟁이 일어날 때마다 그 멸쟁을 위하여 심문에 입각한 조정709)을 제공할 수 있다."

709) • 멱죄상⊙(覓罪相) / Nī-Adhik. 6(Khu-Adhik. 6) : uppannupannānaṁ adhikaraṇānaṁ samathāya vūpasamāya tassapāpiyyasikā : 일곱 가지 방식의 멸쟁 가운데 여섯 번째로, 상대의 죄악에 대하여 밝혀진 것 이외에 더 추궁하고 심문하여 자인하게 함으로써 쟁사를 그치게 하는 것이다. 상세한 것은 Vin. II. 79-100; MN. II. 24 7-250; AN. I. 99를 참조하라. ▪ 멱죄상(覓罪相) / 사분니멸쟁 6 : 應與覓罪相, 當與覓罪相

Pali-Nip. 311

311(7-7) | 멸쟁죄법 제7조

대속에 입각한 조정의 학습계율
[Tiṇavatthārakasikkhāpada]

[세존] "논쟁이 일어날 때마다 그 멸쟁을 위하여 대속에 입각한 조정710)을 제공할 수 있다."

---

710) • 여초복지⊙(如草覆地) / Nī-Adhik. 7(Khu-Adhik. 7) : uppannuppannānaṁ adhikaraṇānaṁ samathāya vūpasamāya tiṇavatthārako : 일곱 가지 방식의 멸쟁 가운데 일곱 번째로, 어떤 사람이나 어떤 편의 잘못을 한 사람이 대표해서 인정하고 고백함으로써 잘못을 풀로 덮어두는 방식으로 쟁사를 그치게 하는 것이다. 상세한 것은 Vin. II. 79-100; MN. II. 247-250; AN. I. 99를 참조하라. 역자가 대속(代贖)이라고 번역한 것은 '나의 죄를 대신 갚음'이라는 일반적 의미를 취한 것이 아니라 '대표가 대신 속죄함'의 불교적 의미에서 취한 것이다. ■초복지(草覆地) / 사분니멸쟁 7 : 應與如草覆地, 當與如草覆地

존자들이여,
이와 같이 7개 조항의 멸쟁죄법을
송출했습니다.711)

이와 관련하여
저는 존귀한 자매들께 묻겠습니다.
이와 관련하여 완전히 청정합니까?
두 번째에도 저는 존귀한 자매들께 묻겠습니다.
이와 관련하여 완전히 청정합니까?
세 번째에도 저는 존귀한 자매들께 묻겠습니다.
이와 관련하여 완전히 청정합니까?

존귀한 자매들께서는
완전히 청정한 까닭에 침묵했으므로
저는 그와 같이 알겠습니다.712)

멸쟁죄법이 끝났다.

---

711) *•uddiṭṭhā kho ayyāyo satta adhikaraṇasamathā dhammā. ■諸大姉. 我已說七滅諍法*

712) *•tatthāyyāyo pucchāmi kaccīttha parisuddhā? dutiyampi pucchāmi kaccittha parisuddhā? tatiyampi pucchāmi kaccittha parisuddhā? parisuddhetkhothāyyāyo, tasmā tuṇhī. evametaṁ dhārayāmī'ti. ■今問. 諸大姉. 是中清淨不? (如是三說) 諸大姉! 是中清淨, 默然故. 是事如是持.*

존귀한 자매들이여,
인연과,
8개 조항의 승단추방죄법,17개 조항의 승단잔류죄법
30개 조항의 상실속죄죄법, 166개 조항의 단순속죄죄법,
8개 조항의 고백죄법, 75개 조항의 중학죄법,
7개 조항의 멸쟁죄법을 송출했습니다.

[모두 합해서 빅쿠니 311개 조항의 의무계율을 송출했습니다.]

이와 같이
그분 세존의 계경에서 유래하고
계경에 포함된 것을
반월마다 송출합니다.

그것에 관하여
모두가 화합하여 함께 기뻐하면서
다툼이 없이 배우겠습니다.713)

수행녀의 의무계율이 끝났다.

---

713) •*uddiṭṭhaṁ kho ayyāyo nidānaṁ, uddiṭṭhā cattāro pārājikā dhammā. uddiṭṭhā sattarasa saṅghādisesā dhammā. uddiṭṭhā tiṁsa nissaggiyā pācittiyā dhammā. uddiṭṭhā chasaṭṭhisata pācittiyā dhammā uddiṭṭhā cattāro pāṭidesanīyā dhammā. uddiṭṭhā sekhīyā dhammā. uddiṭṭhā satta adhikaraṇasamathā dhammā. ettakaṁ tassa bhagavato suttāgataṁ [250-251] suttapariyāpannaṁ anvaddhamāsaṁ uddesaṁ āgacchati, tattha sabbeheva samaggehi sammodamānehi avivadamānehi sikkhitabbanti.* ■*諸大姊 我已說戒經序, 已說八波羅夷法 已說十七僧伽婆尸沙法 已說三十尼薩耆波逸提法 已說一百七十八波逸提法 已說八波羅提提舍尼法 已說衆學法 已說七滅諍法 此是佛所說戒經 半月半月說 戒經中來*

사분니계본

사분율비구니계본(四分律比丘尼戒本)

Caturvargavinayabhikṣunīpraṭimokṣa

[四分僧戒本 : 大正22권1023]

비구니바라제목차(比丘尼波羅提木叉)

Bhikṣunīprātimokṣa

後秦三藏 佛陀耶舍竺佛念 共譯

비구니의 의무계율

(Bhikṣuprātimokṣa)

[比丘波羅提木叉]

A. 계율에 대한 찬탄(戒讚)

1. [송출자] 부처님과 가르침과 참모임에
머리를 조아려서 예경하옵니다.
이제 바로 율법을 송출하리니,
정법이 오래 지속되도록 하기 위함입니다.714)

2. 계율은 바다같이 한량이 없고
보배를 구하는 일 싫음 없듯,
부처님 거룩한 법 수호하려거든
함께 모여 저의 송출을 들으십시오.715)

3. 네 가지 승단추방죄를 없애고
내지는 [열일곱] 승단잔류죄를 멸하고
서른 가지 상실속죄죄를 막으려거든

---

714) 稽首禮諸佛 及法比丘僧 今演毘尼法 令正法久住
715) 戒如海無涯 如寶求無厭 欲護聖法財 衆集聽我說

함께 모여 저의 송출을 들으십시오.[716]

4. 첫째 비빳씬,[717] 둘째 씨킨[718]
셋째 벳싸부[719] 넷째 까꾸싼다[720]
다섯째 꼬나가마나[721] 여섯째 깟싸빠[722]
일곱째 싸끼야무니[723] 부처님.[724]

---

716) *欲除四棄法 及滅僧殘法 障三十捨墮 衆集聽我說*

717) *Vipassin : 비빳씬은 한역에서는 비바시불(毘婆尸佛)이라고 음사한다. 이 부처님은 역사적인 싸끼야무니 부처님 이전의 과거24불 가운데 19번째 부처님이다. 91겁 전에 출현했던 부처님이다. 과거칠불 가운데서는 첫 번째에 해당하는 부처님이다.*

718) *Sikhin : 씨킨 부처님은 한역으로 시기불(尸棄佛)이라고 한다. 31겁 이전에 출현하신 부처님이다. 역사적인 싸끼야무니부처님 이전의 과거24불 가운데 20번째의 부처님이다. 과거칠불 가운데서는 두 번째에 해당하는 부처님이다.*

719) *Vessabhū : 벳싸부 부처님은 한역으로 비사부불(毘舍浮佛)이라고 한다. 씨킨 부처님과 같은 31겁 전의 부처님이다. 역사적인 싸끼야무니 부처님 이전의 과거24불 가운데 21번째 부처님이다. 과거칠불 가운데서는 세 번째에 해당하는 부처님이다.*

720) *Kakusandha : 까꾸싼다 부처님은 한역으로 구류손불(拘留孫佛)이라고 한다. 역사적인 석가모니 부처님 이전의 과거24불 가운데 22번째의 부처님이며 과거칠불 가운데서는 네 번째에 해당하는 부처님이다.*

721) *Koṇāgamana : 꼬나가마나 부처님은 한역으로 구나함불(拘那含佛)이라고 한다. 역사적인 싸끼야무니 부처님 이전의 과거24불 가운데 23번째 부처님이며 과거칠불 가운데 다섯 번째 부처님이다.*

722) *Kassapa : 깟싸빠 부처님은 한역으로 가섭불(迦葉佛)이라고 한다. 역사적인 싸끼야무니 부처님 이전의 과거24불 가운데 24번째 부처님이며, 과거칠불의 여섯 번째 분이다.*

723) *Sakyamuni : 마하 싸끼야무니 고따마(Mahā Sakyamuni Gotama)는 한역으로 석가모니불(釋迦牟尼佛)이라고 한다. 그는 과거*

5. 존귀하신 모든 부처님들께서
저희들을 위해 말씀한 계법
지금 제가 법답게 송출하오니
여러분들 다 함께 경청하십시오.725)

6. 사람으로 두 발을 망가뜨리면,
어디든 걸어갈 수 없는 것 같이
계율을 망가뜨리면 마찬가지로,
천상에나 인간에 날 수 없습니다.726)

7. 하늘 세상에 태어나려 하거나
인간 세상에 태어나려면
항상 계율의 조항을 잘 수호하여
훼손이 되지 않도록 해야 합니다.727)

8. 수레 끌고 험한 길 들어설 적에
핀을 잃고 굴대를 부술까 근심하듯,
계율을 파하는 것도 그와 같으니.
죽을 때엔 두려운 생각이 납니다.728)

9. 사람이 자신을 거울에 비추면

25불 가운데 25번째의 부처님이고, 과거칠불 가운데는 일곱 번째 부처님이다.

724) 毘婆尸式棄, 毘舍拘樓孫 拘那含牟尼, 迦葉釋迦文

725) 諸世尊大德 爲我說是事, 我今欲善說 諸賢咸共聽

726) 譬如人毁足, 不堪有所涉 毁戒亦如是 不得生天人

727) 欲得生天上, 若生人中者, 常當護戒足, 勿令有毁損

728) 如御入險道, 失轄折軸憂 毁戒亦如是, 死時懷恐懼

미추에 따라 기쁨과 슬픔이 생겨나듯,
송출하는 계율도 그와 같으니,
온존과 훼손으로 기쁨과 슬픔이 갈립니다.[729]

10. 두 진영이 함께 싸울 때에는
용약과 비겁에 따라 나아가고 물러서듯,
송출하는 계율도 그와 같으니,
청정과 오예로 안온과 포외가 갈립니다.[730]

11. 인간에선 임금이 으뜸이 되고
흘러가는 물에는 바다가 으뜸이며
반짝이는 별 가운데 달이 으뜸이고
성인들 가운데 부처님이 으뜸입니다.[731]

12. 일체의 여러 가지 계율 중에는
의무계율의 조항이 가장 으뜸이라,
여래께서 마련하신 금계이니,
언제나 반월마다 항상 송출합니다.[732]

---

729) 如人自照鏡 好醜生欣慼 說戒亦如是 全毁生憂喜
730) 如兩陣共戰 勇怯有進退 說戒亦如是 淨穢生安畏
731) 世間王爲最 衆流海爲最 衆星月爲最 衆聖佛爲最
732) 一切衆律中, 戒經爲上最 如來立禁戒 半月半月說

B. 인연의 송출

1. [문] "비구니들의 참모임은 다 모였습니까?"
[답] "다 모였습니다."733)

2. [문] "참모임의 모임은 화합을 이루었습니까?"
[답] "모임은 화합을 이루었습니다."734)

3. [문] "구족계를 받지 않은 이가 있지 않습니까?"
[답] (구족계를 받지 않은 이가 있으면, 내 보내고 나서 '구족계 받지 않는 이는 나갔습니다.'라고 하고, 만약 없으면 '이 가운데에 구족계 받지 않은 이가 없습니다.'라고 말해야 한다)735)

4. [문] "이 자리에 오지 못한 비구니들이 청정동의와 청정권리의 위임736)을 하지 않았습니까?"
[답] (원리에 따라 위임했다면, "'청정동의를 받고 청정권리를 위임받은 이가 있습니다.'라고 말하고, 만약 그렇지 않다면, '이 가운데 청정동의를 받고 청정권리를 위임받은 이가 없습니다.'라고 말해야 한다.'737)라고 말해야 한다.)

5. [문] 오늘 참모임이 화합을 이룬 것은 무엇을 위한 것입

---

733) 僧集(否) (答云僧集).
734) 和合(否) (答云和合)
735) 未受大(具)戒者出 (若有者(卽)遣出. 遣已答言(云)已出無者答無)
736) 청정권리의 위임(pārisuddhidāna : Vin. I. 119)과 청정동의의 위임(chandadāna : Vin, I. 121)의 위임
737) (1031b) 不來諸比丘尼 說欲及淸淨 (有依法說無答言無)

니까?

[답] 포살을 위한 것입니다.738)

6. [문] "존귀한 자매들이여, 들으십시오. 오늘은 보름날 참모임의 포살일입니다. 참모임을 위한 적절한 시간이 되었다면, 참모임은 잘 들으십시오. 모임이 완전하므로 의무계율을 송출합니다. 제안은 이와 같습니다. 제안이 성립되었습니까?"

[답] (성립이 되었으면 '성립이 되었습니다.'고 말하고, 만약에 성립이 되지 않았으면 '성립되지 않았습니다.'고 말해야 한다.)739)

8. 존귀한 자매들이여,740) 지금 의무계율을 송출하겠으니, 여러 비구니들은 한 곳에 모여 자세히 듣고, 정신활동을 기울여야 합니다. 죄가 있는 이는 참회하십시오.741)

9. 죄가 없는 이는 침묵하십시오. 그런데 침묵하면 청정권리가 있다고 인정할 것입니다.742)

---

738) 僧今和合何所作爲 (荅言說戒羯磨)

739) 大姊僧聽 今(白月)十五日 衆僧說戒 若僧時到 僧忍聽 和合說戒 白如是 (作白成不荅云成)

740) 諸大姊 : 빠알리문에는 없다.

741) ▪諸大姊 我今欲說波羅提木叉 諸比丘尼 共集在一處 當應諦聽 善思念之 若有犯者, 應懺悔 •pāṭimokkhaṁ uddisissāmi. taṁ sabbā va santā sādhukaṁ suṇoma. manasikaroma. yassa siyā āpatti, sā āvīkareyya

742) ▪無犯者默然 默然故 知諸大姊淸淨. •asantiyā āpattiyā tuṇhī bhavitabbaṁ. tuṇhībhāvena kho panāyyāyo parisuddhā ti vedissāmi.

10. 한번 질문할 때마다 대답하는 방식으로, 이와 같은 대중 가운데 세 번까지 선언하게 됩니다.743)

11. 만약 어떠한 비구니이든, 기억나는 죄가 있는 데도 밝히지 않으면,744) 의도적인 거짓말을 하는 것이 됩니다. 세존께서는 의도적인 거짓말은 장애가 되는 것이라고 말했습니다.745)

12. 그러므로 비구니가 청정해지고자 원한다면, 기억나는 죄가 있다면, 죄를 참회하십시오. 참회하면, 평안하게 될 것입니다.'746)

---

743) ■若有他問者. 卽應如實答. 如是比丘尼 在於衆中 乃至三問. • *yathā kho pana paccekapuṭṭhassā veyyākaraṇaṁ hoti, evamevaṁ evarūpāya parisāya yāvatatiyaṁ anusāvitaṁ hoti.*

744) 憶念有罪 不發露者 : 빠알리문에서는 앞에 '세 번까지 선언하는 동안'이 추가되어 있다.

745) ■憶念有罪 不發露者. 得故妄語罪. 佛說故妄語 是障道法 •*yā pana bhikkhunī yāva tatiyaṁ anusāviyamāne saramānā santiṁ āpattiṁ nā'vīkareyya, sampajānamusāvād'assā hoti. sampājānamusāvādo kho panāyyāyo antarāyiko dhammo vutto bhagavatā.*

746) ■彼比丘尼 自憶知有罪. 欲求淸淨者當懺悔. 懺悔得安樂 •*tasmā saramānāya bhikkhuniyā āpannnāya visuddhāpekkhāya santī āpatti āvikātabbā. āvikatā hi'ssā phāsu hotī'ti.*

존귀한 자매들이여,
이와 같이 인연을 송출하였습니다.747)

이와 관련하여
저는 존귀한 자매들께 묻겠습니다.
이와 관련하여 완전히 청정합니까?
두 번째에도 저는 존귀한 자매들께 묻겠습니다.
이와 관련하여 완전히 청정합니까?
세 번째에도 저는 존귀한 자매들께 묻겠습니다.
이와 관련하여 완전히 청정합니까?

존귀한 자매들께서는
완전히 청정한 까닭에 침묵했으므로
저는 그와 같이 알겠습니다.748)

인연이 끝났다.

---

747) ■諸大姊 我已說戒經序 •*uduṭṭham kho ayyāyo nidānaṁ.*

748) ■今問 諸大姊 是中清淨否(如是至三) 諸大姊 是中清淨 默然故 是事如是持 •*tatthāyyāyo pucchāmi kaccīttha parisuddhā? dutiyampi pucchāmi kaccittha parisuddhā? tatiyampi pucchāmi kaccittha parisuddhā? parisuddhetthāyyāyo, tasmā tuṇhī. evametaṁ dhārayāmī'ti.*

제1장 승단추방죄법의 송출

[波羅夷法]

존귀한 자매들이여,
이제 이러한 8개 조항의 승단추방죄법을
송출하겠습니다.749)

749) ■諸大姉 是八波羅夷法 半月半月說 戒經中來 •*tatr'ime aṭṭha pārājikā dhammā uddesaṁ āgacchanti.*

Catu-Nip. 1

1(1-1) 승단추방죄법 제1조

청정한 삶을 어기고 성적 교섭을 하는 것에 대한 학습계율
[범부정행수음욕법계(犯不淨行受婬欲法戒)]

[세존] "어떠한 비구니이든, 의도적으로,[750] 성적 교섭에 빠진다면, 심지어 축생과 행하더라도, 이러한 비구니는 승단추방죄[751]를 범하는 것이므로, 함께 살 수 없느니라."[752]

---

750) 作婬欲 : 원조율사가 비구계본(Khu-Pār. 1)과 동일하게 '학습계율을 받고, 학습계율의 부인도 없이 자신의 학습계율에 대한 취약성도 알리지 않고(共戒同戒 不捨 戒羸不自悔)'가 추가한 것은 잘못된 적용된 것이다.

751) 波羅夷 : 《빠알리율》에서는 '알지 못했거나, 동의하지 않아 즐거움을 느끼지 않은 경우이거나, 정신착란자이거나, 마음이 심란한 자이거나, 애통해 하는 자이거나, 최초의 범행자인 경우'는 예외이고, 《사분율》에서는 그 밖에 '잠들어서 알아차리지 못했거나, 즐거움을 느끼지 않았거나, 일체 음행의 뜻이 없었거나, 이 학습계율시설의 원인이 된 최초의 범행자이거나, 정신착란자이거나, 마음이 심란한 자이거나, 애통해 하는 자인 경우'를 예외로 한다.

752) ■ 범부정행수음욕법계(犯不淨行受婬欲法戒) / 사분니바라이 1 : 若比丘尼 作婬欲 犯不淨行 乃至共畜生 是比丘尼 波羅夷 不共住. • 음계①(淫戒) / Nī-Pār. 1(Khu-Pār. 1) : yā pana bhikkhunī bhikkhūnaṁ chandaso methunaṁ dhammaṁ patiseveyya, antamaso tiracchānagatāya pi, pārājikā hoti asaṁvāsā'ti.

Catu-Nip. 2

2(1-2) 승단추방죄법 제2조

주인이 주지 않은 것을 빼앗는 것에 대한 학습계율
[유주물불여도심취계(有主物不與盜心取戒)]

[세존] “어떠한 비구니이든, 마을에서나 한적한 숲속에서 주지 않는 것을 빼앗을 생각으로 훔치면, 예를 들어 주지 않는 것을 빼앗은 죄로 왕에게나 대신들에게 붙들려, ‘그대는 강도이다. 그대는 천치이다. 그대는 무지한 자이다.’라고 구속되거나, 추방되거나, 살해되는 것처럼,[753] 이러한 비구니는 승단추방죄[754]를

---

753) 在村落中 若空閑處 不與物 盜心取 隨不與取法 若爲王 及王大臣所捉 若縛 若驅出國 若殺 汝是賊 汝癡 汝無所知 : 빠알리문은 "주지 않는 것을 빼앗은 죄로 왕에게나 대신들에게 붙들려, '그대는 강도이다. 그대는 천치이다. 그대는 무지한 자이다.' 라고 구속되거나, 추방되거나, 살해되게 되면" 대신에 "주지 않은 것을 훔칠 의도로 빼앗는다면, 이와 같이 훔치는 경우에 예를 들어 왕들은 훔친 자를 붙잡아서 '그대는 강도이다. 그대는 바보이다. 그대는 천치이다. 그대는 도둑이다.' 라고 구타하거나 구속하거나 추방할 것이다. 이와 마찬가지로 수행녀가 주지 않는 것을 빼앗는다면' 이라고 되어 있다.

754) 波羅夷 : ≪빠알리율≫에서는 '자신의 것이라고 알았거나, 신뢰에 입각하여 취한 것이거나, 잠시 빌린 것이거나, 아귀의 영역에 있는 자의 소유이거나, 축생으로 있는 자의 소유이거나, 쓰레기더미인 것을 알거나, 정신착란자이거나, 마음이 심란한 자이거나, 애통해 하는 자이거나, 최초의 범행자인 경우'는 예외이고, ≪사분율≫에서는 '준 것이라고 생각했거나, 자기의 것이라고 생각했거나, 버린 것이라고 생

범하는 것이므로, 함께 살 수 없느니라"755)

각했거나, 잠깐 취한 것이라고 생각했거나, 친분이 두터운 사람의 것이라고 생각했거나, 이 학습계율시설의 원인이 된 최초의 범행자이거나, 정신착란자이거나, 마음이 심란한 자이거나, 애통해 하는 자인 경우'를 예외로 한다.

755) ■ *유주물불여도심취계(有主物不與盜心取戒) / 사분니바라이 2 : 若比丘尼 在村落中 若空閑處 不與物 盜心取 隨不與取法 若爲王及王大臣所捉 若縛 若驅出國. 若殺 汝是賊 汝癡 汝無所知. 是比丘尼波羅夷不共住* • *도계⊙(盜戒) / Nī-Pār. 2(Khu-Pār. 2) : yā pana bhikkhunī gāmā vā araññā vā adinnaṁ theyyasaṅkhātaṁ ādiyeyya, yathārūpe adinnādāne rājāno coraṁ gahetvā haneyyuṁ vā bandheyyuṁ vā pabbājeyyaṁ vā, corā'si bālā'si muḷhā'si thenā'sīti, thatārūpaṁ bhikkhunī adinnaṁ ādiyamānā ayampi pārājikā hoti asaṁvāsā'ti.*

Catu-Nip. 3

3(1-3) 승단추방죄법 제3조

고의로 인명을 끊거나 죽음을 찬탄 · 권유하는 것에 대한 학습계율 [고단인명탄예쾌근사계(故斷人命歎譽快勸死戒)]

[세존] "어떠한 비구니이든 사람의 목숨을 손수 끊거나, 칼을 구해주거나, 죽음을 찬탄하거나, 죽음을 권유하여 '이보게, 이러한 악한 고통스러운 삶이 무슨 의미가 있는가. 살기보다는 죽는 것이 낫다.'라고 이와 같이 사유하여, 여러 가지 방편으로 죽음에 이르도록 찬탄하거나, 죽음에 이르도록 권유하면,756) 이러한 비구니는 승단추방죄757)를 범하는 것이므로, 함께

---

756) 故斷人命. 持刀與人. 歎譽死. 快勸死. 咄人用此惡活爲. 寧死不生. 作如是思惟. 種種方便. 歎譽死. 快勸死 : 빠알리문에는 '칼을 구해주거나' 대신에 '목숨을 빼앗는 무기 – 칼도 의미한다. – 를 구해주거나'라고 되어 있다.

757) 波羅夷 : ≪빠알리율≫에서는 '의도하지 않았거나, 알지 못했거나, 살의가 없거나, 정신착란자이거나, 마음이 심란한 자이거나, 애통해 하는 자이거나, 최초의 범행자인 경우'는 예외이고, ≪사분율≫에서는 '칼이나 몽둥이나 기와나 돌을 던졌는데 잘못하여 타인의 몸에 맞아 그 사람이 죽었거나, 집을 짓는 일을 하다가 잘못하여 벽돌이나 재목이나 서까래나 기둥이 떨어져 사람이 죽었거나, 환자를 부축하거나 목욕을 시키거나 음식을 먹이거나 다른 곳으로 옮기거나 방으로 들고나거나 화장실로 들고 날 때에 해치려는 마음이 없는데 죽었거나, 이 학습계율시설의 원인이 된 최초의 범행자이거나, 정신착란자이거나, 마음이 심란한 자이거나, 애통해 하는 자인 경우'를 예외로 한다.

살 수 없느니라."[758)]

758) ■고단인명탄예쾌근사계(故斷人命歎譽快勤死戒) / 사분니바라이3 : 若比丘尼 故斷人命. 持刀與人 歎譽死 快勸死 咄人用此惡活爲 寧死不生. 作如是思惟 種種方便 歎譽死 快勸死 是比丘尼 波羅夷 不共住 ●살인계⊙(殺人戒) / Nī-Pār. 3(Khu-Pār. 3) : yā pana bhikkhunī sañcicca manussaviggahaṁ jīvitā voropeyya, satthahārakaṁ vā'ssa pariyeseyya, maraṇavaṇṇaṁ vā saṁvaṇṇeyya, maraṇāya vā samādapeyya: 'ambho purisa kiṁ tuyhaminā pāpakena dujjīvitena? matante jīvitā seyyo'ti iti cittamanā cittasaṅkappā anekapariyāyena maraṇavaṇṇaṁ vā saṁvaṇṇeyya maraṇāya vā samādapeyya, ayampī pārājikā hoti asaṁvāsā'ti.

Catu-Nip. 4

4(1-4) 승단추방죄법 제4조

앎이 없이 인간을 뛰어넘는 상태를 자칭하는 것에 대한 학습계율 [실무소지자칭언아득상인법계(實無所知自稱言我得上人法戒)]

[세존] "어떠한 비구니이든 곧바른 앎이 없으면서 자칭하여, '나는 인간을 뛰어넘는 상태, 거룩한 지혜의 탁월한 원리에 들어갔으며, 나는 이와 같이 알고, 이와 같이 본다.'라고 하다가, 나중에 묻거나 묻지 않거나 간에 청정해지려고, 고쳐 말하기를 '내가 진실로 알지도 못하고 보지도 못하지만, 안다고 말하고, 본다고 말한 것은 허황된 말, 거짓된 말, 망언을 한 것이다.'고 하면, 과도한 자만을 제외하고,[759] 이러한 비구니는 승단추방죄[760]를 범하는 것이므로, 함

759) *實無所知 自稱言 我得上人法 我已入聖智勝法 我知是我見是 後於異時 若問若不問 欲自淸淨故 作是說 我實不知不見 言知言見 虛誑妄語 除增上慢 : 빠알리문에는 '나중에'는 '충분한 고귀한 앎과 봄을 선언한다면, 그리고 나중에'라고 되어 있다. '청정해지려고'는 '타락하여, 죄의 정화를 기대하고'라고 되어 있다.*

760) *波羅夷 : ≪빠알리율≫에서는 '과도한 자만을 지녔거나, 망어를 의식하지 못하는 경우나, 정신착란자이거나, 마음이 심란한 자이거나, 애통해 하는 자이거나, 최초의 범행자인 경우'는 예외이고, ≪사분율≫에서는 '과도한 자만이었다'라고 스스로 말했거나, '이것은 업보의 인연이고 스스로 수행해서 얻은 것이 아니다'라고 말했거나, 실제로 인간을 뛰어넘은 상태를 얻어서 동의하는 비구니에게 말했*

께 살 수 없느니라."761)

거나, 남에게 그러한 상태의 원리를 설했으나 '내가 그것을 얻었다.' 라고 하지 않았거나, 장난으로 말했거나, 빨리 말해서 상대가 알아듣지 못했거나, 혼자 있는 데서 말했거나, 꿈속에서 말했거나, 이것을 말하려다가 저것을 말했거나, 이 학습계율시설의 원인이 된 최초의 범행자이거나, 정신착란자이거나, 마음이 심란한 자이거나, 애통해 하는 자인 경우'를 예외로 한다.

761) ■ *실무소지자칭언아득상인법계*(**實無所知自稱言我得上人法戒**) / *사분니바라이 4* : **若比丘尼 實無所知 自稱言 我得上人法 我已入聖智勝法 我知是我見是 後於異時 若問若不問 欲自淸淨故 作是說 我實不知不見 言知言見 虛誑妄語 除增上慢 是比丘尼波羅夷不共住** ● *대망어계*⊙(**大妄語戒**) / *Nī-Pār. 4(Khu-Pār. 4) : yā pana bhikkhunī anabhijānaṁ uttarimanussadhammaṁ attūpanāyikaṁ alamariyañāṇadassanaṁ samudācareyya iti jānāmi, iti passāmī'ti. tato aparena samayena samanuggāhiyamānā vā asamanuggāhiyamānā vā āpannā visuddhāpekkhā evaṁ vadeyya: ajānam evaṁ ayye avacaṁ jānāmi, apassaṁ passāmi, tucchaṁ musā vilapin'ti aññatra adhimānā. ayampi pārājikā hoti asaṁvāsā'ti.*

Catu-Nip. 5

5(1-5) 승단추방죄법 제5조

욕망에 물든 남자와 접촉하거나 마촉하는 것에 대한 학습계율
[공염심남자상촉마계(共染心男子相觸摩戒)]

[세존] "어떠한 비구니이든 욕망에 물들어 욕망에 가득 찬 남자와 함께 겨드랑 아래로 무릎 위의 몸을 서로 마촉하면서, 붙잡거나 어루만지거나, 당기거나 밀거나, 위로 만지거나 아래로 만지거나, 들거나 내리거나, 쥐거나 누르면, 몸을 서로 접촉한 자로서,[762] 이러한 비구니는 승단추방죄[763]를 범하는 것이므로, 함께

---

*762) **染心 共染心男子. 從腋已下 膝已上 身相摩觸 若捉摩若牽若推若上摩若下摩. 若擧若下若捉若捺 … 是身相觸也** : 빠알리문은 '경골부터 아래와 무릎부터 위를 마촉하거나 마찰하거나 붙잡거나 문지르거나 압박하는 것을 수용하면, 그녀 또한 무릎부터 위를 만지는 자로서'라고 되어 있어 '붙잡거나 어루만지거나, 당기거나 밀거나, 위로 만지거나 아래로 만지거나, 들거나 내리거나, 쥐거나 누르면'이라는 구절은 없다.*

*763) **波羅夷** : ≪빠알리율≫에서는 '의도가 없거나, 새김이 없거나, 알지 못하고 했거나, 향락하지 않은 경우이거나, 정신착란자이거나, 마음이 심란한 자이거나, 애통해 하는 자이거나, 최초의 범행자인 경우'는 예외이고, ≪사분율≫에서는 '물건을 주고받을 때에 잘못하여 접촉했거나, 장난하다가 접촉했거나, 구해주려고 풀어줄 때에 접촉했으나 일체의 음욕이 없었거나, 이 학습계율시설의 원인이 된 최초의 범행자이거나, 정신착란자이거나, 마음이 심란한 자이거나, 애통해 하는 자인 경우'를 예외로 한다.*

살 수 없느니라."764)

764) ■공염심남자상촉마계(共染心男子相觸摩戒) / 사분니바라이 5 : 若比丘尼 染心 共染心男子. 從腋已下 膝已上 身相摩觸 若捉摩 若牽若推 若上摩若下摩. 若擧若下若捉若捺 是比丘尼波羅夷 不共住 是身相觸也 • 마촉계∅(摩觸戒) / Nī-Pār. 5(Nī ∅Pār. 1) : yā pana bhikkhunī avassutā avassutassa purisapuggalassa adhakkhakaṁ ubbhajāṇumaṇaḍalaṁ āmasanaṁ vā parāmasanaṁ vā gahaṇaṁ vā chupanaṁ vā patipīḷanaṁ vā sādiyeyya, ayam pi pārājikā hoti asaṁvāsā, ubbhajāṇumaṇḍalikā'ti.

Catu-Nip. 6

6(1-6) 승단추방죄법 제6조

욕망에 물든 남자와 여덟 가지 일을 하는 것에 대한 학습계율
[여염심남자립어공기팔사계(與染心男子立語共期八事戒)]

[세존] "어떠한 비구니이든, 욕망에 물들어 욕망으로 가득 찬 남자인 것을 알면서 손을 잡는 것, 옷을 잡는 것, 은폐된 곳에 들어가는 것, 함께 서있는 것, 함께 이야기하는 것, 함께 다니는 것, 함께 기대는 것, 함께 약속하는 것을 수용하면, 여덟 가지 일을 저지른 자로서,765) 이러한 비구니는 승단추방죄766)를 범하는

---

765) 染心 知男子染心 受捉手 捉衣 入屛處 共立共語共行. 或身相倚共期 … 犯此八事故 : 빠알리문에서는 여덟 가지 일(八事 : aṭṭha-vatthukā)은 '남자가 손을 잡는 것, 옷을 잡는 것, 함께 서있는 것, 함께 대화하는 것, 만나러 가는 것, 남자가 다가오는 것을 수용하고, 은폐된 장소에 들어가고, 부정한 것을 행하기 위해 몸의 자세를 취하는 것'의 여덟 가지로 후반에서 『사분율계본』과 표현의 차이가 있다.

766) 波羅夷 : ≪빠알리율≫에서는 '의도하지 않거나, 새김을 잃었거나, 알지 못했거나, 수용하지 않았거나, 정신착란자이거나, 마음이 심란한 자이거나, 애통해 하는 자이거나, 최초의 범행자인 경우'는 예외이고, ≪사분율≫에서는 '물건을 주고받을 때에 손이 서로 닿았거나, 장난하다가 닿았거나, 구해주려고 옷을 잡았거나, 줄 것이 있거나 예경하거나 참회하거나 가르침을 받을 때에 가려진 장소에 들어가 함께 머물거나 함께 말하거나 함께 서있거나 함께 다니거나, 사람이 때리거나 도적이 오거나 코끼리가 오거나 사나운 짐승이 오거나 뾰족한 것을 메고와서 피하다가 잘못 접촉하여 기댔거나, 가르침을 구하거나 들

자이므로 함께 살 수 없느니라."767)

었거나 청을 받았거나 승원 안에 이르렀거나 약속을 했으나 나쁜 일을 할 수 없는 곳이거나, 이 학습계율시설의 원인이 된 최초의 범행자이거나, 정신착란자이거나, 마음이 심란한 자이거나, 애통해 하는 자인 경우'를 예외로 한다.

767) ■ *여염심남자립어공기팔사계(與染心男子立語共期八事戒) / 사분니바라이 6 : 若比丘尼染心 知男子染心 受捉手 捉衣 入屛處 共立共語共行. 或身相倚 共期 是比丘尼 波羅夷 不共住. 犯此八事故* • *팔사성중계∅(八事成重戒) / Nī-Pār. 8(Nī ∅Pār. 4) : yā pana bhikkhunī avassutā avassutassa purisapuggalassa hatthagahaṇaṁ vā sādiyeyya saṅghāṭikaṇṇagahaṇaṁ vā sādiyeyya santiṭṭheyya vā sallapeyya vā saṁketaṁ vā gaccheyya purisassa vā abbhāgamanaṁ sādiyeyya channaṁ vā anupaviseyya kāyaṁ vā tadatthāya upasaṁhareyya etassa asaddhammassa paṭisevanatthāya ayampi pārājikā hoti asaṁvāsā aṭṭhavatthukā'ti.*

Catu-Nip. 7

7(1-7) 승단추방죄법 제7조

다른 비구니의 승단추방죄를 덮어주는 것에 대한 학습계율
[지타비구니범바라이복장계(知他比丘尼犯波羅夷覆藏戒)]

[세존] "어떠한 비구니이든 다른 비구니가 승단추방죄를 범한 것을 알고도 스스로 죄를 거론하지 않고 무리에게 말하지도 않는다면, 대중에게 알리지도 않았다가 다른 때에 그 비구니가 죽었거나, 대중 가운데 거론되었거나, 수행을 그만두거나, 외도로 개종한 뒤에 비로소 '나는 이미 그녀가 그런 죄를 범한 줄을 알았다.'라고 하더라도,768) 죄악을 덮어주는 자로서 그 비구니는 승단추방죄769)를 범하는 자이므로 함께 살

---

768) 知比丘尼 犯波羅夷 不自發露 不語衆人 不白大衆 後於異時 彼比丘尼 或命過 或衆中擧 或休道 或入外道衆 乃作是言. 我先知有如是罪 是比丘尼 … 覆藏重罪故 : 빠알리문에는 '나는 이미 그녀가 그런 죄를 범한 줄을 알았다.'라는 구절 대신에 "존귀한 자매들이여, 예전에 제가 이 비구니를 알았는데, 그 자매는 이러이러한 자매였다. 저는 스스로 죄를 거론하고 싶지 않았고, 대중에게 알리고 싶지 않았다.'라는 구절이 들어가 있다.

769) 波羅夷 : 《빠알리율》에서는 "참모임의 다툼이나 싸움이나 논쟁이나 논쟁이 생겨날 것이다.'라고 생각하여 알리지 않거나, '참모임의 분열이나 참모임의 반목이 생겨날 것이다.'라고 생각하여 알리지 않거나 '이 자는 난폭하고 잔혹해서 목숨에 위해를 끼치거나 청정한 삶의 위험을 초래할 것이다.'고 생각하여 알리지 않거나, 다른

수가 없다."770)

적당한 비구니들을 보지 못해 알리지 않거나. 감출 의도가 없이 알리지 않거나, '자신의 행위로 밝혀질 것이다.'라고 생각하여 알리지 않거나, 정신착란자이거나, 마음이 심란한 자이거나, 애통해 하는 자이거나, 최초의 범행자인 경우"는 예외이고, 《사분율》에서는 알지 못했거나, 승단추방죄를 승단추방죄가 아니라고 생각했거나, 타인에게 말했거나, 말할 사람이 없었거나, 말하려고 생각했으나 말하기 전에 날이 밝았거나, 말하려고 했으나 목숨이 위태롭거나 청정행이 어려워서 말하지 못했거나, 이 학습계율시설의 원인이 된 최초의 범행자이거나, 정신착란자이거나, 마음이 심란한 자이거나, 애통해 하는 자인 경우'를 예외로 한다.

770) ■ 지타비구니범바라이복장계(知他比丘尼犯波羅夷覆藏戒) / 사분니바라이 7 : 若比丘尼 知比丘尼 犯波羅夷. 不自發露. 不語衆人 不白大衆. 後於異時. 彼比丘尼 或命過 或衆中擧 或休道 或入外道衆 乃作是言. 我先知有如是罪. 是比丘尼 波羅夷 不共住. 覆藏重罪故. ● 복비구니중죄계∅(覆比丘尼重罪戒) / Nī-Pār. 6(Nī ∅Pār. 2) : yā pana bhikkhunī jānaṁ pārājikaṁ dhammaṁ ajjhāpannaṁ bhikkhuniṁ n'ev'attanā paṭicodeyya na gaṇassa āroceyya, yadā ca sā ṭhitā vā assa cutā vā nāsitā vā avasaṭā vā sā pacchā evaṁ vadeyya: pubbevāhaṁ ayye aññāsiṁ etaṁ bhikkhuniṁ evarūpā ca evarūpā ca sā bhaginīti no ca kho attanā paṭicodessaṁ na gaṇassa ārocessanti. ayampi pārājikā hoti asaṁvāsā vajjapaṭicchādikā'ti. .

Catu-Nip. 8

8(1-8) 승단추방죄법 제8조

권리정지된 비구를 따르는 것에 대한 학습계율

[순종작거비구계(順從作擧比丘戒)]

[세존] "어떠한 비구니이든, 어떤 비구가 참모임에 의해 권리정지되었고 원칙이나 계율이나 부처님의 가르침에 맞도록 따르지 않고 참회하지도 않아 참모임이 함께 지내는 것을 허락하지 않은 것을 알면서도 그를 따른다면, 그 때에 비구니들은 '존귀한 자매여, 그 비구는 참모임에 의해 권리정지되었고 원칙이나 계율이나 부처님의 가르침에 맞도록 따르지 않고 참회하지도 않아 참모임이 함께 지내는 것을 허락하지 않았으니, 그를 따르지 마시오.'라고 말해야 하나니,771) 이와 같이 말했는데도 그 비구니가 고집한다면, 그 비구니에게 그것을 그만두도록 세 번까지 충고해야 하는데, 세 번까지 충고해서 그것을 그만둔다면, 훌륭한 일이지만,

---

771) 諸比丘尼語言. 大姊 此比丘爲僧所擧 如法如律 如佛所教 不順從不懺悔 僧未與作共住 汝莫順從 : 빠알리문에서의 충고는 '존귀한 자매여, 그 수행승은 화합참모임에 의해서 원칙에 의해서나 계율에 의해서나 스승의 가르침에 의해서 권리정지된, 불경스럽고, 철면피하고, 도반이 될 수 없는 수행승이다. 존귀한 자매여, 그 수행승을 따르지 마시오'라고 되어 있다.

그만두지 않는다면, 그 비구니는 승단추방죄[772]를 범하는 자이므로 함께 살 수 없느니라."[773]

---

772) 波羅夷 : 《빠알리율》에서는 '충고받지 못했거나, 그만두거나, 정신착란자이거나, 마음이 심란한 자이거나, 애통해 하는 자이거나, 최초의 범행자인 경우'는 예외이고, 《사분율》에서는 '한두 번 충고했을 때에 그만두었거나, 여법하지 않은 무리나 화합참모임이 견책조치의 갈마를 했거나, 유사원칙에 맞는 무리나 유사원칙에 맞는 화합참모임이 견책조치의 갈마를 하거나, 원칙이나 계율이나 가르침에 맞지 않게 견책조치의 갈마를 하거나 일체의 견책조치의 갈마를 하기 전이거나, 이 학습계율시설의 원인이 된 최초의 범행자이거나, 정신착란자이거나, 마음이 심란한 자이거나, 애통해 하는 자인 경우'를 예외로 한다.

773) ■순종작거비구계(順從作擧比丘戒) / 사분니바라이 8 : 若比丘尼 知比丘僧爲作擧 如法如律如佛所敎 不順從不懺悔 僧未與作共住 而便順從 諸比丘尼語言. 大姊 此比丘爲僧所擧 如法如律 如佛所敎 不順從不懺悔 僧未與作共住 汝莫順從 是比丘尼如是諫時 堅持不捨 彼比丘尼 應三諫 捨此事故 乃至三諫 捨者善. 若不捨者 是比丘尼 波羅夷 不共住 • 수순피거비구위니승삼간계∅(隨順被擧比丘違尼僧三諫戒) / Nī-Pār. 7(Nī ∅Pār. 3) : yā pana bhikkhunī samaggena saṅghena ukkhittaṁ bhikkhuṁ dhammena vinayena satthusāsanena anādaraṁ apaṭikāraṁ akatasahāyaṁ tam anuvatteyya, sā bhikkhunī bhikkhunīhi evam assa vacanīyā: eso kho ayye, bhikkhu samaggena saṅghena ukkhitto dhammena vinayena satthusāsanena, anādaro apaṭikāro akatasahāyo, māyye etaṁ bhikkhuṁ anuvattīti. evañca sā bhikkhunī bhikkhunīhi vuccamānā tath'eva paggaṇheyya. sā bhikkhunī bhikkhunīhi yāvatatiyaṁ samanubhāsitabbā tassa paṭinissaggāya. yāvatatiyañce samanubhāsiyamānā taṁ paṭinissajjeyya, icc etaṁ kusalaṁ, no ce paṭinissajjeyya, ayampi pārājikā hoti asaṁvāsā, ukkhittānuvattikā'ti.

존귀한 자매들이여,
와 같이 8개 조항의 승단추방죄법을 송출하였습니다.
비구니가 이 가운데 어떠한 것이라도 범하면,
예전과 마찬가지로 이후에도
승단에서 추방되는 상태가 되어
비구니들과 함께 살 수 없습니다.774)

이와 관련하여 저는 존귀한 자매들께 묻겠습니다.
이와 관련하여 완전히 청정합니까?
두 번째에도 저는 존귀한 자매들께 묻겠습니다.
이와 관련하여 완전히 청정합니까?
세 번째에도 저는 존귀한 자매들께 묻겠습니다.
이와 관련하여 완전히 청정합니까?

존귀한 자매들께서는
완전히 청정한 까닭에 침묵했으므로
저는 그와 같이 알겠습니다.775)

---

774) ■ 諸大姉 我已說八波羅夷法 若比丘尼 犯一一法 得與諸比丘尼 共住 如前後犯亦爾. 是比丘尼 得波羅夷罪 不應共住 • uddiṭṭhā kho ayyāyo aṭṭha pārājikā dhammā, yesaṁ bhikkhunī aññataraṁ vā aññataraṁ vā āpajjitvā na labhati bhikkhunīhi saddhiṁ saṁvāsaṁ, yathā pure tathā pacchā pārājiko hoti asaṁvāsā : Smp. 516에 따르면, '이전과 마찬가지로'라는 것은 '출가 이전의 재가자와 마찬가지로 승단추방의 상태가 되어'라는 뜻으로 재가자가 출가자와 함께 포살이나 자자 등을 할 수 없다는 뜻이다.

775) ■ 今問. 諸大姉 是中清淨否(如是至三) 諸大姉 是中清淨. 默然故 是事如是持. • tatthāyyāyo pucchāmi kaccittha parisuddhā? dutiyampi pucchāmi kaccittha parisuddhā? tatiyampi pucchāmi kaccittha parisuddhā? parisuddhetthāyyāyo, tasmā tuṇhī. evametaṁ dhārayāmī'ti.

제2장 승단잔류죄법의 송출

[僧殘法]

존귀한 자매들이여,
이제 이러한 17개 조항의 승단잔류죄법을
송출하겠습니다.[776)]

776) •*ime kho panāyyāyo sattarasa saṅghādisesā dhammā uddesaṁ āgacchanti.* ■*諸大姉 是十七僧伽婆尸沙法 半月半月說戒經中來.*

Catu-Nip. 9

9(2-1) 승단잔류죄법 제1조

왕래하며 중매하는 것에 대한 학습계율
[왕래매가계(往來媒嫁戒)]

[세존] "어떠한 비구니이든 여인에 대한 남자의 의중을 또는 남자에 대한 여인의 의중을 중매해서 부부관계를 맺게 하거나 애인관계를 맺게 하면, 그것이 일시적인 관계라도, 승단잔류죄[777]를 범하는 것이니라."[778]

---

777) 僧伽婆尸沙 : 이하 비구니의 승단잔류죄법의 모든 조항을 마감하는 이 구절은 빠알리문에는 '그 수행녀는 처음부터 죄가 되는 일에 떨어지고, 마침내'라는 구절이 추가되어 있다. 《빠알리율》에서는 '참모임을 위한 것이거나, 탑묘를 위한 것이거나, 환자를 위하여 일을 보기 위해 가거나, 정신착란자이거나, 최초의 범행자인 경우'는 예외이고, 《사분율》에서는 '남녀가 먼저 통하고 후에 이별했다가 다시 화합했거나, 부모나 신심이 돈독한 재가자나 환자나 감옥에 있는 자를 위해 서신을 가지고 갔거나, 참모임이나 승원이나 탑묘나 환우비구니를 위해서 서신을 보고 가지고 갔거나, 이 학습계율시설의 원인이 된 최초의 범행자이거나, 정신착란자이거나, 마음이 심란한 자이거나, 애통해 하는 자인 경우'를 예외로 한다.

778) ▪왕래매가계(往來媒嫁戒) / 사분니승가바시사 1 : 若比丘尼 往來彼此媒嫁 持男意語女. 持女意語男. 若爲成婦事. 乃爲私通事. 乃至須臾頃 僧伽婆尸沙. • 매인계⊙(媒人戒) / Nī-Saṅgh. 7(Khu-Saṅgh. 5) : yā pana bhikkhunī sañcarittaṁ samāpajjeyya itthiyā vā purisamatiṁ purisassa vā itthimatiṁ, jāyattane vā jārattane vā, antamaso taṅ-

---

khaṇikāya pi, ayampi bhikkhunī paṭhamāpattikam dhammaṁ āpannā nissāranīyaṁ saṅghādisesan'ti.

Catu-Nip. 10

10(2-2) 승단잔류죄법 제2조

근거 없이 비방하는 것에 대한 학습계율
[무근방훼계(無根謗毁戒)]

[세존] "어떠한 비구니이든 비구니를 악의나 분노나 불만으로 '아마도 그를 내가 이러한 청정한 삶에서 몰아낼 수 있다.'라고 근거 없이 승단추방죄법에 해당한다고 비방하고, 나중에 조사를 받건 조사를 받지 않건, 그 쟁사가 근거 없음이 밝혀지고, 비구니가 자신의 잘못을 시인하면, 승단잔류죄[779]를 범하는 것이니라."[780]

---

779) 僧伽婆尸沙 : ≪빠알리율≫에서는 '청정한 것에 대하여 청정하지 않다고 보거나, 청정하지 않은 것에 대하여 청정하지 않다고 보거나, 정신착란자이거나, 최초의 범행자인 경우'는 예외이고, ≪사분율≫에서는 '장난으로 말했거나, 빨리 말했거나, 혼자 있는 데서 말했거나, 꿈속에서 말했거나, 이것을 말하려다 착오로 저것을 말했거나, 이 학습계율시설의 원인이 된 최초의 범행자이거나, 정신착란자이거나, 마음이 심란한 자이거나, 애통해 하는 자인 경우'를 예외로 한다.

780) ■ 무근방훼계(無根謗毁戒) / 사분니승가바시사 2 : 若比丘尼 瞋恚所覆故 非波羅夷比丘尼 以無根波羅夷法謗. 欲破彼清淨行. 後於異時. 若問若不問. 知此事無根說 我瞋恚故作是語者. 僧伽婆尸沙. • 무근중죄방타계⊙(無根重罪謗他戒) / Nī-Saṅgh. 8(Khu-Saṅgh. 8) : yā pana bhikkhunī bhikkhuniṁ duṭṭhā dosā appatītā amūlakena pārājikena dhammena anuddhaṁseyya appeva nāma naṁ imamhā brahmacariyā cāveyyan'ti. tato aparena samayena samanuggāhi-

yamānā vā asamanuggāhiyamānā vā amūlakañceva taṁ adhikaraṇaṁ hoti bhikkhunī ca dosaṁ patiṭṭhāti, ayampi bhikkhunī paṭhamāpattikam dhammaṁ āpannā nissāraṇīyaṁ saṅghādisesan'ti.

Catu-Nip. 11

11(2-3) 승단잔류죄법 제3조

다른 쟁사의 부분을 취해 비방하는 것에 대한 학습계율
[이분편방계(異分片謗戒)]

[세존] "어떠한 비구니이든 화가 난 탓으로, 다른 종류의 쟁사 가운데 부분을 취해서, 승단추방죄를 짓지 않은 비구니에게 근거없이 승단추방죄를 범했다고 비방하여 그녀의 청정한 삶을 망가뜨리려하다가 그 뒤에 묻거나, 묻지 않거나 간에 말하되, '그 일이 근거없는 줄 알면서도, 내가 성낸 탓으로 그런 말을 하였다.'라고 하면,[781] 승단잔류죄[782]를 범하는 것이니라."[783]

---

781) *以瞋恚故 於異分事中取片. 非波羅夷 比丘尼 以無根波羅夷法謗. 欲破彼清淨行. 後於異時. 若問若不問. 知是異分事中取片. 便言我瞋恚故 作如是說 : 빠알리문에는 '수행녀를 악의나 분노나 불만으로 다른 종류의 쟁사 가운데 어떤 것이든 유사한 점을 관련시켜 '아마도 그를 내가 이러한 청정한 삶에서 몰아낼 수 있겠다.'라고 말하며 승단추방죄에 해당한다고 비방하고, 나중에 조사를 받건 조사를 받지 않건, 그 쟁사가 다른 쟁사에 속한 것으로 드러나고, 어떤 것이든 유사한 점을 관련시켜 취한 것이고, 수행녀가 자신의 잘못을 시인하면'이라고 되어 있다.*

782) *僧伽婆尸沙 : 《빠알리율》에서는 '충고받지 못했거나, 그만두거나, 정신착란자이거나, 최초의 범행자인 경우'는 예외이다. 《사분율》에서는 '장난으로 말했거나, 빨리 말했거나, 혼자 있는 데서 말했거나, 꿈속에서 말했거나, 이것을 말하려다 착오로 저것을 말했거나, 이 학습계율시설의 원인이 된 최초의 범행자이거나, 정신착란자*

이거나, 마음이 심란한 자이거나, 애통해 하는 자인 경우'를 예외로 한다.

783) ■ 이분편방계(異分片謗戒) / 사분니승가바시사 3 : 若比丘尼 以瞋恚故 於異分事中取片. 非波羅夷 比丘尼 以無根波羅夷法謗. 欲破彼清淨行. 後於異時. 若問若不問. 知是異分事中取片. 便言我瞋恚故作如是說 僧伽婆尸沙. ● 가근방계⊙(假根謗戒) / Nī-Saṅgh. 9(Khu-Saṅgh. 9) : yā pana bhikkhunī bhikkhuniṁ duṭṭhā dosā appatītā aññabhāgiyassa adhikaraṇassa kiñci desaṁ lesamattaṁ upādāya pārājikena dhammena anuddhaṁseyya, appeva nāma naṁ imamhā brahmacariyā cāveyyan'ti. tato aparena samayena samanuggāhiyamānā vā asamanuggāhiyamānā vā aññabhāgiyañceva taṁ adhikaraṇaṁ hoti, koci deso lesamatto upādinno, bhikkhunī ca dosaṁ patiṭṭhāti, ayampi bhikkhunī paṭhamāpattikam dhammaṁ āpannā nissāranīyaṁ saṅghādisesan'ti.

Catu-Nip. 12

12(2-4) 승단잔류죄법 제4조

관청에 출두하여 시비하는 것에 대한 학습계율
[예관언인계(詣官言人戒)]

[세존] "어떠한 비구니이든 관청에 가서 장자나, 장자의 아들이나, 노비나, 일꾼과, 낮에나 밤에나 잠깐이라도 시비하면,[784] 승단잔류죄[785]를 범하는 것이니라."[786]

---

784) 詣官 言居士 若居士子. 若奴 若傭作人 若晝若夜 若一念頃 若彈指頃 乃至須臾頃 : 빠알리문에는 '장자와 또는 장자의 아들과 혹은 노비와 혹은 일꾼과 혹은 수행자나 출가자와도 소송을 하면'이라고 되어 있다.

785) 僧伽婆尸沙 : 《빠알리율》에서는 '사람에게 끌려가거나, 보호를 청하거나, 지정하지 않고 호소하거나, 정신착란자이거나, 최초의 범행자인 경우는 예외이고, 《사분율》에서는 '소환을 당했거나, 깨우쳐주려고 했거나, 힘센 자에게 강요되었거나, 묶여서 끌려갔거나, 목숨이 위태롭거나, 청정행이 어려워서 비록 입으로 말했으나 고발하지 않았거나, 이 학습계율시설의 원인이 된 최초의 범행자이거나, 정신착란자이거나, 마음이 심란한 자이거나, 애통해 하는 자인 경우를 예외로 한다.

786) ■ 예관언인계(詣官言人戒) / 사분니승가바시사 4조 : 若比丘尼 詣官 言居士 若居士子. 若奴 若傭作人 若晝若夜 若一念頃 若彈指頃 乃至須臾頃 僧伽婆尸沙 ● 소송계∅(訴訟戒) / Nī-Saṅgh. 1(Nī∅Saṅgh. 1) : yā pana bhikkhunī ussayavādikā vihareyya gahapatinā vā gahapatiputtena vā dāsena vā kammakarena vā antamaso samaṇaparibbājakenāpi, ayaṁ bhikkhunī paṭhamāpattikaṁ dhammaṁ āpannā nissāraṇīyaṁ saṅghādisesan'ti.

Catu-Nip. 13

13(2-5) 승단잔류죄법 제5조

도적인 여인인 줄 알면서 맡는 것에 대한 학습계율
[지도적녀계(知度賊女戒)]

[세존] "어떠한 비구니이든 어떤 도적인 여인이 죽을 만한 죄를 지은 것을 모두가 아는데, 왕이나 대신에게 묻지도 않고 친족에게 묻지도 않고, 문득 출가시켜 구족계를 계를 받을 수 있도록 맡으면,[787] 승단잔류죄[788]를 범하는 것이니라."[789]

---

787) *先知是賊女. 罪應至死 人所共知. 不問王大臣. 不問種姓. 便度出家 受戒 : 빠알리문에는 '도적인 여인이 죽을 만한 죄를 지은 것이 알려졌는데, 알면서 왕이나 참모임이나 단체나 조합이나 길드에 허락을 구하지 않고, 구족계를 받을 수 있도록 맡으면, 면죄자를 구족계를 받을 수 있도록 맡는 것을 제외하고'라고 되어 있다. 참고로 ≪빠알리율≫의 면죄자에 대해서는 Vin. IV. 227에서 이교도라고 설하고 있으나 논리적으로 문제가 있고, ≪사분율≫에서의 예외조항에 해당하는 자라고 한다면 타당하다.*

788) *僧伽婆尸沙 : ≪빠알리율≫에는 '알지 못하고 받아들이거나, 허락을 받고 받아들이거나, 면죄자가 된 후에 구족계를 받을 수 있도록 맡거나, 정신착란자이거나, 최초의 범행자인 경우'는 예외이고, ≪사분율≫에서는 '죄가 사형에 해당하지만 왕이 출가를 허락했거나, 죄가 있으나 허락을 받은 자를 출가시켰거나, 결박된 상태에서 풀어주고 출가를 시켰거나, 구제하여 벗어날 수 있게 했거나, 이 학습계율시설의 원인이 된 최초의 범행자이거나, 정신착란자이거나, 마음이 심란한 자이거나, 애통해 하는 자인 경우'를 예외로 한다.*

789) *■지도적녀계(知度賊女戒) / 사분니승가바시사 5 : 若比丘尼 先*

知是賊女: 罪應至死 人所共知 不問王大臣 不問種姓 便度出家 受戒 僧伽婆尸沙: • 도적녀계∅(盜賊女戒) / Nī-Saṅgh. 2(Nī ∅Saṅgh. 2) : yā pana bhikkhunī jānaṁ coriṁ vajjhaṁ viditaṁ anapaloketvā rājānaṁ vā saṅghaṁ vā gaṇaṁ vā pūgaṁ vā seṇiṁ vā aññatra kappā vuṭṭhāpeyya, ayampi bhikkhunī paṭhamāpattikaṁ dhammaṁ āpannā nissāraṇīyaṁ saṅghādisesan'ti.

Catu-Nip. 14

14(2-6) 승단잔류죄법 제6조

비구니의 죄를 사면복권시키는 것에 대한 학습계율
[해거니죄계(解擧尼罪戒)]

[세존] "어떠한 비구니이든 다른 비구니가 화합참모임에 의해서 원칙에 따라 계율에 따라 권리정지되었는데, 부처님의 가르침을 따르지 않고 참회하지도 않고, 참모임이 함께 지냄을 허락하지 않는 것을 알고도, 편애하여 참모임에 묻지도 않고 참모임의 청정동의를 무시하고, 결계 밖에서 사면복권시킨다면,790) 승단잔류죄791)를 범하는 것이니라."792)

---

790) 知他比丘尼 爲僧所擧 如法如律 如佛所敎 不順從未懺悔 僧未與作共住羯磨 爲愛故不問僧 僧不約敕 出界外作羯磨 與解罪 : ≪빠알리율≫에서는 '화합참모임에 의해서, 원칙에 따라, 계율에 따라, 스승의 가르침에 의해서 권리정지된 수행녀를, 처벌한 참모임에 허락을 구하지 않고, 무리의 청정동의를 무시하고, 사면복권시킨다면'이라고 되어 있다.

791) 僧伽婆尸沙 : ≪빠알리율≫에서는 '갈마를 수행하는 참모임에 허락을 구하고 사면복권시키거나, 무리의 청정동의를 알고 사면복권시키거나, 행해진 일에 대한 조치를 끝낸 자에게 사면복권시키거나, 갈마를 수행할 참모임이 없을 때 사면복권시키거나, 정신착란자이거나, 최초의 범행자인 경우는 예외이고, ≪사분율≫에서는 '대중에 알렸거나, 대중의 지시가 있었거나, 하심하여 본래의 죄를 참회했거나, 대중이 화가 나서 사면복권시키지 않을 때에 저 비구니가 사면복권시켰거나, 대중이 먼저 권리정지의 갈마를 하고 이동했거

나, 죽었거나, 멀리 갔거나, 환속했거나, 도적에게 사로잡혔거나, 물에 떠내려가서 사면복권시켰거나, 이 학습계율시설의 원인이 된 최초의 범행자이거나, 정신착란자이거나, 마음이 심란한 자이거나, 애통해 하는 자인 경우'를 예외로 한다.

792) ■ 해거니죄계(解擧尼罪戒) / 사분니승가바시사 6 : 若比丘尼知他比丘尼 爲僧所擧 如法如律 如佛所教 不順從未懺悔 僧未與作共住羯磨 爲愛故不問僧 僧不約敕 出界外作羯磨 與解罪 僧伽婆尸沙. • 계외해거계∅(界外解擧戒) / Nī-Saṅgh. 4(Nī ∅Saṅgh. 4) : yā pana bhikkhunī samaggena saṅghena ukkhittaṁ bhikkhuniṁ dhammena vinayena satthusāsanena anapaloketvā kārakasaṅghaṁ anaññāya gaṇassa chandaṁ osāreyya, ayampi bhikkhunī paṭhamāpattikaṁ dhammaṁ āpannā nissāraṇīyaṁ saṅghādisesan'ti.

Catu-Nip. 15

15(2-7) 승단잔류죄법 제7조

홀로 건너거나 홀로 마을에 숙박하는 것에 대한 학습계율
[독도촌숙계(獨渡村宿戒)]

[세존] "어떠한 비구니이든 홀로 물을 건너거나, 홀로 마을로 들어가거나, 홀로 숙박하거나, 홀로 뒤에 가면,[793] 승단잔류죄[794]를 범하는 것이니라."[795]

---

793) *獨渡水 獨入村. 獨宿 獨在後行 : 빠알리문에는 '홀로 시정으로 들어가거나 홀로 강의 저 편으로 건너가거나 홀로 밤에 외출하거나 무리에서 떨어져 홀로 남으면'이라고 되어 있다.*

794) *僧伽婆尸沙 : ≪빠알리율≫에서는 '도반인 수행녀가 떠났거나 환속했거나 죽었거나 혹은 이교도가 되었거나, 사고가 일어났거나, 정신착란자이거나, 최초의 범행자인 경우'는 예외이고, ≪사분율≫에서는 네 가지 상황을 상세히 나누어 ① 물을 건너갈 경우와 ② 마을로 들어갈 경우는 '두 비구니가 함께 물을 건너는데 나중에 도반을 만났거나, 도반을 기다리거나, 신족통으로 건너거나, 배를 타고 건너거나, 다리 위나 징검다리 위로 건너거나, 같이 가던 도반인 비구니가 죽었거나 환속했거나 멀리 갔거나, 도적에게 잡혔거나 청정행이 어려웠거나 사나운 짐승에 해를 입었거나 힘센 자에 강요되었거나 결박되어 끌려갔거나 물에 떠내려갔을 경우'를 예외로 하고, ③ 홀로 숙박하는 경우 '두 비구니가 손을 뻗어 닿는 곳에서 잤거나, 한 비구니가 대소변을 보러 갔거나 경전을 받으러 나갔거나 경을 외우기 위해 나갔거나 혼자서 경행을 하러 갔거나 한 병든 비구니를 위해 요리를 하거나, 같이 가던 도반인 비구니가 죽었거나 등은 앞과 같은 경우'를 예외로 하고, ④ 홀로 뒤에 가는 경우 '두 비구니가 보고 들을 수 있는 곳을 벗어나지 않거나, 한 비구니가 대소변을 보러 갔거나 등이 앞과 같거나, 이 학습계율시설의 원인이 된 최초의 범행자이거나, 정신착란자이거나,*

마음이 심란한 자이거나, 애통해 하는 자인 경우를 예외로 한다.

795) ■ 독도촌숙계(獨渡村宿戒) | 사분니승가바시사 7 : 若比丘尼獨渡水 獨入村. 獨宿 獨在後行. 僧伽婆尸沙. • 사독계∅(四獨戒) | Nī-Saṅgh. 3(Nī ∅Saṅgh. 3) : yā pana bhikkhunī ekā vā gāmantaraṁ gaccheyya ekā vā nadīpāraṁ gaccheyya ekā vā rattiṁ vippavaseyya, ekā vā gaṇạmhā ohīyeyya, ayampi bhikkhunī paṭhamāpattikaṁ dhammaṁ āpannā nissāraṇīyaṁ saṅghādisesan'ti.

Catu-Nip. 16

16(2-8) 승단잔류죄법 제8조

욕망에 물든 자에게 음식을 받는 것에 대한 학습계율
[염심수식계(染心受食戒)]

[세존] "어떠한 비구니이든 욕망에 물들어 욕망에 가득 찬 남자를 알아서 그로부터 먹을 것으로 음식이나 다른 것을 받으면,[796] 승단잔류죄[797]를 범하는 것이니라."[798]

---

796) 染心 知染心男子 從彼受可食者 及食幷餘物 : 빠알리문에는 '욕망에 물들어 욕망에 가득 찬 남자의 손에서 단단한 음식이나 부드러운 음식을 자신의 손으로 받아서 씹었거나 먹었다면' 이라고 되어 있다.

797) 僧伽婆尸沙 : ≪빠알리율≫에서는 '양자가 욕망에 물들지 않았거나, 욕망에 물들지 않았다고 알고 받거나 정신착란자이거나, 최초의 범행자인 경우'는 예외이고, ≪사분율≫에서는 '남자가 욕망에 물들었는지를 몰랐거나, 양자가 욕망에 물들지 않았거나, 이 학습계율시설의 원인이 된 최초의 범행자이거나, 정신착란자이거나, 마음이 심란한 자이거나, 애통해 하는 자인 경우'를 예외로 한다.

798) ■ 염심수식계(染心受食戒) / 사분니승가바시사 8 : 若比丘尼 染心 知染心男子. 從彼受可食者 及食幷餘物. 僧伽婆尸沙. • 수염심남자식계∅(隨染心男子食戒) / Nī-Saṅgh. 5(Nī ∅Saṅgh. 5) : yā pana bhikkhunī avassutā avassutassa purisapuggalassa hatthato khādanīyaṁ vā bhojanīyaṁ vā sahatthā paṭiggahetvā khādeyya vā bhuñjeyya vā ayampi bhikkhunī paṭhāmāpattikaṁ dhammaṁ āpannā nissāraṇīyaṁ saṅghādisesan'ti.

Catu-Nip. 17

17(2-9) 승단잔류죄법 제9조

욕망에 물든 자의 음식을 권유하는 것에 대한 학습계율
[권수염식계(勸受染食戒)]

[세존] "어떠한 비구니이든 다른 비구니에게 말하기를, '존귀한 자매여, 저 남자가 욕망에 물들었든 물들지 않았든 그대를 어찌하지 못할 것이니, 그대가 욕망에 물들지 않았다면 그로부터 음식을 받더라도 청정할 것이니, 음식을 받으시오.'라고 권하면,[799] 승단잔류죄[800]를 범하는 것이니라."[801]

---

799) 敎比丘尼 作如是語 大姊 彼有染心 無染心 能奈汝何. 汝自無染心 於彼若得食者. 以時淸淨 受取 : 빠알리문에는 '존귀한 자매여, 그대가 욕망에 물들지 않았다면, 그 남자가 욕망에 물들었든 물들지 않았든 어떻게 하겠습니까? 존귀한 자매여, 그 남자가 주는 단단한 음식이나 부드러운 음식을 주면, 그것을 자신의 손으로 받아서 씹거나 드시오'라고 이와 같이 권한다면'이라고 되어 있다.

800) 僧伽婆尸沙 : ≪빠알리율≫에서는 '욕망에 물들지 않았다고 알면서 권하거나, '화가 나서 받지 않는다'라고 지각하고 권하거나, '가정에 대한 연민 때문에 받지 않는다'라고 생각하며 권하는 경우'는 예외이고, ≪사분율≫에서는 '장난으로 말했거나, 빨리 말했거나, 혼자 있는 데서 말했거나, 꿈속에서 말했거나, 이 학습계율시설의 원인이 된 최초의 범행자이거나, 정신착란자이거나, 마음이 심란한 자이거나, 애통해 하는 자인 경우'를 예외로 한다.

801) ■ 권수염식계(勸受染食戒) | 사분니승가바시사 9 : 若比丘尼 敎比丘尼 作如是語 大姊 彼有染心 無染心 能奈汝何. 汝自無染心 於

彼若得食者. 以時清淨 受取 僧伽婆尸沙. • *권수염심남자식계∅(勸受染心男子食戒) / Nī-Saṅgh. 6(Nī ∅Saṅgh. 6) : yā pana bhikkhunī evaṁ vadeyya: kiṁ te ayye eso purisapuggalo karissati avassuto vā anavassuto vā yato tvaṁ anavassutā, iṅghayye yaṁ te eso purisapuggalo deti khādanīyaṁ vā bhojanīyaṁ vā taṁ tvaṁ sahatthā paṭiggahetvā khāda vā bhuñja vā'ti. ayampi bhikkhunī paṭhamāpattikaṁ dhammaṁ āpannā nissāraṇīyaṁ saṅghādisesan'ti.*

Catu-Nip. 18

18(2-10) 승단잔류죄법 제10조

수단을 써서 참모임을 분열시키는 것에 대한 학습계율 [방편파승계(方便破僧戒)]

[세존] "어떠한 비구니이든 화합참모임을 파괴하려고, 수단을 써서 화합참모임의 분열을 지지하며 그만두지 않으면, 저 비구니는 이 비구니에게 충고하여, '존귀한 자매는 화합참모임을 파괴하지 마시오. 수단을 써서 화합참모임을 분열시키지 마시오, 참모임의 분열을 지지하지 마시오. 존귀한 자매는 참모임과 화합하여 서로 즐거워하고, 다투지 말며, 동일한 스승께 배우면서 물과 우유처럼 화합해야 합니다. 그래야 부처님 가르침 가운데서 이익을 얻고 편안히 지내게 됩니다.'라고 충고해야 하나니,[802] 이렇게 충고하여도 이 비구니가

---

802) 欲壞和合僧. 方便受壞和合僧法 堅持不捨. 彼比丘尼 應諫 是比丘尼言. 大姊 莫壞和合僧. 莫方便壞和合僧. 莫受壞僧法 堅持不捨. 大姊 應與僧和合. 歡喜不諍. 同一師學. 如水乳合. 於佛法中 有增益安樂住 : 빠알리문에는 '화합참모임을 파괴하려고 기도하거나, 분열로 이끄는 쟁사를 취하여 공개하여 지지하면, 그 수행녀에 대하여 수행녀들은 '존귀한 자매는 화합참모임을 파괴하려고 기도하거나, 분열로 이끄는 쟁사를 취하여 공개하여 지지하지 마시오. 존귀한 자매는 참모임과 화평해야 합니다. 그래야 비로소 참모임이 조화롭고, 친절하고, 다투지 않고, 동일한 가르침 아래 평안하게 지내기 때

고집하여 그만 두지 않는다면, 저 비구니는 그것을 그 만두도록 세 번까지 충고해야 하는데, 세 번 충고하여 그만두면 훌륭한 일이요, 그래도 끝내 그만두지 않으면, 승단잔류죄[803]를 범하는 것이니라."[804]

문입니다.'라고 말해야 한다.'라고 되어 있다.

803) 僧伽婆尸沙 : 《빠알리율》에서는 '충고받지 못했거나, 그만두는 경우이거나, 정신착란자이거나, 마음이 심란한 자이거나, 애통해 하는 자이거나, 최초의 범행자인 경우'는 예외이고, 《사분율》에서는 '한두 번 충고했을 때 그만두었거나, 원칙에 맞지 않는 갈마를 통해 충고했거나, 가르침이나 계율에 맞지 않게 충고했거나, 꾸짖고 충고하기 이전이었거나, 악한 도반을 막아서 못하게 했거나, 방편으로 참모임의 분열을 막아서 못하게 했거나, 두세 사람이 갈마를 하는 것을 막았거나, 참모임이나 승원이나 친교사와 궤범사와 같은 선지식 등을 위하여 참모임의 분열을 도모하여 손해를 끼친 사람들이 살 곳이 없게 만들어 그것을 막았거나, 이 학습계율시설의 원인이 된 최초의 범행자이거나, 정신착란자이거나, 마음이 심란한 자이거나, 애통해 하는 자인 경우'를 예외로 한다.

804) ■ 방편파승계(方便破僧戒) / 사분니승가바시사 10 : 若比丘尼欲壞和合僧. 方便受壞和合僧法 堅持不捨. 彼比丘尼 應諫 是比丘尼言. 大姊 莫壞和合僧. 莫方便壞和合僧. 莫受壞僧法 堅持不捨. 大姊應與僧和合. 歡喜不諍. 同一師學 如水乳合. 於佛法中 有增益安樂住. 是比丘尼 如是諫時 堅持不捨. 彼比丘尼 應三諫. 捨此事故. 乃至三諫捨者善. 不捨者. 僧伽婆尸沙. • 파승위간계⊙(破僧違諫戒) / Nī-Saṅgh. 14(Khu-Saṅgh. 10) : yā pana bhikkhunī samaggassa saṅghassa bhedāya parakkameyya, bhedanasaṁvattanikaṁ vā adhikaraṇaṁ samādāya paggayha tiṭṭheyya, sā bhikkhunī bhikkhunīhi evam assa vacanīyā: māyayyā samaggassa saṅghassa bhedāya parakkami, bhedanasaṁvattanikaṁ vā adhikaraṇaṁ samādāya paggayha aṭṭhāsi, samet' āyayyā saṅghena samaggo hi saṅgho sammodamāno avivadamāno ekuddeso phāsu viharatī'ti. evañca sā bhikkhunī bhikkhunīhi vuccamānā tath'eva paggaṇheyya, sā bhikkhunī bhikkhunīhi yāvata-

Catu-Nip. 19

19(2-11) 승단잔류죄법 제11조

다른 분파를 만들어 분열을 돕는 것에 대한 학습계율
[여당조파계(餘黨助破戒)]

[세존] "어떠한 비구니이든 다른 당파로 하나나 둘이나 셋이나 무수한 자들을 거느리고 있는데, 이 비구니들이 저 비구니에게 말하기를, '존귀한 자매여, 그 비구니에게 충고하지 마시오. 그 비구니는 가르침을 말하고, 계율을 말합니다. 그 비구니의 하는 말을 우리들이 좋아하고 옳게 여깁니다.'라고 하면, 저 비구니는 '존귀한 자매여, 그런 말씀을 하지 마시오. '그 비구니는 가르침을 말하고, 계율을 말한다. 그 비구니의 하는 말을 우리들이 좋아하고 옳게 여긴다.'고 하지만, 그러나 그 비구니는 가르침을 말하고, 계율을 말하는 것이 아닙니다. 존귀한 자매여, 참모임과 조화롭게 지내십시오. 존귀한 자매여, 참모임과 화합하여 서로 화목하여 다투지 말며, 같은 스승에게 배우면서 물과 우유처

---

tiyaṁ samanubhāsitabbā tassa paṭinissaggāya, yāvatatiyañc'eva samanubhāsiyamānā taṁ paṭinissajeyya, iccetaṁ kusalaṁ. no ce paṭinissajeyya, ayampi bhikkhunī yāvatatiyakaṁ dhammaṁ āpannā nissāraṇīyaṁ saṅghādisesan'ti.

럼 화합해야 합니다. 그래야 부처님 가르침 가운데서 이익을 얻고 편안히 지내게 됩니다.'라고 충고해야 하나니,805) 이렇게 충고하여도 이 비구니들이 고집하여 그만두지 않으면 저 비구니가 이 비구니를 그만두게 하기 위해 세 번까지 충고해야 하는데, 세 번 충고하여 그만두면 훌륭한 일이요, 그래도 끝내 그만두지 않으면, 승단잔류죄806)를 범하는 것이니라."807)

---

805) *有餘伴黨. 若一若二若三 乃至無數 是比丘尼 語彼比丘尼言. 大姉 汝莫諫此比丘尼 此比丘尼 是法語律語比丘尼 此比丘尼所說 我等喜樂 我等忍可. 彼比丘尼應諫是比丘尼言. 大姉 莫作是說 言此比丘尼 是法語律語比丘尼 此比丘尼所說我等喜樂 我等忍可. 然(何以故) 此比丘尼 非法語律語比丘尼 大姉 莫欲壞和合僧. 汝等當樂欲和合僧. 大姉 與僧和合 歡喜不諍. 同一師學 如水乳合. 於佛法中 有增益安樂住 : 빠알리문에는 '수행녀들을 하나나 둘이나 셋이나 거느리고 있는데, 그들이 그녀를 추종하고 편을 들어 말하길 '존귀한 자매들이여, 그 수행녀에 대하여 어떠한 것이든 말하지 마십시오. 그 수행녀는 가르침을 말하고, 계율을 말합니다. 그 수행녀는 우리의 의도와 취향을 취하여 표현하고, 우리를 위해 말하는 것이 우리에게 알맞은 것인가를 압니다.'라고 말하면, 수행녀들은 그 수행녀들에게 '존귀한 자매들이여, 그렇게 말하지 마시오. 그 수행녀는 가르침을 말하지 않고, 계율을 말하지 않습니다. 존귀한 자매들도 승단의 분열을 좋아하지 마십시오. 존귀한 자매들께서는 참모임과 화평해야 합니다. 그래야 비로소 참모임이 조화롭고, 친절하고, 다투지 않고, 동일한 가르침 아래 평안하게 지내기 때문입니다.'라고 말해야 한다.'라고 되어 있다.*

806) *僧伽婆尸沙 : ≪빠알리율≫에서는 '충고받지 못했거나, 그만두는 경우이거나, 마음이 심란한 자이거나, 애통해 하는 자이거나 정신착란자이거나, 최초의 범행자인 경우'는 예외이고, ≪사분율≫에서는 '한두 번 충고했을 때 그만두었거나, 원칙에 맞지 않는 갈마를*

통해 충고했거나, 가르침이나 계율에 맞지 않게 충고했거나, 꾸짖고 충고하기 이전이었거나, 이 학습계율시설의 원인이 된 최초의 범행자이거나, 정신착란자이거나, 마음이 심란한 자이거나, 애통해 하는 자인 경우'를 예외로 한다.

807) ■ 여당조파계(餘黨助破戒) / 사분니승가바시사 11 : 若比丘尼 有餘伴黨. 若一若二若三 乃至無數 是比丘尼 語彼比丘尼言. 大姊 汝莫諫此比丘尼 此比丘尼 是法語律語比丘尼 此比丘尼所說 我等喜樂 我等忍可. 彼比丘尼應諫是比丘尼言. 大姊 莫作是說 言此比丘尼是法語律語比丘尼 此比丘尼所說我等喜樂 我等忍可. 然(何以故) 此比丘尼 非法語律語比丘尼 大姊 莫欲壞和合僧. 汝等當樂欲和合僧. 大姊 與僧和合 歡喜不諍. 同一師學 如水乳合. 於佛法中 有增益安樂住 是比丘尼 如是諫時. 堅持不捨 彼比丘尼 應三諫 捨此事故 乃至三諫 捨者善. 不捨者. 僧伽婆尸沙. • 조파승위간계⊙(助破僧違諫戒) / Nī-Saṅgh. 15(Khu-Saṅgh. 11) : tasseva kho pana bhikkhuniyā bhikkhniyo honti anuvattakā vaggavādakā ekā vā dve vā tisso vā, te evaṁ vadeyyuṁ: māyyāyo etaṁ bhikkhuniṁ kiñci avacuttha, dhammavādinī cesā bhikkhunī vinayavādinī cesā bhikkhunī amhākaṁ cesā bhikkhunī chandañca ruciñca ādāya voharati, jānāti no bhāsati, amhākam p'etaṁ khamatī'ti. tā bhikkhuniyo bhikkhunīhi evamassu vacanīyā: māyyāyo evaṁ avacuttha, na cesā bhikkhunī dhammavādinī, na cesā bhikkhunī vinayavādinī, māyyānampi saṅghabhedo rucittha. samet' āyyānaṁ saṅghena, samaggo hi saṅgho sammodamāno avivadamāno ekuddeso phāsu viharatī'ti. evañca te bhikkhuniyo bhikkhunīhi vuccamānā tatheva paggaṇheyyuṁ, tā bhikkhuniyo bhikkhunīhi yāvatatiyaṁ samanubhāsitabbā tassa paṭinissaggāya. yāva tatiyañce samanubhāsiyamānā taṁ paṭinissajeyyuṁ, iccetuṁ kusalaṁ, no ce paṭinissajeyyuṁ, imā pi bhikkhunniyo yāvatatiyakaṁ dhammaṁ āpannā nissāraṇīyaṁ saṅghādisesan'ti.

Catu-Nip. 20

20(2-12) 승단잔류죄법 제12조

가정을 오염시키고 충고를 어기는 것에 대한 학습계율
[오가위간계(汚家違諫戒)]

[세존] "어떠한 비구니이든 마을에나 도시에 있으면서 남의 가정을 오염시키고 악행을 하는 것을 직접 보았거나 들었다면, 저 비구니들은 이 비구니에 대하여, '존귀한 자매여, 가정을 오염시키고 악행을 행하는데, 직접 보았거나 들었습니다. 지금 이 마을을 떠나고 여기 있지 마십시오.'라고 말해야 하는데, 이 비구니가 저 비구니들에 대하여 '참모임은 욕망의 길을 가기도 하고, 분노의 길을 가기도 하고, 우치의 길을 가기도 하고, 공포의 길을 가기도 하는데, 이와 같은 죄악을 지은 비구니들에 대하여 어떤 자들은 한시퇴출시키고 어떤 자들은 한시퇴출시키지 않습니다.'라고 말할 것인 즉, 저 비구니들은 이 비구니에게 '존귀한 자매는 그와 같이 말하지 마십시오. 왜냐하면, 참모임은 욕망의 길을 가지 않고, 분노의 길을 가지 않고, 우치의 길을 가지 않고, 공포의 길을 가지 않습니다. 존귀한 자매여, 그대가 가정을 오염시키고 악행을 행하는데, 직접 보았거나 들었습니다.'라고 충고해야 하나

니,808) 이렇게 충고하여도 이 비구니가 고집하여 그만두지 않으면, 저 비구니들은 그것을 그만두도록 세 번까지 충고해야 하는데, 세 번까지 충고해서 그만둔다면, 그것은 훌륭한 일이지만, 그만두지 않으면, 승단잔류죄809)를 범하는 것이니라."810)

---

808) 諸比丘尼諫言. 大姊 莫作是語 言僧有愛有恚 有怖有癡 有如是同罪比丘尼 有驅者 有不驅者. 何以故 而僧 不愛不恚 不怖不癡 大姊 汚他家行惡行. 俱有見聞 : 빠알리문에는 참모임이 '수행녀들'이라고 되어 있고 '직접 보았거나 들었다는 것이' 악행하는 것이 보이고 또한 들리고, 그가 가정을 오염시키는 것이 보이고 들린다.'라고 되어 있다.

809) 僧伽婆尸沙 : ≪빠알리율≫에서는 '충고받지 못했거나, 그만두었거나 정신착란자이거나, 최초의 범행자인 경우'는 예외이고, ≪사분율≫에서는 '한두 번 충고했을 때에 그만두었거나, 가르침이나 계율에 맞지 않는 갈마를 했거나, 일체의 견책조치의 갈마를 하기 이전이거나, 부모나 환자나 어린 아이나 임신부나 감옥에 갇힌 자나 사원에서 일하는 자에게 주었거나, 스스로 또는 남을 시켜 꽃이나 나무를 심거나 화만을 만들거나 실로 꽃을 꿰거나 꽃을 가져오게 하거나 화만을 가져와서 삼보에 공양하거나, 사람이 손을 들어 때리려고 했거나 도둑 · 코끼리 · 곰 · 사자 · 호랑이 · 이리 등이 왔거나 뾰족한 것을 메고 와서 피했거나, 강 · 도랑 · 구덩이를 건너려고 뛰었거나, 도반이 따라오다 보이지 않아 휘파람을 불었다든가, 부모나 신심이 돈독한 재가자, 환자, 감옥에 갇힌 자를 위해 서신을 보고 갔다던가, 승원과 비구니들을 위하거나 환우비구니를 위해 서신을 가지고 갔거나, 이 학습계율시설의 원인이 된 최초의 범행자이거나, 정신착란자이거나, 마음이 심란한 자이거나, 애통해 하는 자인 경우'를 예외로 한다.

810) ■ 오가위간계(*汚家違諫戒*) / 사분니승가바시사 12 : *若比丘尼依聚落 若城邑住 汚他家 行惡行. 俱有見聞. 諸比丘尼 當語是比丘尼言. 大姊 汚他家行惡行. 俱有見聞. 今可遠此聚落去. 不須住此 是比*

丘尼 語彼比丘尼言. 大姊 今僧有愛有恚 有怖 有癡 有如是同罪比丘尼 有驅者 有不驅者. 諸比丘尼諫言. 大姊 莫作是語 言僧有愛有恚有怖有癡 有如是同罪比丘尼 有驅者 有不驅者. 何以故 而僧 不愛不恚 不怖不癡 大姊 汚他家行惡行. 俱有見聞. 是比丘尼 如是諫時 堅持不捨 彼比丘尼 應三諫 捨此事故 乃至三諫 捨者善. 不捨者. 僧伽婆尸沙. • 오가빈방위간계⊙(汚家擯謗違諫戒) / Nī-Saṅgh. 17(Khu-Saṅgh. 13) : bhikkhunī pan'eva aññataraṁ gāmaṁ vā nigamaṁ vā upanissāya viharati kuladūsikā pāpasamācārā, tassa kho pāpakā samācārā dissanti ceva suyyanti ca, kulāni ca tena duṭṭhāni dissanti ceva suyyanti ca, sā bhikkhunī bhikkhunīhi evam assa vacanīyā: ayyā kho kuladūsikā pāpasamācārā, ayyāya kho pāpakā samācārā dissanti ceva suyyanti ca, kulāni cāyyāya duṭṭhāni dissanti ceva suyyanti ca, pakkamat'āyyā imamhā āvāsā, alaṁ te idha vāsenā'ti, evañca so bhikkhunī bhikkhunīhi vuccamānā tā bhikkhuniyo evaṁ vadeyya: chandagāminiyo ca bhikkhuniyo dosagāminiyo ca bhikkhuniyo mohagāminiyo ca bhikkhuniyo bhayagāminiyo ca bhikkhuniyo, tādisikāya āpattiyā ekaccaṁ pabbājenti: ekaccaṁ na pabbājentī'ti. sā bhikkhunī bhikkhunīhi evam assa vacanīyā: māyyā evaṁ avaca, na ca bhikkhuniyo chandagāminiyo na ca bhikkhuniyo dosagāminiyo na ca bhikkhuniyo mohagāminiyo na ca bhikkhūuniyo bhayagāminiyo, ayyā kho kuladūsikā pāpasamācārā, ayyāya kho pāpakā samācārā dissanti ceva suyyanti ca kulāni cāyyāya duṭṭhāni dissanti ceva suyyanti ca. pakkamatāyayyā imamhā āvāsā, alaṁ te idha vāsenā'ti. evañca so bhikkhunī bhikkhunīhi vuccamānā tatheva paggaṇheyya, so bhikkhunī bhikkhunīhi yāva tatiyaṁ samanubhāsitabbā tassa paṭinissaggāya, yāvatatiyañ ceva samanubhāsiyamānā taṁ paṭinissajeyya, iccetaṁ kusalaṁ, no ce paṭinissajjeyya, ayampi bhikkhunī yāvatatiyakaṁ dhammaṁ āpannā nissāraṇīyaṁ saṅghādisesan'ti.

Catu-Nip. 21

17(2-13) 승단잔류죄법 제13조

악한 성품으로 충고를 어기는 것에 대한 학습계율
[악성위간계(惡性違諫戒)]

[세존] "어떠한 비구니이든 악한 성품으로 남의 충고를 받아들이지 않을 경우, 계법에 있는 대로 여러 비구니들의 충고를 듣지 않고 '존귀한 자매들이여, 나에게 선이건 악이건 어떠한 충고도 하지 말라. 나도 또한 존귀한 자매들께 선이건 악이건 어떠한 충고도 하지 않겠다. 존귀한 자매들은 나에게 충고하지 말라.'라고 말하면, 저 비구니들이 이 비구니에게 '존귀한 자매여, 왜 충고를 받지 않으려고 합니까? 존귀한 자매여, 스스로 충고를 잘 들으시오. 존귀한 자매도 원칙에 맞게 비구니에게 충고하고 비구니들도 존귀한 자매에게 원칙에 맞게 충고하여, 불제자들이 이익을 얻고 돌아가며 서로 충고하고 서로 가르쳐 참회해야 한다.'라고 충고해야 한다.811) 이와 같이 충고하여도 이 비구니가

---

811) 彼比丘尼 諫是比丘尼言. 大姊 莫不受諫語 大姊 當受諫語 大姊 如法諫諸比丘尼 諸比丘尼 亦如法諫 大姊 如是佛弟子衆得增益 展轉相諫 展轉相教 展轉懺悔 : 빠알리문에서의 충고는 '존귀한 자매여, 자신을 남이 충고할 수 없는 자로 만들지 마십시오. 존귀한 자매

고집하여 그만두지 않는다면, 저 비구니들은 그것을 그만두도록 세 번까지 충고해야 하는데, 세 번까지 충고해서 그만둔다면, 그것은 훌륭한 일이지만, 그만두지 않으면, 승단잔류죄[812]를 범하는 것이니라."[813]

여, 자신을 남이 충고할 수 있는 자로 만드십시오. 존귀한 자매도 원칙에 맞게 수행녀에게 충고할 수 있어야 하고 수행녀들도 존귀한 자매에게 원칙에 맞게 충고할 수 있어야 합니다. 이와 같이 하면, 서로서로 충고하고 서로서로 독려하는 세존의 회중이 증가하는 것입니다."라고 되어 있다.

812) 僧伽婆尸沙 : ≪빠알리율≫에는 '충고받지 못했거나, 그만두거나, 정신착란자이거나, 최초의 범행자인 경우'는 예외이고, ≪사분율≫에서는 '한두 번 충고했을 때에 그만두었거나, 가르침이나 계율에 맞지 않는 갈마를 했거나, 일체의 견책조치의 갈마를 하기 이전이거나, 지혜가 없는 사람이 충고할 때에 그에게 '그대의 친교사나 궤범사가 행하는 것도 이와 같으니 다시 잘 배우고 경을 외어 충고하는 법을 알고 난 후에 충고해야 한다.'라고 했거나, 그 일이 사실과 같았거나, 장난으로 했거나, 빨리 말했거나, 혼자 말했거나, 꿈속에서 말했거나, 이것을 말하려다가 저것을 말했거나, 이 학습계율시설의 원인이 된 최초의 범행자이거나, 정신착란자이거나, 마음이 심란한 자이거나, 애통해 하는 자인 경우'를 예외로 한다.

813) ■악성위간계(惡性違諫戒) / 사분니승가바시사 13 : 若比丘尼 惡性不受人語 於戒法中. 諸比丘尼如法諫已. 不受諫語 言諸大姊 莫向我 說若好若惡 我亦不向諸大姊 說若好若惡 大姊 且止 莫數諫我 彼比丘尼 諫是比丘尼言. 大姊 莫不受諫語 大姊 當受諫語 大姊 如法諫諸比丘尼 諸比丘尼 亦如法諫 大姊 如是佛弟子衆得增益. 展轉相諫 展轉相教 展轉懺悔. 是比丘尼 如是諫時. 堅持不捨. 彼比丘尼 應三諫 捨此事故 乃至三諫 捨者善. 不捨者. 僧伽婆尸沙. ●악성거승위간계⊙(惡性拒僧違諫戒) / Nī-Saṅgh. 16(Khu-Saṅgh. 12) : bhikkhunī pan'evadubbacajātikā hoti, uddesapariyāpannesu sikkhāpadesu bhikkhūhi sahadhammikaṁ vuccamānā attānaṁ avacanīyaṁ karoti, 'mā maṁ ayyāyo kiñci avacuttha, kalyāṇaṁ vā pāpakaṁ vā, pāyyāyo na kiñci vakkhāmi kalyāṇaṁ vā pāpakaṁ vā, viramathāyyāyo mama vacanāyā'ti. sā bhikkhunī bhikkhnīhi evam assa vacanīyā: 'māyyā attānaṁ avacanīyaṁ akāsi. vacanīyameva ayyā attānaṁ karotu. ayyāpi bhikkhuniyo vadetu saha dhammena. bhikkhuniyo pi ayyaṁ vakkhanti saha dhammena. evaṁ saṁvaddhā hi tassa bhagavato parisā, yadidaṁ aññamaññavacanena aññamaññavuṭṭhāpanenā'ti. evañca sā bhikkhunī bhikkhunīhi vuccamānā tatheva paggaṇheyya, sā bhikkhunī bhikkhunīhi yāvatatiyaṁ samanubhāsitabbā tassa paṭinissaggāya. yāvatatiyañce samanubhāsiyamānā taṁ paṭinissajeyya, iccetaṁ kusalaṁ no ce paṭinissajeyya, ayampi bhikkhunī yāvatatiyakaṁ dhammaṁ āpannā nissāraṇīyaṁ saṅghādisesan'ti.

Catu-Nip. 22

22(2-14) 승단잔류죄법 제14조

가까이 지내며 죄를 덮어주는 것에 대한 학습계율
[친근복죄계(親近覆罪戒)]

[세존] "어떠한 비구니이든 서로 가깝게 지내면서 함께 악한 행동을 하여 악한 명성을 날리고 서로 죄를 덮어 준다면, 저 비구니가 이 비구니에게 '존귀한 자매여, 서로 가깝게 지내면서 함께 악한 행동을 하고 악한 명성을 날리고 서로 죄를 덮어 주지 마시오. 만일 서로 가깝게 지내지 아니하면, 부처님의 가르침 가운데서 더욱 유익하고 안락한 삶을 누릴 것이다.'고 충고해야 하나니,[814] 이렇게 충고하여도 이 비구니가 고집하여 그만두지 않으면, 저 비구니는 그만두게 하기 위해 세 번까지 충고해야 하는데, 세 번까지 충고해서 그만둔다면, 그것은 훌륭한 일이지만, 그만두지 않으면, 승단

---

814) 彼比丘尼諫是比丘尼言. 大姊 汝等 莫相親近 共作惡行. 惡聲流布 共相覆罪. 若不相親近 於佛法中 得增益安樂住 : 빠알리문에서의 충고는 '자매들은 재가자들과 뒤섞여 지내며 악한 행동을 하고, 악한 명성을 날리고, 악한 생활을 영위하며, 수행녀의 참모임을 성가시게 하고 서로서로 잘못을 덮어주고 있다. 존귀한 자매들이여, 서로 멀리하라. 참모임은 자매들이 홀로 있는 것을 칭찬한다.'라고 되어 있다.

잔류죄[815]를 범하는 것이니라."[816]

815) *僧伽婆尸沙 : 《빠알리율》에서는 '충고받지 않았거나, 그만두거나, 정신착란자이거나, 최초의 범행자인 경우'는 예외이고, 앞의 학습계율(사분니승가바시사 11)과 마찬가지로 《사분율》에서는 '한두 번 충고했을 때 그만두었거나, 원칙에 맞지 않는 갈마를 통해 충고했거나, 가르침이나 계율에 맞지 않게 충고했거나, 꾸짖고 충고하기 이전이었거나, 이 학습계율시설의 원인이 된 최초의 범행자이거나, 정신착란자이거나, 마음이 심란한 자이거나, 애통해 하는 자인 경우'를 예외로 한다.*

816) *■친근복죄계(親近覆罪戒) / 사분니승가바시사 14 : 若比丘尼相親近住 共作惡行 惡聲流布. 共相覆罪. 彼比丘尼諫是比丘尼言. 大姊 汝等 莫相親近 共作惡行. 惡聲流布 共相覆罪. 若不相親近 於佛法中 得增益安樂住. 是比丘尼諫時. 堅持不捨. 彼比丘尼應三諫 捨此事故. 乃至三諫捨者善. 不捨者. 僧伽婆尸沙. • 습근주위승삼간계∅(習近住違僧三諫戒) / Nī-Saṅgh. 12(Nī ∅Saṅgh. 9) : bhikkhuniyo pan' eva saṁsaṭṭhā viharanti pāpācārā pāpasaddā pāpasilokā bhikkhunīsaṅghassa vihesikā aññamaññissā vajjapaṭicchādikā, tā bhikkhuniyo bhikkhunīhi evam assu vacanīyā, bhaginiyo kho saṁsaṭṭhā viharanti pāpācārā pāpasaddā pāpasilokā bhikkhunī saṅghassa vihesikā aññamaññissā vajjapaṭicchādikā viviccath'ayye vivekañ ñeva bhaginīnaṁ saṅgho vaṇṇetī'ti evañca tā bhikkhuniyo bhikkhunīhi vuccamānā that' eva paggaṇheyyuṁ, tā bhikkhuniyo bhikkhunīhi yāvatatiyaṁ samanubhāsitabbā tassa paṭinissaggāya, yāvatatiyañce samanubhāsiyamānā taṁ paṭinissajjeyyuṁ icc etaṁ kusalaṁ no ce paṭinissajjeyyuṁ, imāpi bhikkhuniyo yāvatatiyakaṁ dhammaṁ āpannā nissāraṇīyaṁ saṅghādisesan'ti.*

Catu-Nip. 23

23(2-15) 승단잔류죄법 제15조

함께 지내며 죄의 덮기를 가르치는 것에 대한 학습계율
[교주복죄계(敎住覆罪戒)]

[세존] "어떠한 비구니이든, 비구니의 참모임에서 꾸짖어 충고를 받을 때에 어떤 비구니가 '그대들은 따로 지내지 말고 함께 지내시오. 다른 비구니들도 따로 지내지 않고 함께 악한 행동을 하여 악한 명성을 날리고 서로 덮어주는 것을 보는데, 참모임이 그대를 싫어하는 까닭에 따로 지내라고 한다.'라고 한다면, 저 비구니는 그 비구니에게 '존귀한 자매여, 이 비구니에게 '그대들은 따로 지내지 말고 함께 지내시오. 다른 비구니들도 따로 지내지 않고 함께 악한 행동을 하여 악한 명성을 날리고 서로 죄를 덮어주는 것을 보는데, 참모임이 그대를 싫어하는 까닭에 따로 지내라고 한다.'라고 하지 마시오. 지금 이 두 비구니만이 함께 지내면서 악한 행동을 하고 악한 명성을 날리고 서로 죄를 덮어주는 것이오. 다른 자들은 그런 일이 없소. 만약 비구니가 따로 지낸다면, 부처님의 가르침 가운데서 더욱 유익하고 안락한 삶을 누릴 것이다.'라고 충고해야 하나니,[817] 이렇게 충고하여도 이 비구니가 고집하여

그만두지 않으면, 저 비구니는 그만두게 하기 위해 세 번까지 충고해야 하는데, 세 번까지 충고해서 그만둔다면, 그것은 훌륭한 일이지만, 그만두지 않으면, 승단잔류죄[818]를 범하는 것이니라."[819]

---

817) *彼比丘尼應諫是比丘尼言. 大姊 莫教此比丘尼言. 汝等莫別住 我亦見餘比丘尼共住 共作惡行. 惡聲流布 共相覆罪 僧以恚故 教汝別住 今正有此 二比丘尼 共住 共作惡行 惡聲流布. 共相覆罪 更無有餘 若比丘尼 別住 於佛法中 有增益安樂住 : 빠알리문에서의 충고는 "그렇게 말하지 마시오. '존귀한 자매들이여, 서로 어울려 지내시오. 달리 지내지 마시오. 참모임에는 이와 같이 행동을 하고, 이와 같이 명성을 날리고, 이와 같이 생활을 영위하며, 설사 수행녀의 참모임을 성가시게 하더라도 서로서로 잘못을 덮어주는 다른 수행녀들도 있고, 그들에게 참모임은 아무것도 말하지 않기 때문입니다. 참모임은 그대들에게 경멸하고 모멸하고 참을성 없이 수군거리며 근거도 없이 '수행녀들이 재가자들과 뒤섞여 지내며 악한 행동을 하고, 악한 명성을 날리고, 악한 생활을 영위하며, 수행녀의 참모임을 성가시게 하고 서로서로 잘못을 덮어주고 있다. 존귀한 자매들이여, 서로 멀리하라. 참모임은 자매들이 홀로 있는 것을 칭찬한다.' 라고 말한다.'라고 말하지 마시오."라고 되어 있다.*

818) *僧伽婆尸沙 : 《빠알리율》에는 '충고받지 않았거나, 그만두거나 정신착란자이거나, 최초의 범행자인 경우'는 예외이고, 앞의 학습계율과 마찬가지로 《사분율》에서는 '한두 번 충고했을 때 그만두었거나, 원칙에 맞지 않는 갈마를 통해 충고했거나, 가르침이나 계율에 맞지 않게 충고했거나, 꾸짖고 충고하기 이전이었거나, 이 학습계율시설의 원인이 된 최초의 범행자이거나, 정신착란자이거나, 마음이 심란한 자이거나, 애통해 하는 자인 경우'를 예외로 한다.*

819) *■교주복죄계(教住覆罪戒) / 사분니승가바시사 15 : 若比丘尼 比丘尼僧 爲作訶諫時. 餘比丘尼教言. 汝等莫別住 當共住 我亦見餘比丘尼 不別住 共作惡行. 惡聲流布 共相覆罪 僧以恚故 教汝別住 彼比丘尼應諫是比丘尼言. 大姊 莫教此比丘尼言. 汝等莫別住 我亦見餘比丘尼共住 共作惡行. 惡聲流布 共相覆罪 僧以恚故 教汝別住*

今正有此 二比丘尼 共住 共作惡行 惡聲流布. 共相覆罪 更無有餘若比丘尼 別住 於佛法中 有增益安樂住 是比丘尼 如是諫時. 堅持不捨 是比丘尼應三諫 令捨此事故 乃至三諫捨者善. 不捨者. 僧伽婆尸沙 • 방승권습근주위승삼간계∅(謗僧勸習近住違僧三諫戒) / Nī-Saṅgh. 13(Nī ∅Saṅgh. 10) : yā pana bhikkhunī evaṁ vadeyya: saṁsaṭṭhā'va ayye tumhe viharatha mā tumhe nānā viharittha; santi saṅghe aññā'pi bhikkhuniyo evācārā evaṁsaddā evaṁsilokā bhikkhunīsaṅghassa vihesikā aññamaññissā vajjapaṭicchādikā, tā saṅgho na kiñci āha; tumhañ ñeva saṅgho uññāya paribhavena akkhantiyā vebhassiyā dubbalyā evam āha: bhaginiyo kho saṁsaṭṭhā viharanti pāpācārā pāpasaddā pāpasilokā bhikkhunīsaṅghassa vihesikā aññamaññissā vajjapaṭicchādikā; viviccath'ayye vivekañ ñeva bhaginīnaṁ saṅgho vaṇṇetī'ti. sā bhikkhunī bhikkhunīhi evam assa vacanīyā: māyye evaṁ avaca saṁsaṭṭhā'va ayye tumhe viharatha, mā tumhe nānā viharittha, santi saṅghe aññā'pi bhikkhuniyo evācārā evaṁsaddā evaṁsilokā bhikkhunīsaṅghassa vihesikā aññamaññissā vajjapaṭicchādikā, tā saṅgho na kiñci āha. tumhaññeva saṅgho uññāya paribhavena akkhantiyā vebhassā dubbalyā evamāha. bhaginiyo kho saṁsaṭṭhā viharanti pāpācārā pāpasaddā pāpasilokā bhikkhunīsaṅghassa vihesikā aññamaññissā vajjapaṭicchādikā, viviccathayye vivekaññeva bhaginīnaṁ saṅgho vaṇṇetī' ti. evañca sā bhikkhunī bhikkhunīhi cuccamānā tath'eva paggaṇheyya, sā bhikkhunī bhikkhunīhi yāvatatiyaṁ samanubhāsitabbā tassa paṭinissaggāya. yāvatatiyañce samanubhāsiyamānā taṁ paṭinissajjeyya, icc etaṁ kusalaṁ, no ce paṭinissajjeyya, ayampi bhikkhunī yāvatatiyakaṁ dhammaṁ āpannā nissāraṇīyaṁ saṅghādisesan'ti.

Catu-Nip. 24

24(2-16) 승단잔류죄법 제16조

화가 난다고 삼보를 버리는 것에 대한 학습계율
[진사삼보계(瞋捨三寶戒)]

[세존] "어떠한 비구니이든, 작은 일로 말미암아 화가 나고 불쾌하다고 '나는 부처님과 가르침과 참모임을 버리겠다. 세상에는 이 싸끼야의 수행자들만 있는 것이 아니고, 다른 수행자나 성직자들도 있어서 청정한 삶을 닦는데, 나도 그러한 청정한 삶을 닦으려 한다.'고 한다면, 저 비구니가 이 비구니에게 '존귀한 자매여, 화가 나고 불쾌하다고 '나는 부처님과 가르침과 참모임을 버리겠다. 세상에는 이 싸끼야의 수행자들만 있는 것이 아니고, 다른 수행자나 성직자들도 있어서 청정한 삶을 닦는데, 나도 그러한 청정한 삶을 닦으려 한다.'라고 하지 마시오.'라고 충고해야 하나니,820) 이

---

820) 彼比丘尼 諫是比丘尼言. 大姊 汝莫輒以小事 瞋恚不喜 便作是語 我捨佛法僧. 不獨有此沙門釋子. 亦更有餘沙門婆羅門 修梵行者. 我等 亦可於彼 修梵行 : 빠알리문의 충고는 "존귀한 자매여, 화가 나고 불쾌하다고 '나는 부처님을 거부하고 가르침을 거부하고 참모임을 거부하고 학습계율을 거부한다. 어찌 싸끼야의 딸들인 여수행자만이 여수행자인가? 다른 부끄러움을 알고 후회를 알고 학습계율을 좋아하는 여수행자들이 있다. 나는 그녀들 가운데 청정한 삶을 영위하겠다.'라고 말하지 마십시오. 존귀한 자매여, 기뻐하십시오,

렇게 충고하여도 이 비구니가 고집하여 그만두지 않으면, 저 비구니는 그만두게 하기 위해 세 번까지 충고해야 하는데, 세 번까지 충고해서 그만둔다면, 그것은 훌륭한 일이지만, 그만두지 않으면, 승단잔류죄[821]를 범하는 것이니라."[822]

가르침은 잘 설해져 있으니, 올바로 괴로움을 종식시키기 위해 청정한 삶을 영위하시오"라고 되어 있다.

*821) **僧伽婆尸沙** : ≪빠알리율≫에서는 '충고받지 않았거나, 포기했거나, 정신착란자이거나 최초의 범행자인 경우'는 예외이고, 앞의 학습계율과 마찬가지로 ≪사분율≫에서는 '한두 번 충고했을 때 그만두었거나, 원칙에 맞지 않는 갈마를 통해 충고했거나, 가르침이나 계율에 맞지 않게 충고했거나, 꾸짖고 충고하기 이전이었거나, 이 학습계율시설의 원인이 된 최초의 범행자이거나, 정신착란자이거나, 마음이 심란한 자이거나, 애통해 하는 자인 경우'를 예외로 한다.*

*822) ■ 진사삼보계(**瞋捨三寶戒**) / 사분니승가바시사 16 : **若比丘尼 輒以小事 瞋恚不喜. 便作是語 我捨佛法僧. 不獨有此沙門釋子. 亦更有餘沙門婆羅門 修梵行者. 我等 亦可於彼 修梵行. 彼比丘尼 諫是比丘尼言. 大姊 汝莫輒以小事 瞋恚不喜 便作是語 我捨佛法僧. 不獨有此沙門釋子. 亦更有餘沙門婆羅門 修梵行者. 我等 亦可於彼 修梵行. 是比丘尼 如是諫時. 堅持不捨. 彼比丘尼 應三諫 捨此事故. 乃至三諫 捨者善. 不捨者. 僧伽婆尸沙.** • 진심사삼보위간계∅(**瞋心捨三寶違諫戒**) / Nī-Saṅgh. 10(Nī∅Saṅgh. 7) : yā pana bhikkhunī kupitā anattamanā evaṁ vadeyya: buddhaṁ paccakkhāmi dhammaṁ paccakkhāmi saṅghaṁ paccakkhāmi sikkhaṁ paccakkhāmi; kinnu'mā'va samaṇiyo yā samaṇiyo sakyadhītaro sant'aññāpi samaṇiyo lajjiniyo kukkuvacikā sikkhākāmā tas'āhaṁ santike brahmacariyaṁ carissāmī' ti: sā bhikkhunī bhikkhunīhi evam assa vacanīyā: māyye kupitā anattamanā evaṁ avaca, buddhaṁ paccakkhāmi dhammaṁ paccakkhāmi saṅghaṁ paccakkhāmi sikkhaṁ paccakkhāmi kin nu'mā'va samaṇiyo yā samaṇiyo sakyadhītaro santaññāpi samaṇiyo lajjiniyo kukkucavikā*

---

sikkhākāmā tas'āhaṁ santike brahmacariyaṁ carissāmī'ti. abhiram'ayye svākkhāto dhammo, cara brahmacariyaṁ sammā dukkhassa antakiriyāyā'ti. evañca sā bhikkhunī bhikkhunīhi vuccamānā tatheva paggaṇheyya, sā bhikkhunī bhikkhunīhi yāvatatiyaṁ samanubhāsitabbā, tassa paṭinissaggāya. yāvatatiyañce samanubhāsiyamānā taṁ paṭinissajjeyya, icc etaṁ kusalaṁ. no ce paṭinissajjeyya, ayampi bhikkhunī yāvatatiyakaṁ dhammaṁ āpannā nissāraṇīyaṁ saṅghādisesan'ti.

Catu-Nip. 25

25(2-17) 승단잔류죄법 제17조

쟁사를 좋아하여 기억하지 말라는 것에 대한 학습계율
[희쟁불억계(喜諍不憶戒)]

[세존] "어떠한 비구니이든, 쟁사를 좋아하며, 쟁사에 패소했다고 쟁사를 기억하여 두었다가 나중에 화를 내어 '오늘의 비구니들은 욕망의 길을 가고, 분노의 길을 가고, 우치의 길을 가고, 공포의 길을 간다.' 라고 말한다고 한다면, 저 비구니가 이 비구니에게 '존귀한 자매여, 그대는 쟁사를 좋아하며, 쟁사에 패소했다고 쟁사를 기억하여 두었다가 나중에 화를 내어 '오늘의 비구니들은 욕망의 길을 가고, 분노의 길을 가고, 우치의 길을 가고, 공포의 길을 간다.'라고 하지 마시오. 비구니들은 욕망의 길을 가지 않고, 분노의 길을 가지 않고, 우치의 길을 가지 않고, 공포의 길을 가지 않습니다.'라고 충고해야 하나니,[823] 이렇게 충고하여도 이 비구니가 고집하여 그만두지 않으

823) *彼比丘尼 應諫是比丘尼言. 大妹 汝莫喜鬪諍不善 憶持諍事. 後瞋恚故 便作是語 僧有愛有恚 有怖有癡 而僧不愛不恚 不怖不癡: 빠알리문에는 '쟁사를 기억해두었다가' 라는 구절은 없고 단지 '화가 나고 불쾌해서' 라고 되어 있다.*

면, 저 비구니는 그만두게 하기 위해 세 번까지 충고해야 하는데, 세 번까지 충고해서 그만둔다면, 그것은 훌륭한 일이지만, 그만두지 않으면, 승단잔류죄[824]를 범하는 것이니라."[825]

---

824) *僧伽婆尸沙 : ≪빠알리율≫에서는 '충고받지 않았거나, 그만두거나, 정신착란자이거나, 최초의 범행자인 경우'는 예외이고, ≪사분율≫에서 '한두 번 충고했을 때에 그만두었거나 원칙에 맞지 않거나 계율에 맞지 않거나 가르침에 맞지 않는 갈마를 했거나, 일체의 견책조치의 갈마를 하기 이전이거나, 이 학습계율시설의 원인이 된 최초의 범행자이거나, 정신착란자이거나, 마음이 심란한 자이거나, 애통해 하는 자인 경우'를 예외로 한다.*

825) *■희쟁불억계(喜諍不憶戒) / 사분니승가바시사 17 : 若比丘尼 喜鬪諍不善 憶持諍事. 後瞋恚故 便作是語 今僧有愛有恚 有怖有癡 彼比丘尼 應諫是比丘尼言. 大妹 汝莫喜鬪諍不善 憶持諍事. 後瞋恚故 便作是語 僧有愛有恚 有怖有癡 而僧不愛不恚 不怖不癡 是比丘尼 如是諫時. 堅持不捨. 彼比丘尼 應三諫 捨此事故 乃至三諫捨者善. 不捨者. 僧伽婆尸沙. • 발기사쟁방승위간계∅(發起四諍謗僧違諫戒) / Nī-Saṅgh. 11(Nī∅Saṅgh. 8) : yā pana bhikkhunī kismiñcid eva adhikaraṇe paccākatā kupitā anattamanā evaṁ vadeyya: chandagāminiyo ca bhikkhuniyo dosagāminiyo ca bhikkhuniyo mohagāminiyo ca bhikkhuniyo bhayagāminiyo ca bhikkhuniyo'ti, sā bhikkhunī bhikkhunīhi evam assa vacanīyā: māyye kismiñcid eva adhikaraṇe paccākatā kupitā anattamanā evaṁ avaca: chandagāminiyo ca bhikkhuniyo dosagāminiyo ca bhikkhuniyo mohagāminiyo ca bhikkhuniyo bhayagāminiyo ca bhikkhuniyo'ti'. ayyā kho chandāpi gaccheyya dosāpi gaccheyya mohāpi gaccheyya bhayāpi gaccheyyā'ti. evañca sā bhikkhunī bhikkhunīhi vuccamānā tatheva paggaṇheyya, sā bhikkhunī bhikkhunīhi yāvatatiyaṁ samanubhāsitabbā, tassa paṭinissaggāya. yāvatatiyañce samanubhāsiyamānā taṁ paṭinissajjeyya icc etaṁ kusalaṁ. no ce paṭinissajjeyya, ayampi bhikkhunī yāvatatiyakaṁ dhammaṁ āpannā nissāraṇīyaṁ saṅghādisesan'ti.*

존귀한 [142-143] 자매들이여,
이와 같이 17개 조항의 승단잔류죄법을
송출했습니다.

9개 조항(1-9)은 즉시,
나머지(10-17)은 세 번의 충고 후에 적용됩니다.
비구니가 이것들 가운데 어떤 하나라도 범하면,
그 비구니는 양중의 참모임 앞에서
보름간의 참회생활을 실행해야 하며,
참회생활을 마친 비구니는
양중의 참모임 가운데 출죄복귀를 받아야 하고,
40명보다 하나라도 적으면,
출죄복귀된 것이 아니며,
비구니들은 견책을 받아야 합니다.
이것이 그 경우의 적절한 조치입니다.[826)]

---

826) ■諸大姊 我已說十七僧伽婆尸沙法 九戒初犯 餘至三諫 若比丘尼 犯一一法 應半月與二部僧中 行摩那埵 行摩那埵已 應與出罪 當二部僧中 出是比丘尼罪 若少一人 不滿四十衆 是比丘尼罪 不得除 諸比丘尼 亦可訶 此是時(事). •uddiṭṭhā kho ayyāyo sattarasa saṅghādisesā dhammā, nava paṭhamāpattikā, caṭṭha yāvatatiyakā, yesaṁ bhikkhunī aññataraṁ vā aññataraṁ vā āpajjati, tāya bhikkhuniyā ubhato saṅghe pakkhamānattaṁ caritabbaṁ. ciṇṇamānattā bhikkhunī yattha siyā vīsatigaṇo bhikkhunīsaṅgho, tattha sa bhikkhuniṁ abbhetabbā. ekāya pi ce ūno vīsatigaṇo bhikkhunīsaṅgho taṁ bhikkhuniṁ abbheyya, sā ca bhikkhunī anabbhitā. te ca bhikkhuniyo gārayhā. ayaṁ tattha sāmīci.

이와 관련하여
저는 존귀한 자매들께 묻겠습니다.
이와 관련하여 완전히 청정합니까?
두 번째에도 저는 존귀한 자매들께 묻겠습니다.
이와 관련하여 완전히 청정합니까?
세 번째에도 저는 존귀한 자매들께 묻겠습니다.
이와 관련하여 완전히 청정합니까?
존귀한 자매들께서는
완전히 청정한 까닭에 침묵했으므로
저는 그와 같이 알겠습니다.827)

승단잔류죄법이 끝났다.

827) ■今問. 諸大姊 是中清淨否(如是至三) 諸大姊 是中清淨. 默然故 是事如是持. •tatthāyyāyo pucchāmi kaccīttha parisuddhā? dutiyampi pucchāmi kaccittha parisuddhā? tatiyampi pucchāmi kaccittha parisuddhā? parisuddhetthāyyāyo, tasmā tuṇhī. evametaṁ dhārayāmī'ti.

제3장 상실속죄죄법의 송출

(Nissaggiyapācittiyuddesa)

존귀한 자매들이여,
이제 이와 같은 30개 조항의 상실속죄죄법을
송출하겠습니다.828)

---

828) ■諸大姊 是三十尼薩耆波逸提法 半月半月說 戒經中來 •*ime kho panāyyāyo tiṁsa nissaggiyā pācittiyā dhammā uddesaṁ āgacchanti.*

Catu-Nip. 26

26(3-1) 상실속죄죄법 제1조

여분의 옷의 열흘 기한을 넘기는 것에 대한 학습계율
[축장의과십일계(畜長衣過十日戒)]

[세존] "어떠한 비구니이든 옷의 끝남에 의해서, 까티나특권이 해제되었을 때, 최대한 열흘까지는 여분의 옷을 지닐 수 있지만, 그 기간이 지나면,[829] 상실속죄죄[830]를 범하는 것이니라."[831]

---

829) *衣已竟 迦絺那衣已出. 畜長衣經十日. 不淨施得畜. 若過者 : 옷의 끝남(衣已竟)은 Vin. III. 196에 따르면, 수행녀를 위하여 옷이 만들어졌거나, 망실되었거나, 파괴되었거나, 불타버렸거나, 옷에 대한 기대가 상실된 것을 뜻한다. 카티나특권은 Vin. I. 254에 따르면, 다섯 가지가 있다 : 1) 허락 없이도 탁발하는 것, 2) 완전히 착의하지 않고 탁발하는 것, 3) 무리지어 식사하는 것, 4) 필요한 만큼의 옷을 받는 것, 5) 어떤 옷이 거기서 생겨나든, 그들의 것이 된다. 카티나특권의 해제(迦絺那衣已出)는 Vin. I. 254에 따르면, 여덟 가지 경로로 해제된다. 1) 떠남에 의한 것, 2) 끝남에 의한 것, 3) 결정에 의한 것, 4) 망실에 의한 것, 5) 청문에 의한 것, 6) 희망의 단절에 의한 것, 7) 결계의 벗어남에 의한 것, 8) 함께 하는 해제에 의한 것이다.*

830) *尼薩耆波逸提 : ≪빠알리율≫에서는 '열흘 이내에 개인의 소유로 결정되거나, 양도되거나, 증여되거나, 망실되거나, 파괴되거나, 불태워진 경우이거나, 약탈되는 경우이거나, 신뢰로 취해지거나, 정신착란자이거나, 최초의 범행자인 경우'는 예외이고, ≪사분율≫에서는 그 밖에 '그가 이불을 만들라고 주었거나, 옷을 맡아준 이가 목숨이 다했거나, 멀리 떠났거나, 환속했거나, 도적에 강제로 끌려갔거나, 짐승에 피해를 입었거나 물에 떠내려간 이유로 보시하거나 양도하지*

않았거나, 이 학습계율시설의 원인이 된 최초의 범행자이거나, 정신착란자이거나, 마음이 심란한 자이거나, 애통해 하는 자인 경우'를 예외로 한다.

831) ■축장의과십일계(畜長衣過十日戒) / 사분니니살기바일제 1 : 若比丘尼 衣已竟 迦絺那衣已出. 畜長衣經十日. 不淨施得畜. 若過者尼薩耆波逸提 ● 장의과한계⊙(長衣過限戒) / Nī-Niss.13(Khu-Niss. 1) : niṭṭhitacīvarasmiṁ bhikkhuniyā ubbhatasmiṁ kaṭhine dasāhaparamaṁ atirekacīvaraṁ dhāretabbaṁ. taṁ atikkāmentiyā nissaggiyaṁ pācittiyan'ti.

Catu-Nip. 27

27(3-2) 상실속죄죄법 제2조

하루라도 옷을 떠나 지내는 것에 대한 학습계율

[이일일의이처숙계(離一一衣異處宿戒)]

[세존] “어떠한 비구니이든 옷의 끝남에 의해서, 까티나특권이 해제되었을 때, 단 하룻밤이라도 다섯 벌의 옷 가운데 한 벌이라도 떠나 지내면,832) 비구니의 동의를 제외하고, 상실속죄죄833)를 범하는 것

832) *衣已竟 迦絺那衣已出. 於五衣中 若離一一衣 異處宿 : 옷의 끝남(衣已竟)과 카티나특권의 해제(迦絺那衣已出,)에 대해서는 앞의 주석을 보라. 《빠알리율》에는 '다섯 벌'이 아니라 '세벌 옷(ticīvarena)을 떠나 지내면'이라고 되어 있다. 그러나 수행녀의 경우에는 별도 2벌이 추가되므로, 《사분율》에서는 다섯 벌로 되어 있다. 참고로 다섯 벌은 대의(大衣), 상의(上衣), 하의(下衣), 복견의, 목욕옷을 말한다. 한역은 승가리(僧伽梨), 울다라승(鬱陀羅僧), 안타회(安陀會), 복견의(覆肩衣), 수욕의(水浴衣)라고 한다. 《빠알리율》에서는 손이 닿을 수 있는 거리(hatthapāsā)를 옷이 떠나서는 안 된다. 그래서 주석서(Smp. 652)에 의하면, 옷은 2½ 라따나 [1ratana = 1hattha = 46-56cm]를 떠나 있어서는 안 된다. 그러나 《사분율》에서는 그것을 척석소급처(擲石所及處) 즉, 손으로 돌을 던져 닿는 거리라고 해석하고 있다.*

833) *尼薩耆波逸提 : 《빠알리율》에서는 '일출 전에 해제되거나, 증여되거나, 망실되거나, 파괴되거나, 소실되거나, 약탈되는 경우이거나, 신뢰로 취해지는 경우이거나, 수행승들이 동의했거나, 정신착란자이거나, 최초의 범행자인 경우'는 예외이고, 《사분율》에서는 그 밖에 '대중들이 갈마를 해주었거나, 날이 밝기 전에 손으로 가사를*

이니라."834)

잡고 있었거나 가사를 내놓았거나 손으로 돌을 던져서 닿을 수 있는 곳 안에 있었던가; 위협을 받아서 빼앗기거나 망실되거나 파괴되거나 소실되거나 약탈되는 경우에 손으로 돌을 던져서 닿을 수 있는 곳 안에 있던가; 물길이 끊기거나 길이 험난하거나 도적이 사나운 짐승에 위해를 입었거나; 힘센 자의 강요였거나; 목숨이 위태로웠거나 청정행이 어려웠거나 경우에 손으로 돌을 던져서 닿을 수 있는 곳 안에 있었거나; 이 학습계율시설의 원인이 된 최초의 범행자이거나; 정신착란자이거나; 마음이 심란한 자이거나; 애통해 하는 자인 경우'를 예외로 한다.

834) ■ 이일일의이처숙계(離一一衣異處宿戒) / 사분니니살기바일제 2 : 若比丘尼 衣已竟 迦絺那衣已出. 於五衣中 若離一一衣 異處宿 除僧羯磨. 尼薩耆波逸提 • 이삼의숙계⊙(離三衣宿戒) / Nī-Niss. 14 (Khu-Niss. 2) : *niṭṭhitacīvarasmiṁ bhikkhuniyā ubbhatasmiṁ kaṭhine ekarattampi ce bhikkhunī ticīvarena vippavaseyya aññatra bhikkhunīsammutiyā, nissaggiyaṁ pācittiyan'ti.*

Catu-Nip. 28

28(3-3) 상실속죄죄법 제3조

여건이 족하지 않아 옷을 한 달 이상 두는 것에 대한 학습계율 [부족의과축일월계(不足衣過畜一月戒)]

[세존] "어떠한 비구니이든 옷의 끝남에 의해서, 까티나특권이 해제되었을 때, 때 아닌 때의 시간에 옷을 얻는 경우, 희망이 있다면 받을 수 있는데, 받으면 빨리 옷을 만들되, 여건이 갖추어지면 좋지만, 갖추어지지 않으면, 한 달까지는 갖추어지기를 기다릴 수 있지만, 그 기간이 지나면,[835] 상실속죄죄[836]를 범하는 것이니라."[837]

---

835) *衣已竟 迦絺那衣已出. 得非時衣 欲須便受. 受已疾成衣 若足者善. 若不足者. 得畜經一月. 爲滿足故 若過者 : 옷의 끝남(衣已竟)과 카티나특권의 해제(迦絺那衣已出)에 대해서는 앞의 주석을 보라. 빠알리문의 후반부는 '그러나 만약 그것이 그에게 충분하지 않다면, 최대한 1개월까지는, 부족한 것이 채워지리라는 희망이 있다면, 그 수행녀가 그 옷을 따로 둘 수 있지만, 그 기간이 지나서 따로 두면, 희망이 있더라도'라고 되어 있다.*

836) *尼薩耆波逸提 : 《빠알리율》에서는 '한 달 이내에 개인의 소유로 결정되거나, 양도되거나, 증여되거나, 망실되거나, 파괴되거나, 소실되거나, 약탈되는 경우이거나, 신뢰로 취해지거나 정신착란자이거나, 최초의 범행자인 경우'는 예외이고, 《사분율》에서는 그 밖에 '이불로 만들었다든가, 옷을 맡아준 비구니가 죽었거나 길을 떠났거나 환속했거나 도적에게 빼앗겼거나 사나운 짐승에 해를 입었거나 사고를 당했거나, 이 학습계율시설의 원인이 된 최초의 범*

행자이거나, 정신착란자이거나, 마음이 심란한 자이거나, 애통해 하는 자인 경우를 예외로 한다.

837) ■ 부족의과축일월계(不足衣過畜一月戒) / 사분니니살기바일제 3 : 若比丘尼 衣已竟 迦絺那衣已出. 得非時衣 欲須便受. 受已疾成衣 若足者善. 若不足者. 得畜經一月. 爲滿足故 若過者 尼薩耆波逸提 • 월망의계⊙(月望衣戒) / Nī-Niss. 15(Khu-Niss. 3) : niṭṭhitacīvarasmiṁ bhikkhuniyā ubbhatasmiṁ kaṭhine bhikkhuniyā pan'eva akālacīvaraṁ uppajjeyya, ākaṅkhamānāya bhikkhuniyā paṭiggahetabbaṁ, paṭiggahetvā khippam eva kāretabbaṁ. no c'assa pāripūri, māsaparamaṁ tena bhikkhuniyā taṁ cīvaraṁ nikkhipitabbaṁ ūnassa pāripūriyā satiyā paccāsāya, tato ce uttariṁ nikkhipeyya satiyā'pi paccāsāya, nissaggiyaṁ pācittiyan'ti.

Catu-Nip. 29

29(3-4) 상실속죄죄법 제4조

친척 아닌 자에게 옷을 구하는 것에 대한 학습계율
[종비친리걸의계(從非親里乞衣戒)]

[세존] "어떠한 비구니이든 친척이 아닌 장자나 장자의 부인에게 옷을 구하면, 특별한 상황을 제외하고, 상실속죄죄[838]를 범하는 것이니, 여기서 특별한 상황이란, 비구니의 옷이 약탈당했거나 잃었거나 불탔거나 떠내려갔을 경우에,[839] 그러한 상황을 뜻하느니라.[840]

---

838) 尼薩耆波逸提 : ≪빠알리율≫에서는 '제 때의 시간이거나, 친척인 자에게나, 초대받았거나, 타인을 위한 것이거나 자신의 재물로 얻었거나, 정신착란자이거나, 최초의 범행자인 경우'는 예외이고, ≪사분율≫에서는 '옷을 빼앗겼거나, 잃어버렸거나, 불탔거나, 물에 떠내려갔거나 친척이 아닌 장자나 장자의 부인에게서 구했거나, 같은 출가자에게 구했거나, 자신이 타인을 위해 구했거나, 타인이 자신을 위해 구했거나, 구하지 않았는데 저절로 얻어졌거나, 이 학습계율시설의 원인이 된 최초의 범행자이거나, 정신착란자이거나, 마음이 심란한 자이거나, 애통해 하는 자인 경우'를 예외로 한다.

*839) **奪衣 失衣 燒衣 漂衣** : 빠알리문에는 '옷이 약탈당했거나 망가졌을 경우에'라고 되어 있다.*

*840) ■ 종비친리걸의계(**從非親里乞衣戒**) / 사분니니살기바일제 4 : **若比丘尼 從非親里居士 若居士婦 乞衣 除餘時 尼薩耆波逸提 餘時者. 奪衣失衣燒衣漂衣 此是時** ● 종비친속인걸의계㉮(**從非親俗人乞衣戒**) / Nī-Niss. 16(Khu-Niss. 6) : yā pana bhikkhunī aññātakaṁ gaha-*

patiṁ vā gahapatāniṁ vā cīvaraṁ viññāpeyya aññatra samayā, nissaggiyaṁ pācittiyaṁ. tatthāyaṁ samayo: acchinnacīvarā vā hoti bhikkhunī naṭṭhacīvarā vā. ayaṁ tattha samayo'ti.

Catu-Nip. 30

30(3-5) 상실속죄죄법 제5조

많이 옷을 보시하는 경우의 만족한 수용에 대한 학습계율
[다여의당지족수계(多與衣當知足受戒)]

[세존] "어떠한 비구니이든 옷이 약탈당했거나 잃었거나 불탔거나 떠내려갔을 경우, 친척이 아닌 장자나 장자의 부인이 초대하여 옷을 많이 보시하거든, 그 비구니는 만족할 만큼만 수용해야 하는데, 그 이상을 수용하면,841) 상실속죄죄842)를 범하는 것이니라."843)

---

*841) **奪衣失衣燒衣漂衣 是非親里居士 若居士婦 自恣請 多與衣 是比丘尼 當知足受. 若過者** : 빠알리문에는 '옷을 빼앗겼거나 잃었거나 태웠거나 물에 떠내려보냈을 때에'라는 조건이 없고 '초대'가 아니라 '가져와서 바치면'이라고 되어 있다. '최대한 하의와 상의까지만'으로 되어있다. 그 이유는 '보통은 삼의 가운데 상의와 하의만 입어도 충분했고 외투인 대의는 필수적인 것은 아니었다.'라는 것을 뜻한다.*

*842) **尼薩耆波逸提** : ≪빠알리율≫에서는 "내가 남은 것을 가지겠다.'라고 가지고 가거나, '남은 것은 그대의 것이다.'라고 주거나, 옷이 약탈되었기 때문에 주지 않거나, 옷이 망가졌기 때문에 주지 않거나, 친척이기 때문이거나, 초대되었기 때문이거나, 자신의 재물로 얻거나, 정신착란자이거나, 최초의 범행자인 경우'는 예외이고, ≪사분율≫에서는 "필요한 만큼 가지거나, 필요한 것 보다 적게 가지거나, 거사가 옷감을 많이 주었는데도 부드럽고 얇고 견고하지 못할 경우 물어서 장자가 '옷을 잃어버려서 주는 것이 아니라, 우리가 스스로 남에게 보시하는 것입니다.'라고 했거나, 이 학습계율시설의 원인이 된 최초의 범행자이거나, 정신착란자이거나, 마음이 심란한 자이거나,*

애통해 하는 자인 경우'를 예외로 한다.

843) ■ *다여의당지족수계(多與衣當知足受戒) / 사분니니살기바일제 5 : 若比丘尼 奪衣失衣燒衣漂衣 是非親里居士 若居士婦 自恣請 多與衣 是比丘尼 當知足受. 若過者 尼薩耆波逸提* ● *과분취의계⊙(過分取衣戒) / Nī-Niss. 17(Khu-Niss. 7) : tañce aññātako gahapati vā gahapatānī vā bahūhi cīvarehi abhihaṭṭhuṁ pavāreyya, santaruttar-aparamaṁ tāya bhikkhuniyā tato cīvaraṁ sāditabbaṁ. tato ce uttariṁ sādiyeyya, nissaggiyaṁ pācittiyan'ti.*

Catu-Nip. 31

31(3-6) 상실속죄죄법 제6조

초대받지 않았는데도 좋은 옷을 구하는 것에 대한 학습계율
[불수자자청탐호걸의계(不受自恣請貪好乞衣戒)]

[세존] "어떠한 비구니이든, 비구니를 위하여, 친척이 아닌 장자나 장자의 부인이, 그에게 옷의 자금이 마련되었을 경우, 그 비구니가 초대받지 않았는데도 장자의 집에 가서 좋은 것을 원해서 '존귀한 분이여! 이러 이러한 옷을 마련하여 내게 보시하시오.'라고 하여 옷을 받으면,[844] 상실속죄죄[845]를 범하는 것이니라.[846]

---

844) 居士 居士婦 爲比丘尼 具衣價 是比丘尼 先不受自恣請 到居士家 作如是說 善哉居士. 辦如是衣 與我 爲好故 若得衣者 : 의가(衣價)는 교환을 위한 옷의 자금을 뜻한다. 빠알리문에는 "그 옷의 자금으로 옷을 구입해서 '이러이러한 수행녀에게 옷을 보시하고 싶다.' 라고 생각했는데"라는 구절이 전반부에 추가되어 있고 후반부에는 "'이 옷의 자금으로 이러이러한 옷이나 이러이러한 옷을 구입해서 보시하십시오.'라고 옷에 대해 왈가왈부하면"이라고 되어있다.

845) 尼薩耆波逸提 : ≪빠알리율≫에서는 '친척으로부터이거나, 초대받았거나, 타인을 위한 것이거나, 자신의 재물로 이거나, 비싼 것을 구하려고 했는데 싼 것을 구하거나, 정신착란자이거나, 최초의 범행자인 경우'는 예외이고, ≪사분율≫에서는 '초대를 받고 가서 만족을 알고 적게 구했거나, 친척이나 출가자에게 구했거나, 자신이 타인을 위해 구했거나, 타인이 자신을 위해 구했거나, 구하지 않았는데 저절로 얻어졌거나, 이 학습계율시설의 원인이 된 최초의 범행자이거나, 정신착란자이거나, 마음이 심란한 자이거나, 애통해 하

는 자인 경우'를 예외로 한다.

846) ■불수자자청탐호걸의계(不受自恣請貪好乞衣戒) / 사분니니살기바일제 6 : 若比丘尼 居士 居士婦 爲比丘尼 具衣價 是比丘尼 先不受自恣請 到居士家 作如是說 善哉居士. 辦如是衣 與我 爲好故 若得衣者 尼薩耆波逸提 • 권증의가계⊙(勸增衣價戒) / Nī-Niss. 18(Khu-Niss. 8) : bhikkhuniṁ pan'evauddissa aññātakassa gahapatissa vā gahapatāniyā vā cīvaracetāpannaṁ upakkhaṭaṁ hoti, iminā cīvaracetāpannena cīvaraṁ cetāpetvā itthannāmaṁ bhikkhuniṁ cīvarena acchādessāmī'ti. tatra ce sā bhikkhunī pubbe appavāritā upasaṅkamitvā cīvare vikappaṁ āpajjeyya. sādhu vata maṁ āyasmā iminā cīvaracetāpannena evarūpaṁ vā evarūpaṁ vā cīvaraṁ cetāpetvā acchādehī'ti kalyāṇakamyataṁ upādāya, nissaggiyaṁ pācittiyan'ti.

Catu-Nip. 32

32(3-7) 상실속죄죄법 제7조

초대받지 않았는데 좋은 것을 구하게 하는 것에 대한 학습계율
[불수자자청탐호공색계(不受自恣請貪好共索戒)

[세존] “어떠한 비구니이든, 비구니를 위하여 친척이 아닌 두 장자들이나 장자의 부인들이, 그들에게 각자 옷의 자금이 비축되었을 경우, ‘각자 옷의 자금으로서 각자 옷을 교환해서 이러이러한 비구니에게 옷을 보시하고 싶다.’라고 생각했는데, 만약 그때 비구니가 아직 초대받지 않았는데도 보다 훌륭한 것을 원해서 찾아가서 이와 같이 ‘장자들이여, 훌륭합니다. 각자의 이와 같은 옷의 자금으로 함께 구입해서 제게 보시하십시오.’라고 하여, 옷을 받으면,847) 상실속죄죄848)를

---

847) 善哉居士! 辦如是衣與我 共作一衣 爲好故 若得衣者 : 빠알리 문계문에는 “보다 훌륭한 것을 원해서 찾아가서 이와 같이 ‘존귀한 분들이여, 이 각자 옷의 자금으로 이러이러한 옷이나 이러이러한 옷을 둘이서 함께 구입해서 보시하십시오.’라고 옷에 대하여 왈가왈부하면” 이라고 되어 있다.

848) 尼薩耆波逸提 : 《빠알리율》에서는 ‘친척으로부터이거나, 초대받았거나, 타인을 위한 것이거나, 자신의 재물로 이거나, 비싼 것을 구하려고 했는데 싼 것을 구했거나, 정신착란자이거나, 최초의 범행자인 경우’는 예외이고, 《사분율》에서는 ‘먼저 초대를 받고 가서 만족을 알고 적게 구했거나, 친척이나 출가자에게서 구했거나, 타인

범하는 것이니라."849)

을 위해 구했거나 타인이 자신을 위해 구했거나, 구하지 않았는데 저절로 얻어졌거나, 이 학습계율시설의 원인이 된 최초의 범행자이거나, 정신착란자이거나, 마음이 심란한 자이거나, 애통해 하는 자인 경우'를 예외로 한다.

849) ■ 불수자자청탐호공색계(不受自恣請貪好共索戒) / 사분니니살기바일제 7 : 若比丘尼 二居士 居士婦 與比丘尼 辦衣價 是比丘尼 先不受自恣請 到二居士家 作如是言. 善哉居士. 辦如是衣 與我 共作一衣 爲好故 若得衣者 尼薩耆波逸提 • 권이가증의가계⊙(勸二家增衣價戒) / Nī-Niss. 19(Khu-Niss. 9) : bhikkhuniṁ pan'evauddissa ubhinnaṁ aññātakānaṁ gahapatīnaṁ vā gahapatānīnaṁ vā paccekacīvaracetāpannāni upakkhaṭāni honti: imehi mayaṁ paccekacīvaracetāpanehi paccekacīvarāni cetāpetvā itthannāmaṁ bhikkhuniṁ cīvarehi acchādessāmā'ti. tatra ce sā bhikkhunī pubbe appavāritā upasaṅkamitvā cīvare vikappaṁ āpajjeyya: sādhu vata maṁ āyasmanto imehi paccekacīvaracetāpannehi evarūpaṁ vā evarūpaṁ vā cīvaraṁ cetāpetvā acchādetha. ubho'va santā ekenā'ti, kalyāṇakamyataṁ upādāya, nissaggiyaṁ pācittiyan'ti.

Catu-Nip. 33

33(3-8) 상실속죄죄법 제8조

여섯 번 이상 독촉해서 옷을 구하는 것에 대한 학습계율
[과육반색의계(過六反索衣戒)]

[세존] "어떠한 비구니이든, 비구니를 위하여 왕이나 대신이나 바라문이나 장자가 사자를 파견해서 옷의 자금을 보내서[850] 그 사자가 그 비구니에게 다가가서 '존귀한 자매여, 이 옷의 자금은 존귀한 자매를 위하여 보낸 것입니다. 존귀한 자매께서는 이 옷의 자금을 받아주십시오.'라고 말한다면, 그 비구니는 그 사자에게 이와 같이 '존귀한 분이여, 우리는 옷의 자금을 받지 않습니다. 우리는 제 때의 시간에 허용될 수 있는 옷만을 받습니다.'라고 할 경우, 그 사자는 그 비구니에게 이와 같이 '존귀한 자매의 집사인[851]이 누구라도 있

---

850) ***遣使爲比丘尼送衣價*** *: 빠알리문에는 '이 옷의 자금으로 옷을 구입하여 이러이러한 수행녀에게 옷을 보시하라!'라고 옷의 자금을 보내온다고 할 때'라고 되어 있다.*

851) ***執事人*** *: 집사인(執事人 : veyyāvaccakara : Vin. III. 220)은 한역에서는 동일하게 정인이라고 번역되지만, 정인(淨人 : ārāmika)보다는 조금 나은 위치에 있는 자로서 주석서(Smp. 672)에 따르면, 수행승을 위해 '해야 할 일을 행하는 자(kiccakāra)'이다. 그리고 그와 유사한 의미로 '어떤 것을 수행승들에게 허용될 수 있는 것으로 만드는 자'라는 의미의 시봉인(侍奉人)을 의미하는 깝삐야까라까*

습니까?'라고 말할 것이고, 그 비구니가 '있습니다. 정인이나 재가의 남자신도에 대해 이 분이 비구니들의 집사인입니다.'라고 말할 것인 즉,852) 그 사자는 그 집사인이 있는 곳에 가서 옷값을 주고, 그 비구에게 다시 와서, '존귀한 분이여, 지정한 모 집사인에게 옷의 자금을 주었으니, 존자께서는 때가 되면 찾아가십시오.'라고 말할 것이니,853) 옷을 원하는 비구니는 집사인이 있는 곳을 찾아가서 두세 번 '벗이여, 나는 옷을 원합니다.'라고 독촉하여 상기시키되, 두세 번 독촉하여 상기시켜서 그 옷을 얻는다면, 그것으로 훌륭한 것이나, 만약에 얻지 못한다면, 네 번, 다섯 번, 최대한 여섯 번까지 침묵하면서 그 목적을 위하여 서 있다가 그 옷을 얻으면, 훌륭한 것이나, 얻지 못해 그 이상

(kappiyakāraka : Vin. I. 206) – 남방에서는 줄여서 '깝삐야'라고 부름 – 가 있다. 그리고 실제로 주석서(Smp. 672)에서는 집사인을 시봉인이라고 설명하고 있다.

852) *比丘尼言 有. 若僧伽藍民 若優婆塞 此是比丘尼執事人* : *빠알리문은 '수행승들이여, 옷을 원하는 수행녀는 정인이나 재가의 남자신도에 대하여 '이 분이 수행녀들의 집사인입니다.'라고 집사인으로 지정해야 한다.'라고 되어 있다.*

853) *彼使詣執事人所 與衣價已 還到比丘尼所言. 大姊所示某甲執事人 我已與衣價 大姊知時 往彼當得衣* : *빠알리문은 "그 사자는 그 집사인에게 사실을 알리고 그 수행승에게 다가가서 이와 같이 '존자여, 존자께서 집사인이라고 지정한 자에게 제가 사실을 알려주었습니다. 존자께서는 때가 되면 찾아가십시오. 그가 존자에게 옷을 줄 것입니다.'라고 말할 것이다."라고 되어 있다.*

애써서 옷을 얻으면, 상실속죄죄[854]를 범하는 것이니라. 만약에 얻지 못하면, 옷의 자금을 보낸 시주 앞에 스스로 가거나 사자를 파견해서[855] '존귀한 분들이여, 그대들이 비구니를 위하여 옷의 자금을 보냈는데, 그 비구니가 옷을 얻지 못했으니, 존귀한 분들께서는 스스로 거두어들여 망실하게 하지 마십시오.'라고 말해야 하나니, 이것이 그 경우에 적절한 조치이니라."[856]

---

854) 尼薩耆波逸提 : 《빠알리율》에서는 '세 번 독촉하고 여섯 번 서 있거나, 세 번 이하 독촉하고 여섯 번 이하 서 있거나, 독촉하지 않고 주거나, 주인이 독촉하고 주거나, 정신착란자이거나, 최초의 범행자인 경우'는 예외이고, 《사분율》에서는 그 밖에 '옷을 얻지 못해 옷의 자금을 얻은 곳에 말했더니 '다시 찾아 잃지 마시오'라고 하거나, 그가 '필요가 없다. 비구에게 보시한 것이다.'라고 해서 이 비구니가 알맞은 때에 부드러운 말이나 방편으로 그 옷을 찾았든가, 제 때에 요구했거나 부드러운 말로 요구했거나 방편으로 요구했거나, 이 학습계율시설의 원인이 된 최초의 범행자이거나, 정신착란자이거나, 마음이 심란한 자이거나, 애통해 하는 자인 경우'를 예외로 한다.

855) 若自往 若遣使往 : Smp. 674에 따르면, 수행승이 스스로 가지 않거나 사자를 파견하지 않으면, 관행을 깨는 악작죄를 범하는 것이다.

856) ■과육반색의계(過六反索衣戒) / 사분니니살기바일제 8 : 若比丘尼 若王 若大臣 若婆羅門. 若居士 居士婦 遣使爲比丘尼送衣價 彼使 至比丘尼所言. 大姊 今送衣價 可受取之 是比丘尼言. 我所不應須衣 合時淸淨 當受. 彼使報言. 大姊 有執事人否 比丘尼言 有. 若僧伽藍民 若優婆塞 此是比丘尼 執事人 彼使詣執事人所 與衣價已 還到比丘尼所言. 大姊所示某甲執事人 我已與衣價 大姊 知時往彼 當得衣 須衣比丘尼 當往彼執事人所 若一二三反 爲作憶念 得衣者善. 若不得衣 應四五六反 在前 默然住 令彼憶念 得衣者善. 若不得衣

過是求 得衣者. 尼薩耆波逸提 若不得衣 從所來處 若自往 若遣使往 語言. 汝先遣使送衣價 與某甲比丘尼 是比丘尼 竟不得衣 汝還取莫使失. 此是時 • 과근홀절색의가계⊙(過根忽切索衣價戒) / Nī-Niss. 20(Khu-Niss. 10) : *bhikkhuniṁ pan'evauddissa rājā vā rājabhoggo vā brāhmaṇo vā gahapatiko vā dūtena cīvaracetāpannaṁ pahiṇeyya: iminā cīvaracetāpannena cīvaraṁ cetāpetvā itthannāmaṁ bhikkhuniṁ cīvarena acchādehī'ti. so ce dūto taṁ bhikkhuṁ upasaṅkamitvā evaṁ vadeyya: idaṁ kho ayye ayyaṁ uddissa cīvaracetāpanaṁ ābhataṁ. patigganhātāyyā cīvaracetāpanan' ti. tāya bhikkhuniyā so dūto evam assa vacanīyo: na kho mayaṁ āvuso cīvaracetāpanaṁ patiganhāma, cīvarañca kho mayaṁ patiganhāma kālena kappiyan'ti. so ce dūto taṁ bhikkhuniṁ evaṁ vadeyya: atthi panāyyāya koci veyyāvaccakaro'ti cīvaratthikāya bhikkhave bhikkhuniyā veyyāvaccakaro niddisitabbo ārāmiko vā upāsako vā, 'eso kho āvuso bhikkhunīnaṁ veyyāvaccakaro'ti. so ce dūto taṁ veyyāvaccakaraṁ saññāpetvā taṁ bhikkhuniṁ upasaṅkamitvā evaṁ vadeyya: yaṁ kho ayye ayyā veyyāvaccakaraṁ niddisi, saññatto so mayā, upasaṅkamatāyyā kālena, cīvarena taṁ acchādessatī'ti. cīvaratthikāya bhikkhave bhikkhuniyā veyyāvaccakaro upasaṅkamitvā dvattikkhattuṁ codetabbo sāretabbo: 'attho me āvuso cīvarenā'ti; dvattikkhattuṁ codayamānā sārayamānā taṁ cīvaraṁ abhinipphādeyya, icc etaṁ kusalaṁ. no ce abhinipphādeyya, catukkhattuṁ pañcakkhattuṁ chakkhattuparamaṁ tuṇhībhūtāya uddissa ṭhātabbaṁ. catukkhattuṁ pañcakkhattuṁ chakkhattuparamaṁ tuṇhībhutā uddissa tiṭṭhamānā taṁ cīvaraṁ abhinipphādeyya, iccetaṁ kusalaṁ. tato ce uttari vāyamamānā taṁ cīvaraṁ abhinipphādeyya nissaggiyaṁ pācittiyaṁ. no ce abhinipphādeyya yat'assa cīvaracetāpanaṁ ābhataṁ, tattha sāmaṁ vā gantabbaṁ dūto vā pāhetabbo: yaṁ kho tumhe āyasmanto bhikkhuniṁ uddissa cīvaracetāpanaṁ pahiṇittha, na taṁ tassā bhikkhunniyā kiñci atthaṁ anubhoti, yuñjant'āyasmanto sakaṁ mā vo sakaṁ vinassā'ti. ayaṁ tattha sāmīcī'ti.*

Catu-Nip. 34

34(3-9) 상실속죄죄법 제9조

자신의 손으로 금은이나 돈을 받는 것에 대한 학습계율
[자수수금보은전계(自手受金寶銀錢戒)]

[세존] "어떠한 비구니이든 금은이나 돈을 자신을 위해 받거나 받게 하거나[857] 자신을 위해 보관하게 하는 것에 동의하면, 상실속죄죄[858]를 범하는 것이니라."[859]

---

857) *自手受金銀若錢 若教人取 : 빠알리문에서는 '금은(jātarūpara-jata)'을 역자는 '금전(金錢)'이라고 번역했다.*

858) *尼薩耆波逸提 : ≪빠알리율≫에서는 "승원 안에서나 공공 휴게소 안에서 받거나 타인에게 받게 하거나, '소유자가 가져 갈 것이다.'라고 치워두거나, 정신착란된 자이거나, 최초의 범행자인 경우"는 예외이고, ≪사분율≫에서는 "'이것을 알고 이것을 보시오'라고 말했거나, 정인(淨人)에게 내놓고 나서 돌려주거나 돌려주지 않거나 간에 비구니가 원칙에 맞게 행했거나, 이 학습계율시설의 원인이 된 최초의 범행자이거나, 정신착란자이거나, 마음이 심란한 자이거나, 애통해 하는 자인 경우"를 예외로 한다.*

859) *■자수수금보은전계(自手受金寶銀錢戒) / 사분니니살기바일제 9 : 若比丘尼 自手受金銀若錢 若教人取 若口可受者. 尼薩耆波逸提 •축전보계⊙(畜錢寶戒) / Nī-Niss. 21(Khu-Niss. 18) : yā pana bhikkhunī jātarūparajataṁ uggaṇaheyya vā uggaṇhāpeyya vā upanikkhittaṁ vā sādiyeyya, nissaggiyaṁ pācittiyan'ti.*

Catu-Nip. 35

35(3-10) 상실속죄죄법 제10조

여러 종류의 보물을 사고파는 것에 대한 학습계율
[종종매매보물계(種種賣買寶物戒)]

[세존] "어떠한 비구니이든 여러 종류의 보물을 사고 팔면,860) 상실속죄죄861)를 범하는 것이니라."862)

---

860) 種種買賣寶物者 : 빠알리문에는 '보물을 사고 파는 것' 대신에 '금전거래'라고 되어 있다. 여기서 보물은 '금, 은, 돈'을 의미한다.

861) 尼薩耆波逸提 : ≪빠알리율≫에서는 '금전이 아닌 것에 대하여 금전이 아닌 것이라고 지각하고 사용하거나, 정신착란자이거나, 최초의 범행자인 경우'는 예외이다. ≪사분율≫에서는 "'이것을 알고 이것을 보시오'라고 말했거나, 정인에게 내놓고 나서 돌려주거나 돌려주지 않거나간에 비구니가 원칙에 맞게 행했거나, 돈으로 영락과 장신구를 사서 삼보를 위해 사용했거나, 영락이나 장신구를 돈으로 바꾸어 삼보를 위해 사용했거나, 이 학습계율시설의 원인이 된 최초의 범행자이거나, 정신착란자이거나, 마음이 심란한 자이거나, 애통해 하는 자인 경우'를 예외로 한다.

862) ■종종매매보물계(種種賣買寶物戒) / 사분니니살기바일제 10 : 若比丘尼 種種買賣寶物者. 尼薩耆波逸提 • 무보계⊙(貿寶戒) / Nī-Niss. 22(Khu-Niss. 19) : yā pana bhikkhunī nānappakārakaṁ rūpiyasaṁvohāraṁ samāpajjeyya, nissaggiyaṁ pācittiyan'ti.

Catu-Nip. 36

36(3-11) 상실속죄죄법 제11조

여러 종류의 물품교역에 대한 학습계율
[종종판매계(種種販賣戒)]

[세존] "어떠한 비구니이든 여러 종류의 물품교역을 하면[863], 상실속죄죄[864]를 범하는 것이니라."[865]

---

863) *種種販賣者 : 일반사람들은 여래에 대하여 '수행자 고따마는 사고 파는 것을 여의었다.'라고(DN. I. 5) 칭찬했다.*

864) *尼薩耆波逸提 : 《빠알리율》에서는 "가격을 묻거나, 집사인에게 지시하거나, '이것은 우리의 것이다. 우리는 이러저러한 것을 원한다.'라고 말하거나, 정신착란된 자이거나, 최초의 범행자의 경우"는 예외이고, 《사분율》에서는 '출가자들(五衆)과 서로 바꾸되 스스로 값을 정하고 값을 올리거나 내리지 않거나, 정인으로 하여금 바꾸게 시켰고 후회하는 경우 돌려주었거나, 생버터를 기름으로 바꾸었다든가 기름을 생버터로 바꾸었거나, 이 학습계율시설의 원인이 된 최초의 범행자이거나, 정신착란자이거나, 마음이 심란한 자이거나, 애통해 하는 자인 경우'를 예외로 한다.*

865) *■종종판매계(種種販賣戒) / 사분니니살기바일제 11 : 若比丘尼 種種販賣者. 尼薩耆波逸提 • 판매계⊙(販賣戒) / Nī-Niss. 23(Khu-Niss. 20) : yā pana bhikkhunī nānappakārakaṁ kayavikkayaṁ samāpajjeyya, nissaggiyaṁ pācittiyan'ti.*

Catu-Nip. 37

37(3-12) 상실속죄죄법 제12조

다섯 번 미만 수리한 발우를 갱신하는 것에 대한 학습계율
[발감오철불루갱구신호계(鉢減五綴不漏更求新好戒)]

[세존] "어떠한 비구니이든 다섯 곳보다 적게 수리된 발우가 새지도 않는데 좋은 것을 구하려고 다른 새로운 발우를 구한다면,[866] 상실속죄죄[867]를 범하는 것이니라. 그 비구니는 그 새 발우를 비구니들의 대중에게 넘겨주어야 하고, 대중은 돌아가며 바꾸어 최하의 발우를 취하게 하여 망가질 때까지 가지도록 해야 하나니,[868] 이것이 그 경우의 올바른 조치이니라."[869]

---

*866) **畜鉢減五綴不漏 更求新鉢 爲好故** : 빠알리문에는 '새지도 않는데, 좋은 것을 구하려고'라는 구절은 없다.*

*867) **尼薩耆波逸提** : 《빠알리율》에는 '발우를 잃어버렸거나, 발우가 부서졌거나, 친척의 것을 소유했거나, 초대받거나, 타인을 위해 탁발하거나, 자신의 재산에 의한 것이거나, 정신착란자이거나, 최초의 범행자인 경우'는 예외이고, 《사분율》에서는 '발우가 다섯 번 수리되고 샜거나, 다섯 번 보다 적지만 새기 때문에 새 발우를 구했거나, 친척이나 출가인에게 구했거나, 타인을 위해 구했거나 타인이 나를 위해 구했거나, 구하지 않았는데 얻었거나, 발우를 보시할 때에 차례가 되어 얻었거나, 자기의 재물로 사서 모았거나, 이 학습계율시설의 원인이 된 최초의 범행자이거나, 정신착란자이거나, 마음이 심란한 자이거나, 애통해 하는 자인 경우'를 예외로 한다.*

*868) **展轉 取最下鉢 與之令持 乃至破應持** : 빠알리문에는 "그 수행녀들의 대중에게 속하는 마지막으로 남은 발우가 있다면, 그것이*

어떤 것이든 그 수행녀에게 '수행녀여, 이것이 그대의 발우이다. 파괴되기까지 그대가 지녀라.'라고 주어져야 한다."라고 되어 있다.

869) ■ 발감오철불루갱구신호계(鉢減五綴不漏更求新好戒) / 사분니니살기바일제 12 : 若比丘尼 畜鉢減五綴不漏 更求新鉢 爲好故 尼薩耆波逸提 彼比丘尼 是鉢 應往僧中捨 展轉 取最下鉢 與之令持 乃至破應持 此是時. • 걸발계⊙(乞鉢戒) / Nī-Niss. 24(Khu-Niss. 22) : yā pana bhikkhunī ūnapañcabandhanena pattena aññaṁ navaṁ pattaṁ cetāpeyya, nissaggiyaṁ pācittiyaṁ. tāyā bhikkhuniyā so patto bhikkhuparisāya nissajitabbo. yo ca tassā bhikkhuparisāya pattapariyanto so tassa bhikkhuniyā padātabbo 'ayaṁ te bhikkhunī patto yāva bhedanāya dhāretabbo'ti. ayaṁ tattha sāmīcī'ti.

Catu-Nip. 38

38(3-13) 상실속죄죄법 제13조

스스로 실을 빌어 비친척에게 옷을 짜는 것에 대한 학습계율
[자걸루선직의계(自乞縷線織衣戒)]

[세존] "어떠한 비구니이든 스스로 실을 탁발하고는 친척이 아닌 직조사로 하여금 옷을 짜게 한다면,870) 상실속죄죄871)를 범하는 것이니라."872)

---

870) 自乞縷線 使非親里織師 織作衣者 : 빠알리문에는 '친척이 아닌'이 생략되어 있다.

871) 尼薩耆波逸提 : 《빠알리율》에서는 '인끈에나 허리띠에나 어깨끈에나 발우주머니에나 여과낭에 천을 깁기 위한 것이거나, 친척에게 속하거나, 초대받았거나, 남을 위해 탁발하거나, 자신의 재물로 얻었거나, 정신착란자이거나, 최초의 범행자인 경우'는 예외이고, 《사분율》에서는 '직조사나 실을 준 사람이 친척이거나, 좌선띠, 모자, 양말, 땀닦는 수건, 가죽신을 싸는 수건이거나 직접 천을 짜서 발우주머니, 가죽신주머니, 바늘꽂이를 만들었거나, 이 학습계율시설의 원인이 된 최초의 범행자이거나, 정신착란자이거나, 마음이 심란한 자이거나, 애통해 하는 자인 경우'를 예외로 한다.

872) ■자걸루선직의계(自乞縷線織衣戒) / 사분니니살기바일제 13 : 若比丘尼 自乞縷線 使非親里織師 織作衣者. 尼薩耆波逸提 ●자걸루사비친직계⊙(自乞縷使非親織戒) / Nī-Niss. 27(Khu-Niss. 26) : yā pana bhikkhunī sāmaṁ suttaṁ viññāpetvā tantavāyehi cīvaraṁ vāyāpeyya, nissaggiyaṁ pācittiyan'ti.

Catu-Nip. 39

39(3-14) 상실속죄죄법 제14조

초대받기 전에 좋은 직조를 부탁하는 것에 대한 학습계율
[불수자자청탐호촉직계(不受自恣請貪好囑織戒)]

[세존] "비구니를 위하여, 친척이 아닌 장자나 장자의 부인이 직조사에게 옷을 짜게 할 때, 그때 그 비구니가 초대받기 전에 직조사를 찾아가서 '이 옷은 나를 위해 짜는 것이오. 아주 잘 짜주시오. 넓고 길고 단단하고 촘촘하고 고르고 반듯하게 잘 가다듬어 짜시오. 혹시 내가 그대에게 옷값을 주리라.'라고 말하는 경우, 그 비구니가 한 끼의 가치가 있는 옷값이라도 주고 옷을 얻는다면,[873] 상실속죄죄[874]를 범하는 것이니라."[875]

---

873) *乃至一食値 得衣者 : 빠알리문에는 '어떠한 약소한 탁발물이라도 사례한다면'이라고 되어 있다.*

874) *尼薩耆波逸提 : 《빠알리율》에서는 '친척인 자이거나, 초대받았다거나, 타인을 위해서라거나, 자신의 재물을 수단으로 하거나, 값비싼 직물을 원하다가 값싼 직물을 짜서 얻었거나, 정신착란자이거나, 최초의 범행자인 경우'는 예외이고, 《사분율》에서는 그 밖에 '출가자에게서 얻었거나, 타인을 위해 얻었거나, 구하지 않았는데 저절로 얻었거나, 이 학습계율시설의 원인이 된 최초의 범행자이거나, 정신착란자이거나, 마음이 심란한 자이거나, 애통해 하는 자인 경우'를 예외로 한다.*

875) ■ 불수자자청탐호촉직계(不受自恣請貪好囑織戒) / 사분니니살기바일제 14 : 若比丘尼 居士 居士婦 使織師 爲比丘尼織作衣 是比丘尼 先不受自恣請 往織師所言. 此衣 爲我作 汝當極好織 令廣長堅緻 齊整好 我當與汝價 是比丘尼與衣價 乃至一食値 得衣者 尼薩耆波逸提 ● 권직사증의루계⊙(勸織師增衣縷戒) / Nī-Niss. 28(Khu-Niss. 27) : bhikkhuniṁ pan'evauddissa aññātako gahapati vā gahapatānī vā tantavāyehi cīvaraṁ vāyāpeyya, tatra ce sā bhikkhunī pubbe appavāritā tantavāye upasaṅkamitvā cīvare vikappaṁ āpajjeyya: idaṁ kho āvuso cīvaraṁ maṁ uddissa viyyati, āyatañca karotha vitthatañca appitañca suvītañca suppavāyitañca suvilekhitañca suvitacchitañca karotha, appeva nāma mayampi āyasmantānaṁ kiñcimattaṁ anupadajjeyyāmā' ti, evañca sā bhikkhunī vatvā kiñcimattaṁ anupadajjeyya antamaso piṇḍapātamattampi, nissaggiyaṁ pācittiyan'ti.

Catu-Nip. 40

40(3-15) 상실속죄죄법 제15조

먼저 옷을 주고 나중에 화내어 빼앗는 것에 대한 학습계율
[선여의후진에탈취계(先與衣後瞋恚奪取戒)]

[세존] "어떠한 비구니이든 다른 비구니에게 스스로 옷을 주고 나서 화가 나고 불쾌하다고 다시 빼앗거나 빼앗게 하여, 그 비구니가 옷을 내놓아서 취하면,876) 상실속죄죄877)를 범하는 것이니라."878)

---

876) *是比丘尼應還衣 若取者* : *빠알리문에는 '그 수행녀가 옷을 내놓아서 취하면'이란 구절이 없다.*

877) *尼薩耆波逸提* : *《빠알리율》에서는 '그녀가 주거나, 그녀에 대하여 신뢰하여 취하거나, 정신착란자이거나, 최초의 범행자인 경우'는 예외이고, 《사분율》에서는 "화내지 않고 '내가 후회하니 내옷을 돌려주시오'라고 말하거나, 준 것을 후회하는 것을 알고 돌려주었거나, 타인이 '그녀가 후회하니 돌려주시오'라고 해서 돌려주었거나, 입으라고 주었는데 도리에 맞지 않아 다시 가졌거나, 옷을 잃거나 망가질까 두려웠거나, 옷을 받은 사람이 계율이나 견해나 위의를 깨뜨렸거나 권리정지되었거나 멸빈되었거나, 옷을 준 일 때문에 목숨이 위태로웠거나 청정행이 어려웠거나, 이 학습계율시설의 원인이 된 최초의 범행자이거나, 정신착란자이거나, 마음이 심란한 자이거나, 애통해 하는 자인 경우"를 예외로 한다.*

878) ■ *선여의후진에탈취계(先與衣後瞋恚奪取戒) / 사분니니살기바일제 15 : 若比丘尼 先與比丘尼衣 後瞋恚故 若自奪 若使人奪. 是比丘尼 應還衣 若取者. 尼薩耆波逸提* • *탈의계⊙(奪衣戒) / Nī-Niss. 26 (Khu-Niss. 25) : yā pana bhikkhunī bhikkhuniyā sāmaṁ cīvaraṁ datvā kupitā anattamanā acchindeyya vā acchindāpeyya vā nissaggiyaṁ pācittiyan'ti : Pāc. 81과 비교하라.*

Catu-Nip. 41

41(3-16) 상실속죄죄법 제16조

약을 보관하여 기한을 넘기는 것에 대한 학습계율
[축약과칠일계(畜藥過七日戒)]

[세존] "어떠한 비구니이든 환우비구니들이 복용해야 하는 약들, 즉, 버터기름, 신선한 버터, 기름, 꿀, 당밀을 수령하면, 최대한 7일까지 보관하여 사용할 수 있지만, 그것을 초과하면, 상실속죄죄[879]를 범하는 것이니라."[880]

---

879) 尼薩耆波逸提 : ≪빠알리율≫에서는 '7일 이내에 개인의 소유로 결정되거나, 양도되거나, 증여되거나, 망실되거나, 소실되거나, 약탈되는 경우거나, 신뢰로 취해지는 경우이거나, 구족계를 받지 않은 자에게 바쳐지고 내놓아지고 회사되는 경우이거나, 바램 없이 주고 받거나 사용하거나, 정신착란자이거나, 최초의 범행자인 경우'는 예외이고, ≪사분율≫에서는 '7일이 지난 약이 생버터나 기름이어서 문틀에 발랐거나 꿀이나 석밀이어서 집사인에게 주었거나, 7일이 된 약을 다른 비구니에게 주어서 먹게 했거나, 7일이 되기 전에의 약을 그 비구니에게 돌려주었는데 사용하여 약을 바르거나 등불을 켰거나, 이 학습계율시설의 원인이 된 최초의 범행자이거나, 정신착란자이거나, 마음이 심란한 자이거나, 애통해 하는 자인 경우'를 예외로 한다.

880) ■축약과칠일계(畜藥過七日戒) / 사분니니살기바일제 16 : 若比丘尼 有病 畜酥油生酥蜜石蜜 齊七日得服 若過者. 尼薩耆波逸提
• 축칠일약과한계⊙(畜七日藥過限戒) / Nī-Niss. 25(Khu-Niss. 23) : yāni kho pana tāni gilānānaṁ bhikkhunīnaṁ paṭisāyanīyāni bhesajjāni seyyathīdaṁ: sappī navatītaṁ telaṁ madhu phāṇitaṁ, tāni paṭiggahetvā sattāhaparamaṁ sanatidhikārakaṁ paribhuñjitabbāni. taṁ atikkāmentiyā nissaggiyaṁ pācittiyan'ti:

Catu-Nip. 42

42(3-17) 상실속죄죄법 제17조

급히 주는 옷을 받고 시기를 넘기는 것에 대한 학습계율
[과축급시의계(過畜急施衣戒)]

[세존] "어떠한 비구니이든 여름 석 달 안거가 차기 전에 열흘 동안 급히 보시하는 옷이 있으면 받아도 되고, 받아서 옷처리시기가 될 때까지 보관해둘 수 있지만,[881] 그 때를 지나치면, 상실속죄죄[882]를 범하는 것이니라."[883]

---

*881) **十日未滿夏三月. 若有急施衣應受. 乃至衣時 應畜**: 빠알리문에서는 전반부가 '깟띠까 월의 만월이 되기 전에 특별한 보시옷을 얻으면, 그것이 특별한 것이라고 생각되면 수행승은 받아도 되고' 라고 되어 있다. 옷처리시기(**衣時**)에 대해서는 「부록의 옷처리시기와 옷의 수납」을 참조하라.*

*882) **尼薩耆波逸提**: ≪빠알리율≫에서는 '시기 이내에 개인의 소유로 결정되거나, 양도되거나, 증여되거나, 망실되거나, 파괴되거나, 소실되거나, 약탈되는 경우이거나, 신뢰로 취해지거나, 정신착란자이거나, 최초의 범행자인 경우'는 예외이고, ≪사분율≫에서는 이 밖에도 '망실되거나 파괴되거나 소실되거나 약탈되었다고 생각해서 기한 후에 받았던가, 물길이 끊어졌거나 길이 험난하거나 도적에게 사로잡혔거나 사나운 짐승에 해를 입었거나 강물이 불어났거나 힘센 자에게 사로잡혔거나 목숨이 위태로웠거나 청정행이 어려웠거나, 맡아준 비구니가 죽었거나 길을 떠났거나 환속했거나 도적에게 빼앗겼거나 사나운 짐승에 해를 입었거나 사고를 당했거나, 이 학습계율시설의 원인이 된 최초의 범행자이거나, 정신착란자이거나, 마음이 심란한 자이거나, 애통해 하는 자인 경우'를 예외로 한다.*

883) ■과축급시의계(過畜急施衣戒) / 사분니니살기바일제 17 : 若比丘尼十日未滿夏三月. 若有急施衣應受. 乃至衣時 應畜. 若過者. 尼薩耆波逸提 ● 과전수급시의과후축계⊙(過前受急施衣過後畜戒) / Nī-Niss. 29(Khu-Niss. 28) : dasāhānāgataṁ kattikatemāsikapuṇṇamaṁ bhikkhuniyā pan'evaaccekacīvaraṁ uppajjeyya, accekaṁ maññamānāya bhikkhuniyā paṭiggahetabbaṁ, paṭiggahetvā yāva cīvarakālasamayaṁ nikkhipitabbaṁ. tato ce uttari nikkhipeyya, nissaggiyaṁ pācittiyan'ti

Catu-Nip. 43

43(3-18) 상실속죄죄법 제18조

승물인 것을 알면서 전용하는 것에 대한 학습계율
[지향승물자구입기계(知向僧物自求入己戒)]

[세존] “어떠한 비구니이든 알면서 참모임에 속하는 기증된 소득을 자신의 것으로 전용하면, 상실속죄죄[884]를 범하는 것이니라.”[885]

---

884) *尼薩耆波逸提 : 《빠알리율》에서는 “‘어디에 줄까?’라고 자신이 질문하거나, 그대의 보시물이 사용되거나 수리되거나 오랫동안 유지되는 곳에, 또는 그대의 마음이 청정해지는 곳에 그곳에 주시오’라고 말한 경우”는 예외이고, 《사분율》에서는 ‘약속했는데 약속하지 않았다고 생각했거나, 조금 보시하기로 했는데 권해서 많은 물건을 보시했거나, 적은 사람에게 약속했는데 권해서 많은 사람에게 보시했거나, 악한 이에게 보시하려고 약속했는데 권해서 좋은 사람에게 보시했거나, 장난으로 말했거나, 이 학습계율시설의 원인이 된 최초의 범행자이거나, 정신착란자이거나, 마음이 심란한 자이거나, 애통해 하는 자인 경우’를 예외로 한다. 참고로 참모임에 속하는 것 즉, 승물(僧物)에는 ① 승가에 약속한 것 ② 승가를 위해 만들어진 것 ③ 승가에 보시한 것의 세 종류가 있다.*

885) *■ 지향승물자구입기계(知向僧物自求入己戒) / 사분니니살기바일제 18 : 若比丘尼 知他欲與僧物 自廻入己者 尼薩耆波逸提 • 회승물입이계⊙(廻僧物入已戒) / Nī-Niss. 30(Khu-Niss. 30) : yā pana bhikkhunī jānaṁ saṅghikaṁ lābhaṁ pariṇataṁ attano pariṇāmeyya, nissaggiyaṁ pācittiyan'ti.*

Catu-Nip. 44

44(3-19) 상실속죄죄법 제19조

이것을 청하고 저것을 요구하는 것에 대한 학습계율
[구시갱색피계(求是更索彼戒)]

[세존] "어떠한 비구니이든 어떤 것을 청하고 다른 것을 요구하면, 상실속죄죄[886]를 범하는 것이니라."[887]

---

886) *尼薩耆波逸提 : 《빠알리율》에서는 '이것도 요구했지만 다른 것도 필요해서 요구하거나, 이익을 보게 하고 요구하거나, 정신착란자이거나, 최초의 범행자인 경우'는 예외이다. 《사분율》에서는 '다른 물건이 필요해서 다른 물건을 구했거나, 친척에게서 구하거나, 출가인에게서 구했거나, 타인이 자기를 위해서나 자기가 타인을 위해서 구했거나, 이 학습계율시설의 원인이 된 최초의 범행자이거나, 정신착란자이거나, 마음이 심란한 자이거나, 애통해 하는 자인 경우'를 예외로 한다.*

887) *■구시갱색피계(求是更索彼戒) / 사분니니살기바일제 19 若比丘尼 欲索是 更索彼者. 尼薩耆波逸提 ⇐•걸시후걸피계∅(乞時後乞彼戒) / Nī-Niss. 4(Nī ∅Niss. 4) : yā pana bhikkhunī aññaṁ viññāpetvā aññaṁ viññāpeyya, nissaggiyaṁ pācittiyan'ti.*

Catu-Nip. 45

45(3-20) 상실속죄죄법 제20조

당우를 지을 것으로 옷을 바꾸어 나눈 것에 대한 학습계율
[이조당직무의공분계(以造堂直貿衣共分戒)][888)]

[세존] "어떠한 비구니이든 단월이 참모임을 위하여 보시한 것인줄 알면서, 돌려서 다른 목적에 사용하면,[889)] 상실속죄죄[890)]를 범하는 것이니라."[891)]

---

888) 以造堂直貿衣共分戒 : 학습계율의 인연담과 관계된 계목이다.

889) 知檀越 所爲僧施物 異廻作餘用者 : 빠알리문에는 '참모임에 속하고 어떤 것으로 지정되고 어떤 목적으로 준비된 자재로 다른 것을 교환하면'이라고 되어 있다.

890) 尼薩耆波逸提 : ≪빠알리율≫에서는 '남은 것을 사용한다던가, 주인의 청원을 하고 사용한다던가, 사고가 일어났거나, 정신착란자이거나, 최초의 범행자인 경우'는 예외이고, ≪사분율≫에서는 "주인에게 물어보고 사용했거나, 시주가 지정한 용도에 알맞게 사용했거나, 재물을 줄 때 '뜻대로 사용하십시오'라고 말했거나, 이 학습계율시설의 원인이 된 최초의 범행자이거나, 정신착란자이거나, 마음이 심란한 자이거나, 애통해 하는 자인 경우"를 예외로 한다.

891) ■ 이조당직무의공분계(以造堂直貿衣共分戒) / 사분니니살기바일제 20 : 若比丘尼 知檀越 所爲僧施物 異廻作餘用者. 尼薩耆波逸提 • 호용승가재계∅(互用僧伽財戒) / Nī-Niss. 6(Nī ∅Niss. 6) : yā pana bhikkhunī aññadatthikena parikkhārena aññuddisikena saṅghikena aññaṁ cetāpeyya, nissaggiyaṁ pācittiyan'ti.

Catu-Nip. 46

46(3-21) 상실속죄죄법 제21조

타인을 위해 탁발한 것으로 옷을 바꾸어 나눈 것에 대한 학습계율
[이공타식직무의공분계(以供他食直貿衣共分戒)][892]

[세존] "어떠한 비구니이든 단월이 참모임을 위하여 보시한 것과 함께 스스로 참모임을 위해 탁발하여 얻은 것을, 알면서, 돌려서 다른 목적에 사용하면,[893] 상실속죄죄[894]를 범하는 것이니라."[895]

---

892) 以供他食直貿衣共分戒 : 학습계율의 인연담과 관계된 계목이다.

893) 知檀越 所爲施物. 異自求爲僧. 廻作餘用者 : 빠알리문에는 '참모임에 속하고 어떤 것으로 지정되고 어떤 목적으로 준비된 자재와 함께 스스로 탁발하여 얻은 것으로 다른 것을 교환하면'이라고 되어 있다.

894) 尼薩耆波逸提 : 《빠알리율》에서는 '남은 것을 사용한다던가, 주인의 허락을 얻고 사용하던가, 사고가 일어났거나, 정신착란자이거나, 최초의 범행자인 경우'는 예외이다. 《사분율》에서는 "주인에게 물어보고 사용했거나, 시주가 지정한 용도에 알맞게 사용했거나, 재물을 줄 때 '뜻대로 사용하십시오'라고 말했거나, 이 학습계율 시설의 원인이 된 최초의 범행자이거나, 정신착란자이거나, 마음이 심란한 자이거나, 애통해 하는 자인 경우"를 예외로 한다.

895) ■ 이공타식직무의공분계(以供他食直貿衣共分戒) / 사분니니살기바일제 21 : 若比丘尼 知檀越 所爲施物. 異自求爲僧. 廻作餘用者. 尼薩耆波逸提. ⇐ • 호용자걸승가재계∅(互用自乞僧伽財戒) / Nī-Niss. 7(Nī∅Niss. 7) : yā pana bhikkhunī aññadatthikena parikkhārena aññuddisikena saṅghikena saṁyācikena aññaṁ cetāpeyya, nissaggiyaṁ pācittiyan'ti.

Catu-Nip. 47

47(3-22) 상실속죄죄법 제22조

방사를 위한 재물로 옷을 지은 것에 대한 학습계율
[이조방직작의계(以造房直作衣戒)][896)]

[세존] "어떠한 비구니이든 단월이 보시한 것을 돌려서 다른 목적에 사용하면,[897)] 상실속죄죄[898)]를 범하는 것이니라."[899)]

---

*896) **以造房直作衣戒**: 학습계율의 인연담과 관계된 계목이다.*

*897) **檀越 所施物. 異廻作餘用者**: 빠알리문에는 '개인에 속하고 어떤 것으로 지정되고 어떤 목적으로 준비된 자재와 함께 스스로 탁발하여 얻은 것으로 다른 것을 교환하면'이라고 되어 있다.*

*898) **尼薩耆波逸提**: 《빠알리율》에서는 '남은 것을 사용한다던가, 주인의 허락을 얻고 사용하던가, 사고가 나거나, 정신착란자이거나, 최초의 범행자인 경우'는 예외이다. 《사분율》에서는 "주인에게 물어보고 사용했거나, 시주가 지정한 용도에 알맞게 사용했거나, 재물을 줄 때 '뜻대로 사용하십시오'라고 말했거나, 이 학습계율시설의 원인이 된 최초의 범행자이거나, 정신착란자이거나, 마음이 심란한 자이거나, 애통해 하는 자인 경우"를 예외로 한다.*

*899) ■ 이조방직작의계(**以造房直作衣戒**) / 사분니니살기바일제 22 : 若比丘尼 檀越 所施物. 異廻作餘用者. 尼薩耆波逸提 ⇐ • 호용자걸별인재계∅(**互用自乞別人財戒**) / Nī-Niss. 10(Nī ∅Niss. 10) : yā pana bhikkhunī aññadatthikena parikkhārena aññuddisikena puggalikena saṁyācikena aññaṁ cetāpeyya, nissaggiyaṁ pacittiyan'ti.*

Catu-Nip. 48

48(3-23) 상실속죄죄법 제23조

방사를 위한 재물과 옷을 바꾸어 나눈 것에 대한 학습계율
[이조사직무의공분계(以造舍直貿衣共分戒)][900]

[세존] "어떠한 비구니이든 단월이 보시한 것과 함께 스스로 참모임을 위해 탁발하여 얻은 것을, 알면서, 돌려서 다른 목적에 사용하면,[901] 상실속죄죄[902]를 범하는 것이니라."[903]

---

900) *以造舍直貿衣共分戒 : 학습계율의 인연담과 관계된 계목이다.*

901) *檀越 所爲施物. 異自求爲僧. 廻作餘用者 : 빠알리문의 '참모임에 속하고 어떤 것으로 지정되고 어떤 목적으로 준비된 자재와 함께 스스로 탁발하여 얻은 것으로 다른 것을 교환하면'에서 '참모임에 속하고'가 내용적으로 '개인에 속하고'로 바뀐 것이다.*

902) *尼薩耆波逸提 : 《빠알리율》에서는 '남은 것을 사용한다던가, 주인의 허락을 얻고 사용하던가, 사고가 나거나, 정신착란자이거나, 최초의 범행자인 경우'는 예외이다. 《사분율》에서는 "주인에게 물어보고 사용했거나, 시주가 지정한 용도에 알맞게 사용했거나, 재물을 줄 때 '뜻대로 사용하십시오'라고 말했거나, 이 학습계율시설의 원인이 된 최초의 범행자이거나, 정신착란자이거나, 마음이 심란한 자이거나, 애통해 하는 자인 경우"를 예외로 한다.*

903) *■ 이조사직무의공분계(以造舍直貿衣共分戒) / 사분니니살기바일제 23 : 若比丘尼 檀越 所爲施物. 異自求爲僧. 廻作餘用者. 尼薩耆波逸提 ⇐ • 호용자걸승가재계∅(互用自乞僧伽財戒) / Nī-Niss. 7(Nī ∅Niss. 7) : yā pana bhikkhunī aññadatthikena parikkhārena aññuddisikena saṅghikena saṁyācikena aññaṁ cetāpeyya, nissaggiyaṁ pācittiyan'ti.*

Catu-Nip. 49

49(3-24) 상실속죄죄법 제24조

좋은 발우를 모으는 것에 대한 학습계율
[축호장발계(畜好長鉢戒)]

[세존] "어떠한 비구니이든 여분의 발우를 모으고 양도하지 않으면,904) 상실속죄죄905)를 범하는 것이니라."906)

---

*904) **畜長鉢 不淨施** : 빠알리본에는 '발우를 모으면'이라 되어 있다. 정시(**淨施**)는 빠알리어의 '양도(vikappana)'을 의미하며 두 가지 양도가 있다. 현전에 입각한 양도(**眞實淨施**)와 부재에 입각한 양도(**展轉淨施**)이다. 전자는 '내가 이 옷을 그대나 이러이러한 사람에게 양도한다.', 후자는 '내가 이 옷을 양도하기 위해 그대에게 준다.'는 뜻이다.*

*905) **尼薩耆波逸提** : ≪빠알리율≫에서는 '태양이 떠오르기 전에 개인의 소유로 결정되었거나, 양도되었거나, 증여되었거나, 망실되었거나, 파괴되었거나, 약탈된 경우나, 부숴진 뒤에 가지거나 신뢰로 가지거나, 정신착란자이거나, 최초의 범행자인 경우'는 예외이고, ≪사분율≫에서는 그 밖에 '빼앗겼다든가 잃어버렸다든가 깨졌다든가 물에 떠내려갔다든가 생각해서 양도하지 않았거나, 빼앗겼다든가 잃어버렸다든가 깨졌다든가 해서 스스로 취해서 사용했거나 남이 주어서 사용하거나, 발우를 맡아준 비구니가 죽었거나 사나운 짐승에 해를 입었거나 물에 떠내려갔거나 멀리 갔거나 환속했거나 도적에 잡혀가 양도하지 못했거나, 이 학습계율시설의 원인이 된 최초의 범행자이거나, 정신착란자이거나, 마음이 심란한 자이거나, 애통해 하는 자인 경우'를 예외로 한다.*

*906) ■축호장발계(**畜好長鉢戒**) / 사분니니살기바일제 24 : **若比丘尼 畜長鉢 不淨施 尼薩耆波逸提** ⇐• 장발계∅(**長鉢戒**) / Nī-Niss. 1(Nī ∅Niss. 1) : yā pana bhikkhunī pattasannicayaṁ kareyya, nissaggiyaṁ pācittiyan'ti.*

Catu-Nip. 50

50(4-25) 상실속죄죄법 제25조

갑비싼 세간살이를 많이 모으는 것에 대한 학습계율
[다축호기계(多畜好器戒)]

[세존] "어떠한 비구니이든 빛깔 좋은 용기[907]를 많이 모으면, 상실속죄죄[908]를 범하는 것이니라."[909]

---

907) *好色器 : 용기에는 열여섯 가지 용기, ① 큰 솥, ② 큰 솥 뚜껑, ③ 큰 독, ④ 큰 국자, ⑤ 작은 솥, ⑥ 작은 솥 뚜껑, ⑦ 작은 대야, ⑧ 작은 국자, ⑨ 물병, ⑩ 물병 뚜껑, ⑪ 큰 대야, ⑫ 큰 바가지, ⑬ 씻는 병, ⑭ 씻는 병뚜껑, ⑮ 작은 동이, ⑯ 작은 바가지가 있다.*

908) *尼薩耆波逸提 : ≪사분율≫에서는 '열 여섯 가지 용기는 받고 다른 것은 여법하게 보시했거나, 다른 사람에게 주었거나, 빼앗겼다든가 잃어버렸다든가 깨졌다든가 해서 상실죄를 범한 용기를 스스로 사용했거나 남이 주어서 사용했거나, 용기를 맡아준 비구니가 죽었거나 사나운 짐승에 해를 입었거나 물에 떠내려갔거나 멀리 갔거나 환속했거나 도적에 잡혀갔거나, 이 학습계율시설의 원인이 된 최초의 범행자이거나, 정신착란자이거나, 마음이 심란한 자이거나, 애통해 하는 자인 경우'를 예외로 한다.*

909) *■ 다축호기계(多畜好器戒) / 사분니니살기바일제 25 : 若比丘尼 多畜好色器者. 尼薩耆波逸提*

Catu-Nip. 51

51(3-26) 상실속죄죄법 제26조

환우복을 주지 않는 것에 대한 학습계율
[병의불여계(病衣不與戒)]

[세존] 어떠한 비구니든지 먼저 다른 비구니에게 병나서 입는 옷을 준다고 하고 주지 않으면, 상실속죄죄[910]를 범하는 것이니라.[911]

---

910) 尼薩耆波逸提 : ≪사분율≫에서는 '환우복이 없었거나 만드는 중이거나 손질하는 중이거나 깊숙한 곳에 두어서 줄 수가 없을 경우나, 그 비구니가 계행, 견해, 위의를 깨뜨렸거나, 권리정지를 당했거나, 멸빈당했거나, 목숨이 위태로웠거나, 청정행이 어려웠거나, 이 학습계율시설의 원인이 된 최초의 범행자이거나, 정신착란자이거나, 마음이 심란한 자이거나, 애통해 하는 자인 경우'를 예외로 한다.

911) ■ 병의불여계(病衣不與戒) / 사분니니살기바일제 26 : 若比丘尼 先許比丘尼病衣 後不與者. 尼薩耆波逸提

Catu-Nip. 52

52(3-27) 상실속죄죄법 제27조

때 아닌 때의 옷을 제 때의 옷으로 받는 것에 대한 학습계율
[이비시의수작시의계(以非時衣受作時衣戒)]

[세존] "어떠한 비구니이든 때 아닌 때의 시간의 옷을 제 때의 시간의 옷으로 받으면,912) 상실속죄죄913)를 범하는 것이니라."914)

---

912) *受作時衣者 : 빠알리문에는 '제 때의 시간의 옷으로 개인의 소유로 결정하여 분배하면'이라고 되어 있다. 이때 물론 분배받은 자가 상실속죄죄법에 따라 처벌받아야 한다.*

913) *尼薩耆波逸提 : 《빠알리율》에서는 '때 아닌 때의 시간의 옷을 제 때의 시간의 옷이라고 지각하고 분배하게 했거나, 제 때의 시간의 옷을 제 때의 시간의 옷이라고 지각하고 분배하게 했거나, 정신착란자이거나, 최초의 범행자인 경우'는 예외이고, 《사분율》에서는 '때 아닌 때의 시간의 옷을 제 때의 시간의 옷이라고 지각하고 분배하게 했거나, 제 때의 시간의 옷을 제 때의 시간의 옷이라고 지각하고 분배하게 했거나, 이 학습계율시설의 원인이 된 최초의 범행자이거나, 정신착란자이거나, 마음이 심란한 자이거나, 애통해 하는 자인 경우'를 예외로 한다.*

914) ■ 이비시의수작시의계(*以非時衣受作時衣戒*) / 사분니니살기바일제 27 : *若比丘尼 以非時衣 受作時衣者. 尼薩耆波逸提* • 비시의계∅(*非時衣戒*) / *Nī-Niss. 2(Nī ∅Niss. 2) : yā pana bhikkhunī akālacīvaraṁ kālacīvaran'ti adhiṭṭhahitvā bhājāpeyya, nissaggiyaṁ pācittiyan'ti.*

Catu-Nip. 53

53(3-28) 상실속죄죄법 제28조

먼저 교환했다가 나중에 빼앗는 것에 대한 학습계율
[선여무역후진탈취계(先與貿易後瞋奪取戒)]

[세존] "어떠한 비구니이든 비구니와 옷을 교환했다가 나중에 화가 나서 스스로 빼앗거나 남을 시켜 빼앗을 때에, 그 비구니가 옷을 돌려주어 받으면,915) 상실속죄죄916)를 범하는 것이니라."917)

---

915) 後瞋恚 若自奪 若使人奪 是比丘尼 應還衣 若取者 : 빠알리문은 '존귀한 자매여, 그대의 옷을 가져오시오. 나에게 그대의 옷을 달라. 그대의 것은 그대의 것이고, 나의 것은 나의 것이다. 나에게 그대의 옷을 주고, 그대는 자신의 것을 가져가라.'라고 빼앗거나 빼앗게 시킨다면'이라고 되어 있다.

916) 尼薩耆波逸提 : ≪빠알리율≫에서는 '그녀가 주거나, 그녀에게서 믿고 받는 경우'는 예외이고, ≪사분율≫에서는 "화내지 않고 '내가 후회하니 내옷을 돌려주시오'라고 말하거나, 준 것을 후회하는 것을 알고 돌려주었거나, 타인이 '그녀가 후회하니 돌려주시오'라고 해서 돌려주었거나, 입으라고 주었는데 도리에 맞지 않아 다시 가졌거나, 옷을 잃거나 망가질까 두려웠거나, 옷을 받은 사람이 계율이나 견해나 위의를 깨뜨렸거나, 이 학습계율시설의 원인이 된 최초의 범행자이거나, 정신착란자이거나, 마음이 심란한 자이거나, 애통해 하는 자인 경우'를 예외로 한다.

917) ■선여무역후진탈취계(先與貿易後瞋奪取戒) / 사분니니살기바일제 28 : 若比丘尼 先與比丘尼 貿易衣 後瞋恚 若自奪 若使人奪 是比丘尼 應還衣 若取者 尼薩耆波逸提 • 무의이후강탈계∅(貿衣已後强奪戒) / Nī-Niss. 3(Nī ∅Niss. 3) : yā pana bhikkhunī bhikkhuniyā saddhiṁ cīvaraṁ parivattetvā sā pacchā evaṁ vadeyya: hand' ayye tuyhaṁ cīvaraṁ, āhara me taṁ cīvaraṁ, yaṁ tuyhaṁ tuyham ev' etaṁ yaṁ mayhaṁ mayham ev'etaṁ; āhara me taṁ sakaṁ paccāharā'ti acchindeyya vā acchindāpeyya vā, nissaggiyaṁ pācittiyan'ti : *상실속죄죄법 제23조(Nī ∅Niss. 23)와 비교하라: '어떠한 수행승이든 스스로 옷을 주고 나서 화가 나고 불쾌하다고 다시 빼앗거나 빼앗게 하면, 상실속죄죄를 범하는 것이다.'*

Catu-Nip. 54

54(3-29) 상실속죄죄법 제29조

두터운 옷을 구하는데 가치를 초과하는 것에 대한 학습계율
[걸중의과직계(乞重衣過直戒)]

[세존] "어떠한 비구니이든 두터운 옷[918]을 구할 때에는 4 깡싸의 가치가 있는 것을 구해야 하며, 그 이상의 것을 구하면, 상실속죄죄[919]를 범하는 것이니라."[920]

---

918) 重衣 : 두터운 옷(重衣)는 추울 날에 입는 두터운 외투로 빠알리어에서는 garupāvuraṇa라고 번역한다. '四端氎'은 4 깡싸(kaṁsa)를 의미한다. Smp. 919에 따르면, 1 깡싸는 4 까하빠나(kahāpaṇa)의 가치가 있다. 당시 인도에서는 황소 한 마리 값이 12 까하빠나였다.

919) 尼薩耆波逸提 : 《빠알리율》에서는 '친척의 것들이거나, 기부된 것이거나, 타인을 위한 것이거나, 자신의 자산에 의한 것이거나, 다른 자가 값비싼 것을 구하려 하는데 비해 값싼 것을 구하거나, 정신착란자이거나, 최초의 범행자인 경우'는 예외이고, 《사분율》에서는 "넉 장의 모직 이하로 구했거나, 출가인에게 구했거나, 타인이 자기를 위해 구했거나, 자기가 타인을 위해 구했거나, 저절로 얻어졌거나, 이 학습계율시설의 원인이 된 최초의 범행자이거나, 정신착란자이거나, 마음이 심란한 자이거나, 애통해 하는 자인 경우'를 예외로 한다.

920) ■ 걸중의과직계(乞重衣過直戒) / 사분니니살기바일제 29 : 若比丘尼 乞重衣 齊價直四端氎 若過者 尼薩耆波逸提 • 걸중의계∅(乞重衣戒) / Nī-Niss. 11(Nī ∅Niss. 11) : garupāvuraṇaṁ pana bhikkhuniyā cetāpentiyā catukkaṁsaparamaṁ cetāpetabbaṁ, tato ce uttari cetāpeyya, nissaggiyaṁ pācittiyan'ti.

Catu-Nip. 55

55(4-30) 상실속죄죄법 제30조

얇은 옷을 구하는데 가치를 초과하는 것에 대한 학습계율
[걸경의과직계(乞輕衣過直戒)]

[세존] "어떠한 비구니이든 얇은 옷[921]을 구한다면, 최대한 2½깡싸의 것을 구해야 하며, 그 이상을 초과하면, 상실속죄죄[922]를 범하는 것이니라."[923]

---

921) 輕衣 : 얇은 옷(輕衣)은 여름에 입는 얇은 외투로 빠알리어에서는 'lahupāvuraṇa'라고 한다.

922) 尼薩耆波逸提 : 《빠알리율》에서는 '친척의 것들이거나, 기부된 것이거나, 타인을 위한 것이거나, 자신의 자산에 의한 것이거나, 다른 자가 값비싼 것을 구하려 하는데 비해 값싼 것을 구하거나 정신착란자이거나, 최초의 범행자인 경우'는 예외이고, 《사분율》에서는 '최고 두 장 반의 모직까지이니 10조까지였거나, 이 학습계율 시설의 원인이 된 최초의 범행자이거나, 정신착란자이거나, 마음이 심란한 자이거나, 애통해 하는 자인 경우'를 예외로 한다.

923) ■ 걸경의과직계(乞輕衣過直戒) / 사분니니살기바일제 30 : 若比丘尼 乞輕衣 齊價直兩端半氈 若過者 尼薩耆波逸提 • 걸경의계∅(乞輕衣戒) / Nī-Niss. 12(Nī ∅Niss. 12) : lahupāvuraṇaṁ pana bhikkhuniyā cetāpentiyā aḍḍhateyyakaṁsaparamaṁ cetāpetabbaṁ. tato ce uttari cetāpeyya, nissaggiyaṁ pācittiyan'ti

존귀한 자매들이여,
이와 같이 30개 조항의 상실속죄죄법을
송출했습니다.924)

이와 관련하여
저는 존귀한 자매들께 묻겠습니다.
이와 관련하여 완전히 청정합니까?
두 번째에도 저는 존귀한 자매들께 묻겠습니다.
이와 관련하여 완전히 청정합니까?
세 번째에도 저는 존귀한 자매들께 묻겠습니다.
이와 관련하여 완전히 청정합니까?

존귀한 자매들께서는
완전히 청정한 까닭에 침묵했으므로
저는 그와 같이 알겠습니다.925)

상실속죄죄법의 송출이 끝났다.

---

924) ■諸大姉 我已說三十尼薩耆波逸提法 •*udditthā kho ayyāyo timsa nissagiyā pācittiyā dhammā,*

925) ■今問 諸大姉 是中清淨不? (如是三說) 諸大姉! 是中清淨, 默然故, 是事如是持. •*tatthāyyāyo pucchāmi kaccīttha parisuddhā? dutiyampi pucchāmi kaccittha parisuddhā? tatiyampi pucchāmi kaccittha parisuddhā? parisuddhetkhothāyyāyo, tasmā tuṇhī. evametaṁ dhārayāmī'ti.*

제4장 단순속죄죄법의 송출

[波逸提]

존귀한 자매들이여,
이제 이와 같은 166개 조항의 단순속죄죄법을
송출하겠습니다.926)

926) ■諸大姊 是一百七十八波逸提法 半月半月說 戒經中來 •ime kho panāyyāyo chasaṭṭhisatā pācittiyā dhammā uddesaṁ āgacchanti.

Catu-Nip. 56

56(4-1) 단순속죄죄법 제1조

의도적으로 거짓말을 하는 것에 대한 학습계율
[지이망어계(知而妄語戒)]

[세존] "어떠한 비구니이든 의도적으로 거짓말을 하면,927) 단순속죄죄928)를 범하는 것이니라."929)

---

927) 故妄語 : 여기서는 모든 의도적인 거짓말이 속죄죄인 것처럼 서술되고 있다. 그러나 그것은 소망어(小妄語)에 해당하는 것이고, 대망어(大妄語는 인간을 뛰어넘는 상태(上人法)를 성취했다고 의도적으로 거짓말하는 것으로 승단추방죄에 해당하고, (Khu-Pār. 4) 누군가를 승단추방죄라고 의도적으로 거짓말하면 승단잔류죄에 해당하고,(Khu-Saṅgh. 8) 누군가를 승단잔류죄라고 의도적으로 거짓말하면 단순속죄죄에 해당하고(Khu-Pāc. 76) 누군가가 계행을 지키지 않는다고 의도적으로 거짓말하면, 악작죄에 해당한다.(Vin IV. 148)

928) 波逸提 : ≪빠알리율≫에서는 "농담으로 말하거나, 성급하게 말하거나 즉, '농담으로 말하거나'라는 것은 사려가 없이 말하는 것이고 '성급하게 말하거나' 라는 것은 '나는 이것을 말하겠다.' 하고서 다른 것을 말하는 것인데 그러한 때나, 정신착란자이거나, 최초의 범행자인 경우'는 예외이고, ≪사분율≫에서는 '본 것 들은 것 인지한 것 의식한 것을 그렇다고 말했거나, 보지 않은 것 듣지 않은 것 인지하지 않은 것 의식하지 않은 것을 그렇다고 말했거나, 이 학습계율시설의 원인이 된 최초의 범행자이거나, 정신착란자이거나, 마음이 심란한 자이거나, 애통해 하는 자인 경우'를 예외로 한다.

929) ■지이망어계(知而妄語戒) / 사분니바일제 1 : 若比丘尼 故妄語 波逸提 •소망어계⊙(小妄語戒) / Nī-Pāc. 97(Khu-Pāc. 1) : sampajānamusāvāde pācittiyan'ti.

Catu-Nip. 57

57(4-2) 단순속죄죄법 제2조

갖가지 욕설을 하는 것에 대한 학습계율
[종류훼자계(種類毀呰戒)]

[세존] "어떠한 비구니이든 욕설을 하면, 단순속죄죄930)를 범하는 것이니라."931)

---

930) *波逸提 : ≪빠알리율≫에서는 '의미를 설명하기 위한 것이거나, 진리를 설명하기 위한 것이거나, 가르침을 설명하기 위한 것이거나, 정신착란자이거나, 최초의 범행자인 경우'는 예외이고, ≪사분율≫에서는 그 밖에 '이롭게 하려고 말했거나, 친밀한 자에게 말했거나, 장난으로 말했거나, 말하다가 실수로 말했거나, 이 학습계율시설의 원인이 된 최초의 범행자이거나, 정신착란자이거나, 마음이 심란한 자이거나, 애통해 하는 자인 경우'를 예외로 한다.*

931) *■종류훼자계(種類毀呰戒) / 사분니바일제 2 : 若比丘尼 毀呰語者 波逸提 • 매계⊙(罵戒) / Nī-Pāc. 98(Khu-Pāc. 2) : omasavāde pācittiyan'ti.*

Catu-Nip. 58

58(4-3) 단순속죄죄법 제3조

이간질로 중상하는 것에 대한 학습계율
[양설어언계(兩舌語言戒)]

[세존] "어떠한 비구니이든 중상하면, 단순속죄죄932)를 범하는 것이니라."933)

---

932) 波逸提 : ≪빠알리율≫에서는 '애호를 얻기 위한 것이 아니거나, 이간을 시키기 위한 것이 아니거나, 정신착란자이거나, 최초의 범행자인 경우'는 예외이고, ≪사분율≫에서는 '악한 도반이나 나쁜 무리나 대중의 화합을 깨뜨리는 자를 부수기 위한 것이거나, 원칙에 맞지 않고 계율에 맞지 않는 갈마를 깨뜨리기 위한 것이거나, 참모임이나 승원이나 친교사 등을 위해 의미 없고 이익 없는 일을 하려는 것을 깨뜨리기 위한 것이었거나, 이 학습계율시설의 원인이 된 최초의 범행자이거나, 정신착란자이거나, 마음이 심란한 자이거나, 애통해 하는 자인 경우'를 예외로 한다.

*933) ■ 양설어언계(**兩舌語言戒**) / 사분니바일제 3 : **若比丘尼 兩舌語者 波逸提** • 양설계⊙(**兩舌戒**) / Nī-Pāc. 99(Khu-Pāc. 3) : bhikkhunīpesuññe pācittiyan'ti*

Catu-Nip. 59

59(4-4) 단순속죄죄법 제4조

남자와 동숙하는 것에 대한 학습계율
[남실동숙계(男室同宿戒)]

[세존] "어떠한 비구니이든 남자와 동숙하면, 단순속죄죄934)를 범하는 것이니라."935)

---

934) 波逸提 : 《빠알리율》에서는 '완전히 덮였으나 완전히 둘러싸이지 않았거나, 완전히 둘러싸였으나 완전히 덮이지 않았거나, 부분적으로 덮이지 않았거나, 부분적으로 둘러싸이지 않은 경우나, 남자가 앉아 있을 때 수행녀가 앉거나, 수행녀가 앉아 있을 때 남자가 앉거나, 양자가 동시에 앉아 있거나, 정신착란자이거나, 최초의 범행자인 경우'는 예외이고, 《사분율》에서는 '비구니가 남자가 먼저 도착할 줄 몰랐거나, 남자가 뒤에 도착했으나 몰랐거나, 방이 덮여 있으나 사면에 벽이 없었거나, 방이 다 덮였고 반만 또는 조금 막혔거나, 방이 다 막혔고 덮여있지 않거나, 방이 다 막혔고 반만 또는 조금 덮였거나, 방이 반만 덮였고 반만 막혔거나, 방이 조금 덮였고 조금 막혔거나, 덮이지도 막히지도 않은 노지였거나, 방안에 거닐거나 앉아있었거나, 머리가 어지러워 쓰러졌든가, 병이 나서 누었든가, 힘센 자의 강요였거나, 결박당했거나, 목숨이 위태로웠거나, 청정행이 어려웠거나, 이 학습계율시설의 원인이 된 최초의 범행자이거나, 정신착란자이거나, 마음이 심란한 자이거나, 애통해 하는 자인 경우'를 예외로 한다.

935) ■ 남실동숙계(男室同宿戒) / 사분니바일제 4 : 若比丘尼 與男子 同室宿者. 波逸提 ● 공남자숙계⊙(共男子宿戒) / Nī-Pāc. 102(Khu-Pāc. 6) : yā pana bhikkhunī purisena sahaseyyaṁ kappeyya pācittiyan'ti.

Catu-Nip. 60

60(4-5) 단순속죄죄법 제5조

재가자들과의 동숙에 한도를 지나치는 것에 대한 학습계율
[소중과숙계(小衆過宿戒)]

[세존] "어떠한 비구니이든 구족계를 받지 않은 자와 삼일이 지나도록 동숙한다면,936) 단순속죄죄937)를 범하는 것이니라."938)

---

936) 與未受大戒女人 同室宿. 若過三宿者 : 빠알리문은 삼일이 지나도록' 대신에 '이틀이나 삼일이 지나도록'이라고 되어 있다.

937) 波逸提 : ≪빠알리율≫에서는 '이틀을 묵고 사흘째의 일출 이전에 떠나서 다시 묵는 경우나, 완전히 덮였으나 완전히 둘러싸이지 않았거나, 완전히 둘러싸였으나 완전히 덮이지 않았거나, 부분적으로 덮이지 않았거나, 부분적으로 둘러싸이지 않은 경우나, 구족계를 받지 않은 자가 앉아 있을 때 수행녀가 앉거나, 수행녀가 앉아 있을 때 구족계를 받지 않은 자가 앉거나, 양자가 동시에 앉아 있거나, 정신착란자이거나, 최초의 범행자인 경우'는 예외이고, ≪사분율≫에서는 '비구니가 구족계를 받지 않은 자가 먼저 도착할 줄 몰랐거나, 구족계를 받지 않은 자가 뒤에 도착했으나 몰랐거나, 방이 덮여있으나 사면에 벽이 없었거나, 방이 다 덮였고 반만 또는 조금 막혔거나, 방이 다 막혔고 덮여있지 않거나, 방이 다 막혔고 반만 또는 조금 덮였거나, 방이 반만 덮였고 반만 막혔거나, 방이 조금 덮였고 조금 막혔거나, 덮이지도 막히지도 않은 노지였거나, 방안에 도반이 있거나, 머리가 어지러워 쓰러졌든가, 병이 나서 누었든가, 힘센 자의 강요였거나, 결박당했거나, 목숨이 위태로웠거나, 청정행이 어려웠거나, 이 학습계율시설의 원인이 된 최초의 범행자이거나, 정신착란자이거나, 마음이 심란한 자이거나, 애통해 하는 자인 경우'를 예외로 한다.

938) ■소중과숙계(小衆過宿戒) / 사분니바일제 5 : 若比丘尼 與未受大戒女人 同室宿. 若過三宿者. 波逸提 ● 공미수구인숙과한계⊙(共未受具人宿過限戒) / Nī-Pāc. 101(Khu-Pāc. 5) : yā pana bhikkhunī anupasampannena uttaridvirattatirattaṁ sahaseyyaṁ kappeyya pācittiyan'ti.

Catu-Nip. 61

61(4-6) 단순속죄죄법 제6조

속인과 가르침을 함께 송출하는 것에 대한 학습계율
[백의동송계(白衣同誦戒)]

[세존] "어떠한 비구니이든 구족계를 받지 않은 자와 함께 가르침을 송출하면, 단순속죄죄939)를 범하는 것이니라."940)

---

939) 波逸提 : ≪빠알리율≫에서는 빠알리문은 '구족계를 받지 않은 자에게 가르침을 한 구절 한 구절 송출시키면'이라고 되어 있다. ≪빠알리율≫에서는 '함께 독송하게 하거나, 함께 공부하거나, 말하면서 일반적으로 잘 아는 구절을 빠뜨렸거나, 설명하면서 빠뜨리거나, 정신착란자이거나, 최초의 범행자인 경우'는 예외이고, ≪사분율≫에서는 '내가 송출했으니 그대가 송출하라.'고 했거나, 한 사람이 독송을 마치고 한 사람이 사경했거나, 두 사람이 함께 공부한 사이라서 같이 독송했거나, 장난으로 말했거나, 이 학습계율시설의 원인이 된 최초의 범행자이거나, 정신착란자이거나, 마음이 심란한 자이거나, 애통해 하는 자인 경우'를 예외로 한다.

*940) ■ 백의동송계(**白衣同誦戒**) / 사분니바일제 6 : **若比丘尼 與未受大戒人 同誦者. 波逸提** • 여미수구인동송계⊙(**與未受具人同誦戒**) / Nī-Pāc. 100(Khu-Pāc. 4) : yā pana bhikkhunī anupasampannaṁ padaso dhammaṁ vāceyya pācitatiyan'ti.*

Catu-Nip. 62

62(5-7) 단순속죄죄법 제7조

속인에게 추악죄를 알리는 것에 대한 학습계율
[향속설죄계(向俗說罪戒)]

[세존] "어떠한 비구니이든 비구니의 추악죄에 대하여 구족계를 받지 않은 자에게 알리면, 비구니들의 동의를 제외하고, 단순속죄죄941)를 범하는 것이니라."942)

---

941) *波逸提 : ≪빠알리율≫에서는 '일을 알려주고 죄를 알려주지 않거나, 죄를 알려주고 일을 알려주지 않거나, 수행승의 동의가 있거나, 정신착란자이거나, 최초의 범행자인 경우'는 예외이고, ≪사분율≫에서는 '알지 못했거나, 대중이 차출했거나, 추악죄를 추악죄라고 생각하지 않았거나, 재가자가 먼저 추악죄에 대해 들었거나, 이 학습계율시설의 원인이 된 최초의 범행자이거나, 정신착란자이거나, 마음이 심란한 자이거나, 애통해 하는 자인 경우'를 예외로 한다.*

942) *■ 향속설죄계(向俗說罪戒) / 사분니바일제 7 : 若比丘尼 知他比丘尼 有麤惡罪 向未受大戒人說 除僧羯磨. 波逸提 ● 향비수구인설추죄계⊙(向非受具人說麤罪戒) / Nī-Pāc. 105(Khu-Pāc. 9) : yā pana bhikkhunī bhikkhuniyā duṭṭhullaṁ āpattiṁ anupasampannassa āroceyya aññatra bhikkhunīsammutiyā pācittiyan'ti.*

Catu-Nip. 63

63(4-8) 단순속죄죄법 제8조

속인에게 수행상태를 알리는 것에 대한 학습계율
[향속언증계(向俗言證戒)]

[세존] "어떠한 비구니이든 구족계를 받지 않은 자에게 인간을 뛰어넘는 상태에 도달했다고 알리면, 그것이 사실일 경우,943) 단순속죄죄944)를 범하는 것이니라."945)

---

943) 向未受大戒人 說過人法 言我知是我見是 見知實者 : 인간을 뛰어넘는 상태에 도달한 것이 사실이 아닐 경우는 승단추방죄를 범하는 것이다.

944) 波逸提 : ≪빠알리율≫에서는 '구족계를 받은 자에게 사실을 말하거나, 정신착란자이거나, 최초의 범행자인 경우'는 예외이고, ≪사분율≫에서는 "지나친 자만이 있었다고 스스로 말했거나, '업보의 인연이고 수행으로 얻은 것이 아니다'라고 말했거나, 인간을 뛰어넘는 상태를 얻어 동의하는 비구니에게 말했거나, 남에게 설명했지만 '내가 얻었다'라고 말하지 않았거나, 장난으로 말했거나, 빨리 말해서 상대방이 알아듣지 못했거나, 혼자 있는 데서 말했거나, 꿈속에서 말했거나, 다른 것을 말하려다 착오로 말했거나, 이 학습계율 시설의 원인이 된 최초의 범행자이거나, 정신착란자이거나, 마음이 심란한 자이거나, 애통해 하는 자인 경우'를 예외로 한다.

945) ■ 향속언증계(向俗言證戒) / 사분니바일제 8 : 若比丘尼 向未受大戒人 說過人法 言我知是我見是 見知實者 波逸提 • 실득도향미수구자설계⊙(實得道向未受具者說戒) / Nī-Pāc. 104(Khu-Pāc. 8) : yā pana bhikkhunī anupasampannassa uttarimanussadhammaṁ āroceyya bhūtasmiṁ pācittiyan'ti.

Catu-Nip. 64

64(5-9) 단순속죄죄법 제9조

남자에게 한도를 넘는 설법에 대한 학습계율
[위남과설계(爲男過說戒)]

[세존] "어떠한 비구니이든 남자에게 대여섯 구절 이상으로 가르침을 설하면, 양식있는 여인의 배석을 제외하고, 단순속죄죄946)를 범하는 것이니라."947)

---

946) 波逸提 : 《빠알리율》에서는 "일어났다가 다시 앉아서 가르치거나, 남자들이 일어났다가 다시 앉거나, 바로 그 순간에 가르치거나, 다른 남자를 가르치거나, 질문을 묻는다던가, 질문을 물으면 말하거나, 다른 사람을 위하여 설할 때 남자가 듣는다던가, 정신착란자이거나, 최초의 범행자인 경우'는 예외이고, 《사분율》에서는 '장난으로 말했거나, 이 학습계율시설의 원인이 된 최초의 범행자이거나, 정신착란자이거나, 마음이 심란한 자이거나, 애통해 하는 자인 경우'를 예외로 한다.

947) ■위남과설계(爲男過說戒) / 사분니바일제 9 : 若比丘尼 與男子說法 過五六語 除有智女人 波逸提 • 여남자설법과한계⊙(與男子說法過限戒) / Nī-Pāc. 103(Khu-Pāc. 7) : yā pana bhikkhunī purisassa uttarichappañcavācāhi dhammaṁ deseyya aññatra viññunā itthiviggahena pācittiyan'ti.

Catu-Nip. 65

65(5-10) 단순속죄죄법 제10조

자기 손으로 땅을 파는 것에 대한 학습계율
[자수굴지계(自手掘地戒)]

[세존] "어떠한 비구니이든 자신의 손으로 땅을 파거나 땅을 파게 시키면,948) 단순속죄죄949)를 범하는 것이니라."950)

---

948) 自手掘地 若教人掘者 : 빠알리문에는 '자신의 손으로'라는 구절이 생략되어 있다.

949) 波逸提 : 《빠알리율》에서는 "'이것을 알아라, 이것을 주어라, 이것을 가져와라, 이것이 필요하다, 이것을 사용할 수 있게 하라.'고 말하는 경우이거나, 의도하지 않고, 새김을 잃고, 알지 못하거나, 정신착란자이거나, 최초의 범행자인 경우"는 예외이고, 《사분율》에서는 그 밖에 "땅위에 넘어진 울타리를 바로 잡거나, 땅위에 벽돌을 뒤집었거나, 소똥을 취해거나, 언덕이 무너져 흙을 취하든가, 쥐가 무너뜨린 흙을 취하든가, 경행길의 흙을 치웠든가, 집안의 흙을 치웠든가, 마당을 쓸었거나, 지팡이로 땅을 짚었거나, 고의로 파지 않았거나, 이 학습계율시설의 원인이 된 최초의 범행자이거나, 정신착란자이거나, 마음이 심란한 자이거나, 애통해 하는 자인 경우'를 예외로 한다.

950) ■자수굴지계(自手掘地戒) / 사분니바일제 10 : 若比丘尼 自手掘地 若教人掘者. 波逸提 • 굴지계⊙(掘地戒) / Nī-Pāc. 106(Khu-Pāc. 10) : yā pana bhikkhunī paṭhaviyaṁ khaṇeyya vā khaṇāpeyya vā pācittiyan'ti.

Catu-Nip. 66

66(4-11) 단순속죄죄법 제11조

초목을 파괴하는 것에 대한 학습계율
[괴귀신촌계(壞鬼神村戒)]

[세존] "어떠한 비구니이든 초목을 파괴하면,951) 단순속죄952)를 범하는 것이니라."953)

---

951) *壞鬼神村者 : 한역은 초목 또는 식물을 의미하는 'bhūtagāma'에 대한 오역이다. 물론 이 단어를 분리하면 'bhūta'는 존재 혹은 귀신의 의미가 있고 'gāma'는 마을의 의미를 지닌다.*

952) *波逸提 : ≪빠알리율≫에서는 "'이것을 알아라, 이것을 주어라, 이것을 가져와라, 이것이 필요하다, 이것을 사용할 수 있게 하라.'고 말하거나, 의도하지 않고, 새김을 잃고, 알지 못하거나, 정신착란자이거나, 최초의 범행자인 경우"는 예외이고, ≪사분율≫에서는 그 밖에 '시들고 마른 초목을 자르거나, 초목위에 목재나 대나무를 끌거나, 초목위에 넘어진 울타리를 바로 잡거나, 초목위에 벽돌이나 돌이 있어 빼내거나, 풀이 길을 덮고 있어 막힌 곳을 뚫었거나, 이 학습계율시설의 원인이 된 최초의 범행자이거나, 정신착란자이거나, 마음이 심란한 자이거나, 애통해 하는 자인 경우'를 예외로 한다.*

953) *■괴귀신촌계(壞鬼神村戒) / 사분니바일제 11 : 若比丘尼 壞鬼神村者. 波逸提 ●괴생종계⊙(壞生種戒) / Nī-Pāc. 107(Khu-Pāc. 11) : bhūtagāmapātavyatāya pācittiyan'ti.*

Catu-Nip. 67

67(4-12) 단순속죄죄법 제12조

핑계를 대어 타인을 괴롭히는 것에 대한 학습계율
[이어뇌타계(異語惱他戒)]

[세존] "어떠한 비구니이든 다른 비구니에게 망령되게 핑계를 대거나 괴롭힘을 주면,954) 단순속죄죄955)를 범하는 것이니라."956)

---

954) *妄作異語 惱僧者 : 빠알리문에는 '핑계를 대거나 묵비에 의한 괴롭힘을 주면'이라고 되어 있다.*

955) *波逸提 : ≪빠알리율≫에서는 '성격상 욕망에 의해서 성냄에 의해서 어리석음에 의해서 두려움에 의해서 행한 것을 원망하여 매도하거나, 정신착란자이거나, 최초의 범행자인 경우'는 예외이고, ≪사분율≫에서는 '실제로 그러할 일이 있어서 나중에 후회할까 걱정되었거나 장난으로 말했거나, 이 학습계율시설의 원인이 된 최초의 범행자이거나, 정신착란자이거나, 마음이 심란한 자이거나, 애통해 하는 자인 경우'를 예외로 한다.*

956) *■ 이어뇌타계(異語惱他戒) / 사분니바일제 12 : 若比丘尼 妄作異語 惱僧者. 波逸提 • 이어뇌승계⊙(異語惱僧戒) / Nī-Pāc. 108(Khu-Pāc. 12) : aññavādake vihesake pācittiyan'ti : Smp. 770에 따르면, 두 개의 별개의 사건이라 두 개를 다 범하는 경우는 두 개의 단순속죄죄를 범하는 것이다.*

Catu-Nip. 68

68(4-13) 단순속죄죄법 제13조

소임보는 자를 원망하거나 매도하는 것에 대한 학습계율
[혐매지사계(嫌罵知事戒)]

[세존] "어떠한 비구니이든 소임을 맡은 자를 원망하거나 매도하면,957) 단순속죄죄958)를 범하는 것

---

*957) **嫌罵僧知事者** : 빠알리문에는 '소임 맡은 자'는 없으나 비방가의 설명으로 보아 '구족계를 받은 자인 참모임에 의해서 선정된 방사배정자나 식사분배자나 죽분배자나 과일분배자나 견과분배자나 사소한 것의 분배자'로 소임을 맡은 자를 뜻한다.*

*958) **波逸提** : ≪빠알리율≫에서는 "알지 못하면서 묻거나, 아프면서 이야기하지 않는다거나, '참모임의 다툼이나 싸움이나 논쟁이나 논쟁이 있을 것이다.'라고 생각하고 말하지 않거나, '참모임의 분열이나 참모임의 균열이 있을 것이다.'라고 생각하고 말하지 않거나, '원칙에 맞지 않거나 불완전한 모임으로 갈마에 적당하지 않은 자에 대해 갈마를 행할 것이다.'라고 말하지 않거나, 정신착란자이거나, 최초의 범행자인 경우"는 예외이고, ≪사분율≫에서는 '여러 번 듣고도 이해하지 못하거나, 원칙에 맞지 않는 갈마를 하려하거나, 이익이 없는 갈마를 하려하거나, 일좌식(**一坐食**) 중이거나 여식법(**餘食法**)을 하지 않고 공양 중이라던가 집이 무너졌거나 독사가 들어왔거나 도적이나 사나운 짐승이 들어왔거나 힘센 자의 강요를 당했을 때에 말을 듣지 않았을 경우나, 원칙에 맞지 않고 계율에 맞지 않는 갈마나 이익이 없는 갈마를 하려고 해서 말리는 경우나, 인간을 뛰어넘는 상태(**上人法**)를 물으면서 말하라고 했는데 말하지 않았거나, 장난으로 말했거나, 이 학습계율시설의 원인이 된 최초의 범행자이거나, 정신착란자이거나, 마음이 심란한 자이거나, 애통해 하는 자인 경우'를 예외로 한다. 참고로 일좌식은 한 자리에 앉아서 끝까지 먹는 것이*

이니라."959)

고 여식법은 남은 음식이 있거나 단월이 음식을 보내왔을 경우, 더 먹고자 할 경우 아직 다 먹지 않은 자에게 '이미 먹었으니 남은 음식을 먹겠습니다.'라고 알리면 상대방이 음식을 조금 취하고 '마음대로 드십시오'라고 하면 먹는 것을 말한다.

959) ■ 혐매지사계(嫌罵知事戒) / 사분니바일제 13 : 若比丘尼 嫌罵僧知事者. 波逸提 • 혐매승지사계⊙(嫌罵僧知事戒) / Nī-Pāc. 109 (Khu-Pāc. 13) : ujjhāpanake khīyanake pācittiyan'ti.

Catu-Nip. 69

69(4-14) 단순속죄죄법 제14조

와좌구를 깔고 거두지 않는 것에 대한 학습계율
[부구불거계(敷具不擧戒)]

[세존] "어떠한 비구니이든 참모임의 침상이나 의자나 매트나 돗자리를 노천에 펴거나 펼치도록 시키고 떠날 때에 거두지 않거나 거두도록 시키지 않고 무단으로 간다면, 단순속죄죄[960]를 범하는 것이니라."[961]

---

960) 波逸提 : 《빠알리율》에서는, '햇볕에 말리고 가거나, 어떤 것이든 장애가 있거나, 사고가 나거나, 정신착란자이거나, 최초의 범행자인 경우'는 예외이고, 《사분율》에서는 '힘센 자의 강요였거나, 목숨이 위태로웠거나, 청정행이 어려웠거나, 두 사람이 함께 앉았다가 하좌가 거두었거나, 한 군데 펴놓았다가 거두고 떠나거나, 대중용 방석을 깔았다가 거둔 뒤에 방에 들어가 선정(思惟)을 닦거나, 이 학습계율시설의 원인이 된 최초의 범행자이거나, 정신착란자이거나, 마음이 심란한 자이거나, 애통해 하는 자인 경우'를 예외로 한다.

961) ■ 부구불거계(敷具不擧戒) / 사분니바일제 14 : 若比丘尼 取僧繩床 木床 臥具 坐褥 露地自敷 若敎人敷 捨去 不自擧 不敎人擧者. 波逸提 • 노부승물계⊙(露敷僧物戒) / Nī-Pāc. 110(Khu-Pāc. 14) : yā pana bhikkhunī saṅghikaṁ mañcaṁ vā pīṭhaṁ vā bhisiṁ vā kocchaṁ vā ajjhokāse santharitvā vā santharāpetvā vā taṁ pakkamantī n'eva uddhareyya na uddharāpeyya anāpucchaṁ vā gaccheyya pācittiyan'ti.

Catu-Nip. 70

70(4-15) 단순속죄죄법 제15조

손님을 위해 깔고 거두지 않는 것에 대한 학습계율
[객부불거계(客敷不擧戒)]

[세존] "어떠한 비구니이든 참모임에 속한 정사에서 잠자리를 펼치거나 펼치게 시키고 떠날 때에 거두거나 거두도록 시키지 않고 무단으로 가면, 단순속죄죄962)를 범하는 것이니라."963)

---

962) 波逸提 : ≪빠알리율≫에서는 '어떤 것이든 장애가 있거나, 곧 돌아오겠다고 기대를 가지고 가다가 머물러 기별을 전하던가, 어떤 것이든 방해자가 있다던가, 사고가 나거나, 정신착란자이거나, 최초의 범행자인 경우'는 예외이고, ≪사분율≫에서는 '방사가 무너졌다든가, 불이 났거나, 독사가 들어왔다든가, 도적이나 사나운 짐승이 들어왔다든가, 힘센 자의 강요에 의한 것이든가, 곧 돌아오겠다고 생각하고 삼일째 되는 날에 기별을 전했거나 물길이 끊어지는 등으로 기별을 전하지 못했거나, 이 학습계율시설의 원인이 된 최초의 범행자이거나, 정신착란자이거나, 마음이 심란한 자이거나, 애통해하는 자인 경우'를 예외로 한다.

963) ■ 객부불거계(客敷不擧戒) / 사분니바일제 15 : 若比丘尼 於僧房舍內 敷僧臥具坐褥 若自敷 若教人敷 若坐若臥 從彼捨去 不自擧 不教人擧者 波逸提 • 복처부승물계⊙(覆處敷僧物戒) / Nī-Pāc. 111 (Khu-Pāc. 15) : yā pana bhikkhunī saṅghike vihāre seyyaṁ santharitvā vā santharāpetvā vā taṁ pakkamantī n'eva uddhareyya na uddharāpeyya anāpucchaṁ vā gaccheyya, pācittiyan'ti.

Catu-Nip. 71

71(5-16) 단순속죄죄법 제16조

밀고 존중하여 번거로움을 사는 것에 대한 학습계율
[시존촉뇌계(恃尊觸惱戒)]

[세존] "어떠한 비구니이든 먼저 도착한 비구니를 밀치고 들어가 '비좁게 꽉 끼는 자는 나를 피해 떠날 것이다.'라고[964] 생각하고 잠자리를 차지하면, 그 동기뿐이고 다른 것이 아닌 한, 단순속죄죄[965]를 범하는 것이니라."[966]

---

964) *自當避我去 : 빠알리문에는 '나를 피해'라는 구절이 없다.*

965) *波逸提 : ≪빠알리율≫에서는 '환자가 들어가거나, 한기나 열기에 괴롭힘을 당하여 들어가거나, 사고가 일어나거나, 정신착란자이거나, 최초의 범행자인 경우'는 예외이고, ≪사분율≫에서는 '먼저 알지 못했거나, 말하자 머물던 사람이 공간을 마련해주었거나, 공간이 충분히 넓었거나, 바닥에 넘어졌거나, 환자였든가, 힘센 자의 강요였거나, 이 학습계율시설의 원인이 된 최초의 범행자이거나, 정신착란자이거나, 마음이 심란한 자이거나, 애통해 하는 자인 경우'를 예외로 한다.*

966) *■시존촉뇌계(恃尊觸惱戒) / 사분니바일제 16 : 若比丘尼 先知比丘尼 住處 後來於其中間. 强敷臥具止宿. 念言. 彼若嫌迮者. 自當避我去. 作如是因緣 非餘 非威儀者. 波逸提 •강부계⊙(强敷戒) / Nī-Pāc. 112(Khu-Pāc. 16) : yā pana bhikkhunī saṅghike vihāre jānaṁ pubbupagataṁ bhikkhuniṁ anupakhajja seyyaṁ kappeyya yassa sambādho bhavissati sā pakkamissatī'ti etad eva paccayaṁ karitvā anaññaṁ pācittiyan'ti.*

Catu-Nip. 72

72(4-17) 단순속죄죄법 제17조

강제로 끌어내는 것에 대한 학습계율
[의강견출계(倚强牽出戒)]

[세존] "어떠한 비구니이든 화를 내고 불쾌해 하며 비구니를 참모임에 속한 방사967)에서 끌어내거나 끌어내게 시키면, 단순속죄죄968)를 범하는 것이니라."969)

---

967) 衆僧房舍 : 빠알리문에는 '방사(房舍)' 대신에 '정사(精舍 : vihāra)'라고 되어 있다.

968) 波逸提 : 《빠알리율》에서는 '범계자 · 정신착란된 자 · 다툼을 일으킨 자 · 싸움을 일으킨 자 · 쟁론을 일으킨 자 · 분열을 일으킨 자 · 원칙에맞지 않고 행동하는 학인이나 제자를 끌어내거나 끌어내게 시키거나 그의 필수자구를 끌어내거나 끌어내게 시키거나, 정신착란자이거나, 최초의 범행자인 경우는 예외이다. 《사분율》에서는 '성내는 마음 없이 차서에 따랐거나, 구족계를 받지 않은 자와 묵었는데 3일째 되는 밤에 내보냈거나, 계행 · 견해 · 위의를 깨뜨렸거나 권리정지되었거나 멸빈당한 인연으로 내보냈거나, 목숨이 위태로웠거나, 청정행이 어려웠거나, 이 학습계율시설의 원인이 된 최초의 범행자이거나, 정신착란자이거나, 마음이 심란한 자이거나, 애통해 하는 자인 경우'를 예외로 한다.

969) ■ 의강견출계(倚强牽出戒) / 사분니바일제 17 : 若比丘尼 瞋他比丘尼 不喜. 衆僧房舍內 若自牽出. 若教人牽出者. 波逸提 • 견타출방계⊙(牽他出房戒) / Nī-Pāc. 113(Khu-Pāc. 17) : yā pana bhikkhunī bhikkhuniṁ kupitā anattamanā saṅghikā vihārā nikkaḍḍheyya vā nikkaḍḍhāpeyya vā pācittiyan'ti.

Catu-Nip. 73

73(4-18) 단순속죄죄법 제18조

갑자기 평상에 앉는 것에 대한 학습계율

[종사좌상계(縱肆坐床戒)]

[세존] "어떠한 비구니이든 참모임에 속한 정사의 중각방사에서 탈각침상이나 의자에 갑자기 앉거나 누우면, 단순속죄죄[970]를 범하는 것이니라."[971]

---

970) 波逸提 : 《빠알리율》에서는 '공중이 아닌 방사에 있거나, 머리가 닿는 곳에 있거나, 아래쪽에 사용하지 않는 것이 있거나, 침상의 판이 여러 겹이거나, 고정핀이 주어졌거나, 그 위에 서서 붙잡거나, 정신착란자이거나, 최초의 범행자인 경우'는 예외이고, 《사분율》에서는 '노끈평상이거나 굽은 다리의 평상이거나, 다리 없는 평상이거나, 평상을 받치는 주추가 크거나, 다리가 빠진 평상에 쐐기를 박았거나, 평상을 뒤엎어 앉거나 평상 다리를 빼고 앉거나, 이 학습계율시설의 원인이 된 최초의 범행자이거나, 정신착란자이거나, 마음이 심란한 자이거나, 애통해 하는 자인 경우'를 예외로 한다.

971) ■종사좌상계(縱肆坐床戒) / 사분니바일제 18 : 若比丘尼 在房重閣上 脫脚繩床木床 若坐若臥者. 波逸提 ●좌탈각상계ⓒ(坐脫脚牀戒) / Nī-Pāc. 114(Khu-Pāc. 18) : yā pana bhikkhunī saṅghike vihāre uparivehāsakuṭiyā āhaccapādakaṁ mañcaṁ vā pīṭhaṁ vā abhinisīdeyya vā abhinipajjeyya vā pācittiyan'ti.

Catu-Nip. 74

74(4-19) 단순속죄죄법 제19조

벌레가 들어있는 물을 뿌리는 것에 대한 학습계율
[충수요니계(蟲水澆泥戒)] 요

[세존] "어떠한 비구니이든 벌레가 들어있는 물을 알고도,972) 스스로 흙에 뿌리거나 풀에 뿌리거나 사람을 시켜 뿌리게 한다면, 단순속죄죄973)를 범하는 것이니라."974)

---

972) 知水有蟲 : 빠알리문에는 '생물이 들어있는 물을 알고도 풀이나 흙에 뿌리거나 뿌리게 하면'로 되어 있다.

973) 波逸提 : ≪빠알리율≫에서는 '의도가 없었거나, 새김을 잃었거나, 알지 못했거나, 정신착란자이거나, 최초의 범행자인 경우'는 예외이고, ≪사분율≫에서는 '벌레가 없다고 생각했거나, 손으로 휘저어 나가게 했거나, 물을 걸러서 뿌렸거나, 이 학습계율시설의 원인이 된 최초의 범행자이거나, 정신착란자이거나, 마음이 심란한 자이거나, 애통해 하는 자인 경우'를 예외로 한다.

974) ■충수요니계(蟲水澆泥戒) / 사분니바일제 19 : 若比丘尼 知水有蟲 自用澆泥澆草. 若教人澆者. 波逸提 • 용충수계⊙(用蟲水戒) / Nī-Pāc. 116(Khu-Pāc. 20) : yā pana bhikkhunī jānaṁ sappāṇakaṁ udakaṁ tiṇaṁ vā mattikaṁ vā siñceyya vā siñcāpeyya vā, pācittiyan'ti.

Catu-Nip. 75

75(5-20) 단순속죄죄법 제20조

큰 방사의 축조에 한도를 초과하는 것에 대한 학습계율
[대방과복계(大房過覆戒)]

[세존] "어떠한 비구니이든 큰 방사를 지으면서, 문과 창과 창호와 내지 통풍장치975)를 갖추면, 나머지는 두 겹이나 세 겹까지 덮어 씌어 축조하도록 지시할 수 있는데, 그것을 어기면,976) 단순속죄죄977)를 범하는 것이니라."978)

---

975) 莊飾 : Vin. I. 47에 의하면, 백색·흑색·적색을 칠하고, 화만장식, 만곡초장식, 황새치이빨, 목책으로 장식하는 통풍장치를 말한다.

976) 作大房舍, 戶扉窗牖 及諸莊飾具, 指授覆苫 齊二◦三節, 若過者 : 빠알리문에 따르면 "수행승이 큰 방사를 지을 때에, 횡목(橫木)을 설치하고 또한 창호를 장치하기 위한 호창소(戶窓所)를 남겨두고, 나머지의 벽은 두세 겹으로 회반죽을 덮어씌워 축조하는 것을, 작물이 없는 곳에 입각해서 결정할 수 있다"라는 뜻이다.

977) 波逸提 : 《빠알리율》에서는 '두세 겹 이하 둘러싸거나, 동굴이나 석굴이나 초가집의 경우나, 타인을 위한 것이거나, 자신의 재산으로 만들었거나, 자기의 주옥(主屋)을 제외하거나, 정신착란자이거나, 최초의 범행자인 경우'는 예외이고, 《사분율》에서는 '세 겹을 다 잇기 전에 보이지 않고 들리지 않는 곳으로 갔거나, 수로나 육로가 끊기는 등이거나 힘센 자의 강요로 보이지 않고 들리지 않는 곳으로 갔거나, 이 학습계율시설의 원인이 된 최초의 범행자이거나, 정신착란자이거나, 마음이 심란한 자이거나, 애통해 하는 자인 경우'를 예외로 한다.

978) ■ 대방과복계(大房過覆戒) / 사분니바일제 20 : 若比丘尼 作大房舍. 戶扉牕牖 及諸莊飾具. 指授覆苫 齊二三節. 若過者 波逸提 • 복

옥과삼절계⊙(覆屋過三節戒) / Nī-Pāc. 115(Khu-Pāc. 19) : mahallakaṁ pana bhikkhuniyā vihāraṁ kārayamānena yāva dvārakosā aggalaṭṭhapanāya ālokasandhiparikammāya dvitticchadanassa pariyāyaṁ appaharite ṭhitāya adhiṭṭhātabbaṁ, tato ce uttari appaharite pi ṭhitā adhiṭṭhaheyya, pācittiyan'ti.

Catu-Nip. 76

76(4-21) 단순속죄죄법 제21조

환자가 아닌데 한도를 초과해서 먹는 것에 대한 학습계율
[무병과식계(無病過食戒)]

[세존] "어떠한 비구니이든 환자가 아닌 한, 휴게소의 음식을 한 끼만 먹어야 하며, 그 이상 먹는다면, 단순속죄죄979)를 범하는 것이니라."980)

---

979) *波逸提 : ≪빠알리율≫에서는 '환자이거나, 환자가 아닌 자로서 한 끼만 먹었거나, 가거나 오면서 먹었거나, 시주가 초청해서 대접했거나, 특정인에게 마련된 것이거나, 원하는 만큼 준비되지 않았거나, 다섯 가지 정식을 제외하고 다른 모든 것을 먹거나, 정신착란자이거나, 최초의 범행자인 경우'는 예외이고, ≪사분율≫에서는 '환자이거나, 시주가 초청했거나, 단월이나 친척이 차례로 음식을 청했거나, 물길이 끊어지는 등의 사고가 있거나, 힘센 자에게 붙들렸거나 결박당했거나 목숨이 위태로웠거나 청정행이 어려웠거나, 이 학습계율시설의 원인이 된 최초의 범행자이거나, 정신착란자이거나, 마음이 심란한 자이거나, 애통해 하는 자인 경우'를 예외로 한다. 참고로 다섯 가지 정식이라는 것은 부드러운 음식 즉, 밥, 쌀죽, 미숫가루, 물고기, 육고기를 뜻한다.*

980) *■ 무병과식계(無病過食戒) / 사분니바일제 21 : 若比丘尼 施一食處 無病比丘尼 應受. 若過者 波逸提 • 시일식처과수계⊙(施一食處過受戒) / Nī-Pāc. 117(Khu-Pāc. 31) : agilānena bhikkhuniyā eko āvasathapiṇḍo bhuñjitabbo, tato ce uttariṁ bhuñjeyya pācittiyan'ti.*

Catu-Nip. 77

77(4-22) 단순속죄죄법 제22조

무리지어 식사하는 것에 대한 학습계율
[별중수식계(別衆受食戒)]

[세존] "어떠한 비구니이든 무리지어 식사하면, 특별한 상황을 제외하고,[981] 단순속죄죄[982]를 범하는 것이니, 여기서 특별한 상황이란, 병들었을 때이거나 옷이 보시될 때이거나 옷을 만들 때이거나 여로를 갈 때이거나 배를 타고 갈 때이거나 다수의 모임이 있을 때이거나 수행자들을 위한 시식이 있을 때에, 그러한 상황을 뜻하느니라."[983]

---

981) 別衆食, 除餘時 : 빠알리어에서는 무리지어 하는 식사(別衆食)를 'gaṇabhojana'라고 하는데, 네 명의 수행녀가 다섯 가지 정식 가운데 어느 하나로 초대받아 식사하는 것을 말한다. 이 때에 네 명의 수행녀가 한 당파가 되어 행동하면 참모임의 파괴와 연결될 수 있으므로 금지된 것이다. 상세한 것은 Vin. III. 71을 참조하라.

982) 波逸提 : ≪빠알리율≫에서는 '두 명이나 세 명이 함께 식사하거나, 탁발하러 가서 함께 모여서 식사하거나, 상시식이나, 행주식이나, 십오일식이나, 포살식이나, 월초일식이나, 다섯 가지 정식 이외의 다른 것을 먹거나, 정신착란자이거나, 최초의 범행자인 경우'는 예외이고, ≪사분율≫에서는 그 밖에 '네 사람이 돌아가며 번갈아 먹었거나 이러한 인연이 있어서 말하고 갔거나, 이 학습계율시설의 원인이 된 최초의 범행자이거나, 정신착란자이거나, 마음이 심란한 자이거나, 애통해 하는 자인 경우'를 예외로 한다. 참고로 행주식(行籌食)은 산가지표로 받는 음식인데, 탁발음식이 모자랄 경우에 산가지표을 발행했다.

983) ■ 별중수식계(別衆受食戒) / 사분니바일제 22 : 若比丘尼 別衆食. 除餘時 波逸提 餘時者. 病時 施衣時 作衣時. 道行時. 船行時. 沙門施食時. 此是時 • 별중식계⊙(別衆食戒) / Nī-Pāc. 118(Khu-Pāc. 32) : *gaṇabhojane aññatra samayā pācittiyaṁ, tatthāyaṁ samayo: gilānasamayo, cīvaradānasamayo cīvarakārasamayo, addhānagamanasamayo. nāvabhirūhanasayo, mahāsamayo samaṇabhattasamayo, ayaṁ tattha samayo'ti.*

Catu-Nip. 78

78(4-23) 단순속죄죄법 제23조

세 발우 이상을 받는 것에 대한 학습계율
[삼발과수계(三鉢過受戒)]

[세존] "어떠한 비구니이든 가정을 찾을 경우 과자나 만타를 가져와서 청하면, 비구니가 원한다면, 두세 발우를 받아서 승원으로 가져와서 비구니들과 함께 나누어야 한다. 어떠한 비구니이든 환자가 아닌 한 두세 발우 이상을 받으면,[984] 단순속죄죄[985]를 범한 것이다."[986]

---

984) *至檀越家 慇懃請與餅麨飯 比丘尼須者. 應兩三鉢受. 持至寺內. 應分與餘比丘尼食. 若比丘尼 無病 過兩三鉢受者 : 한역의 맥반(麨飯)은 빠알리어의 만타(mantha : Vin. I. 4)를 뜻하는데, 초자(麨子)라고도 한다. 볶은 쌀에 우유를 섞어 만든 일종의 휴대용 음식이다. 빠알리문에는 후반부가 "수행녀가 원한다면, 두세 발우를 채워서 받을 수 있지만, 그보다 많이 받으면 단순속죄죄를 범하는 것이다. 그리고 두세 발우를 채워서 받으면, 거기서부터 가지고 나와서 수행녀들과 함께 나누어야 한다. 이것이 그 경우의 올바른 조치이다."라고 되어 있다.*

985) *波逸提 : ≪빠알리율≫에서는 '두세 발우를 채우거나 이하를 받거나, 보시를 위한 것이나 여행양식으로 준비된 것이 아닌 것을 주거나, 보시를 위한 것이나 여행양식으로 준비되어 남은 것을 주거나, 여행이 취소되었기 때문에 주거나, 친척에게 속한 것이거나, 초대를 받았거나, 타인을 위한 것이거나, 자신의 재산에 의한 것이거나, 정신착란자이거나, 최초의 범행자인 경우'는 예외이고, ≪사분율≫에서는 '환자이거나, 돌아와서 다른 비구니와 나누어먹었거나, 승원에 보내온 것을 받았거나, 이 학습계율시설의 원인이 된 최초의 범행자이거나, 정신착란자이거나, 마음이 심란한 자이거나, 애통해*

하는 자인 경우'를 예외로 한다.

986) ■ *삼발과수계(三鉢過受戒) / 사분니바일제 23 : 若比丘尼 至檀越家 慇懃請與餅麨飯 比丘尼須者. 應兩三鉢受. 持至寺內. 應分與餘比丘尼食. 若比丘尼 無病 過兩三鉢受者. 波逸提* ● *취귀부매객식계⊙(取歸婦買客食戒) / Nī-Pāc. 119(Khu-Pāc. 34) : bhikkhuniṁ pan' evakulaṁ upagataṁ pūvehi vā manthehi vā abhihaṭṭhuṁ pavāreyya, ākaṁkhamānāya bhikkhuniyā dvattipattapurā paṭiggahetabbā. tato ce uttariṁ paṭigaṇheyya pācittiyaṁ, dvattipattapūre paṭiggahetvā tato nīharitvā bhikkhunīhi saddhiṁ saṁvibhajitabbaṁ, ayaṁ tattha sāmīcī'ti.*

Catu-Nip. 79

79(4-24) 단순속죄죄법 제24조

때 아닌 때의 시간에 음식을 먹는 것에 대한 학습계율
[비시담식계(非時噉食戒)]

[세존] "어떠한 비구니이든 때 아닌 때의 시간에 음식을 먹는다면,987) 단순속죄죄988)를 범하는 것이니라."989)

---

987) 非時食者 : 빠알리문에는 "때아닌 때에 단단한 음식이나 부드러운 음식을 씹거나 먹는다면,"이라고 되어 있다.

988) 波逸提 : ≪빠알리율≫에서는 '시분약, 칠일약, 진형수약을 원인이 있을 때 먹거나, 정신착란자이거나, 최초의 범행자인 경우'는 예외이다. ≪사분율≫에서는 그 밖에 '환자인 비구니가 정오가 지나 보리를 끓여서 즙을 걸러 먹었거나, 트림하다가 목에 올라온 것을 삼켰거나, 이 학습계율시설의 원인이 된 최초의 범행자이거나, 정신착란자이거나, 마음이 심란한 자이거나, 애통해 하는 자인 경우'를 예외로 한다. 참고로 약에는 일정시간 안에 먹어야 하는 약인 시약(時藥 : yāvakālika)과 때 아닌 때의 시간(정오에서 일출 무렵)에 먹을 수 있는 약인 시분약(時分藥 : yāmakālika)과 7일까지 먹을 수 있는 칠일약(七日藥 : sattāhakālika)과 평생 동안에 먹을 수 있는 약인 진형수약(盡形壽藥 : yāvajīvika)이 있다.

989) ■ 비시담식계(非時噉食戒) / 사분니바일제 24 : 若比丘尼 非時食者. 波逸提 • 비시식계⊙(非時食戒) / Nī-Pāc. 120(Khu-Pāc. 37) : yā pana bhikkhunī vikāle khādanīyaṁ vā bhojanīyaṁ vā khādeyya vā bhuñjeyya vā, pācittiyan'ti.

Catu-Nip. 80

80(4-25) 단순속죄죄법 제25조

음식을 남겼다가 저장해 먹는 것에 대한 학습계율
[식잔숙식계(食殘宿食戒)]

[세존] "어떠한 비구니이든 음식을 남겼다가 저장해 두고 먹는다면,990) 단순속죄죄991)를 범하는 것이니라."992)

---

990) *食殘宿食者 : 빠알리문에는 '저장해 두었다가 단단한 음식이나 부드러운 음식을 씹거나 먹는다면'이라고 되어 있다.*

991) *波逸提 : 《빠알리율》에서는 '시약을 제 때의 시간에 저장하여 먹거나, 시분약을 때 아닌 때의 시간에 저장하여 먹거나, 칠일약을 7일간 저장하여 먹거나, 진형수약을 조건에 따라 먹거나, 정신착란자이거나, 최초의 범행자인 경우'는 예외이다. 《사분율》에서는 '음식이 남아 하룻밤 묵혀 부모에게 주거나, 품삯을 준 것을 다시 받았거나, 발우에 구멍이 있어 씻어도 나오지 않거나, 생버터나 기름으로 코를 씻다가 침을 따라나오면 뱉어야 하는데 그래도 남아있거나, 이 학습계율시설의 원인이 된 최초의 범행자이거나, 정신착란자이거나, 마음이 심란한 자이거나, 애통해 하는 자인 경우'를 예외로 한다.*

992) *■ 식잔숙식계(食殘宿食戒) / 사분니바일제 25 : 若比丘尼 食殘宿食者. 波逸提 • 식잔숙계⊙(食殘宿戒) / Nī-Pāc. 121(Khu-Pāc. 38) : yā pana bhikkhunī sannidhikārakaṁ khādanīyaṁ vā bhojanīyaṁ vā khādeyya vā bhuñjeyya vā, pācittiyan'ti.*

Catu-Nip. 81

81(4-26) 단순속죄죄법 제26조

주지 않은 음식을 먹는 것에 대한 학습계율
[불수식식계(不受食食戒)]

[세존] "어떠한 비구니이든 주어지지 않은 음식이나 약을 입으로 가져오면,993) 음용수와 치목(齒木)을 제외하고, 단순속죄죄994)를 범하는 것이니라."995)

---

993) 不受食. 若藥 著口中 : 빠알리문에는 '약'이란 단어는 없다.

994) 波逸提 : 《빠알리율》에서는 '네 가지 대정화제(大淨化劑 : 똥, 오줌, 재, 점토)를 조건이 있거나 조건 없이 허용할 수 있는 사람이 없을 때 사용하거나, 정신착란자이거나, 최초의 범행자인 경우'는 예외이다. 《사분율》에서는 '생버터나 기름으로 코를 씻었는데 입으로 나오거나, 새가 물고 가다가 발우에 떨어뜨린 것이나 바람이 불어 발우에 떨어진 것은 손톱만큼이라도 제거해야 하지만 제거하고도 남아 있거나, 이 학습계율시설의 원인이 된 최초의 범행자이거나, 정신착란자이거나, 마음이 심란한 자이거나, 애통해 하는 자인 경우'를 예외로 한다.

995) ■ 불수식식계(不受食食戒) / 사분니바일제 26 : 若比丘尼 不受食. 若藥 著口中. 除水及楊枝 波逸提 • 불수식계⊙(不受食戒) / Nī-Pāc. 122(Khu-Pāc. 40) : yā pana bhikkhunī adinnaṁ mukhadvāraṁ āhāraṁ āhāreyya aññatra udakadantapoṇā, pācittiyan'ti.

Catu-Nip. 82

82(4-27) 단순속죄죄법 제27조

식사에 초대받고 부촉하지 않는 것에 대한 학습계율
[수청불촉계(受請不囑戒)]

[세존] "어떠한 비구니이든 식사에 초대받고, 비구니가 있을 경우 부촉하지 않고, 식전이나 식후에[996] 가정들을 방문하러 다니면, 특별한 상황을 제외하고, 단순속죄죄[997]를 범하는 것이니, 여기서 특별한 상황이란, 환우가 있을 때이거나 옷을 만들 때이거나 옷이 보시될 때에,[998] 그러한 상황을 뜻하느니라."[999]

---

996) ***前食後食*** : *식전은 날이 밝을 때부터 식사할 때까지이고 식후는 식시로부터 정오까지를 말한다.*

997) ***波逸提*** : *≪빠알리율≫에서는 '특별한 상황이거나, 수행녀가 없을 때 허락을 구하지 않고 들어가거나, 타인의 집을 통해서 길이 있거나, 집 근처에 길이 있거나, 마을 안으로 들어가거나, 수행승의 처소로 가거나, 이교도의 잠자는 곳으로 가거나, 참회당으로 가거나, 식당으로 가거나, 사고가 나거나, 정신착란자이거나, 최초의 범행자인 경우'는 예외이고, ≪사분율≫에서는 "병든 때나, 옷을 만드는 때나, 옷을 보시할 때나, 다른 비구니에게 부탁했거나, 비구니가 없어서 부탁하지 않고 창고나 마을이나 갓방에 갔거나, 비구의 승원에 갔거나, 부탁한 속인의 집에 갔거나, 여러 집에서 좌구를 펴고 비구니를 청했거나, 힘센 자의 강요였거나, 목숨이 위태로웠거나, 청정행이 어려웠거나, 이 학습계율시설의 원인이 된 최초의 범행자이거나, 정신착란자이거나, 마음이 심란한 자이거나, 애통해 하는 자인 경우'를 예외로 한다.*

998) *病時。作衣時。施衣時 : 빠알리문의 순서는 "옷이 보시되는 때이거나 옷을 만들 때이거나 환우가 있을 때에"이다. ≪빠알리율≫에는 '환우가 있을 때'라는 것이 누락되어 있다. Vin. IV. 100의 맥락으로 보아 논리적으로 명백히 환우가 있을 때에 약을 구하기 위해 예외적으로 가정을 방문할 수 있는 것이 전제되므로 '환우가 있을 때'가 삽입되어야 한다.*

999) *■수청불촉계(受請不囑戒) / 사분니바일제 27 : 若比丘尼 先受請已 若前食後食 行詣餘家 不囑餘比丘尼 除餘時 波逸提 餘時者. 病時 作衣時 施衣時. 此是時. • 불촉동리입취계⊙(不囑同利入聚戒) / Nī-Pāc. 127(Khu-Pāc. 46) : yā pana bhikkhunī nimantitā sabhattā samānā santiṁ bhikkhuniṁ anāpucchā purebhattaṁ vā pacchābhattaṁ vā kulesu cārittaṁ āpajjeyya aññatra samayā pācittiyaṁ, tatthāyaṁ samayo; cīvaradānasamayo cīvarakārasamayo [gilānasamayo] ayaṁ tattha samayo'ti.*

Catu-Nip. 83

83(4-28) 단순속죄죄법 제28조

식사 중인 가정에서 마음대로 앉는 것에 대한 학습계율
[식가강좌계(食家强坐戒)]

[세존] "어떠한 비구니이든 식사 중인 가정에 보배가 있는데 마음대로 자리에 앉으면,1000) 단순속죄죄1001)를 범하는 것이니라."1002)

1000) *食家中有實 强安坐者 : 빠알리문에는 '보배가 있는데'라는 구절은 없다. '식사 중인 가정'이라는 것은 부인뿐만 아니라 남편이 있고, 부부가 밖으로 나오지 않고 양자가 성적인 탐욕을 떠나지 않은 가정을 뜻한다. 여기서 '보배'는 남편을 뜻한다.*

1001) *波逸提 : ≪빠알리율≫에서는 "'큰 집 안에 앉는다면 문기둥과 상인방에서 손이 닿는 거리 이하 떨어져 앉지 않거나, 작은 집에 앉는다면 중앙기둥을 지나 앉지 않거나, 다른 수행승이 있거나, 양자가 집을 나갔거나, 양자가 탐욕을 떠났거나, 침실에 있지 않거나, 정신착란자이거나, 최초의 범행자인 경우'는 예외이고, ≪사분율≫에서는 '손을 펴서 문에 닿을 수 있는 곳에 앉거나, 두 비구니가 함께 갔거나, 알고 지내는 자나 손님이 같은 장소에 있거나, 지나갔거나, 질병으로 그곳에 쓰러졌거나, 힘센 자의 강요였거나, 이 학습계율시설의 원인이 된 최초의 범행자이거나, 정신착란자이거나, 마음이 심란한 자이거나, 애통해 하는 자인 경우'를 예외로 한다.*

1002) *■ 식가강좌계(食家强坐戒) / 사분니바일제 28 : 若比丘尼 食家中有實. 强安坐者. 波逸提 ● 식가강좌계⊙(食家强坐戒) / Nī-Pāc. 124 (Khu-Pāc. 43) : yā pana bhikkhunī sabhojane kule anupakhajja nisajjaṁ kappeyya pācittiyan'ti.*

Catu-Nip. 84

84(5-29) 단순속죄죄법 제29조

식사 중인 가정에서 가려진 곳에 대한 학습계율
[식가병좌계(食家屛坐戒)]

[세존] "어떠한 비구니이든 식사중인 가정에 보배가 있는데, 그와 함께 가려진 곳에 앉으면,1003) 단순속죄죄1004)를 범하는 것이니라."1005)

---

*1003) **食家中有寶 在屛處坐者** : 빠알리문에는 '식사중인 가정에 보배가 있는데'라는 구절이 없고 '남자와 단 둘이 은밀히 앉으면'으로 되어 있다. 여기서 보배는 남편을 말하는 것이다.*

*1004) **波逸提** : ≪빠알리율≫에서는 '어떠한 자이든지 아는 사람이 있거나, 서 있고 앉아 있지 않거나, 은밀히 앉기를 원하지 않았거나, 다른 것을 생각하면서 앉거나, 정신착란자이거나, 최초의 범행자인 경우'는 예외이고 ≪사분율≫에서는 '손을 펴서 문에 닿을 수 있는 곳에 앉거나, 두 비구니가 함께 갔거나, 알고 지내는 자나 손님이 같은 장소에 있거나, 지나갔거나, 질병으로 그곳에 쓰러졌거나, 힘센 자의 강요였거나, 이 학습계율시설의 원인이 된 최초의 범행자이거나, 정신착란자이거나, 마음이 심란한 자이거나, 애통해 하는 자인 경우'를 예외로 한다.*

*1005) ■식가병좌계(**食家屛坐戒**) / 사분니바일제 29 : **若比丘尼 食家中 有寶. 在屛處坐者. 波逸提** ⇐•병여남좌계⊙(**屛與男坐戒**) / Nī-Pāc. 125 (Khu-Pāc. 44) : yā pana bhikkhunī purisena saddhiṁ raho paṭicchanne āsane nisajjaṁ kappeyya pācittiyan'ti.*

Catu-Nip. 85

85(4-30) 단순속죄죄법 제30조

남자와 함께 노지에 앉는 것에 대한 학습계율
[여남로좌계(與男露坐戒)]

[세존] "어떠한 비구니이든 남자와 함께, 단 둘이서 노지에 앉으면,1006) 단순속죄죄1007)를 범하는 것이니라."1008)

1006) 獨與男子 露地坐者 : 빠알리문에는 '남자와 함께 은밀히 앉으면'이라고 되어 있다.

1007) ≪빠알리율≫에는 '어떠한 자이든지 아는 사람이 있거나, 서 있고 앉아 있지 않거나, 은밀히 앉기를 원하지 않았거나, 다른 것을 생각하면서 앉거나, 정신착란자이거나, 최초의 범행자인 경우'는 예외이고, ≪사분율≫에서는 '두 비구니가 함께 갔으면, 알고 지내던 사람이 손님이 같은 장소에 있어 보고 들었거나, 앞으로 지나가고 머물지 않았거나, 질병이 들어 바닥에 쓰러졌거나, 힘센 자에게 잡혔거나 갇혔거나, 목숨이 위태로웠거나, 청정행이 어려웠거나, 이 학습계율시설의 원인이 된 최초의 범행자이거나, 정신착란자이거나, 마음이 심란한 자이거나, 애통해 하는 자인 경우'를 예외로 한다.

1008) ■ 여남로좌계(與男露坐戒) / 사분니바일제 30 : 若比丘尼 獨與男子 露地坐者. 波逸提 • 독여남자좌계⊙(獨與男子坐戒) / Nī-Pāc. 126 (Khu-Pāc. 45) : yā pana bhikkhunī purisena saddhiṁ ekena ekā raho nisajjaṁ kappeyya pācittiyan'ti.

Catu-Nip. 86

86(5-31) 단순속죄죄법 제31조

음식을 허용하고는 보내버리는 것에 대한 학습계율
[허식견환계(許食遣還戒)]

[세존] "어떠한 비구니이든 비구니에게 이와 같이 '존귀한 자매여, 함께 마을에 가면 음식을 대접하겠소.'[1009]라고 말하고, 그녀가 탁발음식을 얻었거나 혹은 얻지 못했거나 상관없이 '존귀한 자매여, 가시오. 그대와 함께 말하거나 앉는 것이 불편합니다. 나 혼자서 말하거나 앉는 것이 편합니다.'라고 그녀를 떼어버린다면, 그 동기뿐이고 다른 것이 아닌 한, 단순속죄죄[1010]를 범하는 것이니라."[1011]

1009) 共至聚落, 當與汝食 : 빠알리문에는 "오시오. 마을이나 도시로 탁발하러 들어갑시다."라고 되어 있다.

1010) 波逸提 : 《빠알리율》에서는 "우리는 두 사람이 한 곳으로 가지 말자'라고 떼어버리거나, '값비싼 물건을 보고 탐심이 일으킬 것이다.'라고 떼어버리거나, '여인을 보고 불만을 일으킬 것이다.'라고 떼어버리거나, '환자나 남은 자나 정인에게 죽이나 밥이나 단단한 음식이나 부드러운 음식을 가져와라.'라고 떼어버리거나, 비행을 행하길 원하지 않고 볼 일이 있어 떼어버리거나, 정신착란자이거나, 최초의 범행자인 경우'는 예외이고, 《사분율》에서는 '음식을 주어서 보냈거나, 계율·견해·위의를 깨뜨렸거나, 권리정지당했거나, 멸빈당했거나, 목숨이 위태로웠거나 청정행이 어려웠거나 등으로 떼어버렸거나, 이 학습계율시설의 원인이 된 최초의 범행자이거나, 정신착란자이거나, 마음이 심란한 자이거나, 애통해 하는 자인 경우'를 예외로

한다.

1011) ■ 허식견환계(許食遣還戒) / 사분니바일제 31 : 若比丘尼 語諸比丘尼 如是言. 大姊 共至聚落 當與汝食. 彼比丘尼 竟不教與是比丘尼食. 語言. 汝去. 我與汝 共坐共語 不樂 我獨坐獨語樂 以是因緣非餘方便遣者. 波逸提 • 치타출취계⊙(馳他出聚戒) / Nī-Pāc. 123 (Khu-Pāc. 42) : yā pana bhikkhunī bhikkhuniṁ eh'āyye gāmaṁ vā nigamaṁ vā piṇḍāya pavisissāmā'ti tassa dāpetvā vā adāpetvā vā uyyojeyya gacchāyye na me tayā saddhiṁ kathā vā nisajjā vā phāsu hoti, ekikāya me kathā vā nisajjā vā phāsu hotī'ti. etad eva paccayaṁ karitvā anaññaṁ, pācittiyan'ti.

Catu-Nip. 87

87(4-32) 단순속죄죄법 제32조

사 개월 기한을 넘는 필수의약에의 초대에 대한 학습계율
[사월약과계(四月藥過戒)]

[세존] "어떠한 비구니이든 환자가 아닌 한, 사 개월 동안 필수의약을 제공하는 초대를 받아들일 수 있는데, 그 이상을 받아들이면,1012) 상시의 초대, 추가의 초대, 나눔의 초대, 평생의 초대를1013) 제외하고, 단순속죄죄1014)를 범하는 것이니라."1015)

1012) 請四月與藥 無病比丘尼應受. 若過受 : Vin. IV. 103에 따르면, 초대에는 일수에 한계지어지지 않고 약품에 한계지어진 것이 있다. 초대에는 약품에 한계지어지지 않고 일수에 한계지어진 것이 있다. 초대에는 약품에 한계지어진 것과 일수에 한계지어진 것이 있다. 초대에는 약품에도 한계지어지지 않고 일수에 한계지어지지 않은 것이 있다.

1013) 常請 更請 分請 盡形請 : 빠알리문에는 없다. Vin. IV. 104에 따르면, 나눔의 초대는 타인에게 나누어주기 위해서 청할 경우이고 평생의 초대는 자신의 재물에 의한 초대에 응하는 것인 것 같다.

1014) 波逸提 : ≪빠알리율≫에서는 '그 약품으로 초대받은 그 약품을 청하거나, 그 일수로 초대받은 그 일수에 청하거나, '이러한 약품에 의한 그대의 초대를 받았지만, 우리는 이러이러한 약품을 원한다.' 라고 설명하고 청하거나, '이러한 일수에 의한 그대의 초대를 받았지만, 우리는 그 일수가 지나쳤지만 이러이러한 약품을 원한다.' 라고 설명하고 청하거나, 친척에 속하거나, 초대를 받았거나, 타인을 위한 것이거나, 자신의 재물에 의한 것이거나, 정신착란자이거나, 최초의 범행자인 경우'는 예외이고, ≪사분율≫에서는 '환자가 기한을 지나서 청을 받았거나, 항

상 약을 주겠다는 상청이나 다시 주겠다는 갱청이나 승원에 와서 나누어주는 분청이나 목숨이 다하도록 공양하겠다는 진형수청이었거나, 이 학습계율시설의 원인이 된 최초의 범행자이거나, 정신착란자이거나, 마음이 심란한 자이거나, 애통해 하는 자인 경우'를 예외로 한다.

1015) ■*사월약과계(四月藥過戒) / 사분니바일제 32 : 若比丘尼 請四月與藥. 無病比丘尼應受. 若過受. 除常請 更請 分請 盡形請者. 波逸提* ● *과수사월약청계⊙(過受四月藥請戒)* / *Nī-Pāc. 128(Khu-Pāc. 47) : agilānena bhikkhuniyā cātumāsappaccayapavāraṇā sāditabbā aññatra puna pavāraṇāya aññatra niccapavāraṇāya, tato ce uttari sādiyeyya, pācittiyan'ti.*

Catu-Nip. 88

88(4-33) 단순속죄죄법 제33조

출정군를 보러 가는 것에 대한 학습계율
[왕관군진계(往觀軍陣戒)]

[세존] "어떠한 비구니이든 출정군을 보러 가면, 그럴 만한 충분한 이유를 제외하고, 단순속죄죄1016)를 범하는 것이니라."1017)

1016) 波逸提 : ≪빠알리율≫에서는 '승원에서 서서 보거나, 수행승이 서 있는 곳이나 앉아 있는 곳이나 누워 있는 곳에 군대가 오거나, 길을 가면서 보거나, 그럴만한 충분한 이유가 있거나, 사고가 나거나, 정신착란자이거나, 최초의 범행자인 경우'는 예외이고, ≪사분율≫에서는 '일이 있다든가, 청해서 갔거나, 힘센 자의 강요로 갔거나, 먼저 길을 가는데 군진이 뒤에 와서 아랫길로 피했든가 피하려 했거나, 수로와 육로가 끊겼거나, 도적과 사나운 짐승의 환난이 있었거나, 힘센 자에게 잡혀갔거나, 목숨이 위태로웠거나, 청정행이 어려웠거나, 이 학습계율시설의 원인이 된 최초의 범행자이거나, 정신착란자이거나, 마음이 심란한 자이거나, 애통해 하는 자인 경우'를 예외로 한다.

1017) ■ 왕관군진계(往觀軍陣戒) / 사분니바일제 33 : 若比丘尼 往觀軍陣 除時因緣 波逸提 • 관군계⊙(觀軍戒) / Nī-Pāc. 129(Khu-Pāc. 48) : yā pana bhikkhunī uyyuttaṁ senaṁ dassanāya gacceyya aññatra tathārūpappaccayā, pācittiyan'ti.

Catu-Nip. 89

89(4-34) 단순속죄죄법 제34조

군대에서 기한을 넘겨 체류하는 것에 대한 학습계율
[군중과숙계(軍中過宿戒)]

[세존] "어떠한 비구니이든 인연이 있어 군대를 방문했어도, 이틀이나 사흘 이상 체류하면, 단순속죄죄1018)를 범하는 것이니라."1019)

1018) 波逸提 : 《빠알리율》에서는 '이틀이나 사흘 체류한다거나, 이틀이나 사흘 이하로 체류한다거나, 이틀 머물고 삼일째 밤의 일출 전에 갔다가 다시 와서 체류한다거나, 병들어 체류한다거나, 환자에 대한 일로 체류한다거나, 군대가 적군에 포위되어 있다거나, 어떤 한 것이든 장애가 있다거나, 사고가 나거나, 정신착란자이거나, 최초의 범행자인 경우는 예외이고, 《사분율》에서는 '두 밤을 지나 삼일째 밤의 일출 전에 보이고 들리는 곳을 떠났거나, 수로와 육로가 끊겼거나, 도적과 사나운 짐승의 환난이 있었거나, 힘센 자에게 잡혀갔거나, 목숨이 위태로웠거나, 청정행이 어려웠거나, 이 학습계율시설의 원인이 된 최초의 범행자이거나, 정신착란자이거나, 마음이 심란한 자이거나, 애통해 하는 자인 경우'를 예외로 한다.

1019) ■군중과숙계(軍中過宿戒) / 사분니바일제 34 : 若比丘尼 有因緣至軍中. 若過二夜 至三夜者 波逸提 ●유연군중과한계⊙(有緣軍中過限戒) / Nī-Pāc. 130(Khu-Pāc. 49) : siyā ca tassā bhikkhuniyā kocid eva paccayo setaṁ gamanāya, dvirattatirattaṁ tāya bhikkhuniyā senāya vasitabbaṁ tato ce uttari vaseyya, pācittiyan'ti.

Catu-Nip. 90

90(4-35) 단순속죄죄법 제35조

군대에 머물러 군진을 관람하는 것에 대한 학습계율
[숙군관진계(宿軍觀陣戒)]

[세존] "어떠한 비구니이든 이틀이나 사흘 군대에 체류하는 사이에 군진이나 전투를 관람하거나 코끼리부대나 기마부대의 병력을 유람하면,1020) 단순속죄죄1021)를 범하는 것이니라"1022)

1020) 或觀軍陣鬪戰 若觀遊軍象.馬勢力者 : 빠알리문에는 '훈련이나 점호나 열병이나 행진(行陣)에 가면' 이라고 되어 있다.

1021) 波逸提 : 《빠알리율》에서는 '승원에 서서 보거나, 수행승의 서 있는 곳, 앉아 있는 곳, 누워 있는 곳으로 와서 전투가 보이거나, 길을 가다가 보이거나, 볼일이 있어 가다가 보이거나, 사고가 있거나, 정신착란자이거나, 최초의 범행자인 경우'는 예외이고, 《사분율》에서는 '인연이 있었거나, 알리고자 하는 것이 있었거나, 청을 받아서 갔거나, 앞서 길을 가는데 군대가 뒤에 와서 피했거나, 수로와 육로가 끊겼거나, 도적과 사나운 짐승의 환난이 있었거나, 힘센 자에게 잡혀 갔거나, 목숨이 위태로웠거나, 청정행이 어려웠거나, 이 학습계율시설의 원인이 된 최초의 범행자이거나, 정신착란자이거나, 마음이 심란한 자이거나, 애통해 하는 자인 경우'를 예외로 한다.

1022) ■숙군관진계(宿軍觀陣戒) / 사분니바일제 35 : 若比丘尼 軍陣住 若二宿三宿. 或觀軍陣鬪戰 若觀遊軍象.馬勢力者. 波逸提 • 관군합전계⊙(觀軍合戰戒) / Nī-Pāc. 131(Khu-Pāc. 50) : dvirattatirattaṁ ce bhikkhunī senāya vasamānā uyyodhikaṁ vā balaggaṁ vā senābyuhaṁ vā anīkadassanaṁ vā gaccheyya, pācittiyan'ti.

Catu-Nip. 91

91(4-36) 단순속죄죄법 제36조

음주를 삼갈 것을 어기는 것에 대한 학습계율
[위제음주계(違制飮酒戒)]

[세존] "어떠한 비구니이든 술을 마시면,1023) 단순속죄죄1024)를 범하는 것이니라."1025)

1023) 飮酒者 : 빠알리문에는 '곡주나 과즙주 등의 취기있는 것을 마시면'이라고 되어 있다.

1024) 波逸提 : 《빠알리율》에는 '술이 아닌 것으로 술색이 있거나 술향이 있거나 술맛이 있는 것을 마시거나, 카레에 섞은 것이나, 육고기에 섞은 것이나, 기름에 섞은 것이나, 아말라까과즙이나, 알코올이 없는 주정함유음료를 마시거나, 정신착란자이거나, 최초의 범행자인 경우'는 예외이고, 《사분율》에는 '이러한 병이 있어 다른 약으로 고치지 못하여 술에 약을 타든지 술을 종기에 바르거나, 이 학습계율시설의 원인이 된 최초의 범행자이거나, 정신착란자이거나, 마음이 심란한 자이거나, 애통해 하는 자인 경우'를 예외로 한다.

1025) ■ 위제음주계(違制飮酒戒) / 사분니바일제 36 : 若比丘尼 飮酒者. 波逸提 • 음주계⊙(飮酒戒) / Nī-Pāc. 132(Khu-Pāc. 51) : surāmerayapāne pācittiyan'ti

Catu-Nip. 92

92(5-37) 단순속죄죄법 제37조

물속에서 놀이를 하는 것에 대한 학습계율
[수중희희계(水中嬉戲戒)]

[세존] "어떠한 비구니이든 물속에서 놀이하면, 단순속죄죄[1026]를 범하는 것이니라."[1027]

1026) 波逸提 : ≪빠알리율≫에서는 '유희를 하고자 하지 않고 볼일이 있어서 물속에 들어가서 가라앉거나, 뜨거나, 유영하거나, 다른 곳으로 가면서 물속에 들어가서 가라앉거나 뜨거나 유영하거나, 사고가 있거나, 정신착란자이거나, 최초의 범행자인 경우'는 예외이고 ≪사분율≫에서는 '길을 가다가 물을 건너게 되어 이 언덕에서 저 언덕으로 갔거나, 물속의 재목이나 뗏목이나 대나무를 끌게 되어 물을 따라 거슬러 갔거나, 모래를 채취하거나 먹을 것을 구하거나 잃어버린 물건을 찾아 들어갔다가 나왔거나, 헤엄치는 법을 배웠거나, 이 학습계율시설의 원인이 된 최초의 범행자이거나, 정신착란자이거나, 마음이 심란한 자이거나, 애통해 하는 자인 경우'를 예외로 한다.

1027) ■수중희희계(水中嬉戲戒) / 사분니바일제 37 : 若比丘尼 水中戲者. 波逸提 • 수중희계⊙(水中戲戒) / Nī-Pāc. 134(Khu-Pāc. 53) : udake hassadhamme pācittiyan'ti.

Catu-Nip. 93

93(4-38) 단순속죄죄법 제38조

손가락으로 상대를 간질이는 것에 대한 학습계율
[이지상격계(以指相擊戒)]

[세존] "어떠한 비구니이든 타인을 손가락으로 간질이면,1028) 단순속죄죄1029)를 범하는 것이니라."1030)

1028) 擊攊他者 : 빠알리문에는 '타인'이 없다.

1029) 波逸提 : ≪빠알리율≫에서는 '웃길 의도가 없고 볼 일이 있어서 접촉하거나, 정신착란자이거나, 최초의 범행자인 경우'는 예외이고, ≪사분율≫에서는 '고의가 아니거나, 조는 자를 흔들어 깨웠거나, 출입하면서 오가거나 마당을 쓸다가 건드렸거나, 막대기의 끝으로 건드렸거나, 이 학습계율시설의 원인이 된 최초의 범행자이거나, 정신착란자이거나, 마음이 심란한 자이거나, 애통해 하는 자인 경우'를 예외로 한다.

1030) ■ 이지상격계(以指相擊戒) / 사분니바일제 38 : 若比丘尼 擊攊他者. 波逸提 • 격력계⊙(擊攊戒) / Nī-Pāc. 133(Khu-Pāc. 52) : aṅgulipatodake pācittiyan'ti.

Catu-Nip. 94

94(4-39) 단순속죄죄법 제39조

충고를 받아들이지 않는 것에 대한 학습계율
[불수간어계(不受諫語戒)]

[세존] "어떠한 비구니이든 충고를 받아들이지 않는다면,1031) 단순속죄죄1032)를 범하는 것이니라."1033)

1031) 不受諫者 : 빠알리문에는 '경멸의 태도를 취하면'이라고 되어 있다.

1032) 波逸提 : 《빠알리율》에서는 '이와 같이 우리의 궤범사로부터 배운 것이 의문이라고 말하거나 정신착란자이거나, 최초의 범행자인 경우'는 예외이고, 《사분율》에서는 "지혜가 없는 자가 충고해서 상대가 '그대의 궤범사나 친교사에 물어 가르침을 청해서 학습, 송출, 충고하는 법을 알고 난 후에 충고하면 받아들이겠다.'라고 말하거나, 장난으로 그러했거나, 이 학습계율시설의 원인이 된 최초의 범행자이거나, 정신착란자이거나, 마음이 심란한 자이거나, 애통해 하는 자인 경우"를 예외로 한다.

1033) ■불수간어계(不受諫語戒) / 사분니바일제 39 : 若比丘尼 不受諫者. 波逸提 •불수간계⊙(不受諫戒) / Nī-Pāc. 135(Khu-Pāc. 54) : anādariye pācittiyan'ti.

Catu-Nip. 95

95(5-40) 단순속죄죄법 제40조

다른 비구니를 무섭게 놀려주는 것에 대한 학습계율
[공포타니계(恐怖他尼戒)]

[세존] "어떠한 비구니이든 다른 비구니를 무섭게 놀려주면,1034) 단순속죄죄1035)를 범하는 것이니라."1036)

1034) 恐怖他比丘尼者 : 빠알리문에는 '다른'이라는 구절은 없다.

1035) 波逸提 : ≪빠알리율≫에서는 '무섭게 놀려줄 의도가 없이 형상이나 소리나 냄새나 맛이나 감촉을 사용하거나 도적의 험로나 뱀의 험로나 악귀의 험로를 보여주거나, 정신착란자이거나, 최초의 범행자인 경우'는 예외이고, ≪사분율≫에서는 '어두운 장소에 있거나 경행할 때에 상대방이 착각하고 놀랐거나, 실제로 그와 같은 일이 있었거나, 장난으로 했거나, 빨리 혼자서 말했거나, 꿈속에서 말했거나, 이것을 말하려다 착오로 저것을 말했거나, 이 학습계율시설의 원인이 된 최초의 범행자이거나, 정신착란자이거나, 마음이 심란한 자이거나, 애통해 하는 자인 경우'를 예외로 한다.

1036) ■공포타니계(恐怖他尼戒) / 사분니바일제 40 : 若比丘尼 恐怖他比丘尼者 波逸提 ●포비구니계⊙(怖比丘尼戒) / Nī-Pāc. 136(Khu-Pāc. 55) : yā pana bhikkhunī bhikkhuniṁ bhiṁsāpeyya pācittiyan'ti.

Catu-Nip. 96

96(5-41) 단순속죄죄법 제41조

환자가 아닌 자가 자주 목욕하는 것에 대한 학습계율
[무병과욕계(無病過浴戒)]

[세존] "어떠한 비구니이든 환자가 아닌 한, 반월마다 목욕을 해야 하는데, 그것보다 자주하면,1037) 특별한 상황을 제외하고, 단순속죄죄1038)를 범하는 것이니, 여기서 특별한 상황이란, 무더운 때이거나1039) 병들었을 때이거나 일을 하는 때이거나 바람 불고 비 올 때이거나 여행하는 때에,1040) 그러한 상황을 뜻하느니라."1041)

1037) 半月洗浴. 無病比丘應受. 若過者 : 빠알리문에는 '반월보다 적은 간격으로 목욕을 하면'이라고 되어 있다.

1038) 波逸提 : 《빠알리율》에서는 '다른 곳으로 건너가면서 목욕을 하던가, 모든 변경지대에 있거나, 사고가 나거나, 정신착란자이거나, 최초의 범행자인 경우'는 예외이고, 《사분율》에서는 '더울 때나 아플 때나 일할 때나 바람이 불 때나 비가 올 때나 길을 갈 때나 힘센 자의 강요였거나, 이 학습계율시설의 원인이 된 최초의 범행자이거나, 정신착란자이거나, 마음이 심란한 자이거나, 애통해 하는 자인 경우'를 예외로 한다.

1039) 熱時 : 빠알리문에는 '여름의 마지막 1개월 반과 우기의 첫 1개월 즉, 2개월 반의 더운 때이거나'라고 되어 있다.

1040) 風時 ◦ 雨時 ◦ 遠行來時 : 빠알리문의 순서는 '여행하는 때이거나 바람이 불고 비가 올 때에'라고 되어 있다.

1041) ■ 무병과욕계(無病過浴戒) / 사분니바일제 41 : 若比丘尼 半月洗浴. 無病比丘尼應受. 若過者. 除餘時 波逸提 餘時者. 熱時 病時 作時. 風時 雨時. 遠行來時. 此是時 ● 반월욕과계⊙(半月浴過戒) / Nī-Pāc. 138(Khu-Pāc. 57) : yā pana bhikkhunī oren'addhamāsaṁ nhāyeyya aññatra samayā pācittiyaṁ. tatthāyaṁ samayo diyaḍḍho māso seso gimhānan ti vassānassa paṭhamo māso icc ete aḍḍhateyyamāsā uṇhasamayo pariḷāhasamayo, gilānasamayo, kammasamayo, addhānagamanasamayo vātavuṭṭhisamayo ayaṁ tattha samayo'ti.

Catu-Nip. 97

97(4-42) 단순속죄죄법 제42조

노지에 물을 지피는 것에 대한 학습계율
[노지연화계(露地然火戒)]

[세존] "어떠한 비구니이든 환자가 아닌 한, 몸을 데우기 위해서 노지에 불을 지피거나[1042] 지피우게 하면, 그럴만한 충분한 이유를 제외하고, 단순속죄[1043]를 범하는 것이니라."[1044]

1042) 露地然火 : 빠알리문에는 '노지에'라는 구절이 없다.

1043) 波逸提 : ≪빠알리율≫에서는 '환자이거나, 타인에 의해 만들어진 것에 몸을 데우거나, 타다 남은 숯에 몸을 데우거나, 등불이나 화당이나 욕실에서 몸을 데우거나, 그럴만한 충분한 이유가 있거나, 사고가 나거나, 정신착란자이거나, 최초의 범행자인 경우'는 예외이고, ≪사분율≫에서는 "앞의 사람에게 '이것을 살펴라. 맡으라'라고 하거나, 환자가 스스로나 타인을 시켜 지피거나, 환자를 위해 국이나 밥을 짓거나, 부엌이 있다든가, 화당이 있다든가, 욕실이 있다든가, 발우에 연기를 쐬거나, 옷을 삶거나 물들이거나, 등을 켜거나 향을 피웠거나, 이 학습계율시설의 원인이 된 최초의 범행자이거나, 정신착란자이거나, 마음이 심란한 자이거나, 애통해 하는 자인 경우"를 예외로 한다.

1044) ■노지연화계(露地然火戒) / 사분니바일제 42 : 若比丘尼 無病 爲炙身故 露地然火 若自然 若教人然 除時因緣 波逸提 •노지연화계⊙(露地然火戒) / Nī-Pāc. 137(Khu-Pāc. 56) : yā pana bhikkhunī agilāno visibbanāpekhā jotiṁ samādaheyya vā samādahāpeyya vā aññatra tathārūpapaccayā, pācittiyan'ti.

Catu-Nip. 98

98(4-43) 단순속죄죄법 제43조

비구니의 옷이나 물건을 감추는 것에 대한 학습계율
[장니의물계(藏尼衣物戒)]

[세존] "어떠한 비구니이든 비구니의 옷이나 발우나 좌와구용 깔개나 바늘통을[1045] 감추거나 감추게 시키면, 웃기 위한 놀이일지라도, 단순속죄죄[1046]를 범하는 것이니라."[1047]

1045) 藏他比丘尼 衣鉢 坐具 針筒 : 빠알리문에는 바늘통 다음에 '허리띠'가 추가되어 있다.

1046) 波逸提 : ≪빠알리율≫에서는 '웃기위한 놀이가 아니거나, 잘 못 된 것을 바로 잡거나, 이유를 말하고 돌려주겠다고 생각하고 바로 잡거나, 정신착란자이거나, 최초의 범행자인 경우'는 예외이고, ≪사분율≫에서는 '실제로 그 사람의 물건인 줄 알면서 신뢰하여 가져갔거나, 노지에서 비에 젖거나 바람에 날리는 것을 가져갔거나, 흐뜨러져 있는 물건에 대해 가르침을 주려고 가져갔거나, 잃어버릴까 걱정이 되어 가져갔거나, 물건 때문에 목숨이 위태로와 질 수 있거나 청정행이 어려웠거나, 이 학습계율시설의 원인이 된 최초의 범행자이거나, 정신착란자이거나, 마음이 심란한 자이거나, 애통해 하는 자인 경우'를 예외로 한다.

1047) ■ 장니의물계(藏尼衣物戒) / 사분니바일제 43 : 若比丘尼 藏他比丘尼 衣鉢 坐具 針筒. 若自藏 若教人藏 下至戲笑者 波逸提 • 장타의발계⊙(藏他衣鉢戒) / Nī-Pāc. 141(Khu-Pāc. 60) : yā pana bhikkhunī bhikkhuniyā pattaṁ vā cīvaraṁ vā nisīdanaṁ vā sūcigharaṁ vā kāyabandhanaṁ vā apanidheyya vā apanidhāpeyya vā anatamaso hassāpekhā pi pācittiyan'ti.

Catu-Nip. 99

99(4-44) 단순속죄죄법 제44조

옷을 양도한 뒤에 갑자기 착용하는 것에 대한 학습계율
[시의첩착계(施衣輒着戒)]

[세존] "어떠한 비구니이든 비구나 비구니나 정학녀나 사미나 사미니에게 스스로 옷을 양도한 뒤에1048) 주인에게 취소하지 않고 그것을 착용하면, 단순속죄죄1049)를 범하는 것이니라."1050)

1048) 淨施比丘 比丘尼 式叉摩那 沙彌 沙彌尼衣 : 정시(淨施)는 빠알리어의 '양도(vikappana)'을 의미하며 두 가지 양도가 있다. 현전에 입각한 양도(眞實淨施)와 부재에 입각한 양도(展轉淨施)이다. '현전에 입각한 양도'라는 것은 '내가 이 옷을 그대나 이러이러한 사람에게 양도한다.'는 뜻이다. '부재에 입각한 양도'라는 것은 '내가 이 옷을 양도하기 위해 그대에게 준다.'라는 뜻이다.

1049) 波逸提 : ≪빠알리율≫에서는 '그가 주거나, 그에 대하여 신뢰하여 사용하거나, 정신착란자이거나, 최초의 범행자인 경우'는 예외이고, ≪사분율≫에서는, '부재에 입각한 양도이었거나, 이 학습계율 시설의 원인이 된 최초의 범행자이거나, 정신착란자이거나, 마음이 심란한 자이거나, 애통해 하는 자인 경우'를 예외로 한다.

1050) ■시의첩착계(施衣輒着戒) / 사분니바일제 44 : 若比丘尼 淨施比丘 比丘尼 式叉摩那 沙彌 沙彌尼衣 不問主. 輒著者 波逸提 • 진실쟁불어취계⊙(眞實諍不語取戒) / Nī-Pāc. 140(Khu-Pāc. 59) : yā pana bhikkhunī bhikkhussa vā bhikkhuniyā vā sikkhamānāya vā sāmaṇerassa vā sāmaṇeriyā vā sāmaṁ cīvaraṁ vikappetvā apaccuddhāraṇaṁ paribhuñjeyya, pācittiyan'ti : 단순속죄죄법 제81조(Khu-Pāc. 81)를 참조하라.

Catu-Nip. 100

100(4-45) 단순속죄죄법 제45조

옷을 얻어 괴색을 취하지 않는 것에 대한 학습계율
[득의불염계(得衣不染戒)]

[세존] "어떠한 비구니이든 새 옷을 얻으면, 세 가지 괴색(壞色) 즉, 청색이나 흑색이나 목란색 가운데 한 괴색을 취해야 한다.[1051] 만약에 비구니가 세 가지 괴색 청색이나 흑색이나 목란색 가운데 한 괴색을 취하지 않고 새 옷을 착용하면, 단순속죄죄[1052]를 범하는 것이니라."[1053]

1051) 當作三種染壞色. 青黑木蘭 : 괴색(壞色 : dubbaṇṇa)을 취한다는 것은 Smp. 863에 따르면, 새 옷이 허용될 수 있도록 찍어 넣는 작은 얼룩점(kappabindu)에 관하여 말한 것이다. 청색이나 흑색이나 목란색은 빠알리문에는 '청색이나 진흙색이나 흑갈색'이라고 되어 있고, 다음 문장의 동일한 구절은 생략되어 있다.

1052) 波逸提 : 《빠알리율》에서는 '허용괴색이 망실되었거나, 허용괴색이 낡아버렸거나, 허용되지 않은 것이 허용괴색과 함께 꿰매졌거나, 보철을 했거나, 중봉을 했거나, 배봉을 했거나, 정신착란자이거나, 최초의 범행자인 경우'는 예외이고, 《사분율》에서는 그밖에 '흰옷을 얻어 청, 흑, 목란색으로 염색했거나, 중의(重衣)나 경의(輕衣)를 깨끗이 하여 쌓아두었거나, 옷이 아닌 발우주머니 등을 깨끗이 하여 쌓아두었거나, 물들인 옷을 재가자의 집에 맡겼거나, 옷이 탈색되어 다시 물들였거나, 이 학습계율시설의 원인이 된 최초의 범행자이거나, 정신착란자이거나, 마음이 심란한 자이거나, 애통해 하는 자인 경우'를 예외로 한다.

1053) ■득의불염계(得衣不染戒) / 사분니바일제 45 : 若比丘尼 得新衣 當作三種染壞色 靑黑木蘭 若比丘尼 得新衣 不作三種 染壞色 靑黑木蘭 新衣持者 波逸提 • 착신의계⊙(著新衣戒) / Nī-Pāc. 139 (Khu-Pāc. 58) : navaṁ pana bhikkhuniyā cīvaralābhāya tiṇṇaṁ dubbaṇṇakaraṇānaṁ aññataraṁ dubbaṇṇakaraṇaṁ ādātabbaṁ nīlaṁ vā kaddamaṁ vā kāḷasāmaṁ vā, anādā ce bhikkhunī tiṇṇaṁ dubbaṇṇakaraṇānaṁ aññataraṁ dubbaṇṇakaraṇaṁ navaṁ cīvaraṁ paribhuñjeyya, pācittiyan'ti.

Catu-Nip. 101

101(4-46) 단순속죄죄법 제46조

고의로 축생의 목숨을 빼앗는 것에 대한 학습계율
[고단축명계(故斷畜命戒)]

[세존] "어떠한 비구니이든 의도적으로 축생으로부터 목숨을 빼앗는다면,1054) 단순속죄죄1055)를 범하는 것이니라."1056)

1054) 故斷畜生命者 : 빠알리문에는 축생은 '생물'이라고 되어 있다.
1055) 波逸提 : ≪빠알리율≫에서는 '의도하지 않았거나, 새김을 잃었거나, 알지 못했거나, 살의가 없었거나, 정신착란자이거나, 최초의 범행자인 경우'는 예외이고, ≪사분율≫에서는 '무엇인가 던졌는데 잘못 맞아 죽거나, 방사를 짓다가 도구를 잘못 떨어뜨려 죽거나, 해칠 마음이 없이 도우려다가 죽는 사고사이거나, 이 학습계율시설의 원인이 된 최초의 범행자이거나, 정신착란자이거나, 마음이 심란한 자이거나, 애통해 하는 자인 경우'를 예외로 한다.
1056) ■고단축명계(故斷畜命戒) / 사분니바일제 46 : 若比丘尼 故斷畜生命者. 波逸提 • 탈축생명계◎(奪畜生命戒) / Nī-Pāc. 142(Khu-Pāc. 61) : yā pana bhikkhunī sañcicca pāṇaṁ jīvitā voropeyya pācittiyan'ti

Catu-Nip. 102

102(4-47) 단순속죄죄법 제47조

벌레가 들어있는 물을 마시는 것에 대한 학습계율
[음용충수계(飮用蟲水戒)]

[세존] "어떠한 비구니이든 알면서도 벌레가 들어있는 물1057)을 음용하면, 단순속죄죄1058)를 범하는 것이니라."1059)

1057) 知水有蟲 : 벌레는 빠알리문에는 '생물'이라고 되어 있다.

1058) ≪빠알리율≫에는 '생물이 들어있어도 알지 못했거나, 생물이 들어있지 않다고 알거나, 음용해도 죽지 않을 것이라고 알고 음용하거나, 정신착란된 자이거나, 최초의 범행자인 경우'는 예외이고, ≪사분율≫에서는 '벌레가 없다고 생각했거나, 큰 벌레가 있을 때에 물을 건드려 가게 했거나, 물을 걸러 마셨거나, 이 학습계율시설의 원인이 된 최초의 범행자이거나, 정신착란자이거나, 마음이 심란한 자이거나, 애통해 하는 자인 경우'를 예외로 한다.

1059) ■음용충수계(飮用蟲水戒) / 사분니바일제 47 : 若比丘尼 知水有蟲 飮用者 波逸提 • 음충수계⊙(飮蟲水戒) / Nī-Pāc. 143(Khu-Pāc. 62) : yā pana bhikkhunī jānaṁ sappāṇakaṁ udakaṁ paribhuñjeyya pācittiyan'ti.

Catu-Nip. 103

103(5-48) 단순속죄죄법 제48조

고의로 비구니에게 회한을 일으키는 것에 대한 학습계율
[고뇌타니계(故惱他尼戒)]

[세존] "어떠한 비구니이든 다른 비구니에게 '잠시 일지라도 그녀가 평안해서는 안 될 것이다.'라고 의도적으로 회한을 일으키면,1060) 단순속죄죄1061)를 범하는 것이니라."1062)

1060) 故惱他比丘尼 乃至少時不樂者 : 빠알리문에는 '그 동기뿐이고 다른 것이 아닌 한'이라는 구절이 추가되어 있다.

1061) ≪빠알리율≫에는 '회한을 일으킬 의도가 없이 '그대는 틀림없이 20세 미만에 구족계를 받았다. 그대는 틀림없이 때 아닌 때의 시간에 식사를 했다. 그대는 틀림없이 술을 마셨다. 그대는 틀림없이 남자와 함께 은밀히 앉았다. 자, 그대가 알아야 한다. 나중에 그대에게 회한이 일어나서는 안 된다.'라고 말했거나, 정신착란자이거나, 최초의 범행자인 경우'는 예외이고, ≪사분율≫에서는 '그 일이 사실이어서 일부러 한 것이 아니고 의심하고 괴로워하는 일이 있을까 염려가 되어서 했거나, 장난으로 했거나, 빨리 말했거나, 혼자서 말했거나, 꿈속에서 말했거나, 이것을 말하려다 착오로 저것을 말했거나, 이 학습계율시설의 원인이 된 최초의 범행자이거나, 정신착란자이거나, 마음이 심란한 자이거나, 애통해 하는 자인 경우'를 예외로 한다.

1062) ■고뇌타니계(故惱他尼戒) / 사분니바일제 48 : 比丘尼 故惱他比丘尼 乃至少時不樂者. 波逸提 ●의뇌비구니계⊙(疑惱比丘尼戒) / Nī-Pāc. 15 5(Khu-Pāc. 77) : yā pana bhikkhunī bhikkhuniyā sañcicca kukkuccaṁ upadabheyya iti'ssā muhuttampi aphāsu bhavissatī'ti etadeva paccayaṁ karitvā anaññaṁ, pācittiyan'ti.

Catu-Nip. 104

104(5-49) 단순속죄죄법 제49조

타인의 추악죄를 감추는 것에 대한 학습계율
[覆他醜罪戒]

[세존] “어떠한 비구니이든 다른 비구니가 추악죄1063)를 지은 것을 알면서 덮어준다면, 단순속죄죄1064)를 범하는 것이니라.”1065)

1063) *麤惡罪 : 해당 《빠알리율》로 보아 일종의 거친 죄(duṭṭhulla)를 말하는 것으로 한역에서 추죄(麤罪) 또는 추중죄(麤重罪)를 말하는데, 승단추방죄와 승단잔류죄를 말한다.*

1064) *《빠알리율》에서는 “참모임의 다툼이나 싸움이나 언쟁이나 분쟁이 생겨날 것이다.'라고 생각하여 알리지 않거나, '참모임의 분열이나 참모임의 반목이 생겨날 것이다.'라고 생각하여 알리지 않거나, '이 자는 난폭하고 잔혹해서 목숨에 위해를 끼치거나 청정한 삶의 위험을 초래할 것이다.'라고 생각하여 알리지 않거나, 다른 적당한 수행승들을 보지 못해서 알리지 않거나, 감출 의도가 없이 알리지 않거나, '자신의 행위로 밝혀질 것이다.'라고 생각하여 알리지 않는 경우이거나, 정신착란된 자이거나 최초의 범행자의 경우“는 예외이고, 《사분율》에서는 ”거친 죄가 거친 죄인지 알지 못했거나, 타인에게 말했거나, 말할 사람이 없어서 마음속으로 '내가 말하겠다.'라고 하다가 미처 말하기 전에 날이 샌 뒤에 말했거나, 목숨이 위태로웠거나 청정행이 어려웠거나, 이 학습계율시설의 원인이 된 최초의 범행자이거나, 정신착란자이거나, 마음이 심란한 자이거나, 애통해 하는 자인 경우'를 예외로 한다.*

1065) *■복타추죄계(覆他醜罪戒) / 사분니바일제 49 : 若比丘尼 知比丘尼 有麤惡罪 覆藏者 波逸提 ⇐•복타추죄계∅(覆他麤罪戒) / Khu-Pāc. 64 : yo pana bhikkhu bhikkhussa jānaṁ duṭṭhullaṁ āpattiṁ paṭicchādeyya, pācittiyan'ti.*

Catu-Nip. 105

105(4-50) 단순속죄죄법 제50조

쟁사가 멸했는데 번복하는 것에 대한 학습계율
[쟁멸발기계(諍滅發起戒)]

[세존] "어떠한 비구니이든 원칙에 맞게 네 가지 쟁사가 결정된 것을 알면서도[1066] 다시 갈마에 회부해야 한다고 번복하면, 단순속죄죄[1067]를 범하는 것이니라."[1068]

1066) 知四諍事 : 빠알리문에는 '쟁사'라고만 되어 있다. 사쟁사(四諍事)의 그 네 가지는 ① 논쟁에 관한 쟁사(vivādādhikaraṇa) 즉, 논쟁사(論爭事), ② 비난에 관한 쟁사(anuvādādhikaraṇa) 즉, 비난사(非難事), ③ 죄악에 관한 쟁사(āpattādhikaraṇa) 즉, 죄쟁사(罪諍事), ④ 의무에 관한 쟁사(kiccādhikaraṇa) 즉, 행쟁사(行諍事)가 있다. 상세한 것은 Vin. II. 87; Vin. III. 163; MN. II. 247-250; AN. I. 99를 참조하라.

1067) 波逸提 : ≪빠알리율≫에서는 '비법에 의한 것이나, 불완전한 모임에 의한 것이거나, 갈마를 적당하지 않은 자가 행했다고 알고 번복하거나, 정신착란자이거나, 최초의 범행자인 경우'는 예외이고, ≪사분율≫에서는 '적절한 갈마가 성립하지 않았다고 생각하거나, 사실이 그러하다든가 장난으로 말했거나, 이 학습계율시설의 원인이 된 최초의 범행자이거나, 정신착란자이거나, 마음이 심란한 자이거나, 애통해 하는 자인 경우'를 예외로 한다.

1068) ■ 쟁멸발기계(諍滅發起戒) / 사분니바일제 50 : 若比丘尼 知四諍事 如法滅已 後更發擧者 波逸提 • 발쟁계⊙(發諍戒) / Nī-Pāc. 144 (Khu-Pāc. 63) : yā pana bhikkhunī jānaṁ yathādhammaṁ nihatādhikaraṇaṁ punakammāya ukkoṭeyya, pācittiyan'ti.

Catu-Nip. 106

106(4-51) **단순속죄죄법 제51조**

알면서 도적과 함께 동행하는 것에 대한 학습계율
[지적반행계(知賊伴行戒)]

[세존] "어떠한 비구니이든 알면서도 도적인 캐러밴과 함께 미리 약속하여 동일한 여행길을 가면, 마을까지일지라도, 단순속죄죄[1069]를 범하는 것이니라."[1070]

1069) 波逸提 : ≪빠알리율≫에서는 '미리 약속을 하지 않고 가거나, 사람들이 미리 약속하고 수행승이 미리 약속하지 않거나, 미리 약속한 것과 다르게 가거나, 사고가 나거나, 정신착란자이거나, 최초의 범행자인 경우'는 예외이고, ≪사분율≫에서는 '미리 알지도 못하고 약속도 하지 않았거나, 그들을 따라가면 편안한 곳에 가게 되거나, 힘센 자의 강요였거나, 목숨이 위태로웠거나, 청정행이 어려웠거나, 이 학습계율시설의 원인이 된 최초의 범행자이거나, 정신착란자이거나, 마음이 심란한 자이거나, 애통해 하는 자인 경우'를 예외로 한다.

1070) ■지적반행계(知賊伴行戒) / 사분니바일제 51 : 若比丘尼 知是賊伴. 期同道行 乃至聚落者. 波逸提 •여적기행계⊙(與賊期行戒) / Nī-Pāc. 1 45(Khu-Pāc. 66) : yā pana bhikkhunī jānaṁ theyyasatthena saddhiṁ saṁvidhāya ekaddhānamaggaṁ paṭipajjeyya antamaso gāmantarampi, pācittiyan'ti : 단순속죄죄법 제27조(K-hu-Pāc. 27)를 참조하라.

Catu-Nip. 107

107(4-52) 단순속죄죄법 제52조

사견으로 비방하는 것에 대한 학습계율

[사견생방계(邪見生謗戒)]

[세존] “어떠한 비구니이든 ‘내가 세존께서 가르치신 진리를 이해하기로는, 감각적 쾌락의 욕망을 추구하는 것은 도에 장애가 되는 것이 아니다.’라고 말한다면, 비구니들은 그 비구니에게 ‘존귀한 자매여, 그와 같이 말하지 말라. 세존을 잘못 대변하지 말라. 세존을 잘못 대변하는 것은 옳지 않다. 세존께서는 그와 같이 말하지 않았다. 존귀한 자매여, 세존께서는 여러 가지 방편으로 감각적 쾌락의 욕망을 추구하는 것은 도에 장애된다고 말씀했다.’라고 말해주어야 하나니,1071) 비구니들이 그 비구니에게 이와 같이 말하는데도 그

1071) *作如是語 我知佛所說法 行婬欲 非障道法 彼比丘尼 應諫是比丘尼言. 大姊 莫作是語 莫謗世尊. 謗世尊者 不善. 世尊不作是語 世尊 無數方便說 行婬欲 是障道法* : *한역의 음욕은 Vin. IV. 134에 따르면 '감각적 쾌락의 욕망'을 의미한다. 음욕에 국한 지어 번역한 것은 잘못이다. 빠알리문의 충고는 '세존께서는 여러 가지 법문으로 장애가 되는 것은 장애라고 말씀했고 그것을 행하는 자에 따라서 장애가 되기에 충분하다고 말씀했다.'라고 되어 있다. 장애가 되는 것은 감각적 쾌락의 욕망이다. 빠알리문은 '여러 가지 법문으로 장애가 되는 것은 장애라고 말씀했고 그것을 행하는 자에 따라서 장애가 되기에 충분하다고 말씀했다.'라고 되어 있다.*

와 같이 고집하면, 비구니들은 그 비구니에게 그것을 그만두도록 세 번까지 충고를 해야 하는데, 세 번까지 충고해서 그것을 그만둔다면, 훌륭한 일이지만, 그만두지 않는다면, 그녀는 단순속죄죄[1072]를 범하는 것이니라."[1073]

1072) 波逸提 : 《빠알리율》에서는 '충고받지 못했거나, 그만두거나, 정신착란자이거나, 최초의 범행자인 경우'는 예외이고, 《사분율》에서는 '한두 번 충고했을 때 그만두거나, 원칙에 맞지 않는 별중이나 원칙에 맞지 않는 갈마로 견책조치의 갈마를 하거나, 원칙에 맞지 않고, 계율에 맞지 않고, 가르침에 맞지 않는 갈마를 하거나, 일체의 충고를 하기 이전이었거나, 이 학습계율시설의 원인이 된 최초의 범행자이거나, 정신착란자이거나, 마음이 심란한 자이거나, 애통해 하는 자인 경우'를 예외로 한다.

1073) ■사견생방계(邪見生謗戒) / 사분니바일제 52 : 若比丘尼 作如是語 我知佛所說法 行婬欲 非障道法 彼比丘尼 應諫是比丘尼言. 大姊 莫作是語 莫謗世尊. 謗世尊者 不善. 世尊不作是語 世尊 無數方便說 行婬欲 是障道法 是比丘尼 如是諫時. 堅持不捨 彼比丘尼 應三諫 捨此事故 乃至三諫 捨者善. 不捨者 波逸提 ●사견위간계⊙(邪見違諫戒) / Nī-Pāc. 146(Khu-Pāc. 68) : yā pana bhikkhunī evaṁ vadeyya: tathāhaṁ bhagavatā dhammaṁ desitaṁ ājānāmi yathā ye'me antarāyikā dhammā vuttā bhagavatā te paṭisevato nālaṁ antarāyāyā'ti, sā bhikkhunī bhikkhunīhi evam assa vacanīyā, māyye evaṁ avaca, mā bhagavantaṁ abbhācikkhi, na hi sādhu bhagavato abbhakkhānaṁ, na hi bhagavā evaṁ vadeyya; anekapariyenāyye, antarāyikā dhammā antarāyikā vuttā bhagavatā alañca pana te paṭisevato antarāyāyā'ti. evañca pana sā bhikkhunī bhikkhunīhi vuccamānā tath'eva paggaṇheyya, sā bhikkhunī bhikkhunīhi yāvatatiyaṁ samanubhāsitabbā tassa paṭinissaggāya, yāvatatiyaṁ ce samanubhāsiyamānā tam paṭinissajjeyya, iccetaṁ kusalaṁ, no ce paṭinissajjeyya pācittiyan'ti.

Catu-Nip. 108

108(4-53) 단순속죄죄법 제53조

사견을 버리지 않은 자와 지내는 것에 대한 학습계율
[사견지숙계(邪見止宿戒)]

[세존] "어떠한 비구니이든, 원칙에 맞게 충고를 이행하지 않고 사견을 버리지 않은 비구니와, 알면서 그렇게 말하는, 그녀와 함께 향유하거나, 함께 갈마하고, 자고, 이야기한다면,1074) 단순속죄죄1075)를 범하는

1074) 知如是語人 未作法 如是惡邪 不捨 供給所須 共同羯磨 止宿言語者 : 빠알리문에는 '함께 향유하거나, 함께 갈마하고, 자고, 이야기한다면' 대신에 '함께 살고 함께 잔다면'이라고 되어 있다. '알면서 그렇게 말하는'은 앞의 학습계율 뜻한다. '향유하는 것'은 두 가지 향유 즉, 음식의 향유와 가르침의 향유가 있다.

1075) 波逸提 : ≪빠알리율≫에서는 '권리정지되지 않은 자라고 알거나, 권리정지되어 사면복권되었다고 알거나, 그 견해를 버렸다고 알거나, 정신착란자이거나, 최초의 범행자인 경우'는 예외이다. ≪사분율≫에서는 '비구니가 악견으로 권리정지된 자가 먼저 도착할 줄 몰랐거나, 악견으로 권리정지된 자가 뒤에 도착했으나 몰랐거나, 방이 덮여있으나 사면에 벽이 없었거나, 방이 다 덮였고 반만 또는 조금 막혔거나, 방이 다 막혔고 덮여있지 않거나, 방이 다 막혔고 반만 또는 조금 덮였거나, 방이 반만 덮였고 반만 막혔거나, 방이 조금 덮였고 조금 막혔거나, 덮이지도 막히지도 않은 노지였거나, 방안에 거닐거나 앉아있었거나, 머리가 어지러워 쓰러졌든가, 병이 나서 누었든가, 힘센 자의 강요였거나, 결박당했거나, 목숨이 위태로웠거나, 청정행이 어려웠거나, 이 학습계율시설의 원인이 된 최초의 범행자이거나, 정신착란자이거나, 마음이 심란한 자이거나, 애통해 하는

것이니라."1076)

자인 경우'를 예외로 한다.

1076) ■사견지숙계(邪見止宿戒) / 사분니바일제 53 : 若比丘尼 知如是語人 未作法 如是惡邪 不捨 供給所須 共同羯磨 止宿言語者. 波逸提 • 수거계⊙(隨擧戒) / Nī-Pāc. 147(Khu-Pāc. 69) : yā pana bhikkhunī jānaṁ tathāvādiyā bhikkhuniyā akaṭānudhammāya taṁ diṭṭhiṁ appaṭinissaṭṭhāya saddhiṁ sambhuñjeyya vā saṁvaseyya vā saha vā seyyaṁ kappeyya, pācittiyan'ti.

Catu-Nip. 109

109(4-54) 단순속죄죄법 제54조

멸빈된 사미니와 알면서 숙박하는 것에 대한 학습계율
[소빈지숙계(小擯知宿戒)]

[세존] "어떠한 사미니이든지 이와 같이 '내가 세존께서 가르치신 진리를 이해하기로는, 감각적 쾌락의 욕망을 추구하는 것은 도에 장애가 되는 것이 아니다.'1077)라고 말한다면, 비구니들은 그 사미니에게 '사미니여, 그와 같이 말하지 말라. 세존을 잘못 대변하지 말라. 세존을 잘못 대변하는 것은 옳지 않다. 세존께서는 그와 같이 말하지 않았다. 사미니여, 세존께서는 여러 가지 방편으로 감각적 쾌락의 욕망을 추구하는 것은 도에 장애된다고 말씀했다.'1078)라고 말해야 하고, 비구니들이 그 사미니에게 이와 같이 말하는

1077) 行婬欲 非障道法 : 한역의 음욕은 Vin. IV. 134에 따르면 '감각적 쾌락의 욕망'을 의미한다. 음욕에 국한 지어 번역한 것은 잘못이다. 빠알리문은 '틀림없이 세존께서 장애가 되는 것이라고 설한 것들도 그것들을 수용하는 자에게는 장애가 되지 않습니다.'라고 되어 있다. 장애가 되는 것은 감각적 쾌락의 욕망이다.

1078) 世尊無數方便 說行婬欲是障道法 : 빠알리문은 '여러 가지 법문으로 장애가 되는 것은 장애라고 말씀했고 그것을 행하는 자에 따라서 장애가 되기에 충분하다고 말씀했다.'라고 되어 있다.

데도 그와 같이 고집하면, 비구니들은 그 사미니에게 '존귀한 사미니여, 오늘부터 그대는 '세존께서 그대의 스승이다.'라고 부르지 마라. 다른 사미니가 비구니와 함께 이틀이나 사흘을 함께 자더라도 그대는 그럴 수가 없다. 멀리 가서 사라져 버려라.'라고 말해야 하니니, 어떠한 비구니이든 알면서 이와 같이 멸빈된[1079] 사미니를 데려다 두고 함께 숙박하면,[1080] 단순속죄죄[1081]를 범하는 것이니라."[1082]

1079) 被擯 : Catu-Nip. 226의 주석을 보라.

1080) 若比丘尼 知是被擯沙彌尼 若畜同一止宿者 : 빠알리문에는 '멸빈된 사미니를 위로하거나 후원하거나 함께 향유하거나 함께 자면'이라고 되어 있다.

1081) 《빠알리율》에는 '멸빈되지 않은 자라고 알거나, 그 견해를 버린 자라고 알거나, 정신착란자이거나, 최초의 범행자인 경우'는 예외이고, 《사분율》에서는 '비구니가 멸빈된 사미니가 먼저 도착할 줄 몰랐거나, 멸빈된 사미니가 뒤에 도착했으나 몰랐거나, 방이 덮여있으나 사면에 벽이 없었거나, 방이 다 덮였고 반만 또는 조금 막혔거나, 방이 다 막혔고 덮여있지 않거나, 방이 다 막혔고 반만 또는 조금 덮였거나, 방이 반만 덮였고 반만 막혔거나, 방이 조금 덮였고 조금 막혔거나, 덮이지도 막히지도 않은 노지였거나, 방안에 거닐거나 앉아있었거나, 머리가 어지러워 쓰러졌든가, 병이 나서 누었든가, 힘센 자의 강요였거나, 결박당했거나, 목숨이 위태로웠거나, 청정행이 어려웠거나, 이 학습계율시설의 원인이 된 최초의 범행자이거나, 정신착란자이거나, 마음이 심란한 자이거나, 애통해 하는 자인 경우'를 예외로 한다.

1082) ■소빈지숙계(小擯知宿戒) / 사분니바일제 54 : 若比丘尼 知沙彌尼 作如是語 我知佛所說法 行婬欲 非障道法 彼比丘尼 應語此沙彌尼言. 汝莫作是語 莫謗世尊. 謗世尊者 不善. 世尊不作 是語. 沙彌尼 世尊 無數方便說 行婬欲 是障道法 是沙彌尼 如是諫時. 堅持不

捨. 彼比丘尼 應三諫 捨此事故 乃至三諫 捨者善. 不捨者 彼比丘尼 應語是沙彌尼言. 汝自今已後 非佛弟子. 不得隨餘 比丘尼 如餘沙彌尼 得與大比丘尼二三宿. 汝今無此事. 汝出去 滅去. 不須住此 若比丘尼 知是被擯沙彌尼 若畜同一止宿者. 波逸提 • 수빈사미니계⊙(隨擯沙彌尼戒) / Nī-Pāc. 148(Khu-Pāc. 70) : *samaṇuddesā pi ce evaṁ vadeyya, tathāhaṁ bhagavatā dhammaṁ desitaṁ ājānāmi yathā ye'me antarāyikā dhammā vuttā bhagavatā te paṭisevato nālaṁ antarāyāyā'ti. sā samaṇuddesā bhikkhunīhi evam assa vacanīyā: māyye samaṇuddese, evaṁ avaca. mā bhagavantaṁ abbhācikkhi, na hi sādhu bhagavato abbhakkhānaṁ. na hi bhagavā evaṁ vadeyya; anekapariyāyenāyye samaṇuddese, antarāyikā dhammā attarāyikā vuttā bhagavatā. alañca pana te paṭisevato antarāyāyā'ti. evañca pana sā samaṇuddesā bhikkhunīhi vuccamānā tath'eva paggaṇheyya, sā samaṇuddesā bhikkhunīhi evam assa vacanīyā: ajjatagge te ayye samaṇuddese, na c'eva so bhagavā satthā apadisitabbo. yampi c'aññā samaṇuddesā labhanti bhikkhunīhi saddhiṁ dirattatirattaṁ sahaseyyaṁ, sāpi te n'atthi, cara pi re vinassā'ti. yā pana bhikkhunī jānaṁ tathā nāsitaṁ samaṇuddesaṁ upalāpeyya vā upaṭṭhāpeyya vā sambhuñjeyya vā saha vā seyyaṁ kappeyya, pācittiyan'ti.*

Catu-Nip. 110

110(5-55) 단순속죄죄법 제55조

계율을 지키라는 것을 거역하는 것에 대한 학습계율
[반난지율계(反難持律戒)]

[세존] "어떠한 비구니이든 비구니들에 의해서 원칙에 따라 견책을 받고 이와 같이 '존귀한 자매들이여, 저는 다른 유능한 지율자인 비구니에게 탐문하기 전까지는 나는 이 학습계율을 지키지 않겠습니다.'라고 말한다면, 단순속죄죄[1083]를 범하는 것이니라. 올바로 알기 위해서는 조사하고 탐문해 보아야[1084] 한다."[1085]

1083) 波逸提 : ≪빠알리율≫에서는 "'나는 알겠다.' 또는 '나는 닦겠다.'라고 말하거나, 정신착란자이거나, 최초의 범행자인 경우'는 예외이고, ≪사분율≫에서는 "지혜가 없는 사람이 견책을 했을 때에는 '그대는 돌아가서 그대의 친교사나 궤범사에게 다시 물어보시오 그대는 다시 배워서 충고하시오.'라고 하는 경우나 그것이 사실과 같았거나, 장난으로 말했거나, 빨리 말했거나, 혼자서 말했거나, 꿈속에서 말했거나, 이 학습계율시설의 원인이 된 최초의 범행자이거나, 정신착란자이거나, 마음이 심란한 자이거나, 애통해 하는 자인 경우"를 예외로 한다.

1084) 欲求解者, 應當難問 : 빠알리문은 '수행녀들이여, 학습계율을 배우는 경우 수행녀들은 학습계율을 숙지해야 하고, 탐문해야 하고, 고찰해야 하는데, 이것이 그 경우의 올바른 조치이다.'라고 되어 있다.

1085) ■ 반난지율계(反難持律戒) / 사분니바일제 55 : 若比丘尼 餘比丘尼 如法諫時 作如是語 我今不學此戒 乃至有智慧 持戒律者 我當難問 波逸提 欲求解者. 應當難問 • 거권학계⊙(拒勸學戒) / Nī-Pāc. 149

(Khu-Pāc. 71) :yā pana bhikkhunī bhikkhunīhi saha-dhammikaṁ vuccamānā evaṁ vadeyya: na tāvāhaṁ ayye, etasmiṁ sikkhāpade sikkhissāmi yāva na aññaṁ bhikkhuniṁ vyattaṁ vinayadharaṁ paripucchāmī'ti pācittiyaṁ. sikkhamānāya. bhikkhave, bhikkhuniyā aññātabbaṁ paripucchitabbaṁ paripañhitabbaṁ, ayaṁ tattha sāmīcī'ti.

Catu-Nip. 111

111(4-56) 단순속죄죄법 제56조

계율을 비방하는 것에 대한 학습계율

[경가비니계(輕呵毘尼戒)]

[세존] "어떠한 비구니이든 의무계율이 송출될 때, 이와 같이 '존귀한 자매여, 이러한 사소한 학습계율은 의혹과 고뇌와 혼란만을 야기시키는데, 그것들을 송출하는 것이 무슨 소용이 있는가?'라고 말하며 학습계율을 비방한다면, 단순속죄죄1086)를 범하는 것이니라."1087)

1086) *波逸提 : ≪빠알리율≫에서는 '비방하고자 의도하지 않고 '자, 경전이나 게송이나 논서를 배우고 나중에 계율을 배우겠습니다.'라고 말하거나, 정신착란자이거나, 최초의 범행자인 경우'는 예외이고, ≪사분율≫에서는 그 밖에 '질병이 있는 자에게 독송하라고 했거나 사문의 과위를 이룬 후에 독송하라고 했거나 장난으로 말했거나, 빨리 말했거나, 혼자서 말했거나, 꿈속에서 말했거나, 이 학습계율 시설의 원인이 된 최초의 범행자이거나, 정신착란자이거나, 마음이 심란한 자이거나, 애통해 하는 자인 경우'를 예외로 한다.*

1087) *■경가비니계(輕呵毘尼戒) / 사분니바일제 56 : 若比丘尼 說戒時 作如是語 大姊 何用說此雜碎戒 爲說是戒時. 令人惱愧懷疑 輕訶戒故 波逸提 • 훼비니계⊙(毁毘尼戒) / Nī-Pāc. 150(Khu-Pāc. 72) : yā pana bhikkhunī pāṭimokkhe uddissamāne evaṁ vadeyya: kiṁ pan'imehi khuddānukhuddakehi sikkhāpadehi uddiṭṭhehi, yāvad eva kukkuccāya vihesāya vilekhāya saṁvattantī'ti sikkhāpadavivaṇṇake pācittiyan'ti.*

Catu-Nip. 112

112(4-57) 단순속죄죄법 제57조
마음으로 꾸짖음을 듣지 않으려는 것에 대한 학습계율
[심불방청계(心不謗聽戒)]

[세존] "어떠한 비구니이든 반월마다 의무계율이 송출될 때, 이와 같이 '이제야 비로소 이 원칙이 조항으로 내려와 조항에 포함되어 반월마다 송출되게 된다는 것을 내가 알았다.'라고 말할 때, 다른 비구니들이 그 비구니가 이전에 두세 번, 그 이상은 말할 것도 없이, 의무계율을 송출하는데 앉아 있었던 것을 알았는데, 그 비구니가 알지 못하고 이해하지 못했다면, 위범한 죄는 원칙에 따라 처벌받아 하고, 또한 알지 못하는 죄로서[1088] '존귀한 자매여, 그대는 의무계율이 송출될 때, 그 가치를 잘 유념하지 않았고 정신활동을 기울이지 않았다.'라고 알지 못한 까닭에,[1089] 단순속죄

1088) 彼比丘尼 無知無解 若犯罪者, 應如法治, 更重增無知罪 : 빠알리문에는 '의무계율을 송출하는데 앉아 있었던 것을 안다면, 그 수행승은 알지 못한 까닭으로 면책될 수 없다. 그 경우 그가 위범한 그 죄는 원칙에 따라서 처벌받아야 하고 또한 그의 태만은 견책받아야 한다.'라고 되어 있다.

1089) 大姊 汝無利 得不善. 汝說戒時, 不一心思念, 攝耳聽法, 彼無知故 : 빠알리문에는 뒷구절이 '이렇게 되면, 태만한 자로서'라고 되어

죄1090)를 범하는 것이니라."1091)

있다.

1090) 波逸提 : 《빠알리율》에서는 '아직 상세하게 듣지 못했거나, 두세 번 이내에 상세히 들었거나, 태만할 의도가 없었거나, 정신착란자이거나, 최초의 범행자인 경우'는 예외이고, 《사분율》에서는 '들은 적이 없다던가, 지금 처음 들었던가, 장난으로 말했거나, 빨리 말했거나, 혼자서 말했거나, 꿈속에서 말했거나, 이 학습계율시설의 원인이 된 최초의 범행자이거나, 정신착란자이거나, 마음이 심란한 자이거나, 애통해 하는 자인 경우'를 예외로 한다.

1091) ■심불방청계(心不謗聽戒) / 사분니바일제 57 : 比丘尼 說戒時 作如是語 大姊 我今 始知是法 是戒經 半月半月說 戒經中來. 若餘比丘尼 知是比丘尼 若二若三 說戒中坐. 何況多. 彼比丘尼 無知無解. 若犯罪者 應如法治. 更重增 無知罪 大姊 汝無利 得不善. 汝說戒時. 不一心思念. 攝耳聽法 彼無知故 波逸提 ● 공거선언계⊙(恐擧先言戒) / Nī-Pāc. 151(Khu-Pāc. 73) : yā pana bhikkhunī anvaddhamāsaṁ pāṭimokkhe uddissamāne evaṁ vadeyya: idān'eva kho ahaṁ jānāmi ayampi kira dhammo suttāgato suttapariyāpanno anvaddhamāsaṁ uddesaṁ āgacchatī'ti. tañce bhikkhuniṁ aññā bhikkhuniyo jāneyyuṁ nisinnapubbaṁ imāya bhikkhuniyā dvattikkhattuṁ pāṭimokkhe uddissamāne, ko pana vādo bhiyyo. na ca tassā bhikkhuniyā aññāṇakena mutti atthi, yañca tattha āpattiṁ āpannā tañca yathādhammo kāretabbo, uttari c'assā moho āropetabbo: tassā te ayye alābhā, tassā te dulladdhaṁ, yaṁ tvaṁ pāṭimokkhe uddissamāne na sādhukaṁ aṭṭhikatvā manasikarosī'ti. idaṁ tasmiṁ mobhanake pācittiyan'ti.

Catu-Nip. 113

113(4-58) 단순속죄죄법 제58조

친밀에 따라 후하다고 비방하는 것에 대한 학습계율
[방수친후계(謗隨親厚戒)]

[세존] 어떠한 비구니이든, 갈마를 함께 하고[1092] 나중에 '비구니들이 친밀에 따라 참모임의 소득을 나누어준다.'라고 불평하면, 단순속죄죄[1093]를 범하는 것이니라."[1094]

1092) 共同羯磨已 : 빠알리문에는 '갈마를 함께 하고' 대신에 '화합참모임과 함께 옷을 나누어준 뒤에'라고 되어 있다.

1093) 波逸提 : ≪빠알리율≫에서는 "실제로 욕망과 분노와 어리석음과 두려움에 의해서 행동하는 자에게 주어진 것이 무슨 소용이 되겠는가? 그것을 받더라고 쓸모 없게 만들고 올바로 사용할 수 없을 것이다.'라고 불평하거나, 정신착란자이거나, 최초의 범행자인 경우'는 예외이고, ≪사분율≫에서는 '실제로 그러해서 주었든가, 장난으로 말했거나, 빨리 말했거나, 혼자서 말했거나, 꿈속에서 말했거나, 이 학습계율시설의 원인이 된 최초의 범행자이거나, 정신착란자이거나, 마음이 심란한 자이거나, 애통해 하는 자인 경우'를 예외로 한다.

1094) ■ 방수친후계(謗隨親厚戒) / 사분니바일제 58 : 若比丘尼 共同羯磨已. 後如是語 諸比丘尼 隨親友. 以僧物與者. 波逸提 • 동갈마후회계⊙(同羯磨後悔戒) / Nī-Pāc. 159(Khu-Pāc. 81) : yā pana bhikkhunī samaggena saṅghena cīvaraṁ datvā pacchā khīyanadhammaṁ āpajjeyya yathāsanthutaṁ bhikkhuniyo saṅghikaṁ lābhaṁ pariṇāmentī' ti, pācittiyan'ti.

Catu-Nip. 114

114(5-59) 단순속죄죄법 제59조

청정동의를 위임하지 않고 떠나는 것에 대한 학습계율
[불여욕거계(不與欲去戒)]

[세존] "어떠한 비구니이든 참모임에서 결의할 때 청정동의를 위임하지 않고 자리에서 일어나 그곳을 떠나면, 단순속죄죄[1095]를 범하는 것이니라."[1096]

1095) *波逸提 : 《빠알리율》에서는 "참모임의 다툼이나 싸움이나 언쟁이나 분쟁이 있겠다.'라고 생각하고 떠나가거나, '참모임의 분열이나 참모임의 불화가 있겠다.'라고 생각하여 떠나가거나, '원칙에 맞지 않거나 불완전하거나 갈마에 적합하지 않은 자에게 갈마를 행하겠다.'라고 생각하고 떠나가거나, 아프기 때문에 떠나가거나, 대변이나 소변이 마려워서 떠나가거나, 갈마를 방해하지 않기 위하여 '내가 다시 오겠다.'라고 생각하고 떠나가거나, 정신착란자이거나, 최초의 범행자인 경우'는 예외이고, 《사분율》에서는 '참모임, 탑묘, 승원이나 환우의 일로 희망의 뜻을 위임하거나, 입이 어눌해서 희망하는 듯을 위임하지 못하거나, 참모임이나 승원이나 친교사 등에게 손해를 끼치거나 이익이 없거나 머물 곳이 없게 하는 갈마를 하려고 해서 위임 않고 떠났거나, 이 학습계율시설의 원인이 된 최초의 범행자이거나, 정신착란자이거나, 마음이 심란한 자이거나, 애통해 하는 자인 경우'를 예외로 한다.*

1096) *■불여욕거계(不與欲去戒) / 사분니바일제 59 : 若比丘尼 僧斷事. 不與欲而起去者. 波逸提 • 불여욕계⊙(不與欲戒) / Nī-Pāc. 158 (Khu-Pāc. 80) : yā pana bhikkhunī saṅghe vinicchayakathāya vattamānāya chandaṁ adatvā uṭṭhāy'āsanā pakkameyya, pācittiyan'ti.*

Catu-Nip. 115

115(4-60) 단순속죄죄법 제60조

청정동의를 위임하고 나중에 불평하는 것에 대한 학습계율
[여욕후가계(與欲後訶戒)]

[세존] "어떠한 비구니이든 청정동의를 위임하고 나중에 불평을 토로하면,1097) 단순속죄죄1098)를 범하는 것이니라."1099)

1097) 與欲已 後更訶者 : 빠알리문에는 '원칙에 맞는 갈마에 청정동의를 위임하고 나중에 불평을 토로하면'이라고 되어 있다. '청정동의'란 의결할 수 있는 권리를 위임하는 것인데, 예를 들어 아픈 수행승은 갈마에서 청정권리의 위임(pārisuddhidāna : Vin. I. 120)과 청정동의의 위임(chandadāna : Vin, I. 121)의 위임을 행할 수 있다. 여기서 청정(pārisuddhi)은 의무계율에 비추어 어떠한 죄도 짓지 않은 것을 믿는다는 의미에서 청정(pārisuddhi)인데, 자기의 청정을 위임하여 갈마에 출석을 대신한다는 의미를 지닌다.

1098) 波逸提 : 《빠알리율》에서는 '원칙에 맞지 않았거나 불완전한 모임이거나 갈마에 적합하지 않은 자에 대하여 행해진 것을 알고 불평을 토로하거나 정신착란자이거나, 최초의 범행자인 경우'는 예외이고, 《사분율》에서는 "그것이 사실이어서 '원칙에 맞지 않는 갈마이므로 성립하지 않았다.'라고 말했거나, 장난으로 말했거나, 빨리 말했거나, 혼자서 말했거나, 꿈속에서 말했거나, 이 학습계율시설의 원인이 된 최초의 범행자이거나, 정신착란자이거나, 마음이 심란한 자이거나, 애통해 하는 자인 경우"를 예외로 한다.

1099) ■ 여욕후가계(與欲後訶戒) / 사분니바일제 60 : 若比丘尼 與欲已 後更訶者 波逸提 • 여욕후회계⊙(與欲後悔戒) / Nī-Pāc. 157(Khu-Pāc. 79) : yā pana bhikkhunī dhammikānaṁ kammānaṁ chandaṁ datvā pacchā khīyanadhammaṁ āpajjeyya, pācittiyan'ti.

Catu-Nip. 116

116(4-61) 단순속죄죄법 제61조

피차의 쟁사를 부추기는 것에 대한 학습계율
[도사피차계(挑唆彼此戒)]

[세존] "어떠한 비구니이든 다른 비구니가 다투고 싸우는 것을 알고, 이 자가 말하는 것을 듣고 다른 자에게 말하면,1100) 단순속죄죄1101)를 범하는 것이니라."1102)

1100) 知他比丘尼鬪諍 聽此語已, 向彼說者 : 빠알리문은 '수행녀들이 다투고 싸우고 언쟁하는데, '이들이 말하는 것을 내가 듣겠다.'라고 생각하고 엿들으면, 그 동기뿐이고 다른 것이 아닌 한,'이다.

1101) 波逸提 : ≪빠알리율≫에서는 "듣고 '나는 그만두겠다. 나는 삼가겠다. 나는 그치겠다. 나를 자유롭게 하겠다.'라고 생각하고 가거나, 정신착란자이거나, 최초의 범행자인 경우'는 예외이고, ≪사분율≫에서는 '두 사람이 어두운 곳이나 가려진 곳에서 이야기하거나 길을 갈 때 앞서 가는 자가 이야기할 때에 손가락을 튕기거나 헛기침을 했거나, 원칙에 맞지 않는 갈마를 하려 하거나 참모임이나 승원이나 친교사에게 손해를 끼치려거나 이익이 없게 하거나 머물 수 없게 하는 갈마를 하려고 할 때에 그것을 알고 가서 들었거나, 이 학습계율시설의 원인이 된 최초의 범행자이거나, 정신착란자이거나, 마음이 심란한 자이거나, 애통해 하는 자인 경우'를 예외로 한다.

1102) ■도사피차계(挑唆彼此戒) / 사분니바일제 61 : 若比丘尼 知他比丘尼 鬪諍. 聽此語已 向彼說者. 波逸提 • 병청사쟁계⊙(屛聽四諍戒) / Nī-Pāc. 156(Khu-Pāc. 78) : yā pana bhikkhunī bhikkhunīnaṁ bhaṇḍanajātānaṁ kalahajātānaṁ vivādāpannānaṁ upassutiṁ tiṭṭheyya, yaṁ imā bhaṇissanti taṁ sossāmī'ti etadeva paccayaṁ karitvā anaññaṁ, pācittiyan'ti.

Catu-Nip. 117

117(4-62) 단순속죄죄법 제62조

화가 나서 비구니를 구타하는 것에 대한 학습계율
[진타타니계(瞋打他尼戒)]

[세존] "어떠한 비구니이든 화가 나고 불만에 가득 차서 비구니를 구타하면, 단순속죄죄1103)를 범하는 것이니라."1104)

1103) 波逸提 : ≪빠알리율≫에서는 '어떠한 것에 의해서라도 곤란을 당하여 거기에서 벗어나고자 구타하거나 정신착란자이거나, 최초의 범행자인 경우'는 예외이고, ≪사분율≫에서는 좀더 구체적으로 '병이 들었거나, 음식이 걸렸거나, 알아듣지 못해 알아듣게 했거나, 잠꼬대를 했거나, 경행할 때나 빗자루를 쓸 때에 부딪쳤거나, 이 학습계율시설의 원인이 된 최초의 범행자이거나, 정신착란자이거나, 마음이 심란한 자이거나, 애통해 하는 자인 경우'를 예외로 한다.

1104) ■ 진타타니계(瞋打他尼戒) / 사분니바일제 62 : 若比丘尼 瞋故不喜. 打比丘尼者. 波逸提 • 진타비구니계⊙(瞋打比丘尼戒) / Nī-Pāc. 152 (Khu-Pāc. 74) : yā pana bhikkhunī bhikkhuniyā kupitā anattamanā pahāraṁ dadeyya, pācittiyan'ti.

Catu-Nip. 118

118(4-63) 단순속죄죄법 제63조

화를 내어 손짓으로 위협하는 것에 대한 학습계율
[진에수박계(瞋恚手搏戒)]

[세존] "어떠한 비구니이든 화가 나고 불만에 가득 차서 비구니에게 손짓으로 위협을 가한다면, 단순속죄죄[1105]를 범하는 것이니라."[1106]

1105) 波逸提 : ≪빠알리율≫에서는 '어떠한 것에 의해서라도 곤란을 당하여 거기에서 벗어나고자 손짓으로 위협을 가하거나, 정신착란자이거나, 최초의 범행자인 경우'는 예외이고, ≪사분율≫에서는 '다른 사람이 때리려는데 손으로 막거나, 코끼리·도적·사나운 짐승이 오거나 가시를 가지고 올 때에 손으로 막거나, 물을 건너거나 진흙을 건널 때에 건드리거나, 상대방이 알아듣지 못해 알아듣게 했거나, 잠을 잘 때 잠꼬대를 했거나, 경행할 때나 빗자루를 쓸 때에 부딪쳤거나, 이 학습계율시설의 원인이 된 최초의 범행자이거나, 정신착란자이거나, 마음이 심란한 자이거나, 애통해 하는 자인 경우'를 예외로 한다.

1106) ■진에수박계(瞋恚手搏戒) / 사분니바일제 63 : 若比丘尼 瞋故不喜. 以手搏比丘尼者. 波逸提 • 박비구니계⊙(搏比丘尼戒) / Nī-Pāc. 153 (Khu-Pāc. 75) : yā pana bhikkhunī bhikkhuniyā kupitā anattamanā talasattikaṁ uggireyya, pācittiyan'ti.

Catu-Nip. 119

119(4-64) 단순속죄죄법 제64조

근거 없이 화를 내어 비방하는 것에 대한 학습계율
[무근진방계(無根瞋謗戒)]

[세존] "어떠한 비구니이든 화가 나고 불만에 가득 차서 근거 없이 '승단잔류죄를 범하는 것이다.'라고 비방한다면,[1107] 단순속죄죄[1108]를 범하는 것이니라."[1109]

1107) 瞋故不喜. 以無根僧伽婆尸沙法 謗者 : 빠알리문에는 '화가 나고 불만에 가득 차서'라는 구절이 없다.

1108) 波逸提 : ≪빠알리율≫에서는 '진실이라고 지각하고 꾸짖거나, 꾸짖게 시키거나, 정신착란자이거나, 최초의 범행자인 경우'는 예외이고, ≪사분율≫에서는 '실제 보고 듣고 의심한 근거로써 뉘우치게 하려고 했거나, 장난으로 말했거나, 빨리 말해서 상대가 알아듣지 못했거나, 혼자 있는 데서 말했거나, 꿈속에서 말했거나, 이것을 말하려다가 저것을 말했거나, 이 학습계율시설의 원인이 된 최초의 범행자이거나, 정신착란자이거나, 마음이 심란한 자이거나, 애통해 하는 자인 경우'를 예외로 한다.

1109) ■ 무근진방계(無根瞋謗戒) / 사분니바일제 64 : 若比丘尼 瞋故不喜. 以無根僧伽婆尸沙法 謗者. 波逸提 • 무근승잔방계⊙(無根僧殘謗戒) / Nī-Pāc. 154(Khu-Pāc. 76) : yā pana bhikkhunī bhikkhuniṁ amūlakena saṅghādisesena anuddhaṁseyya, pācittiyan'ti.

Catu-Nip. 120

120(4-65) 단순속죄죄법 제65조

왕궁의 문지방을 넘어가는 것에 대한 학습계율
[과왕궁역계(過王宮閾戒)]

[세존] "어떠한 비구니이든, 왕족으로서 관정을 받은 왕이 아직 떠나지 않았고 왕비도 아직 물러나지 않았는데, 내궁의 문지방을 넘어서면,1110) 단순속죄죄1111)를 범하는 것이니라."1112)

1110) 刹利水澆頭王, 王未出, 未藏寶, 若入宮門過閾者 : 빠알리문에는 '사전에 예고도 없이'가 앞 구절에 추가되어 있다. 보물(寶)은 왕비를 뜻한다. 빠알리문에 의하면, '왕비의 보물도 아직 물러나지 않았는데'라는 뜻이다.

1111) 波逸提 : ≪빠알리율≫에서는 '왕족으로서 권정을 받지 않았거나, 왕이 침실에서 떠났거나, 왕비가 침실에서 물러났거나, 양자가 떠났거나, 침실이 아니거나, 정신착란자이거나, 최초의 범행자인 경우'는 예외이고, ≪사분율≫에서는 '왕비나 궁녀가 이미 나가고, 금은보화를 감추었거나, 알릴 것이 있거나, 청함을 받았거나, 힘센 자에게 끌려왔거나, 목숨이 위태로웠거나, 청정행이 어려웠거나, 이 학습계율시설의 원인이 된 최초의 범행자이거나, 정신착란자이거나, 마음이 심란한 자이거나, 애통해 하는 자인 경우'를 예외로 한다.

1112) ■과왕궁역계(過王宮閾戒) / 사분니바일제 65 : 若比丘尼 刹利水澆頭王, 王未出, 未藏寶, 若入宮門過閾者, 波逸提 ■돌입왕궁계Ø(突入王宮戒) / Khu-Pāc. 83 : yo pana bhikkhu rañño khattiyassa muddhāvasittassa anikkhatantarājake aniggataratanake pubbe appaṭisaṁvidito indakhīlaṁ atikkāmeyya, pācittiyan'ti.

Catu-Nip. 121

121(5-66) 단순속죄죄법 제66조

보물을 손에 쥐어 갖는 것에 대한 학습계율
[수착유보계(手捉遺寶戒)]

[세존] "어떠한 비구니이든 보물이나 장신구을 집어갖거나 집어갖게 하면,1113) 승원 안에서나 처소안에서는 예외로 하고, 단순속죄죄1114)를 범하는 것이니라. 그러나 승원 안에서나 처소안에서 보물이나 장신구를 집어갖거나 집어갖게 해서 알아서 맡아 두면,1115) 이것이 그 경우의 올바른 조치이다."1116)

---

*1113) **寶及寶莊飾具 若自捉 若教人捉** : 빠알리문은 '보물이나 장신구' 대신에 '재보나 재보로 간주되는 것'이라고 되어 있다.*

*1114) **波逸提** : 《빠알리율》에서는 '맡아 두는 경우이거나, 재보로 간주되는 것을 신뢰에 의해서 가지거나, 잠시 맡아두거나, 그것을 넝마처럼 생각하거나, 정신착란자이거나, 최초의 범행자인 경우'는 예외이고, 《사분율》에서는 '승원이나 숙소에서 맡아두고 찾으러 오는 자가 있으면 어떤 것인지를 물어서 확인하고 돌려주었거나, 주인에게 탑과 사원의 장엄구로 공양한 것을 맡아두었거나, 이 학습계율시설의 원인이 된 최초의 범행자이거나, 정신착란자이거나, 마음이 심란한 자이거나, 애통해 하는 자인 경우'를 예외로 한다.*

*1115) **識者當取** : 빠알리문에는 "'소유한 자가 가져갈 것이다.'라고 생각하여 맡아 두면"이라고 되어 있다.*

*1116) ■수착유보계(**手捉遺寶戒**) | 사분니바일제 66 : **若比丘尼 若寶 及寶莊飾具 若自捉 若教人捉 除僧伽藍中 及寄宿處 波逸提 若在僧伽藍中. 及寄宿處 若寶 及寶莊飾具 若自捉 教人捉 識者 當取***

如是因緣 非餘. • 착보계⊙(捉寶戒) / *Nī-Pāc. 161(Khu-Pāc. 84) : yā pana bhikkhunī ratanaṁ vā ratanasammataṁ vā aññatra ajjhārāmā vā ajjhāvasathā vā uggaṇheyya vā uggaṇhāpeyya vā, pācittiyaṁ, ratanaṁ vā pana bhikkhuniyā ratanasammataṁ vā ajjhārāme vā ajjhāvasathe vā uggahetvā vā uggahāpetvā vā nikkhipitabbaṁ, yassa bhavissati so harissatī'ti. ayaṁ tattha sāmīcī'ti.*

Catu-Nip. 122

122(4-67) 단순속죄죄법 제67조

때 아닌 때의 시간에 마을에 드는 것에 대한 학습계율
[비시입촌계(非時入村戒)]

[세존] "어떠한 비구니이든, 비구니가 있는 경우에 허락을 구하지 않고, 때 아닌 때의 시간에 마을로 들어가면, 단순속죄죄[1117]를 범하는 것이니라."[1118]

---

*1117) **波逸提** : 빠알리문에서는 '긴급한 일이 있어 수행녀에게 허락을 구하고 들어가거나, 수행녀가 없는 경우 허락을 구하지 않고 들어가거나, 마을 사이로 가거나, 수행승의 처소로 가거나, 이교도의 숙소로 가거나, 돌아가거나, 길이 마을을 통하거나, 사고가 일어났거나, 정신착란된 자나 최초의 범행자인 경우'는 예외이다. ≪사분율≫에서는 '참모임의 일이 있거나 탑사와 관련된 일이나 간병의 일이 있어서 다른 비구니에게 부촉했거나, 길이 마을을 통과해 있거나, 알릴 일이나 부름을 받았거나, 힘센 자의 강요였거나, 이 학습계율시설의 원인이 된 최초의 범행자이거나, 정신착란자이거나, 마음이 심란한 자이거나, 애통해 하는 자인 경우'를 예외로 한다.*

*1118) ■비시입촌계(**非時入村戒**) / 사분니바일제 67 : **若比丘 非時入聚落, 不囑餘比丘尼者, 波逸提** • 비시입취락계∅(**非時入聚落戒**) / Khu-Pāc. 85 : yo pana bhikkhu santaṁ bhikkhuṁ anāpucchā vikāle gāmaṁ paviseyya aññatra tathārūpā accāyikā karaṇiyā pācittiyan'ti.*

Catu-Nip. 123

123(5-68) 단순속죄죄법 제68조

평상침상과 의자에 대한 학습계율
[작상과량계(作床過量戒)]

[세존] "어떠한 비구니이든 새로운 의자이나 침상을 만들도록 할 때에는[1119] 그 다리를 하부의 구멍이 들어가는 부분을 제외하고 행복한 님의 손가락마디로 여덟 손가락마디크기(20cm∨60 cm)로 만들어야 한다. 그 치수를 초과하면, 잘라내는 것을 포함하여 단순속죄죄[1120]를 범하는 것이니라."[1121]

1119) 作繩床 木床 : 여기서 승상(繩床)은 노끈이나 짚으로 만든 의자, 목상(木床)은 침상을 뜻한다.

1120) 波逸提 : ≪빠알리율≫에서는 '적당한 치수를 알아서 만들거나, 적당한 치수 이하로 만들거나, 타인이 만든 적당한 치수를 초과하는 것을 얻어서 절단하고 사용하는 경우이거나, 정신착란된 자이거나, 최초의 범행자인 경우'은 예외이고 ≪사분율≫에서도 '여덟 손가락 마디의 길이거나 그 보다 짧거나, 다른 사람이 완성된 것을 보시한 것을 잘라 사용하거나 다리를 뺐거나, 이 학습계율시설의 원인이 된 최초의 범행자이거나, 정신착란자이거나, 마음이 심란한 자이거나, 애통해 하는 자인 경우'를 예외로 한다.

1121) ■ 작상과량계(作床過量戒) / 사분니바일제 68 : 若比丘尼 作繩床 木床 足應高佛八指 除入陛孔上 截竟 過者. 波逸提 ● 과량상족계⊙(過量牀足戒) / Nī-Pāc. 163(Khu-Pāc. 87) : navaṁ pana bhikkhuniyā mañcaṁ vā pīṭhaṁ vā kārayamānāya aṭṭhaṅgulapādakaṁ kāretabbaṁ sugataṅgulena aññatra heṭṭhimāya aṭaniyā. taṁ atikkāmentiyā chedanakaṁ pācittiyan'ti.

Catu-Nip. 124

124(5-69) 단순속죄죄법 제69조

평상과 깔개에 솜을 넣는 것에 대한 학습계율
[면작상부계(綿作床敷戒)]

[세존] "어떠한 비구니이든 의자나 침상이나 깔개나 좌복에 솜을 넣어 만들게 하면,[1122] 단순속죄죄[1123]를 범하는 것이니라."[1124]

1122) 作兜羅綿 貯作繩床 ◦ 木床 ◦ 臥具 ◦ 坐褥者 : 빠알리문에는 '좌와구용 깔개'가 없고 '솜을 뜯어내는 것을 포함하여'가 첨가된다.

1123) 波逸提 : ≪빠알리율≫에서는 '인끈이나, 허리띠나, 어깨끈이나, 발우주머니나, 여과낭을 위한 것이거나 베개를 만드는 경우이거나, 타인이 만든 것을 얻어서 솜을 뜯어내고 사용하는 경우이거나, 정신착란된 자이거나 최초의 범행자의 경우'는 예외이고, ≪사분율≫에서는 '구라야풀이나 문야풀이나 사바풀이나 솜털이나 면화의 솜이나 헤어진 헝겊으로 요나 좌와구용 깔개에 넣었거나, 도라솜(兜羅綿)을 어깨 바치는 물건이나 수레 위의 베개에 넣거나, 이 학습계율시설의 원인이 된 최초의 범행자이거나, 정신착란자이거나, 마음이 심란한 자이거나, 애통해 하는 자인 경우'를 예외로 한다. 참고로 도라솜은 '초목과 꽃의 솜'을 총칭하는 것이다.

1124) ■ 면작상부계(綿作床敷戒) / 사분니바일제 69 : 若比丘尼 持兜羅綿 貯作繩床 木床 臥具 坐褥者. 波逸提 • 도라저상욕계⊙(兜羅貯牀褥戒) / Nī-Pāc. 164(Khu-Pāc. 88) : yā pana bhikkhunī mañcaṁ vā pīṭhaṁ vā tūlonaddhaṁ kārāpeyya, uddālanakaṁ pācittiyan'ti.

Catu-Nip. 125

125(4-70) 단순속죄죄법 제70조

타인으로부터 취해 마늘을 먹는 것에 대한 학습계율
[취타산담계(取他蒜噉戒)]

[세존] "어떠한 비구니이든 마늘을 먹으면, 단순속죄죄1125)를 범하는 것이니라."1126)

1125) 波逸提 : ≪빠알리율≫에서는 '양파이거나, 비트이거나, 하리륵(訶梨勒)이거나, 활마늘이거나, 카레이거나, 육고기이거나 기름이거나 샐러드에 들어있거나, 진미에 포함된 정신착란자이거나, 최초의 범행자인 경우'는 예외이나, ≪사분율≫에서는 '이러한 병이 있어서 마늘을 싸서 먹거나, 질병이 있어 마늘을 복용해서 차도가 있거나, 상처에 발랐거나 이 학습계율시설의 원인이 된 최초의 범행자이거나, 정신착란자이거나, 마음이 심란한 자이거나, 애통해 하는 자인 경우'를 예외로 한다. 참고로 그 밖에 오신보응경(五辛報恩經)에는 '비구니들이 술을 마시거나 오신채(五辛菜)를 먹고 경론을 독송하면, 바일제이다.'라는 구절이 있다. 오신채는 부추·파·마늘·달래·생강(또는 산초)으로 악취나 정력의 근원이라고 부정된다.

1126) ■취타산담계(取他蒜噉戒) / 사분니바일제 70 : 若比丘尼 噉蒜者. 波逸提 • 식산계∅(食蒜戒) / Nī-Pāc. 1(Nī ∅Pāc. 1) : yā pana bhikkhunī lasuṇaṁ khādeyya, pācittiyan'ti.

Catu-Nip. 126

126(5-71) 단순속죄죄법 제71조

신체의 세 곳의 털을 깍는 것에 대한 학습계율

[삼처체모계(三處剃毛戒)]

[세존] "어떠한 비구니이든 신체의 세 곳의 털[1127]을 깎는다면, 단순속죄죄[1128]를 범하는 것이니라."[1129]

1127) 身三處 以刀 剃者 : 빠알리문에서는 '몸의 세 곳' 대신에 '은밀한 곳(sambādhe)'으로 되어 있고 '은밀한 곳'이라는 것은 Vin. III. 260에 따르면 겨드랑이와 항문과 성기의 세 곳을 뜻한다.

1128) 波逸提 : ≪빠알리율≫에서는 '질병 때문이거나, 정신착란자이거나, 최초의 범행자인 경우'는 예외이고, ≪사분율≫에서는 '이러한 병이 있었거나, 부스럼이 나서 털을 깍고 약을 바르거나, 힘센 자의 강요였거나, 이 학습계율시설의 원인이 된 최초의 범행자이거나, 정신착란자이거나, 마음이 심란한 자이거나, 애통해 하는 자인 경우'를 예외로 한다.

1129) ■ 삼처체모계(三處剃毛戒) / 사분니바일제 71 : 若比丘尼 身三處 以刀 剃者. 波逸提 • 삭은처모계∅(削隱處毛戒) / Nī-Pāc. 2(Nī ∅Pāc. 2) : yā pana bhikkhunī sambādhe lomaṁ saṁharāpeyya, pācittiyan'ti.

Catu-Nip. 127

127(5-72) 단순속죄죄법 제72조

물로 씻을 때에 지나치지 않는 것에 대한 학습계율
[수정과절계(水淨過節戒)]

[세존] "어떠한 비구니이든 뒷물을 할 때에는 최대한 두 손가락마디를 취해야 하는데, 그 이상을 초과하면, 단순속죄죄[1130]를 범하는 것이니라."[1131]

1130) *波逸提 : ≪빠알리율≫에서는 '최대한 두 손가락마디를 취하거나, 최대한 두 손가락마디의 미만을 취하거나, 질병 때문이거나, 정신착란자나 최초의 범행자인 경우'는 예외이고, ≪사분율≫에서는 그 밖에 '이러한 병이 있었거나, 풀과 벌레가 안으로 들어가 꺼냈거나, 이 학습계율시설의 원인이 된 최초의 범행자이거나, 정신착란자이거나, 마음이 심란한 자이거나, 애통해 하는 자인 경우'를 예외로 한다. ※ 여기서 뒷물이란 여근(女根)을 씻는 것을 의미한다.*

1131) *■수정과절계(水淨過節戒) / 사분니바일제 72 : 若比丘尼 以水作淨. 齊兩指各一節. 若過者 波逸提 ●세정과분계⊘(洗淨過分戒) / Nī-Pāc. 5(Nī ⊘Pāc. 5) : udakasuddhikaṁ pana bhikkhuniyā ādiyamānāya dvaṅgulapabbaparamaṁ ādātabbaṁ. taṁ atikkāmentiyā, pācittiyan'ti.*

Catu-Nip. 128

128(5-73) 단순속죄죄법 제73조

수지막대에 대한 학습계율

[호교작근계(胡膠作根戒)]

[세존] "어떠한 비구니이든 수지막대을 만들어 사용하면,1132) 단순속죄죄1133)를 범하는 것이니라."1134)

1132) *以胡膠作男形者 : '수지막대'라는 것은 Vin. III. 261에 따르면, 수지로 만든 것, 나무로 만든 것, 밀가루로 만든 것, 진흙으로 만든 인조남근이다.*

1133) *波逸提 : ≪빠알리율≫에서는 '질병 때문이거나, 정신착란자이거나, 최초의 범행자인 경우'는 예외이고, ≪사분율≫에서는 '질병 때문에 과약과 환약을 넣거나, 옷으로 월수(月水)를 막거나, 힘센 자의 강요였거나, 이 학습계율시설의 원인이 된 최초의 범행자이거나, 정신착란자이거나, 마음이 심란한 자이거나, 애통해 하는 자인 경우'를 예외로 한다.*

1134) *▪호교작근계(胡膠作根戒) / 사분니바일제 73 : 若比丘尼 以胡膠作男形者. 波逸提 • 수교생지계∅(樹膠生支戒) / Nī-Pāc. 4(Nī ∅ Pāc. 4) : jatumaṭṭake pācittiyan'ti*

Catu-Nip. 129

129(4-74) 단순속죄죄법 제74조

비구니들이 서로 때리는 것에 대한 학습계율
[니공상박계(尼共相拍戒)]

[세존] "어떠한 비구니이든 손바닥으로 때리기를 하면, 단순속죄죄[1135]를 범하는 것이니라."[1136]

1135) 波逸提 : ≪빠알리율≫에서는 '질병 때문이거나, 정신착란자이거나, 최초의 범행자인 경우'는 예외이지만, ≪사분율≫에서는 '이러한 병이 있었거나, 오고 가거나, 경행하거나, 마당을 쓸거나, 지팡이에 닿거나 하여 일부러 한 것이 아니거나, 또는 씻을 때 손이 닿았거나, 이 학습계율시설의 원인이 된 최초의 범행자이거나, 정신착란자이거나, 마음이 심란한 자이거나, 애통해 하는 자인 경우'를 예외로 한다.

1136) ■ 니공상박계(尼共相拍戒) / 사분니바일제 74 : 若比丘尼 共相拍者. 波逸提 • 상박계∅(相拍戒) / Nī-Pāc. 3(Nī ∅Pāc. 3) : talaghātake pācittiyan'ti

Catu-Nip. 130

130(4-75) 단순속죄죄법 제75조

물이나 부채를 들고 시중을 드는 것에 대한 학습계율
[공급수선계(供給水扇戒)]

[세존] "어떠한 비구니이든, 비구가 아프지 않은 한, 그가 식사할 때 마실 물이나 부채를 들고 시중들면,1137) 단순속죄죄1138)를 범하는 것이니라."1139)

1137) 比丘無病時 輒供給水 及以扇者 : 빠알리문에서는 '아프지 않은 한'이라는 구절이 없고 그것이 예외조항으로도 인정되지 않는다.

1138) 波逸提 : 《빠알리율》에서는 '준다거나, 주게 한다거나, 구족계를 받지 않은 자에게 명령하거나, 정신착란자이거나, 최초의 범행자인 경우'는 예외이고, 《사분율》에서는 '병든 비구를 간호하거나, 병든 비구가 물이 없어서 물어보고 주었거나, 이 학습계율시설의 원인이 된 최초의 범행자이거나, 정신착란자이거나, 마음이 심란한 자이거나, 애통해 하는 자인 경우'를 예외로 한다. 개종기(開宗記)에 의하면, 많은 비구일 경우이거나 그 비구가 부모일 경우는 예외에 해당한다.

1139) ■ 공급수선계(供給水扇戒) / 사분니바일제 75 : 若比丘尼 比丘無病時 輒供給水 及以扇者. 波逸提 ● 공급무병비구수선계∅(供給無病比丘水扇戒) / Nī-Pāc. 6(Nī ∅Pāc. 6) : yā pana bhikkhunī bhikkhussa bhuñjantassa pāniyena vā vidhūpanena vā upatiṭṭheyya, pācittiyan'ti.

Catu-Nip. 131

131(4-76) 단순속죄죄법 제76조

날곡식을 탁발하는 것에 대한 학습계율
[걸생곡미계(乞生穀米戒)]

[세존] "어떠한 비구니이든 날곡식을 탁발하면,1140) 단순속죄죄1141)를 범하는 것이니라."1142)

1140) 乞生穀者 : 빠알리문에는 '날곡식을 탁발하거나 탁발하게 하거나, 볶거나 볶게 하거나, 빻거나 빻게 하거나, 요리하거나 요리하게 해서 먹는다면'이라고 되어 있다.

1141) 波逸提 : ≪빠알리율≫에서는 '질병이 들었거나, 정신착란자이거나, 최초의 범행자인 경우'는 예외이고, ≪사분율≫에서는 '친척에게 구했거나, 출가인에게 구했거나, 남이 자기를 위해서 구했거나, 자기가 남을 위해서 구했거나, 구하지 않았는데 저절로 구했거나, 이 학습계율시설의 원인이 된 최초의 범행자이거나, 정신착란자이거나, 마음이 심란한 자이거나, 애통해 하는 자인 경우'를 예외로 한다. 선견율(善見律)에 따르면, 그 밖에도 콩, 견과류, 과일 등과 승방을 짓기 위한 오곡과 쌀을 탁발하는 것은 예외에 해당한다.

1142) ■ 걸생곡미계(乞生穀米戒) / 사분니바일제 76 : 若比丘尼 乞生穀者. 波逸提 • 걸생곡계∅(乞生穀戒) / Nī-Pāc. 7(Nī ∅Pāc. 7) : yā pana bhikkhunī āmakadhaññaṁ viññitvā vā viññāpetvā vā bhajjitvā vā bhajjāpetvā vā koṭṭitvā vā koṭṭāpetvā vā pacitvā vā pacāpetvā vā paribhuñjeyya pācittiyan'ti

Catu-Nip. 132

132(4-77) 단순속죄죄법 제77조

살아있는 풀 위에 대변 버리기에 대한 학습계율
[생초변리계(生草便利戒)]

[세존] "어떠한 비구니이든 살아있는 풀 위에 대변이나 소변을 보면,1143) 단순속죄죄1144)를 범하는 것이니라."1145)

1143) 在生草上 大小便者 : 빠알리문에는 '대변이나 소변이나 쓰레기나 음식찌꺼기를 곡초장에 버리면'이라고 되어 있다.

1144) 波逸提 : 《빠알리율》에서는 '밭의 가장자리에 버린다던가, 정신착란자이거나, 최초의 범행자인 경우'는 예외이고, 《사분율》에서는 '이러한 병이 있었거나, 풀이 없는 곳에서 대소변을 보았는데 흘러서 풀 위에 떨어졌거나, 바람이 불어서 떨어졌거나 새가 물어다 풀 위에 떨어뜨렸거나, 이 학습계율시설의 원인이 된 최초의 범행자이거나, 정신착란자이거나, 마음이 심란한 자이거나, 애통해하는 자인 경우'를 예외로 한다.

1145) ■ 생초변리계(生草便利戒) / 사분니바일제 77 : 若比丘尼 在生草上 大小便者. 波逸提 • 청초상기부정계∅(青草上棄不淨戒) / Nī-Pāc. 9(Nī∅Pāc. 9) : yā pana bhikkhunī uccāraṁ vā passāvaṁ vā saṅkāraṁ vā vighāsaṁ vā harite chaḍḍeyya vā chaḍḍāpeyya vā, pācittiyan'ti.

Catu-Nip. 133

133(5-78) 단순속죄죄법 제78조

살펴보지 않고 대소변을 버리는 것에 대한 학습계율
[불간기예계(不看棄穢戒)]

[세존] "어떠한 비구니이든 밤에 대변이나 소변을 본 것을 낮에 살피지 않고 담장 밖으로 버리면,1146) 단순속죄죄1147)를 범하는 것이니라."1148)

1146) 夜大小便器 晝不看墻外棄者 : 빠알리문에는 '대변이나 소변이나 쓰레기나 음식찌꺼기를 담장 밖이나 울타리 밖으로 버리거나 버리게 하면'이라고 되어 있다.

1147) 波逸提 : 《빠알리율》에서는 '길이 아닌 곳에 버리거나, 정신착란자이거나, 최초의 범행자인 경우'는 예외이고, 《사분율》에서는 '낮에 살펴보고 담장 밖으로 버리거나 밤에 손가락을 튕기거나 기침하고 버리거나, 기왓장 등 부정한 물건이 있은 곳에 버리거나, 왕수(汪水)나 구덩이나 분노구덩이에 버렸거나, 이 학습계율시설의 원인이 된 최초의 범행자이거나, 정신착란자이거나, 마음이 심란한 자이거나, 애통해 하는 자인 경우'를 예외로 한다.

1148) ■불간기예계(不看棄穢戒) / 사분니바일제 78 : 若比丘尼 夜大小便器 晝不看墻外棄者. 波逸提 • 불간색외기부정계∅(不看牆外棄不淨戒) / Nī-Pāc. 8(Nī ∅Pāc. 8) : yā pana bhikkhunī uccāraṁ vā passāvaṁ vā saṅkāraṁ vā vighāsaṁ vā tirokuḍḍe vā tiropākāre vā chaḍḍeyya vā chaḍḍāpeyya vā, pācittiyan'ti.

Catu-Nip. 134

134(5-79) 단순속죄죄법 제79조

춤과 노래와 연주를 보러 가는 것에 대한 학습계율
[왕관기악계(往觀伎樂戒)]

[세존] "어떠한 비구니이든 춤을 추고 노래하는 것이나 연주하는 것을1149) 보러 가면, 단순속죄죄1150)를 범하는 것이니라."1151)

1149) 故往觀聽伎樂者 : 빠알리문의 '춤을 추고 노래하는 것이나 연주하는 것'을 《사분율》에서 기악(伎樂)으로 번역한 것이다.

1150) 《빠알리율》에 따르면 '승원 안에서 서서 보거나 듣거나, 수행녀가 서있는 장소나 앉아있는 장소나 누워있는 장소에 와서 춤을 추거나 노래하거나 연주하거나, 길을 가면서 보거나 듣거나, 용무가 있어 가서 보거나, 정신착란자이거나, 최초의 범행자인 경우'는 예외이고, 《사분율》에 의하면 '알릴 것이 있다던가, 부름을 받았던가, 같이 그 주변을 지나든가, 비구니가 숙박하는 곳이었거나, 힘센 자의 강요로 끌려갔거나 결박되었거나, 목숨이 위태로웠거나 청정행이 어려웠거나, 이 학습계율시설의 원인이 된 최초의 범행자이거나, 정신착란자이거나, 마음이 심란한 자이거나, 애통해 하는 자인 경우'를 예외로 한다.

1151) ■ 왕관기악계(往觀伎樂戒) / 사분니바일제 79 : 若比丘尼 故往觀聽伎樂者 波逸提 • 가무관청계∅(歌舞觀聽戒) / Nī-Pāc. 10(Nī ∅ Pāc. 10) : yā pana bhikkhunī naccaṁ vā gītaṁ vā vāditaṁ vā dassanāya gaccheyya, pācittiyan'ti.

Catu-Nip. 135

135(4-80) **단순속죄죄법 제80조**

마을의 가려진 곳에서 남자와 서있는 것 대한 학습계율
[촌병남립계(村屛男立戒)]

[세존] "어떠한 비구니이든 마을에 들어갔을 때,1152) 가려진 장소에서 남자와 단 둘이서 함께 서있거나 대화를 나누면, 단순속죄죄1153)를 범하는 것이니라."1154)

---

*1152) **入村中 與男子 在屛處 共立語者**: 빠알리문에는 '마을에 들어갔을 때'라는 구절이 없다.*

*1153) **波逸提**: 《빠알리율》에서는 '누구든지 양식있는 친구가 있거나, 사적인 공간을 바라지 않고 다른 것에 사로잡혀 있거나 대화하거나, 정신착란자이거나, 최초의 범행자인 경우'는 예외이고, 《사분율》에는 '다른 비구니가 함께 있었거나, 지혜로운 제3자가 있었거나, 많은 여인이 함께 서 있었거나, 제3자가 볼 수 있거나 들을 수 있었거나, 지나쳐가고 머물지 않거나, 병으로 땅에 쓰러졌거나, 힘센 자의 강요였거나, 결박되어 끌려갔거나, 목숨이 위태로웠거나, 청정행이 어려웠거나, 이 학습계율시설의 원인이 된 최초의 범행자이거나, 정신착란자이거나, 마음이 심란한 자이거나, 애통해 하는 자인 경우'를 예외로 한다.*

*1154) ■촌병남립계(**村屛男立戒**) / 사분니바일제 80 : **若比丘尼 入村中 與男子 在屛處 共立語者. 波逸提** ⇐• 공남자독립병복처계∅(**共男子獨立屛覆處戒**) / Nī-Pāc. 12(Nī ∅Pāc. 12) : yā pana bhikkhunī paṭicchanne okāse purisena saddhiṁ eken'ekā santiṭṭheyya vā sallapeyya vā, pācittiyan'ti.*

Catu-Nip. 136

136(4-81) 단순속죄죄법 제81조

남자와 가려진 곳에 들어가는 것에 대한 학습계율
[여남입병계(與男入屛戒)]

[세존] "어떠한 비구니이든 남자와 단 둘이서 함께 가려진 장소로 들어가면,1155) 단순속죄죄1156)를 범하는 것이니라."1157)

---

*1155) **與男子 共入屛覆障處者** : 앞의 계율조항과 동일한 ≪빠알리율≫에서 유래한 일종의 변형이다.*

*1156) **波逸提** : ≪빠알리율≫에서는 '누구든지 양식있는 친구가 있거나, 사적인 공간을 바라지 않고 다른 것에 사로잡혀 있거나 대화를 하거나, 정신착란자이거나, 최초의 범행자인 경우'는 예외이고, ≪사분율≫에는 '다른 비구니가 함께 있었거나, 지혜로운 제3자가 있었거나, 많은 여인이 함께 서 있었거나, 제3자가 볼 수 있거나 들을 수 있었거나, 지나쳐가고 머물지 않거나, 병으로 땅에 쓰러졌거나, 힘센 자의 강요였거나, 결박되어 끌려갔거나, 목숨이 위태로웠거나, 청정행이 어려웠거나, 이 학습계율시설의 원인이 된 최초의 범행자이거나, 정신착란자이거나, 마음이 심란한 자이거나, 애통해 하는 자인 경우'를 예외로 한다.*

*1157) ■ 여남입병계(**與男入屛戒**) / 사분니바일제 81 : **若比丘尼 與男子 共入屛覆障處者 波逸提** ⇐ • 공남자독립병복처계∅(**共男子獨立屛覆處戒**) / Nī-Pāc. 12(Nī ∅Pāc. 12) : yā pana bhikkhunī paṭicchanne okāse purisena saddhiṁ eken'ekā santiṭṭheyya vā sallapeyya vā, pācittiyan'ti.*

Catu-Nip. 137

137(4-82) 단순속죄죄법 제82조

남자와 귀엣말을 하는 것에 대한 학습계율
[여남이어계(與男耳語戒)]

[세존] "어떠한 비구니이든 마을에 들어갔을 때, 도반인 비구니를 쫓아버리고, 가려진 곳에서 남자와 서로 함께 있거나 대화하거나 귀엣말하면,[1158] 단순속죄죄[1159]를 범하는 것이니라."[1160]

1158) 入村內巷陌中. 遣伴遠去. 在屛處 與男子 共立耳語者 : 빠알리문에는 '차도에서나 골목에서나 사거리에서나 남자와 서로 함께 있거나 대화하거나 귀엣말하거나 도반인 수행녀를 쫓아버리면'이라고 되어 있다.

1159) 波逸提 : ≪빠알리율≫에서는 '누구든지 양식있는 친구가 있거나, 사적인 공간을 바라지 않고 다른 것에 사로잡혀 있거나 대화하거나, 비행을 행할 의도가 없거나, 정신착란자이거나, 최초의 범행자인 경우'는 예외이고, ≪사분율≫에는 "두 비구니가 함께 있었거나, 분별있는 여인이 있었던가, 다른 제3자가 있었거나, 동행한 자가 볼 수 있거나 들을 수 있었거나, 병으로 땅에 쓰러졌거나, 힘센 자의 강요였거나, 결박되어 끌려갔거나, 목숨이 위태로웠거나 청정행이 어려웠거나, 줄 것이 있어 동행자를 멀리 보냈거나, 동행이 병이 났거나 위의가 없어 '가시오. 음식을 보내주겠소'라고 했거나, 동행이 계율이나 견해나 위의를 깨뜨렸거나 멸빈당했거나 멸빈당해야 했거나, 이 학습계율시설의 원인이 된 최초의 범행자이거나, 정신착란자이거나, 마음이 심란한 자이거나, 애통해 하는 자인 경우'를 예외로 한다.

1160) ■ 여남이어계(與男耳語戒) / 사분니바일제 82 : 若比丘尼 入村內巷陌中. 遣伴遠去. 在屛處 與男子 共立耳語者. 波逸提 • 견거반비

구니공어남자계⌀(遣去伴比丘尼共語男子戒) / Nī-Pāc. 14(Nī ⌀Pāc. 14) : yā pana bhikkhunī rathiyāya vā byūhe vā siṅghāṭake vā purisena saddhiṁ eken'ekā santiṭṭheyya vā sallapeyya vā nikaṇṇikaṁ vā jappeyya dutiyikaṁ vā bhikkhuniṁ uyyojeyya, pācittiyan'ti.

Catu-Nip. 138

138(4-83) 단순속죄죄법 제83조

자리에 앉았다가 묻지 않고 떠나는 것에 대한 학습계율
[좌불어거계(坐不語去戒)]

[세존] "어떠한 비구니이든 가정을 방문해서 자리에 앉았다가 주인에게 묻지 않고 그곳을 떠난다면,[1161] 단순속죄죄[1162]를 범하는 것이니라."[1163]

1161) 入白衣家坐. 不語主人 捨去者 : 빠알리문에는 앞쪽에 '식전에' 라는 구절이 추가되어 있다.

1162) 波逸提 : ≪빠알리율≫에서는 '주인에게 묻거나, 가부좌를 하거나 다른 이동시킬 수 있는 좌상이 주어지지 않았거나, 질병에 걸리거나, 재난을 만나거나, 정신착란자이거나, 최초의 범행자인 경우'는 예외이고, ≪사분율≫에서는 '주인에게 말하고 가거나 다시 어떤 사람이 앉았던가, 갈 때 가까이 앉은 사람에게 부탁하고 떠났거나, 돌 나무 벽돌 풀을 깐 곳에 흙 위에 앉았거나, 집이 무너지거나 불이 나거나 독사 사나운 짐승 도적이 있었거나, 힘센 자에게 잡혔거나, 결박당했거나 목숨이 위태로웠거나 청정행이 어려웠거나, 이 학습계율시설의 원인이 된 최초의 범행자이거나, 정신착란자이거나, 마음이 심란한 자이거나, 애통해 하는 자인 경우'를 예외로 한다.

1163) ■좌불어거계(坐不語去戒) / 사분니바일제 83 : 若比丘尼 入白衣家坐. 不語主人 捨去者. 波逸提 • 식전입백의가불어주거계∅(食前入白衣家不語住去戒) / Nī-Pāc. 15(Nī ∅Pāc. 15) : yā pana bhikkhunī purebhattaṁ kulāni upasaṅkamitvā āsane nisīditvā sāmike anāpucchā pakkameyya, pācittiyan'ti.

Catu-Nip. 139

139(4-84) 단순속죄죄법 제84조

묻지 않고 문득 앉는 것에 대한 학습계율
[불어첩좌계(不語輒坐戒)]

[세존] "어떠한 비구니이든 가정을 방문하여 주인에게 묻지 않고 자리에 앉으면,1164) 단순속죄죄1165)를 범하는 것이니라."1166)

1164) 入白衣家 不語主 輒坐床者 : 빠알리문에서는 앞쪽에 '식후에'가 첨가되어 있다.

1165) 波逸提 : ≪빠알리율≫에서는 '묻고 좌상에 앉거나 눕거나, 상시 설치된 좌상이거나, 질병에 걸리거나, 재난을 만나거나, 정신착란자이거나, 최초의 범행자인 경우'는 예외이고, ≪사분율≫에서는 "주인에게 말하고 앉거나, 평상시에 앉았던 곳이거나, 주인과 친분이 두터웠다든가, 친한 사람이 '앉아도 됩니다. 주인에게 말하겠다.'라고 하든가, 돌이나 나무, 흙, 풀 등위에 앉았거나, 간질 발병해 바닥에 누었거나, 힘센 자에게 잡혔거나 목숨이 위태로웠거나 청정행이 어려웠거나, 이 학습계율시설의 원인이 된 최초의 범행자이거나, 정신착란자이거나, 마음이 심란한 자이거나, 애통해 하는 자인 경우"를 예외로 한다.

1166) ■ 불어첩좌계(不語輒坐戒) / 사분니바일제 84 : 若比丘尼 入白衣家 不語主 輒坐床者. 波逸提 • 식후입백의가불어주좌와계∅(食後入白衣家不語住坐臥戒) / Nī-Pāc. 16(Nī ∅Pāc. 16) : yā pana bhikkhunī pacchābhattaṁ kulāni upasaṅkamitvā sāmike anāpucchā āsane abhinisīdeyya vā abhinipajjeyya vā, pācittiyan'ti.

Catu-Nip. 140

140(4-85) 단순속죄죄법 제85조

묻지 않고 자리를 깔고 유숙하는 것에 대한 학습계율
[불어부숙계(不語敷宿戒)]

[세존] "어떠한 비구니이든 재가자의 가정을 찾아가서 주인에게 묻지도 않고[1167] 스스로 자리를 깔고 유숙하면, 단순속죄죄[1168]를 범하는 것이니라."[1169]

1167) 入白衣家 不語主 : 빠알리문에는 앞쪽에 '때 아닌 때의 시간에'가 첨가되어 있다.

1168) 波逸提 : ≪빠알리율≫에서는 '묻고 침상을 깔거나 깔개하고 앉거나 눕거나, 질병에 걸리거나, 재난을 만나거나, 정신착란자이거나, 최초의 범행자인 경우'는 예외이고, "주인에게 말하고 잤거나, 빈 집이었거나, 복을 짓기 위한 집이었거나, 아는 자의 집이었든가, 친한 사람이 '묵어도 됩니다. 주인에게 말하겠다.'라고 하든가, 힘센 자에게 잡혔거나 목숨이 위태로웠거나 청정행이 어려웠거나, 이 학습계율시설의 원인이 된 최초의 범행자이거나, 정신착란자이거나, 마음이 심란한 자이거나, 애통해 하는 자인 경우'를 예외로 한다.

1169) ■ 불어부숙계(不語敷宿戒) / 사분니바일제 85 : 若比丘尼 入白衣家 不語主 輒自敷座 止宿者. 波逸提 • 비시입백의가불어주좌와계∅(非時入白衣家不語住坐臥戒) / Nī-Pāc. 17(Nī ∅Pāc. 17) : yā pana bhikkhunī vikāle kulāni upasaṅkamitvā sāmike anāpucchā seyyaṁ santharitvā vā santharāpetvā vā abhinisīdeyya vā abhinipajjeyya vā, pācittiyan'ti.

Catu-Nip. 141

141(4-86) 단순속죄죄법 제86조

남자와 방에 들어가는 것에 대한 학습계율
[여남입실계(與男入室戒)]

[세존] "어떠한 비구니이든 남자와 단 둘이서 함께 어두운 방에 들어가면,1170) 단순속죄죄1171)를 범하는 것이니라."1172)

1170) 與男子. 共入闇室中者 : 빠알리문에는 '등불도 없는 밤의 어둠속에서 남자와 단 둘이서 함께 서있거나 대화를 나누면'이라고 되어 있다.

1171) 波逸提 : ≪빠알리율≫에서는 '누구든지 양식있는 친구가 있거나, 사적인 공간을 바라지 않고 다른 것에 사로잡혀 있거나 대화를 하거나, 정신착란자이거나, 최초의 범행자인 경우'는 예외이고, ≪사분율≫에서는 '등불이나 창문이나 혹은 빛이 있는 경우나 힘센 자의 강요였거나, 목숨이 위태로웠거나 청정행이 어려웠거나, 이 학습계율시설의 원인이 된 최초의 범행자이거나, 정신착란자이거나, 마음이 심란한 자이거나, 애통해 하는 자인 경우'를 예외로 한다.

1172) ■여남입실계(與男入室戒) / 사분니바일제 86 : 若比丘尼 與男子. 共入闇室中者. 波逸提 ●공남자독립암중계∅(共男子獨立闇中戒) / Nī-Pāc. 11(Nī ∅Pāc. 11) : yā pana bhikkhunī rattandhakāre appadīpe purisena saddhiṁ eken'ekā santiṭṭheyya vā sallapeyya, vā pācittiyan'ti.

Catu-Nip. 142

142(4-87) 단순속죄죄법 제87조

말씀을 살피지 않고 수용하는 것에 대한 학습계율
[불심수어계(不審受語戒)]

[세존] "어떠한 비구니이든 스승의 말씀을 잘못 이해하고 수용하여 타인에게 말하면,1173) 단순속죄죄1174)를 범하는 것이니라."1175)

1173) 不諦受師語 便向人說者 : 빠알리문에는 '잘못 파악하고 잘못 이해하여 타인을 험책하면'이라고 되어 있다.

1174) 波逸提 : 《빠알리율》에서는 '정신착란자이거나, 최초의 범행자인 경우'는 예외이고, 《사분율》에서는, '그러한 일이 사실이었거나, 장난으로 말했거나 혼잣말로 말했거나 꿈속에서 말했거나, 이것을 말하려다 저것을 착오로 말했거나, 이 학습계율시설의 원인이 된 최초의 범행자이거나, 정신착란자이거나, 마음이 심란한 자이거나, 애통해 하는 자인 경우'를 예외로 한다.

1175) ■불심수어계(不審受語戒) / 사분니바일제 87 : 若比丘尼 不諦受師語 便向人說者 波逸提 •불심제수사어계∅(不審諦受師語戒) / Nī-Pāc. 18(Nī ∅Pāc. 18) : yā pana bhikkhunī duggahitena dūpadhāritena paraṁ ujjhāpeyya, pācittiyan'ti.

Catu-Nip. 143

143(4-88) 단순속죄죄법 제88조

작은 일 때문에 저주하는 것에 대한 학습계율
[소연주저계(小緣呪詛戒)]

[세존] "어떠한 비구니이든 작은 일 때문에 남을 저주해 말하되, '내가 이런 짓을 했으면 삼악도에 떨어져 부처님 가르침 가운데 태어나지 못할 것이요, 네가 이런 짓을 했으면 삼악도에 떨어져 부처님 가르침 가운데 태어나지 못할 것이다.'라고 저주하면,[1176] 단순속죄죄[1177]를 범하는 것이니라."[1178]

1176) 有小因緣 便呪詛言. 若我有如是事. 墮三惡道 不生佛法中. 若汝有如是事. 亦墮三惡道 不生佛法中者 : 빠알리문은 "자신이나 타인을 지옥이나 청정한 삶을 언급하며 저주한다면'이라고 되어 있다.

1177) 波逸提 : ≪빠알리율≫에서는 '의미의 설명을 목표로 하거나, 원리의 설명을 목표로 하거나, 가르침의 설명을 목표로 하거나, 정신착란자이거나, 최초의 범행자인 경우'는 예외이고, ≪사분율≫에서는 '나무불(南無佛)이라고 말했거나, 장난으로 말했거나 혼잣말로 말했거나 꿈속에서 말했거나, 이것을 말하려다 저것을 착오로 말했거나, 이 학습계율시설의 원인이 된 최초의 범행자이거나, 정신착란자이거나, 마음이 심란한 자이거나, 애통해 하는 자인 경우'를 예외로 한다.

1178) ■소연주저계(小緣呪詛戒) / 사분니바일제 88 : 若比丘尼 有小因緣 便呪詛言. 若我有如是事. 墮三惡道 不生佛法中. 若汝有如是事. 亦墮三惡道 不生佛法中者. 波逸提 ●진심주저계∅(瞋心呪詛戒) / Nī-Pāc. 19(Nī∅Pāc. 19) : yā pana bhikkhunī attānaṁ vā paraṁ vā nirayena vā brahmacariyena vā abhisapeyya pācittiyan'ti.

Catu-Nip. 144

144(5-89) 단순속죄죄법 제89조

가슴을 치면서 우는 것에 대한 학습계율
[추흉제곡계(椎胸啼哭戒)]

[세존] "어떠한 비구니이든 서로 다투고, 다툰 일을 좋지 않게 기억하고 있다가, 가슴을 치면서 울면,[1179] 단순속죄죄[1180]를 범하는 것이니라."[1181]

---

*1179) **共鬪諍不善憶持諍事. 推胸啼泣者** : 빠알리문에는 '서로 다투고, 다툰 일을 좋지 않게 기억하고 있다가' 대신에 '자신을 거듭 학대하면서 울면'이라고 간략하게 되어 있다.*

*1180) **波逸提** : ≪빠알리율≫에서는 '친족의 상실이나 재산의 상실이나 건강의 상실을 만나서 울지만 학대하지 않거나, 정신착란자이거나, 최초의 범행자인 경우'는 예외이고, ≪사분율≫에서는 '이러한 병이 있었거나, 음식을 먹다가 목이 매어 가슴을 쳤다든가, 대소변하다가 눈물이 나왔든가, 감기로 인해 열이 있어 눈물이 나왔든가, 연기를 쐬어 눈물이 나왔든가, 가르침을 듣고 눈물이 나왔든가, 눈병으로 약을 넣어서 눈물이 나왔거나, 이 학습계율시설의 원인이 된 최초의 범행자이거나, 정신착란자이거나, 마음이 심란한 자이거나, 애통해 하는 자인 경우'를 예외로 한다.*

*1181) ■추흉제곡계(**椎胸啼哭戒**) / 사분니바일제 89 : **若比丘尼 共鬪諍不善憶持諍事. 推胸啼泣者 波逸提** ● 타기제읍계∅(**打己啼泣戒**) / Nī-Pāc. 20(Nī ∅Pāc. 20) : yā pana bhikkhunī attānaṁ vadhitvā vadhitvā rodeyya, pācittiyan'ti.*

Catu-Nip. 145

145(4-90) 단순속죄죄법 제90조

환자가 아닌데 한 침상에 눕는 것에 대한 학습계율
[무병공와계(無病共臥戒)]

[세존] "어떠한 비구니들이든지, 환자가 아닌 한, 둘이서 한 침상을 함께 누우면,1182) 단순속죄죄1183)를 범하는 것이니라."1184)

1182) 無病 二人 共床臥者 : 빠알리문에는 '환자가 아닌 한'이라는 조항이 없고 조문도 '누우면'이 아니라 '사용하면'이라고 되어 있다. 그것이 예외로 인정되지도 않는다.

1183) 波逸提 : ≪빠알리율≫에서는 '한 사람이 누운 곳에 다른 사람이 앉거나, 두 사람이 앉는 경우이거나, 정신착란자이거나 최초의 범행자인 경우'는 예외이고, ≪사분율≫에 의하면, '병자와 함께 병상에 눕거나, 번갈아서 앉거나 눕거나, 병으로 바닥에 쓰러졌거나, 힘센 자에게 강요였거나, 이 학습계율시설의 원인이 된 최초의 범행자이거나, 정신착란자이거나, 마음이 심란한 자이거나, 애통해 하는 자인 경우'를 예외로 한다.

1184) ■ 무병공와계(無病共臥戒) / 사분니바일제 90 : 若比丘尼 無病 二人 共床臥者 波逸提 • 무의동상와계∅(無衣同牀臥戒) / Nī-Pāc. 31 (Nī ∅Pāc. 31) : yā pana bhikkhuniyo dve ekamañce tuvaṭṭeyyuṁ pācittiyan'ti.

Catu-Nip. 146

146(4-91) **단순속죄죄법 제91조**

한 이불의 함께 눕는 것에 대한 학습계율
[공욕피와계(共褥被臥戒)]

[세존] "어떠한 비구니이든 둘이서 한 이불에 함께 누우면, 특별한 상황을 제외하고,[1185] 단순속죄죄[1186]를 범하는 것이니라."[1187]

1185) 同一褥 一被 共臥 除餘時 : 빠알리문에는 '특별한 상황을 제외하고'라는 구절이 없다.

1186) 波逸提 : ≪빠알리율≫에서는 '경계를 나누고 한 이불을 덮거나, 경계를 나누어 눕거나, 정신착란자이거나, 최초의 범행자인 경우는 예외이고, ≪사분율≫에서는 '까는 것이 하나 밖에 없어 풀이나 나뭇잎을 각각 따로 깔고 눕는 경우, 추울 때에 함께 덮는 이불이 하나 밖에 없어 각각 속옷을 입고 있었거나, 병으로 땅에 쓰러졌거나, 힘센 자의 강요였거나, 이 학습계율시설의 원인이 된 최초의 범행자이거나, 정신착란자이거나, 마음이 심란한 자이거나, 애통해하는 자인 경우'를 예외로 한다.

1187) ■공욕피와계(共褥被臥戒) / 사분니바일제 91 : 若比丘尼 同一褥 一被 共臥 除餘時 波逸提 •동피욕계∅(同被褥戒) / Nī-Pāc. 32 (Nī ∅Pāc. 32) : yā pana bhikkhuniyo dve ekattharaṇapāpuraṇā tuvaṭṭeyyuṁ, pācittiyan'ti.

Catu-Nip. 147

147(4-92) 단순속죄죄법 제92조

괴롭히기 위해서 경에 관해 묻는 것에 대한 학습계율
[고뇌문경계(故惱問經戒)]

[세존] "어떠한 비구니이든 자신보다 먼저 체류하고 있던 다른 자가 나중에 온 것을 알거나, 자신보다 나중에 온 다른 자가 먼저 체류하고 있던 것을 알고, 괴롭히기 위하여 앞에서 경을 외우고 뜻을 묻거나 가르치면,[1188] 단순속죄죄[1189]를 범하는 것이니라."[1190]

1188) 知先住後至. 知後至先住 爲惱尼故 在前 誦經問義教授者 : 빠알리문에는 '수행녀에게 의도적으로 폐를 끼치면'이라고 간략하게 되어있다. 바일제 173도 Nī-Pāc. 33에서 파생된 것이다.

1189) 波逸提 : 《빠알리율》에서는 '폐를 끼치려고 하지 않았거나, 허락을 구하고 앞에서 걷거나 서거나 앉거나 눕거나 송출하거나 송출하게 하거나 공부하거나, 정신착란자이거나 최초의 범행자인 경우'는 예외이고, 《사분율》에서는 '알지 못했거나, 먼저 허락했거나, 친분이 두터웠거나, 친한 사람이 '그대는 다만 가르치시오'라고 했거나, 먼저 머물던 자가 뒤에 온 자에게나 뒤에 온 자가 먼저 머물던 자에게나 두 사람이 함께 경전의 가르침을 받았거나, 저 사람이 묻고 이 사람이 답했거나, 함께 경전을 송출했거나, 장난으로 말했거나, 이 학습계율시설의 원인이 된 최초의 범행자이거나, 정신착란자이거나, 마음이 심란한 자이거나, 애통해 하는 자인 경우'를 예외로 한다.

1190) ■고뇌문경계(故惱問經戒) / 사분니바일제 92 : 若比丘尼 知先住後至. 知後至先住 爲惱尼故 在前誦經問義教授者. 波逸提 ⇐•고의혹뇌계∅(故意惑惱戒) / Nī-Pāc. 33(Nī ∅Pāc. 33) : yā pana bhikkhunī bhikkhuniyā sañcicca aphāsuṁ kareyya, pācittiyan'ti.

Catu-Nip. 148

148(4-93) 단순속죄죄법 제93조

환자를 돌보지 않는 것에 대한 학습계율
[불첨병자계(不瞻病者戒)]

[세존] "어떠한 비구니이든 동활이 아픈데, 돌보지 않는다면,1191) 단순속죄죄1192)를 범하는 것이니라."1193)

1191) 同活比丘尼病 不瞻視者 : 빠알리문에는 '돌보지 않는다면' 대신에 '간호하지 않을 뿐만 아니라 간호하도록 노력을 기울이지도 않는다면'이라고 되어 있다.

1192) 波逸提 : ≪빠알리율≫에서는 '장애가 있거나, 구해도 기회를 얻을 수 없거나, 병들었거나, 사고가 일어났거나, 정신착란자이거나 최초의 범행자의 경우'는 예외이고, ≪사분율≫에서는 '동활이 병이 나서 돌보았거나, 자신의 병 때문에 감당할 수 없거나, 이것으로 목숨이 위태로웠거나 청정행이 어려웠거나, 이 학습계율시설의 원인이 된 최초의 범행자이거나, 정신착란자이거나, 마음이 심란한 자이거나, 애통해 하는 자인 경우'를 예외로 한다.

1193) ■불첨병자계(不瞻病者戒) / 사분니바일제 93 : 若比丘尼 同活比丘尼病 不瞻視者 波逸提 ●부착동활니계∅(不着同活尼病戒) / Nī-Pāc. 34(Nī ∅Pāc. 34) : yā pana bhikkhunī dukkhitaṁ sahajīviniṁ n'eva upaṭṭheyya na upaṭṭhāpanāya ussukaṁ kareyya, pācittiyan'ti.

Catu-Nip. 149

149(4-94) 단순속죄죄법 제94조

안거중 화를 내어 끌어내는 것에 대한 학습계율
[하진구출계(夏瞋驅出戒)]

[세존] "어떤한 비구니이든 다른 비구니에게 여름 안거를 처음 시작할 때에는 한 방에서 함께 있는 것을 허락하였다가 뒤에 화를 내어 쫓아내면,1194) 단순속죄죄1195)를 범하는 것이니라."1196)

1194) 夏安居初 聽餘比丘尼 在房中安床 後瞋恚 驅出者 : 빠알리문에는 '안거'란 말이 없고 '방사를 준 뒤에 화가 나고 불만에 가득 찬다고 해서 끌어내거나 끌어내게 한다면'이라고 되어 있다.

1195) 波逸提 : 《빠알리율》에서는 '다툼을 일으킨 자를 끌어내거나 끌어내게 시키거나 그의 필수품을 끌어내거나 끌어내게 시키거나, 싸움을 일으킨 자를 끌어내거나 끌어내게 시키거나 그의 필수품을 끌어내거나 끌어내게 시키거나, 논쟁을 일으킨 자를 끌어내거나 끌어내게 시키거나 그의 필수품을 끌어내거나 끌어내게 시키거나, 분열을 일으킨 자를 끌어내거나 끌어내게 시키거나 그의 필수품을 끌어내거나 끌어내게 시키거나, 학인이나 제자들 가운데 바르지 못한 품행자를 끌어내거나 끌어내게 시키거나 그의 필수품을 끌어내거나 끌어내게 시키는 경우이거나, 정신착란자이거나 최초의 범행자인 경우'는 예외이고, 《사분율》에서는 '화내는 마음 없이 상좌부터 지시대로 하좌로 내려보냈거나, 구족계를 받지 않은 자와 함께 묵다가 이틀반이 지나 3일째 아침에 내보냈거나, 병자를 내보내 대소변이 편한 곳에 있게 했거나, 계행이나 견해나 위의를 깨거나 권리정지되었던가 멸빈당했던가, 멸빈당해야 하거나, 이 일로 목숨이 위태로웠거나 청정행이 어려웠거나, 이 학습계율시설의 원

인이 된 최초의 범행자이거나, 정신착란자이거나, 마음이 심란한 자이거나, 애통해 하는 자인 경우를 예외로 한다.

1196) ■ 하진구출계(夏瞋驅出戒) / 사분니바일제 94 : 若比丘尼 夏安居初 聽餘比丘尼 在房中安床 後瞋恚 驅出者. 波逸提 • 견타출방계 ∅(牽他出房戒) / Nī-Pāc. 35(Nī ∅Pāc. 35) : yā pana bhikkhunī bhikkhuniyā upassayaṁ datvā kupitā anattamanā nikkaḍḍheyya vā nikkaḍḍhāpeyya vā, pācittiyan'ti.

Catu-Nip. 150

150(4-95) 단순속죄죄법 제95조

세 계절 일체시의 유행에 대한 학습계율
[삼시유행계(三時遊行戒)]

[세존] "어떠한 비구니이든 봄, 여름, 겨울 언제나 세상으로 유행하면, 특별한 상황을 제외하고,[1197] 단순속죄죄[1198]를 범하는 것이니라."[1199]

1197) 春夏冬 一切時 人間遊行 除餘因緣 : 빠알리문에는 '특별한 상황을 제외하고'는 생략되어 있고, 단지 '안거 동안에 유행하면'이라고 되어 있다. 인도의 삼시 즉, 봄, 여름, 겨울은 결국 일체시를 말한다.

1198) 波逸提 : ≪빠알리율≫에서는 '볼 일이 있어 7일간 외출한다던가, 어떤 강요에 의해서 간다던가, 사고가 일어나는 경우이거나, 정신착란자이거나 최초의 범행자인 경우'는 예외이다. ≪사분율≫에서는 '불법승 삼보의 일이나 환우비구니의 일로 7일간 외출한다든가, 힘센 자에게 사로잡혔거나, 결박당했거나, 목숨이 위태로웠거나, 청정행이 어려웠거나, 이 학습계율시설의 원인이 된 최초의 범행자이거나, 정신착란자이거나, 마음이 심란한 자이거나, 애통해 하는 자인 경우'를 예외로 한다.

1199) ■삼시유행계(三時遊行戒) / 사분니바일제 95 : 若比丘尼 春夏冬 一切時 人間遊行. 除餘因緣 波逸提 ⇐• 우기유행계∅(雨期遊行戒) / Nī-Pāc. 39(Nī ∅Pāc. 39) : yā pana bhikkhunī antovassaṁ cārikaṁ careyya pācittiyan'ti.

Catu-Nip. 151

151(4-96) 단순속죄죄법 제96조

안거를 마치고 머물러 지내는 것에 대한 학습계율
[안거흘주계(安居訖住戒)]

[세존] "어떠한 비구니이든 안거를 마치고 유행을 떠나지 않으면,1200) 단순속죄죄1201)를 범하는 것이니라."1202)

---

*1200) **夏安居竟 不去者** : 빠알리문에는 '적어도 5 내지 6 요자나의 거리라도'가 추가되어 있다. 그러나 ≪사분율≫에서의 인연담은 단월의 집에서 안거를 보낸 상황을 묘사하면서, 단월이 계속 머물기를 청한다면 예외로 인정한다.*

*1201) **波逸提** : ≪빠알리율≫에서는 '장애가 있거나, 도반인 수행녀를 구해도 얻지 못하거나, 환자이거나, 사고가 일어난 경우이거나, 정신착란자이거나 최초의 범행자인 경우'는 예외이고, ≪사분율≫에서는 '하안거가 끝나고 갔거나, 장자가 계속 머물기를 요청하거나, 집집마다 차례로 음식을 보내왔거나, 친척이 공양을 청했거나, 병이 났는데 돌봐줄 도반이 없거나, 수해 등의 재난이 있었거나, 청정행이 어려웠거나, 이 학습계율시설의 원인이 된 최초의 범행자이거나, 정신착란자이거나, 마음이 심란한 자이거나, 애통해 하는 자인 경우'를 예외로 한다.*

*1202) ■안거흘주계(**安居訖住戒**) / 사분니바일제 96 : **若比丘尼 夏安居竟 不去者 波逸提** • 안거경부거계∅(**安居竟不去戒**) / Nī-Pāc. 40 (Nī∅Pāc. 40) : yā pana bhikkhunī vassaṁ vutthā cārikaṁ na pakkameyya antamaso chappañcayojanānipi, pācittiyan'ti.*

Catu-Nip. 152

152(4-97) 단순속죄죄법 제97조

변경지역에서 유행하는 것에 대한 학습계율
[변계의행계(邊界疑行戒)

[세존] "어떠한 비구니이든 위험하다고 여겨지고 공포를 수반하는 변경지역에서 세상을 유행하면,1203) 단순속죄죄1204)를 범하는 것이니라."1205)

1203) 邊界 有疑恐怖處 人間遊行者 : 빠알리문에는 '국외에서 캐러밴과 함께 하지도 않고 유행하면'이라고 되어 있다.

1204) 波逸提 : ≪빠알리율≫에서는 '러밴과 함께 가거나, 안전하게 공포없이 가거나, 사고가 일어났거나, 정신착란자이거나 최초의 범행자인 경우'는 예외이고, ≪사분율≫에서는 '부름을 받았거나, 알릴 것이 있다던가, 힘센 자의 강요였거나, 먼저 도착한 후에 위험하다고 의심되는 일이 일어났거나, 이 학습계율시설의 원인이 된 최초의 범행자이거나, 정신착란자이거나, 마음이 심란한 자이거나, 애통해 하는 자인 경우'를 예외로 한다.

1205) ■ 변계의행계(邊界疑行戒) / 사분니바일제 97 : 若比丘尼 邊界 有疑恐怖處 人間遊行者. 波逸提 • 국외공포처유행계∅(國外恐怖處遊行戒) / Nī-Pāc. 38(Nī ∅Pāc. 38) : yā pana bhikkhunī bhikkhunī tiroraṭṭhe sāsaṅkasammate sappaṭibhaye asatthikā cārikaṁ careyya, pācittiyan'ti.

Catu-Nip. 153

153(4-98) 단순속죄죄법 제98조

국경 내에서의 유행에 대한 학습계율
[계내의행계(界內疑行戒)]

[세존] "어떠한 비구니이든 위험하다고 여겨지고 공포를 수반하는 국경 내에서 세상을 유행하면,1206) 단순속죄1207)를 범하는 것이니라."1208)

1206) 於王界內 有疑恐怖處 在人間遊行者 : 빠알리문에는 '국내에서 캐러밴과 함께 하지도 않고 유행하면'이라고 되어 있다. 《사분율》의 인연담에서는 '국내에서 민중들의 반란이 일어났는데, 비구니들이 돌아다닌 것과 관계된다.

1207) 波逸提 : 《빠알리율》에서는 '캐러밴과 함께 가거나, 안전하게 공포없이 가거나, 사고가 일어났거나, 정신착란자이거나 최초의 범행자인 경우'는 예외이고, 《사분율》에서는 '부름을 받았거나, 알릴 것이 있다던가, 힘센 자의 강요였거나, 먼저 도착한 후에 위험하다고 의심되는 일이 일어났거나, 이 학습계율시설의 원인이 된 최초의 범행자이거나, 정신착란자이거나, 마음이 심란한 자이거나, 애통해 하는 자인 경우'를 예외로 한다.

1208) ■ 계내의행계(界內疑行戒) / 사분니바일제 98 : 若比丘尼 於王界內 有疑恐怖處 在人間遊行者. 波逸提 • 국내공포처유행계∅(國內恐怖處遊行戒) / Nī-Pāc. 37(Nī ∅Pāc. 37) : yā pana bhikkhunī antoraṭṭhe sāsaṅkasammate sappaṭibhaye asatthikā cārikaṁ careyya, pācittiyan'ti.

Catu-Nip. 154

154(4-99) 단순속죄죄법 제99조

재가의 남자들과 사귀는 것에 대한 학습계율
[친근속주계(親近俗住戒)]

[세존] "어떠한 비구니이든 재가의 가장이나 재가의 아들과 사귄다면, 그 비구니에게 비구니들은 '존귀한 자매여, 재가의 가장이나 재가의 아들과 사귀지 마십시오. 존귀한 자매여, 멀리 여의십시오. 멀리 여의면 부처님의 가르침 속에서 더욱 안락한 삶을 살 것입니다.'라고 말해야 한다.1209) 그 비구니가 비구니들이 이와 같이 말하는데도 불구하고 그대로 고집하면, 그 비구니에게 그것을 그만두도록 비구니들은 세 번까지 충고해야 하는데, 세 번까지 충고하여 그것을 포기하면, 훌륭한 일이고, 그만두지 않는다면, 단순속죄죄1210)를 범하는 것이니라."1211)

1209) 親近居士 居士子. 共住 作不隨順行. 餘比丘尼 諫是比丘尼言. 大姊 可別住 若別住者. 於佛法中 有增益安樂住 : 빠알리문에서의 충고는 '존귀한 자매여, 그만 두십시오. 참모임은 자매의 멀리 여읨을 찬탄합니다.'라고 되어 있다.

1210) 波逸提 : ≪빠알리율≫에서는 '충고받지 못했거나, 그만두는 경우이거나, 정신착란자이거나 최초의 범행자인 경우'는 예외이고, ≪사분율≫에서는 '한두 번 충고했을 때 그만두거나, 원칙에 맞지

않는 별중이나 원칙에 맞지 않는 갈마로 견책조치의 갈마를 하거나, 원칙에 맞지 않고, 계율에 맞지 않고, 가르침에 맞지 않는 갈마를 하거나, 일체의 충고를 하기 이전이었거나, 이 학습계율시설의 원인이 된 최초의 범행자이거나, 정신착란자이거나, 마음이 심란한 자이거나, 애통해 하는 자인 경우'를 예외로 한다.

1211) ■친근속주계(親近俗住戒) / 사분니바일제 99 : 若比丘尼 親近居士 居士子. 共住 作不隨順行. 餘比丘尼 諫是比丘尼言. 大姊 莫親近居士 居士子.共住 作不隨順行. 大姊 可別住 若別住者. 於佛法中有增益安樂住 是比丘尼 如是諫時. 堅持不捨 彼比丘尼 應三諫 捨此事故 乃至三諫 捨者善. 不捨者 波逸提 • 친근거사자위간계∅(親近居士子違諫戒) / Nī-Pāc. 36(Nī ∅Pāc. 36) : yā pana bhikkhunī saṁsaṭṭhā vihareyya gahapatinā vā gahapatiputtena vā sā bhikkhunī bhikkhunībhi evam assa vacanīyā: māyye saṁsaṭṭhā vihari gahapatināpi gahapatiputtenāpi. vivicc'ayye, vivekaññeva bhaginiyā saṅgho vaṇṇetī'ti. evañ ca pana sā bhikkhunī bhikkhūnīhi vuccamānā tath'eva paggaṇheyya sā bhikkhunī bhikkhunīhi yāvatatiyaṁ samanubhāsitabbā tassa paṭinissaggāya. yāvatatiyañ ce samanubhāsiyamānā taṁ paṭinissajjeyya, icc etaṁ kusalaṁ. no ce paṭinissajjeyya pācittiyan'ti.

Catu-Nip. 155

155(4-100) 단순속죄죄법 제100조

왕궁을 관람하는 것에 대한 학습계율
[왕관왕궁계(往觀王宮戒)]

[세존] "어떠한 비구니이든 왕궁이나 갤러리나 공원이나 유원이나 연못[1212]을 보러 가면, 단순속죄죄[1213]를 범하는 것이니라."[1214]

1212) 浴池 : '목욕을 위한 연못(浴池)'이라는 것은 빠알리어의 '연못(pokkharaṇī)'에 해당하는 단어이다. Vin. II. 123에 따르면, 재가의 남자신도가 수행승을 위하여 연못을 지었는데, 세존께서는 수행승을 위해서 연못을 허용했다.

1213) 波逸提 : ≪빠알리율≫에서는 '승원에 서서 보거나, 오거나 가면서 보거나, 용무가 있어 가다가 보거나, 사고가 일어난 경우이거나, 정신착란자이거나 최초의 범행자인 경우'는 예외이고, ≪사분율≫에서는 '왕궁에 알릴 일이 있거나, 지나가는 길이었거나, 숙박했거나, 힘센 자의 강요였거가, 요청이 있었거나, 참모임이나 탑묘와 관계된 일로 갤러리에서 모사하였거나, 승원 안에 있거나 가르침을 주거나 법문을 듣기 위한 것이었거나, 이 학습계율시설의 원인이 된 최초의 범행자이거나, 정신착란자이거나, 마음이 심란한 자이거나, 애통해 하는 자인 경우'를 예외로 한다.

1214) ■ 왕관왕궁계(往觀王宮戒) / 사분니바일제 100 : 若比丘尼 往觀王宮 文飾畫堂 園林浴池者. 波逸提 • 관왕궁원림계∅(觀王宮園林戒) / Nī-Pāc. 41(Nī ∅Pāc. 41) : yā pana bhikkhunī rājāgāraṁ vā cittāgāraṁ vā ārāmaṁ vā uyyānaṁ vā pokkharaṇiṁ vā dassanāya gaccheyya, pācittiyan'ti.

Catu-Nip. 156

156(4-101) 단순속죄죄법 제101조

강물에서 벌거벗고 목욕하는 것에 대한 학습계율
[하류노욕계(河流露浴戒)]

[세존] "어떠한 비구니이든 벌거벗은 몸으로 강물에나 연못에나 냇물에서 목욕하면,[1215] 단순속죄죄[1216]를 범하는 것이니라."[1217]

1215) 露身. 在河水 泉水 流水中 浴者 : 빠알리문에는 '벌거벗고 목욕하면'이라고 간략하게 되어 있다.

1216) 波逸提 : ≪빠알리율≫에서는 '옷을 빼앗겼거나, 옷이 망가졌거나, 사고가 있는 경우이거나, 정신착란자이거나 최초의 범행자인 경우'는 예외이고, ≪사분율≫에서는 '언덕으로 굽어져 몸이 가려진 곳이거나, 나무 그늘로 덮인 곳이거나, 몸이 물에 완전히 잠겼거나, 옷으로 몸을 가렸거나, 힘센 자의 강요였거나, 이 학습계율시설의 원인이 된 최초의 범행자이거나, 정신착란자이거나, 마음이 심란한 자이거나, 애통해 하는 자인 경우'를 예외로 한다.

1217) ■ 하류노욕계(河流露浴戒) / 사분니바일제 101 : 若比丘尼 露身. 在河水 泉水 流水中 浴者. 波逸提 • 나신목욕계∅(裸身沐浴戒) / Nī-Pāc. 21(Nī ∅Pāc. 21) : yā pana bhikkhunī naggā nhāyeyya, pācittiyan'ti.

Catu-Nip. 157

157(4-102) 단순속죄죄법 제102조

목욕옷의 치수를 초과하는 것에 대한 학습계율
[욕의과량계(浴衣過量戒)]

[세존] "비구니들이 목욕옷을 만들 때에는 치수에 맞게 만들어야 한다. 적당한 치수는 행복한 님의 뼘으로 길이 여섯 뼘(138cm∨540cm)이고 너비 두 뼘 반(57.5cm∨225cm)인데, 이것을 초과하면,[1218] 단순속죄죄[1219]를 범하는 것이니라."[1220]

1218) 若過成者 : 빠알리문에는 적당한 치수가 '행복한 님의 뼘으로 네 뼘(92cm∨360cm)이고 너비 두 뼘(46cm∨180cm)'이다. 말미에 '잘라내는 것을 포함하여'가 추가되어 있다.

1219) 波逸提 : 《빠알리율》에서는 '치수에 따라 만들거나, 부족하게 만들거나, 타인이 만든 치수가 초과하는 것을 얻어서 자르고 사용하거나, 천개(天蓋)나 바닥깔개나 커튼이나 담장이나 매트리스나 베개로 만들거나, 정신착란자이거나 최초의 범행자인 경우'는 예외이고, 《사분율》에서는 '치수에 맞거나 치수 보다 적게 만들었거나, 타인으로부터 이미 완성된 것을 얻어 재단하여 사용하든가, 두 겹으로 만들어 치수에 맞춘 경우'는 예외이다.

1220) ■ 욕의과량계(浴衣過量戒) / 사분니바일제 102 : 若比丘尼 作浴衣 當應量作. 是中量者. 長佛六磔手. 廣二磔手半. 若過成者 波逸提 • 과량수욕의계∅(過量水浴衣戒) / Nī-Pāc. 22(Nī∅Pāc. 22) : udakasāṭikam pana bhikkhuniyā kārayamānāya pamāṇikā kāretabbā, tatr'idaṁ pamāṇaṁ: dīghaso catasso vidatthiyo sugatavidatthiyā, tiriyaṁ dve vidatthiyo. taṁ atikkāmentiyā chedanakaṁ pācittiyan'ti.

Catu-Nip. 158

158(4-103) 단순속죄죄법 제103조

옷을 꿰매는데 날을 지나치는 것에 대한 학습계율
[봉의과일계(縫衣過日戒)]

[세존] "어떠한 비구니이든 대의(大衣)를 꿰매면서 닷새를 지나치면, 대의를 구하는 중이거나 까티나 옷이 성립되었거나 여섯 가지 위난의 경우를 제외하고,[1221] 단순속죄죄[1222]를 범하는 것이니라."[1223]

1221) 縫僧伽梨 過五日. 除求僧伽梨 出迦絺那衣 六難事起者 : 승가리(僧伽梨)는 빠알리어의 'saṅghāṭi'를 음사한 것으로 수행승이나 수행녀가 지녀야 하는 세벌 옷 가운데 가장 크므로 대의(大衣)라고 한다. 상세한 설명은 이 책 Vin. I. 109의 주석을 참조하라. 그러나 빠알리문에는 단순히 '수행녀의 옷'이라고만 되어 있다. 빠알리문은 '수행녀의 옷에 대하여 실밥을 뽑거나 뽑게 만들고 나중에 방해받지 않는데도 꿰매지도 않고 꿰매도록 노력을 기울이지 않는다면, 사오일 동안을 제외하고'라고 되어 있다. 여섯 가지 위난(六難事)은 물 · 불 · 왕으로 인한 위난(危難)과 목숨이 위태로웠거나, 청정행이 어려웠거나, 결박되어 갇혔을 때의 위난을 말한다.

1222) 波逸提 : 《빠알리율》에서는 '장애가 있다거나, 구해도 기회를 얻을 수 없던가, 일을 하면서 사오일을 넘어서지 않거나, 환자이거나, 사고가 일어났거나, 정신착란자이거나 최초의 범행자인 경우'는 예외이고, 《사분율》에서는 '대의를 구하는 중이었거나 까티나 옷이 성립되었거나, 5일 이내에 여섯 가지 위난이 이어났거나, 바느질할 때에 칼 · 바늘 · 실이 없거나 옷감이 부족했거나, 옷주인이 계율이나 견해나 위의를 깨뜨렸거나, 권리정지 되었거나, 멸빈되었거나 멸빈당해야 했거나 혹은 이 일 때문에 목숨이 위태롭거나 청정

행이 위태로운 이 학습계율시설의 원인이 된 최초의 범행자이거나, 정신착란자이거나, 마음이 심란한 자이거나, 애통해 하는 자인 경우'를 예외로 한다.

1223) ■ 봉의과일계(縫衣過日戒) / 사분니바일제 103 : 若比丘尼 縫僧伽梨 過五日. 除求僧伽梨 出迦絺那衣 六難事起者. 波逸提 • 봉의과오일계∅(縫衣過五日戒) / Nī-Pāc. 23(Nī ∅Pāc. 23) : *yā pana bhikkhunī bhikkhuniyā cīvaraṁ visibbetvā vā visibbāpetvā vā sā pacchā anantarāyikinī n'eva sibbeyya na sibbāpanāya ussukkaṁ kareyya aññatra catūhapañcāhā, pācittiyan'ti.*

Catu-Nip. 159

159(4-104) 단순속죄죄법 제104조

대의를 돌보지 않고 지나친 것에 대한 학습계율
[불간의과계(不看衣過戒)]

[세존] "어떠한 비구니이든 대의(大衣)를 돌보지 않고 닷새를 지나치면,1224) 단순속죄죄1225)를 범하는 것이니라."1226)

1224) 過五日. 不看僧伽梨者 : 빠알리문에는 '대의를 착용하지 않고' 라고 되어 있다. 비방가에 따르면, 대의를 착용하는 것을 잊어버리고 하의와 상의만 입고 돌아다녀서 대의가 상한 것 때문에 만들어진 것이다.

1225) 波逸提 : ≪빠알리율≫에서는 '다섯 번째 날 다섯 벌의 옷을 입거나 걸치거나 햇볕에 말리는 경우나, 질병에 걸렸거나, 사고가 일어났거나, 정신착란자이거나 최초의 범행자인 경우'는 예외이고, ≪사분율≫에서는 '5일마다 살폈거나, 보관하는 것이 안전했거나, 타인에게 맡겼거나, 맡은 이가 살폈거나, 잃을까 두려워 살폈거나, 이 학습계율 시설의 원인이 된 최초의 범행자이거나, 정신착란자이거나, 마음이 심란한 자이거나, 애통해 하는 자인 경우'를 예외로 한다.

1226) ■불간의과계(不看衣過戒) / 사분니바일제 104 : 若比丘尼 過五日. 不看僧伽梨者. 波逸提 ●과오일부착승가리계∅(過五日不著僧伽梨戒) / Nī-Pāc. 24(Nī ∅Pāc. 24) : yā pana bhikkhunī pañcāhikaṁ saṅghāṭicāraṁ atikkāmeyya, pācittiyan'ti.

Catu-Nip. 160

160(4-105) 단순속죄죄법 제105조

무리의 옷 얻기를 방해하는 것에 대한 학습계율
[승의류난계(僧衣留難戒)]

[세존] "어떠한 비구니이든 단월이 무리에게 보시하려할 때에 고의로 방해하면,1227) 단순속죄죄1228)를 범하는 것이니라."1229)

1227) *檀越 與衆僧衣 故作留難者 : 빠알리문에는 '무리가 옷을 얻는 것을 방해하면'이라고 되어 있다.*

1228) *波逸提 : ≪빠알리율≫에서는 '공덕을 설해주고 방해하거나, 정신착란자이거나, 최초의 범행자인 경우'는 예외로 하는데, ≪사분율≫은 '조금만 시주하려 했는데 많은 시주를 권했거나, 적은 사람이 시주하려했는데 많은 사람에게 시주를 권했거나, 좋지 않은 것을 시주하려했는데 좋은 것을 권했거나, 장난으로 말했거나 가려진 장소에서 말했거나, 이 학습계율시설의 원인이 된 최초의 범행자이거나, 정신착란자이거나, 마음이 심란한 자이거나, 애통해 하는 자인 경우'를 예외로 한다.*

1229) *■승의류난계(僧衣留難戒) / 사분니바일제 105 : 若比丘尼 檀越 與衆僧衣 故作留難者 波逸提 • 승의작유난계∅(僧衣作留難戒) / Nī-Pāc. 26(Nī ∅Pāc. 26) : yā pana bhikkhunī gaṇassa civaralābhaṁ antarāyaṁ kareyya pācittiyan'ti.*

Catu-Nip. 161

161(4-106) 단순속죄죄법 제106조

묻지 않고 타인의 옷을 입는 것에 대한 학습계율
[불문착의계(不問着衣戒)]

[세존] "어떠한 비구니이든 주인에게 묻지 않고 임의로 다른 사람의 옷을 착용하면,[1230] 단순속죄죄[1231]를 범하는 것이니라."[1232]

1230) 不問主 輒著他衣者 : 빠알리문에는 '돌려주어야 할 옷을 착용하면'이라고 되어 있다.

1231) 波逸提 : 《빠알리율》에서는 '그(그녀)가 주거나, 옷을 빼앗긴 자이거나, 옷을 잃어버린 자이거나, 사고가 나거나, 정신착란자이거나, 최초의 범행자인 경우'는 예외이고, 《사분율》에서는 '주인에 물어봤거나, 친한 사람의 옷이거나, 친한 사람이 '입고 가라. 주인에게 말해주겠다.'라고 했거나, 이 학습계율시설의 원인이 된 최초의 범행자이거나, 정신착란자이거나, 마음이 심란한 자이거나, 애통해 하는 자인 경우'를 예외로 한다.

1232) ■ 불문착의계(不問着衣戒) / 사분니바일제 106 : 若比丘尼 不問主 輒著他衣者 波逸提 • 첩착타의계∅(輒著他衣戒) / Nī-Pāc. 25 (Nī ∅Pāc. 25) : yā pana bhikkhunī cīvarasaṅkamanīyaṁ dhāreyya, pācittiyan'ti.

Catu-Nip. 162

162(4-107) 단순속죄죄법 제107조

외도에게 옷을 주는 것에 대한 학습계율
[의시외도계(衣施外道戒)]

[세존] "어떠한 비구니이든 사문의 옷을 외도나 재가자에게 주면,1233) 단순속죄죄1234)를 범하는 것이니라."1235)

1233) 持沙門衣 施與外道白衣者 : 빠알리문에는 '재가자나 유행자나 유행녀에게 사문의 옷을 주면'라고 되어 있다.

1234) 波逸提 : 《빠알리율》에서는 '부모에게 주거나, 당분간 주거나, 정신착란자이거나, 최초의 범행자인 경우'는 예외이고, 《사분율》에서는 '부모에게 주었거나, 탑묘를 짓는 자에게 주었거나, 강당이나 정사를 짓는 자에게 밥값으로 계산해 주었거나, 힘센 자에게 빼앗긴 이 학습계율시설의 원인이 된 최초의 범행자이거나, 정신착란자이거나, 마음이 심란한 자이거나, 애통해 하는 자인 경우'를 예외로 한다.

1235) ■ 의시외도계(衣施外道戒) / 사분니바일제 107 : 若比丘尼 持沙門衣 施與外道白衣者. 波逸提 ● 여백의외도의계∅(與白衣外道衣戒) / Nī-Pāc. 28(Nī ∅Pāc. 28) : yā pana bhikkhunī agārikassa vā paribbājakassa vā paribbājikāya vā samaṇacīvaraṁ dadeyya pācittiyan'ti.

Catu-Nip. 163

163(4-108) 단순속죄죄법 제108조

참모임의 분배를 차단하는 것에 대한 학습계율
[차승분의계(遮僧分衣戒)]

[세존] "어떠한 비구니이든 참모임이 원칙에 맞게 옷을 분배하려고 할 때, 제자가 받지 못할까 염려하여 옷의 분배를 저지하면,1236) 단순속죄죄1237)를 범하는 것이니라."1238)

1236) 作如是意 衆僧如法分衣 遮令不分. 恐弟子不得者 : 빠알리문에는 '원칙에 맞는 옷의 분배를 저지하면'이라고 되어 있다.

1237) 波逸提 : ≪빠알리율≫에서는 '공덕을 설명해주고 저지하거나, 정신착란자이거나 최초의 범행자인 경우'는 예외이고, ≪사분율≫에서는 '합당하지 않은 때에 나누어주었거나, 원칙에 맞지 않는 분배였거나, 나누고자 할때에 잃어버릴까 걱정스러웠거나, 훼손된 것이라 나누지 못하도록 막았거나, 이 학습계율시설의 원인이 된 최초의 범행자이거나, 정신착란자이거나, 마음이 심란한 자이거나, 애통해 하는 자인 경우'를 예외로 한다.

1238) ■차승분의계(遮僧分衣戒) / 사분니바일제 108 : 若比丘尼 作如是意 衆僧如法分衣 遮令不分. 恐弟子不得者. 波逸提 ●차분의계∅(遮分衣戒) / Nī-Pāc. 27(Nī∅Pāc. 27) : yā pana bhikkhunī dhammikaṁ cīvaravibhaṅgaṁ paṭibāheyya, pācittiyan'ti.

Catu-Nip. 164

164(4-109) 단순속죄죄법 제109조

참모임의 까티나특권 해제 차단의 일시적 유도에 대한 학습계율
[영승불출가치나의계(令僧不出迦絺那衣戒)]

[세존] "어떠한 비구니이든 참모임으로 하여금 지금 카티나특권의 해제1239)를 차단하게 하여 나중에 다섯 가지 특권1240)을 오래도록 얻은 뒤에 해제하려 한다면,1241) 단순속죄죄1242)를 범하는 것이

1239) ***出迦絺那衣*** : *여기서 출가치나의(**出迦絺那衣**)는 까티나특권의 해제를 뜻한다. 까티나특권(kaṭhina : Vin. I. 255)에는 다섯 가지(**五事**)가 있다 : ① 참모임의 허락을 받지 않고 탁발을 위해 가정을 방문하는 것이 허용되는 것, ② 세벌 옷(**三衣**)을 걸치지 않고도 탁발을 갈 수 있는 것, ③ 무리지어 식사하는 별중식(**別衆食**)이란 네 명의 수행승이 한 당파가 되어 행동하면 참모임의 파괴와 연결될 수 있으므로 금지된 것이지만, 까티나옷이 성립되는 경우에는 식후에 옷의 보시가 있으므로 별중식에 초대받아도 무방한 것, ④ 세벌 옷을 만드는데 필요한 옷이나 옷을 확보하기 위해서는 그 만큼의 가상의(**假想衣**)를 신자로부터 조달해야 하는데 까티나옷이 성립되면 그것이 가능해지는 것, ⑤ 죽은 수행승을 위한 수의이건 참모임에 대한 선물이건 어떠한 방식으로든 참모임에 옷이 생겨나면 그것은 자신들을 위한 것이다. 그러나 이러한 까티나특권이 해제됨에 따라서 사라진다.*

1240) ***五事*** : *앞의 주석의 다섯 가지 까티나특권을 말한다.*

1241) ***作如是意 令衆僧 今不得出迦絺那衣 後當出 欲令五事 久得放捨者*** : *빠알리문에는 '원칙에 맞는 까티나특권의 해제를 차단하면'이라고 되어 있다.*

니라."1243)

1242) 波逸提 : ≪빠알리율≫에서는 '공덕을 설해주고 차단한 경우이거나, 정신착란자이거나 최초의 범행자인 경우'는 예외이고, '≪사분율≫에서는 '합당하지 않은 때에 차단했거나, 원칙에 맞지 않는 해제였거나, 해제하려고 할 때에 잃어버릴까 걱정스러웠거나, 잃어버리거나 훼손될까 해제하지 못하도록 막았거나, 이 학습계율시설의 원인이 된 최초의 범행자이거나, 정신착란자이거나, 마음이 심란한 자이거나, 애통해 하는 자인 경우'를 예외로 한다.

1243) ▪영승불출가치나의계(令僧不出迦絺那衣戒) / 사분니바일제 109 : 若比丘尼 作如是意 令衆僧 今不得出迦絺那衣 後當出 欲令五事 久得 放捨者 波逸提 ⇐•차출공덕의계∅(遮出功德衣戒) / Nī-Pāc. 30(Nī ∅Pāc. 30) : yā pana bhikkhunī dhammikaṁ kaṭhinuddhāraṁ paṭibāheyya pācittiyan'ti.

Catu-Nip. 165

165(4-91) 단순속죄죄법 제110조

비구니의 까티나특권 해제 차단의 영구적 유도에 대한 학습계율
[차니불출가치나의계(遮尼不出迦絺那衣戒)]

[세존] "어떠한 비구니이든 비구니로 하여금 카티나특권의 해제를 차단하게 하여 다섯 가지 특권을 오래도록 얻은 뒤에 해제하려 한다면,[1244] 단순속죄죄[1245]를 범하는 것이니라."[1246]

1244) 作如是意 遮比丘尼僧 不出迦絺那衣 欲令五事 久得 放捨者 : 빠알리문에는 '원칙에 맞는 까티나특권의 해제를 차단하면'이라고 되어 있다.

1245) 波逸提 : ≪빠알리율≫에서는 '공덕을 설해주고 차단한 경우이거나, 정신착란자이거나 최초의 범행자인 경우'는 예외이고, '≪사분율≫에서는 '합당하지 않은 때에 차단했거나, 원칙에 맞지 않는 해제였거나, 해제하려고 할 때에 잃어버릴까 걱정스러웠거나, 잃어버리거나 훼손될까 해제하지 못하도록 막았거나, 이 학습계율시설의 원인이 된 최초의 범행자이거나, 정신착란자이거나, 마음이 심란한 자이거나, 애통해 하는 자인 경우'를 예외로 한다.

1246) ■차니불출가치나의계(遮尼不出迦絺那衣戒) / 사분니바일제 110 : 若比丘尼 作如是意 遮比丘尼僧 不出迦絺那衣 欲令五事 久得 放捨者. 波逸提 ⇐•차출공덕의계∅(遮出功德衣戒) / Nī-Pāc. 30(Nī ∅Pāc. 30) : yā pana bhikkhunī dhammikaṁ kaṭhinuddhāraṁ paṭibāheyya pācittiyan'ti.

Catu-Nip. 166

166(4-111) 단순속죄죄법 제111조

쟁사를 그치게 해주지 않는 것에 대한 학습계율
[불여멸쟁계(不與滅諍戒)]

[세존] "어떠한 비구니이든 다른 비구니로부터, '나를 위하여 이 다툼을 그치게 해주시오.'라는 요청을 받고, 방편으로 그치게 해주지 않으면,1247) 단순속죄죄1248)를 범하는 것이니라."1249)

1247) 餘比丘尼語言. 爲我 滅此諍事. 而不與作方便 令滅者 : 빠알리 문에는 "수행녀가 '존귀한 자매여, 이 쟁사를 그치게 하여 주십시오' 라는 말에, '좋습니다'라고 대답하고는 나중에 장애가 없는데도, 그치게 하지도 않고 그치도록 노력을 기울이지도 않는다면"이라고 되어 있다.

1248) 波逸提 : ≪빠알리율≫에서는 '장애가 있다거나, 구해도 기회를 얻을 수 없던가, 질환자이거나, 사고가 일어난 경우이거나, 정신착란자이거나 최초의 범행자의 경우'가 예외이고, ≪사분율≫에서는 '그치게 해주었거나, 질병이 들었거나, 방편을 강구해주었거나, 말해주었으나 실천하지 않았거나, 이 학습계율시설의 원인이 된 최초의 범행자이거나, 정신착란자이거나, 마음이 심란한 자이거나, 애통해 하는 자인 경우'를 예외로 한다.

1249) ■불여멸쟁계(不與滅諍戒) / 사분니바일제 111 : 若比丘尼 餘比丘尼語言. 爲我 滅此諍事. 而不與作方便 令滅者. 波逸提 • 불여타멸쟁계∅(不與他滅諍戒) / Nī-Pāc. 45(Nī ∅Pāc. 45) : yā pana bhikkhunī bhikkhuniyā eh'ayye imaṁ adhikaraṇaṁ vūpasamehīti vuccamānā sādhū'ti paṭissuṇitvā sā pacchā anantarāyikinī n'eva vūpasameyya na vūpasamāya ussukkaṁ kareyya, pācittiyan'ti.

Catu-Nip. 167

167(4-112) 단순속죄죄법 제112조

외도에게 음식을 주는 것에 대한 학습계율
[식수외도계(食授外道戒)]

[세존] "어떠한 비구니이든 자신의 손으로 재가자나 외도에게 음식을 주면,1250) 단순속죄죄1251)를 범하는 것이니라."1252)

1250) 自手持食. 與白衣外道食者 : 빠알리문에는 '재가자나 유행자나 유행녀에게 자신의 손으로 단단하거나 부드러운 음식을 주면'이라고 되어 있다.

1251) 波逸提 : ≪빠알리율≫에서는 '주게 시키고 자신이 주지 않거나, 근처에 놓아두고 주거나, 외용도약을 주거나, 정신착란자나 최초의 범행자인 경우'는 예외이고, ≪사분율≫에서는 '바닥에 놓아서 주었거나, 타인을 시켜 주었거나, 부모에게 주거나 탑을 만드는 자에게 주거나 힘센 자의 강요였거나, 이 학습계율시설의 원인이 된 최초의 범행자이거나, 정신착란자이거나, 마음이 심란한 자이거나, 애통해 하는 자인 경우'를 예외로 한다.

1252) ■ 식수외도계(食授外道戒) / 사분니바일제 112 : 若比丘尼 自手持食. 與白衣外道食者. 波逸提 • 여백의외도식계∅(與白衣外道食戒) / Nī-Pāc. 46Nī∅Pāc. 46) : yā pana bhikkhunī agārikassa vā paribbājakassa vā paribbājikāya vā sahatthā khādanīyaṁ vā bhojanīyaṁ vā dadeyya, pācittiyan'ti.

Catu-Nip. 168

168(4-113) **단순속죄죄법 제113조**

재가자를 위한 가사일에 대한 학습계율
[위백의사계(爲白衣使戒)]

[세존] "어떠한 비구니이든 재가자를 위한 가사일을 하면, 단순속죄[1253]를 범하는 것이니라."[1254]

1253) 波逸提 : ≪빠알리율≫에서는 '죽공양이거나, 참모임을 위한 식사이거나, 탑묘의 공양을 위한 것이거나, 자신을 위한 가사일로서 죽이나 밥이나 단단한 음식을 요리하거나 옷이나 두건을 세탁하거나, 정신착란자이거나 최초의 범행자인 경우'는 예외이고, ≪사분율≫에서는, '부모나 단월이 병이 들었거나 구속되어있어 평상이나 와구를 펴거나 마당을 쓸거나 물을 긷거나 심부름을 해주거나, 힘센 자의 강요였거나, 이 학습계율시설의 원인이 된 최초의 범행자이거나, 정신착란자이거나, 마음이 심란한 자이거나, 애통해 하는 자인 경우'를 예외로 한다.

1254) ■위백의사계(爲白衣使戒) / 사분니바일제 113 : 若比丘尼 爲白衣作使者. 波逸提 • 여백의작사계⊘(與白衣作使戒) / Nī-Pāc. 44 (Nī ⊘Pāc. 44) : yā pana bhikkhunī gihiveyyāvaccaṁ kareyya, pācittiyan'ti.

Catu-Nip. 169

169(4-114) 단순속죄죄법 제114조

자신의 손으로 실짜는 것에 대한 학습계율
[자수방적계(自手紡績戒)]

[세존] "어떠한 비구니이든 자신의 손으로 실을 짜면,1255) 단순속죄죄1256)를 범하는 것이니라."1257)

1255) *自手紡績者 : 빠알리문에는 '자신의 손으로'라는 구절이 없다.*

1256) *波逸提 : ≪빠알리율≫에서는 '짜인 실을 감거나, 정신착란자이거나 최초의 범행자인 경우'는 예외이고, ≪사분율≫에서는 '스스로 실을 구해 합쳐서 연결했거나, 힘센 자의 강요였거나, 이 학습계율시설의 원인이 된 최초의 범행자이거나, 정신착란자이거나, 마음이 심란한 자이거나, 애통해 하는 자인 경우'를 예외로 한다.*

1257) *■자수방적계(自手紡績戒) / 사분니바일제 114 : 若比丘尼 自手紡績者. 波逸提 •자방적계∅(自紡績戒) / Nī-Pāc. 43(Nī∅Pāc. 43) : yā pana bhikkhunī suttaṁ kanteyya, pācittiyan'ti.*

Catu-Nip. 170

170(4-115) 단순속죄죄법 제115조

재가자의 집에서 평상에 앉거나 눕는 것에 대한 학습계율
[속상좌와계(俗床坐臥戒)]

[세존] "어떠한 비구니이든 재가자의 집에 가서 작은 평상에나 큰 평상에 앉거나 눕거나 하면,1258) 단순속죄1259)를 범하는 것이니라."1260)

1258) 入白衣舍內. 在小床 大床上 若坐 若臥者 : 빠알리문에는 '재가자의 집에서'라는 말이 없고 '소파나 안락의자를 사용하면'이라고 되어 있다. 그 인연담이 《빠알리율》과 《사분율》이 다르다. 《사분율》에 의하면, 비구니 툴라난다가 재가자의 부인이 목욕하는 사이에 부인의 옷을 입고 평상에 누웠는데, 남편이 들어와서 툴라난다가 부인인 줄 알고 만지고 입을 맞춘 것에서 유래한다.

1259) 波逸提 : 《빠알리율》에서는 '소파의 다리를 자르고 사용하거나, 안락의자의 털을 분리하고 사용하는 경우이거나, 정신착란자이거나 최초의 범행자인 경우'는 예외이고, 《사분율》에서는 '이러한 병이 있었거나, 혼자 앉는 평상에 앉았거나, 대중을 위해 여러 개의 자리가 펴졌거나, 병으로 평상 위에 쓰러졌거나, 힘센 자의 강요에 의해서나, 결박당해 갇혔거나, 목숨이 위태롭거나, 청정행이 어려웠거나, 이 학습계율시설의 원인이 된 최초의 범행자이거나, 정신착란자이거나, 마음이 심란한 자이거나, 애통해 하는 자인 경우'를 예외로 한다.

1260) ■속상좌와계(俗床坐臥戒) / 사분니바일제 115 : 若比丘尼 入白衣舍內. 在小床 大床上 若坐 若臥者. 波逸提 ⇐•고상미모상계∅(高床尾毛牀戒) / Nī-Pāc. 42(Nī ∅Pāc. 42) : yā pana bhikkhunī āsandiṁ vā pallaṅkaṁ vā paribhuñjeyya pācittiyan'ti.

Catu-Nip. 171

171(4-116) 단순속죄죄법 제116조

재가에서 자고 말없이 떠나기에 대한 학습계율
[속숙부사계(俗宿不辭戒)]

[세존] "어떠한 비구니이든 재가자의 집에 가서 주인께 말하고 자리를 펴고 자고 나서, 이튿날 말없이 떠나가면, 단순속죄죄1261)를 범하는 것이니라."1262)

1261) 波逸提 : 《사분율》에서는 "주인에게 말하고 갔거나, 먼저 어떤 자가 집안에 있었거나, 이미 집이 비어있거나, 복을 짓기 위한 집이었거나, 친분이 두터운 자였거나, 친분이 두터운 자가 '가시오 주인에게 말해주겠소'라고 했거나, 집이 무너지거나 불에 타거나 방안에 독사나 사나운 짐승이 있었거나, 도적이 들어왔거나 힘센 자의 강요였거나, 결박당해 갇혔거나, 목숨이 위태로웠거나 청정행이 어려웠거나, 이 학습계율시설의 원인이 된 최초의 범행자이거나, 정신착란자이거나, 마음이 심란한 자이거나, 애통해 하는 자인 경우"를 예외로 한다.

1262) ■속숙불사계(俗宿不辭戒) / 사분니바일제 116 : 若比丘尼 至白衣舍. 語主人 敷臥具止宿. 明日 不辭去者. 波逸提

Catu-Nip. 172

172(4-117) 단순속죄죄법 제117조

주술을 외우고 익히는 것에 대한 학습계율
[송습주술계(誦習呪術戒)]

[세존] "어떠한 비구니이든 세상의 주술을 외우고 익히면,1263) 단순속죄죄1264)를 범하는 것이니라."1265)

1263) 誦習世浴呪術者 : 빠알리문에는 '저속한 지식을 배우면'이라고 되어 있다.

1264) 波逸提 : 《빠알리율》에서는 '문자를 배우거나, 기억된 것을 배우거나, 수호를 위한 진언을 배우는 경우이거나, 정신착란자이거나 최초의 범행자인 경우'는 예외이고, 《사분율》에서는 '뱃속에 기생충을 없애기 위해 주술을 외우거나, 음식이 소화되지 않아 주문을 외우거나, 외도를 항복시키기 위해 방편으로 주문을 배우거나 외었거나, 몸을 수호하기 위해 독을 다스리는 주문을 외웠거나, 이 학습계율시설의 원인이 된 최초의 범행자이거나, 정신착란자이거나, 마음이 심란한 자이거나, 애통해 하는 자인 경우'를 예외로 한다.

1265) ■송습주술계(誦習呪術戒) / 사분니바일제 117 : 若比丘尼 誦習世浴呪術者. 波逸提 ⇐• 자송주술계∅(自誦呪術戒) / Nī-Pāc. 49 (Nī ∅Pāc. 49) : yā pana bhikkhunī tiracchānavijjaṁ pariyāpuṇeyya, pācittiyan'ti.

Catu-Nip. 173

173(4-118) 단순속죄죄법 제118조

타인에게 주술을 가르치는 것에 대한 학습계율
[교인주술계(敎人呪術戒)]

[세존] "어떠한 비구니이든 세상의 주술을 다른 사람에게 가르치면,1266) 단순속죄죄1267)를 범하는 것이니라."1268)

1266) *敎人誦習世浴咒術者 : 빠알리문에는 '저속한 지식을 가르치면'이라고 되어 있다.*

1267) *波逸提 : 앞의 학습계율과 마찬가지로 ≪빠알리율≫에서는 '문자를 가르치거나, 기억된 것을 가르치거나, 수호를 위한 진언을 가르치거나, 정신착란자이거나 최초의 범행자인 경우'는 예외이고, ≪사분율≫에서는 '뱃속에 기생충을 없애기 위해 주술을 외우거나, 음식이 소화되지 않아 주문을 외우거나, 외도를 항복시키기 위해 방편으로 주문을 배우거나 외웠거나, 몸을 수호하기 위해 독을 다스리는 주문을 외웠거나, 이 학습계율시설의 원인이 된 최초의 범행자이거나, 정신착란자이거나, 마음이 심란한 자이거나, 애통해 하는 자인 경우'를 예외로 한다.*

1268) *▪교인주술계(敎人呪術戒) / 사분니바일제 118 : 若比丘尼 敎人誦習世俗咒術者. 波逸提 •교인송주술계∅(敎人誦呪術戒) / Nī-Pāc. 50(Nī ∅Pāc. 50) : yā pana bhikkhunī tiracchānavijjaṁ vāceyya pācittiyan'ti.*

Catu-Nip. 174

174(4-119) 단순속죄죄법 제119조

임신부의 구족계를 맡는 것에 대한 학습계율
[도임수구계(度妊授具戒)]

[세존] "어떠한 비구니이든 임신한 여인인 줄 알면서1269) 구족계를 받을 수 있도록 맡으면, 단순속죄죄1270)를 범하는 것이니라."1271)

1269) *知女人妊娠 : 빠알리문은 '알면서'가 생략되어 있다.*

1270) *波逸提 : ≪빠알리율≫에서는 '임신부에 대하여 임신하지 않은 여자라고 지각하고 구족계를 받을 수 있도록 맡아두거나, 임신하지 않은 여자에 대하여 임신하지 않은 여자라고 지각하고 구족계를 받을 수 있도록 맡는 경우이거나, 정신착란자이거나 최초의 범행자인 경우'는 예외이고, ≪사분율≫에서는 '알지 못했거나, 그 사람의 말을 믿었거나 믿을 수 있는 사람의 말을 믿어서나 부모의 말을 믿어서 구족계를 받을 수 있도록 맡은 후에 아이를 낳았거나, 이 학습계율시설의 원인이 된 최초의 범행자이거나, 정신착란자이거나, 마음이 심란한 자이거나, 애통해 하는 자인 경우'를 예외로 한다.*

1271) *■도임수구계(度妊授具戒) / 사분니바일제 119 : 若比丘尼 知女人妊娠 與受大戒者. 波逸提 • 도임신부녀계∅(度妊身婦女戒) / Nī-Pāc. 61(Nī ∅Pāc. 61) : yā pana bhikkhunī gabbhiniṁ vuṭṭhāpeyya, pācittiyan'ti.*

Catu-Nip. 175

175(4-120) 단순속죄죄법 제120조

아기가 있는 여자의 구족계를 맡는 것에 대한 학습계율
[도수유부계(度授乳婦戒)]

[세존] "어떠한 비구니이든 아기가 있는 여자인 줄 알면서 구족계를 받을 수 있도록 맡으면,1272) 단순속죄죄1273)를 범하는 것이니라."1274)

1272) 知婦女乳兒 與受大戒者 : 빠알리문에는 '아기가 있는 여자'라고 되어 있다.

1273) 波逸提 : ≪빠알리율≫에서는 '아기가 있는 여자에 대하여 아기가 없는 여자라고 지각하고 구족계를 받을 수 있도록 맡아두거나, 아기가 없는 여자에 대하여 아기가 없는 여자라고 지각하고 구족계를 받을 수 있도록 맡거나, 정신착란자나 최초의 범행자인 경우'는 예외이고, ≪사분율≫에서는 '알지 못했거나, 그 사람의 말을 믿었거나 믿을 수 있는 사람의 말을 믿어서나 부모의 말을 믿어서 구족계를 받을 수 있도록 맡은 후에 아이를 보내온 아기가 젖을 떼기 전까지였거나, 이 학습계율시설의 원인이 된 최초의 범행자이거나, 정신착란자이거나, 마음이 심란한 자이거나, 애통해 하는 자인 경우'를 예외로 한다.

1274) ■도수유부계(度授乳婦戒) / 사분니바일제 120 : 若比丘尼 知婦女乳兒 與受大戒者. 波逸提 ●도유아부녀계∅(度乳兒婦女戒) / Nī-Pāc. 62(Nī ∅Pāc. 62) : yā pana bhikkhunī pāyantiṁ vuṭṭhāpeyya, pācittiyan'ti.

Catu-Nip. 176

176(4-121) 단순속죄죄법 제121조

나이가 미만인 자의 구족계를 맡는 것에 대한 학습계율
[년감수구계(年減授具戒)]

[세존] "어떠한 비구니이든 20세 미만의 동녀를 구족계를 받을 수 있도록 맡으면, 단순속죄죄1275)를 범하는 것이니라."1276)

1275) 波逸提 : ≪빠알리율≫에서는 '20세 미만에 대하여 만 20세라고 지각하고 구족계를 받을 수 있도록 맡거나, 만 20세에 대하여 만 20세라고 지각하고 구족계를 받을 수 있도록 맡는 경우이거나, 정신착란자이거나 최초의 범행자인 경우'는 예외이고, ≪사분율≫에서는 '만20세가 되었고 2년동안 계율을 배웠거나, 알지 못했거나, 스스로 29세가 되었다고 말했거나, 믿을 수 있는 사람의 말을 믿었거나, 부모의 말을 믿었거나, 구족계를 받을 수 있도록 맡은 뒤에 의심스러워 뱃속에 있던 달을 세어보았거나, 윤달을 세어보았거나, 14일의 포살일을 세어보았거나, 이 학습계율시설의 원인이 된 최초의 범행자이거나, 정신착란자이거나, 마음이 심란한 자이거나, 애통해하는 자인 경우'를 예외로 한다.

1276) ■ 년감수구계(年減授具戒) / 사분니바일제 121 : 若比丘尼 知年未滿二十. 與受大戒者. 波逸提 • 도감년동녀계∅(度減年童女戒) / Nī-Pāc. 71(Nī ∅Pāc. 71) : yā pana bhikkhunī ūnavīsativassaṁ kumāribhūtaṁ vuṭṭhāpeyya, pācittiyan'ti.

Catu-Nip. 177

177(4-122) 단순속죄죄법 제122조

학계 없이 나이가 찬 자의 구족계를 맡는 것에 대한 학습계율
[불여학년만수구계(不與學年滿授具戒)]

[세존] "어떠한 비구니이든, 18세의 동녀에게 2년 동안 학습계율을 배우게 하지 않고, 만 20세에 구족계를 받을 수 있도록 맡으면,1277) 단순속죄죄1278)를 범하는 것이니라."1279)

1277) 十八童女. 不與二歲學戒 年滿二十. 便與受大戒者 : 빠알리문에는 '만 20세가 된 동녀라도, 2년 동안 여섯 가지 원칙의 학습계율을 지키지 않았는데도, 구족계를 받을 수 있도록 맡으면'이라고 되어 있다. 여섯 가지 원칙(cha dhammā)은 : 오계[五戒]와 때 아닌 때의 시간의 식사를 금하는 것이다.

1278) 波逸提 : ≪빠알리율≫에서는 '만 20세가 된 동녀로서 2년 동안 여섯 가지 원칙의 학습계율을 지킨 동녀를 구족계를 받을 수 있도록 맡는 경우이거나, 정신착란자이거나 최초의 범행자인 경우'는 예외이고, ≪사분율≫에서는 '18세인 동녀에게 2년동안 학습계율을 주고 20세가 되었거나, 이 학습계율시설의 원인이 된 최초의 범행자이거나, 정신착란자이거나, 마음이 심란한 자이거나, 애통해 하는 자인 경우'를 예외로 한다.

1279) ■불여학년만수구계(不與學年滿授具戒) / 사분니바일제 122 : 若比丘尼 十八童女. 不與二歲學戒 年滿二十. 便與受大戒者 波逸提 •도불학육법동녀계∅(度不學六法童女戒) / Nī-Pāc. 72(Nī ∅Pāc. 72) : yā pana bhikkhunī paripuṇṇavīsativassaṁ kumāribhūtaṁ dve vassāni chasu dhammesu asikkhitasikkhaṁ vuṭṭhāpeyya, pācittiyan'ti.

Catu-Nip. 178

178(4-123) 단순속죄죄법 제123조

학법 없이 나이가 찬 자의 구족계를 맡는 것에 대한 학습계율
[여학불여법년만수구계(與學不與法年滿授具戒)]

[세존] "어떠한 비구니이든 18살 동녀에게 2년 동안 학습계율을 줄 때, 여섯 가지 원칙1280)을 설명해 주지 않고, 만 20살이 되어 구족계를 받을 수 있도록 맡으면,1281) 단순속죄죄1282)를 범하는 것이니라."1283)

1280) 六法 : 여섯 가지 원칙(cha dhammā)은 오계(五戒)와 때 아닌 때의 시간의 식사를 금하는 것을 말한다.

1281) 十八童女. 與二歲學戒. 不與六法. 年滿二十. 便與受大戒者 : 빠알리문은 '2년 동안 여섯 가지 원칙의 학습계율을 지키지 못한 정학녀를 구족계를 받을 수 있도록 맡으면'으로 되어 있다.

1282) 波逸提 : ≪빠알리율≫에서는 '2년 동안 여섯 가지 원칙의 학습계율을 지킨 정학녀를 구족계를 받을 수 있도록 맡는 경우이거나, 정신착란자이거나 최초의 범행자인 경우'는 예외이고, ≪사분율≫에서도 '18세인 동녀에게 2년 동안 학습계율에 대한 갈마 후에 여섯 가지 원칙을 설명해 주었거나, 이 학습계율시설의 원인이 된 최초의 범행자이거나, 정신착란자이거나, 마음이 심란한 자이거나, 애통해 하는 자인 경우'를 예외로 한다.

1283) ■ 여학불여법년만수구계(與學不與法年滿授具戒) / 사분니바일제 123 : 若比丘尼 十八童女. 與二歲學戒. 不與六法. 年滿二十. 便與受大戒者. 波逸提 • 도불학육법사미니계∅(度不學六法沙彌尼戒) / Nī-Pāc. 63(Nī ∅Pāc. 63) : yā pana bhikkhunī dve vassāni chasu dhammesu asikkhitasikkhaṁ sikkhamānaṁ vuṭṭhāpeyya, pācittiyan'ti.

Catu-Nip. 179

179(4-124) 단순속죄죄법 제124조

학법연도가 찬 자의 구족계를 동의 없이 맡는 것에 대한 학습계율 [학법년만승불청위수계(學法年滿僧不聽違授戒)]

[세존] "어떠한 비구니이든 18살 동녀에게 2년 동안 학습계율과 여섯 가지 원칙을 설명해 주고, 만 20살이 되었더라도,[1284] 참모임의 동의 없이 구족계를 받을 수 있도록 맡으면, 단순속죄죄[1285]를 범하는 것이니라."[1286]

1284) *十八童女. 與二歲學戒 及六法已 年滿二十 衆僧不聽 便與受大戒者* : 빠알리문은 '2년 동안 여섯 가지 원칙의 학습계율을 지킨 정학녀이더라도'라고 되어 있다.

1285) *波逸提* : ≪빠알리율≫에서는 '2년 동안 여섯 가지 원칙의 학습계율을 지킨 정학녀를 참모임의 동의하에 구족계를 받을 수 있도록 맡는 경우이거나, 정신착란자이거나 최초의 범행자인 경우'는 예외이고, ≪사분율≫에서도 '18세의 동녀에게 2년 동안의 학습계율을 주고 20세가 되어 참모임의 동의하에 구족계를 받을 수 있도록 맡았거나, 이 학습계율시설의 원인이 된 최초의 범행자이거나, 정신착란자이거나, 마음이 심란한 자이거나, 애통해 하는 자인 경우'를 예외로 한다.

1286) ■ 학법년만승불청위수계(*學法年滿僧不聽違授戒*) / 사분니바일제 124 : *若比丘尼 十八童女. 與二歲學戒 及六法已 年滿二十. 衆僧不聽 便與受大戒者. 波逸提* ● 불걸승도학법사미니계∅(*不乞僧度學法沙彌尼戒*) / Nī-Pāc. 64(Nī ∅Pāc. 64) : *yā pana bhikkhunī dve vassāni chasu dhammesu sikkhitasikkhaṁ sikkhamānaṁ saṅghena asammataṁ vuṭṭhāpeyya pācittiyan'ti.*

Catu-Nip. 180

180(4-125) 단순속죄죄법 제125조

학계를 포함 12년 미만자의 구족계를 맡는 것에 대한 학습계율
[학계년감십이수구계(學戒年減十二授具戒)]

[세존] "어떠한 비구니이든 일찍이 결혼해서 10년 된 여자를 출가시킬 경우 2년 동안 학습계율를 주어 배우게 하여 만 12년이 되면 구족계를 받을 수 있도록 맡을 수 있지만, 12년 미만인데 구족계를 받을 수 있도록 맡으면,1287) 단순속죄죄1288)를 범하는 것이니라."1289)

1287) *度女年曾嫁婦女 年十歲 與二歲學戒 年滿十二 聽與受大戒 若減十二 與受大戒者 : 빠알리문에는 '일찍이 결혼해서 12년 미만이 된 여자를 구족계를 받을 수 있도록 맡으면'이라고 되어 있다.*

1288) *波逸提 : ≪빠알리율≫에서는 '12년 미만에 대하여 만 12년이라고 지각하고 구족계받을 수 있도록 맡거나, 만 12년에 대하여 만 12년라고 지각하고 받을 수 있도록 맡는 경우이거나, 정신착란자이거나 최초의 범행자인 경우'는 예외이고, ≪사분율≫에서는 '결혼해서 10년인데, 2년간의 학계를 주어 12년이 되어서 구족계를 받을 수 있도록 맡았거나, 이 학습계율시설의 원인이 된 최초의 범행자이거나, 정신착란자이거나, 마음이 심란한 자이거나, 애통해 하는 자인 경우'를 예외로 한다.*

1289) *■ 학계년감십이수구계(學戒年減十二授具戒) / 사분니바일제 125 : 若比丘尼 度女年曾嫁婦女 年十歲 與二歲學戒 年滿十二 聽與受大戒 若減十二 與受大戒者. 波逸提 • 도미만십이년증가녀계∅(度未滿十二年曾嫁女戒) / Nī-Pāc. 65(Nī ∅Pāc. 65) : yā pana bhikkhunī ūnadvādasavassaṁ gihīgataṁ vuṭṭhāpeyya, pācittiyan'ti.*

Catu-Nip. 181

181(4-126) 단순속죄죄법 제126조

학계년도가 찬 자의 구족계를 동의 없이 맡는 것에 대한 학습계율
[여학계년만불백수구계(與學戒年滿不白授具戒)]

[세존] "어떠한 비구니이든 일찍이 결혼한 여인에게 2년 동안 학습계율을 지키게 한, 만 12년이 된 여자이더라도, 참모임의 동의 없이 구족계를 받을 수 있도록 맡으면,1290) 단순속죄죄1291)를 범하는 것이니라."1292)

1290) 度小年曾嫁婦女. 與二歲學戒. 年滿十二, 不白衆僧. 便與受大戒者. : 빠알리문에는 앞 문장이 '2년 동안 여섯 가지 원칙의 학습계율을 지킨, 일찍이 결혼해서 만 12년이 된 여자이더라도'라고 '여섯 가지 원칙'이 추가되어 있다. 앞의 학습계율을 참조하라.

1291) 波逸提 : 《빠알리율》에서는 '2년 동안 여섯 가지 원칙의 학습계율을 지킨 일찍이 결혼해서 만 12년이 된 여자를 참모임의 동의하에 구족계를 받을 수 있도록 맡았거나, 정신착란자이거나 최초의 범행자인 경우'는 예외이고, 결혼한 지 만 12년이 된 일찍이 결혼한 여인을 출가시켜 참모임에 알리고 구족계를 받을 수 있도록 맡았거나, 이 학습계율시설의 원인이 된 최초의 범행자이거나, 정신착란자이거나, 마음이 심란한 자이거나, 애통해 하는 자인 경우'를 예외로 한다.

1292) ■ 여학계년만불백수구계(與學戒年滿不白授具戒) / 사분니바일제 126 : 若比丘尼 度小年曾嫁婦女. 與二歲學戒. 年滿十二, 不白衆僧. 便與受大戒者. 波逸提 • 불걸승도학법증가녀계∅(不乞僧度學法曾嫁女戒) / Nī-Pāc. 67(Nī ∅Pāc. 67) : yā pana bhikkhunī paripuṇṇadvādasavassaṁ gihīgataṁ dve vassāni chasu dhammesu sikkhitasikkhaṁ saṅghena asammataṁ vuṭṭhāpeyya pācittiyan'ti.

Catu-Nip. 182

182(4-127) 단순속죄죄법 제127조

음란한 여자의 구족계를 맡는 것에 대한 학습계율
[음녀수구계(婬女授具戒)]

[세존] "어떠한 비구니이든, 음란한 여자인 줄 알면서 구족계를 받을 수 있도록 맡으면,1293) 단순속죄죄1294)를 범하는 것이니라."1295)

1293) 知是婬女. 與受大戒者 : 빠알리문에는 '여제자를 구족계를 받을 수 있도록 맡은 후에, 적어도 5내지 6요자나의 거리라도 남자로부터 물러나게 하지도 않고 물러나게 시키지도 않으면'이라고 되어 있어 내용상으로 거리가 있다.

1294) 波逸提 : ≪빠알리율≫에서는 '장애가 있거나, 도반인 수행녀를 구해도 얻지 못하거나, 환자이거나, 사고가 일어났거나, 정신착란자이거나 최초의 범행자인 경우'는 예외이고, ≪사분율≫에서는 '알지 못했거나, 5내지 6요자나 되는 곳으로 보냈거나 보내게 시켰거나, 깊이 숨어있도록 했거나, 이 학습계율시설의 원인이 된 최초의 범행자이거나, 정신착란자이거나, 마음이 심란한 자이거나, 애통해 하는 자인 경우'를 예외로 한다.

1295) ■음녀수구계(婬女授具戒) / 사분니바일제 127 : 若比丘尼 知是婬女. 與受大戒者. 波逸提 ⇐• 도음녀불령원거계∅(度淫女不令遠去戒) / Nī-Pāc. 70(Nī ∅Pāc. 70) : yā pana bhikkhunī sahajīviniṁ vuṭṭhāpetvā n'eva vūpakāseyya na vūpakāsāpeyya antamaso chap-pañcayojanāni pi, pācittiyan'ti.

Catu-Nip. 183

183(4-128) 단순속죄죄법 제128조

구족계를 위해 맡고도 돕지 않는 것에 대한 학습계율
[비법도인계(非法度人戒)]

[세존] "어떠한 비구니이든 많은 여제자를 구족계를 받을 수 있도록 맡고도 2년 동안 학습계율을 가르치지도 않고 두 가지 측면으로 도와주지 않는다면,[1296] 단순속죄죄[1297]를 범하는 것이니라.[1298]

1296) 多度弟子. 不教二歲學戒 不以二法 攝取者 : 빠알리문에는 '여제자를 구족계를 받을 수 있도록 맡고도 2년 동안을 도와주지도 않고 도와주게 시키지도 않는다면'이라고 되어 있다. 여기서 빠알리문에서 누락된 '두 가지 측면(二法)'이란 '① 가르침 ② 의식(衣食)'을 말한다.

1297) 波逸提 : ≪빠알리율≫에서는 '장애가 있거나, 구해도 얻지 못하거나, 병이 걸렸거나, 사고가 일어난 경우이거나, 정신착란자이거나 최초의 범행자인 경우'는 예외이고, ≪사분율≫에서는 '구족계를 받을 수 있도록 맡은 후에 떠났거나, 두 가지 측면에서 도와주었거나, 계율·견해·위의를 깨뜨렸거나 권리정지되었거나 멸빈당했거나 멸빈당해야 했거나, 이 일로 목숨이 위태로웠거나 청정행이 어려웠거나, 이 학습계율시설의 원인이 된 최초의 범행자이거나, 정신착란자이거나, 마음이 심란한 자이거나, 애통해 하는 자인 경우'를 예외로 한다.

1298) ■ 비법도인계(非法度人戒) / 사분니바일제 128 : 若比丘尼 多度弟子. 不教二歲學戒 不以二法 攝取者. 波逸提 ● 불이세섭수제자계∅(不二歲攝受弟子戒) / Nī-Pāc. 68(Nī ∅Pāc. 68) : yā pana bhikkhunī sahajīviniṁ vuṭṭhāpetvā dve vassāni n'eva anuggaṇheyya na anuggaṇhāpeyya, pācittiyan'ti.

Catu-Nip. 184

184(4-129) 단순속죄죄법 제129조

여화상을 2년 동안 섬기지 않는 것에 대한 학습계율
[이세불의계(二歲不依戒)]

[세존] "어떠한 비구니이든 여화상을 2년 동안 섬기지 않으면,1299) 단순속죄죄1300)를 범하는 것이니라."1301)

1299) 不二歲隨和上尼者 : 빠알리문에서는 '구족계를 받을 수 있도록 맡았던 여화상을 2년 동안 섬기지 않으면'이라고 되어 있다.

1300) 波逸提 : 《빠알리율》에서는 '친교사가 어리석거나 철면피한 경우나, 환자이거나, 사고가 일어나는 경우이거나, 정신착란자이거나 최초의 범행자의 경우'는 예외이고, 《사분율》에서는 '친교사가 떠나는 것을 허락했거나, 2년 동안 친교사를 섬겼거나, 친교사가 계율 등을 깨뜨리는 일이 있었거나, 이 일로 목숨이 위태로웠거나 청정행이 어려웠거나, 이 학습계율시설의 원인이 된 최초의 범행자이거나, 정신착란자이거나, 마음이 심란한 자이거나, 애통해 하는 자인 경우'를 예외로 한다.

1301) ■ 이세불의계(二歲不依戒) / 사분니바일제 129 : 若比丘尼 不二歲隨和上尼者. 波逸提 • 불이세수화상계∅(不二歲隨和尚戒) / Nī-Pāc. 69(Nī ∅Pāc. 69) : yā pana bhikkhunī vuṭṭhāpitaṁ pavattiniṁ dve vassāni nānubandheyya, pācittiyan'ti. 이 학습계율에 등장하는 여자스승(pavattinī)이라는 단어는 『빅쿠니-비방가』의 해설에 있는 여화상(upajjhā)이라는 단어로 바꾸어 번역한다.

Catu-Nip. 185

185(4-130) 단순속죄죄법 제130조

참모임의 동의 없는 구족계의 맡음에 대한 학습계율
[위승수구계(違僧授具戒)]

[세존] "어떠한 비구니이든, 참모임의 동의 없이 구족계를 받을 수 있도록 맡으면,[1302] 단순속죄죄[1303]를 범하는 것이니라."[1304]

---

*1302) **僧不聽 而授人大戒者** : 빠알리문에는 앞쪽에 "2년 동안 여섯 가지 원칙의 학습계율을 지킨, 만 20세의 동녀라도"라는 양보절이 있다.*

*1303) **波逸提** : ≪빠알리율≫에서는 '만20세의 동녀로서 2년 동안 여섯 가지 원칙의 학습계율을 지킨 자를 참모임의 동의하에 구족계를 받을 수 있도록 맡는 경우이거나, 정신착란자이거나 최초의 범행자인 경우'는 예외이고, ≪사분율≫에서는 '참모임의 허락을 구했거나, 이 학습계율시설의 원인이 된 최초의 범행자이거나, 정신착란자이거나, 마음이 심란한 자이거나, 애통해 하는 자인 경우'를 예외로 한다.*

*1304) ■ 위승수구계(**違僧授具戒**) / 사분니바일제 130 : **若比丘尼 僧不聽 而授人大戒者. 波逸提** • 불걸승도학법녀계∅(**不乞僧度學法女戒**) / Nī-Pāc. 73(Nī ∅Pāc. 73) : yā pana bhikkhunī paripuṇṇavīsat-ivassaṁ kumāribhūtaṁ dve vassāni chasu dhammesu sikkhitasikkhaṁ saṅghena asammataṁ vuṭṭhāpeyya, pācittiyan'ti.*

Catu-Nip. 186

186(4-131) 단순속죄죄법 제131조

법랍이 차지 않은 자로서 구족계를 맡음에 대한 학습계율
[하감수구계(夏減授具戒)]

[세존] "어떠한 비구니이든 법랍 12년 미만으로서 타인을 구족계를 받을 수 있도록 맡으면, 단순속죄죄[1305]를 범하는 것이니라."[1306]

1305) 波逸提 : ≪빠알리율≫에서는 '법랍 만 12년으로서 구족계를 받을 수 있도록 맡는 경우이거나, 정신착란자이거나 최초의 범행자인 경우'를 예외로 하고, ≪사분율≫에서도 '법랍이 12년이 되었거나, 이 학습계율시설의 원인이 된 최초의 범행자이거나, 정신착란자이거나, 마음이 심란한 자이거나, 애통해 하는 자인 경우'를 예외로 한다.

1306) ■ 하감수구계(夏減授具戒) / 사분니바일제 131 : 若比丘尼 未滿十二歲 授人大戒者. 波逸提 • 미만십이하도인계∅(未滿十二夏度人戒) / Nī-Pāc. 74(Nī ∅Pāc. 74) : yā pana bhikkhunī ūnadvādasavassā vuṭṭhāpeyya, pācittiyan'ti.

Catu-Nip. 187

187(4-132) 단순속죄죄법 제132조

법랍이 찬 자로서 동의 없는 구족계를 맡음에 대한 학습계율
[하만위청계(夏滿違聽戒)]

[세존] "어떠한 비구니이든 법랍 만 12년이 되었어도 참모임의 동의 없이 타인을 구족계를 받을 수 있도록 맡으면, 단순속죄죄[1307]를 범하는 것이니라."[1308]

1307) *波逸提 : ≪빠알리율≫에서는 '법랍 만 12년이 되어 참모임의 동의하에 받을 수 있도록 맡는 경우이거나, 정신착란자이거나 최초의 범행자인 경우'는 예외이고, ≪사분율≫에서는 '법랍 만 12년이 되어 참모임의 동의를 받았거나, 이 학습계율시설의 원인이 된 최초의 범행자이거나, 정신착란자이거나, 마음이 심란한 자이거나, 애통해 하는 자인 경우'를 예외로 한다.*

1308) *▪하만위청계(夏滿違聽戒) / 사분니바일제 132 : 若比丘尼 滿十二歲 衆僧不聽 便授人大戒者. 波逸提 • 만십이하불걸승도인계∅(滿十二夏不乞僧度人戒) / Nī-Pāc. 75(Nī ∅Pāc. 75) : yā pana bhikkhunī paripuṇṇadvādasavassā saṅghena asammatā vuṭṭhāpeyya pācittiyan'ti.*

Catu-Nip. 188

188(4-133) 단순속죄죄법 제133조

허락하지 않는다고 참모임을 비방하는 것에 대한 학습계율
[불청방승계(不聽謗僧戒)]

[세존] "어떠한 비구니이든 참모임이 구족계를 받을 수 있도록 맡는 것을 동의하지 않았다고, 문득 '참모임에는 애탐도 있고 성냄도 있고, 공포도 있고, 우치도 있어서, 좋아하는 자에게 동의하고 좋아하지 않는 자에게 동의하지 않는다.'고 말하면,[1309] 단순속죄죄[1310]를 범하는 것이니라."[1311]

1309) *僧不聽授人大戒 便言. 衆僧 有愛有恚 有怖有癡 欲者便聽 不欲者便不聽 : 빠알리문에는 "'존귀한 자매여, 그대가 지금 구족계를 받을 수 있도록 맡는 것은 필요하지 않으니 그만두라!'라고 듣고 '알겠습니다!'라고 대답하고 나중에 불평하면'이라고 되어 있다.*

1310) *波逸提 : ≪빠알리율≫에서는 '성격적으로 탐욕, 성냄, 어리석음으로 행하는 것을 비난하는 경우이거나, 정신착란자이거나 최초의 범행자인 경우'는 예외이고, ≪사분율≫에서는 '그 일이 실제로 그러했거나, 장난으로 말했거나, 이 학습계율시설의 원인이 된 최초의 범행자이거나, 정신착란자이거나, 마음이 심란한 자이거나, 애통해 하는 자인 경우'를 예외로 한다.*

1311) *■불청방승계(不聽謗僧戒) / 사분니바일제 133 : 若比丘尼 僧不聽授人大戒 便言. 衆僧 有愛有恚 有怖有癡 欲者便聽 不欲者便不聽 波逸提 •불청도인방승계∅(不聽度人謗僧戒) / Nī-Pāc. 76(Nī ∅ Pāc. 76) : yā pana bhikkhunī alaṁ tāva te ayye vuṭṭhāpitenāti vuccamānā sādhū'ti paṭissuṇitvā pacchā khīyanadhammaṁ āpajjeyya, pācittiyan'ti.*

Catu-Nip. 189

189(4-134) 단순속죄죄법 제134조

친척이 허락하지 않는 구족계에 대한 학습계율
[속차수구계(俗遮授具戒)]

[세존] "어떠한 비구니이든 부모나 남편이나 보호자의 허락을 구하지 않고[1312] 구족계를 받을 수 있도록 맡으면, 단순속죄죄[1313]를 범하는 것이니라."[1314]

1312) 父母夫主 不聽 與受大戒者 : 빠알리문에는 이 구절의 말미에 '정학녀를 구족계를 받을 수 있도록 맡으면'이라고 밝히고 있다.

1313) 波逸提 : ≪빠알리율≫에서는 '알지 못하고 구족계를 받을 수 있도록 맡거나, 허락을 얻어 구족계를 받을 수 있도록 맡는 경우이거나, 정신착란자이거나 최초의 범행자인 경우'는 예외이고, ≪사분율≫에서는 '부모나 남편이 허락했거나, 부모나 남편이 없는 이 학습계율시설의 원인이 된 최초의 범행자이거나, 정신착란자이거나, 마음이 심란한 자이거나, 애통해 하는 자인 경우'를 예외로 한다.

1314) ■ 속차수구계(俗遮授具戒) / 사분니바일제 134 : 若比丘尼 父母夫主 不聽 與受大戒者. 波逸提 • 부모부주불청첩도인계∅(父母夫主不聽輒度人戒) / Nī-Pāc. 80(Nī∅Pāc. 80) : yā pana bhikkhunī mātāpitūhi vā sāmikena vā ananuññātaṁ sikkhamānaṁ vuṭṭhāpeyya, pācittiyan'ti.

Catu-Nip. 190

190(4-135) 단순속죄죄법 제135조

사랑하여 원망이 있는 여인의 출가에 대한 학습계율
[도속경에계(度俗敬恚戒)]

[세존] "어떠한 비구니이든, 어떤 여자가 남자와 서로 사랑하여 근심이 있고 원망이 있는 것을 알면서 출가시켜[1315] 구족계를 받을 수 있도록 맡으면, 단순속죄죄[1316]를 범하는 것이니라."[1317]

1315) 知女人 與男子 相敬愛 愁憂瞋恚 度令出家 受大戒者 : 빠알리문은 '남자와 사귀고 사내와 놀아난, 거칠고 근심의 소굴인, 정학녀를'이라고 되어 있다.

1316) 波逸提 : ≪빠알리율≫에서는 '알지 못하고 구족계를 받을 수 있도록 맡는 경우이거나, 정신착란자이거나 최초의 범행자인 경우'는 예외이고, ≪사분율≫에서는 '먼저 알지 못했거나, 믿을만한 사람이 말해서 믿었거나, 부모의 말을 믿었거나 구족계를 받을 수 있도록 맡고 나서 병이 생겼거나, 이 학습계율시설의 원인이 된 최초의 범행자이거나, 정신착란자이거나, 마음이 심란한 자이거나, 애통해 하는 자인 경우'를 예외로 한다.

1317) ■도속경에계(度俗敬恚戒) / 사분니바일제 135 : 若比丘尼 知女人 與男子 相敬愛 愁憂瞋恚 度令出家 受大戒者. 波逸提 • 도여남자교우학법녀계∅(度與男子交友學法女戒) / Nī-Pāc. 79(Nī ∅Pāc. 79) : yā pana bhikkhunī purisasaṁsaṭṭhaṁ kumārakasaṁsaṭṭhaṁ caṇḍiṁ sokāvāsaṁ sikkhamānaṁ vuṭṭhāpeyya, pācittiyan'ti.

Catu-Nip. 191

191(4-136) 단순속죄죄법 제136조

정학녀를 구족계를 받을 수 있도록 맡기에 대한 학습계율 [불수학녀계(不受學女戒)]

[세존] "어떠한 비구니이든 정학녀에게 '그것을 버리고 이것을 배워라. 내가 그대를 구족계를 받을 수 있도록 맡겠다.'라고 말하고, 구족계를 받을 수 있도록 노력을 기울이지 않으면,1318) 단순속죄죄1319)를 범하는 것이니라."1320)

1318) *語式叉摩那言. 捨是學是 當與汝受大戒 若不方便與受者* : 빠알리문에는 "'존귀한 자매여, 만약 그대가 나를 2년 동안 섬기겠다면, 내가 그대를 구족계를 받을 수 있도록 맡겠습니다.'라고 말하고 나중에 그녀에게 장애가 없는데도, 구족계를 받을 수 있도록 맡지 않을 뿐만 아니라 노력을 기울이지 않으면"이라고 되어 있다.

1319) *波逸提* : 《빠알리율》에서는 '장애가 있거나, 구해도 기회를 얻을 수 없거나, 환자이거나, 사고가 일어나는 경우이거나, 정신착란자이거나 최초의 범행자인 경우'는 예외이고, 《사분율》에서는 '구족계를 받을 수 있도록 맡기로 해서 곧 맡았거나, 청학녀가 병이 났거나, 동활이 없었거나, 다섯 벌의 옷이 없거나, 십사(十師)가 없거나, 계율이 결여되었거나 파계했거나, 이 일로 목숨이 위태로웠거나 청정행이 어려웠거나, 이 학습계율시설의 원인이 된 최초의 범행자이거나, 정신착란자이거나, 마음이 심란한 자이거나, 애통해 하는 자인 경우'를 예외로 한다.

1320) ■불수학녀계(不受學女戒) / 사분니바일제 136 : *若比丘尼 語式叉摩那言. 捨是學是 當與汝受大戒 若不方便與受者. 波逸提* • 영이세수학불위수구계∅(令二歲隨學不爲授具戒) / Nī-Pāc. 78(Nī ∅Pāc. 7

8) :yā pana bhikkhunī sikkhamānaṁ sace maṁ tvaṁ ayye dve vassāni anubandhissasi evāhan taṁ vuṭṭhāpessāmī'ti vatvā sā pacchā anattarāyikinī n'eva vuṭṭhāpeyya na vuṭṭhāpanāya ussukkaṁ kareyya, pācittiyan'ti.

Catu-Nip. 192

192(4-137) 단순속죄죄법 제137조

옷의 보시와 구족계를 받도록 하지 않는 것에 대한 학습계율 [수의불수계(受衣不授戒)]

[세존] "어떠한 비구니이든 정학녀에게 '만약 그대가 나에게 옷을 보시하면, 내가 그대를 구족계를 받을 수 있도록 맡겠다.'라고 말하고, 구족계를 받을 수 있게 맡도록 노력을 기울이지 않으면,[1321] 단순속죄[1322]를 범하는 것이니라."[1323]

1321) *語式叉摩那言. 持衣來我 當與汝受大戒 而不方便 與受者* : 빠알리문에는 중간에 '나중에 그녀에게 장애가 없는데도 구족계를 받을 수 있도록 맡지 않을 뿐만 아니라'라는 구절이 첨가되어 있다.

1322) *波逸提* : 앞의 학습계율과 동일하게 《빠알리율》에서는 '장애가 있거나, 구해도 기회를 얻을 수 없거나, 환자이거나, 사고가 일어나거나, 정신착란자이거나 최초의 범행자인 경우'는 예외이고, 《사분율》에서는 '구족계를 받을 수 있도록 맡기로 해서 곧 맡았거나, 청학녀가 병이 났거나, 동활이 없었거나, 다섯 벌의 옷이 없거나, 십사(十師)가 없거나, 계율이 결여되었거나 파계했거나, 이 일로 목숨이 위태로웠거나 청정행이 어려웠거나, 이 학습계율시설의 원인이 된 최초의 범행자이거나, 정신착란자이거나, 마음이 심란한 자이거나, 애통해 하는 자인 경우'를 예외로 한다.

1323) ▪수의불수계(受衣不授戒) / 사분니바일제 137 : *若比丘尼 語式叉摩那言. 持衣來我 當與汝受大戒 而不方便 與受者. 波逸提* ● 취타의불위수구계∅(取他衣不爲授具戒) / Nī-Pāc. 77(Nī ∅Pāc. 77) : *yā pana bhikkhunī sikkhamānaṁ sace me tvaṁ ayye cīvaraṁ dassasi evāhantaṁ vuṭṭhāpessāmī'ti vatvā pacchā sā antarāyikinī n'eva vuṭṭhāpeyya na vuṭṭhāpanāya ussukkaṁ kareyya, pācittiyan'ti.*

Catu-Nip. 193

193(4-138) 단순속죄죄법 제138조

일 년 안에 다수를 구족계를 위해 맡는 것에 대한 학습계율
[하감다수계(夏減多授戒)]

[세존] "어떠한 비구니이든, 일 년이 지나지 않았는데도, 다른 사람을 구족계를 받을 수 있도록 맡으면,[1324)] 단순속죄죄[1325)]를 범하는 것이니라."[1326)]

1324) 不滿一歲 授人大戒者 : 빠알리문에는 '해마다 구족계를 받을 수 있도록 맡으면'이라고 되어 있다.

1325) 波逸提 : ≪빠알리율≫에서는 '격년으로 구족계를 받을 수 있도록 맡거나, 정신착란자이거나 최초의 범행자인 경우'는 예외이고, ≪사분율≫에서는 '12개월을 채우고 다시 구족계를 받을 수 있도록 맡았거나, 이 학습계율시설의 원인이 된 최초의 범행자이거나, 정신착란자이거나, 마음이 심란한 자이거나, 애통해 하는 자인 경우'를 예외로 한다.

1326) ■ 하감다수계(夏減多授戒) / 사분니바일제 138 : 若比丘尼 不滿一歲 授人大戒者. 波逸提 ⇐ ● 매년도인계∅(每年度人戒) / Nī-Pāc. 82 (Nī ∅Pāc. 82) : yā pana bhikkhunī anuvassaṁ vuṭṭhāpeyya, pācittiyan'ti.

Catu-Nip. 194

194(4-139) 단순속죄죄법 제139조

하루 지난 비구승단에서의 구족계에 대한 학습계율
[수숙왕승계(授宿往僧戒)]

[세존] "어떠한 비구니든지, 누군가를 구족계를 받을 수 있도록 맡은 뒤에, 다음 날까지 기다려 비구들의 참모임에 데려가서 구족계를 받게 하면, 단순속죄죄1327)를 범하는 것이니라."1328)

1327) 波逸提 : ≪사분율≫에서는 '그 날 구족계를 받을 수 있도록 맡고 당일에 비구들에게 가서 구족계를 받게 하거나, 가고자 했으나 병이 났거나, 수로와 육로가 끊겼거나, 사나운 짐승이나 도적의 난이 있거나, 물이 크게 불었거나, 힘센 자에게 잡혔거나, 결박당해 갇혔거나, 목숨이 위태로웠거나 청정행이 어려웠거나, 이 학습계율 시설의 원인이 된 최초의 범행자이거나, 정신착란자이거나, 마음이 심란한 자이거나, 애통해 하는 자인 경우'를 예외로 한다.

1328) ■수숙왕승계(授宿往僧戒) | 사분니바일제 139 : 若比丘尼 與人受本法已 經宿方往比丘僧中. 與受大戒者. 波逸提

Catu-Nip. 195

195(4-140) 단순속죄죄법 제140조

환자가 아닌 자의 교계의 어김에 대한 학습계율
[무병위교계(無病違敎戒)]

[세존] "어떠한 비구니이든 환자가 아닌 한, 교계(敎誡)를 받으러 가지 않으면,1329) 단순속죄죄1330)를 범하는 것이니라."1331)

1329) 教授日 無病 不往受教授者 : 빠알리문에는 '환자가 아닌 한'이 없고 '공주(共住)를 체험하러 가지 않는다면'이 추가되어 있다. 여기서 교계(敎誡)라는 것은 수행승들의 참모임(比丘僧伽)으로부터 주어지는 것이다.

1330) 波逸提 : ≪빠알리율≫에서는 '장애가 있거나, 구해도 도반인 수행녀를 얻을 수 없던가, 질환자이거나, 사고가 일어났거나, 정신착란자이거나 최초의 범행자인 경우'는 예외이고, ≪사분율≫에서는 '교계하는 날에 교계를 받았거나, 삼보에 관계되는 일이나 환우를 돌보는 일로 다른 이에게 부탁했거나, 이 학습계율시설의 원인이 된 최초의 범행자이거나, 정신착란자이거나, 마음이 심란한 자이거나, 애통해 하는 자인 경우'를 예외로 한다.

1331) ■ 무병위교계(無病違敎戒) / 사분니바일제 140 : 若比丘尼 教授日 無病 不往受教授者. 波逸提 ● 부주청계계∅(不住聽誡戒) / Nī-Pāc. 58(Nī ∅Pāc. 58) : yā pana bhikkhunī ovādāya vā na saṁvāsāya vā na gaccheyya, pācittiyan'ti.

Catu-Nip. 196

196(4-141) 단순속죄죄법 제141조

반월마다의 교계를 어기는 것에 대한 학습계율
[반월위교계(半月違敎戒)]

[세존] "비구니들은 반월마다 비구의 참모임 가운데 나아가 교계를 구하는 것을 타진해야 하는데, 이것을 어기면,1332) 단순속죄죄1333)를 범하는 것이니라."1334)

1332) 半月. 應往比丘僧中 求教授 若不求者 : 빠알리문에는 '두 가지 사실 즉 포살에 대해 묻는 것과 교계에 나아가는 것을 타진해야 한다.' 라고 되어 있다.

1333) 波逸提 : 《빠알리율》에서는 '장애가 있거나, 구해도 도반인 수행녀를 얻지 못하거나, 병이 걸리거나, 사고가 나거나, 정신착란자이든가 최초의 범행자인 경우'는 예외이고, 《사분율》에서는 '보름마다 비구의 참모임에서 교계를 구했거나, 약속하고 가서 맞이했거나, 사원 내에서 교수사가 필요한 것을 공급했거나, 양중의 참모임이 모두 병이 나는 등으로 사람을 보내 문안했거나, 수로나 육로 등이 끊겼거나, 이 학습계율시설의 원인이 된 최초의 범행자이거나, 정신착란자이거나, 마음이 심란한 자이거나, 애통해 하는 자인 경우'를 예외로 한다.

1334) ■ 반월위교계(半月違敎戒) / 사분니바일제 141 : 若比丘尼 半月. 應往比丘僧中 求教授 若不求者 波逸提 • 반월불청교수계∅(半月不請教授戒) / Nī-Pāc. 59(Nī ∅Pāc. 59) : anvaddhamāsaṁ bhikkhuniyā bhikkhusaṅghato dve dhammā paccāsiṁsitabbā uposathapucchakañca ovādūpasaṁkamanañca taṁ atikkāmentiyā pācittiyan'ti.

Catu-Nip. 197

197(4-142) 단순속죄죄법 제142조

안거 후에 자자를 행하지 않는 것에 대한 학습계율
[하경위자계(夏竟違恣戒)]

[세존] "어떠한 비구니이든 안거를 지낸 뒤에 비구의 참모임에서1335) 세 가지 일, 즉, 보인 것이나 들린 것이나 의심스런 것에 대하여 자자를 행하지 않으면, 단순속죄죄1336)를 범하는 것이니라."1337)

1335) 比丘僧中 : 빠알리문에는 '비구의 참모임에서' 대신에 '양중(兩衆)의 참모임'이라고 되어 있다.

1336) 波逸提 : ≪빠알리율≫에서는 '장애가 있거나, 구해도 기회를 얻을 수 없거나, 병들었거나, 사고가 일어났거나, 정신착란자이거나 최초의 범행자의 경우'는 예외이고, ≪사분율≫에서는 '안거를 마치고 비구의 참모임에서 자자를 구했거나, 양중의 참모임이 모두 병이 나는 등으로 사람을 보내어 문안했거나, 수로와 육로가 끊겼거나, 이 학습계율시설의 원인이 된 최초의 범행자이거나, 정신착란자이거나, 마음이 심란한 자이거나, 애통해 하는 자인 경우'를 예외로 한다.

1337) ■ 하경위자계(夏竟違恣戒) / 사분니바일제 142 : 若比丘尼 夏安居竟 應往比丘僧中 說三事自恣 見聞疑 若不往者 波逸提 • 이부승중부자자계∅(二部僧衆不自恣戒) / Nī-Pāc. 57(Nī ∅Pāc. 57) : yā pana bhikkhunī vassaṁ vutthā ubhatosaṅghe tīhi ṭhānehi nappavāreyya diṭṭhena vā sutena vā parisaṅkāya vā, pācittiyan'ti.

Catu-Nip. 198

198(4-143) 단순속죄죄법 제143조

비구가 없는 곳에서의 안거에 대한 학습계율
[무승안거계(無僧安居戒)]

[세존] “어떠한 비구니이든 비구가 없는 처소에서 안거를 보내면, 단순속죄죄[1338]를 범하는 것이니라.”[1339]

1338) 波逸提 : ≪빠알리율≫에서는 '안거에 든 수행승이 떠나가거나 환속하거나 죽거나 외도로 가거나, 사고가 일어나는 경우이거나, 정신착란자이거나 최초의 범행자의 경우'는 예외이고, ≪사분율≫에서는 '비구가 있는 곳에서 안거를 했거나, 비구에 의지해서 안거를 했는데 그 사이에 비구가 목숨이 다했거나 멀리 갔거나 환속했거나 도적에 잡혔거나 사나운 짐승에 해를 당했거나, 물에 떠내려갔거나, 이 학습계율시설의 원인이 된 최초의 범행자이거나, 정신착란자이거나, 마음이 심란한 자이거나, 애통해 하는 자인 경우'를 예외로 한다.

1339) ■ 무승안거계(無僧安居戒) / 사분니바일제 143 : 若比丘尼 在無比丘處 夏安居者. 波逸提. • 무비구주처안거계∅(無比丘住處安居戒) / Nī-Pāc. 56(Nī ∅Pāc. 56) : yā pana bhikkhunī abhikkhuke āvāse vassaṁ vaseyya, pācittiyan'ti.

Catu-Nip. 199

199(4-144) 단순속죄죄법 제144조

승원에 알리지 않고 들어가기에 대한 학습계율
[입사불백계(入寺不白戒)]

[세존] "어떠한 비구니이든, 비구가 있는 승원인 것을 알면서 알리지 않고 들어가면, 단순속죄죄1340)를 범하는 것이니라."1341)

1340) 波逸提 : ≪빠알리율≫에서는 '수행승이 있으면 허락을 구하고 들어가거나, 수행승이 없으면 허락을 구하지 않고 들어가거나, 머리를 주시하며 가거나, 수행녀가 모여 있는 곳으로 가거나, 승원을 통해서 길이 나있거나, 질병에 걸렸거나, 사고가 일어났거나, 정신착란자이거나 최초의 범행자인 경우'는 예외이고, ≪사분율≫에서는 '먼저 알지 못했거나, 비구가 없는 곳에 들어갔거나, 불탑이나 불제자의 탑에 예경하고 들어갔거나, 알리고 들어갔거나, 가르침을 받거나 물으려고 들어갔거나, 요청을 받았거나, 길을 가는 도중이든가, 비구의 사원에 묵었거나, 힘센 자의 강요이든가, 결박당해 붙잡혔든가, 목숨이 위태로웠거나 청정행이 어려웠거나, 이 학습계율시설의 원인이 된 최초의 범행자이거나, 정신착란자이거나, 마음이 심란한 자이거나, 애통해 하는 자인 경우'를 예외로 한다.

1341) ■ 입사불백계(入寺不白戒) / 사분니바일제 144 : 若比丘尼 知有比丘僧伽藍 不白入者. 波逸提 • 돌입대승사계∅(突入大僧寺戒) / Nī-Pāc. 51(Nī ∅Pāc. 51) : yā pana bhikkhunī jānaṁ sabhikkhukaṁ ārāmaṁ anāpucchā paviseyya, pācittiyan'ti.

Catu-Nip. 200

200(4-145) 단순속죄죄법 제145조

비구를 매도하는 것에 대한 학습계율
[매리비구계(罵詈比丘戒)]

[세존] "어떠한 비구니이든 비구를 매도하면,1342) 단순속죄1343)를 범하는 것이니라."1344)

1342) 罵比丘者 : 빠알리문에는 '매도(罵倒)하거나 모욕(侮辱)하면'이라고 되어 있다.

1343) 波逸提 : ≪빠알리율≫에서는 '의미를 설명하기 위한 것이거나, 원칙을 설명하기 위한 것이거나, 가르침을 설명하기 위한 것인 경우이거나, 정신착란자이거나 최초의 범행자인 경우'는 예외이고, ≪사분율≫에서는 '장난으로 말했거나, 빨리 말했거나, 혼자 말했거나, 꿈속에서 말했거나, 이것을 말하려다가 착오로 저것을 말했거나, 이 학습계율시설의 원인이 된 최초의 범행자이거나, 정신착란자이거나, 마음이 심란한 자이거나, 애통해 하는 자인 경우'를 예외로 한다.

1344) ■ 매리비구계(罵詈比丘戒) / 사분니바일제 145 : 若比丘尼 罵比丘者 波逸提 • 매비구계∅(罵比丘戒) / Nī-Pāc. 52(Nī ∅Pāc. 52) : yā pana bhikkhunī bhikkhuṁ akkoseyya vā paribhāseyya vā, pācittiyan'ti.

Catu-Nip. 201

201(4-146) 단순속죄죄법 제146조

쟁사를 즐기고 참모임에 화내는 것에 대한 학습계율
[희쟁진승계(喜諍瞋僧戒)]

[세존] "어떠한 비구니이든 쟁사를 즐기고 좋지 않게 쟁사를 기억하였다가 뒤에 화가 나서 비구니의 무리를 모욕하면,[1345] 단순속죄죄[1346]를 범하는 것이니라."[1347]

1345) 喜鬪諍 不善憶持諍事. 後瞋恚不喜. 罵比丘尼衆者 : 빠알리문은 '분노하여 무리를 모욕하면'이라고 간단히 되어 있다.

1346) 波逸提 : 앞의 학습계율과 마찬가지로 《빠알리율》에서는 '의미를 설명하기 위한 것이거나, 원칙을 설명하기 위한 것이거나, 가르침을 설명하기 위한 것인 경우이거나, 정신착란자이거나 최초의 범행자인 경우'는 예외이고, 《사분율》에서는 '장난으로 말했거나, 빨리 말했거나, 혼자 말했거나, 꿈속에서 말했거나, 이것을 말하려다가 착오로 저것을 말했거나, 이 학습계율시설의 원인이 된 최초의 범행자이거나, 정신착란자이거나, 마음이 심란한 자이거나, 애통해 하는 자인 경우'를 예외로 한다.

1347) ■ 희쟁진승계(喜諍瞋僧戒) / 사분니바일제 146 : 若比丘尼 喜鬪諍不善憶持諍事. 後瞋恚不喜. 罵比丘尼衆者. 波逸提 • 매니중계∅(罵尼衆戒) / Nī-Pāc. 53(Nī ∅Pāc. 53) : yā pana bhikkhunī caṇḍīkatā gaṇaṁ paribhāseyya, pācittiyan'ti.

Catu-Nip. 202

202(4-147) 단순속죄죄법 제147조

종기를 짜게 하되 알리지 않는 것에 대한 학습계율
[파창불백계(破瘡不白戒)]

[세존] "어떠한 비구니이든 하체에 생겨난 종기나 부스럼에 대하여 참모임이나 다른 사람에게 알리지 않고 남자에게 짜게 하거나 싸매게 하면,1348) 단순속죄죄1349)를 범하는 것이니라."1350)

1348) 不白衆及餘人 輒使男子 若破 若裹者 : 빠알리문에는 '참모임이나 모임에 허락을 구하지 않고 남자와 함께 단 둘이서 터뜨리거나 절개하거나 씻거나 바르거나 묶거나 풀면'이라고 되어 있다.

1349) 波逸提 : ≪빠알리율≫에서는 '허락을 구하고 터뜨리거나 절개하거나 씻거나 바르거나 묶거나 풀거나, 어떠한 자이든 양식있는 도반이 함께 있거나, 정신착란자이거나 최초의 범행자인 경우'는 예외이고, ≪사분율≫에서는 '대중에 알리고 남자에게 종기 혹은 부스럼을 짜게 하거나 싸매도록 했거나, 힘센 자의 강요였거나, 이 학습계율시설의 원인이 된 최초의 범행자이거나, 정신착란자이거나, 마음이 심란한 자이거나, 애통해 하는 자인 경우'를 예외로 한다.

1350) ■ 파창불백계(破瘡不白戒) / 사분니바일제 147 : 若比丘尼 身生癰瘡. 不白衆及餘人 輒使男子 若破 若裹者. 波逸提 ● 사남자파옹계∅(使男子破癰戒) / Nī-Pāc. 60(Nī ∅Pāc. 60) : yā pana bhikkhunī pasākhe jātaṁ gaṇḍaṁ vā rūhitaṁ vā anapaloketvā saṅghaṁ vā gaṇaṁ vā purisena saddhiṁ eken'ekā bhedāpeyya vā phālāpeyya vā dhovāpeyya vā ālimpāpeyya vā bandhāpeyya vā mocāpeyya vā, pācittiyan'ti.

Catu-Nip. 203

203(4-148) 단순속죄죄법 제148조

충분한 식사 후의 식사에 대한 학습계율
[족식후식계(足食後食戒)]

[세존] "어떠한 비구니이든 초대받아, 식사를 충분히 한 뒤에, 다시 식사를 한다면,1351) 단순속죄죄1352)를 범하는 것이니라."1353)

1351) 先受請 若足食已 後更食者 : 빠알리문에는 '다시 식사한다면' 대신에 '단단한 음식이나 부드러운 음식을 들거나 먹는다면'이라고 되어 있다.

1352) 波逸提 : ≪빠알리율≫에서는 '초대받고 식사에 만족해하지 못하거나, 죽을 마시거나, 주인의 허락을 받고 먹거나, 시분약, 칠일약, 진형수약을 이유가 있어서 먹거나, 정신착란자나 최초의 범행자인 경우'는 예외이고, ≪사분율≫에서는 '정식이 아닌 공양에 초대받았거나, 만족스럽지 못한 공양이었거나, 미리 초대를 받지 않았든가, 자리에 앉아있으면서 다시 음식을 받았거나, 같은 집에서 음식을 먹고 또 받았거나, 이 학습계율시설의 원인이 된 최초의 범행자이거나, 정신착란자이거나, 마음이 심란한 자이거나, 애통해 하는 자인 경우'를 예외로 한다.

1353) ■족식후식계(足食後食戒) / 사분니바일제 148 : 若比丘尼 先受請 若足食已 後更食者 波逸提 • 배청계∅(背請戒) / Nī-Pāc. 54(Nī ∅Pāc. 54) : yā pana bhikkhunī nimantitā vā pavāritā vā khādanīyaṁ vā bhojanīyaṁ vā khādeyya vā bhuñjeyya vā, pācittiyan'ti.

Catu-Nip. 204

204(4-149) 단순속죄죄법 제149조

단월의 가정에서의 질투에 대한 학습계율
[어가질투계(於家嫉妬戒)]

[세존] "어떠한 비구니이든 단월의 가정들에서 질투[1354]를 가지고 처신하면, 단순속죄죄[1355]를 범하는 것이니라."[1356]

1354) 於檀越家 生嫉妒心者 : 빠알리문에는 질투 대신에 '간탐(慳貪 : macchera)'이라고 되어 있다.

1355) 波逸提 : ≪빠알리율≫에서는 '속가의 가정에 대해서 간탐을 가지고 처신하는 것이 아니라 실재의 위험을 설명하거나, 정신착란자이거나 최초의 범행자인 경우'는 예외이고, ≪사분율≫에서는 '그 원인이 되는 일이 사실이었거나, 장난으로 말했거나, 이 학습계율시설의 원인이 된 최초의 범행자이거나, 정신착란자이거나, 마음이 심란한 자이거나, 애통해 하는 자인 경우'를 예외로 한다.

1356) ■어가질투계(於家嫉妬戒) / 사분니바일제 149 : 若比丘尼 於檀越家 生嫉妒心者. 波逸提 ●간질속가계∅(慳嫉俗家戒) / Nī-Pāc. 55(Nī ∅Pāc. 55) : yā pana bhikkhunī kulamaccharinī assa pācittiyan'ti.

Catu-Nip. 205

205(4-150) 단순속죄죄법 제150조

도향을 몸에 바르기에 대한 학습계율
[향도마신계(香塗摩身戒)]

[세존] "어떠한 비구니이든 도향(塗香)을 몸에 바르고 맛사지하면,1357) 단순속죄죄1358)를 범하는 것이니라."1359)

1357) 以香塗摩身 : '향료(香料)와 지분(脂粉)으로 목욕을 하면'이라고 되어 있다.

1358) 波逸提 : ≪빠알리율≫에서는 '질병 때문이거나, 정신착란자이거나 최초의 범행자인 경우'는 예외이고, ≪사분율≫에서는 '이러한 병이 있었거나, 힘센 자의 강요였거나, 이 학습계율시설의 원인이 된 최초의 범행자이거나, 정신착란자이거나, 마음이 심란한 자이거나, 애통해 하는 자인 경우'를 예외로 한다.

1359) ■ 향도마신계(香塗摩身戒) / 사분니바일제 150 : 若比丘尼 以香塗摩身. 波逸提 ● 이향도신계∅(以香塗身戒) / Nī-Pāc. 88(Nī ∅Pāc. 88) : yā pana bhikkhunī gandhavaṇṇakena nahāyeyya, pācittiyan'ti.

Catu-Nip. 206

206(4-151) 단순속죄죄법 제151조

호마분을 몸에 바르기에 대한 학습계율
[마유도신계(麻油塗身戒)]

[세존] "어떠한 비구니이든 호마분(胡麻粉)을 몸에 바르고 맛사지하면,1360) 단순속죄1361)를 범하는 것이니라."1362)

1360) 以胡麻滓 塗摩身者 : 빠알리문에는 '향기로운 호마분으로 목욕을 하면'이라고 되어 있다.

1361) 波逸提 : ≪빠알리율≫에서는 '질병 때문이거나, 보통의 호마분으로 목욕하거나, 정신착란자이거나 최초의 범행자인 경우'는 예외이고, ≪사분율≫에서는 '이러한 병이 있었거나, 힘센 자의 강요였거나, 이 학습계율시설의 원인이 된 최초의 범행자이거나, 정신착란자이거나, 마음이 심란한 자이거나, 애통해 하는 자인 경우'를 예외로 한다.

1362) ■마유도신계(麻油塗身戒) / 사분니바일제 151 : 若比丘尼 以胡麻滓 塗摩身者 波逸提 ●호마유도신계∅(胡麻油塗身戒) / Nī-Pāc. 89(Nī ∅Pāc. 89) : yā pana bhikkhunī vāsitakena piññākena nahāyeyya, pācittiyan'ti.

Catu-Nip. 207

207(4-152) 단순속죄죄법 제152조

비구니에게 시키는 맛사지에 대한 학습계율
[사니도신계(使尼塗身戒)]

[세존] "어떠한 비구니이든 비구니로 하여금 주무르게 하거나 맛사지하게 하면, 단순속죄죄1363)를 범하는 것이니라."1364)

1363) 波逸提 : ≪빠알리율≫에서는 '질병에 걸렸거나, 사고가 일어났거나, 정신착란자이거나 최초의 범행자인 경우'는 예외이고, ≪사분율≫에서는 '이러한 병이 있었거나, 힘센 자의 강요였거나, 이 학습계율시설의 원인이 된 최초의 범행자이거나, 정신착란자이거나, 마음이 심란한 자이거나, 애통해 하는 자인 경우'를 예외로 한다.

1364) ■사니도신계(使尼塗身戒) / 사분니바일제 152 : 若比丘尼 使比丘尼 塗摩身者. 波逸提 ●사비구니마신계∅(使比丘尼摩身戒) / Nī-Pāc. 90(Nī ∅Pāc. 90) : yā pana bhikkhunī bhikkhuniyā ummaddāpeyya vā parimaddāpeyya vā, pācittiyan'ti.

Catu-Nip. 208

208(4-153) 단순속죄죄법 제153조

정학녀에게 시키는 맛사지에 대한 학습계율
[사식차마나도신계(使式叉摩那塗身戒)]

[세존] "어떠한 비구니이든 정학녀로 하여금 주무르게 하고 맛사지하게 하면, 단순속죄죄1365)를 범하는 것이니라."1366)

1365) 波逸提 : 앞의 주석과 마찬가지로 ≪빠알리율≫에서는 '질병에 걸렸거나, 사고가 일어났거나, 정신착란자이거나 최초의 범행자인 경우'는 예외이고, ≪사분율≫에서는 '이러한 병이 있었거나, 힘센 자의 강요였거나, 이 학습계율시설의 원인이 된 최초의 범행자이거나, 정신착란자이거나, 마음이 심란한 자이거나, 애통해 하는 자인 경우'를 예외로 한다.

1366) ■사식차마나도신계(使式叉摩那塗身戒) / 사분니바일제 153 : 若比丘尼 使式叉摩那 塗摩身者. 波逸提 ●사학법녀마신계∅(使學法女摩身戒) / Nī-Pāc. 91(Nī ∅Pāc. 91) : yā pana bhikkhunī sikkhamānāya ummaddāpeyya vā parimaddāpeyya vā, pācittiyan'ti.

Catu-Nip. 209

209(4-154) 단순속죄죄법 제154조

사미니에게 시키는 맛사지에 대한 학습계율
[사사미니도신계(使沙彌尼塗身戒)]

[세존] "어떠한 비구니이든 사미니로 하여금 주무르게 하고 맛사지하게 하면, 단순속죄죄1367)를 범하는 것이니라."1368)

1367) 波逸提 : 앞의 주석과 마찬가지로 ≪빠알리율≫에서는 '질병에 걸렸거나, 사고가 일어났거나, 정신착란자이거나 최초의 범행자인 경우'는 예외이고, ≪사분율≫에서는 '이러한 병이 있었거나, 힘센 자의 강요였거나, 이 학습계율시설의 원인이 된 최초의 범행자이거나, 정신착란자이거나, 마음이 심란한 자이거나, 애통해 하는 자인 경우'를 예외로 한다.

1368) ■사사미니도신계(使沙彌尼塗身戒) / 사분니바일제 154 : 若比丘尼 使沙彌尼 塗摩身者. 波逸提 •사사미니마신계∅(使沙彌尼摩身戒) / Nī-Pāc. 92(Nī ∅Pāc. 9) : yā pana bhikkhunī sāmaṇeriyā ummaddāpeyya vā parimaddāpeyya vā pācittiyan'ti.

Catu-Nip. 210

210(4-155) 단순속죄죄법 제155조

재가녀에게 시키는 맛사지에 대한 학습계율
[사부녀도신계(使婦女塗身戒)]

[세존] "어떠한 비구니이든 재가녀로 하여금 주무르게 하고 맛사지하게 하면, 단순속죄죄1369)를 범하는 것이니라."1370)

1369) 波逸提 : 앞의 주석과 마찬가지로 ≪빠알리율≫에서는 '질병에 걸렸거나, 사고가 일어났거나, 정신착란자이거나 최초의 범행자인 경우'는 예외이고, ≪사분율≫에서는 '이러한 병이 있었거나, 힘센 자의 강요였거나, 이 학습계율시설의 원인이 된 최초의 범행자이거나, 정신착란자이거나, 마음이 심란한 자이거나, 애통해 하는 자인 경우'를 예외로 한다.

1370) ▪사부녀도신계(使婦女塗身戒) / 사분니바일제 155 : 若比丘尼 使白衣婦女 塗摩身者. 波逸提 •사백의녀마신계∅(使白衣女摩身戒) / Nī-Pāc. 93(Nī ∅Pāc. 93) : yā pana bhikkhunī gihiniyā ummaddāpeyya vā parimaddāpeyya vā pācittiyan'ti.

Catu-Nip. 211

211(4-156) 단순속죄죄법 제156조

페티코트를 입는 것에 대한 학습계율

[착저과의계(著貯跨衣戒)]

[세존] "어떠한 비구니이든 페티코트1371)를 입는다면, 단순속죄죄1372)를 범하는 것이니라."1373)

1371) 跨衣 : 영어의 페티코트(petticoat)는 빠알리어 'saṅghāṇi'를 말하며, 사타구니에 두르는 옷이라는 의미에서 과의(跨衣) 또는 저과의(貯跨衣)라고 한다. 여성이 허리에 차는 간단한 옷으로 엉덩이는 커보이게 하고 허리는 가늘게 하는 옷을 뜻한다.

1372) 波逸提 : ≪빠알리율≫에서는 '질병 때문이거나, 허리끈을 착용한 경우이거나, 정신착란자이거나 최초의 범행자의 경우'는 예외이고, ≪사분율≫에서는 '이러한 병이 있어서 안에 병의(病衣)를 입고 밖에 가사를 입었거나, 힘센 자의 강요였거나, 이 학습계율시설의 원인이 된 최초의 범행자이거나, 정신착란자이거나, 마음이 심란한 자이거나, 애통해 하는 자인 경우'를 예외로 한다.

1373) ■착저과의계(著貯跨衣戒) / 사분니바일제 156 : 若比丘尼 著用跨衣者. 波逸提 ●착과의계∅(著袴衣戒) / Nī-Pāc. 86(Nī ∅Pāc. 86) : yā pana bhikkhunī saṅghāṇiṁ dhāreyya pācittiyan'ti.

Catu-Nip. 212

212(4-157) 단순속죄죄법 제157조

부녀의 장신구를 모으는 것에 대한 학습계율
[축부엄구계(畜婦嚴具戒)]

[세존] "어떠한 비구니이든 부녀의 장신구를 모으면, 특별한 상황을 제외하고,1374) 단순속죄죄1375)를 범하는 것이니라."1376)

1374) *畜婦女嚴身具. 除時因緣 : 빠알리문에는 '부녀의 장신구를 착용하면'이라 되어 있고 '특별한 상황을 제외하고'라는 구절은 없다.*

1375) *波逸提 : 《빠알리율》에서는 '질병 때문이거나, 정신착란자이거나 최초의 범행자인 경우'는 예외이고, 《사분율》에서는 '이러한 병이 있던가, 목숨이 위태롭거나 청정행이 어려워 장식하는 도구를 가지고 피신했거나, 힘센 자의 강요였거나, 이 학습계율시설의 원인이 된 최초의 범행자이거나, 정신착란자이거나, 마음이 심란한 자이거나, 애통해 하는 자인 경우'를 예외로 한다.*

1376) *■축부엄구계(畜婦嚴具戒) / 사분니바일제 157 : 若比丘尼 畜婦女嚴身具. 除時因緣 波逸提 ⇐● 착부녀식신구계∅(著婦女飾身具戒) / Nī-Pāc. 87(Nī ∅Pāc. 87) : yā pana bhikkhunī itthālaṅkāraṁ dhāreyya, pācittiyan'ti.*

Catu-Nip. 213

213(4-158) 단순속죄죄법 제158조

신발을 신고 일산을 드는 것에 대한 학습계율
[착사지개계(著屣持蓋戒)]

[세존] "어떠한 비구니이든 신발을 신고 일산을 들고 다니면, 특별한 상황을 제외하고,[1377] 단순속죄죄[1378]를 범하는 것이니라."[1379]

1377) 著革屣持蓋行 除時因緣 : 빠알리문에는 '환자가 아닌 한, 일산과 신발을 사용하면'이라고만 되어 있다.

1378) 波逸提 : ≪빠알리율≫에서는 '환자이거나, 승원에서나 승원의 부근에서 사용하거나, 사고가 일어났거나, 정신착란자이거나 최초의 범행자의 경우'는 예외이고, ≪사분율≫에서는 '이러한 병이 있었거나, 몸이나 옷, 와구 등을 보호하기 위해서 승원 안에서 가죽신을 만들어 신었든가, 힘 센 자의 강요였거나, 결박되었거나, 목숨이 위태로웠거나, 이 학습계율시설의 원인이 된 최초의 범행자이거나, 정신착란자이거나, 마음이 심란한 자이거나, 애통해 하는 자인 경우'를 예외로 한다.

1379) ■ 착사지개계(著屣持蓋戒) / 사분니바일제 158 : 若比丘尼 著革屣持蓋行. 除時因緣 波逸提 • 지착개섭계∅(持著蓋屧戒) / Nī-Pāc. 84(Nī ∅Pāc. 84) : yā pana bhikkhunī agilānā chattūpāhanaṁ dhāreyya, pācittiyan'ti.

Catu-Nip. 214

214(4-159) 단순속죄죄법 제159조

환자가 아닌 자가 탈것을 타는 것에 대한 학습계율
[무병승행계(無病乘行戒)]

[세존] "어떠한 비구니이든, 탈것을 탄다면, 특별한 상황을 제외하고,[1380] 단순속죄죄[1381]를 범하는 것이니라."[1382]

1380) *無病乘乘行. 除時因緣 : 빠알리문에는 '환자가 아닌 한, 탈것을 탄다면'이라고 되어 있다.*

1381) *波逸提 : 《빠알리율》에서는 '환자이거나, 사고가 일어났거나, 정신착란자이거나 최초의 범행자의 경우'는 예외이고, 《사분율》에 서는 '이러한 질병이 있어서 암컷이나 암컷이 이끄는 수레를 탔거나, 목숨이 위태로웠거나, 청정행이 어려웠거나, 수레를 타고 도망갔거나, 힘센 자의 강요였거나, 이 학습계율시설의 원인이 된 최초의 범행자이거나, 정신착란자이거나, 마음이 심란한 자이거나, 애통해 하는 자인 경우'를 예외로 한다.*

1382) *▪ 무병승행계(無病乘行戒) / 사분니바일제 159 : 若比丘尼 無病乘乘行. 除時因緣 波逸提. • 승승계∅(乘乘戒) / Nī-Pāc. 85(Nī∅ Pāc. 85) : yā pana bhikkhunī agilānā yānena yāyeyya pācittiyan'ti.*

Catu-Nip. 215

215(4-160) 단순속죄죄법 제160조
복견의를 착용하지 않고 마을에 드는 것에 대한 학습계율
[감의입촌계(減衣入村戒)]

[세존] "어떠한 비구니이든 복견의(覆肩衣)1383)를 착용하지 않고 마을로 들어가면, 단순속죄죄1384)를 범하는 것이니라."1385)

1383) 不著僧祇支入村者 : 빠알리어의 'saṅkacchā'는 한역에서는 복견의(覆肩衣)라고 번역하고 음사하여 승기지(僧祇支)라고 한다. 일종의 코르셋이지만 위로는 어깨까지 가리는 옷이다. Vin. IV. 345에 따르면, 복견의는 목 이하 배꼽 이상을 덮는 옷을 말한다.

1384) 波逸提 : ≪빠알리율≫에서는 '옷을 잃었거나, 옷이 망가졌거나, 환자이거나, 새김을 잃었거나, 알지 못했거나, 사고가 일어났거나, 정신착란자이거나 최초의 범행자인 경우'는 예외이고, ≪사분율≫에서는 '이러한 병이 있었거나, 겨드랑이에 상처가 있거나, 복견의가 없었거나, 방편으로 만들려고 했거나, 더러워 빨았는데 아직 마르지 않았거나, 만들었는데 잃었거나 깊숙한 곳에 넣어두었거나, 힘센 자의 강요였거나, 목숨이 위태로웠거나 청정행이 어려웠거나, 이 학습계율 시설의 원인이 된 최초의 범행자이거나, 정신착란자이거나, 마음이 심란한 자이거나, 애통해 하는 자인 경우'를 예외로 한다.

1385) ▪감의입촌계(減衣入村戒) / 사분니바일제 160 : 若比丘尼 不著僧祇支入村者. 波逸提 • 부착승기지∅(不著僧祇支) / Nī-Pāc. 96 (Nī ∅Pāc. 96) : yā pana bhikkhunī asaṅkacchikā gāmaṁ paviseyya, pācittiyan'ti.

Catu-Nip. 216

216(4-161) 단순속죄죄법 제161조

해질 무렵 가정의 방문에 대한 학습계율
[모지속가계(暮至俗家戒)]

[세존] "어떠한 비구니든지 해질 무렵에 미리 오라는 요청을 받지 않았는데, 재가의 가정을 방문하면, 단순속죄죄1386)를 범하는 것이니라."1387)

1386) 波逸提 : ≪사분율≫에서는 '삼보의 일로 그 집으로 갔거나, 간병하는 일로 갔거나, 요청을 받아 갔거나, 힘센 자의 강요로 갔었거나, 결박되어 끌려갔거나, 목숨이 위태롭거나 청정행이 어려워 갔거나, 주인에게 말하고 그 집에서 나왔거나, 그 집에 불이 났거나 무너져서 나왔거나, 독사나 도적이나 사나운 짐승이 있어서 나왔거나, 힘센 자의 강요였거나, 결박되어 끌려 나왔거나, 목숨이 위태롭거나 청정행이 어려워 나왔거나, 이 학습계율시설의 원인이 된 최초의 범행자이거나, 정신착란자이거나, 마음이 심란한 자이거나, 애통해하는 자인 경우'를 예외로 한다.

1387) ■모지속가계(暮至俗家戒) / 사분니바일제 161 : 若比丘尼 向暮 至白衣家 先不被喚者. 波逸提

Catu-Nip. 217

217(4-162) 단순속죄죄법 제162조

해질 무렵 승원의 문을 열기에 대한 학습계율
[모개사문계(暮開寺門戒)]

[세존] "어떠한 비구니든지 해질 무렵에 승원의 문을 열고 다른 비구니에게 부촉하지 않고 나가면, 단순속죄죄[1388]를 범하는 것이니라."[1389]

1388) 波逸提 : ≪사분율≫에서는 '삼보의 일이나 간병하는 일로 부촉하고 나갔거나, 승원이 파괴되었거나 불에 탔거나 독사나 사나운 짐승이나 도적이 있거나 힘센 자의 강요나 결박되어 끌려 갔거나 목숨이 위태롭거나 청정행이 어려워 부촉하지 못하고 나갔거나, 이 학습계율시설의 원인이 된 최초의 범행자이거나, 정신착란자이거나, 마음이 심란한 자이거나, 애통해 하는 자인 경우'를 예외로 한다.

1389) ■모개사문계(暮開寺門戒) / 사분니바일제 162 : 若比丘尼 向暮 開僧伽藍門. 不囑授餘比丘尼 而出者. 波逸提

Catu-Nip. 218

218(4-162) 단순속죄죄법 제163조

해진 뒤에 승원의 문을 열기에 대한 학습계율
[모거불촉계(暮去不囑戒)]

[세존] "어떠한 비구니든지 해진 뒤에 승원의 문을 열고 부촉하지 않고 나가면, 단순속죄죄1390)를 범하는 것이니라."1391)

1390) 波逸提 : 앞의 학습계율과 마찬가지로 《사분율》에서는 '삼보의 일이나 간병하는 일로 부촉하고 나갔거나, 승원이 파괴되었거나 불에 탔거나 독사나 사나운 짐승이나 도적이 있거나 힘센 자의 강요나 결박되어 끌려 갔거나 목숨이 위태롭거나 청정행이 어려워 부촉하지 못하고 나갔거나, 이 학습계율시설의 원인이 된 최초의 범행자이거나, 정신착란자이거나, 마음이 심란한 자이거나, 애통해하는 자인 경우'를 예외로 한다.

1391) ■모거불촉계(暮去不囑戒) / 사분니바일제 163 : 若比丘尼 日沒 開僧伽藍門. 不囑而出者. 波逸提

Catu-Nip. 219

219(4-163) 단순속죄죄법 제164조

안거의 어김에 대한 학습계율
[위실안거계(違失安居戒)]

[세존] "어떠한 비구니이든 선행안거도 하지 않고, 후행안거도 하지 않으면,1392) 단순속죄죄1393)를 범하는 것이니라."1394)

1392) 不前安居. 不後安居者 : 인도에서 우기에 안거를 했다. 인도에서 우기는 아쌀히월(āsaḷhī) 즉, 7월[양력 6월 16일 ~ 7월 15일(남방음력 3월 16일 ~ 4월 15일)]에서 까티까월(kattika) 즉, 11월[양력 10월 16일 ~ 11월 15일(남방음력 7월 16일 ~ 8월 15일)]의 4개월 동안이다. Vin. I. 138에 따르면, 우기 4개월 간 지속하는 우기 가운데 선행 3개월의 선행안거(前安居)이나 후행 3개월의 후행안거(後安居)을 자유롭게 선택하여 안거를 하도록 그 시기를 조절하였다.

1393) ≪사분율≫에서는 '선행안거를 했거나, 삼보의 일이나 간병하는 일로 후행안거를 했거나, 이 학습계율시설의 원인이 된 최초의 범행자이거나, 정신착란자이거나, 마음이 심란한 자이거나, 애통해하는 자인 경우'를 예외로 한다.

1394) ■ 위실안거계(違失安居戒) / 사분니바일제 164 : 若比丘尼 不前安居. 不後安居者. 波逸提

Catu-Nip. 220

220(4-165) 단순속죄죄법 제165조

항상 누설이 있는 여인을 맡는 것에 대한 학습계율
[상루수구계(常漏授具戒)]

[세존] "어떠한 비구니이든 어떤 여인이 항상 대소변이 새고 타액을 흘리는 것을 알면서 구족계를 받을 수 있도록 맡으면, 단순속죄죄1395)를 범하는 것이니라."1396)

1395) 波逸提 : ≪사분율≫에서는 '알지 못했거나, 믿을 만한 사람의 말을 믿었거나, 부모의 말을 믿었거나, 구족계를 받을 수 있도록 맡은 후에 병이 생겼거나, 이 학습계율시설의 원인이 된 최초의 범행자이거나, 정신착란자이거나, 마음이 심란한 자이거나, 애통해 하는 자인 경우'를 예외로 한다.

1396) ■상루수구계(常漏授具戒) / 사분니바일제 165 : 若比丘尼 知女人 常漏大小便 涕唾 常出. 與受大戒 波逸提

Catu-Nip. 221

221(4-166) **단순속죄죄법 제166조**

남녀추니를 구족계를 받을 수 있도록 맡는 것에 대한 학습계율
[이형수구계(二形授具戒)]

[세존] "어떠한 비구니이든 남녀추니인 것을 알면서 구족계를 받을 수 있도록 맡으면, 단순속죄죄[1397]를 범하는 것이니라."[1398]

1397) 波逸提 : 앞의 학습계율과 마찬가지로 《사분율》에서는 '알지 못했거나, 믿을 만한 사람의 말을 믿었거나, 부모의 말을 믿었거나, 구족계를 받을 수 있도록 맡은 후에 병이 생겼거나, 이 학습계율 시설의 원인이 된 최초의 범행자이거나, 정신착란자이거나, 마음이 심란한 자이거나, 애통해 하는 자인 경우'를 예외로 한다.

1398) ■ 이형수구계(二形授具戒) / 사분니바일제 166 : 若比丘尼 知二形人 與受大戒者. 波逸提

Catu-Nip. 222

222(4-167) 단순속죄죄법 제167조

대소변도가 합쳐진 여인의 맡음에 대한 학습계율
[도합수구계(道合授具戒)]

[세존] "어떠한 비구니이든 어떤 여인이 대변도와 소변도가 합쳐진 것을 알면서 구족계를 받을 수 있도록 맡으면, 단순속죄죄[1399]를 범하는 것이니라."[1400]

1399) 波逸提 : 앞의 학습계율과 마찬가지로 ≪사분율≫에서는 '알지 못했거나, 믿을 만한 사람의 말을 믿었거나, 부모의 말을 믿었거나, 구족계를 받을 수 있도록 맡은 후에 병이 생겼거나, 이 학습계율 시설의 원인이 된 최초의 범행자이거나, 정신착란자이거나, 마음이 심란한 자이거나, 애통해 하는 자인 경우'를 예외로 한다.

1400) ■도합수구계(道合授具戒) / 사분니바일제 167 : 若比丘尼 知女人 二道合. 與受大戒者 波逸提

Catu-Nip. 223

223(4-168) 단순속죄죄법 제168조

채무자와 난치병자를 맡음에 대한 학습계율
[채병수구계(債病授具戒)]

[세존] "어떠한 비구니이든 어떤 여인이 빚이 많아 갚을 수 없거나 병들어 고칠 수 없는 것을 알면서 구족계를 받을 수 있도록 맡으면, 단순속죄[1401]를 범하는 것이니라."[1402]

1401) 波逸提 : 앞의 학습계율과 마찬가지로 ≪사분율≫에서는 '알지 못했거나, 믿을 만한 사람의 말을 믿었거나, 부모의 말을 믿었거나, 구족계를 받을 수 있도록 맡은 후에 병이 생겼거나, 이 학습계율 시설의 원인이 된 최초의 범행자이거나, 정신착란자이거나, 마음이 심란한 자이거나, 애통해 하는 자인 경우'를 예외로 한다.

1402) ■ 채병수구계(債病授具戒) / 사분니바일제 168 : 若比丘尼 知負債難人 及病難人 與受大戒 波逸提

Catu-Nip. 224

224(4-169) 단순속죄죄법 제169조

세속적 기술을 생활수단으로 배우기에 대한 학습계율
[학술활명계(學術活命戒)]

[세존] "어떠한 비구니이든 세속적 기술을 배워서 생활수단으로 삼으면,1403) 단순속죄죄1404)를 범하는 것이니라."1405)

1403) *學世俗技術 以自活命者 : 세속적 지식을 배우는 것이란, 빠알리문에는 '저속한 지식을 배우면' 이라고만 되어 있는데, 여기서 파생된 것이라고 볼 수 있다. 저속한 지식은 주로 주술적인 지식 등을 말한다.*

1404) *波逸提 : ≪빠알리율≫에서는 '문자를 배우거나, 기억된 것을 배우거나, 수호를 위한 진언을 배우는 경우이거나, 정신착란자이거나 최초의 범행자인 경우'는 예외이고, ≪사분율≫에서는 '뱃속에 기생충을 없애기 위해 주술을 배웠거나, 음식이 소화되지 않아 치료했거나, 외서를 배우거나 독송하거나 세속의 논서를 배워 외도를 항복시키려 했거나, 몸을 수호하기 위해 독을 다스리는 주문을 배운 것이 자신을 보호하기 위한 것이지 생활을 영위하기 위한 것이 아니었거나, 이 학습계율시설의 원인이 된 최초의 범행자이거나, 정신착란자이거나, 마음이 심란한 자이거나, 애통해 하는 자인 경우'를 예외로 한다.*

1405) *■ 학술활명계(學術活命戒) / 사분니바일제 169 : 若比丘尼 學世俗技術 以自活命者. 波逸提 ⇐• 자송주술계∅(自誦呪術戒) / Nī-Pāc. 49(Nī ∅Pāc. 49) : yā pana bhikkhunī tiracchānavijjaṁ pariyāpuṇeyya, pācittiyan'ti.*

Catu-Nip. 225

225(4-170) 단순속죄죄법 제170조

세속적 기술을 가르치기에 대한 학습계율
[교속기술계(敎俗技術戒)]

[세존] "어떠한 비구니이든 세속적 기술을 재가자에게 가르치면,1406) 단순속죄죄1407)를 범하는 것이니라."1408)

1406) 以世俗技術 敎白衣者 : 여기서 세속적 기술이란 고대 인도에서 신을 섬기거나 제사와 관계된 금기나 기술 등을 의미한다.

1407) 波逸提 : ≪사분율≫에서는 '여래의 탑을 향하라고 가르쳤거나, 장난으로 말했거나, 빨리 말했거나 혼잣말로 했거나, 꿈속에서 말했거나, 이것을 말하려다가 저것을 착오로 말했거나, 이 학습계율 시설의 원인이 된 최초의 범행자이거나, 정신착란자이거나, 마음이 심란한 자이거나, 애통해 하는 자인 경우'를 예외로 한다.

1408) ■교속기술계(敎俗技術戒) / 사분니바일제 170 : 若比丘尼 以世俗技術 敎白衣者. 波逸提

Catu-Nip. 226

226(4-171) 단순속죄죄법 제171조

멸빈당하고 떠나지 않은 것에 대한 학습계율
[피빈불거계(被擯不去戒)]

[세존] "어떠한 비구니이든 멸빈(滅擯)을 당하고도1409) 떠나지 않았으면, 단순속죄죄1410)를 범하는 것이니라."1411)

1409) *被擯不去者 : 멸빈은 승단에서 쫓겨나는 것을 의미하지만, 복귀가 불가능하지는 않다. 그러나 승단추방죄(波羅夷罪)를 범하고 승단에 추방되는 경우는 영구적으로 복귀가 불가능하다. Smp. 870에 세 가지 멸빈이 소개되고 있다. ① 죄를 인지하지 못하고 고치지도 않고 사견을 버리지도 않는 것에 대한 권리정지처분으로서 함께 사는 처소에서부터의 멸빈, ② 수행녀 멧띠야가 인용된 예(Vin. III. 162-163)에서와 같은 특징에 기인한 멸빈, ③ '존귀한 사미여, 오늘부터 존귀한 스승은 그대의 스승으로서 불릴 수 없다.'(Vin. IV, 139)라고 말하는 처벌에 의한 멸빈이 있다.*

1410) *波逸提 : ≪사분율≫에서는 '멸빈을 당하고 바로 떠났든가, 수순하여 어기지 않고 허물을 참회하고 멸빈을 풀어주기를 요청하거나 함께 갈 사람이 없어 병을 얻었거나, 수로나 육로가 끊어졌거나, 이 학습계율시설의 원인이 된 최초의 범행자이거나, 정신착란자이거나, 마음이 심란한 자이거나, 애통해 하는 자인 경우'를 예외로 한다.*

1411) *■피빈불거계(被擯不去戒) / 사분니바일제 171 : 若比丘尼 被擯不去者. 波逸提*

Catu-Nip. 227

227(4-172) 단순속죄죄법 제172조

허락을 구하지 않은 질문에 대한 학습계율
[불구문의계(不求問義戒)]

[세존] "어떠한 비구니이든 비구에게 뜻을 묻고자 할때에 먼저 허락을 구하지 않고 질문한다면,[1412] 단순속죄[1413]를 범하는 것이니라."[1414]

1412) *欲問比丘義 先不求而問者* : 빠알리문에는 '기회를 마련하지 않고 수행승에게 질문한다면'이라고 되어 있다.

1413) *波逸提* : 《빠알리율》에서는 '기회를 마련하고 질문하거나, 지정하지 않고 기회를 얻어 어떠한 것이든 질문하는 경우나, 정신착란자이거나 최초의 범행자인 경우'는 예외이고, 《사분율》에서는 "허락을 구하고 질문했거나, 평소에 질문을 허락받았거나, 전부터 친분이 두터웠거나, 친분이 두터운 이가 '내가 너를 위해 허락을 구해주겠다.'라고 했거나, 그로부터 가르침을 받는 사이였거나, 그가 물어서 이쪽에서 대답했거나, 두 사람이 함께 독송했거나, 장난으로 말했거나, 이 학습계율시설의 원인이 된 최초의 범행자이거나, 정신착란자이거나, 마음이 심란한 자이거나, 애통해 하는 자인 경우'를 예외로 한다.

1414) ■ 불구문의계(*不求問義戒*) / 사분니바일제 172 : *若比丘尼 欲問比丘義 先不求而問者. 波逸提* • 첩문비구의계∅(*輒問比丘義戒*) / Nī-Pāc. 95(Nī ∅Pāc. 95) : *yā pana bhikkhunī anokāsakataṁ bhikkhuṁ pañhaṁ puccheyya, pācittiyan'ti.*

Catu-Nip. 228

228(4-173) 단순속죄죄법 제173조

타인을 괴롭히기 위한 것에 대한 학습계율
[욕뇌령란계(欲惱令亂戒)]

[세존] "어떠한 비구니이든 자신보다 먼저 체류하고 있던 다른 자가 나중에 온 것을 알거나, 자신보다 나중에 온 다른 자가 먼저 체류하고 있던 것을 알고, 괴롭히기 위하여 앞에서 거닐거나 서거나 앉거나 눕거나 하면,1415) 단순속죄죄1416)를 범하는 것이니라."1417)

1415) 知先住後至 知後至先住 欲惱彼故 在前經行 若立若坐若臥者 : 빠알리문에는 '수행녀에게 의도적으로 폐를 끼치면'이라고 간략히 되어 있다. 사분니바일제 제92조(Nī-Pāc. 33)에서 파생된 것이다.

1416) 波逸提 : ≪빠알리율≫에서는 '폐를 끼치려고 하지 않았거나, 허락을 구하고 앞에서 걷거나 서거나 앉거나 눕거나 송출하거나 송출하게 하거나 공부하거나, 정신착란자이거나 최초의 범행자인 경우'는 예외이고, ≪사분율≫에서는 "먼저 알지 못했거나, 물어 보았거나, 먼저 경행하기를 허락했거나, 상좌였든가, 서로 번갈아 경행했거나, 경행하려고 했거나, 친분이 두터웠거나, 친분이 두터운 이가 말해주었거나, 병으로 땅에 쓰러졌거나, 힘센 자의 강요였거나, 이 학습계율 시설의 원인이 된 최초의 범행자이거나, 정신착란자이거나, 마음이 심란한 자이거나, 애통해 하는 자인 경우'를 예외로 한다.

1417) ■ 욕뇌령란계(欲惱令亂戒) / 사분니바일제 173 : 若比丘尼 知先住後至 知後至先住 欲惱彼故 在前經行 若立若坐若臥者. 波逸提 ⇐ • 고의혹뇌계∅(故意惑惱戒) / Nī-Pāc. 33(Nī ∅Pāc. 33) : yā pana bhikkhunī bhikkhuniyā sañcicca aphāsuṁ kareyya, pācittiyan'ti.

Catu-Nip. 229

229(4-174) 단순속죄죄법 제174조

비구의 승원에 탑묘 세우기에 대한 학습계율
[승사기탑계(僧寺起塔戒)]

[세존] "어떠한 비구니이든 비구들의 승원인 것을 알면서 그곳에 탑묘를 세우면,[1418] 단순속죄죄[1419]를 범하는 것이니라."[1420]

1418) 知有比丘僧伽藍中 起塔者 : 탑묘(sk. stūpa)는 부도(浮圖)를 말한다. 《사분율》에 의하면 식견이 높은 비구니가 죽자 비구니들이 비구의 승원에 비구니를 기리기 위한 탑묘를 세웠다. 그것이 문제가 되었다.

1419) 波逸提 : 《사분율》에서는 '먼저 알지 못했거나, 이전에 무너진 승원이었거나, 먼저 탑묘를 세웠는데 나중에 승원이 지어졌거나, 이 학습계율시설의 원인이 된 최초의 범행자이거나, 정신착란자이거나, 마음이 심란한 자이거나, 애통해 하는 자인 경우'를 예외로 한다.

1420) ■승사기탑계(僧寺起塔戒) / 사분니바일제 174 : 若比丘尼 知有比丘僧伽藍中 起塔者. 波逸提

Catu-Nip. 230

230(4-175) 단순속죄죄법 제175조

신참 비구를 업신여기는 것에 대한 학습계율

[만신비구계(慢新比丘戒)]

[세존] "어떠한 비구니이든 새로 구족계를 받은 비구를 보더라도 일어나 맞으면서 공손하게 예경하여 문안하고 앉기를 권해야 하는데, 그렇게 하지 않으면, 특별한 상황을 제외하고, 단순속죄죄[1421]를 범하는 것이니라.[1422]

1421) 波逸提 : ≪사분율≫에서는 '일어나 맞이했거나, 하루 한번 한 자리에서 식사(一座食) 중이거나 여식법(餘食法)을 짓지 않고 공양 중이거나 병이 들었거나 족식(足食) 중에 허락을 구하거나, 병으로 땅에 쓰러졌거나, 힘센 자에게 강요되었거나, 묶여서 끌려갔거나, 목숨이 위태로웠거나 청정행이 어려웠거나, 이 학습계율시설의 원인이 된 최초의 범행자이거나, 정신착란자이거나, 마음이 심란한 자이거나, 애통해 하는 자인 경우'를 예외로 한다. 일좌식과 여식법에 대해서는 Catu-Nip. 67의 주석을 보라.

1422) ■ 만신비구계(慢新比丘戒) : 바일제 175 : 若比丘尼 見新受戒比丘 應起迎逆 恭敬禮拜問訊 請坐. 若否者 除時因緣 波逸提

Catu-Nip. 231

231(4-176) 단순속죄죄법 제176조

멋 부리기 위한 몸을 흔드는 것에 대한 학습계율
[호요신행계(好搖身行戒)]

[세존] "어떠한 비구니이든 멋 부리기 위하여 몸을 흔들면서 다니면, 단순속죄죄[1423]를 범하는 것이니라."[1424]

1423) 波逸提 : ≪사분율≫에서는 '이러한 병이 있었거나, 몽둥이로 때리려 해서 피했거나, 사나운 코끼리, 도적, 짐승을 만났거나, 가시덤불을 손으로 막으면서 오거나, 하천을 건너거나, 도랑이나 물을 건너면, 진흙탕을 건너거나, 옷을 가지런히 하려고 좌우를 돌아보았거나, 이 학습계율시설의 원인이 된 최초의 범행자이거나, 정신착란자이거나, 마음이 심란한 자이거나, 애통해 하는 자인 경우'를 예외로 한다.

1424) ■호요신행계(好搖身行戒) / 사분니바일제 176 : 若比丘尼 爲好故 搖身趣行者. 波逸提

Catu-Nip. 232

232(4-177) 단순속죄죄법 제177조

부녀자처럼 하는 장식에 대한 학습계율
[작부장엄계(作婦莊嚴戒)]

[세존] "어떠한 비구니이든 부녀자처럼 장식하고 도향(塗香)을 바르면,1425) 단순속죄죄1426)를 범하는 것이니라."1427)

1425) 作婦女莊嚴 香塗摩身者 : 《빠알리율》 '부녀의 장신구를 착용하면'에서 파생된 것이다.

1426) 波逸提 : 《빠알리율》에서는 '질병 때문이거나, 정신착란자이거나 최초의 범행자인 경우'는 예외이고, 《사분율》에서는 '이러한 병이 있었거나, 부모나 신심이 깊은 재가자가 병이 났거나 갇혀있어 목욕을 시켜주고 머리를 빗겨주었거나, 힘센 자의 강요였거나, 이 학습계율시설의 원인이 된 최초의 범행자이거나, 정신착란자이거나, 마음이 심란한 자이거나, 애통해 하는 자인 경우'를 예외로 한다.

1427) ■ 작부장엄계(作婦莊嚴戒) / 사분니바일제 177 : 若比丘尼 作婦女莊嚴 香塗摩身者. 波逸提 ⇐ • 착부녀식신구계∅(著婦女飾身具戒) / Nī-Pāc. 87(Nī ∅Pāc. 87) : yā pana bhikkhunī itthālaṅkāraṁ dhāreyya, pācittiyan'ti.

Catu-Nip. 233

233(4-178) 단순속죄죄법 제178조

외도여자를 시켜 맛사지하게 하는 것에 대한 학습계율
[외녀도신계(外女塗身戒)]

[세존] "어떠한 비구니이든 외도의 여자를 시켜 몸을 도향으로 맛사지하면, 단순속죄죄[1428]를 범하는 것이니라."[1429]

1428) 波逸提 : 《사분율》에서는 '이러한 병이 있었거나, 힘센 자의 강요였거나, 이 학습계율시설의 원인이 된 최초의 범행자이거나, 정신착란자이거나, 마음이 심란한 자이거나, 애통해 하는 자인 경우'를 예외로 한다.

1429) ■외녀도신계(外女塗身戒) / 사분니바일제 178 : 若比丘尼 使外道女 香塗摩身者. 波逸提

존자들이여,
이와 같이 90개 조항의 단순속죄죄법을
송출하였습니다.[1430]

이와 관련하여
저는 존귀한 자매들께 묻겠습니다.
이와 관련하여 완전히 청정합니까?
두 번째에도 저는 존귀한 자매들께 묻겠습니다.
이와 관련하여 완전히 청정합니까?
세 번째에도 저는 존귀한 자매들께 묻겠습니다.
이와 관련하여 완전히 청정합니까?

존귀한 자매들께서는
완전히 청정한 까닭에 침묵했으므로
저는 그와 같이 알겠습니다.[1431]

1430) ■諸大姊! 我已說九十波逸提法 •uddiṭṭhā kho ayyāyo dvenavuti pācittiyā dhammā

1431) ■今問. 諸大姊. 是中清淨不? (如是三說) 諸大姊! 是中清淨, 默然故, 是事如是持. •tatthāyyāyo pucchāmi kaccīttha parisuddhā? dutiyampi pucchāmi kaccittha parisuddhā? tatiyampi pucchāmi kaccittha parisuddhā? parisuddhetkhothāyyāyo, tasmā tuṇ- hī. evametaṁ dhārayāmī'ti.

제5장 고백죄법의 송출

(Pāṭidesanīyuddesa)

존귀한 자매들이여,
이제 이와 같은 8개 조항의 고백죄법을
송출하겠습니다.1432)

1432) •*ime kho panāyyāyo aṭṭha pāṭidesanīyā dhammā uddesaṁ āgacchanti.* ■諸大姊 是八波羅提提舍尼法 半月半月說 戒經中來

Catu-Nip. 234

234(5-1) 고백죄법 제1조

환자가 아닌 자의 버터기름의 요청에 대한 학습계율
[불병걸소계(不病乞酥戒)]

[세존] "어떠한 비구니이든 환자가 아닌 한, 버터기름을 요청하여 먹었다면, 그 비구니는 다른 비구니에게 '존귀한 자매여, 제가 비난받을만한 적절하지 못한 죄를 범했으니, 지금 존귀한 자매에게 고백합니다.'라고 허물을 뉘우쳐야 하는데, 이것이 곧 고백죄[1433]의 원칙이니라."[1434]

1433) 悔過 : ≪빠알리율≫에서는 '환자였을 때 병이 든 상태에서 요청했다가 병이 낫게 되어 먹거나, 환자의 남은 것을 먹거나, 친척의 것이거나, 초대를 받았거나, 타인을 위한 것이거나, 자신의 재물에 의한 것인 경우이거나, 정신착란자이거나 최초의 범행자인 경우'는 예외이고, ≪사분율≫에서는 '병이 들어 구했거나, 병자를 위해 구했는데 그가 나누어 주었거나, 자기가 타인을 위해 구했거나 타인이 자기를 위해 구했거나, 구하지 않았는데 저절로 얻었거나, 이 학습계율시설의 원인이 된 최초의 범행자이거나, 정신착란자이거나, 마음이 심란한 자이거나, 애통해 하는 자인 경우'를 예외로 한다.

1434) ■불병걸소계(不病乞酥戒) / 1 : 若比丘尼 無病 乞酥食. 是比丘尼 應向餘比丘尼 悔過言 大姉 我犯可呵法 所不應爲 今向大姉悔過 是名悔過法. • 걸수식계∅(乞酥食戒) / Nī-Paṭid. 1(Nī ∅Paṭid. 1) : yā pana bhikkhunī agilānā sappiṁ viññāpetvā bhuñjeyya paṭidesetabbaṁ tāya bhikkhuniyā gārayhaṁ ayye dhammaṁ āpajjiṁ asappāyaṁ pāṭidesanīyaṁ, taṁ paṭidesemī'ti.

Catu-Nip. 235

235(5-2) 고백죄법 제2조

환자가 아닌 자의 기름의 요청에 대한 학습계율
[불병걸유계(不病乞油戒)]

[세존] "어떠한 비구니이든 환자가 아닌 한, 기름을 요청하여 먹었다면, 그 비구니는 다른 비구니에게 '존귀한 자매여, 제가 비난받을만한 적절하지 못한 죄를 범했으니, 지금 존귀한 자매에게 고백합니다.'라고 허물을 뉘우쳐야 하는데, 이것이 곧 고백죄1435)의 원칙이니라."1436)

1435) 悔過 : 앞의 학습계율과 마찬가지로 《빠알리율》에서는 '환자였을 때 병이 든 상태에서 요청했다가 병이 낫게 되어 먹거나, 환자의 남은 것을 먹거나, 친척의 것이거나, 초대를 받았거나, 타인을 위한 것이거나, 자신의 재물에 의한 것인 경우이거나, 정신착란자이거나 최초의 범행자인 경우'는 예외이고, 《사분율》에서는 '병이 들어 구했거나, 병자를 위해 구했는데 그가 나누어 주었거나, 자기가 타인을 위해 구했거나 타인이 자기를 위해 구했거나, 구하지 않았는데 저절로 얻었거나, 이 학습계율시설의 원인이 된 최초의 범행자이거나, 정신착란자이거나, 마음이 심란한 자이거나, 애통해 하는 자인 경우'를 예외로 한다.

1436) ■불병걸유계(不病乞油戒) /2 : 若比丘尼 無病 乞油食. 是比丘尼 應向餘比丘尼 悔過言 大姊 我犯可呵法 所不應爲 今向大姊悔過 是名悔過法 • 걸유식계∅(乞油食戒) / Nī-Paṭid. 2(Nī ∅Paṭid. 2) : yā pana bhikkhunī agilānā telaṁ viññāpetvā bhuñjeyya paṭidesetabbaṁ tāya bhikkhuniyā gārayhaṁ ayye dhammaṁ āpajjiṁ asappāyaṁ pāṭidesanīyaṁ, taṁ paṭidesemī'ti.

Catu-Nip. 236

236(5-3) 고백죄법 제3조

환자가 아닌 자의 꿀의 요청에 대한 학습계율
[불병걸밀계(不病乞蜜戒)]

[세존] "어떠한 비구니이든 환자가 아닌 한, 꿀을 요청하여 먹었다면, 그 비구니는 다른 비구니에게 '존귀한 자매여, 제가 비난받을만한 적절하지 못한 죄를 범했으니, 지금 존귀한 자매에게 고백합니다.'라고 허물을 뉘우쳐야 하는데, 이것이 곧 고백죄1437)의 원칙이니라."1438)

1437) 悔過 : 앞의 학습계율과 마찬가지로 《빠알리율》에서는 '환자였을 때 병이 든 상태에서 요청했다가 병이 낫게 되어 먹거나, 환자의 남은 것을 먹거나, 친척의 것이거나, 초대를 받았거나, 타인을 위한 것이거나, 자신의 재물에 의한 것인 경우이거나, 정신착란자이거나 최초의 범행자인 경우'는 예외이고, 《사분율》에서는 '병이 들어 구했거나, 병자를 위해 구했는데 그가 나누어 주었거나, 자기가 타인을 위해 구했거나 타인이 자기를 위해 구했거나, 구하지 않았는데 저절로 얻었거나, 이 학습계율시설의 원인이 된 최초의 범행자이거나, 정신착란자이거나, 마음이 심란한 자이거나, 애통해 하는 자인 경우'를 예외로 한다.

1438) ■불병걸밀계(不病乞蜜戒) / 3 : 若比丘尼 無病 乞蜜食. 是比丘尼 應向餘比丘尼 悔過言 大姊 我犯可呵法 所不應爲 今向大姊悔過 是名悔過法 ●걸밀식계∅(乞蜜食戒) / Nī-Paṭid. 3(Nī ∅Paṭid. 3) : yā pana bhikkhunī agilānā madhuṁ viññāpetvā bhuñjeyya paṭidesetabbaṁ tāya bhikkhuniyā gārayhaṁ ayye dhammaṁ āpajjiṁ asappāyaṁ pāṭidesanīyaṁ, taṁ paṭidesemī'ti.

Catu-Nip. 237

237(5-4) 고백죄법 제4조

환자가 아닌 자의 당밀의 요청에 대한 학습계율
[불병걸석밀계(不病乞石蜜戒)]

[세존] "어떠한 비구니이든 환자가 아닌 한, 당밀을 요청하여 먹었다면, 그 비구니는 다른 비구니에게 '존귀한 자매여, 제가 비난받을만한 적절하지 못한 죄를 범했으니, 지금 존귀한 자매에게 고백합니다.'라고 허물을 뉘우쳐야 하는데, 이것이 곧 고백죄[1439]의 원칙이니라."[1440]

1439) 悔過 : 앞의 학습계율과 마찬가지로 《빠알리율》에서는 '환자였을 때 병이 든 상태에서 요청했다가 병이 낫게 되어 먹거나, 환자의 남은 것을 먹거나, 친척의 것이거나, 초대를 받았거나, 타인을 위한 것이거나, 자신의 재물에 의한 것인 경우이거나, 정신착란자이거나 최초의 범행자인 경우'는 예외이고, 《사분율》에서는 '병이 들어 구했거나, 병자를 위해 구했는데 그가 나누어 주었거나, 자기가 타인을 위해 구했거나 타인이 자기를 위해 구했거나, 구하지 않았는데 저절로 얻었거나, 이 학습계율시설의 원인이 된 최초의 범행자이거나, 정신착란자이거나, 마음이 심란한 자이거나, 애통해 하는 자인 경우'를 예외로 한다.

1440) ■불병걸석밀계(不病乞石蜜戒) / 4 : 若比丘尼 無病 乞黑石蜜食. 是比丘尼 應向餘比丘尼 悔過言 大姊 我犯可呵法 所不應爲 今向大姊悔過 是名悔過法 •걸사탕계∅(乞砂糖戒) / Nī-Paṭid. 4(Nī∅ Paṭid. 4) : yā pana bhikkhunī agilānā phāṇitaṁ viññāpetvā bhuñjeyya paṭidesetabbaṁ tāya bhikkhuniyā gārayhaṁ ayye dhammaṁ āpajjiṁ asappāyaṁ pāṭidesanīyaṁ, taṁ paṭidesemī'ti.

Catu-Nip. 238

238(5-5) 고백죄법 제5조

환자가 아닌 자의 우유의 요청에 대한 학습계율
[불병걸유계(不病乞乳戒)]

[세존] "'어떠한 비구니이든 환자가 아닌 한, 우유를 요청하여 먹었다면, 그 비구니는 다른 비구니에게 '존귀한 자매여, 제가 비난받을만한 적절하지 못한 죄를 범했으니, 지금 존귀한 자매에게 고백합니다.'라고 허물을 뉘우쳐야 하는데, 이것이 곧 고백죄[1441]의 원칙이니라."[1442]

1441) 悔過 : 앞의 학습계율과 마찬가지로 ≪빠알리율≫에서는 '환자였을 때 병이 든 상태에서 요청했다가 병이 낫게 되어 먹거나, 환자의 남은 것을 먹거나, 친척의 것이거나, 초대를 받았거나, 타인을 위한 것이거나, 자신의 재물에 의한 것인 경우이거나, 정신착란자이거나 최초의 범행자인 경우'는 예외이고, ≪사분율≫에서는 '병이 들어 구했거나, 병자를 위해 구했는데 그가 나누어 주었거나, 자기가 타인을 위해 구했거나 타인이 자기를 위해 구했거나, 구하지 않았는데 저절로 얻었거나, 이 학습계율시설의 원인이 된 최초의 범행자이거나, 정신착란자이거나, 마음이 심란한 자이거나, 애통해 하는 자인 경우'를 예외로 한다.

1442) ■불병걸유계(不病乞乳戒) / 5 : 若比丘尼 無病 乞乳食. 是比丘尼 應向餘比丘尼 悔過言 大姊 我犯可呵法 所不應爲 今向大姊悔過 是名悔過法 • 걸유식계⊘(乞乳食戒) / Nī-Paṭid. 7(Nī ⊘Paṭid. 7) : yā pana bhikkhunī agilānā khīraṁ viññāpetvā bhuñjeyya paṭidesetabbaṁ tāya bhikkhuniyā gārayhaṁ ayye dhammaṁ āpajjiṁ asappāyaṁ pāṭidesanīyaṁ, taṁ paṭidesemī'ti.

Catu-Nip. 239

239(5-6) 고백죄법 제6조

환자가 아닌 자의 응유의 요청에 대한 학습계율
[불병걸락계(不病乞酪戒)]

[세존] "어떠한 비구니이든 환자가 아닌 한, 응유를 요청하여 먹었다면, 그 비구니는 다른 비구니에게 '존귀한 자매여, 제가 비난받을만한 적절하지 못한 죄를 범했으니, 지금 존귀한 자매에게 고백합니다.'라고 허물을 뉘우쳐야 하는데, 이것이 곧 고백죄[1443]의 원칙이니라."[1444]

1443) *悔過 : 앞의 학습계율과 마찬가지로 《빠알리율》에서는 '환자였을 때 병이 든 상태에서 요청했다가 병이 낫게 되어 먹거나, 환자의 남은 것을 먹거나, 친척의 것이거나, 초대를 받았거나, 타인을 위한 것이거나, 자신의 재물에 의한 것인 경우이거나, 정신착란자이거나 최초의 범행자인 경우'는 예외이고, 《사분율》에서는 '병이 들어 구했거나, 병자를 위해 구했는데 그가 나누어 주었거나, 자기가 타인을 위해 구했거나 타인이 자기를 위해 구했거나, 구하지 않았는데 저절로 얻었거나, 이 학습계율시설의 원인이 된 최초의 범행자이거나, 정신착란자이거나, 마음이 심란한 자이거나, 애통해 하는 자인 경우'를 예외로 한다.*

1444) *■불병걸락계(不病乞酪戒) / 6 : 若比丘尼 無病 乞酪食. 是比丘尼 應向餘比丘尼 悔過言 大姉 我犯可呵法 所不應爲 今向大姉悔過 是名悔過法 • 걸락식계∅(乞酪食戒) / Nī-Paṭid. 8(Nī ∅Paṭid. 8) : yā pana bhikkhunī agilānā dadhiṁ viññāpetvā bhuñjeyya paṭidesetabbaṁ tāya bhikkhuniyā gārayhaṁ ayye dhammaṁ āpajjiṁ asappāyaṁ pāṭidesanīyaṁ, taṁ paṭidesemī'ti.*

Catu-Nip. 240

240(5-7) 고백죄법 제7조

환자가 아닌 자의 물고기의 요청에 대한 학습계율
[불병걸어계(不病乞魚戒)]

[세존] "어떠한 비구니이든 환자가 아닌 한, 물고기를 요청하여 먹었다면, 그 비구니는 다른 비구니에게 '존귀한 자매여, 제가 비난받을만한 적절하지 못한 죄를 범했으니, 지금 존귀한 자매에게 고백합니다.'라고 허물을 뉘우쳐야 하는데, 이것이 곧 고백죄1445)의 원칙이니라."1446)

1445) 悔過 : 앞의 학습계율과 마찬가지로 ≪빠알리율≫에서는 '환자였을 때 병이 든 상태에서 요청했다가 병이 낫게 되어 먹거나, 환자의 남은 것을 먹거나, 친척의 것이거나, 초대를 받았거나, 타인을 위한 것이거나, 자신의 재물에 의한 것인 경우이거나, 정신착란자이거나 최초의 범행자인 경우'는 예외이고, ≪사분율≫에서는 '병이 들어 구했거나, 병자를 위해 구했는데 그가 나누어 주었거나, 자기가 타인을 위해 구했거나 타인이 자기를 위해 구했거나, 구하지 않았는데 저절로 얻었거나, 이 학습계율시설의 원인이 된 최초의 범행자이거나, 정신착란자이거나, 마음이 심란한 자이거나, 애통해 하는 자인 경우'를 예외로 한다.

1446) ■불병걸어계(不病乞魚戒) / 7 : 若比丘尼 無病 乞魚食. 是比丘尼 應向餘比丘尼 悔過言 大姊 我犯可呵法 所不應爲. 今向大姊悔過 是名悔過法 ● 걸어식계∅(乞魚食戒) / Nī-Paṭid. 5(Nī ∅Paṭid. 5) : yā pana bhikkhunī agilānā maccharṁ viññāpetvā bhuñjeyya paṭidesetabbaṁ tāya bhikkhuniyā gārayhaṁ ayye dhammaṁ āpajjiṁ asappāyaṁ pāṭidesanīyaṁ, taṁ paṭidesemī'ti.

Catu-Nip. 241

241(5-8) 고백죄법 제8조

환자가 아닌 자의 육고기의 요청에 대한 학습계율
[불병걸육계(不病乞肉戒)]

[세존] "어떠한 비구니이든 환자가 아닌 한, 육고기를 요청하여 먹었다면, 그 비구니는 다른 비구니에게 '존귀한 자매여, 제가 비난받을만한 적절하지 못한 죄를 범했으니, 지금 존귀한 자매에게 고백합니다.'라고 허물을 뉘우쳐야 하는데, 이것이 곧 고백죄1447)의 원칙이니라."1448)

1447) 悔過 : 앞의 학습계율과 마찬가지로 《빠알리율》에서는 '환자였을 때 병이 든 상태에서 요청했다가 병이 낫게 되어 먹거나, 환자의 남은 것을 먹거나, 친척의 것이거나, 초대를 받았거나, 타인을 위한 것이거나, 자신의 재물에 의한 것인 경우이거나, 정신착란자이거나 최초의 범행자인 경우'는 예외이고, 《사분율》에서는 '병이 들어 구했거나, 병자를 위해 구했는데 그가 나누어 주었거나, 자기가 타인을 위해 구했거나 타인이 자기를 위해 구했거나, 구하지 않았는데 저절로 얻었거나, 이 학습계율시설의 원인이 된 최초의 범행자이거나, 정신착란자이거나, 마음이 심란한 자이거나, 애통해 하는 자인 경우'를 예외로 한다.

1448) ■ 불병걸육계(不病乞肉戒) / 8 : 若比丘尼 無病 乞肉食. 是比丘尼 應向餘比丘尼 悔過言 大姉 我犯可呵法 所不應爲 今向大姉悔過 是名悔過法 • 걸육식계∅(乞肉食戒) / Nī-Paṭid. 6(Nī ∅Paṭid. 6) : yā pana bhikkhunī agilānā maṁsaṁ viññāpetvā bhuñjeyya paṭidesetabbaṁ tāya bhikkhuniyā gārayhaṁ ayye dhammaṁ āpajjiṁ asappāyaṁ pāṭidesanīyaṁ, taṁ paṭidesemī'ti.

존귀한 자매들이여,
이와 같이 8개 조항의 고백죄법을
송출했습니다.[1449)]

이와 관련하여
저는 존귀한 자매들께 묻겠습니다.
이와 관련하여 완전히 청정합니까?
두 번째에도 저는 존귀한 자매들께 묻겠습니다.
이와 관련하여 완전히 청정합니까?
세 번째에도 저는 존귀한 자매들께 묻겠습니다.
이와 관련하여 완전히 청정합니까?

존귀한 자매들께서는
완전히 청정한 까닭에 침묵했으므로
저는 그와 같이 알겠습니다.[1450)]

고백죄법의 송출이 끝났다.

1449) •uddiṭṭhā kho panāyyāyo aṭṭha pāṭidesanīyā dhammā uddesaṁ āgacchanti. ■諸大姊 我已說八波羅提提舍尼法

1450) •tatthāyyāyo pucchāmi kaccīttha parisuddhā? dutiyampi pucchāmi kaccittha parisuddhā? tatiyampi pucchāmi kaccittha parisuddhā? parisuddhetkhothāyyāyo, tasmā tuṇhī. evametaṁ dhārayāmī' ti. ■今問 諸大姊 是中淸淨不? (如是三說) 諸大姊! 是中淸淨, 默然故 是事如是持.

제6장 중학죄법의 송출

(Sekhiyuddesa)

존귀한 자매들이여,
이제 이와 같은 [100개 조항의] 중학죄법을
송출하겠습니다.[1451]

1451) • ime kho panāyyāyo sekhīyā dhammā uddesaṁ āgacchanti.
■ 衆學法 諸大姉. 此衆學戒法 半月半月說 戒經中來

Catu-Nip. 242

242(6-1) 중학죄법 제1조

원둘레를 둘러 하의를 착용하는 것에 대한 학습계율
[제정착열반승계(齊整著涅槃僧戒)]

[세존] "'원둘레를 두르도록 하의를 입겠다.'라고[1452] 학습규범[1453]을 지켜야 하느니라."[1454]

1452) *齊整著內衣 : '원둘레를 두르기'를 한역에서는 제정(齊整)을 전원(全圓 : parimaṇḍala)이라고도 한다. '원둘레를 두르기'는 하의로 감싸서 즉, 배꼽바퀴와 양 무릎바퀴를 덮어서 입는 것이다.*

1453) *學 : ≪빠알리율≫에서는 '의도하지 않았거나, 새김을 잃었거나, 알지 못했거나, 환자이거나, 사고가 나거나, 정신착란된 자이거나, 최초의 범행자인 경우'는 예외이고, ≪사분율≫에서는 '이러한 병이 있었거나, 어깨나 팔에 종기가 있어서 내려 입었다든가, 다리나 종아리에 종기가 나서 올려서 입었든가, 승원 안에 있었거나, 이 학습계율시설의 원인이 된 최초의 범행자이거나, 정신착란자이거나, 마음이 심란한 자이거나, 애통해 하는 자인 경우'를 예외로 한다.*

1454) *■ 제정착열반승계(齊整著涅槃僧戒) / 사분니중학 1 : 齊整著內衣 應當學. 제목의 '열반승(涅槃僧)'은 하의를 착의(着衣)할 때에 사용하는 'nivāseti'를 음사한 것처럼 보인다. • 제정착열반승계⊙(齊整著涅槃僧戒) / Nī-Sekh. 1(Khu-Sekh. 1) : parimaṇḍalaṁ nivāsessāmī'ti sikkhā karaṇīyā'ti.*

Catu-Nip. 243

243(6-2) 중학죄법 제2조

원둘레를 두르도록 삼의를 입는 것에 대한 학습계율
[제정착삼의계(齊整著三衣戒)]

[세존] "'원둘레를 두르도록 삼의를 입겠다.'라고1455) 학습규범1456)을 지켜야 하느니라."1457)

1455) 齊整著五衣(三衣) : 빠알리문에는 '원둘레를 두르도록 상의를 입겠다.'라고 되어 있다.

1456) 學 : 앞의 학습계율과 마찬가지로 ≪빠알리율≫에서는 '의도하지 않았거나, 새김을 잃었거나, 알지 못했거나, 환자이거나, 사고가 나거나, 정신착란된 자이거나, 최초의 범행자인 경우'는 예외이고, ≪사분율≫에서는 '이러한 병이 있었거나, 옆구리 주변에 종기가 있었거나, 승원 안에 있었거나, 이 학습계율시설의 원인이 된 최초의 범행자이거나, 정신착란자이거나, 마음이 심란한 자이거나, 애통해 하는 자인 경우'를 예외로 한다.

1457) ■제정착삼의계(齊整著三衣戒) / 사분니중학 2 : 齊整著五衣(三衣), 應當學. • 제정착삼의계⊙(齊整著三衣戒) / Nī-Sekh. 2(Khu-Sekh. 2) : parimaṇḍalaṁ pārupissāmī'ti sikkhā karaṇīyā'ti.

Catu-Nip. 244

244(6-3) 중학죄법 제3조

옷을 치켜 올리고 앉아 있는 것에 대한 학습계율
[반초의좌계(反抄衣坐戒)]

[세존] "'옷을 치켜 올리고 시정에서 다니지 않겠다.' 라는1458) 학습규범1459)을 지켜야 하느니라."1460)

1458) *不得反抄衣, 入白衣舍* : *'치켜올리고'라는 것은 Smp. 891에 따르면, '한쪽이나 양쪽의 옷을 치켜 올리고'라는 뜻이다.*

1459) *學* : *≪빠알리율≫에서는 '의도하지 않았거나, 새김을 잃었거나, 알지 못했거나, 환자이거나, 사고가 나거나, 정신착란된 자이거나, 최초의 범행자인 경우'는 예외이고, ≪사분율≫에서는 '이러한 병이 있었거나, 옆구리 주변에 종기가 있었거나, 승원 안에 있었거나, 이 학습계율시설의 원인이 된 최초의 범행자이거나, 정신착란자이거나, 마음이 심란한 자이거나, 애통해 하는 자인 경우'를 예외로 한다.*

1460) ■ *반초의계(反抄衣戒) / 사분니중학 3 : 不得反抄衣, 入白衣舍, 應當學.* • *반초의계⊙(反抄衣戒) / Nī-Sekh. 9(Khu-Sekh. 9) : na ukkhittakāya antaraghare gamissāmī'ti sikkhā karaṇīyā'ti.*

Catu-Nip. 245

245(6-4) 중학죄법 제4조

옷을 치켜 올리고 앉아 있는 것에 대한 학습계율
[반초의좌계(反抄衣坐戒)]

[세존] "'옷을 치켜 올리고 시정에서 앉아 있지 않겠다.'라는 학습규범[1461]을 지켜야 하느니라."[1462]

1461) 學 : 앞의 학습계율과 마찬가지로 《빠알리율》에서는 '의도하지 않았거나, 새김을 잃었거나, 알지 못했거나, 환자이거나, 사고가 나거나, 정신착란된 자이거나, 최초의 범행자인 경우'는 예외이고, 《사분율》에서는 '이러한 병이 있었거나, 옆구리 주변에 종기가 있었거나, 승원 안에 있었거나, 이 학습계율시설의 원인이 된 최초의 범행자이거나, 정신착란자이거나, 마음이 심란한 자이거나, 애통해 하는 자인 경우'를 예외로 한다.

1462) ■ 반초의좌계(反抄衣坐戒) / 사분니중학 4 : 不得反抄衣, 白衣舍坐, 應當學. • 반초의좌계⊙(反抄衣坐戒) / Nī-Sekh. 10(Khu-Sekh. 10) : na ukkhittakāya antaraghare nisīdissāmī'ti sikkhā karaṇīyā'ti.

Catu-Nip. 246

246(6-5) 중학죄법 제5조

옷을 목에 두르고 다니는 것에 대한 학습계율
[의전경계(衣纏頸戒)]

[세존] "'옷을 목에 두르고 시정에서 다니지 않겠다.'라는 학습규범1463)을 지켜야 하느니라."1464)

1463) 學 : ≪빠알리율≫에서는 '의도하지 않았거나, 새김을 잃었거나, 알지 못했거나, 환자이거나, 사고가 나거나, 정신착란된 자이거나, 최초의 범행자인 경우'는 예외이고, ≪사분율≫에서는 '이러한 병이 있었거나, 어깨에 종기가 있었거나, 승원 안에 있었거나, 이 학습계율시설의 원인이 된 최초의 범행자이거나, 정신착란자이거나, 마음이 심란한 자이거나, 애통해 하는 자인 경우'를 예외로 한다.

1464) ■의전경계(衣纏頸戒) / 사분니중학 5 : 不得衣纏頸 入白衣舍, 應當學.

Catu-Nip. 247

247(6-6) 중학죄법 제6조

옷을 목에 두르고 앉는 것에 대한 학습계율
[의전경좌계(衣纏頸坐戒)]

[세존] "'옷을 목에 두르고 시정에서 앉아 있지 않겠다.'라는 학습규범[1465]을 지켜야 하느니라."[1466]

1465) 學 : 앞의 학습계율과 마찬가지로 ≪빠알리율≫에서는 '의도하지 않았거나, 새김을 잃었거나, 알지 못했거나, 환자이거나, 사고가 나거나, 정신착란된 자이거나, 최초의 범행자인 경우'는 예외이고, ≪사분율≫에서는 '이러한 병이 있었거나, 어깨에 종기가 있었거나, 승원 안에 있었거나, 이 학습계율시설의 원인이 된 최초의 범행자이거나, 정신착란자이거나, 마음이 심란한 자이거나, 애통해 하는 자인 경우'를 예외로 한다.

1466) ■의전경좌계(衣纏頸坐戒) / 사분니중학 6 : 不得衣纏頸, 入白衣舍坐, 應當學.

Catu-Nip. 248

248(6-7) 중학죄법 제7조

머리까지 옷을 두르고 다니는 것에 대한 학습계율
[복두계(覆頭戒)]

[세존] "'머리까지 옷을 두르고 시정에서 다니지 않겠다.'라는 학습규범1467)을 지켜야 하느니라."1468)

1467) 學 : ≪빠알리율≫에서는 '의도하지 않았거나, 새김을 잃었거나, 알지 못했거나, 환자이거나, 안거의 처소로 갔거나, 사고가 일어났거나, 정신착란된 자이거나, 최초의 범행자인 경우'는 예외이고, ≪사분율≫에서는 '이러한 병이 있었거나, 감기가 들었거나, 머리에 종기가 났거나, 목숨이 위태롭거나 청정행이 어려워 머리를 덮고 갔거나, 이 학습계율시설의 원인이 된 최초의 범행자이거나, 정신착란자이거나, 마음이 심란한 자이거나, 애통해 하는 자인 경우'를 예외로 한다.

*1468) ■복두계(覆頭戒) / 사분니중학 7 : **不得覆頭 入白衣舍, 應當學.** • 복두계⊙(覆頭戒) / Nī-Sekh. 23(Khu-Sekh. 23) : na oguṇṭhito antaraghare gammissāmī'ti sikkhā karaṇīyā'ti.*

Catu-Nip. 249

249(6-8) 중학죄법 제8조

머리까지 옷을 두르고 앉아 있는 것에 대한 학습계율

[복두좌계(覆頭坐戒)]

[세존] "'머리까지 옷을 두르고 시정에서 앉아 있지 않겠다.'라는 학습규범1469)을 지켜야 하느니라."1470)

1469) 學 : 앞의 학습계율과 마찬가지로 ≪빠알리율≫에서는 '의도하지 않았거나, 새김을 잃었거나, 알지 못했거나, 환자이거나, 안거의 처소로 갔거나, 사고가 일어났거나, 정신착란된 자이거나, 최초의 범행자인 경우'는 예외이고, ≪사분율≫에서는 '이러한 병이 있었거나, 감기가 들었거나, 머리에 종기가 났거나, 목숨이 위태롭거나 청정행이 어려워 머리를 덮고 갔거나, 이 학습계율시설의 원인이 된 최초의 범행자이거나, 정신착란자이거나, 마음이 심란한 자이거나, 애통해 하는 자인 경우'를 예외로 한다.

1470) ■복두좌계(覆頭坐戒) / 사분니중학 8 : 不得覆頭 白衣舍坐, 應當學. ●복두좌계⊙(覆頭坐戒) / Nī-Sekh. 24(Khu-Sekh. 24) : na oguṇṭhīto antaraghare nisīdissāmī'ti sikkhā karaṇīyā'ti.

Catu-Nip. 250

250(6-9) 중학죄법 제9조

뛰어오르며 다니는 것에 대한 학습계율
[도행계(跳行戒)]

[세존] "'시정에서 뛰어오르며 다니지 않겠다.'라는 학습규범1471)을 지켜야 하느니라."1472)

1471) 學 : ≪사분율≫에서는 '이러한 병이 있었거나, 타인이 때렸든가, 도적이나 사나운 짐승이나 뾰족한 것을 가진 사람이 오거나, 웅덩이나 도랑이나 진흙탕을 건너려고 뛰어갔거나, 이 학습계율시설의 원인이 된 최초의 범행자이거나, 정신착란자이거나, 마음이 심란한 자이거나, 애통해 하는 자인 경우'를 예외로 한다.

1472) ■도행계(跳行戒) / 사분니중학 9 : 不得跳行 入白衣舍, 應當學.

Catu-Nip. 251

251(6-10) 중학죄법 제10조

뛰어올랐다가 앉는 것에 대한 학습계율
[도행좌계(跳行坐戒)]

[세존] "'시정에서 뛰어올랐다가 앉지 않겠다.'라는 학습규범1473)을 지켜야 하느니라."1474)

1473) 學 : 앞의 학습계율과 마찬가지로 《사분율》에서는 '이러한 병이 있었거나, 타인이 때렸든가, 도적이나 사나운 짐승이나 뾰족한 것을 가진 사람이 오거나, 웅덩이나 도랑이나 진흙탕을 건너려고 뛰어갔거나, 이 학습계율시설의 원인이 된 최초의 범행자이거나, 정신착란자이거나, 마음이 심란한 자이거나, 애통해 하는 자인 경우'를 예외로 한다.

1474) ■도행좌계(跳行坐戒) / 사분니중학 10 : 不得跳行 白衣舍坐, 應當學.

Catu-Nip. 252

252(6-11) 중학죄법 제11조

웅크린 자세로 앉는 것에 대한 학습계율
[준좌계(蹲坐戒)]

[세존] "'재가의 집에서 웅크린 자세로 앉지 않겠다.' 라는[1475] 학습규범[1476]을 지켜야 하느니라."[1477]

1475) 不得蹲坐 白衣舍內 : 빠알리문에는 '웅크린 자세로 시정에서 다니지 않겠다.'라고 되어 있다.

1476) 學 : ≪빠알리율≫에서는 의도하지 않았거나, 새김을 잃었거나, 알지 못했거나, 환자이거나, 웃을 만한 일이 있을 때 미소짓거나, 사고가 일어났거나, 정신착란된 자이거나, 최초의 범행자인 경우'는 예외이고, ≪사분율≫에서는 '이러한 병이 있었거나, 엉덩이 주변에 종기가 났거나, 줄 것이 있었거나, 절할 때였거나, 참회할 때였거나, 가르침을 받을 때였거나, 이 학습계율시설의 원인이 된 최초의 범행자이거나, 정신착란자이거나, 마음이 심란한 자이거나, 애통해 하는 자인 경우'를 예외로 한다.

1477) ■준좌계(蹲坐戒) / 사분니중학 11 : 不得蹲坐 白衣舍內, 應當學. ⇐● 슬행계⊙(膝行戒) / Nī-Sekh. 25(Khu-Sekh. 25) : na ukkuṭikāya antaraghare gāmissāmī'ti sikkhā karaṇīyā'ti.

Catu-Nip. 253

253(6-12) 중학죄법 제12조

손을 허리에 대고 다니는 것에 대한 학습계율
[차요계(叉腰戒)]

[세존] "'손을 허리에 대고 팔꿈치를 벌리고 시정에서 다니지 않겠다.'라는 학습규범1478)을 지켜야 하느니라."1479)

1478) 學 : ≪빠알리율≫에서는 '의도하지 않았거나, 새김을 잃었거나, 알지 못했거나, 환자이거나, 안거의 처소로 갔거나, 사고가 일어났거나, 정신착란된 자이거나, 최초의 범행자인 경우'는 예외이고, ≪사분율≫에서는 '이러한 병이 있었거나, 옆구리 아래에 종기가 생겼거나, 승원 안에 있었거나, 이 학습계율시설의 원인이 된 최초의 범행자이거나, 정신착란자이거나, 마음이 심란한 자이거나, 애통해하는 자인 경우'를 예외로 한다.

1479) ■차요계(叉腰戒) / 사분니중학 12 : 不得叉腰 入白衣舍, 應當學. ● 차요계⊙(扠腰戒) / Nī-Sekh. 21(Khu-Sekh. 21) : na khambhakato antaraghare gamissāmī'ti sikkhā karaṇīyā'ti.

Catu-Nip. 254

254(6-13) 중학죄법 제13조

손을 허리에 대고 앉는 것에 대한 학습계율
[차요좌계(叉腰坐戒)]

[세존] "'손을 허리에 대고 팔꿈치를 벌리고 시정에서 앉아 있지 않겠다.'라는 학습규범1480)을 지켜야 하느니라."1481)

1480) 學 : 앞의 학습계율과 마찬가지로 《빠알리율》에서는 '의도하지 않았거나, 새김을 잃었거나, 알지 못했거나, 환자이거나, 안거의 처소로 갔거나, 사고가 일어났거나, 정신착란된 자이거나, 최초의 범행자인 경우'는 예외이고, 《사분율》에서는 '이러한 병이 걸렸거나, 옆구리 아래에 종기가 생겼거나, 승원 안에 있었거나, 이 학습계율시설의 원인이 된 최초의 범행자이거나, 정신착란자이거나, 마음이 심란한 자이거나, 애통해 하는 자인 경우'를 예외로 한다.

1481) ■차요좌계(叉腰坐戒) / 사분니중학 13 : 不得叉腰 白衣舍坐, 應當學. • 차요좌계⊙(扠腰坐戒) / Nī-Sekh. 22(Khu-Sekh. 22) : na khambhakato antaraghare nisīdissāmī'ti sikkhā karaṇīyā'ti.

Catu-Nip. 255

255(6-14) 중학죄법 제14조

몸을 흔들면서 다니는 것에 대한 학습계율
[요신계(搖身戒)]

[세존] "'몸을 흔들면서 시정에서 다니지 않겠다.'라는 학습규범1482)을 지켜야 하느니라."1483)

1482) 學 : ≪빠알리율≫에서는 '의도하지 않았거나, 새김을 잃었거나, 알지 못했거나, 환자이거나, 사고가 일어났거나, 정신착란된 자이거나, 최초의 범행자인 경우'는 예외이고, ≪사분율≫에서는 '이러한 병이 있었거나, 타인이 때리거나 사나운 코끼리 등이 와서 피했거나, 구덩이 · 도랑 · 진흙탕을 건너면서 몸을 흔들었다든가, 옷을 입을 때에 몸을 돌려 단정한지를 살펴보았거나, 이 학습계율시설의 원인이 된 최초의 범행자이거나, 정신착란자이거나, 마음이 심란한 자이거나, 애통해 하는 자인 경우'를 예외로 한다.

1483) ■요신계(搖身戒) / 사분니중학 14 : 不得搖身 入白衣舍, 應當學. ●요신계⊙(搖身戒) / Nī-Sekh. 15(Khu-Sekh. 15) : na kāyappacālakaṁ antaraghare gāmissāmī'ti sikkhā karaṇīyā'ti.

Catu-Nip. 256

256(6-15) 중학죄법 제15조

몸을 흔들면서 앉아 있는 것에 대한 학습계율
[요신좌계(搖身坐戒)]

[세존] "'몸을 흔들면서 시정에서 앉아 있지 않겠다.'라는 학습규범1484)을 지켜야 하느니라."1485)

1484) 學 : ≪빠알리율≫에서는 '의도하지 않았거나, 새김을 잃었거나, 알지 못했거나, 환자이거나, 안거의 처소로 갔거나, 사고가 일어났거나, 정신착란된 자이거나, 최초의 범행자인 경우'는 예외이고, 앞의 학습계율과 마찬가지로 ≪사분율≫에서는 '이러한 병이 있었거나, 타인이 때리거나 사나운 코끼리 등이 와서 피했거나, 구덩이·도랑·진흙탕을 건너면서 몸을 흔들었다든가, 옷을 입을 때에 몸을 돌려 단정한지를 살펴보았거나, 이 학습계율시설의 원인이 된 최초의 범행자이거나, 정신착란자이거나, 마음이 심란한 자이거나, 애통해 하는 자인 경우'를 예외로 한다.

1485) ■요신좌계(搖身坐戒) / 사분니중학 15 : 不得搖身 白衣舍坐, 應當學. • 요신좌계⊙(搖身坐戒) / Nī-Sekh. 16(Khu-Sekh. 16) : na kāyappacālakaṁ antaraghare nisīdassāmī'ti sikkhā karaṇīyā'ti.

Catu-Nip. 257

257(6-16) 중학죄법 제16조

팔 흔들면서 다니는 것에 대한 학습계율
[도비좌계(掉臂戒)]

[세존] "'팔을 흔들면서 시정에서 다니지 않겠다.' 라는 학습규범1486)을 지켜야 하느니라."1487)

1486) 學 : ≪빠알리율≫에서는 '의도하지 않았거나, 새김을 잃었거나, 알지 못했거나, 환자이거나, 사고가 일어났거나, 정신착란된 자이거나, 최초의 범행자인 경우'는 예외이고, ≪사분율≫에서는 '이러한 병이 있었거나, 타인이 때려서 손을 들어 막았거나, 사나운 코끼리 등이 와서 손을 들어 막았거나, 물을 건너거나 구덩이 · 도랑 · 진흙탕을 건너거나 도반과 함께 가다가 따라가지 못해 손으로 불렀거나, 이 학습계율시설의 원인이 된 최초의 범행자이거나, 정신착란자이거나, 마음이 심란한 자이거나, 애통해 하는 자인 경우'를 예외로 한다.

1487) ■도비계(掉臂戒) / 사분니중학 16 : 不得掉臂 入白衣舍, 應當學. ●도비계⊙(掉臂戒) / Nī-Sekh. 17(Khu-Sekh. 17) : na bāhuppacālakaṁ antaraghare gamissatī'ti sikkhā karaṇīyā'ti.

Catu-Nip. 258

258(6-17) 중학죄법 제17조

팔 흔들면서 앉아 있는 것에 대한 학습계율
[도비좌계(掉臂坐戒)]

[세존] "'팔을 흔들면서 시정에서 앉아 있지 않겠다.'라는 학습규범1488)을 지켜야 하느니라."1489)

1488) 學 · ≪빠알리율≫에서는 '의도하지 않았거나, 새김을 잃었거나, 알지 못했거나, 환자이거나, 안거의 처소로 갔던가, 사고가 일어났거나, 정신착란된 자이거나, 최초의 범행자인 경우'는 예외이고, 앞의 학습계율과 마찬가지로 ≪사분율≫에서는 '이러한 병이 있었거나, 타인이 때려서 손을 들어 막았거나, 사나운 코끼리 등이 와서 손을 들어 막았거나, 물을 건너거나 구덩이 · 도랑 · 진흙탕을 건너거나 도반과 함께 가다가 따라가지 못해 손으로 불렀거나, 이 학습계율시설의 원인이 된 최초의 범행자이거나, 정신착란자이거나, 마음이 심란한 자이거나, 애통해 하는 자인 경우'를 예외로 한다.

1489) ■도비좌계(掉臂坐戒) / 사분니중학 17 : 不得掉臂 白衣舍坐, 應當學. • 도비좌계⊙(掉臂坐戒) / Nī-Sekh. 18(Khu-Sekh. 18) : na bāhuppacālakaṁ antaraghare nisīdissatī'ti sikkhā karaṇīyā'ti.

Catu-Nip. 259

259(6-18) 중학죄법 제18조

단정하게 입고 다니는 것에 대한 학습계율

[복신계(覆身戒)]

[세존] "'단정하게 입고 시정에서 다니겠다.'라는 학습규범1490)을 지켜야 하느니라."1491)

1490) 學 : ≪빠알리율≫에서는 '의도하지 않았거나, 새김을 잃었거나, 알지 못했거나, 환자이거나, 사고가 일어났거나, 정신착란된 자이거나, 최초의 범행자인 경우'는 예외이고, ≪사분율≫에서는 (그렇지 못할 경우) 이러한 병이 있었거나, 결박을 당했거나, 바람이 불어 옷이 몸에서 벗겨졌거나, 이 학습계율시설의 원인이 된 최초의 범행자이거나, 정신착란자이거나, 마음이 심란한 자이거나, 애통해하는 자인 경우'를 예외로 한다.

1491) ■복신계(覆身戒) / 사분니중학 18 : 好覆身 入白衣舍, 應當學. • 복신계⊙(覆身戒) / Nī-Sekh. 3(Khu-Sekh. 3) : *supaṭicchanno antaraghare gamissāmī'ti sikkhā karaṇīyā'ti.*

Catu-Nip. 260

260(6-19) 중학죄법 제19조

단정하게 입고 앉아 있는 것에 대한 학습계율
[복신좌계(覆身坐戒)]

[세존] "'단정하게 입고 시정에서 앉겠다.'라는 학습규범1492)을 지켜야 하느니라."1493)

1492) 學 : ≪빠알리율≫에서는 '의도하지 않았거나, 새김을 잃었거나, 알지 못했거나, 환자이거나, 사고가 일어났거나, 안거의 처소로 갔거나, 정신착란된 자이거나, 최초의 범행자인 경우'는 예외이고, 앞의 학습계율과 마찬가지로 ≪사분율≫에서는 "(그렇지 못할 경우) 이러한 병이 있었거나, 결박을 당했거나, 바람이 불어 옷이 몸에서 벗겨졌거나, 이 학습계율시설의 원인이 된 최초의 범행자이거나, 정신착란자이거나, 마음이 심란한 자이거나, 애통해 하는 자인 경우'를 예외로 한다.

1493) ■복신좌계(覆身坐戒) / 사분니중학 19 : 好覆身 白衣舍坐, 應當學. ●복신좌계⊙(覆身坐戒) / Nī-Sekh. 4(Khu-Sekh. 4) : supaṭicchanno antaraghare nisīdissāmī'ti sikkhā karaṇīyā'ti.

Catu-Nip. 261

261(6-20) 중학죄법 제20조

두리번거리며 다니는 것에 대한 학습계율
[좌우고시계(左右顧視戒)]

[세존] "'두리번거리면서 시정에서 다니지 않겠다.'라는1494) 학습규범1495)을 지켜야 하느니라."1496)

1494) 不得左右顧視 入白衣舍 : 빠알리문에는 '눈을 아래로 주시하고 시정에서 다니겠다.'라고 되어 있다.

1495) 學 : ≪빠알리율≫에서는 '의도하지 않았거나, 새김을 잃었거나, 알지 못했거나, 환자이거나, 사고가 일어났거나, 정신착란된 자이거나, 최초의 범행자인 경우'는 예외이고, ≪사분율≫에서는 '이러한 병이 있었거나, 시간을 알기 위해 해를 올려다 보았거나, 목숨이 위태롭거나 청정행이 어려워서 좌우로 길을 찾아 도망가고자 했거나, 이 학습계율시설의 원인이 된 최초의 범행자이거나, 정신착란자이거나, 마음이 심란한 자이거나, 애통해 하는 자인 경우'를 예외로 한다.

1496) ■좌우고시계(左右顧視戒) / 사분니중학 20 : 不得左右顧視 入白衣舍, 應當學. •시하방계⊙(視下方戒) / Nī-Sekh. 7(Khu-Sekh. 7) : okkhīttacakkhunā antaraghare gamissāmī'ti sikkhā karaṇīyā'ti.

Catu-Nip. 262

262(6-21) 중학죄법 제21조

두리번거리며 앉아 있는 것에 대한 학습계율
[좌우고시좌계(左右顧視坐戒)]

[세존] "'두리번거리면서 시정에서 앉지 않겠다.'라는[1497] 학습규범[1498]을 지켜야 하느니라."[1499]

1497) 不得左右顧視 白衣舍坐 : 빠알리문에는 '눈을 아래로 주시하고 시정에서 앉아있겠다.'라고 되어 있다.

1498) 學 : 빠알리문에는 '눈을 아래로 주시하고 시정에서 다니겠다.' 라고 되어 있다. 《빠알리율》에서는 '의도하지 않았거나, 새김을 잃었거나, 알지 못했거나, 환자이거나, 사고가 일어났거나, 안거의 처소로 갔거나, 정신착란된 자이거나, 최초의 범행자인 경우는 예외이고, 앞의 학습계율과 마찬가지로 《사분율》에서는 '이러한 병이 있었거나, 시간을 알기 위해 해를 올려다 보았거나, 목숨이 위태롭거나 청정행이 어려워서 좌우로 길을 찾아 도망가고자 했거나, 이 학습계율시설의 원인이 된 최초의 범행자이거나, 정신착란자이거나, 마음이 심란한 자이거나, 애통해 하는 자인 경우'를 예외로 한다.

1499) ■좌우고시좌계(左右顧視坐戒) / 사분니중학 21 : 不得左右顧視 白衣舍坐, 應當學. ●시하방좌계⊙(視下方坐戒) / Nī-Sekh. 8(Khu-Sekh. 8) : okkhittacakkhunā antaraghare nisīdissāmī'ti sikkhā karaṇīyā'ti.

Catu-Nip. 263

263(6-22) 중학죄법 제22조

조용히 다니는 것에 대한 학습계율
[정묵계(靜默戒)]

[세존] "'조용히 시정에서 다니겠다.'라는1500) 학습규범1501)을 지켜야 하느니라."1502)

1500) *靜默 入白衣舍 : 역자는 빠알리문에서 '큰 소리를 치면서 시정에서 다니지 않겠다.'라는 번역했다.*

1501) *學 : ≪빠알리율≫에서는 '의도하지 않았거나, 새김을 잃었거나, 알지 못했거나, 환자이거나, 사고가 일어났거나, 정신착란된 자이거나, 최초의 범행자인 경우'는 예외이고, ≪사분율≫에서는 '이러한 병이 있어 큰 소리를 불러야 했거나, 청각장애인이어서 소리를 듣지 못했거나, 큰 소리로 부탁을 했거나, 큰 소리로 음식을 나누어 주었거나, 목숨이 위태롭거나 청정행이 어려워 큰 소리를 내고 달아났거나, 이 학습계율시설의 원인이 된 최초의 범행자이거나, 정신착란자이거나, 마음이 심란한 자이거나, 애통해 하는 자인 경우'를 예외로 한다.*

1502) ■ *정묵계(靜默戒) / 사분니중학 22 : 靜默 入白衣舍, 應當學.* • *저성행계⊙(低聲行戒) / Nī-Sekh. 13(Khu-Sekh. 13) : appasaddo antaraghare gammissāmī'ti sikkhā karaṇīyā'ti.*

Catu-Nip. 264

264(6-23) 중학죄법 제23조

조용히 앉아 있는 것에 대한 학습계율
[정묵좌계(靜默坐戒)]

[세존] "'조용히 시정에서 앉아 있겠다.'라는1503) 학습규범1504)을 지켜야 하느니라."1505)

---

*1503) **靜默 入白衣舍** : 역자는 빠알리문에서 '큰 소리를 치면서 시정에서 앉아 있겠다.'라고 번역했다.*

*1504) **學** : 앞의 학습계율과 마찬가지로 《빠알리율》에서는 '의도하지 않았거나, 새김을 잃었거나, 알지 못했거나, 환자이거나, 사고가 일어났거나, 정신착란된 자이거나, 최초의 범행자인 경우'는 예외이고, 《사분율》에서는 '이러한 병이 있어 큰 소리를 불러야 했거나, 청각장애인이어서 소리를 듣지 못했거나, 큰 소리로 부탁을 했거나, 큰 소리로 음식을 나누어주었거나, 목숨이 위태롭거나 청정행이 어려워 큰 소리를 내고 달아났거나, 이 학습계율시설의 원인이 된 최초의 범행자이거나, 정신착란자이거나, 마음이 심란한 자이거나, 애통해 하는 자인 경우'를 예외로 한다.*

*1505) ■ 정묵좌계(**靜默坐戒**) / 사분니중학 23 : **靜默 白衣舍坐, 應當學.** • 저성좌계⊙(**低聲坐戒**) / Nī-Sekh. 14(Khu-Sekh. 14) : appasaddo antaraghare nisīdissāmī'ti sikkhā karaṇīyā'ti.*

Catu-Nip. 265

265(6-24) 중학죄법 제24조

큰 웃음을 치면서 다니는 것에 대한 학습계율
[희소계(戱笑戒)]

[세존] "'큰 웃음을 치면서 시정에서 다니지 않겠다.'라는 학습규범1506)을 지켜야 하느니라."1507)

1506) 學 : ≪빠알리율≫에서는 '의도하지 않았거나, 새김을 잃었거나, 알지 못했거나, 환자이거나, 웃을 만한 일이 있을 때 미소짓거나, 사고가 일어났거나, 정신착란된 자이거나, 최초의 범행자인 경우'를 예외로 하고, ≪사분율≫에서는 '이러한 병이 있었거나, 입술이 아파서 치아를 덮지 못했거나, 가르침을 생각하고 기뻐서 웃었거나, 이 학습계율시설의 원인이 된 최초의 범행자이거나, 정신착란자이거나, 마음이 심란한 자이거나, 애통해 하는 자인 경우'를 예외로 한다.

*1507) ■희소계(戱笑戒) / 사분니중학 24 : **不得戱笑 入白衣舍, 應當學.** • 홍소계⊙(哄笑戒) / Nī-Sekh. 11(Khu-Sekh. 11) : na ujjagghikāya antaraghare gamissāmī'ti sikkhā karaṇīyā'ti.*

Catu-Nip. 266

266(6-25) 중학죄법 제25조

큰 웃음을 치면서 앉아 있는 것에 대한 학습계율
[희소좌계(戱笑坐戒)]

[세존] "'큰 웃음을 치면서 시정에서 앉아 있지 않겠다.'라는 학습규범1508)을 지켜야 하느니라."1509)

1508) 學 : 앞의 학습계율과 마찬가지로 ≪빠알리율≫에서는 '의도하지 않았거나, 새김을 잃었거나, 알지 못했거나, 환자이거나, 웃을 만한 일이 있을 때 미소짓거나, 사고가 일어났거나, 정신착란된 자이거나, 최초의 범행자인 경우'를 예외로 하고, ≪사분율≫에서는 '이러한 병이 있었거나, 입술이 아파서 치아를 덮지 못했거나, 가르침을 생각하고 기뻐해서 웃었거나, 이 학습계율시설의 원인이 된 최초의 범행자이거나, 정신착란자이거나, 마음이 심란한 자이거나, 애통해 하는 자인 경우'를 예외로 한다.

1509) ■희소좌계(戱笑坐戒) / 사분니중학 25 : 不得戱笑 白衣舍坐, 應當學. • 홍소좌계⊙(哄笑坐戒) / Nī-Sekh. 12(Khu-Sekh. 1 2) : na ujjagghikāya antaraghare nisīdissāmī'ti sikkhā karaṇīyā'ti.

Catu-Nip. 267

267(6-26) 중학죄법 제26조

공손하게 탁발음식을 받는 것에 대한 학습계율
[정의수식계(正意受食戒)]

[세존] "'공손하게 탁발음식을 받겠다.'라는 학습규범1510)을 지켜야 하느니라."1511)

1510) 學 : ≪빠알리율≫에서는 '의도하지 않았거나, 새김을 잃었거나, 알지 못했거나, 환자이거나, 사고가 일어났거나, 정신착란된 자이거나, 최초의 범행자인 경우'는 예외이고, ≪사분율≫에서는 '이러한 병이 있었거나, 발우가 작아서 공양할 때 밥을 흘렸거나, 탁자위에 떨어졌거나, 이 학습계율시설의 원인이 된 최초의 범행자이거나, 정신착란자이거나, 마음이 심란한 자이거나, 애통해 하는 자인 경우'를 예외로 한다.

*1511) ■ 정의수식계(正意受食戒) / 사분니중학 26 : **正意受食, 應當學.** • 용의수식계⊙(用意受食戒) / Nī-Sekh. 27(Khu-Sekh. 27) : sakkaccaṁ piṇḍapātaṁ paṭiggahessāmī'ti sikkhā karaṇīyā'ti.*

Catu-Nip. 268

268(6-27) 중학죄법 제27조

발우에 알맞은 탁발음식을 받는 것에 대한 학습계율
[평발수반계(平鉢受飯戒)]

[세존] "'탁발음식을 받으면서 발우에 알맞은 정도로 받겠다.'라는1512) 학습규범1513)을 지켜야 하느니라."1514)

1512) 平鉢受飯 : 빠알리어의 알맞은 정도(samatitthikaṁ)의 탁발음식을 한역에서 평발(平鉢)이라고 했는데, Smp. 892에 따르면, 발우에 평평하게 채워진 것을 뜻한다.

1513) 學 : 앞의 학습계율과 마찬가지로 ≪빠알리율≫에서는 '의도하지 않았거나, 새김을 잃었거나, 알지 못했거나, 환자이거나, 사고가 일어났거나, 정신착란된 자이거나, 최초의 범행자인 경우'는 예외이고, ≪사분율≫에서는 '이러한 병이 있었거나, 발우가 작아서 공양할 때 밥을 흘렸거나, 탁자위에 떨어졌거나, 이 학습계율시설의 원인이 된 최초의 범행자이거나, 정신착란자이거나, 마음이 심란한 자이거나, 애통해 하는 자인 경우'를 예외로 한다.

1514) ■평발수반계(平鉢受飯戒) / 사분니중학 27 : 平鉢受飯 應當學. ⇐• 수발수식계⊙(手鉢受食戒) / Nī-Sekh. 30(Khu-Sekh. 30) : samatitthikaṁ piṇḍapātaṁ paṭiggahessamī'ti sikkhā karaṇīyā'ti.

Catu-Nip. 269

269(6-28) 중학죄법 제28조

발우에 알맞은 국을 받는 것에 대한 학습계율
[평발수갱계(平鉢受羹戒)]

[세존] "'발우에 알맞은 정도로 국1515)을 받겠다.'라는 학습규범1516)을 지켜야 하느니라."1517)

1515) 羹 : 인도의 카레이지만 한역에서는 '국(羹)'이라고 번역했다.

1516) 學 : ≪빠알리율≫에서는 '의도하지 않았거나, 새김을 잃었거나, 알지 못했거나, 환자이거나, 사고가 일어났거나, 정신착란된 자이거나, 최초의 범행자인 경우'는 예외이고, ≪사분율≫에서는 '이러한 병이 있었거나, 발우가 작아서 음식이 탁자위에 떨어졌거나, 넘치지 않게 받은 이 학습계율시설의 원인이 된 최초의 범행자이거나, 정신착란자이거나, 마음이 심란한 자이거나, 애통해 하는 자인 경우'를 예외로 한다.

1517) ■평발수갱계(平鉢受羹戒) / 사분니중학 28 : 平鉢受羹, 應當學. ⇐•수발수식계⊙(手鉢受食戒) / Nī-Sekh. 30(Khu-Sekh. 30) : samatitthikaṁ piṇḍapātaṁ paṭiggahessamī'ti sikkhā karaṇīyā'ti.

Catu-Nip. 270

270(6-29) 중학죄법 제29조

국과 밥을 함께 먹는 것에 대한 학습계율
[갱반등식계(羹飯等食戒)]

[세존] "'국과 밥을 함께 먹겠다.'라는[1518] 학습규범[1519]을 지켜야 하느니라."[1520]

---

*1518) **羹飯俱食** : 빠알리문에는 '탁발음식을 받으면서 적량의 카레를 받겠다'라고 되어 있다.*

*1519) **學** : 《빠알리율》에서는 '의도하지 않았거나, 새김을 잃었거나, 알지 못했거나, 환자이거나, 다른 풍미가 있는 것이 있었거나, 친척의 것이었거나, 제공되었거나, 사고가 일어났거나, 정신착란된 자이거나, 최초의 범행자인 경우'는 예외이고, 《사분율》에서는 '이러한 병이 있었거나, 바로 밥이 필요했으나 국이 필요하지 않았든가, 바로 국이 필요했으나 밥은 필요하지 않았든가, 정오가 지나려고 했거나, 목숨이 위태로웠거나 청정행이 어려웠거나, 이 학습계율시설의 원인이 된 최초의 범행자이거나, 정신착란자이거나, 마음이 심란한 자이거나, 애통해 하는 자인 경우'를 예외로 한다.*

*1520) ■ 갱반등식계(**羹飯等食戒**) / 사분니중학 29 : **羹飯俱食, 應當學.** ⇐ • 갱반적량수계⊙(**羹飯適量受戒**) / Nī-Sekh. 29(Khu-Sekh. 29) : samasūpakaṁ piṇḍapātaṁ paṭiggahessāmī'ti sikkhā karaṇīyā'ti.*

Catu-Nip. 271

271(6-30) 중학죄법 제30조

순차적으로 먹기에 대한 학습계율
[이차식계(以次食戒)]

[세존] "'순차적으로 탁발음식을 먹겠다.'라는 학습규범1521)을 지켜야 하느니라."1522)

1521) 學 : ≪빠알리율≫에서는 '의도하지 않았거나, 새김을 잃었거나, 알지 못했거나, 환자이거나, 타인에게 줄 때 인내하지 못했거나, 타인의 발우에 채울 때 인내하지 못했거나, 부식(副食)이었거나, 사고가 일어났거나, 정신착란된 자이거나, 최초의 범행자인 경우'는 예외이고, ≪사분율≫에서는 '이러한 병이 있었거나, 밥이 뜨거울까봐 식은 것을 골라 먹었거나, 정오가 지나가려했거나, 목숨이 위태로웠거나 청정행이 어려웠거나, 이 학습계율시설의 원인이 된 최초의 범행자이거나, 정신착란자이거나, 마음이 심란한 자이거나, 애통해 하는 자인 경우'를 예외로 한다.

1522) ■ 이차식계(以次食戒) / 사분니중학 30 : 以次食, 應當學. ● 이차식계⊙(以次食戒) / Nī-Sekh. 33(Khu-Sekh. 33) : sapadānaṁ piṇḍapātaṁ bhuñjissāmī'ti sikkhā karaṇīyā'ti.

Catu-Nip. 272

272(6-31) 중학죄법 제31조

발우 한 가운데부터 파먹는 것에 대한 학습계율
[불도발중앙식계(不挑鉢中央食戒)]

[세존] "'발우 한 가운데부터 파서 먹지 않겠다.'라는1523) 학습규범1524)을 지켜야 하느니라."1525)

1523) *不得挑鉢中央食 : 빠알리문은 '꼭대기부터 짓이기지 않고 탁발음식을 먹겠다.'라고 되어 있다.*

1524) *學 : ≪빠알리율≫에서는 '의도하지 않았거나, 새김을 잃었거나, 알지 못했거나, 환자이거나, 소량 남은 것을 한쪽으로 모아서 먹었거나, 사고가 일어났거나, 정신착란된 자이거나, 최초의 범행자인 경우'는 예외이고, ≪사분율≫에서는 '이러한 병이 있었거나, 밥이 뜨거울까봐 가운데를 파서 먹었거나, 정오가 지나가려했거나, 목숨이 위태로웠거나 청정행이 어려웠거나, 이 학습계율시설의 원인이 된 최초의 범행자이거나, 정신착란자이거나, 마음이 심란한 자이거나, 애통해 하는 자인 경우'를 예외로 한다.*

1525) *■ 불도발중앙식계(不挑鉢中央食戒) / 사분니중학 31 : 不得挑鉢中央食, 應當學. • 압중취식계⊙(壓中取食戒) / Nī-Sekh. 35(Khu-Sekh. 35) : na thūpato omadditvā piṇḍapātaṁ bhuñjissāmī'ti sikkhā karaṇīyā'ti.*

Catu-Nip. 273

273(6-32) 중학죄법 제32조

국이나 밥을 요청하는 것에 대한 학습계율

[색갱반계(索羹飯戒)]

[세존] "'환자가 아닌 한, 국이나 밥을 자신을 위해서 요청해서 먹지 않겠다.'라는 학습규범[1526]을 지켜야 하느니라."[1527]

1526) *學 : ≪빠알리율≫에서는 '의도하지 않았거나, 새김을 잃었거나, 알지 못했거나, 시주가 덮어서 주었거나, 더 많은 것을 얻고자 원하지 않았거나, 사고가 일어났거나, 정신착란된 자이거나, 최초의 범행자인 경우'는 예외이고, ≪사분율≫에서는 '병이 나서 스스로 요청했거나, 자기가 타인을 위해서 요청했거나, 타인이 자기를 위해서 요청했거나, 요청하지 않았는데도 얻었거나, 이 학습계율시설의 원인이 된 최초의 범행자이거나, 정신착란자이거나, 마음이 심란한 자이거나, 애통해 하는 자인 경우'를 예외로 한다.*

1527) *■ 색갱반계(索羹飯戒) / 사분니중학 32 : 無病不得爲己索羹飯應當學. • 색갱반계⊙(索羹飯戒) / Nī-Sekh. 37(Khu-Sekh. 37) : na sūpaṁ vā odanaṁ vā agilāno attano atthāya viññāpetvā bhuñjissāmī'ti sikkhā karaṇiyā'ti.*

Catu-Nip. 274

274(6-33) 중학죄법 제33조

밥으로 국을 덮는 것에 대한 학습계율
[반복갱계(飯覆羹戒)]

[세존] "'밥으로 국을 덮고 더 많이 얻기를 바라지 않겠다.'라는1528) 학습규범1529)을 지켜야 하느니라."1530)

1528) 不得以飯覆羹 更望得 : 빠알리문은 '카레나 양념을 더 많이 원하면서 밥으로 덮지 않겠다'라고 되어 있다.

1529) 學 : 《빠알리율》에는 '의도하지 않았거나, 새김을 잃었거나, 알지 못했거나, 시주가 덮어서 주었거나, 더 많은 것을 얻고자 원하지 않았거나, 사고가 일어났거나, 정신착란된 자이거나, 최초의 범행자인 이 학습계율시설의 원인이 된 최초의 범행자이거나, 정신착란자이거나, 마음이 심란한 자이거나, 애통해 하는 자인 경우'를 예외로 한다. 《사분율》에서는 '이러한 병이 있었거나, 초대를 받았거나, 바로 국이 필요했거나 바로 밥이 필요했거나, 이 학습계율시설의 원인이 된 최초의 범행자이거나, 정신착란자이거나, 마음이 심란한 자이거나, 애통해 하는 자인 경우'를 예외로 한다.

1530) ■ 반복갱계(飯覆羹戒) / 사분니중학 33 : 不得以飯覆羹 更望得, 應當學. • 반복갱계⊙(飯覆羹戒) / Nī-Sekh. 36(Khu-Sekh. 36) : na sūpaṁ vā byañajanaṁ vā odanena paṭicchādessāmi bhiyyokamyataṁ upādāyā'ti sikkhā karaṇīyā'ti.

Catu-Nip. 275

275(6-34) 중학죄법 제34조

타인의 자리에 있는 발우와 비교하는 것에 대한 학습계율
[시비좌발계(視比座鉢戒)]

[세존] "'타인의 발우를 비교하여 불만의 마음을 일으키지 않겠다.'라는1531) 학습규범1532)을 지켜야 하느니라."1533)

1531) 不得視比坐鉢中 起嫌心 : 빠알리문에는 '불만의 생각을 가지고 타인의 발우를 바라보지 않겠다.' 라고 되어 있다.

1532) 學 : ≪빠알리율≫에서는 '의도하지 않았거나, 새김을 잃었거나, 알지 못했거나, '내가 주겠다. 내가 주도록 시키겠다.' 라고 바라보거나, 불만의 생각이 없었다던가, 사고가 일어났거나, 정신착란된 자이거나, 최초의 범행자인 경우'는 예외이고, ≪사분율≫에서는 '이러한 병이 있었거나, 옆자리의 비구니가 병이 있었거나 눈이 어두워서 음식을 얻었는지 받았는지를 살펴주었거나, 이 학습계율시설의 원인이 된 최초의 범행자이거나, 정신착란자이거나, 마음이 심란한 자이거나, 애통해 하는 자인 경우'를 예외로 한다.

1533) ■시비좌발계(視比座鉢戒) / 사분니중학 34 : 不得視比坐鉢中 起嫌心, 應當學. ●시비좌발중계⊙(視比坐鉢中戒) / Nī-Sekh. 38(Khu-Sekh. 38) : na ujjhānasaññi paresaṁ pattaṁ olokessāmī'ti sikkhā karaṇīyā'ti.

Catu-Nip. 276

276(6-35) 중학죄법 제35조

발우에 주시하며 먹기에 대한 학습계율
[계발상식계(繫鉢想食戒)]

[세존] "'발우에 주시하면서 탁발음식을 먹겠다.'라는1534) 학습규범1535)을 지켜야 하느니라."1536)

---

*1534) **當繫鉢想食** : 빠알리문에는 '탁발음식을 받겠다'라고 되어 있다.*

*1535) **學** : ≪빠알리율≫에서는 '의도하지 않았거나, 새김을 잃었거나, 알지 못했거나, 환자이거나, 사고가 일어났거나, 정신착란된 자이거나, 최초의 범행자인 경우'는 예외이고, ≪사분율≫에서는 '이러한 병이 있었거나, 옆자리의 비구니가 병들었거나 눈이 어두워 대신 받아주었거나 얻었는지 받았는지 봐 주었거나, 정오인지를 고개를 들어 쳐다보았거나, 목숨이 위태롭거나 청정행이 어려워 도망가려고 좌우를 살폈거나, 이 학습계율시설의 원인이 된 최초의 범행자이거나, 정신착란자이거나, 마음이 심란한 자이거나, 애통해 하는 자인 경우'를 예외로 한다.*

*1536) ■ 계발상식계(**繫鉢想食戒**) / 사분니중학 35 : **當繫鉢想食, 應當學.** • 주시발계㉧(注視鉢戒) / Nī-Sekh. 28(Khu-Sekh. 28) : pattasaññinā piṇḍapātaṁ paṭiggahessāmī'ti sikkhā karaṇīyā'ti.*

Catu-Nip. 277

277(6-36) 중학죄법 제36조

한 입 가득한 음식덩이에 대한 학습계율

[대박식계(大搏食戒)]

[세존] "'지나치게 큰 한 입 가득한 음식덩이를 먹지 않겠다.'라는 학습규범1537)을 지켜야 하느니라."1538)

1537) 學 : 빠알리문에는 '음식덩이를 만들지 않겠다.'라고 되어 있다. ≪빠알리율≫에서는 '의도하지 않았거나, 새김을 잃었거나, 알지 못했거나, 환자이거나, 단단한 음식이거나, 각종과일이거나, 부식(副食)이거나, 사고가 일어났거나, 정신착란된 자이거나, 최초의 범행자인 경우'는 예외이고, ≪사분율≫에서는 '이러한 병이 있었거나, 정오가 지나가려 했거나, 목숨이 위태롭거나 청정행이 어려워 빨리 먹었거나, 이 학습계율시설의 원인이 된 최초의 범행자이거나, 정신착란자이거나, 마음이 심란한 자이거나, 애통해 하는 자인 경우'를 예외로 한다.

1538) ■ 대박식계(大搏食戒) / 사분니중학 36 : 不得大搏飯食, 應當學. • 대박식계⊙(大搏食戒) / Nī-Sekh. 39(Khu-Sekh. 39) : nātimahantaṁ kabaḷaṁ karissāmī'ti sikkhā karaṇīyā'ti.

Catu-Nip. 278

278(6-37) 중학죄법 제37조

입을 열고 음식덩이를 기다리는 것에 대한 학습계율
[장구대식계(張口待食戒)]

[세존] "'입을 벌리고 음식덩이를 기다리지 않겠다.' 라는 학습규범1539)을 지켜야 하느니라."1540)

1539) 學 : ≪빠알리율≫에서는 '의도하지 않았거나, 새김을 잃었거나, 알지 못했거나, 환자이거나, 사고가 일어났거나, 정신착란된 자이거나, 최초의 범행자인 경우'는 예외이고, 앞의 학습계율과 마찬가가지로 ≪사분율≫에서는 '이러한 병이 있었거나, 정오가 지나가려 했거나, 목숨이 위태롭거나 청정행이 어려워 빨리 먹었거나, 이 학습계율시설의 원인이 된 최초의 범행자이거나, 정신착란자이거나, 마음이 심란한 자이거나, 애통해 하는 자인 경우'를 예외로 한다.

1540) ■ 장구대식계(張口待食戒) / 사분니중학 37 : 不得張口待飯食, 應當學. • 장구대식계⊙(張口待食戒) / Nī-Sekh. 41(Khu-Sekh. 41) : na anāhaṭe kabaḷe mukhadvāraṁ vivarissāmī'ti sikkhā karaṇīyā'ti.

Catu-Nip. 279

279(6-38) 중학죄법 제38조

음식덩이를 입에 넣고 이야기하는 것에 대한 학습계율
[함반어계(含飯語戒)]

[세존] "'음식덩이를 입에 가득 넣은 채 이야기하지 않겠다.'라는 학습규범[1541]을 지켜야 하느니라."[1542]

1541) 學 : ≪빠알리율≫에서는 '의도하지 않았거나, 새김을 잃었거나, 알지 못했거나, 환자이거나, 사고가 일어났거나, 정신착란된 자이거나, 최초의 범행자인 경우'는 예외이고, ≪사분율≫에서는 '이러한 병이 있었던가, 목이 메어 물을 찾았던가, 목숨이 위태롭거나 청정행이 어려워 소리 내어 먹었거나, 이 학습계율시설의 원인이 된 최초의 범행자이거나, 정신착란자이거나, 마음이 심란한 자이거나, 애통해 하는 자인 경우'를 예외로 한다.

1542) ■ 함반어계(含飯語戒) / 사분니중학 38 : 不得含食語, 應當學. • 함반어계⊙(含飯語戒) / Nī-Sekh. 43(Khu-Sekh. 43) : na sakabaḷena mukhena byāharissāmī'ti sikkhā karaṇīyā'ti.

Catu-Nip. 280

280(6-39) 중학죄법 제39조

음식을 입안으로 던져 넣는 것에 대한 학습계율
[요척구중식계(遙擲口中食戒)]

[세존] "'음식덩이를 입 안으로 던져 넣으며 먹지 않겠다.'라는[1543] 학습규범[1544]을 지켜야 하느니라."[1545]

1543) 不得摶飯擲口中 : 빠알리문에는 '입 안에'라는 구절이 없다.

1544) 學 : ≪빠알리율≫에서는 '의도하지 않았거나, 새김을 잃었거나, 알지 못했거나, 환자이거나, 단단한 음식이거나, 각종과일이거나, 사고가 일어났거나, 정신착란된 자이거나, 최초의 범행자인 경우'는 예외이고, ≪사분율≫에서는 '이러한 병이 있었거나, 묶여 있어 입안에 음식을 던져 넣었거나, 이 학습계율시설의 원인이 된 최초의 범행자이거나, 정신착란자이거나, 마음이 심란한 자이거나, 애통해 하는 자인 경우'를 예외로 한다.

1545) ■요척구중식계(遙擲口中食戒) / 사분니중학 39 : 不得摶飯擲口中, 應當學. •투입식계⊙(投入食戒) / Nī-Sekh. 44(Khu-Sekh. 44) : na piṇḍukkhepakaṁ bhuñjissāmī'ti sikkhā karaṇīyā'ti.

Catu-Nip. 281

281(6-40) 중학죄법 제40조

밥덩이를 흩뜨리면서 먹는 것에 대한 학습계율

[유락식계(遺落食戒)]

[세존] "'밥덩이를 흩뜨리면서 먹지 않겠다.'라는 학습 규범1546)을 지켜야 하느니라."1547)

1546) 學 : ≪빠알리율≫에서는 '의도하지 않았거나, 새김을 잃었거나, 알지 못했거나, 환자이거나, 먼지를 털면서 밥덩이를 흩뜨렸다던가, 사고가 일어났거나, 정신착란된 자이거나, 최초의 범행자인 경우'는 예외이고, ≪사분율≫에서는 '이러한 병이 있었거나, 얇은 과자, 누룽지, 고기, 껍질이 있는 견과류, 사탕수수, 채소, 안바라과(庵婆羅果), 배, 장미사과, 포도, 꽃술 등을 먹었거나, 이 학습계율시설의 원인이 된 최초의 범행자이거나, 정신착란자이거나, 마음이 심란한 자이거나, 애통해 하는 자인 경우'를 예외로 한다.

1547) ■유락식계(遺落食戒) / 사분니중학 40 : 不得遺落飯食, 應當學. • 살반립계⊙(撒飯粒戒) / Nī-Sekh. 48(Khu-Sekh. 48) : na sitthāvakārakaṁ bhuñjissāmī'ti sikkhā karaṇīyā'ti.

Catu-Nip. 282

282(6-41) 중학죄법 제41조

볼 부풀려 먹기에 대한 학습계율
[협식계(頰食戒)]

[세존] "'볼을 부풀려 먹지 않겠다.'라는 학습규범[1548]을 지켜야 하느니라."[1549]

1548) 學 : ≪빠알리율≫에서는 '의도하지 않았거나, 새김을 잃었거나, 알지 못했거나, 환자이거나, 각종과일이거나, 사고가 일어났거나, 정신착란된 자이거나, 최초의 범행자인 경우'는 예외이고, ≪사분율≫에서는 '이러한 병이 있었거나, 정오가 지나가려 했거나, 목숨이 위태롭거나 청정행이 어려워 빨리 먹었거나, 이 학습계율시설의 원인이 된 최초의 범행자이거나, 정신착란자이거나, 마음이 심란한 자이거나, 애통해 하는 자인 경우'를 예외로 한다.

1549) ■ 협식계(頰食戒) / 사분니중학 41 : 不得頰飯食, 應當學. • 장협식계⊙(張頰食戒) / Nī-Sekh. 46(Khu-Sekh. 46) : na avagaṇḍakārakaṁ bhuñjissāmī'ti sikkhā karaṇīyā'ti.

Catu-Nip. 283

283(6-42) 중학죄법 제42조

짭짭 소리 내며 먹는 것에 대한 학습계율
[작반작성계(嚼飯作聲戒)]

[세존] "'짭짭 소리 내면서 먹지 않겠다.'라는 학습규범1550)을 지켜야 하느니라."1551)

1550) *學 : ≪빠알리율≫에서는 '의도하지 않았거나, 새김을 잃었거나, 알지 못했거나, 환자이거나, 사고가 일어났거나, 정신착란된 자이거나, 최초의 범행자인 경우'는 예외이고, 사분니중학 40과 마찬가지로 ≪사분율≫에서는 '이러한 병이 있었거나, 얇은 과자, 누룽지, 고기, 껍질이 있는 견과류, 사탕수수, 채소, 안바라과(庵婆羅果), 배, 장미사과, 포도, 꽃술 등을 먹었거나, 이 학습계율시설의 원인이 된 최초의 범행자이거나, 정신착란자이거나, 마음이 심란한 자이거나, 애통해 하는 자인 경우'를 예외로 한다.*

1551) *■ 작반작성계(嚼飯作聲戒) / 사분니중학 42 : 不得嚼飯作聲, 應當學. • 작성식계⊙(作聲食戒) / Nī-Sekh. 50(Khu-Sekh. 50) : na capucapukārakaṁ bhuñjissāmī'ti sikkhā karaṇīyā'ti.*

Catu-Nip. 284

284(6-43) 중학죄법 제43조

후룩후룩 소리 내며 먹는 것에 대한 학습계율
[흡반식계(噏飯食戒)]

[세존] "'후룩후룩 소리 내면서 먹지 않겠다.'라는 학습 규범[1552]을 지켜야 하느니라."[1553]

1552) 學 : 《빠알리율》에서는 '의도하지 않았거나, 새김을 잃었거나, 알지 못했거나, 환자이거나, 사고가 일어났거나, 정신착란된 자이거나, 최초의 범행자인 경우'는 예외이고, 《사분율》에서는 '이러한 병이 있었거나, 입이 아팠거나, 국이나 타락(酪)이나 낙장(酪漿), 소비라장(酥毘羅醬), 식초를 먹었거나, 이 학습계율시설의 원인이 된 최초의 범행자이거나, 정신착란자이거나, 마음이 심란한 자이거나, 애통해 하는 자인 경우'를 예외로 한다. 소비라장은 보리를 빻아서 용기에 넣어 물을 뿌리고 3일이 경과후에 식초를 넣고 발효시켜 걸러 마시는 것으로 풍병에 효험이 있었다.

1553) ■흡반식계(噏飯食戒) / 사분니중학 43 : 不得大噏飯食, 應當學. • 흡식계⊙(吸食戒) / Nī-Sekh. 51(Khu-Sekh. 51) : na surusuru-kārakaṁ bhuñjissāmī'ti sikkhā karaṇīyā'ti.

Catu-Nip. 285

285(6-44) 중학죄법 제44조

혀로 핥으면서 먹는 것에 대한 학습계율
[설지식계(舌舐食戒)]

[세존] "'혀로 핥으면서[1554] 먹지 않겠다.'라는 학습규범[1555]을 지켜야 하느니라."[1556]

1554) 舌舐 : 빠알리문에는 '혀를 내밀면서'라고 되어 있다.

1555) 學 : ≪빠알리율≫에서는 '의도하지 않았거나, 새김을 잃었거나, 알지 못했거나, 환자이거나, 사고가 일어났거나, 정신착란된 자이거나, 최초의 범행자인 경우'는 예외이고 ≪사분율≫에서는 '이러한 병이 있었거나, 결박을 당했거나, 손에 흙이 묻었거나 손이 더러워 혀로 핥아먹었거나, 이 학습계율시설의 원인이 된 최초의 범행자이거나, 정신착란자이거나, 마음이 심란한 자이거나, 애통해 하는 자인 경우'를 예외로 한다.

1556) ■설지식계(舌舐食戒) / 사분니중학 44 : 不得舌舐食, 應當學. •설지식계⊙(舌舐食戒) / Nī-Sekh. 49(Khu-Sekh. 49) : na jivhānicchārakaṁ bhuñjissāmī'ti sikkhā karaṇīyā'ti.

Catu-Nip. 286

286(6-45) 중학죄법 제45조

손을 털면서 먹기에 대한 학습계율
[진수식계(振手食戒)]

[세존] "'손을 털면서[1557] 먹지 않겠다.'라는 학습규범[1558]을 지켜야 하느니라."[1559]

1557) 振手 : 역자의 빠알리비나야의 초역에서는 '손을 흔들면서'라고 했다.

1558) 學 : 《빠알리율》에서는 '의도하지 않았거나, 새김을 잃었거나, 알지 못했거나, 환자이거나, 먼지를 털면서 손을 털었거나, 사고가 일어났거나, 정신착란된 자이거나, 최초의 범행자인 경우'는 예외이고, 《사분율》에서는 '이러한 병이 있었거나, 음식에 풀이나 벌레가 있었거나, 손에 더러운 것이 있어서 털려고 했거나, 음식을 받기 전에 수식법(受食法)을 하지 않은 음식에 손을 대어 악촉(惡觸)인 까닭에 손을 털었거나, 이 학습계율시설의 원인이 된 최초의 범행자이거나, 정신착란자이거나, 마음이 심란한 자이거나, 애통해 하는 자인 경우'를 예외로 한다.

1559) ■진수식계(振手食戒) / 사분니중학 45 : 不得振手食, 應當學. •진수식계⊙(振手食戒) / Nī-Sekh. 47(Khu-Sekh. 47) : na hatthaniddhunakaṁ bhuñjissāmī'ti sikkhā karaṇīyā'ti.

Catu-Nip. 287

287(6-46) 중학죄법 제46조

음식을 집었다가 흘리는 것에 대한 학습계율
[파산반식계(把散飯食戒)]

[세존] "'음식을 손으로 집었다가 흘리면서 식사하지 않겠다.'라는1560) 학습규범1561)을 지켜야 하느니라."1562)

1560) 不得手把散飯食 : 빠알리문에는 '식사를 하면서 통째로 손을 입에 집어넣지 않겠다'라고 되어 있다.

1561) 學 : ≪빠알리율≫에서는 '의도하지 않았거나, 새김을 잃었거나, 알지 못했거나, 환자이거나, 사고가 일어났거나, 정신착란된 자이거나, 최초의 범행자인 경우'는 예외이고, ≪사분율≫에서는 '이러한 병이 있었거나, 음식 안에 풀이나 벌레가 있거나, 부정한 것으로 더러워졌거나, 수식법을 하지 않은 음식이 있어 놓아버렸거나, 이 학습계율시설의 원인이 된 최초의 범행자이거나, 정신착란자이거나, 마음이 심란한 자이거나, 애통해 하는 자인 경우'를 예외로 한다.

1562) ■ 파산반식계(把散飯食戒) / 사분니중학 46 : 不得手把散飯食, 應當學. • 전수구중계⊙(全手口中戒) / Nī-Sekh. 42(Khu-Sekh. 42) : na bhuñjamāno sabbaṁ hatthaṁ mukhe pakkhipissāmī'ti sikkhā karaṇīyā'ti.

Catu-Nip. 288

288(6-47) 중학죄법 제47조

더러운 손으로 식기를 만지는 것에 대한 학습계율
[오수착식기계(汙手捉食器戒)]

[세존] "'더러운 손으로 식기를 만지지 않겠다.'라는[1563] 학습규범[1564]을 지켜야 하느니라."[1565]

1563) 汚手捉食器 : 빠알리문에는 '음식이 묻은 손으로 물병을'이라고 되어 있다.

1564) 學 : ≪빠알리율≫에서는 "의도하지 않았거나, 새김을 잃었거나, 알지 못했거나, 환자이거나, '내가 씻겠다.'라거나 '내가 씻게 시키겠다.'라고 받았거나, 사고가 일어났거나, 정신착란된 자이거나, 최초의 범행자인 경우"는 예외이고, ≪사분율≫에서는 '이러한 병이 있었거나, 풀이나 잎사귀 위에 받았다든가, 손을 씻고 받았거나, 이 학습계율시설의 원인이 된 최초의 범행자이거나, 정신착란자이거나, 마음이 심란한 자이거나, 애통해 하는 자인 경우'를 예외로 한다.

1565) ■오수착식기계(汙手捉食器戒) / 사분니중학 47 : 不得汚手捉食器, 應當學. ●오수착수병계⊙(汚手捉水甁戒) / Nī-Sekh. 55(Khu-Sekh. 55) : na sāmisena hatthena pānīyathālakaṁ paṭiggahessāmī'ti sikkhā karaṇīyā'ti.

Catu-Nip. 289

289(6-48) 중학죄법 제48조

발우 씻은 물에 대한 학습계율
[기세발수계(棄洗鉢水戒)]

[세존] "'발우 씻은 물1566)을 시정에 버리지 않겠다.' 라는 학습규범1567)을 지켜야 하느니라."1568)

1566) *洗鉢水 : 빠알리본에는 '밥알갱이가 포함된 발우 씻은 물'이라고 되어 있다.*

1567) *學 : ≪빠알리율≫에서는 '의도하지 않았거나, 새김을 잃었거나, 알지 못했거나, 환자인 경우나, 제거하고 버렸거나, 부수어서 버렸거나, 덮어서 버렸거나, 골라내고 버리거나, 사고가 일어났거나, 정신착란된 자이거나, 최초의 범행자인 경우'는 예외이고, ≪사분율≫에서는 '이러한 병이 있었거나, 그릇이나 씻는 용도의 용기에 발우 씻은 물을 받아서 집밖에 버렸거나, 이 학습계율시설의 원인이 된 최초의 범행자이거나, 정신착란자이거나, 마음이 심란한 자이거나, 애통해 하는 자인 경우'를 예외로 한다.*

1568) *■기세발수계(棄洗鉢水戒) / 사분니중학 48 : 不得洗鉢水 棄白衣舍內, 應當學. ●기세발수계⊙(棄洗鉢水戒) / Nī-Sekh. 56(Khu-Sekh. 56) : na sasitthakaṁ pattadhovanaṁ antaraghare chaḍḍhessāmī'ti sikkhā karaṇīyā'ti.*

Catu-Nip. 290

290(6-49) 중학죄법 제49조

풀 위에 용변을 보기에 대한 학습계율
[생초상대소변계(生草上大小便戒)]

[세존] "'환자가 아닌 한, 풀 위에 대변을 보거나 소변을 보거나 타액을 뱉거나 하지 않겠다.'라는 학습규범1569)을 지켜야 하느니라."1570)

1569) 學 : 《빠알리율》에서는 '의도하지 않았거나, 새김을 잃었거나, 알지 못했거나, 환자이거나, 풀이 없는 곳에 보고 풀을 뿌려 덮거나, 사고가 일어났거나, 정신착란된 자이거나, 최초의 범행자인 경우'는 예외이고, 《사분율》에서는 '이러한 병이 있었거나, 풀이 없는 곳에서 보았으나 흘러서 풀 위에 떨어졌거나, 바람이 불거나 새가 물고 가서 풀 위에 떨어졌거나, 이 학습계율시설의 원인이 된 최초의 범행자이거나, 정신착란자이거나, 마음이 심란한 자이거나, 애통해 하는 자인 경우'를 예외로 한다.

1570) ■ 생초상대소변계(生草上大小便戒) / 사분니중학 49 : 不得生草上大小便涕唾, 除病, 應當學. • 생초상대소변계⊙(生草上大小便戒) / Nī-Sekh. 74(Khu-Sekh. 74) : na harite agilāno uccāraṁ vā passāvaṁ vā khelaṁ vā karissāmī'ti sikkhā karaṇīyā'ti.

Catu-Nip. 291

291(6-50) 중학죄법 제50조

물 위에 용변을 보기에 대한 학습계율
[수중대소변계(水中小便戒)]

[세존] "'환자가 아닌 한, 물 위에 대변을 보거나 소변을 보거나 타액도 뱉지 않겠다.'라는 학습규범1571)을 지켜야 하느니라."1572)

1571) 學 : 《빠알리율》에서는 '의도하지 않았거나, 새김을 잃었거나, 알지 못했거나, 환자이거나, 땅 위에 대소변을 보고 물을 뿌려 씻거나, 사고가 일어났거나, 정신착란된 자이거나, 최초의 범행자인 경우'는 예외이고, 《사분율》에서는 '이러한 병이 있었거나, 언덕 위에서 보았는데 흘러서 물위에 떨어졌거나, 바람이 불거나 새가 물고 가서 물 위에 떨어졌거나, 이 학습계율시설의 원인이 된 최초의 범행자이거나, 정신착란자이거나, 마음이 심란한 자이거나, 애통해 하는 자인 경우'를 예외로 한다.

1572) ■수중대소변계(水中小便戒) / 사분니중학 50 : 不得淨水中大小便涕唾, 除病, 應當學. •수중대소변계⊙(水中大小便戒) / Nī-Sekh. 75(Khu-Sekh. 75) : na udake agilāno uccāraṁ vā passāvaṁ vā kheḷaṁ vā karissāmī'ti sikkhā karaṇīyā'ti.

Catu-Nip. 292

292(6-51) 중학죄법 제51조

선 채로 대소변을 보는 것에 대한 학습계율
[입대소변계(立大小便戒)]

[세존] "'선 채로, 환자가 아닌 한, 대변을 보거나 소변을 보지 않겠다.'라는 학습규범1573)을 지켜야 하느니라."1574)

1573) 學 : ≪빠알리율≫에서는 '의도하지 않았거나, 새김을 잃었거나, 알지 못했거나, 환자이거나, 사고가 일어났거나, 정신착란된 자이거나, 최초의 범행자인 경우'는 예외이고, ≪사분율≫에서는 '이러한 병이 있었거나, 결박되어 있었거나, 종아리에 더러운 기름때가 묻었거나 진흙으로 더러워졌거나, 이 학습계율시설의 원인이 된 최초의 범행자이거나, 정신착란자이거나, 마음이 심란한 자이거나, 애통해 하는 자인 경우'를 예외로 한다.

1574) ■ 입대소변계(立大小便戒) / 사분니중학 51 : 不得立大小便 除病 應當學 • 입대소변계⊙(立大小便戒) / Nī-Sekh. 73(Khu-Sekh. 73) : na ṭhito agilāno uccāraṁ vā passāvaṁ vā karissāmī'ti sikkhā karaṇīyā'ti. '선채로 소변을 보지 말라'는 것은 승복이 원래는 둘러싸서 입는 가사로 이루어진 구조상의 문제에서 오는 것이다.

Catu-Nip. 293

293(6-52) 중학죄법 제52조

옷을 치켜 올린 자에게 설법하는 것에 대한 학습계율
[반초의인설법계(反抄衣人說法戒)]

[세존] "'옷을 치켜 올리고 있는 사람에게, 환자가 아닌 한, 설법하지 않겠다.'라는 학습규범1575)을 지켜야 하느니라."1576)

1575) 學 : ≪사분율≫에서는 '이러한 병이 있었거나, 왕이나 대신을 위한 것이었거나, 이 학습계율시설의 원인이 된 최초의 범행자이거나, 정신착란자이거나, 마음이 심란한 자이거나, 애통해 하는 자인 경우'를 예외로 한다.

1576) ■ 반초의인설법계(反抄衣人說法戒) / 사분니중학 53 : 不得與反抄衣人 說法 除病, 應當學.

Catu-Nip. 294

294(6-53) 중학죄법 제53조

옷을 목에 두른 자에게 설법하는 것에 대한 학습계율
[의전경인설법계(衣纏頸人說法戒)]

[세존] "'옷을 목에 두르고 있는 사람에게, 환자가 아닌 한, 설법하지 않겠다.'라는 학습규범1577)을 지켜야 하느니라."1578)

1577) 學 : 앞의 학습계율과 마찬가지로 《사분율》에서는 '이러한 병이 있었거나, 왕이나 대신을 위한 것이었거나, 이 학습계율시설의 원인이 된 최초의 범행자이거나, 정신착란자이거나, 마음이 심란한 자이거나, 애통해 하는 자인 경우'를 예외로 한다.

1578) ■ 의전경인설법계(衣纏頸人說法戒) / 사분니중학 53 : 不得爲衣纏頸人 說法 除病, 應當學.

Catu-Nip. 295

295(6-54) 중학죄법 제54조

복면을 한 자에게 설법하는 것에 대한 학습계율
[복두인설법계(覆頭人說法戒)]

[세존] "'환자가 아닌 한, 머리에 복면을 한 자에게 가르침을 설하지 않겠다.'라는 학습규범1579)을 지켜야 하느니라."1580)

1579) 學 : ≪빠알리율≫에서는 '의도하지 않았거나, 새김을 잃었거나, 알지 못했거나, 환자이거나, 복면을 열어서 머리가 보이도록 했거나, 사고가 일어났거나, 정신착란된 자이거나, 최초의 범행자인 경우'는 예외이고, 앞의 학습계율과 마찬가지로 ≪사분율≫에서는 '이러한 병이 있었거나, 왕이나 대신을 위한 것이었거나, 이 학습계율시설의 원인이 된 최초의 범행자이거나, 정신착란자이거나, 마음이 심란한 자이거나, 애통해 하는 자인 경우'를 예외로 한다.

1580) ■복두인설법계(覆頭人說法戒) / 사분니중학 54 : 不得爲覆頭人 說法 除病, 應當學. ●위복면자설법계⊙(爲覆面者說法戒) / Khu-Sekh. 67(Khu-Sekh. 67) : oguṇṭhitasīsassa agilānassa dhammaṁ desessāmī'ti sikkhā karaṇīyā'ti.

Catu-Nip. 296

296(6-55) 중학죄법 제55조

터번을 두른 자에게 설법하는 것에 대한 학습계율
[이두인설법계(裹頭人說法戒)]

[세존] "'환자가 아닌 한, 머리에 터번을 두른 자에게 가르침을 설하지 않겠다.'라는 학습규범1581)을 지켜야 하느니라."1582)

1581) 學 : ≪빠알리율≫에서는 '의도하지 않았거나, 새김을 잃었거나, 알지 못했거나, 환자이거나, 터번을 열어서 머리가 보이도록 했거나, 사고가 일어났거나, 정신착란된 자이거나, 최초의 범행자인 경우'는 예외이고, 앞의 학습계율과 마찬가지로 ≪사분율≫에서는 '이러한 병이 있었거나, 왕이나 대신을 위한 것이었거나, 이 학습계율시설의 원인이 된 최초의 범행자이거나, 정신착란자이거나, 마음이 심란한 자이거나, 애통해 하는 자인 경우'를 예외로 한다.

1582) ■ 이두인설법계(裹頭人說法戒) / 사분니중학 55 : 不得爲裹頭人 說法, 除病, 應當學. • 위리두자설법계⊙(爲裹頭者說法戒) / Khu-Sekh. 66(Khu-Sekh. 66) : na veṭhitasīsassa agilānassa dhammaṁ desessāmī'ti sikkhā karaṇīyā'ti.

Catu-Nip. 297

297(6-56) 중학죄법 제56조

손을 허리에 댄 자에게 설법하는 것에 대한 학습계율
[차요인설법계(叉腰人說法戒)]

[세존] "'환자가 아닌 한, 손을 허리에 대고 팔꿈치를 벌린 자에게 가르침을 설하지 않겠다.'라는 학습규범1583)을 지켜야 하느니라."1584)

1583) 學 : 앞의 학습계율과 마찬가지로 ≪사분율≫에서는 '이러한 병이 있었거나, 왕이나 대신을 위한 것이었거나, 이 학습계율시설의 원인이 된 최초의 범행자이거나, 정신착란자이거나, 마음이 심란한 자이거나, 애통해 하는 자인 경우'를 예외로 한다.

1584) ■차요인설법계(叉腰人說法戒) / 사분니중학 56 : 不得爲叉腰人 說法 除病 應當學.

Catu-Nip. 298

298(6-57) 중학죄법 제57조

신발을 신은 자에게 설법하는 것에 대한 학습계율
[착혁사인설법계(著革屣人說法戒)]

[세존] "'환자가 아닌 한, 신발을 신은 자에게 가르침을 설하지 않겠다.'라는 학습규범1585)을 지켜야 하느니라."1586)

1585) 學 : ≪빠알리율≫에서는 '의도하지 않았거나, 새김을 잃었거나, 알지 못했거나, 환자이거나, 사고가 일어났거나, 정신착란된 자이거나, 최초의 범행자인 경우'는 예외이고, 앞의 학습계율과 마찬가지로 ≪사분율≫에서는 '이러한 병이 있었거나, 왕이나 대신을 위한 것이었거나, 이 학습계율시설의 원인이 된 최초의 범행자이거나, 정신착란자이거나, 마음이 심란한 자이거나, 애통해 하는 자인 경우'를 예외로 한다.

1586) ■ 착혁사인설법계(著革屣人說法戒) / 사분니중학 57 : 不得爲著革屣人 說法 除病, 應當學. ● 위착혜리자설법계⊙(爲著鞋履者說法戒) / Nī-Sekh. 62(Khu-Sekh. 62) : na upāhanārūḷhassa agilānassa dhammaṁ desessāmī'ti sikkhā karaṇīyā'ti.

Catu-Nip. 299

299(6-58) 중학죄법 제58조

샌들을 신은 자에게 설법하는 것에 대한 학습계율
[착목극인설법계(著木屐人說法戒)]

[세존] "'환자가 아닌 한, 샌들을 신은 자에게 가르침을 설하지 않겠다.'라는 학습규범[1587]을 지켜야 하느니라."[1588]

1587) 學 : ≪빠알리율≫에서는 '의도하지 않았거나, 새김을 잃었거나, 알지 못했거나, 환자이거나, 사고가 일어났거나, 정신착란된 자이거나, 최초의 범행자인 경우'는 예외이고, 앞의 학습계율과 마찬가지로 ≪사분율≫에서는 '이러한 병이 있었거나, 왕이나 대신을 위한 것이었거나, 이 학습계율시설의 원인이 된 최초의 범행자이거나, 정신착란자이거나, 마음이 심란한 자이거나, 애통해 하는 자인 경우'를 예외로 한다.

1588) ■ 착목극인설법계(著木屐人說法戒) / 사분니중학 58 : 不得爲著木屐人 說法 除病, 應當學. • 위착초리자설법계⊙(爲著草履者說法戒) / Nī-Sekh. 61(Khu-Sekh. 61) : na pādukārūḷhassa agilānassa dhammaṁ desessāmī'ti sikkhākaraṇīyā'ti.

Catu-Nip. 300

300(6-59) 중학죄법 제59조

탈것에 탄 자에게 설법하는 것에 대한 학습계율
[기승인설법계(騎乘人說法戒)]

[세존] "'환자가 아닌 한, 탈것에 탄 자에게 가르침을 설하지 않겠다.'라는 학습규범1589)을 지켜야 하느니라."1590)

1589) 學 : ≪빠알리율≫에서는 '의도하지 않았거나, 새김을 잃었거나, 알지 못했거나, 환자이거나, 사고가 일어났거나, 정신착란된 자이거나, 최초의 범행자인 경우'는 예외이고, 앞의 학습계율과 마찬가지로 ≪사분율≫에서는 '이러한 병이 있었거나, 왕이나 대신을 위한 것이었거나, 이 학습계율시설의 원인이 된 최초의 범행자이거나, 정신착란자이거나, 마음이 심란한 자이거나, 애통해 하는 자인 경우'를 예외로 한다.

1590) ■기승인설법계(騎乘人說法戒) / 사분니중학 59 : 不得爲騎乘人 說法 除病, 應當學. ●위기승자설법계⊙(爲騎乘者說法戒) / Nī-Sekh. 63(Khu-Sekh. 63) : na yānagatassa agilānassa dhammaṁ desissāmī'ti sikkhā karaṇīyā'ti.

Catu-Nip. 301

301(6-60) 중학죄법 제60조

불탑에서 유숙하는 것에 대한 학습계율
[불탑중숙계(佛塔中宿戒)]

[세존] "'수호하기 위한 것이 아닌 한, 불탑에서 유숙하지 않겠다.'라는 학습규범[1591]을 지켜야 하느니라."[1592]

1591) 學 : ≪사분율≫에서는 '이러한 병이 있었거나, 수호하기 위해서 잤거나, 힘센 자의 강요였거나, 이 학습계율시설의 원인이 된 최초의 범행자이거나, 정신착란자이거나, 마음이 심란한 자이거나, 애통해 하는 자인 경우'를 예외로 한다.

1592) ■불탑중숙계(佛塔中宿戒) / 사분니중학 60 : 不得佛塔內宿, 除爲守護故 應當學.

Catu-Nip. 302

302(6-61) 중학죄법 제61조

불탑에 재물을 보관하는 것에 대한 학습계율
[장물탑중계(藏物塔中戒)]

[세존] "'영구히 보존하려는 것이 아닌 한, 불탑에 재물을 보관하지 않겠다.'라는 학습규범1593)을 지켜야 하느니라."1594)

1593) 學 : 《사분율》에서는 '이러한 병이 있었거나, 굳게 지키기 위해 불탑에 재물을 감추었거나, 힘센 자의 강요였거나, 이 학습계율시설의 원인이 된 최초의 범행자이거나, 정신착란자이거나, 마음이 심란한 자이거나, 애통해 하는 자인 경우'를 예외로 한다.

1594) ■ 장물탑중계(藏物塔中戒) / 사분니중학 61 : 不得佛塔內 藏財物, 除爲堅牢故, 應當學.

Catu-Nip. 303

303(6-62) 중학죄법 제62조

불탑 안으로 신발을 신고 들어가는 것에 대한 학습계율
[착혁사입탑중계(著革屣入塔中戒)]

[세존] "'불탑 안으로 신발[1595]을 신고 들어가지 않겠다.'라는 학습규범[1596]을 지켜야 하느니라."[1597]

1595) 革屣 : 혁사는 빠알리어 신발(upāhana)을 한역한 것이다.

1596) 學 : 앞의 학습계율과 마찬가지로 《사분율》에서는 '이러한 병이 있었거나, 굳게 지키기 위해 불탑에 재물을 감추었거나, 힘센 자의 강요였거나, 이 학습계율시설의 원인이 된 최초의 범행자이거나, 정신착란자이거나, 마음이 심란한 자이거나, 애통해 하는 자인 경우'를 예외로 한다.

1597) ■ 착혁사입탑중계(著革屣入塔中戒) / 사분니중학 62 : 不得著革屣 入佛塔中, 應當學.

Catu-Nip. 304

304(6-63) 중학죄법 제63조

불탑 안으로 신발을 들고 들어가는 것에 대한 학습계율
[수착혁사입탑중계(手捉革屣入塔中戒)]

[세존] "'불탑 안으로 신발을 손에 들고 들어가지 않겠다.'라는 학습규범1598)을 지켜야 하느니라."1599)

1598) 學 : 앞의 학습계율과 마찬가지로 ≪사분율≫에서는 '이러한 병이 있었거나, 굳게 지키기 위해 불탑에 재물을 감추었거나, 힘센 자의 강요였거나, 이 학습계율시설의 원인이 된 최초의 범행자이거나, 정신착란자이거나, 마음이 심란한 자이거나, 애통해 하는 자인 경우'를 예외로 한다.

1599) ■수착혁사입탑중계(手捉革屣入塔中戒) / 사분니중학 63 : 不得手捉革屣 入佛塔中, 應當學.

Catu-Nip. 305

305(6-64) 중학죄법 제64조

불탑을 신발 신고 도는 것에 대한 학습계율
[불착혁사요탑행계(不著革屣繞塔行戒)]

[세존] "'불탑을 신발을 신고 돌지 않겠다.'라는 학습규범1600)을 지켜야 하느니라."1601)

1600) 學 : 앞의 학습계율과 마찬가지로 ≪사분율≫에서는 '이러한 병이 있었거나, 굳게 지키기 위해 불탑에 재물을 감추었거나, 힘센 자의 강요였거나, 이 학습계율시설의 원인이 된 최초의 범행자이거나, 정신착란자이거나, 마음이 심란한 자이거나, 애통해 하는 자인 경우'를 예외로 한다.

1601) ■불착혁사요탑행계(不著革屣繞塔行戒) / 사분니중학 64 : 不得著革屣 繞佛塔. 應當學.

Catu-Nip. 306

306(6-65) 중학죄법 제65조

불탑 안으로 구두를 신고 들어가는 것에 대한 학습계율
[착부라입탑중계(著富羅入塔中戒)]

[세존] "'불탑 안으로 구두[1602]를 신고 들어가지 않겠다.'라는 학습규범[1603]을 지켜야 하느니라."[1604]

1602) 富羅 : Divyāvadāna. 581에 따르면, 부라(富羅)는 범어로 '뿔라'(sk. pula)로 구두(屨)를 의미하고, '포라(布羅)'라고도 음사한다.

1603) 學 : 앞의 학습계율과 마찬가지로 ≪사분율≫에서는 '이러한 병이 있었거나, 굳게 지키기 위해 불탑에 재물을 감추었거나, 힘센 자의 강요였거나, 이 학습계율시설의 원인이 된 최초의 범행자이거나, 정신착란자이거나, 마음이 심란한 자이거나, 애통해 하는 자인 경우'를 예외로 한다.

1604) ■ 착부라입탑중계(著富羅入塔中戒) / 사분니중학 65 : 不得著富羅 入佛塔中. 應當學.

Catu-Nip. 307

307(6-66) 중학죄법 제66조

불탑 안으로 구두를 들고 가는 것에 대한 학습계율
[수착부라입탑중계(手捉富羅入塔中戒)]

[세존] "'불탑 안으로 구두를 손에 들고 들어가지 않겠다.'라는 학습규범[1605]을 지켜야 하느니라."[1606]

1605) 學 : 앞의 학습계율과 마찬가지로 ≪사분율≫에서는 '이러한 병이 있었거나, 굳게 지키기 위해 불탑에 재물을 감추었거나, 힘센 자의 강요였거나, 이 학습계율시설의 원인이 된 최초의 범행자이거나, 정신착란자이거나, 마음이 심란한 자이거나, 애통해 하는 자인 경우'를 예외로 한다.

1606) ■수착부라입탑중계(手捉富羅入塔中戒) / 사분니중학 66 : 不得手捉富羅 入佛塔中. 應當學.

Catu-Nip. 308

308(6-67) 중학죄법 제67조

불탑 아래서 음식을 버리는 것에 대한 학습계율
[탑하좌류식계(塔下坐留食戒)]

[세존] "'불탑 아래서 음식을 먹고, 풀과 음식을 버려서 땅을 오염시키지 않겠다.'라는 학습규범1607)을 지켜야 하느니라."1608)

1607) 學 : 《사분율》에서는 '이러한 병이 있었거나, 한 곳에 모아두었다가 나와서 버렸거나, 이 학습계율시설의 원인이 된 최초의 범행자이거나, 정신착란자이거나, 마음이 심란한 자이거나, 애통해하는 자인 경우'를 예외로 한다.

1608) ■ 탑하좌류식계(塔下坐留食戒) | 사분니중학 67 : 不得塔下食, 留草及食汚地, 應當學.

Catu-Nip. 309

309(6-68) 중학죄법 제68조

불탑 아래로 시신을 나르는 것에 대한 학습계율
[탑하담사시과계(塔下擔死屍過戒)]

[세존] "'불탑 아래로 시신을 메고 지나가지 않겠다.'라는 학습규범[1609]을 지켜야 하느니라."[1610]

1609) 學 : ≪사분율≫에서는 '이러한 병이 있었거나, 이 길을 가야 했거나, 힘센 자의 강요였거나, 이 학습계율시설의 원인이 된 최초의 범행자이거나, 정신착란자이거나, 마음이 심란한 자이거나, 애통해 하는 자인 경우'를 예외로 한다.

1610) ■ 탑하담사시과계(塔下擔死屍過戒) / 사분니중학 68 : 不得擔死屍 從塔下過 應當學.

Catu-Nip. 310

310(6-69) 중학죄법 제69조

불탑 아래에 시신을 묻는 것에 대한 학습계율
[탑하매사시계(塔下埋死屍戒)]

[세존] "'불탑 아래 시신을 묻지 않겠다.'라는 학습 규범[1611]을 지켜야 하느니라."[1612]

1611) 學 : 앞의 학습계율과 마찬가지로 《사분율》에서는 '이러한 병이 있었거나, 이 길을 가야했거나, 힘센 자의 강요였거나, 이 학습계율시설의 원인이 된 최초의 범행자이거나, 정신착란자이거나, 마음이 심란한 자이거나, 애통해 하는 자인 경우'를 예외로 한다.

*1612) ■ 탑하매사시계(**塔下埋死屍戒**) / 사분니중학 69 : **不得塔下埋死屍. 應當學***

Catu-Nip. 311

311(6-70) 중학죄법 제70조

불탑 아래서 시신을 태우는 것에 대한 학습계율
[탑하소사시계(塔下燒死屍戒)]

[세존] "'불탑 아래에서 시신을 태우지 않겠다.'라는 학습규범[1613]을 지켜야 하느니라."[1614]

1613) 學 : 앞의 학습계율과 마찬가지로 ≪사분율≫에서는 '이러한 병이 있었거나, 이 길을 가야했거나, 힘센 자의 강요였거나, 이 학습계율시설의 원인이 된 최초의 범행자이거나, 정신착란자이거나, 마음이 심란한 자이거나, 애통해 하는 자인 경우'를 예외로 한다.

1614) ■ 탑하소사시계(塔下燒死屍戒) / 사분니중학 70 : 不得塔下燒死屍. 應當學.

Catu-Nip. 312

312(6-71) 중학죄법 제71조

불탑을 향해 시신을 태우는 것에 대한 학습계율
[향탑소사시계(向塔燒死屍戒)]

[세존] "'불탑을 향해 시신을 태우지 않겠다.'라는 학습규범1615)을 지켜야 하느니라."1616)

1615) 學 : 앞의 학습계율과 마찬가지로 ≪사분율≫에서는 '이러한 병이 있었거나, 이 길을 가야했거나, 힘센 자의 강요였거나, 이 학습계율시설의 원인이 된 최초의 범행자이거나, 정신착란자이거나, 마음이 심란한 자이거나, 애통해 하는 자인 경우'를 예외로 한다.

1616) ■ 향탑소사시계(向塔燒死屍戒) / 사분니중학 71 : 不得向塔燒死屍, 應當學.

Catu-Nip. 313

313(6-72) 중학죄법 제72조

불탑 주변에서 시신을 태우는 것에 대한 학습계율
[요탑사변소사시계(繞塔四邊燒死屍戒)]

[세존] "'불탑 주위 사방에 시신을 태워 냄새가 들어오게 하지 않겠다.'라는 학습규범1617)을 지켜야 하느니라."1618)

1617) 學 : 앞의 학습계율과 마찬가지로 《사분율》에서는 '이러한 병이 있었거나, 이 길을 가야했거나, 힘센 자의 강요였거나, 이 학습계율시설의 원인이 된 최초의 범행자이거나, 정신착란자이거나, 마음이 심란한 자이거나, 애통해 하는 자인 경우'를 예외로 한다.

1618) ■요탑사변소사시계(繞塔四邊燒死屍戒) / 사분니중학 72 : 不得繞塔四邊 燒死屍 使臭氣來入 應當學.

Catu-Nip. 314

314(6-73) 중학죄법 제73조

불탑아래 망자의 옷 등을 나르는 것에 대한 학습계율
[지사인의상탑하과계(持死人衣牀塔下過戒)]

[세존] "'씻어서 물들이고 향훈을 쏘인 것이 아닌 한, 망자의 옷과 평상 등을 가지고 불탑 아래로 지나가지 않겠다.'라는 학습규범[1619]을 지켜야 하느니라."[1620]

1619) 學 : ≪사분율≫에서는 '이러한 병이 있었거나, 씻어 물들이고 향을 쐬었거나, 이 학습계율시설의 원인이 된 최초의 범행자이거나, 정신착란자이거나, 마음이 심란한 자이거나, 애통해 하는 자인 경우를 예외로 한다.

1620) ■ 지사인의상탑하과계(持死人衣牀塔下過戒) / 사분니중학 73 : 不得持死人 衣及床 從塔下過 除浣染香熏, 應當學.

Catu-Nip. 315

315(6-74) 중학죄법 제74조

불탑 아래에 대소변 누기에 대한 학습계율
[탑하대소변계(塔下大小便戒)]

[세존] "'불탑 아래에 대변이나 소변을 누지 않겠다.' 라는 학습규범1621)을 지켜야 하느니라."1622)

1621) 學 : 앞의 학습계율(사분니중학 72)과 마찬가지로 《사분율》에서는 '이러한 병이 있었거나, 이 길을 가야했거나, 힘센 자의 강요였거나, 이 학습계율시설의 원인이 된 최초의 범행자이거나, 정신착란자이거나, 마음이 심란한 자이거나, 애통해 하는 자인 경우'를 예외로 한다.

1622) ■ 탑하대소변계(塔下大小便戒) | 사분니중학 74 : 不得塔下 大小便 應當學.

Catu-Nip. 316

316(6-75) 중학죄법 제75조

불탑을 향해 대소변 누기에 대한 학습계율
[향탑대소변계(向塔大小便戒)]

[세존] "'불탑을 향해서 대변이나 소변을 누지 않겠다.'라는 학습규범[1623]을 지켜야 하느니라."[1624]

1623) 學 : 앞의 학습계율과 마찬가지로 ≪사분율≫에서는 '이러한 병이 있었거나, 이 길을 가야했거나, 힘센 자의 강요였거나, 이 학습계율시설의 원인이 된 최초의 범행자이거나, 정신착란자이거나, 마음이 심란한 자이거나, 애통해 하는 자인 경우'를 예외로 한다.

1624) ■ 향탑대소변계(向塔大小便戒) / 사분니중학 75 : 不得向塔 大小便 應當學.

Catu-Nip. 317

317(6-76) 중학죄법 제76조

불탑 주위에서 대소변 누기에 대한 학습계율
[요탑사변대소변계(繞塔四邊大小便戒)]

[세존] "'불탑 사방의 주위에서 대변이나 소변을 누어 냄새가 들어오게 하지 않겠다.'라는 학습규범1625)을 지켜야 하느니라."1626)

1625) 學 : 앞의 학습계율과 마찬가지로 《사분율》에서는 '이러한 병이 있었거나, 이 길을 가야했거나, 힘센 자의 강요였거나, 이 학습계율시설의 원인이 된 최초의 범행자이거나, 정신착란자이거나, 마음이 심란한 자이거나, 애통해 하는 자인 경우'를 예외로 한다.

1626) ■요탑사변대소변계(繞塔四邊大小便戒) / 사분니중학 76 : 不得繞塔四邊 大小便 使臭氣來入, 應當學.

Catu-Nip. 318

318(6-77) 중학죄법 제77조

불상을 모시고 대소변소 가기에 대한 학습계율
[지불상지대소변계(持佛像至大小便戒)]

[세존] "'불상을 모시고 대변이나 소변을 누는 곳에 가지 않겠다.'라는 학습규범1627)을 지켜야 하느니라."1628)

1627) 學 : 앞의 학습계율과 마찬가지로 ≪사분율≫에서는 '이러한 병이 있었거나, 이 길을 가야했거나, 힘센 자의 강요였거나, 이 학습계율시설의 원인이 된 최초의 범행자이거나, 정신착란자이거나, 마음이 심란한 자이거나, 애통해 하는 자인 경우'를 예외로 한다.

1628) ■지불상지대소변계(持佛像至大小便戒) / 사분니중학 77 : 不得持佛像 至大小便處 應當學.

Catu-Nip. 319

319(6-78) 중학죄법 제78조

불탑 아래에서 양치하기에 대한 학습계율

[탑하작양지계(塔下嚼楊枝戒)]

[세존] "'불탑 아래서 양치질하지 않겠다.'라는 학습 규범[1629]을 지켜야 하느니라."[1630]

1629) 學 : 앞의 학습계율과 마찬가지로 ≪사분율≫에서는 '이러한 병이 있었거나, 이 길을 가야했거나, 힘센 자의 강요였거나, 이 학습계율시설의 원인이 된 최초의 범행자이거나, 정신착란자이거나, 마음이 심란한 자이거나, 애통해 하는 자인 경우'를 예외로 한다.

1630) ■ 탑하작양지계(塔下嚼楊枝戒) / 사분니중학 78 : 不得塔下 嚼楊枝 應當學.

Catu-Nip. 320

320(6-79) 중학죄법 제79조

불탑을 향해 양치하기에 대한 학습계율
[향탑작양지계(向塔嚼楊枝戒)]

[세존] "'불탑을 향해서 양치질하지 않겠다.'라는 학습규범1631)을 지켜야 하느니라."1632)

1631) *學 : 앞의 학습계율과 마찬가지로 《사분율》에서는 '이러한 병이 있었거나, 이 길을 가야했거나, 힘센 자의 강요였거나, 이 학습계율시설의 원인이 된 최초의 범행자이거나, 정신착란자이거나, 마음이 심란한 자이거나, 애통해 하는 자인 경우'를 예외로 한다.*

1632) ■ *향탑작양지계(**向塔嚼楊枝戒**) / 사분니중학 79 : **不得向塔 嚼楊枝, 應當學.***

Catu-Nip. 321

321(6-80) 중학죄법 제80조

불탑의 주변에서 양치하기에 대한 학습계율
[요탑사변작양지계(繞塔四邊嚼楊枝戒)]

[세존] "'불탑의 사방 주위에서 양치질하지 않겠다.' 라는 학습규범1633)을 지켜야 하느니라."1634)

1633) 學 : 앞의 학습계율과 마찬가지로 ≪사분율≫에서는 '이러한 병이 있었거나, 이 길을 가야했거나, 힘센 자의 강요였거나, 이 학습계율시설의 원인이 된 최초의 범행자이거나, 정신착란자이거나, 마음이 심란한 자이거나, 애통해 하는 자인 경우'를 예외로 한다.

1634) ■ 요탑사변작양지계(繞塔四邊嚼楊枝戒) / 사분니중학 80 : 不得繞塔四邊 嚼楊枝 應當學.

Catu-Nip. 322

322(6-81) 중학죄법 제81조

불탑 아래서 타액 뱉기에 대한 학습계율
[탑하체타계(塔下涕唾戒)]

[세존] "'불탑 아래서 타액을 뱉지 않겠다.'라는 학습 규범[1635]을 지켜야 하느니라."[1636]

1635) 學 : 앞의 학습계율과 마찬가지로 《사분율》에서는 '이러한 병이 있었거나, 이 길을 가야했거나, 힘센 자의 강요였거나, 이 학습계율시설의 원인이 된 최초의 범행자이거나, 정신착란자이거나, 마음이 심란한 자이거나, 애통해 하는 자인 경우'를 예외로 한다.

1636) ■ 탑하체타계(塔下涕唾戒) / 사분니중학 81 : 不得塔下 涕唾, 應當學.

Catu-Nip. 323

323(6-82) 중학죄법 제82조

불탑을 향해 타액 뱉기에 대한 학습계율
[향타체타계(向塔涕唾戒)]

[세존] "'불탑을 향해서 타액을 뱉지 않겠다.'라는 학습규범1637)을 지켜야 하느니라."1638)

1637) 學 : 앞의 학습계율과 마찬가지로 ≪사분율≫에서는 '이러한 병이 있었거나, 이 길을 가야했거나, 힘센 자의 강요였거나, 이 학습계율시설의 원인이 된 최초의 범행자이거나, 정신착란자이거나, 마음이 심란한 자이거나, 애통해 하는 자인 경우'를 예외로 한다.

1638) ■ 향타체타계(向塔涕唾戒) / 사분니중학 82 : 不得向塔 涕唾, 應當學.

Catu-Nip. 324

324(6-83) 중학죄법 제83조

불탑 주변에서 타액 뱉기에 대한 학습계율
[불요탑사변체타계(不繞塔四邊涕唾戒)]

[세존] "'불탑의 사방 주위에서 타액을 뱉지 않겠다.' 라는 학습규범[1639]을 지켜야 하느니라."[1640]

1639) 學 : 《사분율》에서는 '이러한 병이 있었거나, 큰 새가 물어다가 탑묘의 주변에 두었든가, 바람이 불어서 날아갔거나, 이 학습계율시설의 원인이 된 최초의 범행자이거나, 정신착란자이거나, 마음이 심란한 자이거나, 애통해 하는 자인 경우'를 예외로 한다.

1640) ■불요탑사변체타계(不繞塔四邊涕唾戒) / 사분니중학 83 : 不得繞塔四邊 涕唾, 應當學.

Catu-Nip. 325

325(6-84) 중학죄법 제84조

불탑을 향해 다리 뻗기에 대한 학습계율
[향탑서각계(向塔舒脚戒)]

[세존] "'불탑을 향해서 다리를 뻗지 않겠다.'라는 학습규범1641)을 지켜야 하느니라."1642)

1641) 學 : ≪사분율≫에서는 '이러한 병이 있었거나, 자신과 탑 사이가 가려져 있거나, 힘센 자의 강요였거나, 이 학습계율시설의 원인이 된 최초의 범행자이거나, 정신착란자이거나, 마음이 심란한 자이거나, 애통해 하는 자인 경우'를 예외로 한다.

1642) ■ 향탑서각계(向塔舒脚戒) / 사분니중학 83 : 不得向塔 舒脚坐, 應當學.

Catu-Nip. 326

326(6-85) 중학죄법 제85조

불상을 낮은 방에 모시는 것에 대한 학습계율
[안불하방계(安佛下房戒)]

[세존] "'불상을 아래층에 모시고 위층에서 지내지 않겠다.'라는 학습규범[1643]을 지켜야 하느니라."[1644]

1643) 學 : ≪사분율≫에서는 '이러한 병이 있어 불탑을 아래층에 모시고 자기는 위층에서 지냈거나, 목숨이 위태롭거나 청정행이 어려웠거나, 이 학습계율시설의 원인이 된 최초의 범행자이거나, 정신착란자이거나, 마음이 심란한 자이거나, 애통해 하는 자인 경우'를 예외로 한다.

1644) ■ 안불하방계(安佛下房戒) / 사분니중학 85 : 不得安佛在下房, 己在上房住, 應當學.

Catu-Nip. 327

327(6-86) 중학죄법 제86조

자리에 앉은 자에게 서서 설법하는 것에 대한 학습계율
[인좌기립설법계(人坐己立說法戒)]

[세존] "'환자가 아닌 한, 자리에 앉은 자에게 서서, 가르침을 설하지 않겠다.'라는 학습규범1645)을 지켜야 하느니라."1646)

1645) 學 : ≪빠알리율≫에서는 '의도하지 않았거나, 새김을 잃었거나, 알지 못했거나, 환자이거나, 사고가 일어났거나, 정신착란된 자이거나, 최초의 범행자인 경우'는 예외이고, ≪사분율≫에서는 '이러한 병이 있었거나, 왕이나 대신들을 위한 것이었거나, 이 학습계율 시설의 원인이 된 최초의 범행자이거나, 정신착란자이거나, 마음이 심란한 자이거나, 애통해 하는 자인 경우'를 예외로 한다.

1646) ■ 인좌기립설법계(人坐己立說法戒) / 사분니중학 86 : 人坐, 己立, 不得爲說法 除病, 應當學. • 인좌기립설법계⊙(人坐己立說法戒) / Nī-Sekh. 70(Khu-Sekh. 70) : na ṭhito nisinnassa agilānassa dhammaṁ desessāmī'ti sikkhā karaṇīyā'ti.

Catu-Nip. 328

328(6-87) 중학죄법 제87조

누워 있는 자에게 앉아서 설법하는 것에 대한 학습계율
[인와이좌설법계(人臥已坐說法戒)]

[세존] "'환자가 아닌 한, 누워 있는 자에게[1647] 앉아서 가르침을 설하지 않겠다.'라는 학습규범[1648]을 지켜야 하느니라."[1649]

1647) 人臥 : 빠알리문에는 '침상위에 있는 자에게'라고 되어 있다.

1648) 學 : 앞의 학습계율과 마찬가지로 《빠알리율》에서는 '의도하지 않았거나, 새김을 잃었거나, 알지 못했거나, 환자이거나, 사고가 일어났거나, 정신착란된 자이거나, 최초의 범행자인 경우'는 예외이고, 《사분율》에서는 '이러한 병이 있었거나, 왕이나 대신들을 위한 것이었거나, 이 학습계율시설의 원인이 된 최초의 범행자이거나, 정신착란자이거나, 마음이 심란한 자이거나, 애통해 하는 자인 경우'를 예외로 한다.

1649) ■ 인와이좌설법계(人臥已坐說法戒) / 사분니중학 87 : 人臥, 己坐, 不得爲說法 除病, 應當學. • 위와상자설법계⊙(爲臥牀者說法戒) / Nī-Sekh. 64(Khu-Sekh. 64) : na sayanagatassa agilānassa dhammaṁ desissāmī'ti sikkhā karaṇīyā'ti.

Catu-Nip. 329

329(6-88) 중학죄법 제88조

바닥에 앉아 자리에 앉은 자에게 설법하는 것에 대한 학습계율
[인재좌기재비좌설법계(人在座己在非座說法戒)]

[세존] "'환자가 아닌 한, 자리에 앉은 자에게 자리 아닌 자리에 앉아서 가르침을 설하지 않겠다.'라는 학습규범1650)을 지켜야 하느니라."1651)

1650) 學 : 빠알리문에는 '자리아닌 자리' 대신에 '맨바닥에 앉아서' 라고 되어 있다. 앞의 학습계율과 마찬가지로 ≪빠알리율≫에서는 '의도하지 않았거나, 새김을 잃었거나, 알지 못했거나, 환자이거나, 사고가 일어났거나, 정신착란된 자이거나, 최초의 범행자인 경우'는 예외이고, ≪사분율≫에서는 '이러한 병이 있었거나, 왕이나 대신들을 위한 것이었거나, 이 학습계율시설의 원인이 된 최초의 범행자이거나, 정신착란자이거나, 마음이 심란한 자이거나, 애통해 하는 자인 경우'를 예외로 한다.

1651) ■ 인재좌기재비좌설법계(人在座己在非座說法戒) / 사분니중학 88 : 人在座, 己在非座, 不得爲說法, 除病, 應當學. • 인재좌기재비좌설법계⊙(人在座己在非座說法戒) / Nī-Sekh. 68(Khu-Sekh. 68) : na chamāya nisīditvā āsane nisinnassa agilānassa dhammaṁ desessāmī'ti sikkhā karaṇīyā'ti.

Catu-Nip. 330

330(6-89) 중학죄법 제89조

높은 자리에 앉은 자에의 설법에 대한 학습계율
[인재고좌설법계(人在高座說法戒)]

[세존] "'낮은 자리에 앉아서, 환자가 아닌 한, 높은 자리에 앉은 자에게 가르침을 설하지 않겠다.'라는 학습규범[1652]을 지켜야 하느니라."[1653]

1652) 學 : 앞의 학습계율과 마찬가지로 《빠알리율》에서는 '의도하지 않았거나, 새김을 잃었거나, 알지 못했거나, 환자이거나, 사고가 일어났거나, 정신착란된 자이거나, 최초의 범행자인 경우'는 예외이고, 《사분율》에서는 '이러한 병이 있었거나, 왕이나 대신들을 위한 것이었거나, 이 학습계율시설의 원인이 된 최초의 범행자이거나, 정신착란자이거나, 마음이 심란한 자이거나, 애통해 하는 자인 경우'를 예외로 한다.

1653) ■ 인재고좌설법계(人在高座說法戒) / 사분니중학 89 : 人在高座, 己在下座, 不得爲說法, 除病, 應當學. ● 인재고좌기재하좌설법계⊙(人在高座己在下座說法戒) / Nī-Sekh. 69(Khu-Sekh. 69) : na nīce āsane nisīditvā ucce āsane nisinnassa agilānassa dhammaṁ desessāmī'ti sikkhā karaṇīyā'ti.

Catu-Nip. 331

331(6-90) 중학죄법 제90조

앞에 가는 자에의 설법에 대한 학습계율
[인재전행설법계(人在前行說法戒)]

[세존] "'뒤에 가면서, 환자가 아닌 한, 앞에 가는 자에게 가르침을 설하지 않겠다.'라는 학습규범[1654]을 지켜야 하느니라."[1655]

1654) 學 : 앞의 학습계율과 마찬가지로 《빠알리율》에서는 '의도하지 않았거나, 새김을 잃었거나, 알지 못했거나, 환자이거나, 사고가 일어났거나, 정신착란된 자이거나, 최초의 범행자인 경우'는 예외이고, 《사분율》에서는 '이러한 병이 있었거나, 왕이나 대신들을 위한 것이었거나, 이 학습계율시설의 원인이 된 최초의 범행자이거나, 정신착란자이거나, 마음이 심란한 자이거나, 애통해 하는 자인 경우'를 예외로 한다.

1655) ■ 인재전행설법계(人在前行說法戒) / 사분니중학 90 : 人在前行, 己在後行, 不得爲說法, 除病, 應當學. ● 인재전행기재후설법계⊙(人在前行己在後說法戒) / Nī-Sekh. 71(Khu-Sekh. 71) : na pacchato gacchanto purato gacchantassa agilānassa dhammaṁ desessāmī'ti sikkhā karaṇīyā'ti.

Catu-Nip. 332

332(6-91) 중학죄법 제91조

높은 경행처에서 가는 자에의 설법에 대한 학습계율
[인재고경행처설법계(人在高經行處說法戒)]

[세존] "'낮은 경행처에서 가면서, 환자가 아닌 한, 높은 경행처에서 가는 자에게 가르침을 설하지 않겠다.'라는 학습규범[1656]을 지켜야 하느니라."[1657]

1656) 學 : 앞의 학습계율과 마찬가지로 ≪사분율≫에서는 '이러한 병이 있었거나, 왕이나 대신들을 위한 것이었거나, 이 학습계율시설의 원인이 된 최초의 범행자이거나, 정신착란자이거나, 마음이 심란한 자이거나, 애통해 하는 자인 경우'를 예외로 한다.

1657) ■ 인재고경행처설법계(人在高經行處說法戒) | 사분니중학 91 : 人在高經行處 己在下經行處 不得爲說法 除病, 應當學.

Catu-Nip. 333

333(6-92) 중학죄법 제92조

길에 있는 자에의 설법에 대한 학습계율
[인재도설법계(人在道說法戒)]

[세존] "'갓길을 가면서, 환자가 아닌 한, 가운데 길을 가는 자에게 가르침을 설하지 않겠다.'라는 학습규범[1658]을 지켜야 하느니라."[1659]

1658) 學 : 앞의 학습계율과 마찬가지로 《빠알리율》에서는 '의도하지 않았거나, 새김을 잃었거나, 알지 못했거나, 환자이거나, 사고가 일어났거나, 정신착란된 자이거나, 최초의 범행자인 경우'는 예외이고, 《사분율》에서는 '이러한 병이 있었거나, 왕이나 대신들을 위한 것이었거나, 이 학습계율시설의 원인이 된 최초의 범행자이거나, 정신착란자이거나, 마음이 심란한 자이거나, 애통해 하는 자인 경우'를 예외로 한다.

1659) ■ 인재도설법계(人在道說法戒) / 사분니중학 92 : 人在道 己在非道 不得爲說法 除病, 應當學. ● 인재도기재비도설법계⊙(人在道己在非道說法戒) / Nī-Sekh. 72(Khu-Sekh. 72) : na uppathena gacchanto pathena gaccantassa agilānassa dhammaṁ desessāmī'ti sikkhākaraṇīyā'ti.

Catu-Nip. 334

334(6-93) 중학죄법 제93조

손을 마주 잡고 길 가기에 대한 학습계율
[휴수도행계(攜手道行戒)]

[세존] "'손을 마주잡고 길을 가지 않겠다.'라는 학습규범[1660]을 지켜야 하느니라."[1661]

1660) 學 : ≪사분율≫에서는 '이러한 병이 있었거나, 비구니가 병으로 눈이 어두워서 붙잡아 주었거나, 이 학습계율시설의 원인이 된 최초의 범행자이거나, 정신착란자이거나, 마음이 심란한 자이거나, 애통해 하는 자인 경우'를 예외로 한다.

1661) ■휴수도행계(攜手道行戒) / 사분니중학 93 : 不得攜手在道行, 應當學.

Catu-Nip. 335

335(6-94) 중학죄법 제94조

한 길 넘게 나무에 오르기에 대한 학습계율
[상수과인계(上樹過人戒)]

[세존] "'특별한 상황을 제외하고, 한 길 넘게 나무에 오르지 않겠다.'라는 학습규범1662)을 지켜야 하느니라."1663)

1662) 學 : ≪사분율≫에서는 '이러한 병이 있었거나, 목숨이 위태롭거나 청정행이 어려워서 높은 나무에 올라갔거나, 이 학습계율시설의 원인이 된 최초의 범행자이거나, 정신착란자이거나, 마음이 심란한 자이거나, 애통해 하는 자인 경우'를 예외로 한다.

1663) ■상수과인계(上樹過人戒) / 사분니중학 94 : 不得上樹 過人頭 除時因緣 應當學.

Catu-Nip. 336

336(6-95) 중학죄법 제95조

지팡이에 행낭을 메는 것에 대한 학습계율
[담장락낭계(擔杖絡囊戒)]

[세존] "'행낭에 발우를 넣고 지팡이 끝에 걸어서 어깨에 메고 다니지 않겠다.'라는 학습규범1664)을 지켜야 하느니라."1665)

1664) 學 : ≪사분율≫에서는 '이러한 병이 있었거나, 힘센 자의 강요였거나, 이 학습계율시설의 원인이 된 최초의 범행자이거나, 정신착란자이거나, 마음이 심란한 자이거나, 애통해 하는 자인 경우'를 예외로 한다.

1665) ■ 담장락낭계(擔杖絡囊戒) / 사분니중학 95 : 不得絡囊盛鉢貫杖頭, 置肩上行, 應當學.

Catu-Nip. 337

337(6-6-8) 중학죄법 제96조
지팡이를 손에 든 자에 대한 학습계율
[지장인설법계(持杖人說法戒)]

[세존] "'환자가 아닌 한, 지팡이를 손에 든 자에게 가르침을 설하지 않겠다.'라는 학습규범1666)을 지켜야 하느니라."1667)

1666) 學 : ≪빠알리율≫에서는 '의도하지 않았거나, 새김을 잃었거나, 알지 못했거나, 환자이거나, 사고가 난 경우이거나, 정신착란된 자이거나, 최초의 범행자인 경우'는 예외이고, ≪사분율≫에서는 '이러한 병이 있었거나, 왕이나 대신들을 위한 것이었거나, 이 학습계율시설의 원인이 된 최초의 범행자이거나, 정신착란자이거나, 마음이 심란한 자이거나, 애통해 하는 자인 경우'를 예외로 한다.

1667) ■지장인설법계(持杖人說法戒) / 사분니중학 96 : 人持杖, 不應爲說法, 除病, 應當學. • 위지장인설법계⊙(爲持杖人說法戒) / Nī-Sekh. 58(Khu-Sekh. 58) : na daṇḍapāṇissa agilānassa dhammaṁ desissāmī'ti sikkhā karaṇīyā'ti.

Catu-Nip. 338

338(6-6-9) 중학죄법 제97조

검을 손에 든 자에 대한 학습계율
[지검인설법계(持劍人說法戒)]

[세존] "'환자가 아닌 한, 검(劍)을 손에 든 자에게 가르침을 설하지 않겠다.'라는 학습규범1668)을 지켜야 하느니라."1669)

1668) 學 : 앞의 학습계율에서처럼 《빠알리율》에서는 '의도하지 않았거나, 새김을 잃었거나, 알지 못했거나, 환자이거나, 사고가 난 경우이거나, 정신착란된 자이거나, 최초의 범행자인 경우'는 예외이고 《사분율》에서는 '이러한 병이 있었거나, 왕이나 대신들을 위한 것이었거나, 이 학습계율시설의 원인이 된 최초의 범행자이거나, 정신착란자이거나, 마음이 심란한 자이거나, 애통해 하는 자인 경우'를 예외로 한다.

1669) ■ 지검인설법계(持劍人說法戒) / 사분니중학 97 : 人持劍, 不應爲說法, 除病, 應當學 ⇐ ● 위지도인설법계⊙(爲持刀人說法戒) / Nī-Sekh. 59(Khu-Sekh. 59) : na satthapāṇissa agilānassa dhammaṁ desessāmī'ti sikkhā karaṇīyā'ti.

Catu-Nip. 339

339(6-98) 중학죄법 제98조

창을 손에 든 자에 대한 학습계율
[지모인설법계(持矛人說法戒)]

[세존] "'환자가 아닌 한, 창[1670]을 손에 든 자에게 가르침을 설하지 않겠다.'라는 학습규범[1671]을 지켜야 하느니라."[1672]

1670) 矛 : 한역에서는 '창(矛)'이라고 되어 있으나 빠알리본에는 '무기를 손에 든 자'라고 되어 있다.

1671) 學 : 앞의 학습계율에서처럼 《빠알리율》에서는 '의도하지 않았거나, 새김을 잃었거나, 알지 못했거나, 환자이거나, 사고가 난 경우이거나, 정신착란된 자이거나, 최초의 범행자인 경우'는 예외이고 《사분율》에서는 '이러한 병이 있었거나, 왕이나 대신들을 위한 것이었거나, 이 학습계율시설의 원인이 된 최초의 범행자이거나, 정신착란자이거나, 마음이 심란한 자이거나, 애통해 하는 자인 경우'를 예외로 한다.

1672) ■ 지모인설법계(持矛人說法戒) | 사분니중학 98 : 人持矛, 不應爲說法 除病, 應當學. • 위지무기인설법계⊙(爲持武器人說法戒) | Nī-Sekh. 60(Khu-Sekh. 60) : na āvudhapāṇissa agilānassa dhammaṁ desessāmī'ti sikkhā karaṇīyā'ti.

Catu-Nip. 340

340(6-99) 중학죄법 제99조

칼을 손에 든 자에 대한 학습계율
[지도인설법계(持刀人說法戒)]

[세존] "'환자가 아닌 한, 칼(刀)를 손에 든 자에게 가르침을 설하지 않겠다.'라는 학습규범1673)을 지켜야 하느니라."1674)

1673) 學 : 앞의 학습계율에서처럼 ≪사분율≫에서는 '이러한 병이 있었거나, 왕이나 대신들을 위한 것이었거나, 이 학습계율시설의 원인이 된 최초의 범행자이거나, 정신착란자이거나, 마음이 심란한 자이거나, 애통해 하는 자인 경우'를 예외로 한다.

1674) ■지도인설법계(持刀人說法戒) / 사분니중학 99 : 人持刀, 不應爲說法 除病, 應當學. ⇐●위지도인설법계⊙(爲持刀人說法戒) / Nī-Sekh. 59(Khu-Sekh. 59) : na satthapāṇissa agilānassa dhammaṁ desessāmī'ti sikkhā karaṇīyā'tI.

Catu-Nip. 341

341(6-100) 중학죄법 제100조

일산을 손에 든 자에 대한 학습계율
[지개인설법계(持蓋人說法戒)]

[세존] "'환자가 아닌 한, 일산을 손에 든 자에게 가르침을 설하지 않겠다.'라는 학습규범1675)을 지켜야 하느니라."1676)

1675) *學 : 앞의 학습계율에서처럼 ≪사분율≫에서는 '이러한 병이 있었거나, 왕이나 대신들을 위한 것이었거나, 이 학습계율시설의 원인이 된 최초의 범행자이거나, 정신착란자이거나, 마음이 심란한 자이거나, 애통해 하는 자인 경우'를 예외로 한다.*

1676) *■지개인설법계(持蓋人說法戒) / 사분니중학 100 : 人持蓋, 不應爲說法 除病, 應當學. • 위지개인설법계⊙(爲持蓋人說法戒) / Nī-Sekh. 57(Khu-Sekh. 57) : na chattapāṇissa agilānassa dhammaṁ desissāmī'ti sikkhā karaṇīyā'ti.*

존귀한 자매들이여,
이와 같이 [100개 조항의] 중학죄법을
송출하였습니다.[1677)]

이와 관련하여
저는 존귀한 자매들께 묻겠습니다.
이와 관련하여 완전히 청정합니까?
두 번째에도 저는 존귀한 자매들께 묻겠습니다.
이와 관련하여 완전히 청정합니까?
세 번째에도 저는 존귀한 자매들께 묻겠습니다.
이와 관련하여 완전히 청정합니까?

존귀한 자매들께서는
완전히 청정한 까닭에 침묵했으므로
저는 그와 같이 알겠습니다.[1678)]

1677) ■諸大姉! 我已說衆學法 •uddiṭṭhā kho ayyāyo sekhīyā dhammā.

1678) ■今問. 諸大姉! 是中清淨不? (如是三說) 諸大姉! 是中清淨, 默然故, 是事如是持. •tatthāyyāyo pucchāmi kaccīttha parisuddhā? dutiyampi pucchāmi kaccittha parisuddhā? tatiyampi pucchāmi kaccittha parisuddhā? parisuddhetkhothāyyāyo, tasmā tuṇhī. evametaṁ dhārayāmī'ti.

제7장 멸쟁죄법의 송출

(Adhikaraṇasamathuddesa)

존귀한 자매들이여,
이제 이와 같은 계경에 나오는 7개 조항의
멸쟁죄법을 반월마다 송출하오니,
쟁사가 일어나면 제멸해주십시오.[1679]

1679) ■*諸大姉! 是七滅諍法 半月半月說 戒經中來 若有諍事起 卽應除滅* •*ime kho panāyyāyo satta adhikaraṇasamathā dhammā uddesaṁ āgacchanti.*

Catu-Nip. 342

342(7-1) 멸쟁죄법 제1조

현전에 입각한 조정의 학습계율
[현전비니(現前毘尼)]

[세존] "현전에 입각한 조정이 필요하면 현전에 입각한 조정을 제공해야 하느니라."1680)

---

*1680) ■ 현전비니(現前毘尼) / 사분니멸쟁 1 : **應與現前毘尼, 當與現前毘尼** • 현전비니⊙(現前毘尼) / Nī--Adhik. 1(Khu-Adhik. 1) : uppannupannānaṁ adhikaraṇānaṁ samathāya vūpasamāya sammukhāvinayo dātabbo : 일곱 가지 방식의 멸쟁 가운데 그 첫 번째로, 현전에 입각한 조정이다. 이것은 당사자가 출석하여 대면하여 쟁사를 그치게 하는 것이다. 상세한 것은 Vin. II. 79-100; MN. II. 247-250; AN. I. 99를 참조하라.*

Catu-Nip. 343

343(7-2) 멸쟁죄법 제2조

기억에 입각한 조정의 학습계율

[억념비니(億念毘尼)]

[세존] "기억에 입각한 조정이 필요하면 기억에 입각한 조정을 제공해야 하느니라."1681)

1681) ■ 억념비니(億念毘尼) / 사분니멸쟁 2 : 應與億念毘尼, 當與億念毘尼 ● 억념비니⊙(億念毘尼) / Nī-Adhik. 2(Khu-Adhik. 2) : uppannupannānaṁ adhikaraṇānaṁ samathāya vūpasamāya sativinayo dātabbo : 일곱 가지 방식의 멸쟁 가운데 두 번째로, 과거의 기억을 환기시켜 쟁사를 그치게 하는 것으로, 자신의 잘못이 없음을 확인하는 완전한 기억에 도달했다면, 기억에 입각한 무죄평결을 주는 것이다. 상세한 것은 Vin. II. 79-100; MN. II. 247-250; AN. I. 99를 참조하라.

Catu-Nip. 344

344(7-3) 멸쟁죄법 제3조

착란에 입각한 조정의 학습계율
[불치비니(不癡毘尼)]

[세존] "착란에 입각한 조정이 필요하면 착란에 입각한 조정을 제공해야 하느니라."[1682)]

1682) ■불치비니(不癡毘尼) / 사분니멸쟁3 : 應與不癡毘尼, 當與不癡毘尼. • 불치비니⊙(不痴毘尼) / Nī-Adhik. 3(Khu-Adhik. 3) : uppannupannānaṁ adhikaraṇānaṁ samathāya vūpasamāya amūḷhavinayo dātabbo : 일곱 가지 방식의 멸쟁 가운데 세 번째로, 당시의 정신착란을 확인하여 그 정신착란에 대하여 고의성이 없이 죄를 저질렀음을 증명하여 무죄평결을 주는 것이다. 상세한 것은 Vin. II. 79-100; MN. II. 247-250; AN. I. 99를 참조하라.

Catu-Nip. 345

345(7-4) 멸쟁죄법 제4조

자인에 입각한 조정의 학습계율
[자언치(自言治)]

[세존] "자인에 입각한 조정이 필요하면 자인에 입각한 조정을 제공해야 하느니라."1683)

1683) ■ 자언치(自言治) / 사분니멸쟁 4 : 應與自言治, 當與自言治 • 자언치⊙(自言治) / Nī-Adhik. 4(Khu-Adhik. 4) : uppannupannānaṁ adhikaraṇānaṁ samathāya vūpasamāya paṭiññāya kāretabbaṁ : 일곱 가지 방식의 멸쟁 가운데 네 번째로, 스스로 잘못을 인정하게 하여 자신의 고백으로 쟁사를 그치게 하는 것이다. 상세한 것은 Vin. II. 79-100; MN. II. 247-250; AN. I. 99를 참조하라.

Catu-Nip. 346

346(7-5) 멸쟁죄법 제5조

다수에 입각한 조정의 학습계율
[다멱죄상(多覓罪相)]

[세존] "다수에 입각한 조정이 필요하면 다수에 입각한 조정을 제공해야 하느니라."1684)

1684) ■ 다멱죄상(多覓罪相) / 사분니멸쟁 5 : 應與多覓罪相, 當與多覓罪相. • 다인멱(多人覓) / Nī-Adhik. 5(Khu-Adhik. 5) : uppannuppannānaṁ adhikaraṇānaṁ samathāya vūpasamāya yebhuyyasikā : 일곱 가지 방식의 멸쟁 가운데 다섯 번째로, 다수의 의견을 통한 해결을 따름으로써 쟁사를 그치게 하는 것이다. 이것에 대해서는 Vin. II. 79-100; MN. II. 247-250; AN. I. 99를 참조하라.

Catu-Nip. 347

347(7-6) 멸쟁죄법 제6조

심문에 입각한 조정의 학습계율
[멱죄상(覓罪相)]

[세존] "심문에 입각한 조정이 필요하면 심문에 입각한 조정을 제공해야 하느니라."1685)

1685) ■ 멱죄상(覓罪相) / 사분니멸쟁 6 : 應與覓罪相, 當與覓罪相 • 멱죄상⊙(覓罪相) / Nī-Adhik. 6(Khu-Adhik. 6) : uppannupannānaṁ adhikaraṇānaṁ samathāya vūpasamāya tassapāpiyyasikā : 일곱 가지 방식의 멸쟁 가운데 여섯 번째로, 상대의 죄악에 대하여 밝혀진 것 이외에 더 추궁하고 심문하여 자인하게 함으로써 쟁사를 그치게 하는 것이다. 상세한 것은 Vin. II. 79-100; MN. II. 24 7-250; AN. I. 99를 참조하라.

Catu-Nip. 348

348(7-7) 멸쟁죄법 제7조

대속에 입각한 조정의 학습계율
[초복지(草覆地)]

[세존] "대속에 입각한 조정이 필요하면 대속에 입각한 조정을 제공해야 하느니라."1686)

1686) ■초복지(草覆地)) / 사분니멸쟁 7 : 應與如草覆地, 當與如草覆地. • 여초복지⊙(如草覆地) / Nī-Adhik. 7(Khu-Adhik. 7) : uppannu-pannānaṁ adhikaraṇānaṁ samathāya vūpasamāya tiṇavatthārako : 일곱 가지 방식의 멸쟁 가운데 일곱 번째로, 어떤 사람이나 어떤 편의 잘못을 한 사람이 대표해서 인정하고 고백함으로써 잘못을 풀로 덮어두는 방식으로 쟁사를 그치게 하는 것이다. 상세한 것은 Vin. II. 79-100; MN. II. 247-250; AN. I. 99를 참조하라. 역자가 대속(代贖)이라고 번역한 것은 '나의 죄를 대신 갚음'이라는 일반적 의미를 취한 것이 아니라 '대표가 대신 속죄함'의 불교적 의미에서 취한 것이다.

존자들이여,
이와 같이 7개 조항의 멸쟁죄법을
송출했습니다.[1687)]

이와 관련하여
저는 존귀한 자매들께 묻겠습니다.
이와 관련하여 완전히 청정합니까?
두 번째에도 저는 존귀한 자매들께 묻겠습니다.
이와 관련하여 완전히 청정합니까?
세 번째에도 저는 존귀한 자매들께 묻겠습니다.
이와 관련하여 완전히 청정합니까?

존귀한 자매들께서는
완전히 청정한 까닭에 침묵했으므로
저는 그와 같이 알겠습니다.[1688)]

1687) ■諸大姊. 我已說七滅諍法 •uddiṭṭhā kho ayyāyo satta adhikaraṇasamathā dhammā.

1688) ■今問. 諸大姊. 是中清淨不? (如是三說) 諸大姊! 是中清淨, 默然故. 是事如是持. •tatthāyyāyo pucchāmi kaccīttha parisuddhā? dutiyampi pucchāmi kaccittha parisuddhā? tatiyampi pucchāmi kaccittha parisuddhā? parisuddhetkhothāyyāyo, tasmā tuṇhī. evametaṁ dhārayāmī'ti.

존귀한 자매들이여,
인연과,
8개 조항의 승단추방죄법,
17개 조항의 승단잔류죄법,
30개 조항의 상실속죄죄법, 178개 조항의 단순속죄죄법,
8개 조항의 고백죄법, 100개 조항의 중학죄법,
7개 조항의 멸쟁죄법을
송출했습니다.

[모두 합해서 348개 조항의 비구니-의무계율을 송출했습니다.]

이상이 부처님이 말씀하신 의무계율인데,
계경에 나오는 대로[1689]
반월마다 송출합[1690]니다.[1691]

1689) *所說戒經 : 빠알리문에서는 '계경에서 유래하고 계경에 포함된 것을'이라고 되어 있다.*

1690) *半月半月說 : 빠알리문에서 여기에 '그것에 관하여 모두가 화합하여 함께 기뻐하며 다툼이 없이 배우겠습니다.'가 추가되어 있다.*

1691) ■*諸大姉! 諸大姉 我已說戒經序, 已說八波羅夷法 已說十七僧伽婆尸沙法 已說三十尼薩耆波逸提法 已說一百七十八波逸提法 已說八波羅提提舍尼法 已說衆學法 已說七滅諍法 此是佛所說戒經 半月半月說 戒經中來* . ●*uddiṭṭhaṁ kho ayyāyo nidānaṁ, uddiṭṭhā cattāro pārājikā dhammā. uddiṭṭhā terasa saṅghādisesā dhammā. uddiṭṭhā dve aniyatā dhammā. Uddiṭṭhā tiṁsa nissaggiyā pācittiyā dhammā. uddiṭṭhā dve navuti pācittiyā dhammā uddiṭṭhā cattāro pāṭidesanīyā dhammā. uddiṭṭhā sekhīyā dhammā. uddiṭṭhā satta adhikaraṇasamathā dhammā. ettakaṁ tassa bhagavato suttāgataṁ suttapariyāpannaṁ anvaddhamāsaṁ uddesaṁ āgacchati, tattha sabbeheva samaggehi sammodamānehi avivadamānehi sikkhitabbanti.*

C. 계율에 대한 마음가짐

이 밖에도
다른 부처님의 교계가 있으니,
이 가운데 모두 화합하여 배워야 합니다.1692)

1. [비빳씬] "인욕이 무엇보다 최상의 길이라,
부처님의 가르침에 견줄 것이 없나니,
출가한 사람으로 다른 이를 괴롭히면,
무엇으로든 수행자라고 할 수 있으리요."1693)

이것이 집착의 대상을 여읜 님,
올바로 원만히 깨달은 님이신 비빳씬 부처님께서
말씀하신 계경입니다.1694)

2. [씨킨] "비유컨대 실로 눈 밝은 님이 있다면
아무리 험한 길도 피해갈 수 있는 것처럼,
이 세상 누구든지 지혜가 밝으면,
어떠한 악하고 불건전한 것도 여읠 수 있으리."1695)

이것은 집착의 대상을 여읜 님,
올바로 원만히 깨달은 님이신 씨킨 부처님께서

1692) 若更有餘佛法 是中皆共和合, 應當學.
1693) 忍辱第一道 佛說無爲最, 出家惱他人, 不名爲沙門.
1694) 此是毘婆尸如來, 無所著, 等正覺 說是戒經
1695) 譬如明眼人, 能避險惡道 世有聰明人, 能遠離諸惡

말씀하신 계경입니다.[1696]

3. [벳싸부] "비방도 하지 말고 미워도 하지 말고,
이 계행을 섬기길 알맞게 음식 먹듯 섬기라.
항상 즐겁게 한적한 곳에 머물러
마음으로 선정의 즐거움을 누리며 정진하면,
이것이 모든 부처님들의 가르침이니라."[1697]

이것은 집착의 대상을 여읜 님,
올바로 원만히 깨달은 님이신 벳싸부 부처님께서
말씀하신 계경입니다..[1698]

4. [까꾸싼다] "마치 벌들이 꽃에서 일하며
빛과 향기 그냥 두고
단지 단맛만 채취하여 가듯,
수행승 마을에 탁발하더라도,
남의 일 거스르지 말고 잘잘못 살피지 말고
단지 자신의 행실이
옳은 지 그른 지를 살펴야 할 것이니라."[1699]

1696) 此是尸棄如來, 無所著, 等正覺, 說是戒經

1697) 不謗亦不嫉, 當奉行於戒, 飮食知止足, 常樂在空閑, 心定樂精進, 是名諸佛教

1698) 此是毘葉羅如來, 無所著, 等正覺, 說是戒經

1699) 譬如蜂采華, 不壞色與香, 但取其味去, 比丘入聚然, 不違戾他事, 不觀作不作, 但自觀身行, 若正若不正

이것은 집착의 대상을 여읜 님,
올바로 원만히 깨달은 님이신 까꾸싼다 부처님께서
말씀하신 계경입니다.1700)

5. [꼬나가마나] "마음은 결코 방일하지 말아야 하리,
고귀한 가르침은 노력하여 배워야 하나니,
이렇게 하여 근심과 걱정을 여의면,
마음의 선정을 이루고, 열반에 들게 되리라."1701)

이것은 집착의 대상을 여읜 님,
올바로 원만히 깨달은 님이신 꼬나가마나 여래께서
말씀하신 계경입니다.1702)

6. [깟싸빠] "모든 일체의 죄악을 짓지 말고
모든 착하고 건전한 것들을 받들어 행하고
자신의 마음을 깨끗이 하는 것,
이것이 모든 깨달은 님의 가르침이니라"1703)

이것은 집착의 대상을 여읜 님,
올바로 원만히 깨달은 님이신 깟싸빠 부처님께서
말씀하신 계경입니다.1704)

1700) 此是拘留孫如來, 無所著, 等正覺 說是戒經
1701) 心莫作放逸 聖法當勤學, 如是無憂愁 心定入涅槃
1702) 此是拘那含牟尼如來, 無所著, 等正覺 說是戒經
1703) 一切惡莫作, 當奉行諸善, 自淨其志意 是則諸佛教 : Dhp. 183 과 병행한다.
1704) 此是迦葉如來, 無所著, 等正覺 說是戒經

7. [싸끼야무니] “언어적 행위를 수호하고,
자신의 정신을 정화하고,
몸으로 악하고 불건전한 것들을 행하지 않아,
세 가지 행위의 길을 모두 맑히니,
이러한 실천을 닦는다면,
그것인 위대한 선인의 길이니라.”1705)

이것은 집착의 대상을 여읜 님,
올바로 원만히 깨달은 님이신 싸끼야무니 부처님께서
12년 동안에 쟁사가 없었던 참모임을 위해
말씀하신 계경입니다.1706)

그 이후로는
여러 가지로 분별하여 말씀하셨는데,
비구니들은 스스로 가르침을 좋아하고,
수행자의 삶를 좋아하고, 부끄러움을 알고, 창피함을 알고,
학습계율 배우기를 좋아한다면,
여기서 배워야합니다.1707)

1. [송출자] 명지가 있는 사람이
계법을 지키면.

1705) 善護於口言, 自淨其志意, 身莫作諸惡, 此三業道淨, 能得如是行, 是大仙人道

1706) 此是釋迦牟尼如來, 無所著, 等正覺, 於十二年中, 爲無事僧, 說是戒經

1707) 從是已後, 廣分別說, 諸比丘, 自爲樂法。樂沙門者, 有慚有愧, 樂學戒者, 當於中學.

세 가지 종류의 즐거움을 얻으니,
명예 내지는 이익을 얻고
죽은 뒤 천상에 태어납니다.[1708)]

2. 이러한 점을 살펴보고
현명한 자는 계법을 힘써 지키니.
계행이 맑아 지혜 밝아지고
문득 최상의 길이 성취됩니다.[1709)]

3. 과거세의 모든 부처님,
미래세의 모든 부처님,
마찬가지로 현재세의 모든 세존,
온갖 번뇌를 여의고,
모두가 함께 계법을 섬기니,
이것이 모든 부처님들의 가르침입니다,[1710)]

4. 스스로 자신을 위하는 것으로
부처님의 길을 구한다면,
언제나 올바른 가르침을 섬겨야 하니.
이것이 모든 부처님들의 가르침입니다.[1711)]

5. 존귀한 과거의 일곱 부처님께서는
온갖 결박을 끊어버리셨고,

1708) 明人能護戒 能得三種樂 名譽及利養 死得生天上
1709) 當觀如是處 有智勤護戒 戒淨有智慧 便得第一道
1710) 如過去諸佛 及以未來者 現在諸世尊 能勝一切憂 皆共尊敬戒 此是諸佛法
1711) 若有自爲身 欲求於佛道 當尊重正法 此是諸佛教

저희들이 모든 결박에서 벗어나도록
일곱 계경을 설하시고, 열반에 드셨으니,
모든 희론을 영원히 제멸하신 것입니다.[1712]

6. 위대한 선인들이 말씀하시고,
성현들께서 칭찬하신 계법을
제자들이 섬기고 실천하면,
적멸의 열반에 들게 됩니다.[1713]

7. 부처님께서 완전한 열반에 드실 때에
큰 연민을 일으키셨으니
수행승들의 참모임을 모아 놓고
이와 같이 교계를 하셨습니다.[1714]

8. [세존] "내가 열반 한 뒤에는
'청정한 삶을 사는 자에게 의지처가 없다.'라고
말하지 말라. 지금 내가 설한 이 계경,
그 훌륭하게 설해진 계율이 있으니,
나는 완전한 열반에 들어도
그 계율들을 대하길 세존을 보듯 하라.[1715]

9. 이 계경이 오래 세상에 남으면,

1712) 七佛爲世尊, 滅除諸結使 說是七戒經, 諸縛得解脫, 已入於涅槃, 諸戱永滅盡

1713) 尊行大仙說, 聖賢稱譽戒 弟子之所行, 入寂滅涅槃

1714) 世尊涅槃時, 興起於大悲 集諸比丘衆, 與如是敎誡

1715) 莫謂我涅槃, 淨行者無護 我今說戒經, 亦善說毘尼, 我雖般涅槃, 當視如世尊,

부처님의 가르침이 널리 창성할 것이고,
그렇게 널리 창성하는 까닭에
열반을 성취할 수 있으리라.[1716]

10. 이러한 계법을 지키지 않고
여법하게 포살을 행하지 않으면
밝은 해 떨어지는 것과 같아
세상이 모두 어둠에 떨어지리니,
야크가 꼬리를 아끼듯,
이러한 계법을 지켜야 하리."[1717]

11. [송출자] 화합하여 한데 모여서
부처님께서 하신 말씀대로
계경을 송출하였으니,
참모임은 포살을 마칩니다.[1718]

12. 이제 계경을 송출하였으니,
송출한 그지없는 공덕을
일체 뭇삶에게 회향하오니,
모두 함께 성불하여지이다.[1719]

『사분니계본』이 끝났다.[1720]

1716) *此經久住世, 佛法得熾盛, 以是熾盛故 得入於涅槃*
1717) *若不持此戒 如所應布薩, 喩如日沒時, 世界皆闇冥*
1718) *當護持是戒 如犛牛愛尾, 和合一處坐, 如佛之所說*
1719) *我已說戒經 衆僧布薩竟 我今說戒經 所說諸功德 施一切衆生, 皆共成佛道*
1720) *四分尼戒本*

부 록

참 고 문 헌

○ 빠알리율장의 빠알리원전과 주석서

『Vinaya Piṭakaṁ』(Roman character) vol. I－V. ed. Hermann Oldenberg, London : Pali Text Society, 1879－1883.

『Vinaya Piṭaka』(Sinhalese character) : ed. Rev. Telwatte Shri Aryawansa Swami, 1913; ed. Bentota Saddhatissa thera, 1922.

『Vinaya Piṭaka』(Sinhalese character) : The Buddha Jayanthi Edition of Tripitaka, which contains Pali version of Thripitaka and its Sinhala translation, was sponsored by the Government of Sri Lanka, during 1956 - 1990 and the last volume was published by the Government Publishers in 1990. [BJT]

『Vinaya Piṭaka』(Siamese character) : ed. Mahamakuta Government Publication, 1926.

『Vinaya Piṭaka』(Burmese character) : Chatthasangayana Publication, 1956.

『Vinaya Piṭaka』(Devanaga0ri character) : General ed. Bhikkhu J. Kashyap, Pali Publication Board(Bihar Government), 1956.

『Samantapāsādikā』(Roman character) vol. I－VII, Buddhaghosa, ed. by J. Takakusu & M. Nagai. London PTS. 1927－1947

『The Pāṭimokkha』(Roman character) ed. by William Pruitt. tr. by K. R. Norman. PTS. Oxford. 2001.

○ 빠알리율장의 근현대적 번역

『The Books of the Discipline』 vol. I－V, tr. I. B. Horner. London : Pali Text Society, 1938－1966. [Vol. I. Suttavibhanga (London : PTS, 1938). Vol.II. Suttavibhanga(London : PTS, 1940). Vol.III. Sutta－vibhanga (London : PTS, 1942). Vol.IV. Mahavagga (London : PTS, 1951), Vol.V. Cullavagga (London : PTS, 1952). Vol.VI. Parivara (London : PTS, 1966)].

『Vinaya Texts』 tr. T. W. Rhys Davids & H. Oldenberg. Secred Books of the East. [Vol. I. Patimokkha (London : SBE, 1881; Delhi, 1968). Vol. II. Mahavagga(London : SBE, 1882; Delhi, 1968). Vol.III. Cullavagga (London : SBE, 1885; Delhi, 1969)]. Oxford : Clarendon Fress. 1882-1885

『The Patimokkha』 being the Buddhist Office of the Confession of Preists. tr. J. F. Dickson (London : 1975).

『Buddhism in Translations』 tr. Henry Clarke Warren (Harvard University, 1896; New York, 1972). Includes Mahavagga I,1,6,21,23,63; II,1; III,1; IV,1; VI,34. Cullavagga V,6; VI,1; X.1.

『Buddhist Scriptures』 tr. E. J. Thomas (London, 1913). Includes "The First Preaching" (Mahavagga I,6,10) and "The Fire Discourse" (Mahavagga I,21).

『The Bhikkhuni Patimokkha of the Six Schools』 by Chatsumarn Kabilsingh (Bangkok: Thammasat University, 1991). A comparative look at the nuns' Patimokkha rules in six Buddhist schools.

『The Bhikkhus' Rules』 A Guide for Lay people compiled and explained by Bhikkhu Ariyesako (Sanghaloka Forest Hermitage, 1999). A very readable summary of the bhikkhus' Vinaya rules, aimed at giving laypeople a better understanding of the monks' way of life.

『The Road to Nirvana』 tr. E. J. Thomas(London, 1950). Includes "The First Preaching" (Mahavagga I,6,10) & the "Sermon on the Marks of Non-Self" (Mahavagga I,6).

『The Buddhist Monastic Code, Volume I』 The Patimokkha Training Rules Translated and Explained, by Thanissaro Bhikkhu(Valley Center, CA: Metta Forest Monastery, 2007). A comprehensive modern commentary to the 227 Patimokkha rules for Theravada monks.

『The Buddhist Monastic Code, Volume II』 The Khandhaka Training Rules Translated and Explained, by Thanissaro Bhikkhu(Valley Center, CA: Metta Forest Monastery, 2007). A detailed explanation of the Khandhaka training rules.

『南傳大藏經 律部』 제1권-제5권 大正新修大藏經刊行會 昭和15年

○ 범어율장문헌의 원전

『Gilgit Manuscripts Vinaya of the Mulasarvastivadin』 ed. N. Dutt. 8 Vols. Srinagar Kashmir.

『Manuscript Remains of Buddhist Literature founded in Eastern Turkestan』 ed. by A. F. Rudolf Hoernle, London. 1916

『Prātimokṣasūtra of Sarvastivādins』 ed, by M. Louis Finot. JA. Nov.-Dec. 1913

『Prātimokṣasūtra of Mahāsaṅghikās』 ed. by W. Pachow and R. Mishra, Allahabad, 1956. ed. and rev. by Nathmal Tatia, Patna, 1975.

『Prātimokṣasūtra of Mūlasarvastivādins』 ed. by Banerjee, IHQ. 1953; Calcutta, 1954.

『Buddhist Monastic Discipline: The Sanskrit Pratimoksa Sutra of the Mahasanghikas and Mulasarvastivadins』 ed. by Prebish, C. University Park: Pennsylvania University Press, 1975

『Vinayavibhaṅga zum Bhikṣuprātimokṣa der Sarvastivādins』 ed. Valentina Rosen, Sanskritfragmaente nebst einer Analyse der chinesischen Übersetzung, Berlin 1959

『Bhikṣuṇīvinaya including Bhikṣuṇīparakīrṇaka & a summary of the Arya Mahāsaṅghika-Lokuttaravādin, ed. Gustav Roth, Patna. 1970.

『Comparative Arrangements of two Translations of the Buddhist Ritual for the Priesthood, known as the Pratimoksha or Patimokkha』 tr. S. Beal and D. J. Gogerly (Journal of the Royal Asiatic Society, London, 1862).

○ 한역율장의 원전과 주석서

『十誦律』(Daśādhyāyavinaya) 61권 佛若多羅·羅什 共譯(AD. 404-406) … 說一切有部의 전승

『四分律』(Caturvargavinaya) 60권 佛陀耶舍譯(AD. 410-412) … 法藏部의 전승

『摩訶僧祇律』(Mahāsāṅghikavinaya) 40권 佛陀跋陀羅·法顯 共譯(AD. 416-418) … 大衆部의 전승

『五分律』(Pañcavargavinaya) 30권 佛陀什譯(AD. 423-424) … 化地部의 전승

『根本說一切有部毘奈耶』(Mūlasarvāstivādavinaya) 50권 義淨譯(AD.

703) … 根本說一切有部의 전승
『解脫戒本』 1권 瞿曇留支譯(AD. 543) … 飮光部의 전승
『善見律毘婆沙』(Samantapāsādikā) 18권 蕭齊 僧伽跋摩譯(AD. 489) … 上座部의 전승
『根本薩婆多部律攝』(Mūlasarvāstivādavinayasaṁgraha) 14권 義淨譯 … 根本說一切有部의 전승
『薩婆多部毘尼摩得勒伽』(Sarvāstivādanikāyavinayamatrika) 10권 僧伽跋摩譯(AD. 435) … 說一切有部의 전승
『薩婆多毘尼毘婆沙』(Sarvāstivādavinayavibhasa) 9권 失譯(AD. 5세기전반) … 說一切有部의 전승
『毘尼母經』(Vinayamatrikaśāstra) 8권 失譯(AD. 5세기전반) … 부파불명의 전승
『律二十二明了論』(Vinayadvaviṁsatiprasannārthaśāstra) 1권 眞諦譯(AD. 568) … 正量部의 전승

○ 티베트역율장의 원전과 주석서

『'Dul ba gži』 : Vinayavastu
『So sor thar pa'i mdo』 : Prātimokṣasūtra
『'Dul ba rnam par 'byed ba』 : Vinayavibhaṅga
『dGe sloṅ ma'i so sor thar pa'i mdo』 : Bhikṣuṇīprātimokṣasūtra
『dGe sloṅ ma'i 'dul ba rnam par 'byed ba』 : Bhikṣuṇīvinayavibhaṅga
『'Dul ba phran tshegs kyi gži』 : Vinayakṣudrakavastu
『'Dul ba gžuṅ bla ma』 : Vinayottaragrantha
『'Dul ba bsdus pa』 : Vinayasaṁgraha
『Sisters in Solitude』 by Karma Lekshe Tsomo (Albany, NY: SUNY Press, 1996). A translation of the Mulasarvastivadin and Dharmaguptaka bhikkhuni Patimokkhas.

빠알리어 한글표기법

빠알리어는 구전되어 오다가 각 나라 문자로 정착되었으므로 고유한 문자가 없다. 그러므로 일반적으로 빠알리성전협회(Pali Text Society)의 표기에 따라 영어 알파벳을 보완하여 사용한다. 빠알리어의 알파벳은 41개이며, 33개의 자음과 8개의 모음으로 되어 있다. 모음에는 단모음과 장모음이 있다. a, ā, i, ī, u, ū, e, o 모음의 발음은 영어와 같다. 단 단음은 영어나 우리말의 발음보다 짧고, 장음은 영어나 우리말보다 약간 길다. 단음에는 a, i, u가 있고, 장음에는 ā, ī, ū, e, o가 있다. 유의할 점은 e와 o는 장모음이지만 종종 복자음 앞에서 짧게 발음된다 : metta, okkamati.

ka는 '까'에 가깝게 발음되고, kha는 '카'에 가깝게 소리나므로 그대로 표기한다. ga, gha는 하나는 무기음이고 하나는 대기음이지만 우리말에는 구별이 없으므로 모두 '가'으로 표기한다. 발음에서 특히 유의해야 할 것은 aṅ은 '앙'으로, añ은 '얀'으로, aṇ은 '안, 언'으로, an은 '안'으로, aṁ은 그 다음에 오는 소리가 ① ② ③ ④ ⑤일 경우에는 각각 aṅ, añ, aṇ, an, am으로 소리나며, 모음일 경우에는 '암', 그 밖의 다른 소리일 경우에는 '앙'으로 소리난다.

그리고 y와 v일 경우에는 일반적으로 영어처럼 발음되지만 그 앞에 자음이 올 경우와 모음이 올 경우 각각 발음이 달라진다. 예를 들어 aya는 '아야'로 tya는 '띠야'로 ava는 엄밀하게 '아봐'로 일반적으로 '아바'로 tva는 '뜨와'로 소리난다. 또한 añña는 어원에 따라 '앙냐' 또는 '안냐'로 소리난다. 예를 들어 *sk.* saṁjñā에서 유래한 saññā는 쌍냐로 *sk.* prajñā에서 유래한 paññā는 '빤냐'로 읽는 것이 좋다. yya는 '이야'로 소리난다. 폐모음 ② ③ ④가 묵음화되어 받침이 될 경우에는 ㅅ, ①은 ㄱ ⑤는 ㅂ으로 표기한다.

글자의 사전적 순서는 위의 모음과 자음의 왼쪽부터 오른쪽으로의 순서와 일치한다. 단지 ṁ은 항상 모음과 결합하여 비모음에 소속되므로 해당 모음의 뒤에 배치된다.

빠알리어나 범어에 대한 정확한 발음은 본 협회의 개정판 ≪빠알리-한글사전≫을 참고하기 바란다. 그리고 이미 관행으로 굳어진 발음은 그대로 채용한다.

자음(子音)	폐쇄음(閉鎖音)				비음(鼻音)
	무성음(無聲音)		유성음(有聲音)		
	무기음	대기음	무기음	대기음	무기음
① 후음(喉音)	ka 까	kha 카	ga 가	gha 가	ṅa 나
② 구개음(口蓋音)	ca 짜	cha 차	ja 자	jha 자	ña 냐
③ 권설음(捲舌音)	ṭa 따	ṭha 타	ḍa 다	ḍha 다	ṇa 나
④ 치음(齒音)	ta 따	tha 타	da 다	dha 다	na 나
⑤ 순음(脣音)	pa 빠	pha 파	ba 바	bha 바	ma 마
⑥ 반모음(半母音)	ya 야, 이야 va 바, 와				
⑦ 유활음(流滑音)	ra 라 la ㄹ라 ḷa ㄹ라				
⑧ 마찰음(摩擦音)	sa 싸				
⑨ 기식음(氣息音)	ha 하				
⑩ 억제음(抑制音)	ṁ -ㅇ, -ㅁ, -ㄴ				

참모임의 옷에 대한 고찰

○ 옷의 종류

불교교단에서 옷은 '찌바라(Cīvara)'라고 한다. 거기에 황토빛의 색으로 염색하면, 가사(袈裟, 黃依 : kāsāya. kāsāva)가 된다. 재료는 분소의(糞掃衣 : Paṁsukulacīvara)를 기반으로 하지만, 아마옷, 면옷, 비단옷, 모직옷, 모시옷, 삼베옷(Vin. I. 57)이 허용되었다. 그리고 나중에는 장자가 제공하는 옷(Gahapaticīvara)도 허용되었다.(Vin. I. 280) 부처님께서 수행승들에게는 처음에는 대의(大衣 : Saṅghāṭī), 상의(上衣 : Uttarāsaṅga), 하의(下衣 : Antaravāsaka)의 세벌 옷(三衣 : Ticīvara : Vin. I. 288)만을 허용했는데, 나중에 수행승에게는 여섯 가지의 추가적인 옷이 허용되었다. 우기옷(雨浴衣 : Vassikasāṭika), 복창의(覆瘡衣 : Kaṇḍupaṭicchādī, Vin. I. 296), 타월(拭面布 : Mukhapuñchana), 좌와구용 깔개(敷布 : Nisīdana), 모전(毛塵 : Paccattharaṇa), 필수자구로 사용되는 천(資具巾 : Parikkhāracoḷaka : Vin. I. 297, 녹수낭과 행낭으로 사용)이었다. 그러나 수행녀에게는 두 가지 추가적인 옷 즉, 목욕옷(水浴衣 : Udakasāṭika, Vin. I. 294)과 복견의(覆肩衣 : Saṅkacchika : Vin. II. 272)이 허용되었고, 나중에 월경시에 사용하는 옷인 월화의(月華衣 : āvasathacīvara)가 허용되었다. 그리고 세벌 옷에서 대의는 옷이 새 것일 경우 천을 두 겹으로 겹쳐서 만들고, 상의와 하의는 한 겹의 천으로 만들었다.(Vin. I. 289) 그러나 옷이 헐었을 경우에는 헝겊조각을 대어서 대의는 네 겹으로, 상의와 하의는 두 겹으로 만들 수 있었고 분소의일 경우에는 헝겊의 보강이 무제한으로 이루어질 수 있으므로 여러 겹으로 만들 수 있었다.(Vin. I. 290)

○ 옷의 크기

일반수행승들의 옷은 부처님의 옷의 크기를 넘어서면 안 된다, 부처님의 옷의 크기는 행복한 님의 뼘으로 길이 아홉 뼘(navasugatavidatthi : 207cm∨810cm)이고 너비 여섯 뼘(chasugatavidatthi : 138cm∨540 cm)으로 만들었는데, 그것을 초과하면, 단순속죄죄를 범하는 것이다. (괄호 안은 최소크기=표준크기∨최대크기를 표시; Vin. IV. 172; Khu-Pāc. 92; Nī-Pāc. 166). 아래의 도면에 언급된 크기는 쿳다까식카(Kuddakasikkhā Gāthā.45. 46)에서 그 최소 크기는 길이 뭇티빤짜까(Muṭṭhipañcaka = 4.5hattha)이고 넓이 뭇티띠까(Muṭṭhitika=2.5 hattha)이다. 그 크기가 얼마나 되는지 정확히 알 수 없으나 1핫타는 1완척(1腕尺=46-56cm)의 크기이니 대체로 뭇티빤자까는 위에서 행복한 님의 치수로 언급된 최소크기=표준크기와 거의 일치하는 것을 알 수 있다. 그러나 행복한 님의 치수에 대해서는 의견이 분분하다. 주석서(Smp. 567)에 따르면, '보통사람의 키의 크기는 행복한 님의 뼘(sugatavidatthi : 佛搩手=佛手尺)으로 3뼘'이므로, 목공의 완척(腕尺 : hattha = 46~56 cm)으로 1½완척의 크기이다. 그러므로 주석에 따른다면, 행복한 님의 1뼘은 보통사람의 세 배정도의 크기로 75cm 전후로 보아야 한다. 이렇게 보면, 주석서의 주장은 터무니 없이 큰 '확대크기'가 되어버린다. 그러나 현재의 보통사람의 뼘의 표준크기는 23cm정도이다. 단순속죄죄법 제92조에 나오는 옷의 치수는 '행복한 님의 뼘으로 길이 9뼘, 폭 6뼘'이라고 되어 있으니, 표준크기로 207 ~ 270cm × 138 ~ 180cm이거나 확대크기로는 675 ~ 810cm × 450 ~ 540cm가 되어야 한다. '확대크기'가 맞다면, 터무니 없이 큰 옷이라 신화적인 요소가 개입된 것이라고 밖에 볼 수 없을 것이다. 따라서 행복한 님의 빠알리어인 '쑤가따'라는 말을 달리 해석해 볼 필요가 있다. '쑤가따'는 물론 초기경전에서 행복한 님, 또는 올바른 길로 잘 가신 님(善逝)은 고따마 부처님을 의미하지만, 앙굿따라니까야(AN. I. 217)이나 쌍윳따니까야(SN. IV. 252)에서는 부처님의 제자를 의미하기도 한다. 따라서 율장에서의 의미는 한역에서 일반적으로 번역하는 '부처님'이 아닌 다른 것일 수도 있다. 호너(Bd. I. 253)는 그것을 '행복한 님'인 여래라고 보지 않고 '수용된 것'이라는 과거분사로 해석하여 '수용된 길이(the accepted length)'라고 번역했는데, 그렇다면, '표준크기' 또는 '표준치수'라고 아예 이해하기 쉽게 번역하는 것이 옳을 수도 있다.

※ 참모임의 옷의 표준

오조가사(五條袈裟 : Pañcakhaṇḍikacīvara)의 재단

① Bāhanta ② Anuvivaṭṭa ③ Vivaṭṭa

④ Gaṇṭhiphalaka(※Gaṇṭhi) ⑤ Pāsakaphalaka(※Pāsaka)

← Muṭṭhipañcaka →

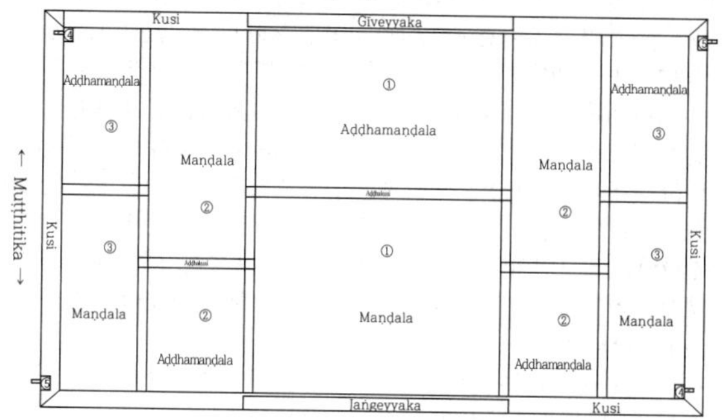

○ 옷의 재단(裁斷)

수행승들은 분소의를 기초생활수단으로 묘지에서 넝마를 얻어 그것으로 옷을 만들었지만, 부처님께서 라자가하 시에서 닥키나기리(Dakkhiṇāgiri) 언덕으로 유행을 떠나면서 수행승들을 위한 옷을 만들어보라고 제안한 것이 바로 위의 도면과 같은 구조의 옷이었다. 옷의 바깥 솔기부분을 꾸씨(大壇 : Kusi)라고 하고, 세로로 배치된 중앙의 조-조각, 즉 칸디까(條 : Khaṇḍika)을 비밧따(中條 : ①Vivaṭṭa)라고 하고, 여기에 연결되는 두 개의 조-조각을 아누비밧따(緣 : ②Anuvivaṭṭa)라고 한다. 그 밖으로 연결되는 두 조-조각을 바한따(臂帖 : ③Bāhanta)라고 한다. 각각의 조-조각은 위 아래로 다시 큰 것과 작은 것의 한 쌍으로 재단된 것을 꿰맨 것으로, 큰 것은 만달라(條 : Maṇḍala) 작은 것은 앗다만달라(葉 : Aḍḍhamaṇḍala)라고 하는데, 엇갈리게 배치된다. '만달라'라고 명칭지어진 것은 착용했을 때, 몸을 둥글게 감싸기 때문이다. 이러한 다섯 조-조각이 연결되어 오조가사(五條袈裟 : Pañcakhaṇḍikacīvara)가 된다. 그리고 중앙의 연결솔기-부위들은 앗다꾸씨(Aḍḍhakusi)라고 하고, 그리고 밖의 솔기-부위는 꾸씨(大壇 : Kusi)라고 하는데, 윗쪽은 기베이야까(頸帖 : Gīveyyaka)라고 불리는 다른 천조각층으로 강화되는데, 목부분에서 닳아 없어지는 것을 방지하기 위한 것이다. 그리고 아랫쪽은 장게이야까(脚帖 : Jaṅgeyyaka)라고 불리는 천-조각층으로 강화되는데, 다리부분에서 닳아 없어지는 것을 방지하기 위한 것이다. 그리고 옷의 내부의 귀퉁이에 각각 버튼을 조이는 것이 있는데, 각각 간티=인끈(紐 : ④※Gaṇṭhi)와 빠싸까=고리끈(鉤 : ⑤※Pāsaka)라고 불리고, 이 부분은 간티팔라까=인끈판(紐板 ④ : Gaṇṭhikaphalaka)와 빠싸까팔라까=고리판(鉤板 : ⑤ Pāsakaphalaka)이라고 불리는 옷의 다른 조각판에 붙어서 조여진다. 오조가사(五條袈裟)는 참모임의 표준적인 옷이라고 할 수 있다. 왜냐하면, 공덕의(功德衣)라고 불리는 '까티나옷은 오조(五條) 또는 오조이상이 그 같은 날에 재단되고 테두리가 만들어지지 않는 것에 의해서 성립되지 않는다.'(Vin. I. 254)라는 말이 있기 때문이다. 오조가사는 다섯 조각으로 재단하여 꿰매는 것이지만, 일곱 조각으로 만드는 칠조가사(七條袈裟), 아홉 조각 등으로 만드는 구조가사(九條袈裟) 등이 있다.(Smp. 1196) 그런데 반드시 홀수의 조각이어야 한다. 인끈판을 단에 붙이는데 고리판의 일곱 손가락마디(17.5cm∨52.5cm)이나 여덟 손가락마디(20cm∨60cm) 물러나 붙여야 한다.(Vin. II. 137) 세벌 옷은 논밭의 조각처럼 조각으로 재단되어 만들어지지 않았다면, 입어서는 안 된다(Vin. I. 287)는 원칙이 있었으나 세 벌 옷 가운데 적어도 한 벌은 천조각으로 재단한 것을 기운 옷을 입어야 한다(Vin. I. 297)는 것으로 원칙이 수정되었다.

그리고 옷의 재단과 관련하여 세벌 옷(三衣 : Ticīvara)에 대하여 좀 더 상세히 설명하자면, 승단에는 개인의 소유를 허용한 삼의(三衣 : ticīvara) 즉, 세벌 가사(袈裟)가 있다. 각각의 가사의 치수는 어떠한 수행승이든 행복한 님의 옷과 같은 치수의 옷이나 그 이상의 치수의 옷을 입고 다니면, 잘라내는 것을 포함하여 단순속죄죄를 범하는 것이다. 여기서 행복한 님의 옷의 치수라면 행복한 님의 뼘으로 길이 아홉 뼘

(207cm∨810cm)이고 너비 여섯 뼘(138cm∨540cm)이니, 그것이 바로 행복한 님의 옷의 치수이다.(Vin. IV. 172; Khu-Pāc. 92) ① 대의(大衣 : saṅghāṭī) : 한역음사는 승가리(僧伽梨)로 세벌 옷 가운데 가장 크므로 대의(大衣)라고 한다. 전체적으로 천-조각들을 두 겹으로 겹쳐서 만든 중의(重衣)로, 조-조각(條 : khaṇḍika)의 수가 가장 많으므로 잡쇄의(雜碎衣)라고 한다. 조-조각은 9조 내지 25조까지 재단하여 만들 수 있는데, 설법할 때, 걸식하러 갈 때, 왕궁에 갈 때 입는다. ② 상의(上衣 : uttarāsaṅga) : 한역음사는 울다라승(鬱多羅僧)으로 윗도리로 입기 때문에 상의(上衣)·상착의(上著衣)라고 하며, 세벌 옷 가운데 그 가치가 중간이므로 중가의(中價衣)라고 한다. 주로 대중이 모인 의식 때 입기 때문에 입중의(入衆衣)라고 한다. 조-조각은 7조로 구성되며, 의식을 행할 때 입는다. ③ 하의(下衣 : antaravāsaka) : 한역음사는 안타회(安陀會)로 하의(下衣)·내의(內衣)·중숙의(中宿衣)라고 한다. 조-조각은 5조로 구성되며 오조가사(五條袈裟)라고도 하는데, 작업하거나 잠을 잘 때나 길을 갈 때나 사원의 실내에서 입는다.

기타의 다른 옷의 종류를 만들 때에는 치수만이 규정되어 있다. 우기옷은 행복한 님의 뼘으로 길이 여섯 뼘(138cm∨540cm)이고 너비 두 뼘 반(57.5cm∨225cm)이어야 한다.(Vin. IV. 172; Khu-Pāc. 91) 좌와구용 깔개는 행복한 님의 뼘으로 길이 두 뼘(46cm∨180m)이고 너비 한 뼘 반(34.5cm∨135cm)이고 테두리 한 뼘(23cm∨90m)이어야 한다. 복창의(覆瘡衣)는 행복한 님의 뼘으로 길이 네 뼘(92cm∨360cm)이고 너비 두 뼘(46cm∨180cm)이어야 한다.(Vin. IV. 170; Khu-Pāc. 90) 수행녀에게 허용된 목욕옷은 행복한 님의 뼘으로 길이는 네 뼘(92cm∨360cm)이고 너비 두 뼘(46cm∨180cm)이어야 한다.(Vin. IV. 297 : Nī-Pāc. 22)

○ 옷의 꿰매기

옷으로 사용할 수 있는 최소한 천조각의 크기는 행복한 님의 손가락마디로, 길이 여덟 손가락마디(20cm∨60 cm), 너비 네 손가락마디(10cm∨30cm)이다.(Vin. I. 297) 옷을 꿰매는 도구로 바늘(suci), 바늘통(sucighara), 까티나틀(Kaṭhina), 까티나틀줄(Kaṭhinarajju), 까티나틀의 막대(daṇḍakaṭhina) 꼬챙이(vidalaka) 나무핀(salāka) 묶음줄(vinandhanarajju), 묶음끈(vinandhanasuttaka), 골무(paṭiggaha), 시침실(moghasuttaka) 등을 사용했다.(Vi. II. 116)

○ 옷의 염색

옷은 알맞게 염색되어야 사용할 수 있다. 처음에는 참모임에서 다른 이교도들이 하듯이 황토(Paṇḍumattikā)를 사용하거나 쇠똥(Chakaṇa)을 사용하여 염색을 했다. 나중에 부처님은 이러한 재료를 대신해서 여섯 가지 염료 즉, 뿌리-염료(Mūlarajana), 줄기-염료(Khandharajana), 껍질-염료(Tacarajana) 잎-염료(Pattarajana), 꽃-염료(Puppharajana), 열매-염료(Phalarajana)를 허용했다.(Vin. I. 286) 옷의 색깔은 온통 푸른색, 온통 노란색, 온통 붉은색, 온통 진홍색, 온통 검은색, 온통 홍람색(sabbamahāraṅgarattāni), 온통 낙엽색 옷(sabbamahānāmarattāni)으로 염색해서는 안 된다.(Vin. II. 306) 염색-재료에서 준비된 염료를 '까싸바(Kasāva)'라고 하는데, 그래서 수행승의 옷을 가사(袈裟 : Kasāva)라고 부른 것이다. 일반적인 '까싸바'의 색깔은 현재 남방의 수행승의 법의에서 보듯, 붉은색과 노란색의 중간에 해당한다. 스리랑카에서는 잭프루트(jackfruit)의 뿌리의 색깔이 법의의 표준색깔로 통용된다. 그리고 염색을 위한 다양한 도구를 화덕(Culli), 염색용-단지(Rajanakumbhī), 수반(Uttarālumpa), 염료용-국자(Rajanuluṅka), 염료용-주전자(Rajanakolamba)와 염료용-옹기(Rajanaghaṭa), 염료용-나무통(Rajanadoṇi), 옷시렁(Cīvaravaṁsa), 옷걸이줄(Cīvararajju) 등을 부처님께서는 허용했다.(Vin. I. 286) 그리고 특기할 만한 것은 옷은 반드시 사용하기 전에 한 모퉁이라도 세 가지 괴색(壞色) 즉, 청색이나 진흙색이나 흑갈색 가운데 한 괴색을 취해야 하는데, 만약에 수행승이 세 가지 괴색 가운데 한 괴색을 취하지 않고 새 옷을 착용하면, 단순속죄죄를 범하는 것이다.(Khu-Pāc. 58; Nī-pāc. 134) 괴색을 취한다는 것은 새 옷이 허용될 수 있도록 찍어 넣는 작은 얼룩점(Kappabindu : Smp. 863)을 취한다는 것이다. 이것은 옷을 타인의 옷과 구별하기 위한 것으로 보인다.

○ 옷처리시기와 옷의 수납

경전 상에서 옷과 옷의 구별이 별도로 없이 찌바라(Cīvara)라고 사용되기 때문에, 그것을 일일이 구분하는 것은 쉽지가 않다. 일반적으로 옷은 안거(Vassāvāsa)가 끝나면, 수행승들에게 제공된다. 그후 몇 달 동안 지속되는 옷을 만드는 시기를 옷처리시기(Cīvārakāla)라고 한다. 이 옷처리시기는 수행승에게 옷이 보시되는 때(Cīvaradānasamaya)와 옷을 만들 때(Cīvarakārasamaya)를 말한다. '옷처리시기'라는 것은 까티나옷이 성립하지 않을 때의 우기의 마지막 달이나 까티나옷이 성립할 때의 다섯 달 동안을 뜻한다.(Vin. IV. 287) 참모임에 기증되는 옷이 많아지자, 참모임을 위한 옷수납자(cīvarapaṭiggāhaka), 옷보관자(Cīvaranidāhaka), 창고(Bhaṇḍāgā ra), 창고관리자(Bhaṇḍāgārika), 옷분배자(Cīvarabhājaka)이 생겨났다.(Vin. I. 283)

○ 기타 율장의 옷에 관한 대강

옷은 수행승의 주요 필수품의 하나이다. 율장은 그 사용에 대하여 많은 부분을 할애하고 있다. 율장의 『다발부』에서는 『마하박가』에서 제7장은 전체가 까티나옷의 다발(Kaṭhinakkhandhaka)을 다루고 제8장은 전체가 옷의 다발(Cīvarakkhandhaka)을 다루고 있다.(Vin. I. 253-311) 그리고 『비방가』와 『빠띠목카』에서, 23개의 수행승의 상실속죄죄법(23 Khu-Niss.), 16개의 수행녀의 상실속죄죄법(16 Nī-Niss.), 10개의 수행승의 단순속죄죄법(10 Khu-Pāc.), 17개의 수행녀의 단순속죄죄법(17 Nī-Pāc.)이 옷에 관한 의무계율을 다루고 있다. 부처님께서는 수행승들에게 옷에 대하여 아주 주의 깊게 다루도록 설한 것이 있다 : 수행승들이여, 헝겊조각을 대는 것, 실로 꿰매는 것, 철하는 것, 천조각으로 표시하는 것, 단단히 매듭짓는 것을 허용한다.(anujānāmi bhikkhave aggaḷaṁ, tunnaṁ, ovaṭṭikaṁ, kaṇḍūsakaṁ, daḷhīkamman'ti Vin. I. 290) 아난다는 우데나와 왕과 참모임의 옷에 대하여 문답을 한다. 아난다는 옷이 닳아서 낡은 폐의(dubbalacīvarā)가 되면, 침상-깔개(uttarattharaṇa)로 만들고, 그것이 낡으면, 매트-싸개(bhisicchaviyo)로 만들고, 그것이 낡으면, 바닥깔개(bhummattharaṇāni)로 만들고, 그것이 낡으면, 발-매트(pādapuñchaniyo)로 만들고, 그것이 낡으면, 막사용-걸레

(rajoharaṇa)로 만들고 그것도 낡으면, 그것을 찢어서 진흙으로 섞어서 바닥에 바를 것이라고 대답한다.(Vin. II. 292)

○ 개인의 소유로서의 결정(Cīvarādhiṭṭhana)

세벌 옷(ticīvara)이나 우기옷(vassikasāṭika)이나 좌와구용 깔개(nisīdana)나 모전(paccattharaṇa)이나 복창의(kaṇḍupaṭicchādī : 覆瘡衣)나 타월(mukhapuñjanacoḷa)이나 필수자구로 사용되는 천(parikkhāracoḷaka)의 아홉 가지 옷은 새로운 옷을 사용하기 이전에 개인의 소유로 결정되어야 하는 옷(Cīvarādhiṭṭhana)이고, 이 가운데 우기옷과 복창의와 우기와 병들었을 때만 개인의 소유로 결정되어야 하고, 이 이후에는 양도되어야 하는 것이다.(Vin. I. 297) 그밖에 수행녀의 복견의와 목욕옷(Vin. II. 272)은 세벌 옷처럼 취급되지만, 수행녀의 월화의(月華衣)는 월경시에만 사용하고(Vin. IV. 303; Nī-Pāc. 47) 그 이후에는 넘겨주어야 한다. 그리고 새로운 옷은 열흘까지는 사용하지 않고 보관할 수 있다. 그 기간을 넘기면 상실속죄죄법(Khu-Niss. 1과 Nī-Niss. 13)에 저촉된다.

계명 및 기타색인

빠알리계명색인

비나야삐따까의 교정쇄

이 책을 통한 ≪빠알리율≫과 ≪사분율≫의 계본대조로 윤문이 필요하거나 빠알리문 따붙이기 실수로 인한 ≪비나야삐따까≫(2020년)를 다음과 같이 교정합니다.

비나야삐따까교정

전체 : 와좌구용→ 좌와구용. 280쪽이하 12 ~26, 33 ~37 : 수행승들이여. 와주십시오. 수행승들→ 존자들이여, 와주십시오. 존자들. 1633쪽, 주석 3861 : 축생활→ 축생계. 2675쪽 2-4 : 없다 → 있다. 2785쪽 2-3, 2786쪽 2-3 : 주는→ 받을 수 있도록 맡는 Khu-Pār. 2(Nī-Pār. 2) : 정글→ 숲속. Khu-Saṅgh. 9 : deso→ doso. Khu-Saṅgh. 13(Nī-Saṅgh. 17) : 수행승(녀)들은 … 자들이고(자들인데)→ … 수행승(녀)들이 있고(있는데), Bhikkhu Aniy.→ Khu-Aniy. Nī-Niss. 3 : 옷을 빼앗기 → 교환한 옷; acchindana→ parivattana. Khu-Niss. 9 : 그 옷의 자금으로 옷을 구입해서→ 삭제. Nī-Niss. 17(Nī ∅Niss. 7)→ Nī-Niss. 7(Nī ∅Niss. 7). Khu-Niss. 25(Nī-Niss. 6)→ Khu-Niss. 25(Nī-Niss. 26). Khu-Pāc. 17, 18(Nī-Pāc. 113, 114) : pāv→ pāc. Khu-Pāc. 24 : 식(識)→기(譏). Khu-Pāc. 68, 70(Nī-Pāc. 146, 148) : 옳지 않다.→ 옳지 않다. 세존께서 그와 같이 말하지 않았다. Khu-Pāc. 69(Nī-Pāc. 147) : 말하고→ 말하는. Khu-Pāc. 82(Nī-Pāc. 160) : 수행승들이여→ 삭제. Khu-Pāc. 83 : tananake→ ratanake. Khu-Pāc. 84 (Nī-Pāc. 161) : 수행승들이든 → 수행승이든, Nī-Pār. 6 : '라고 말해야 한다 → 저는 않는다면 그녀→ 않겠습니다.' 라고 하더라도, 그녀. Khu-Pāc. 89 : m→cm. Nī-Pāc. 18 : 경멸→ 혐책. Nī-Pāc. 83 : 82→83. Nī-Pāc. 96 : 승지지→ 승기지. Nī-Pāc. 103 : purisavi→ itthivi. Nī-Pāc. 155 그가 → 그녀가. Nī-Pāc. 139, 156, 159 : 수행승→ 수행녀. Khu-Pāc. 65 : 수행승들이여→ 어떠한 수행승이든. Khu-Paṭid. 2 : supaṁ→ sūpaṁ, Nī-Paṭid. 1 : 걸수→걸소. Khu-Sekh. 57. 58. 63. 64(Nī-Sekh, 57. 58. 63. 64) : sikhāpadaṁ→ sikhā. 3428쪽 : 제17조→ 제7조.. 주석7195 : bhante saṅgho→ bhante saṅgho ajj'uposatho pannraso. asanniyā→ asantiyā, āpantena→ āpa- nnena, santi→ santī; 주석7486(문장을 여성형으로) : bhante saṅgho→ ayye saṅgho ajj'uposatho pannaraso. āyasmanto→ ayyāyo. sabbeva→ sabbāva. puṭṭhassa→ puṭṭhassā.. yo pana bhikkhu→ yā pana bhikkhunī. usāvādassa→ usāvādassā. bhik- khunā āpannena→ bhikkhuniyā āpannnāya. pekkhena santi→pekkhāya santī. 3503쪽이하/빅쿠니의무계율조항대조표/ 법장부 : Nī-Pār. 6→ 7. 7→ 8, 8→6; Nī-Saṅgh. 6→7. 7→6. 12→13. 13→12. Nī-Niss. 15→ 16. 16→15; Nī-Pāc. 31→21. 33→22. 34→23. 37→24. 38→ 25. 39→ 26. 46→31. 43→ 28. 44→ 29. 45→ 30. 42→ 27. 47→32. 48→33. 49→ 34. 50→35. 51→36. 53→38. 52→ 37. 54→39. 55→40. 57→42. 56→41. 60→45. 59→44. 58→ 43. 61→46. 62→47. 66→50. 67→51. 69→53. 70→ 54. 71→ 55. 72→56. 73→57. 78→62. 79→63. 80→64. 63→48. 77→ 61. 76→60. 75→59. 74→58. 82→66. 86→ ∅. 84→ ∅. 85→ ∅. 88→ ∅ 89→ ∅; 39→139. Nī-Paṭid.. 5→7. 6→8. 7→5. 8→6.

빠알리성전 간행에 힘을 보태주십시오

이 세상에 꽃비가 되어 흩날리는 모든 공덕의 근원은 역사적인 부처님께서 몸소 실천하신 자비의 한걸음 한걸음 속에 있습니다. 한국빠알리성전협회는 부처님의 가르침을 생생한 원음으로 만나고자 원하는 분들을 위하여 부처님말씀을 살아 있는 오늘의 우리말로 번역 보급하고 있습니다. 불교를 알고자 하는 분이나 좀 더 깊은 수행을 원하는 분에게 우리말 빠알리대장경은 세상에 대한 앎과 봄의 지혜를 열어줄 것입니다. 한국빠알리성전협회에 내시는 후원금이나 회비 그리고 책판매수익금은 모두 빠알리성전의 우리말 번역과 출판, 보급을 위해 쓰입니다. 작은 물방울이 모여서 바다를 이루듯, 작은 정성이 모여 역경불사가 원만히 성취되도록 많은 격려와 성원을 부탁드립니다.

신한은행 313-04-195605 국민은행 752-21-0363-543 우리은행 110-319399-02-101 농 협 023-02-417420	전재성

명예 발간인을 초빙합니다.

빠알리성전협회에서는 경전은 기본적으로 천권 단위로 출간을 합니다. 새로 번역되는 경전의 출간뿐만 아니라 이미 역출하여 발간된 경전도 지속적으로 재간하여 가르침의 혈맥이 법계에 끊이지 않고 전파되도록 개인이나 가족단위로 기부가 이루어지고 있습니다. 본협회에서는 한 번에 천권 단위의 경전을 출간할 때에 필요한 최소한의 출판비를 전액 기부하시는 분에게는 그 경전의 명예 발간인으로 초대되어 발간사를 헌정하는 전통을 갖고 있습니다. 이미 출간된 많은 경전이 오 년 내지 칠 년이 지나 재출간을 기다리고 있습니다. 명예발간인은 역경된 빠알리성전의 출간뿐만 아니라 그러한 재출간이나 개정본출간에도 발간사를 헌정할 수 있습니다. 또한 원한다면, 명예발간인은 본협회발행의 경전들 가운데 어떤 특정한 경전을 지정하여 출간비를 보시할 수도 있습니다. 단, 그럴 경우 경전에 따라서 재출간되기까지 상당한 시일이 소요될 수 있습니다.

빠알리대장경구성과 약어표시	
빠알리삼장	주석서
Vinaya Piṭaka(律藏)	Samantapāsādikā(Smp.善見律毘婆沙疏) Kaṅkhāvitaraṇī(on Pātimokkha) (解疑疏 : 戒本에 대한 것)
Sutta Piṭaka(經藏);	
Dīgha Nikāya(DN.長部阿含)	Sumaṅgalavilāsinī(Smv.妙吉祥讚)
Majjhima Nikāya(MN.中部阿含)	Papañcasūdanī(Pps.滅戱論疏)
Saṁyutta Nikāya(SN.相應阿含)	Sāratthappakāsinī(Srp.要義解疏)
Aṅguttara Nikāya(AN.增部阿含)	Manorathapūraṇī(Mrp.如意成就)
Khuddaka Nikāya(小部阿含);	
Khuddakapāṭha(小誦經)	Paramatthajotikā(I)(Prj.勝義明疏)
Dhammapada(Dhp.法句經)	Dhamapadaṭṭhakathā(DhpA.法句義釋)
Udāna(Ud.自說經)	Paramatthadīpanī(I)(UdA.勝義燈疏)
Itivuttaka(It.如是語經)	Paramatthadīpanī(II)(ItA.勝義燈疏)
Suttanipāta(Stn.經集)	Paramatthajotikā(II)(Prj.勝義明疏)
Vimānavatthu(天宮事)	Paramatthadīpanī(III)(勝義燈疏)
Petavatthu(餓鬼事)	Paramatthadīpanī(IV)(勝義燈疏)
Theragāthā(Thag.長老偈)	Paramatthadīpanī(V)(勝義燈疏)
Therīgāthā(Thig.長老尼偈)	
Jātaka(Jāt.本生經)	Jātakaṭṭhavaṇṇanā(本生經讚)
Niddesa(Nid.義釋)	Saddhammapajotikā(妙法解疏)
Paṭisambhidāmagga(Paṭis.無碍解道)	Saddhammappakāsinī(妙法明釋)
Apadāna(Ap.譬喩經)	Visuddhajanavilāsinī(淨人贊疏)
Buddhavaṁsa(佛種姓經)	Madhuratthavilāsinī(如蜜義讚)
Cariyāpiṭaka(所行藏)	Paramatthadīpanī(VII)(勝義燈疏)
Abhidhamma Piṭaka(論藏);	
Dhammasaṅgaṇi(法集論)	Aṭṭhasālinī(勝義論疏)
Vibhaṅga(分別論)	Sammohavinodani(除迷妄疏)
Dhātukathā(界論)	Pañcappakaraññatthakathā(五論義疏)
Puggalapaññatti(人施設論)	Pañcappakaraññatthakathā(五論義疏)
Kathavatthu(論事)	Pañcappakaraṇatthakathā(五論義疏)
Yamaka(雙論)	Pañcappakaraṇatthakathā(五論義疏)
Tikapaṭṭhāna(發趣論)	Pañcappakaraṇatthakathā(五論義疏)
Dukapaṭṭhāna(發趣論)	Pañcappakaraṇatthakathā(五論義疏)